圖　例
東都　都城
東部　郡級駐所
碎葉　其他居民點
政權族界
政權部族界
今國界
北京　今首都
上海　今直轄市、省、自治區
丹東　人民政府駐地
漢河　今其他居民地點
新西伯利亞
卡拉干達
烏布蘇諾爾湖
科布多
突厥牙帳
伊爾庫次克
哈爾和林
蒙
西突厥王庭
汗騰格里峯
6995
三彌山
阿拉山口
阿拉木圖
熱海
伊塞克湖
塔什干
布拉哈
撒馬爾罕
烏魯木齊
可汗浮圖城
高昌
伊吾郡
龜茲
焉耆
塔里木河
疏勒
烏孜別里山口
朱俱波
喝盤陀
于闐
西
蒲昌海
羅布泊
鄯善郡
且末郡
敦煌郡
張掖郡
武威郡
西海郡
西寧
西平郡
格爾木
河源郡
澆河郡
枹罕郡
臨洮郡
金城郡
蘭州
宕昌郡
同昌郡
汶山郡
臨邛郡
眉山郡
犍為郡
越巂郡
成都
青海
迦臂施
喀布爾
犍陀羅
伊斯坦堡
闍蘭陀
印度斯坦
班公錯
女國
納木錯
奇林錯
拉薩
雅魯藏布江
邏些
珠穆朗瑪峰
加德滿都
曲女城
亞各拉
恆河
波吒釐子城
(華氏國)
布拉馬普特拉河
達卡
加爾各答
曼德勒
薩爾溫江
伊洛瓦底江
昆明
西二河
湄公河
桑怒
萬象

隋文帝傳

韓昇——著

目錄

第一章　艱難時世

「五胡亂華」

西晉永嘉五年（三一一），以匈奴為首的北方游牧民族統治者的鐵蹄滾滾南下，踏破萬里河山。四月，石勒的騎兵在苦縣（今河南省鹿邑東）寧平城追及送西晉太傅司馬越之喪的晉軍主力，縱兵合擊，在撕裂人心的喊殺聲中，西晉主力潰於一旦，十餘萬將士，無一倖免。六月，劉曜攻破洛陽，俘虜晉懷帝，殺戮公卿，挖掘陵墓，盡掠府庫，焚燒宮廟，熊熊大火吞沒洛陽，吞沒幾百年的中原文明積累，這就是歷史上有名的「永嘉之亂」。經此一役，西晉王朝已經名存實亡。

五年之後，也就是西晉建興四年（三一六），遭受匈奴劉曜長期圍困的長安城，孤立無援，糧盡食絕，城內戶不滿百，太倉僅剩麵餅數十枚，愍帝走投無路，只好乘著羊車，抬著棺材，肉袒銜璧，出城投降，西晉王朝滅亡。

翌年十一月，匈奴皇帝劉聰出城打獵，讓愍帝全副武裝，持戟前導。平陽（今山西省臨汾市）百姓沿途圍觀，指指點點；中原父老，歔欷流涕。十二月，劉聰大宴群臣，令愍帝青衣行酒，執盞洗爵；連劉聰上廁所時，也讓愍帝拎著馬桶蓋，隨侍左右。西晉降臣見此光景，不禁悲從中來，尚書郎辛賓抱著愍帝失聲痛哭，當場就被拉出去斬首。淩辱折騰夠了，年僅十八歲的愍帝還是被打發上黃泉之路，演出了西晉王朝最淒慘、最恥辱的一幕。[1]

招致這場悲劇的罪魁禍首，是腐朽無恥的西晉統治者。他們為了爭權奪利，滿足私欲，不惜發動內戰，把錦繡山河淪為一片血海，生靈塗炭，哀鴻遍野。更可恥的，是他們竟然置國家民族的命運於不顧，公然勾引胡族為黨羽，為其衝鋒陷陣，殘殺同胞。

首先勾結少數族統治者的是「八王之亂」後期的成都王司馬穎和東海王司馬越。司馬穎以匈奴左賢王為冠軍將軍，監五部軍事，使其將兵在鄴城（今河南安陽），結為羽翼；而司馬越則招引鮮卑和烏桓入討司馬穎，蹂躪中原。至於邊疆大員更是積極勾結胡族，例如都督幽州諸軍事的王浚，把兩個女兒分別嫁給鮮卑段務塵和宇文部素怒延，以胡族作為其進退割據的軍事資本。就這樣，毫無道義可言的「八王之亂」演變為各民族之間的相互仇殺，統治階級的內訌發展成為民族對抗。

西晉社會內部本來就潛在著深刻的民族問題。受中國文明的影響，周邊少數族社會在農業化的進程中，不斷內徙。西晉王朝既無力阻擋這一趨勢，也不能妥善撫綏。官僚豪族甚至趁機掠賣人口，大發橫財。例如，後趙創建者石勒就曾被東瀛公司馬騰所掠賣。因此，在社會的底層，階級壓迫又表現為原始的、自發的民族矛盾。然而，從這種低層次的民族矛盾上升為主宰全域的政治鬥爭，卻是西晉統治者所引發的。[2]

1　時間記載依《資治通鑑》卷九十（中華書局點校本），「晉元帝建武元年（三一七）」條。
2　參閱：田餘慶，〈關於「不與劉、石通使」問題〉，《東晉門閥政治》（北京大學出版社，一九八九年）。

當民族矛盾掩蓋了階級鬥爭之後，所有的政治鬥爭無不以民族鬥爭為旗號，勞動者平時受壓迫的苦難和胸中的積憤也在民族仇殺中得到宣洩。殺紅了眼，殺昏了頭，仇恨蒙蔽了雙目，分不清是非敵友，只曉得種族異同。最典型的事例如後趙冉閔於都城驅殺胡人。

（冉閔）令城內曰：「與官同心者住，不同心者各任所之。」敕城門不復相禁。於是趙人百里內悉入城，胡羯去者填門。閔知胡之不為己用也，班令內外趙人，斬一胡首送鳳陽門者，文官進位三等，武職悉拜牙門。一日之中，斬首數萬。閔躬率趙人誅諸胡羯，無貴賤男女少長皆斬之，死者二十餘萬，屍門諸城外，悉為野犬豺狼所食。屯據四方者，所在承閔書誅之，于時高鼻多鬚至有濫死者半。[3]

這種失去理性、不分青紅皂白的大屠殺，在當時屢見不鮮。真正受盡苦難的是被挑動起來相互仇殺的各族人民。短短的一、二十年間，人口從二千三百萬銳減至一千餘萬，[4]整個中原淪為廢墟。東晉孫綽曾滿懷悲涼地控訴道：

自喪亂已來六十餘年，蒼生殄滅，百不遺一，河洛丘虛，函夏蕭條，井堙木刊，阡陌夷滅，生理茫茫，永無依歸。[5]

在這場禍亂中真正受益的是少數民族統治者。他們藉「八王之亂」的機會崛起，將西晉統治者發動的內戰，轉變為推翻西晉王朝的戰爭。少數民族原受奴役，文化水準不高，軍事力量也不是那麼強大。因此，他們必須依靠戰爭掠奪來激勵士氣，增強軍隊的戰鬥力。而且，在進入中原之後，還必須極力煽動民族仇恨的情緒，以此作為凝聚力，把國家政權建立在民族壓迫的基礎之上。後趙末年，石虎（字季龍）的殘暴統治天怒人怨，為了轉嫁政治危機，他再次祭起種族仇恨的幽靈。

沙門吳進言于季龍曰：「胡運將衰，晉當復興，宜苦役晉人以厭其氣。」季龍于是使尚書張群發近郡男女十六萬，車十萬乘，運土築華林苑及長牆于鄴北，廣長數十里。……暴風大雨，死者數萬人。[6]

自西晉主力被擊潰之後，中原地區已無法形成統一的、有組織的軍事抵抗，以農耕為業的漢人擋不住少數民族騎兵的暴風驟雨。永嘉亂後，漢人受盡欺淩虐待，而「漢」字也多為罵語，如漢狗、癡漢、惡漢、漢子、一錢漢、卑劣漢、無賴漢等等，[7]流毒甚遠，乃至南宋陸遊《老學庵筆記》卷三亦言：「今人謂賤丈夫曰『漢子』，蓋始於五胡亂華時。北齊魏愷自散騎常侍遷青州長史，固辭之。宣帝大怒，曰：『何物漢子，與官不受？』此其證也。」賤視漢人，成為魏晉南北朝時代顯著的特點。

隨著少數族政權的鞏固，漢民族也伴隨著恢復生產、重建社會的進程而復甦伸張。繼續歧視

3《晉書》卷一百七（中華書局點校本），〈石季龍載記下〉。
4 趙文林、謝淑君，《中國人口史》（人民出版社，一九八八年），第四、五章。
5《晉書》卷五十六，〈孫楚附孫綽傳〉。
6《晉書》卷一百七，〈石季龍載記下〉。
7 桑原騭藏著、黃約瑟譯，〈歷史上所見的南北中國〉，收於黃約瑟譯，《日本學者研究中國史論著選譯》第一卷（中華書局，一九九二年）。

漢人已成為社會發展的嚴重障礙，並將危及少數民族政權自身的安定。有遠見的政治家切身感受到吸收漢族文化、重整社會秩序的必要性與重要性。於是，北魏孝文帝斷然採取全面漢化的政策，以求在民族和文化的融合中實現政權的脫胎換骨，變軍事國家為政治國家，以適應農業化社會的需要。

然而，百餘年民族壓迫所形成的根深蒂固的民族成見，卻在這脆弱激進的改革中激化。雖然漢化已是關係到國家政權存在與發展、勢不可擋的歷史潮流，但在缺乏文化傳統的胡族權貴眼裡，看到的只是昔日為人賤視的漢人紛紛登上政壇，一系列強化中央政權的措施危害到他們的既得利益。於是，民族矛盾的沉渣泛起，並以「六鎮暴動」的形式猛烈迸發出來。邊鎮鮮卑將士再次用鐵鑄的利劍、鮮血寫就的語言，作最後的掙扎，力圖把中原社會再度拖入民族對抗的深淵。乘時繼起的高歡集團就是以六鎮鮮卑為骨幹，利用民族矛盾而兆基霸業的。

（高）歡每號令軍士，常令丞相屬代郡張華原宣旨，其語鮮卑則曰：「漢民是汝奴，夫為汝耕，婦為汝織，輸汝粟帛，令汝溫飽，汝何為陵之？」其語華人則曰：「鮮卑是汝作客，得汝一斛粟、一匹絹，為汝擊賊，令汝安寧，汝何為疾之？」8

此所謂「胡漢分治」的實質，是鮮卑族對漢族的奴役欺淩，視漢人猶如草菅，明顯是對北魏孝文帝改革的反動。

時鮮卑共輕華人，唯憚高敖曹。……（劉）貴與敖曹坐，外白治河役夫多溺死，貴曰：「一錢漢，隨之死！」敖曹怒，拔刀斫貴；貴走出還營，敖曹鳴鼓會兵，欲攻之，侯景、万俟洛共解諭，久之乃止。[9]

在少數民族的統治之下，社會以崇武為時尚，貴戚子弟「競習弓馬，被服多為軍容」，[10]是非準則屈從於武勇實力，倫理道德在政治權力的蹂躪下呻吟，日益凋落的漢族文化為專擅殺伐的塞北胡風所籠罩。鮮卑語不但成為華北的通行語言，而且還成為判定個人政治忠誠的標誌。北齊的孫騰學淺行薄，卻因為能說鮮卑語而大受齊高祖高歡重用，宣旨傳令，頗掌機要。權臣祖珽有才無行，平日與一幫紈絝子弟漁獵聲色。齊高祖宴請臣僚，他舊習難改，順手就把席上金器藏入帽中，當場被捉住。後來又詐盜官粟三千石，鋃鐺入獄，可是因為他精通鮮卑語而獲釋，依然故我。語言是文化的載體，鮮卑語的流行，直接推動塞外文化習俗向中原地區的浸淫彌漫。戎樂胡舞、羌笛琵琶、握槊走馬，盛行於世，尤得權貴耽愛。曹妙達、安未弱、安馬駒、史醜多、沈過兒、王長通之流，因能歌善舞而封王開府；和士開一手琵琶絕技，竟登相位。西域深目高鼻的胡人小兒，雖文墨不通，亦以音樂至大官，甚至連波斯狗也得封儀同郡君，享受俸祿。皇宮之內，白天走馬驅馳，夜來胡音哀曲，閹官胡兒，齊聲唱和。曲終歌罷，涕泣痛哭，此起彼伏。接受胡俗，刻意模仿學習，就表明對居統治地位的主流文化的認同與歸依，成為進身仕途的敲門磚。北齊有位士大夫不無得意地向人密授當官訣竅：

8《資治通鑒》卷一百五十七「梁武帝大同三年（五三七）九月」條。
9《資治通鑒》卷一百五十七「梁武帝大同三年（五三七）九月」條。
10《隋書》卷五十（中華書局點校本），〈李禮成傳〉。

我有一兒，年已十七，頗曉書疏，教其鮮卑語及彈琵琶，稍欲通解，以此伏事公卿，無不寵愛，亦要事也。[11]

民族歧視的政治高壓，使得胡俗不斷滲透於漢人社會。祖珽與京城少年歌舞為娛，樗蒲為戲。更有甚者，一些漢人學會南腔北調的胡語，因遊戲見寵，便忘記了自己的出身。昌黎（今遼寧義縣）人韓鳳在北齊當權，便以殘害漢族士人為能事，製造冤案，於朝中厲聲痛罵：「狗漢大不可耐，唯須殺卻！」[12]毫無愧色。相反，學習儒家漢學就會被視作異己，招致不測。北齊廢帝高殷，勤奮好學，溫文爾雅，其父文宣帝便覺得他頗似漢人，屢欲廢之。有一次，文宣帝登金鳳台，強令他手刃囚徒，他不忍下手，竟遭文宣帝鞭撻，直嚇得當場神經錯亂。

胡化的結果導致了社會的粗鄙化和政治的野蠻化。當政權鞏固、生產發展之後，國家以軍事為主導的向外擴張，日益轉變為以提高君權為導向的內部體制建設，重新建立正常的政治與社會秩序，對社會生活的各個方面實施強而有力的管理統制。這時，草原馬背上發展出來的管理模式不能適用於農業社會，部落酋長聯盟式的寡頭民主制不符合提高君權的需要。於是，恢復以忠孝尊卑為核心的等級禮制再度成為緊迫的課題。「六鎮暴動」雖然暫時遲滯了這一進程，但卻無法完全阻擋它。所以，漢化並不是一個種族優劣、文化高下的問題，而是一個極其深刻的政治與社會問題。長期經過少數族統治和胡化浸染的中原社會，漢化不可能也不會是簡單的復古倒退，回復漢晉文化制度，它必然包含著揚棄舊文化與吸收新文化要素兩個方面。其所要達到的目標不僅是要解決民族與文化的融合問題，而且是要形成新的文化認同與民族心理，重新整合分裂的社會，成為最深刻與穩定的文化內核，達到強而有力的深層統一。這種內在統一遠比軍事占領和領土統一更加艱巨複雜。歷次漢化運動的失敗，從表面上看是極具感情色彩的民族衝突，但究其實質，卻是鮮卑族社會進步而導致新舊政治體制轉換過程中內在矛盾的激化。那麼，對於積極推進漢化運動以求重新統一中國的政治家，他們面臨的是怎樣一個社會呢？

斷裂的社會

西晉政權崩潰之後，中國北方出現的政治權力真空，誘使邊疆各族蜂擁而入，搶奪瓜分這片富庶沃土。最初是匈奴，而後，羯、鮮卑、氐和羌族接踵而至，紛紛建立起各式各樣的政權。這些互不統屬的少數族統治者，猶如一群追逐水草的野馬，恣意縱橫奔突。原有的羈絆被沖決了，擄掠戰利品（財物、人口和土地）成為最主要的目標。在弱肉強食的法則之下，他們誰也無法取得公認的正統地位。神聖的權威被打碎之後，實力代表了一切，勝利就是真理。這樣，戰爭作為衡量是非的最高語言，不停地轟鳴。西晉滅亡後的彈指一揮間，十六個少數族政權遽興旋滅。

陣陣的狂飆，如雨的鐵蹄，中原傳統社會組織隨著一個個城邑的陷落而分崩離析。驚濤駭浪之中，失去任何保護的漢人幾乎是出自求生的本能，紛紛逃離成為戰場的鄉里，輾轉流徙於各地。他們在西晉殘餘將官或鄉里豪強的統率下，結成一個個獨立的組織，各自為戰，力求自保。

11 王利器集解，《顏氏家訓集解》卷一（上海古籍出版社，一九八〇年），〈教子第二〉。
12 《北齊書》卷五十（中華書局點校本），〈恩倖・韓鳳傳〉。

「永嘉之亂，百姓流亡，所在屯聚」，[13]自衛性質的塢壁聚壘遍布於中國各地。

早期的塢壁是為避亂而組建的，所以大都設立於遠離城邑的山林川澤地帶。例如，洛水流經的檀山，「其山四絕孤峙，山上有塢聚，俗謂之檀山塢」；一合塢，「城在川北原上，高二十丈，南、北、東三箱，天險峭絕，惟築西面，即為全固。」此外，如雲中塢、合水塢[14]等塢名所示，塢壁一般建在易守難攻之地。這樣，在國家地方行政組織之外，游離出大量不受管轄的村落組織。[15]國家政令不行，則塢壁勢必要自行制定一套內部規則，將四方匯聚的流民統一起來，整齊號令，使之成為團結一致、且戰且耕的堅強組織。《晉書》卷八十八〈孝友·庾袞傳〉記載：

〔庾袞〕乃誓之曰：「無恃險，無怙亂，無暴鄰，無抽屋，無樵採人所植，無謀非德，無犯非義，戮力一心，同恤危難。」眾咸從之。於是峻險阨，杜蹊徑，修壁塢，樹藩障，考功庸，計丈尺，均勞逸，通有無，繕完器備，量力任能，物應其宜，使邑推其長，里推其賢，而身率之。分數既明，號令不二，上下有禮，少長有儀，將順其美，匡救其惡。

星羅棋布於戰亂地帶的塢壁脫離於國家政權之外，自定法規，各行其是，猶如一盤散沙。「五胡十六國」動亂所造成的最深刻影響，並不在於皇室的更替，而在於這場浩劫把一個自上而下秩序井然的國家社會撞成碎片，瓦解成一個個相互獨立的集團，而胡族以部落為基礎的社會形態更加強了這一趨勢。這一點，是我們認識魏晉南北朝時代最重要的出發點。誠然，大一統局面的崩潰，衝破了思想的禁錮，帶來了個人的解放和藝術創造精神的昂揚，然而，這一切乃是由政治的黑暗和士大夫內心的痛苦所鑄就的。

林林總總的塢壁，差別甚大。敦煌石室本《晉紀》記載：「永嘉大亂，中夏殘荒，堡壁大帥，數不盈卌，多者不過四、五千家，少者千家、五百家」，[16]從幾百戶到數千家，塢壁的規模，相去甚遠。然而，透過這些表面的差異，我們不難發現其基本形態卻是共通的，這就是宗族構成了塢壁集團的核心，而其推舉產生的塢主或行主一般都是鄉里豪帥。[17]當然，他們中間不乏舊政權的中下級官吏，但是，他們的權力並不來源於官場經歷，而在於其通過宗族對鄉黨及流民的控制。也就是說，西晉政權的崩潰和大家世族罹難逋逃，給了下層豪強充分的表演機會，使他們能夠乘時而起，嘯聚一方。

戰亂時代崛起的塢壁及其豪帥，構成了南北朝時代動亂的溫床和門閥政治的基礎。這些塢主豪帥，興起於特定的歷史條件之下，雖然與以往的時代有著千絲萬縷的聯繫，甚至冒充老牌世族，但實際上可以得到確證者為數不多。因此，他們並不是前代世家大族的簡單延續，不能毫無

---

13 《晉書》卷一百，〈蘇峻傳〉。

14 以上見《水經注》卷十五，〈洛水・伊水・瀍水・澗水〉。

15 從動亂時代的塢壁屯聚發展出和平時代的自然村落，是魏晉隋唐時代社會基層組織最引人注目的變化。宮川尚志的〈六朝時代的村〉（收於夏日新、韓昇、黃正建等譯，《日本學者研究中國史論著選譯》第四卷，中華書局，一九九二年）、宮崎市定的《中國古代史論》（日本平凡社，一九八八年）、堀敏一的〈論魏晉南北朝時代的村〉（收於《中國的都市與農村》，汲古書院，一九九二年），均有深入的探討。拙著《日本古代的大陸移民研究》（臺灣文津出版社，一九九五年）第三章，也對塢壁的組織結構及其在東亞國家的影響進行分析，請參閱。

16 見羅振玉編，《鳴沙石室佚書》（宸翰樓影本，一九一三年）。

17 塢壁首領有各種不同的稱呼，多由塢壁內部推舉產生，例如：一、塢主，《晉書》卷六十三，〈李矩傳〉記載：「屬劉元海攻平陽，百姓奔走，矩素為鄉人所愛，乃推為塢主，東屯滎陽，後移新鄭。」二、行主，《晉書》卷六十二，〈祖逖傳〉記載：「及京師大亂，逖率親黨數百家避地淮泗，以所乘車馬載同行老疾，躬自徒步，藥物衣糧與眾共之，又多權略，是以少長咸宗之，推逖為行主。」

甄別地混為一談。

上層為爭奪政權的殊死搏鬥，造成社會的失控。在基層，形形色色的塢壁也在為自身利益和生存空間而殫精竭慮，實力政治的現實，使得他們或者相互吞併，或者結成聯盟。風暴過去，塵埃落定，在相互依存又相互牽制的格局下，有實力的塢壁廣泛得以保存，強宗大族號令鄉村、割據一隅的局面也隨之固定了下來。他們之間，更產生了一些以「統主」為代表的地區性集團，例如，河東地區的張平，「跨有新興、雁門、西河、太原、上黨、上郡之地，壘壁三百餘，胡晉十餘萬戶，遂拜置征、鎮，為鼎跱之勢」；[18]「關中堡壁三千餘所，推平遠將軍馮翊趙敖為統主，相率結盟」。[19]

如果說天下大亂和社會黑暗，使得個人生命和正當權利失去保障，而不得不依賴私人武裝的庇護，是塢壁興起的外在要因，那麼，當政局相對安定，國家職能日益發揮作用，而塢壁的主要功能也由武裝自衛轉變為日常生產活動之後，塢壁或強宗大族壟斷鄉曲的局面能夠長期保持下來的結果，則只能從塢壁內部尋求其內在原因。《晉書．蘇峻傳》記載：

> 永嘉之亂，百姓流亡，所在屯聚。（蘇）峻糾合得數千家，結壘於本縣。于時豪傑所在屯聚，而峻最強。遣長史徐瑋宣檄諸屯，示以王化，又收枯骨而葬之，遠近感其恩義，推峻為主。

蘇峻得到諸屯的擁戴，除了其實力最強的因素外，更在於其推行「王化」，使「遠近感其恩義」兩點。

所謂行「王化」，實質就是以儒家宗法原則統轄塢壁。《宋書．王懿傳》說：「北土重同姓，謂之骨肉，有遠來相投者，莫不竭力營贍，若不至者，以為不義，不為鄉里所容。」北方原來就重同姓宗法關係，在塢壁內部更是如此。前述庾袞事例裡，庾袞率其同族及庶姓保聚禹山，以其心腹為塢壁內的邑長、里賢，將塢眾編為部曲，使整個塢壁籠罩於宗法關係之下，並律之以「無謀非德，無犯非義，戮力一心，同恤危難」的大義，組成堅強的團體。這是儒家「修身齊家治國平天下」思想的具體運用。所以，在社會分裂為塢壁林立的情況下，隨處可見的是宗族社會和人身依附關係的大幅度加強。

與宗法關係相輔相成的，是通過貫徹儒家共同體理想而重組鄉里社會，郗鑒在鄉里「以賉宗族及鄉曲孤老，賴而全濟者甚多」；[20]祖逖率眾南遷時，「以所乘車馬載同行老疾，躬自徒步，藥物衣糧與眾共之，又多權略，是以少長咸宗之」；[21]庾袞在塢壁內「均勞逸，通有無」，使「上下有禮，少長有儀，將順其美，匡救其惡。」魏晉南北朝時代新起的強宗大族與以往腐朽的世族的重要區別，就在於他們深深地紮根於鄉村，與鄉黨民眾生活在一起，通過實行一些扶弱濟困、有無相通的「恩義」措施，激發鄉黨民眾感恩戴德的情感，造成同舟共濟、生死與共的鄉土觀念，從而獲得其誠心的歸屬，奠定了壟斷鄉村的堅強的權力基礎。特別是在個人權利和社會公正得不到保障的時代，政府的苛政甚於豪強的剝削，驅使農民大量流入豪門，更加強了鄉村豪族的地位。例如，蕭梁的張孝秀「去職歸山，居于東林寺。有田數十頃，部曲數百人，率以力田，盡供

18《晉書》卷一百十，〈慕容儁載記〉。
19《晉書》卷一百十四，〈苻堅載記下〉。
20《晉書》卷六十七，〈郗鑒傳〉。
21《晉書》卷六十二，〈祖逖傳〉。

山眾，遠近歸慕，赴之如市」，[22]形成豪族與政府爭奪勞動人手與控制鄉村的局面。

以宗族鄉黨為背景的強宗大族，其向背直接關係到社會乃至政權的安定。後趙石勒傾注全力去攻打各地塢壁，即可略示一斑。然而，只要分裂動亂的局面沒有消除，國家政權的公共職能不能充分發揮，則單憑武力鎮壓無濟於剷除遍地生根的塢壁。而且，外部勢力也不易控制塢壁。西晉末年，魏該讓其部將馬瞻襲殺杜尹，奪其一泉塢。魏該打算南徙，卻因塢眾不從而不得不單騎出走。馬瞻投降匈奴劉曜後，塢眾又密請魏該回來，共誅馬瞻。[23]這一事例清楚表明，外來勢力即使通過武力據有塢壁，也難以得到塢眾的歸順，在決定塢壁進退去從的大事上，塢情民意擁有主導力量。認識到這一點，國家政權就不能不與強宗大族妥協，通過他們來控制鄉村。北魏入主中原初期實行的「宗主督護」制度，就是在此背景下產生的。《通典・鄉黨》說：

後魏初不立三長，唯立宗主督護，所以人多隱冒，五十、三十家方為一戶，謂之蔭附。蔭附者皆無官役，豪強徵斂，倍於公賦矣。

「宗主」就是壟斷鄉村的豪族，他們不少實由塢主演變而來。《北史・李靈傳》記載：「（李）悅祖弟顯甫，豪俠知名，集諸李數千家於殷州西山，開李魚川方五六十里居之，顯甫為其宗主。」不僅中央政府要任用大批強宗大族以鞏固政權，而且，地方官員也不得不致力於網羅豪強來實施統治。陸馛任相州刺史時：

州中有德宿老名望重者，以友禮待之，詢之政事，責以方略。如此者十人，號曰「十善」。又簡取諸縣強門百餘人，以為假子，誘接殷勤，賜以衣服，令各歸家，為耳目於外。於是發奸擒伏，事無不驗。百姓以為神明，無敢劫盜者。[24]

國家政權固然因強宗大族的合作而穩定下來，但分裂的因素也因此潛藏於政權內部，造成國家權力的不完整。至於那些桀驁不馴為害一方的豪強，更是國家政權的心腹大患，一有風吹草動，他們便會再掀波瀾。這種局面，南北王朝概莫能外。《關東風俗傳》說：

> 文宣之代，政令嚴猛，羊、畢諸豪，頗被徙逐。至若瀛、冀諸劉，清河張、宋，并州王氏，濮陽侯族，諸如此輩，一宗近將萬室，煙火連接，比屋而居。獻武初在冀郡，大族蝟起應之。侯景之反，河南侯氏幾為大患，有同劉元海、石勒之眾也。凡種類不同，心意亦異，若遇間隙，先為亂階。[25]

顯然，強宗大族對鄉村的壟斷，已成為國家統一的贅疣。

東漢末年，以「黨錮之禍」為分水嶺，身分性官僚世族迅速走向衰落。西晉復興，雖說是門閥世族在對寒門庶族的鬥爭中暫時獲得勝利，但是，這時期世族所暴露出的極端腐朽貪婪的面目，並沒有帶來重振世族政治的結果，充其量不過是短暫的迴光返照、苟延殘喘而已。賈皇后囚殺楊太后，把西晉統治者所標榜的儒家孝道名教踐踏得鮮血淋漓；「八王之亂」的骨肉相殘，更

22《梁書》卷五十一，〈處士．張孝秀傳〉（中華書局點校本）。
23《晉書》卷六十三，〈魏浚傳附族子該傳〉。
24《魏書》卷四十（中華書局點校本），〈陸馛傳〉。
25《通典》卷三（中華書局點校本，一九八八年），〈鄉黨〉，引宋孝王撰《關東風俗傳》。

把忠孝倫理和門閥世族徹底葬送。

西晉之前的曹魏政權曾試圖改變門閥政治的局面，用「唯才是舉」向世族發起強勁衝擊，但曹操好施權術，為政苛細，任人選官上片面強調實用主義，甚至不惜起用「不仁不孝而有治國用兵之術」者。[26] 赤裸裸的法家政治，無助於樹立新的社會風尚和挽救頹敗的倫理道德，卻助長了唯權是視的思潮，曹魏政權為其選用的寒族所出賣，被舊世族所推翻，亦屬自食其果。

世族和寒族統治者都無法挽救東漢以來社會崩潰的趨勢，而貪婪、腐朽和唯權是視、沆瀣一氣，反倒加劇了社會的黑暗不公。鄉里豪帥更使社會四分五裂到無以復加的地步，造成中國歷史上空前絕後的大分裂時代。

社會基層驟然興起的鄉里豪帥，且不論他們原來屬於流民或地主武裝，曾經起過抵抗民族壓迫和保護鄉村的作用，在國家重新統一和社會經濟逐步恢復的進程中，他們已經完成了歷史的使命，逐漸演變成為破壞統一的基本因素。而且，當強宗大族壟斷鄉里的局面長期固定下來之後，抵抗外來入侵已被日常的經濟關係所代替，宗族共同體溫情脈脈的面紗，再也掩蓋不了剝削壓迫的事實。於是，國家政權著手對地方豪強展開政治和經濟的鬥爭，北魏孝文帝改宗主督護制為三長制，其深刻意義就在於此。

社會階層不能通過行政或暴力手段加以消滅。北魏孝文帝改宗主為三長，使三長隸屬於郡縣，納入國家體制，逐步削弱了他們的獨立性和政治勢力。另一方面，則通過推行均田制，輕徭薄賦，體現出國家制度的優越性，用經濟手段把豪族的依附人口變為國家的編戶齊民。這一系列改革的目的都在於消除分裂隱患，增進國家在政治上和經濟上的統一。重點在於，這一進程是在國家與地方豪強既鬥爭又妥協的基礎上進行的，大量的豪強進入國家政權之中，則國家的門閥政治色彩必然濃厚。只有通過多種管道，進一步把地方豪強從其所把持的鄉村遊離出來，轉移到各個城市裡去，國家權力才能強有力地貫徹到鄉村基層，實現一元化政治統治的目標。顯而易見，隋唐帝國正處於從魏晉南北朝門閥政治到宋代官僚政治的轉型建制時代，問題深刻而複雜，任重而道遠。

從五胡十六國時代塢壁興起的過程中可以看到，強宗大族控制鄉村的重要支柱，還在於貫徹一系列體現共同體的理念原則。這實際上包含著對社會黑暗的批判和對新的理想社會的追求，蘊含著構建未來社會的養料。因此，政治清明，一定程度實現社會的公正和對人身權利的保障，把一些原屬於鄉村社會的理念，昇華融入國家統治的意識形態，才能使新政權獲得穩固的基礎。換言之，在推進政治與經濟統一的時候，還必須達成更加深層的文化統一。隋朝結束中國長期分裂的局面後，勢必要對過去進行認真的總結，並開啟一代風氣。艱巨的任務要求隋朝統治者必須具備兼容並蓄的胸襟、深厚的文化素養和政治上的遠見卓識，在對現實有深刻了解的基礎上，把握社會發展的進程。然而，與破碎山河幾無二致的是，長期分裂造成的道德淪喪和個人對社會的離異，使得文化重建的基礎是那樣的脆弱。

道德淪落與離心意識

東漢後期，董仲舒以統一帝國為前提構建的「君權神授」、「天人感應」的理論體系已經日暮

26《三國志》卷一（中華書局點校本），〈武帝紀〉，「建安二十二年六月」條裴注引《魏書》。

途窮。此後，腐敗的政治，頻繁的災變，加深了這場信仰的危機，而黃巾起義更予以致命一擊，使其崩潰瓦解。曹操為代表的寒門勢力，企圖用權術名法來重新構建新的統治秩序，其努力主要是出於現實政治的需要，具有濃厚的功利主義色彩，尚不足以成為新的時代精神，所以在門閥世族的反擊下，歸於失敗。西晉王朝的政治支柱是世家大族，與此相適應，司馬氏抬出「孝」字，企圖循著儒家學說的老路，導孝為忠，收拾人心，用門閥來鞏固政權。不難看出，東漢以來的思想變遷，主要不是由理論自身運動所造成，而是由社會政治危機而引發的。

西晉強調孝道，宣帝、景帝、文帝和武帝，喪親皆服哀三年；司馬昭執政，一日同時任命王祥、何曾和荀顗三大孝子為三公，以此表率天下。王祥是二十四孝之一，據說其繼母病時想吃活魚，他便脫衣開懷，趴在河床上，解冰捕魚。何曾一年到頭只見妻子兩三面，每次見面，必正衣冠，南面木然端坐，其妻北面再拜上酒，寒暄數語即離去。[27]這類國家大肆渲染表彰的模樣，不僅矯揉造作，惺惺作態，而且扼殺人性，難見真情。更為重要的是，西晉提倡的統治倫理與時代精神背道而馳。自東漢王朝崩潰以來，以人的覺醒為導向的思想解放運動日益深入人心，而西晉片面強調的孝道，非但沒能反映時代精神，而且，其支離破碎的說教，還遠遠不如董仲舒的理論體系。

落伍的統治理念與腐朽的門閥政治交織在一起，更顯現出虛偽的一面。西晉重臣賈充，出身於市井寒門，其父受曹操重用，藉此登上政治舞臺。晉移魏祚，賈充投靠司馬懿，率部刺殺魏帝曹髦，[28]既為司馬氏奪權掃除最後障礙，又為司馬氏保全了儒家名節。他的兩個女兒，醜陋淫蕩。長女賈南風，身材短小，皮膚青黑，性格殘忍，奇妒好淫。然而，就是上述孝子荀顗力薦她溫柔美貌，使她成為惠帝皇后。悍婦癡夫，晉室禍亂，由此發端。賈皇后野心勃勃，虐待成狂，發作起來，要親手剖殺孕婦，看著腹中孩兒隨刀落地，方解心頭之恨。洛陽有位抓盜賊的俊俏小吏，藏有華麗珍貴的衣服，上司懷疑他作賊，捉來審問，才知道是被賈皇后派人勾入宮中，作成好事而得到的獎賞。[29]惠帝登基，賈皇后圖謀奪權，指使楚王瑋和東安王繇誅殺楊太后的父親楊駿，廢太后為庶人，又處太后母親龐氏極刑。臨刑前，楊太后抱著母親嚎啕痛苦，磕頭剪髮，上書賈后，稱妾乞憐，請求保全母親一命，但賈皇后置之不理。楊太后曾有恩於賈皇后，她萬萬沒想到賈皇后只是為了奪權，就如此狠心地殘害她的家族，所以龐氏被殺後，她也就絕食自殺。[30]就是這個殘害魏晉兩朝皇室的賈家，把儒家孝道肆意蹂躪踐踏。面對這一事實，西晉皇室世族竟沒有一個人出來衛道護教。相反，宗室諸王卻借機發動內戰，骨肉相殘，謀篡帝位，把道貌岸然的門閥世族極端虛偽、貪婪、自私、殘忍的真實面目暴露無遺，喪盡人心，宣告了其統治倫理的徹底破產。

大動亂、大破壞造成了精神的大崩潰。西晉之後，隨著東晉、宋、齊、梁、陳的王朝更迭，政權也逐步由大家世族向次等士族乃至寒族轉移。新起的統治階層本無多少文化素養，主要依仗手中的軍事實力改朝換代，因此，唯權力論和金錢崇拜也彌漫於世。

宋武帝劉裕本為一介武夫，靠著北府兵的班底和鎮壓孫恩、盧循造反的軍功，成功地建立了宋朝。到了晚年，他總算生了個寶貝兒子劉義符，後繼有人，樂不可支。劉義符孔武有力，弓

---

27 王祥與何曾事蹟，均見《晉書》卷三十三。
28 《晉書》卷四十，〈賈充傳〉。
29 《晉書》卷三十一，〈后妃上・惠賈皇后〉。
30 《晉書》卷三十一，〈后妃上・武悼楊皇后〉。

馬嫺熟，又精通音樂，不愧為武家後代。劉裕剛死，尚未出殯，他就歡天喜地登上寶座，倡俳伶人，吹打彈唱，歡歌盛宴。十八歲的小夥子，渾身精力無從發洩，便在宮中造山開池，親作縴夫，還擺攤設店，作起小生意來。鬧得實在不成體統，朝中大臣只好暗中請皇太后下詔，將他廢了。士兵衝進皇宮四下搜尋，好不容易才從池邊龍舟裡拎出筋疲力盡呼呼大睡的少年皇帝。[31]

第四代的孝武帝還算精明強幹，但同樣難免銅臭氣息，特別是在晚年，嗜酒貪財，每與封疆大吏或朝中高官相見，必令其納財進寶，或強與賭博，直到他們囊空如洗方才甘休。[32]在此薰染下，皇室子孫的行跡自然可想而知。他的長子前廢帝，自幼頑劣，常遭訓誡，十六歲登基，總算有了出頭之日，坐在皇位上，撫摸著昔日受罰時留下的傷痕，不由得怒火中燒，便派人前去挖掘父陵。太史官趕忙勸他，發掘帝陵會不利於己，他才罷手，但心頭之恨實難消卻，便親自跑到父親墓上，屎尿交加，還派人給乃父作像，畫了個酒糟鼻，掛在太廟，順便把孝武帝寵妃的墳墓給挖了。回到宮中，百無聊賴，猛然想起姑母新蔡公主，雖已下嫁妻舅何邁，但風韻猶存，便召入宮中，攜雲握雨，流連數夕，恩愛難舍，遂納於後宮，改姓謝氏，以為貴嬪，另備棺材一副，隨手殺一婢女作為替身，抬到何邁家銷帳。皇太后病危，派宮人召他，他推辭不往，說道：「病人房間多鬼，作祟可怕，哪裡去得。」一直氣得太后向宮人索刀，要剖開肚子來看看自己為何生下這般兒子。

宮中作福，朝中作威。前廢帝將權臣戴法興問罪賜死，弄得那班小覷他的大臣悚然不安，密謀另立其叔公劉義恭為帝。不料風聲走漏，前廢帝親自率領羽林軍突入義恭府第，殺死義恭，斷肢體，裂腸胃，挑取眼睛，用蜜浸漬，作成「鬼目粽」，並殺其四子及柳元景、顏師伯、劉德願數位大臣。朝中大臣既去，前廢帝好不得意，唯懼諸叔在外為患，遂將他們召回京城，囚於殿內，百般淩辱。湘東王彧、建安王休仁和山陽王休祐身體肥壯，前廢帝便派人做竹籠，將他們裝在裡面，分別稱作「豬王」、「殺王」和「賊王」，還挖了個大坑，灌注泥漿，把湘東王彧剝得一絲不掛，置於坑內，另以木槽盛飯，攪入雜菜，讓他像豬一樣用口舔食，以供觀賞笑謔。又把王妃公主聚集一堂，令左右幸臣赤身裸體，輪流姦淫。南平王鑠妃江氏不從，前廢帝就把她的三個兒子一一殺死，再打江妃百鞭。

前廢帝宣淫肆虐，朝中人人自危，吏部尚書袁顗請求外任以避禍，前廢帝讓他當雍州刺史，他接到任狀如逢大赦，狼狽上路，馬不停蹄奔到尋陽，才驚魂稍定，慶幸獲免。弄到這般地步，朝臣們只能拼個魚死網破，諸王近習和禁衛軍官暗地裡聯合起來，發動宮廷政變。而前廢帝卻在舉行裸體大會，令後宮婢妾與左右嬖倖追逐宣淫，有不從命者，即行斬首。又怕被斬的宮女化作厲鬼，夢中索命，便親自率眾在華林堂射鬼，恰好遇到突入宮中的軍士，前廢帝箭射不中，反成了刀下鬼。[33]

宋第七代後廢帝，相傳其父明帝荒淫過度，無法產子，便讓陳貴妃與嬖臣李道兒通，生下他來，故他常自稱「李將軍」。陳貴妃家業屠宰，無甚教養，後廢帝自幼好玩厭學，爬竿登牆，自鳴勇武。十歲登基，糾集一班無賴嬖倖，或夕去晨返，或朝出暮歸，以殺人為戲，民間大恐，晝閉門戶，道無行人。幾年下來，市井雜藝，倒也學到許多，且有幾分小聰明，鄙俗瑣事，過目不

31《宋書》卷四，〈少帝本紀〉（中華書局點校本）。
32《資治通鑒》卷一百二十九「宋孝武帝大明八年（四六四）五月」條。
33 參見《宋書》卷七，〈前廢帝本紀〉；《資治通鑒》卷一百三十；《南史》卷二（中華書局點校本），〈前廢帝本紀〉。

忘，鍛煉金銀，裁衣做帽，更是精絕。就是生性殘忍，一日不殺，便愀然不樂。這天盛暑，後廢帝直閤領軍府，見鎮軍將軍蕭道成袒腹酣睡，臍大如鵠，不由大樂，令蕭道成裸立室中，自取雹箭射去，正中臍眼，左右大呼神箭。蕭道成死裡逃生，驚魂出竅，乃串通宮中衛士，於七夕夜半，打發少年皇帝上銀河與織女相會。[34]

窮奢極欲，兇暴肆虐，是南北王朝統治階層共同存在的現象。石勒建立後趙，其姪石虎十分殘暴。石勒立子石宏為大單于，統領胡部。石虎不得立，恨得咬牙切齒，立誓要滅石勒一族。果然，石勒死後，石虎篡位，將石勒諸子殘殺無遺。石虎諸子，較其父有過之而無不及。太子石邃，兇狠荒淫，自掌朝政以後，更無忌憚，夜出於大臣家，淫其妻妾，猶不盡興，乃取美貌尼姑，先奸後殺，置美人頭於盤中，屍身與牛羊合煮，令左右佞臣選其美而品其肉。偶因政事受責，便與左右密謀殺父。石虎知道後，先發制人，將石邃妻兒及其黨羽盡加誅殺，更立石宣為太子。石宣與弟弟石韜爭權，派人暗殺石韜，又伏兵靈堂，擬乘石虎臨喪時殺父自立。石虎早有防備，捕捉石宣，用鐵環穿其下巴，積薪如山，讓石韜舊部將石宣拔髮剜舌，剖腹斫眼，截手斷足，如其殘害胞弟一般，再放到柴堆上燒死。石宣的小兒子，年僅數歲，石虎不忍殺此愛孫，但大臣不同意，硬是把他從石虎懷中扯出殺死，這哪裡是在執行公法，簡直就像狼群在吞噬獵物！孩子淒厲的哀號，揭露控訴著慘絕人寰的殘忍、貪婪、卑鄙和黑暗，願能喚醒所有的人從血腥殘殺中冷靜下來，從發自心靈的反思中，深刻認識造成這一幕幕悲劇的根源。[35]

整個南北朝時代，為爭權奪利而進行的血腥殘殺，達到無以復加的地步。除了個別例外，每一次王朝更替，都伴隨著對前代皇室的滿門血洗；甚至在同一王朝內的皇位繼承，也罕見不經過大規模殺戮者。父子兄弟、叔姪親族之間的骨肉相殘，手段之殘忍，令人髮指。登上皇位者，將同姓骨肉視作威脅，必欲除之而後快，宋始平王劉子鸞受誅時，發誓生生世世不再生於皇家，何其悲涼！[36]

對人性的蔑視，首先表現為對人類倫理道德的踐踏。北齊文宣帝高洋，是一位既精明又荒淫的皇帝，登基後一日，猛然想起其兄高澄當政時，曾經調戲其妻，不由大怒，徑直闖入嫂嫂文襄皇后宮中，恣意強暴，猶不解恨，乃將高氏婦女，不論親疏，盡集一處，自己赤身裸體，率左右強與亂交，以此取樂。婁太后聞其子狂暴，用手杖略施薄懲，高洋不思悔改，跳將起來，指著母親的面恨恨叫嚷：「要把這老女嫁與胡人！」婁太后氣得痛不欲生，高洋也覺得過分，趕忙趴在地上，懺悔求饒。婁太后氣還未消，不予理睬，高洋又生氣了，一把掀翻婁太后的坐榻，把太后摔在地上打滾。過些天，高洋到李皇后家，岳母崔氏迎將出來，高洋冷不防一箭射去，正中崔氏，罵道：「我酒醉時連太后都不認，你這老婢聒噪什麼！」揮鞭亂抽，把崔氏打得鼻青臉腫，這才揚長而去。復奔五弟家來，見后母爾朱氏雖徐娘半老，風姿猶存，忍不住慾火中燒，便欲行非禮，爾朱氏堅拒不從，掃了高洋興頭。高洋惱羞成怒，當場就把爾朱氏劈死。[37]

高洋殺后娘、揍岳母，奸嫂宿娼，諸弟也如法效仿。九弟高湛亦是酒色中人，登基不久，就迫不及待地趕到昭信宮，要與高洋的皇后李氏穢亂。李氏起初不從，高湛怒道：「如不相許，我當殺你兒子！」李氏大驚失色，一任高湛逞慾。日子久了，李氏懷孕，兒子太原王高紹德入宮，

34 參見《宋書》卷九，〈後廢帝本紀〉；《資治通鑑》卷一百三十四。
35 《晉書》卷一百六、卷一百七，〈石季龍載記〉。
36 《宋書》卷八十，〈始平孝敬王子鸞傳〉載：「子鸞臨死，謂左右曰：『願身不復生王家。』」
37 參見《北齊書》卷四，〈文宣帝紀〉；卷九，〈文襄元后傳〉；《資治通鑑》卷一百六十六。

李氏心中有愧，不肯相見。兒子對母親的事早有風聞，見此光景，不由懊惱起來，說道：「兒豈不知娘的事，娘肚子大了，故不見兒。」李氏在內裡聽見，羞愧萬狀，後來生下一女，拋棄不養。事情被高湛知道，怒不可遏，竟將高紹德捉到李氏面前，咆哮道：「你敢殺我女兒，我怎不敢殺你兒子！」於是舉刀亂砍，登時就把高紹德給殺了。李氏見狀，哭得死去活來，高湛越發狂怒，剝去李氏衣服，取鞭痛抽，打得血肉模糊，用絹囊裹起，扔進宮渠。還算李氏命大，竟然沒死，出家為尼去了。[38]

魏晉南北朝時代，荒淫暴君，多不勝數。統治者既以馬上得天下，便以為亦須以馬上治天下，其家庭教育，自然以弓馬悍勇為崇。後趙石勒的太子石弘，自幼孝順，謙虛好學。石勒看了很不以為然，覺得他不像將門子弟，便派人教他兵書擊劍。[39]北齊文宣帝的長子高殷，聰穎儒雅，與其狂暴的父親恰成鮮明對照，文宣帝自然看不順眼，強迫他親手斬殺囚徒，想借此讓他兇狠起來。如此家教，再加上親眼目睹父兄貴戚的諸般暴行，自然培養出一代渾身戾氣的子弟，自幼驕橫鄙俗，無法無天，在灌滿有權就有一切的腦袋下，閃爍著一雙噴射物慾、色慾和權力慾火的眼睛，把四周的一切都看成獵物，把人的世界變成動物的世界。

他們對所有的人，哪怕是親子之間，也缺乏最起碼的信任和友愛，沒有親人，沒有朋友，只有刻骨銘心的自私、自大、猜忌、仇恨和不堪忍耐的孤獨。君臣父子，猶如相互對峙的野獸，虎視眈眈，稍不留神，就會在頃刻之間被吞噬。南齊武帝臨終，把皇太孫蕭昭業召至床前，仔細叮囑道：「你即位後，最初的五年間，政事都讓宰相去處置，切莫插手；五年之後，一切自專，莫委他人」，[40]教他羽毛豐滿之後，再排斥朝中大臣。昭業倒也聽話，在宮中盡情玩耍，重金鬥雞，轉眼之間，就把武帝辛苦攢下的數億國庫花個精光。結果在位不到一年，羽毛還沒長出來就被廢了。齊明帝以政變入繼皇統，故臨死前諄諄開導太子蕭寶卷要先發制人。[41]果然，蕭寶卷不負父望，一上臺就大開殺戒，最後自己也落了個身首異處。上述亂七八糟的遺訓，無不說明在唯權力論的社會，政治鬥爭已經喪失理性，沒有規則，無聊透頂。可是，就是這些逞兇鬥狠的當權者，用血腥恐怖製造出人間地獄，因因相報，自己也在其中飽受煎熬。前述後趙石虎兩度險遭兒子暗算，悲憤難禁，哀嘆道：「我要用石灰三斛清洗肚腸，因為肚腸汙穢，才生下如此孽子，二十來歲，就要謀殺父親。」所以，他立十歲幼子為繼承人，籌算等兒子長到二十歲時，自己大概早就死了，可以避禍消災。真是至死都沒有悟出個中道理。

道德是存在於人類社會中特定的價值和選擇，道德價值是人類最基本的價值觀。踐踏倫理道德的人首先被踐踏，所以，上述統治者的行為固然可恨、可鄙，但他們同時也不幸而可憐，他們在自己製造的煉獄中，感到的是空虛不安和無以宣洩的焦躁。北齊文宣帝高洋，成天酗酒，冬天裡披頭散髮，裸體奔跑，爬到二十七丈高、二百餘尺長的臺梁上，高空行走，載歌載舞，觀者無不膽戰心驚，連路上的婦女都說他「瘋瘋癲癲，哪像個天子。」煩悶難耐，高洋便將娼婦薛氏納入後宮，隨即想起堂叔公清河王高岳與薛氏似有私情，醋意大發，責以姦汙民女，派人將高岳毒死，再將薛氏肢解，然後盛裝出葬，自己披髮隨行，一路慟哭，哀號「佳人難再得！」

這些乖張行徑，實出自內心的虛弱。石勒建立後趙，常懷憂懼，悶悶不樂。大臣問其緣故，

38《北齊書》卷九，〈文宣李后傳〉。
39《晉書》卷一百五，〈石勒載記下〉。
40《資治通鑑》卷一百三十八「齊武帝永明十一年（四九三）七月」條。
41《資治通鑑》卷一百四十二「齊東昏侯永元元年（四九九）八月」條。

石勒才透露心聲，原來東晉猶在，司馬氏血脈尚存，所以深恐民心不服，認為後趙未應天命，不是正統王朝。[42]石勒的憂懼，可謂是五胡十六國時代竊國者的共同心理，而這種擔憂又具有那麼深刻的現實意義。不被認作正統，那麼，有實力者皆可稱王立國，王道淪為霸道，強敵環列周圍，逆臣變生肘腋，一念於此，怎不膽戰心驚，心智失常。北齊文宣帝高洋曾向前朝宗室彭城公元韶詢問東漢光武帝中興的原因，元韶答道：「因為沒有除盡劉氏。」一句話點醒高洋，遂下令將元韶等魏室元氏七百二十餘人斬盡殺絕。[43]這種無時不在的恐懼，簡直到了風聲鶴唳、草木皆兵的地步。北齊初年，有術士預言：「亡高氏者黑衣。」高歡因此不見緇衣和尚；而高洋則向人詢問什麼東西最黑？左右告之以漆，高洋附會為「七」，因此殘殺七弟高渙。[44]前朝宗室和本朝骨肉最受懷疑，而文臣武將也不可靠。有一次，高洋西巡，百官出城送行，高洋突然命令鐵騎將他們團團圍住，自己痛飲爛醉，直到日落西山，左右向他報告，群臣驚恐萬狀，高洋這才滿意，放他們一條生路。[45]用這種方法考驗百官的忠誠，用恐怖手段來樹威，只能適得其反，既暴露自己色厲內荏的真面目，又使得人人自危，促成其亂。

彌漫於統治階層的唯權思想和道德淪落，加劇了社會的黑暗，反過來又加速了社會價值體系的崩潰。缺乏理想，看不到前途，整個文化基礎動搖失序，人與人的關係隨著現實利益而漂浮變幻，世道澆漓，人情險薄。在這個時代成長起來的人，不能不帶著這個時代的烙印，在相互傾軋的明爭暗鬥中，帶著精神上的創傷，孤獨的彷徨和對人的猜疑。即使是那些在歷史上大有作為的人物，也無法完全從這種時代的陰影中擺脫出來，難免帶有刻忌、殘忍和難以理喻的乖張焦躁。這些惡習已不能完全從個性方面加以解釋，個人的悲劇還由於社會的不幸所造成，性格上的缺陷更深層的根源乃在於精神倫理的崩潰。

在政治黑暗和道德淪落的惡性循環中，懷抱救世濟民熱望的知識分子，一次次成為權力鬥爭的血腥祭品，使他們一再品嘗理想幻滅的苦果。外向式的正常發展道路被阻斷之後，不得不將社會正義的追求，轉變為對生命和個性的內向探索，從對社會的反思而引起的個人自覺中，尋找新生活的精神支柱。從「清議」到「玄談」，正是他們步履蹣跚走出的一段崎嶇心路。

「黨錮之禍」對清流士人的鎮壓，動搖了士大夫階層對儒家學說的信仰，迫使他們不得不從儒家學說之外，去找尋新的社會理論。於是，以老莊學說為內核的「玄學」勃然興起，王弼、何晏是其早期的代表。《晉書》卷四十三〈王衍傳〉說道：

> 魏正始中，何晏、王弼等祖述老莊，立論以為：「天地萬物皆以『無』為本。『無』也者，開物成務，無往不存者也。陰陽恃以化生，萬物恃以成形，賢者恃以成德，不肖恃以免身。故『無』之為用，無爵而貴矣。」

何晏以為名教本於自然，當然他們所說的「自然」，並不是指自然界，而是指主宰天地萬物、人間社會生成運行的基本規律，即《列子注》引何晏《無名論》所說的：「自然者，道也。道本無名。」經過這樣一番改造，董仲舒為把天地人事凝聚在一起，主張統治者積極介入世間萬事而建立的儒家「大一統」理論動搖了，代之而起的是「以無為本」的玄學思想。這種思想把人從神

42《晉書》卷一百五，〈石勒載記下〉。
43《資治通鑑》卷一百六十七「陳武帝永定三年（五五九）五月」條。
44《北齊書》卷十，〈上黨剛肅王渙傳〉。
45《資治通鑑》卷一百六十六「梁敬帝太平元年（五五六）八月」條。

的拘束下解放出來，吹響了個性解放的號角。而其反傳統的特點，亦是針對東漢末年以曹操為代表的「法治」政治主張，曲折地反映出限制政治權力的要求。

然而，當司馬懿父子再次向晉代名士舉起屠刀時，儒家名教就進一步崩潰了，士大夫階層對政治社會徹底失望，對儒家學說的信仰也喪失殆盡。嵇康「非湯武而薄周孔」；[46]粲別公開宣稱：「六籍雖存，固聖人之糠秕」。[47]他們認為「名教不合自然」，因此要「越名教而任自然」，[48]繼剝去統治者的神權外衣之後，又進一步否定了王權信仰的理論基礎，在高揚起對抗傳統的旗幟下，邁向脫離社會的個性發展之途，甚至喊出了「人性以從欲為歡」的口號。[49]他們孤獨地佇立於前途茫然的渡津，以放蕩縱欲的乖張行為來宣洩內心的痛苦。

政治高壓和統治精神的破產，也導致個性被強烈地扭曲。與社會背離的個人，獨行於荒郊野嶺，回首人間塵世，政治的陰暗面在追求完善人格的鏡片下審視，益顯其醜。既然不能力挽狂瀾，又無所適從，他們只好在現世的角落裡或來世的夢想中構建理想的淨土，用美化遠古的田園風光為尺度，衡量欲流氾濫的當世，無政府主義思潮便從胸中洶湧而出。阮籍痛斥王權為萬惡之源，說道：

君立而虐興，臣設而賊生，坐制禮法，束縛下民。欺愚誑拙，藏智自神。強者睽視而淩暴，弱者憔悴而事人。假廉以成貪，內險而外仁。[50]

鮑敬言在《無君論》中，進一步分析了政治暴力和壓迫制度產生的根源，指出：

夫強者淩弱，則弱者服之矣；智者詐愚，則愚者事之矣；服之，故君臣之道起焉；事之，故力寡之民制焉。然則隸屬役禦，由乎爭強弱而校愚智。

他認為，君權的存在，造成了「夫穀帛積則民有饑寒之儉，百官備則坐靡供奉之費，宿衛有徒食之眾，百姓養游手之人。民乏衣食，自給已劇，況加賦斂，重以苦役，下不堪命，且凍且饑。」因此，他熱切希望能仿古改制，建立一個安詳平和的烏托邦：

曩右之世，無君無臣，穿井而飲，耕田而食，日出而作，日入而息。泛然不系，恢爾自得。不競不營，無榮無辱。山無蹊徑，澤無舟梁。川谷不通，則不相並兼；士眾不聚，則不相攻伐。

鮑敬言的《無君論》，表達了知識分子和下層民眾對腐敗政府的批判和對美好生活的憧憬。顯而易見，是不受制約的政治權力乖離了社會生活的基本準則並淩駕於一切，才激起了個人與社會的疏遠和對抗，唯權力論不但不能增進社會的凝聚力，而只會加深政治的黑暗，造成人心的渙散。另一方面，無君思想的鼓吹者雖然看到政治的弊端，卻缺乏向前看的勇氣，他們退縮於「古者無君，勝於今世」的幻想之中，其無君思想，是老莊復古和虛無論的必然歸宿。向後看是沒有出路的，因此，無君思想並不能對社會進步產生積極的作用，反倒加劇了社會的分崩離析，在迷

46 嵇康，《與山巨源絕交書》。
47 余嘉錫箋疏，《世說新語箋疏》（上海古籍出版社，一九九三年）上卷下〈文學第四〉，注引〈粲別傳〉。
48 嵇康，《釋私論》。參閱：馬良懷，《崩潰與重建中的困惑》（中國社會科學出版社，一九九三年）。
49 嵇康，《難自然好學論》。
50 阮籍，〈大人先生傳〉，《阮籍集校注》（中華書局，一九八七年）。

茫中沉淪。

魏晉南北朝的長期分裂，在中國歷史上空前絕後，其影響之深刻，波及面之廣泛，幾乎遍及社會的方方面面，這就使得中國的重新統一舉步維艱，不僅要解決尖銳複雜的民族矛盾，還要拔除遍地孳生的塢壁豪強等分裂割據的根子，更要重新構建維繫社會的精神價值體系。中國有句古老的政治格言，叫作「治亂世用重典」。然而，這句格言並不經常是正確的，當你步履薄冰的時候，急功近利的「重典」會讓你頃刻之間葬身於無底深淵。重建統一，必須在刷新政治和發展社會生產的過程中，因勢利導，逐步推進。邁上這條布滿荊棘和陷阱的道路，需要意志和耐心，充滿機會和挑戰。

在中國的大西北，一群來自塞上的軍人，以其渾樸而粗獷的氣質，團結向上的朝氣，毅然決然地登上了政治舞臺。

第二章　家世疑雲

「那羅延」的誕生

西魏大統七年六月癸丑，也就是西元五四一年七月二十一日，農曆六月十三日。這一天傍晚，落日餘暉，滿天紅霞，把同州（今陝西省大荔縣）般若寺映照得金碧輝煌。[1] 緩緩流淌的洛

1 《隋書》卷一〈高祖本紀〉記載：「皇妣呂氏，以大統七年六月癸丑夜，生高祖於馮翊般若寺，紫氣充庭」；而《集古今佛道論衡》卷乙、《廣弘明集》卷一三、《辯正論》卷三、《續高僧傳》卷二六〈道密傳〉等唐代佛教文獻均記載隋文帝出生於「同州般若寺」。日本山崎宏，《支那中世佛教的展開》（清水書店，一九四二年），第六章〈隋高祖文帝的佛教治國政策〉認為：「當時，馮翊和同州都在今陝西省大荔縣附近」，似乎馮翊和同州並存。其實，正確地說，隋文帝誕生時，其地名為「華州」。據《魏書．地形志》和《周書．文帝紀》記載，北魏太和十一年（四八七）立華州，至西魏廢帝三年（五五四），改為同州。而馮翊郡在西魏時為武鄉郡，開皇初廢，大業初改名為馮翊郡，見於《隋書》卷二十九〈地理志上〉。因此，《隋書》和佛教典籍均以後來的地名記載，實為一地。請參閱：王仲犖，《北周地理志》（上）（中華書局，一九八〇年），「同州」條。

水，猶如一面明鏡，倒映著層層迭進的寺宇堂塔，粼粼閃耀。[2]從寺院深處，傳來清脆響亮的嬰兒啼聲，給般若寺平添許多祥瑞喜氣。

這家主人是西魏赫赫有名的雲州（今甘肅省慶陽縣西南）[3]刺史、大都督楊忠。妻子呂苦桃，[4]從她的名字也不難看出，並非出自什麼大戶人家。這年，楊忠三十五歲，戎馬倥傯，一晃已屆中年。自大統四年（五三八）與東魏大戰洛陽後，總算能過上短短幾年相對安定的家庭生活，盼望有個兒子繼承香火家業的心情，尤為焦灼。夫人有喜，帶給他無限的喜悅和希望，使得嬰兒的誕生，顯得如此鄭重，不能有絲毫的差池。可是，一雙號令千軍萬馬的大手，實難承托起幼弱的新生命，夫妻倆再三合計，決定求助於毗鄰的般若寺，一來祈求平安吉祥，而且，當時戰事頻仍，楊忠說不定哪天就得開赴前線，嬰兒也好有個寄託。二來將頭胎兒女獻於佛前，報答神明的保佑，並祈福於未來。

新生嬰兒是個健壯的男孩，方臉高額，五官端正，看上去就是個將門虎子。一家人歡天喜地，斟酌著給兒子起了個「堅」字單名，希望他長大後能像父親一樣威武堅毅，卓爾不群。洋洋喜氣，燦爛霞光，映照在楊堅紅潤的小臉蛋上，越發顯得光彩照人。放眼窗外，深庭幽徑，籠罩在紫金暮靄之中，令人陶醉，彷彿眼前的一切，竟是神跡！

這一定是神跡！一家人興奮不已，奔相走告，讓遠近的人們，共用這份喜悅，流傳下美麗的傳說。後來，隋朝的文人墨客採擷當時的傳聞，撰就珠璣篇章。

內史令李德林欣然落筆：「皇帝載誕之始，赤光蒲室，流於戶外，上屬蒼旻。其後三日，紫氣充庭，四鄰望之，如鬱樓觀，人物在內，色皆成紫。」[5]

著作郎王劭撰《隋祖起居注》，稱：「于時赤光照室，流溢戶外，紫氣充庭，狀如樓閣，色染人衣，內外驚異。」6

一代文豪薛道衡讚頌道：「粵若高祖文皇帝，誕聖降靈則赤光照室，韜神晦迹則紫氣騰天。龍顏日角之奇，玉理珠衡之異，著在圖籙，彰乎儀表。」7

……

這些傳說，在隋代廣為流傳，言之鑿鑿，不容置疑。以至唐人在編修《隋書》時，也採納其

2 唐西明寺僧道宣撰，《續高僧傳》卷十四，〈唐同州大興國寺釋道宗傳〉記載：「同州大興國寺，寺即文祖之生地也。房宇堂塔，前後增榮，背城臨水，重輪疊映，寺立四碑，峙列方面。」另據唐僧法琳撰，《辯正論》卷三記載，隋文帝「生於同州般若尼寺神尼之房」，則般若寺為尼寺。此寺在周武帝滅佛時，也被徹底毀壞，「往遭建德，內外荒涼，寸椙尺椽，掃地皆盡。」開皇四年，隋文帝為其父母祈求冥福而於般若寺舊基上重建大興國寺，「乃開拓規摹，備加輪煥，七重周亙，百栱相持，龕室高竦，欄宇連袤，金盤捧雲表之露，寶鐸搖天上之風。」道宣和法琳的記載，提供了隋文帝出生於佛寺的旁證，並非出自杜撰附會。他們兩人所見到的固然是開皇四年重建後的寺宇，但從其記載也不難看出，原寺無疑是西魏初期的重要佛寺。

3 王仲犖，〈北周地理志〉(下)，《東西魏北齊北周僑置六州考略》。

4 據《周書》卷二〈楊忠傳〉記載，大統四年(五三八)河橋戰後，楊忠任雲州刺史，兼大都督。楊忠妻見《隋書》卷七十九〈外戚．高祖外家呂氏〉記載：「高祖外家呂氏，其族蓋微，平齊之後，求訪不知所在。至開皇初，濟南郡上言，有男子呂永吉，自稱有姑字苦桃，為楊忠妻，堪驗知是舅子。……」

5 李德林，〈天命論〉，全文見《文苑英華》卷七五一(中華書局，一九六六年)。《隋書》卷四十二〈李德林傳〉所載〈天命論〉，有所刪節。

6 《集古今佛道論衡》卷乙所引隋著作郎王邵《隋祖起居注》。「王邵」即「王劭」；《隋祖起居注》或即是《隋書》卷三十三〈經籍二〉所載作者不詳的「《隋開皇起居注》六十卷」，至宋代歐陽修、宋祁修《新唐書》時，僅存開皇元年注記，即〈藝文二〉所載「《隋開皇元年起居注》六卷」。參閱：姚振宗，〈隋書經籍志考證〉，收於《二十五史補編》第四冊(中華書局，一九五五年)。

7 薛道衡，〈高祖文皇帝頌〉，載《隋書》卷五十七〈薛道衡傳〉。

說，似乎楊堅是膺天命而降生人世，註定要位登九五，統一中國，從而給他披上一件金光燦燦的神衣。而這件神衣，在楊堅後來的政治生涯中，起了難以計算的作用。

在古代，大凡君王偉人出世，都有一番神靈瑞象的鋪陳。但是，像楊堅這種以佛教靈跡為底蘊的渲染，卻是絕無僅有。

相傳，楊堅出生那天，有一位俗姓劉、法名智仙（或作智先、智遷）的尼姑，從河東（山西一帶）風塵僕僕趕來，夤夜造訪。當時，異常悶熱，呂氏打扇驅暑，卻將楊堅搧得寒顫不已，幾致氣絕。就在這緊急時刻，智仙趕到，楊堅轉危為安。於是，智仙對楊忠夫婦說道：「此兒所從來甚異，不可於俗間處之。」虛驚一場的楊忠便將楊堅託付給智仙撫養，還將自家宅院改作佛寺。過了一段時日，呂氏按捺不住對兒子的思念，悄悄來到智仙房中，將楊堅輕輕抱起，仔細端詳。就在這時，楊堅突然頭上長角，遍體生鱗，化作一條小龍。呂氏見狀大驚，把懷裡的嬰兒墜落於地。智仙從外間進來，連忙將楊堅抱起，埋怨道：「何因妄觸我兒，遂令晚得天下。」從此以後，楊家人不敢輕易過問兒子的日常生活。

就這樣，楊堅隨智仙在佛寺裡一天天長大，度過燃燈頌佛的童年。十三歲那年，楊堅已是偉岸少年，「為人龍顏，額上有五柱入頂，目光外射，有文在手曰：『王』。長上短下，沈深嚴重」，[8]儼然一副人君儀表。智仙十分喜愛他，給他取了個與其名字相對應的小名，叫「那羅延」，送他出寺回家，轉入太學學習。[9]

上述傳說，反復出現在唐人編纂的各種佛教典籍裡面，研究者多斥之為荒誕不經的「小說家裝演之談」。[10]傳說中包含許多附會成分，固不待言。但是，我們並不能因此而加以全盤否定。實際上，南北朝佛教十分興盛，頗受文人武將的尊崇。楊忠一家為其信徒，毫不奇怪。而且，楊堅出生於佛寺，也是事實。上述傳說，顯然是根據隋朝文人，特別是王劭的《隋祖起居注》敷衍而成。但其中附會的成分，也十分明顯。

《佛祖歷代通載》卷第十記載：「釋尼智遷者，河東蒲阪劉氏女也。少出家，有戒行，長通禪觀，時言吉凶成敗事，莫不奇驗。居般若寺，會文帝生於寺。」據此可知，智仙並不是從河東特意趕來撫育楊堅的神尼，而是常住般若尼寺的尼姑，偶然遇上楊堅誕生的喜事。這樣，整個事情的經過就顯得合理多了。

楊忠割宅為寺，在當時亦屬司空見慣之事。北魏後期，王公貴族濫設寺院，乃至「今之僧寺，無處不有。或比滿城邑之中，或連溢屠沽之肆，或三五少僧，共為一寺。」[11]不安於寺廟的僧尼，遊涉村落，走家串戶；而朝中顯貴，也經常召喚僧尼，算命問卜，舉辦佛事齋會，甚至尊以為師，充當軍政顧問，稱作「家僧」、「門師」。[12]智仙長期居住在楊家，充任養育楊堅之責，顯然就是楊家的家僧。後來，周武帝滅佛時，智仙隱匿於楊家，終獲保全，可知楊家與佛教關係至深，由此也可了解當時佛教社會影響力之一斑。

對於養育自己長大的智仙，楊堅終生難忘，思念情深。登基之後，命史官王劭為她立傳；[13]

8 《隋書》卷一，〈高祖紀上〉。
9 以上根據《隋書》卷一〈高祖紀上〉；《集古今佛道論衡》卷乙所引王邵《隋祖起居注》。
10 岑仲勉，《隋書求是》第一頁所引牛運震，《讀史糾謬》（商務印書館，一九五八年）。
11 《魏書》卷一百一十四〈釋老志〉所載任城王澄奏文。
12 參閱：山崎宏，《支那中世佛教的展開》，第五章〈支那佛教鼎盛時期的家僧、門師〉。
13 《續高僧傳》卷二六〈道密傳〉載：「乃命史官王劭，為尼作傳。」

晚年還為她鑄造等身像，並令畫師將她畫於自己身旁，頒發四方。[14]

智仙給楊堅起的小名「那羅延」，是梵文 Nārāyaṇa 的音譯，指的是印度教中的大神祇毗瑟紐，在佛典裡，則是指金剛力士、堅固力士等，是力大無窮的神祇。[15]南北朝時代，普遍流行以佛教神祇為名字，例如，南朝有王僧達、王僧祐、王僧綽、王僧虔等；北朝有元夜叉、元羅剎、高菩薩、爾朱叉羅、爾朱文殊等。[16]楊堅對自己的小名，頗為自豪。開皇九年（五八九），河南省安陽市寶山靈泉寺開鑿的大住聖窟，門外東側浮雕一座高大精美的護法神王，左手持劍，右手緊握三股長柄鋼叉，腳踏臥牛狀怪獸，威風凜凜，上方題銘「那羅延神王」。靈泉寺是在楊堅的支持下，由最高僧官靈裕國統主持擴建的，號稱「河朔第一古剎」。[17]

在佛寺里長大的楊堅，深受佛教的薰陶，而智仙也不斷向他灌輸佛教，當他開始懂事時，智仙就反復告訴他，他不是凡人，而是護法金剛轉世，註定要成為偉人，成就一番宏偉事業，精心培養他領袖般的遠大抱負和深沉的性格。七歲時，智仙鄭重地告訴他：「兒當大貴從東國來，佛法當滅由兒興之」，殷殷期望他能擔負起濟世弘法的重任。這一切都深深印烙在楊堅幼小的心靈裡，永難磨滅。後來，楊堅在回首這段童年往事時，說道：「我興由佛法，而好食麻豆，前身似從道人中來，由小時在寺，至今樂聞鍾聲。」[18]啟蒙的教育，在楊堅一生中所具有的意義，或許他自己也未曾完全意識到。

但是，他堅信自己是「那羅延神王」，是上天派遣他來到人世間的。唐人張鷟在《朝野僉載》卷二記載了如下一則傳說，也許有助於我們了解楊堅的性格和抱負。

相傳，北齊文宣帝年間（五五〇～五五九年），并州（山西省太原市）有一位稠禪師，自幼落髮為沙彌。當時，寺中有許多小沙彌，閒暇時常在一起嬉戲打鬧。稠禪師體弱力小，常被欺負。於是，他躲進佛殿，抱著金剛的大腳，祈願金剛賜力於他。一片誠意，感動了金剛，當第六天曦光微露的時候，金剛終於顯靈，讓他飽食筋肉，頓時渾身充滿神力。稠禪師大喜，天一亮便興致勃勃地來到沙彌中。夥伴們見他躲藏數日才露面，便又要與他鬥毆。稠禪師正想顯示本領，當下飛簷走壁，舉重搏擊，直讓沙彌們看得驚恐不已，俯首認錯。消息傳了出去，四方僧眾慕名而至，常有數千人隨侍左右。齊文宣帝聽說稠禪師聚眾於林慮山，便親自帶領驍騎數萬，前來討伐。稠禪師率眾出山迎候，於文宣帝面前作法，讓數千根造寺樑柱在空中翻騰搏擊，聲若雷霆，嚇得文宣帝叩頭認輸。三十年後，隋文帝路過并州，見此寺院，「心中渙然記憶，有似舊修行處，頂禮恭敬，無所不為。處分并州大興營葺，其寺遂成。時人謂帝大力長者云。」

這則故事固然荒誕不經，但它告訴我們，楊堅為金剛轉世的傳說，在當時流傳甚廣。傳說的背後，顯然存在著刻意的編造，目的在於宣揚隋文帝具有天命。聯繫上述河南安陽寶山靈泉寺的那羅延神像，不難看出，這些人為造作明顯帶有隋朝官方的政治意圖。

---

14 山西省蒲州賀德仁奉教撰，〈大隋河東郡首山棲巖道場舍利塔之碑〉記載：「乃召匠人，鑄等身像，並圖仙尼於帝側，是用紹興三寶，頒諸四方，欲令率土之上，皆瞻日角，普天之下，鹹識龍顏。」

15 吳汝鈞，《佛教大辭典》（商務印書館國際有限公司，一九九二年版）。《隋書》未載楊堅的小名，但《冊府元龜》卷三〈帝王部・名諱〉明確記載：「隋高祖諱堅，小名那羅延」；《隋書》卷六十九〈王劭傳〉記載，開皇初，同州得石龜，文曰：「天子延千年，大吉。」王劭解釋龜文中的「延」字說：「義與卜名符合。」由此益證楊堅小名為「那羅延」無疑。

16 參閱王鳴盛，《十七史商榷》（中國書店，一九八七年版），卷六十「以僧為名」條；趙翼著，王樹民校證，《廿二史劄記校證》（中華書局，一九八四年），卷十五「元魏時人多以神將為名」條。

17 河南省古代建築保護研究所，〈河南安陽靈泉寺石窟及小南海石窟〉，載《文物》，一九八八年，第四期。

18 《集古今佛道論衡》卷乙所引王卲，《隋祖起居注》。

那羅延神王誕生於弘農楊氏家族，神話與現實政治相結合，便具有更加深刻的意義。

弘農楊氏

楊堅一家，自稱出自弘農楊氏。

弘農楊氏是一支歷史悠遠的名門望族，其發祥的傳說，可以追溯到很遠很遠。據說，楊氏出自西周宣王的兒子尚父，被封為楊侯，子孫以國為姓。後來，楊氏為晉所滅，子孫逃到華山仙谷，遂於華陰（今陝西省華陰市）定居下來。[19]這些傳說，事蹟遙遠，無法得到證明。

比較可信的記載，大概可以追溯到楚漢戰爭時代。在烏江邊追及項羽並將他分屍的五員漢將中，有一位叫楊喜，他因功被封為赤泉侯，成為弘農楊氏的先祖。到東漢中，楊家出了位名滿天下的大儒，亦即世稱「關西孔子」的楊震，他官至太尉，因彈劾邪佞而遭貶黜，憤然自盡，一時朝野震動，被海內儒士尊為表率。從此以後，天下楊氏，多附會楊震為宗祖。

魏晉時代，弘農楊氏盛極而衰。楊修為曹操所殺，子孫逃往南方，至東晉末楊佺期被恒玄所滅，一族殆絕。在北方，楊氏因為有兩位女兒先後被西晉武帝立為皇后而榮寵冠世，可惜好景不長，晉惠帝賈皇后為奪取權柄，廢楊皇太后，「誅（楊）駿親黨，皆夷三族，死者數千人」，[20]經過這場大規模殘殺，弘農本地的楊氏宗族亦告中絕。

此後，又不斷有楊姓氏族崛起於弘農，[21]但他們的真實系譜已難確證，故此不去細究。

楊堅一族也自稱出自弘農楊氏。據《新唐書．宰相世系一下》記載，楊震的孫子楊馥，其十世孫為楊孕，楊孕的六世孫為楊渠，其子楊鉉，為前燕北平郡守。也就是說，從東漢靈帝時

（一六八～一八八年）起至前燕（三三七年起）約一百七十年間，傳十七代，平均一代僅十年，令人難以置信。[22]《隋書・文帝紀》稱其遠祖為「漢太尉震八代孫鉉」，在時間上較為可信。但是，從楊鉉上溯到楊馥，其間五代，仍無從查考。

楊堅家族的名字，與其遠祖多有重複。例如，楊堅的父親楊忠，與楊震的曾祖同名；楊堅的兒子楊廣和楊俊，分別與楊震的九世孫和七世孫同名。如果真正出自同族嫡傳，則不應該屢犯祖先名諱。其實，這種情況在北朝新起的弘農楊氏族中，也有所見。例如，自稱出自楊震末子楊奉嫡傳的楊敷，就與其十三世祖同名。因此，我們很難把楊堅一族看作是弘農楊氏的嫡系後裔。

周隋之際，楊素家族更可能是弘農楊氏的代表。楊玄感起兵時，弘農楊氏紛紛起來響應。由此可見，這場鬥爭並不是宗族內部的分裂，它表明楊堅家族與弘農楊氏沒有多少淵源關係。楊素家族奉楊震末子為祖，而楊堅家族則稱出自楊震長子一系，顯然是要高過楊素家族，益顯其尊。但這種人為的意圖，卻讓人越發不敢輕信。

為了探明楊堅家族的來龍去脈，有必要將其世系表示出來（見表一〈隋室系圖〉）。

19 關於楊氏的祖先，有各種各樣的傳說，其主要者見《新唐書》卷七十一〈宰相世系一下〉；《元和姓纂》卷五（中華書局，一九九四年）。日本竹田龍兒，〈關於門閥弘農楊氏之一考察〉（《史學》第三十一卷第一～四號），比較完整地研究了弘農楊氏的世系源流，頗有啟發。

20《晉書》卷四十，〈楊駿傳〉。

21 如《魏書・楊播傳》記載：楊播「自云恒農華陰人」等等。

22 沈炳震，〈唐書宰相世系表訂訛〉（收於《二十五史補編》第六冊）早就指出這一訛謬。

表一　隋室系圖

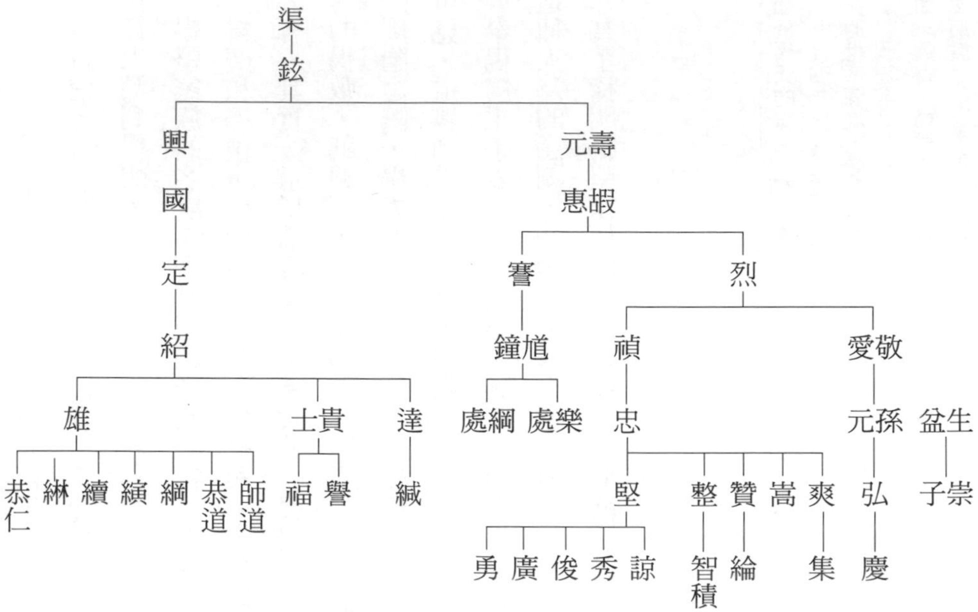

根據《周書·楊忠傳》記載，楊堅家族實際上始於任前燕北平郡（今河北遵化縣東）太守的楊鉉。至其兒子元壽時，轉歸北魏。可能是由於其北方家世的緣故，楊元壽被光榮地任命為武川鎮（今內蒙古武川縣）司馬，戍守邊疆，家族也就在這裡定居下來。此後經歷三代到楊禎時，六鎮兵起，楊禎隨著滾滾南下的人流，逃到中山（今河北定州市）避難，並在此地招募義徒，鎮壓鮮於脩禮，一戰下來，兵敗身亡。而其子楊忠則隨河北流民，漂泊於山東青州（今山東省青州市）。[23]

從這段經歷來看，我們沒有任何證據可以證明楊堅一族與弘農楊氏有血緣關係，其發跡的主要契機，倒是楊元壽任武川鎮司馬。大概到了楊忠在西魏政權下建功立業，隨宇文泰居住於同州，並曾主掌同州後，才見其與弘農有地緣關係，或許因此而稱弘農楊氏，以自崇門第。這種情況，在宇文泰集團裡並不少見。那麼，武川鎮對於楊氏乃至中國中古史，究竟具有什麼意義呢？

武川英豪

內蒙古呼和浩特市西北二十五公里外大青山北麓的土城梁村，聳立著幾座古城，這就是北魏武川鎮遺址。這座古老的城鎮，由南城和北城組成。南城東西廣一百三十公尺，南北長一百公尺左右。五十公尺開外的北城，東西廣約三百公尺，南北長約四百公尺。[24] 遠處，陰山迤邐，白雪皚皚。每到春暖花開的季節，山上的雪水奔流而下，注入白道中溪水，從古城西邊匆匆流過，向南撲入黃河的懷抱。古城四面，天蒼蒼，野茫茫，風吹草低見牛羊，一派塞外風光。

自北魏孝文帝把首都從平城（今山西大同市）遷徙到洛陽，遠離拓跋族的根據地之後，對塞外的控制就不免力不從心。而在北方草原上，柔然和突厥先後強盛起來，嚴重威脅著北疆的安

---

23 《陳寅恪魏晉南北朝史講演錄》（萬繩楠整理，黃山書社，一九八七年）第十七篇中，推測楊忠於其父戰死後，追隨邢杲起事，流落山東。楊忠客游泰山時，十八歲。據《周書·楊忠傳》所載卒年（天和三年，即西元五六八年，六十二歲）推算，其年當為正光五年（五二四）；而且，〈楊忠傳〉還記載他被俘至江左，在梁五年，後隨元顥入洛。元顥入洛陽在西元五二九年，則楊忠被俘時亦在西元五二四年。鮮于修禮起事於西元五二六年，此時楊忠已與其父分離，既未與其父一起鎮壓鮮于修禮，更不可能追隨此後起事的邢杲。總之，楊忠父子流落於河北、山東這段事蹟，記載不詳，恐難作任何推測，茲存疑待考。

24 張鬱，〈內蒙古大青山後東漢北魏古城遺址調查記〉，載《考古通訊》，一九五八年，第三期；宿白，〈盛樂、平城一帶的拓跋鮮卑—北魏遺跡——鮮卑遺跡輯錄之二〉，載《文物》，一九七七年，第十一期。

全。在這種形勢下，沿邊軍鎮的重要性就愈加凸顯出來。

往年，北魏政府從鮮卑人中，盛選親賢，配以高門子弟，駐紮在這裡。這些拓跋精銳，曾是人們憧憬的英雄。但是，打從都城南遷之後，上層貴族耽於京城的享樂生活，日益疏遠甚至遺忘了這些戍邊的勇士，只是在補充兵員的時候，偶爾想起他們。然而，習慣於南邊富庶生活的貴族子弟，誰也不願意到荒涼的邊疆，政府只好東拼西湊，徵發漢人子弟，甚至罪犯、饑民、高車族騎兵和商人等雜七雜八的人員到這裡來。[25]如此一來，邊鎮軍人的地位一落千丈，失去了往日的榮耀，被人賤視，一輩子當兵，最多混個隊長、軍主當當。而其留在京城的親屬，卻春風得意，飛黃騰達，一提起戍邊的親人，甚至羞於開口，恥與為伍。滿懷怨恨的軍士便開始逃亡，流落他鄉。面對這種情況，政府不但不想辦法從根本上加以解決，而是厲行「邊兵之格」，派兵緝拿，加強監管，鎮兵簡直成為國家囚徒。他們白天提心吊膽於不時出沒的敵人，朝不保夕；晚上站崗放哨，朔風冷月，四野狼嚎。

嚴酷的自然和社會環境，磨練了邊鎮將士堅韌不拔的性格，粗獷而勇武，特別是一群兄弟相稱的中下級將官，他們圍繞著熊熊篝火，喝酒猜拳，大聲喧嘩，抒發胸中的怨恨。相同的境遇，共同的願望，在年輕人心中引起的共鳴，萌發出對未來的理想。

邊鎮的聚居形態，促使他們普遍地相互通婚，火線上結下的生死情誼加上密切的婚姻關係，把他們緊緊地團結在一起，結成患難與共的血緣加地緣性質的集團。[26]集團內部沒有多少繁文縟節，比起縱向的從屬關係，他們更加看重橫向的兄弟義氣。

不同民族的人員從四面八方匯集在這裡，共同的外敵使他們無暇計較種族的差異，同舟共濟才有生路。無形之中，民族的鴻溝在逐漸地被掩埋。塞外的生活，養成他們豪邁而樸素的氣質，教育的不足，反而不會造成文化上的對立和歧視，使得他們更加容易結合起來，由此組成相對同質、嶄新的邊鎮移民社會，成為他們共同擁有的第二故鄉，哪怕走到天涯海角，都縈繞於心中，眷念不已。

清代學者趙翼曾敏銳地指出：「周、隋、唐三代之祖皆出於武川。……區區一彈丸之地，出三代帝王，周幅員尚小，隋、唐則大一統者，共三百餘年，豈非王氣所聚，碩大繁滋也哉。」[27] 如果真有所謂「王氣所聚」的話，我想，那應該就是上述武川鎮移民社會的特質。

然而，到了北魏末年，北方六鎮發生了巨大動搖。受中央貴族歧視的鎮民，在邊鎮又受到鎮將殘酷的剝削壓迫，遂於正光五年（五二四）三月，在破六韓拔陵的帶領下，在沃野鎮舉行聲勢浩大的起義。不久，破六韓拔陵的部將衛可孤攻克武川鎮。鎮上軍民四下逃散，楊堅的祖父楊禎也隨著流民逃入關內，流落到中山。而武川鎮的多數軍官，幾經輾轉，先後匯集於晉陽（今山西省太原市西南）的爾朱榮的麾下。

永安三年（五三〇），爾朱榮鎮壓了河北的葛榮之後，以其姪爾朱天光為使持節都督雍岐二州諸軍事、雍州刺史，率左大都督賀拔岳、右大都督侯莫陳悅進入關中，鎮壓萬俟醜奴起義。這支西征隊伍有兩點深值注意。

25 關於北鎮兵士的組成，參閱：濱口重國，〈論正光四五年之交的後魏兵制〉，收於其著《秦漢隋唐史的研究》上卷（東京大學出版會，一九六六年）。

26 請參閱：谷川道雄，〈武川鎮軍閥的形成〉（載《名古屋大學東洋史研究報告》，一九八二年，第八期），對武川鎮軍人及其鄉里社會作了出色的研究。

27 趙翼，《廿二史劄記》卷十五「周隋唐皆出自武川」條。

第一，軍隊的主要領導人是武川籍的賀拔岳。賀拔岳的父親賀拔度拔、次兄賀拔勝均任武川軍主，為武川軍將的領袖。因此，他大量起用武川軍人，如任用宇文泰為別將等，構成其軍團的核心。[28]當時，誰也沒有料到這次遠征，卻使得武川軍人成為一支崛起於中國西北的獨立政治軍事力量，奠定了北周政權的基本班底。

第二，出征的隊伍人數極少。出發時，「唯配軍士千人，詔發京城已西路次民馬以給之」，[29]入關後，爾朱榮才又加派二千兵卒。這樣一支勢單力薄、兵微將寡的部隊，根本不可能平定關隴。然而，正因為處於劣勢，所以他們特別注意拉攏關隴地方豪族的支援，以此擴充力量，[30]形成北鎮軍人與關隴豪族緊密結合的傳統，從而比較妥善地解決了長期困擾北方少數民族政權的民族融合問題，奠定了未來統一政權的基本國策。

就在爾朱天光和賀拔岳成功平定關隴地區的時候，京城裡發生了重大變故。北魏孝莊帝不滿爾朱榮專權，設計於宮內誅之。爾朱天光等爾朱氏諸將聞訊，紛紛反撲京城，廢立魏帝。爾朱天光一走，關隴地區主要便在賀拔岳和侯莫陳悅的控制之下。而在中原，原爾朱榮部將高歡擁兵崛起，並於中興二年（五三二）大破爾朱天光，控制了北魏中樞。關中的賀拔岳和侯莫陳悅也率部攻克長安，俘虜爾朱天光的弟弟爾朱顯壽，從而出現了東西不同軍事集團並立的局面。

高歡擁立的北魏孝武帝不甘受人擺布，遂以賀拔岳為都督雍、華等二十州諸軍事、雍州刺史，密付血書，令他暗圖高歡，還任命賀拔勝為南道大行臺尚書僕射，出鎮荊州（今河南省魯山縣東），以張其勢。而高歡也在積極爭取對關隴地區的控制，派人遊說侯莫陳悅，指使他殺害賀拔岳。賀拔岳與高歡早有矛盾。當年（五二八），爾朱榮殺北魏胡太后及朝中百官時，高歡曾勸說爾朱榮稱帝，而賀拔岳堅決反對，並勸爾朱榮殺高歡以謝天下。永熙三年（五三四），賀拔岳到侯莫陳悅營中，商議討伐靈州（今寧夏靈武縣西南）刺史曹泥，被侯莫陳悅所殺。

賀拔岳死後，軍中大亂，諸將謀立新帥，趙貴力主迎立宇文泰，並得到寇洛、侯莫陳崇、梁禦、若干惠等人的支持；李虎主張迎回荊州的賀拔勝；另一些人則主張報請朝廷處置。當時的形勢萬分緊急，高歡派遣的大將侯景，北魏朝廷派出的宗室元毗，已經上路，各方都想接收賀拔岳軍團。賀拔岳部將之間的爭論總算有了結果，迎立宇文泰的意見占上風，時在夏州（今陝西省靖

---

28 谷川道雄上引論文對賀拔嶽軍團的人事作了分析，茲引錄於下：

關西大行臺

左丞	宇文泰（後為蘇亮）	右丞	薛孝通
從事中郎	周惠達	吏部郎中	辛慶之
郎中	王子直　呂思禮		

都督府

長史	雷紹（後為趙善）	司馬	宇文泰
從事中郎	馮景	記室參軍	張軌

軍隊統帥

左廂大都督	李虎	右都督	寇洛
大都督	趙貴　劉亮	都督	侯莫陳崇　若干惠　怡峰　赫連達　辛威　梁椿
子都督	達奚武　韓果	帳內都督	李和
別將	王勇	帳內	耿豪
「心膂」	梁臺	不明	侯植　厙狄昌　梁禦　王德

名單下劃單線為武川鎮出身者，劃雙線為武川鎮出身且後來擁立宇文泰者，劃虛線為擁護宇文泰者。據《資治通鑑》卷一百五十六記載，宇文泰接任時，梁禦已是大都督，或在賀拔岳時已任此職。

29 《魏書》卷七十五，〈爾朱天光傳〉。

30 參閱：張偉國，《關隴武將與周隋政權》（中山大學出版社，一九九三年）。

邊縣東北白城子）的宇文泰輕騎馳回，控制了局面。

從宇文泰繼任的過程可以看出，參加決策者大多出自武川鎮，是賀拔岳軍團的核心。這樣一支以家世地緣為紐帶組成的集團，絕非他人能夠輕易控制得了的，其領袖人物勢必也要出自集團內部。侯莫陳悅殺賀拔岳後，隨即回師而不敢併吞其軍，就是有鑑於此，恐非膽怯無謀。以後，隋唐兩代君主都出身於武川鎮，與此亦大有關係。迎立宇文泰，表明武川軍將之間較為平等的關係，他們希望年近三十的宇文泰繼任，而不推舉賀拔勝，這不僅僅是因為賀拔勝遠在荊州，更重要的是賀拔勝是賀拔岳的哥哥，軍功輩分遠在他們之上，若其繼任，則不能與諸將保持比較平等的關係。當然，賀拔勝沒有和他們共同生活，缺乏深厚的感情，也是一個因素。宇文泰接任後，不肯奉詔入京，而是首先征討侯莫陳悅。這除了鞏固後方的戰略考慮外，更重要的是以為賀拔岳復仇為號召，籠絡軍心，樹立威望。由此可以略示武川軍人集團內部濃厚的義氣感情色彩之一斑。實際上，六鎮之亂後的北魏政局，在相當程度上就是為若干北鎮軍人出身的宗派集團所左右，如果沒有進行一番脫胎換骨的改造，則分裂的局面還將繼續下去，根本還談不上建立統一的中央集權體制。

宇文泰控制關隴，標誌著以武川軍人為核心的軍事集團獨立登上了政治舞臺。和關東地區強大的高歡集團相比，宇文泰的力量遠不足與之抗衡，強弱之勢，洞若觀火。

高歡同樣出自北鎮，其班底主要為懷朔鎮將士。六鎮亂後，鎮民大部分流入河北、山東等地，而高歡崛起於爾朱氏羽翼之下，繼承了其主要遺產，獲得鮮卑主力的歸附，從而建立起強大的軍事力量。然而，正因為有此為憑藉，故其所建立的政權致力於滿足鮮卑軍人的利益，保持鮮卑人的優勢地位，通過民族壓迫和軍事高壓來保持軍隊的戰鬥力，民族矛盾十分尖銳，而且還迅速導致了政治的腐敗。

和高歡相比，宇文泰手頭上的鮮卑軍事資本不多，其力量的深厚根源，乃在於關隴本地的漢人地方豪族。而且，在與高歡對抗中，山西、河南一帶豪族的向背，至關重要。爾朱天光和賀拔岳入關時，得到弘農楊氏的大力支持，侍中楊侃出鎮潼關，引三輔大族韋孝寬為司馬，「以女妻之」。[31]在楊氏的積極協助下，賀拔岳得到關中和河東大姓的鼎力支持。而後，宇文泰在與高歡的數次大戰中，雖慘敗而高歡不敢窮追，並不是因為高歡畏懼宇文泰是豪傑，[32]而是由於河東一帶的豪族支援宇文泰，致使高歡不敢孤軍深入。從洛陽到潼關一帶，如龍門西岸的楊氏壁、[33]張白壁（今河南省宜陽縣西北）等，[34]是當年抗擊高歡的重鎮，使得關中得以稍安。這樣，關中政權的特色就十分清楚，它是以武川軍將為核心，依靠關中和河東地區豪族勢力而建立的，其促進民族融合的政策，使自己逐步轉劣勢為優勢，形成緊密團結、同仇敵愾的氣象，並招引著分散於各地的原武川軍將的歸附。

就在宇文泰為建立關中政權而嘔心瀝血的時候，楊忠還在四處漂泊，坎坷潦倒。十八歲那

31 《周書》卷三十一，〈韋孝寬傳〉。

32 《資治通鑑》卷一百五十七「梁武帝大同三年（五三七）十月」條胡三省注稱：「沙苑之戰，宇文泰不敢乘勝追高歡，邙山之戰，歡不敢乘勝追泰，蓋二人者智力相敵，足以相持而不足以相斃也。」

33 《資治通鑑》卷一百五十六「梁武帝中大通六年（五三四）十月」條記載：「東魏行臺薛脩義等渡河據楊氏壁（胡注：據〈薛端傳〉，楊氏壁在龍門西岸，當在華陰、夏陽之間，蓋華陰諸楊遇亂築壁以自守，因以為名），魏司空參軍河東薛端糾帥村民擊卻東魏兵，復取楊氏。丞相泰遣南汾州刺史蘇景恕鎮之。」

34 《資治通鑑》卷一百五十八「梁武帝大同四年（五三八）十二月」條記載：「洛陽以南尋亦西附。丞相泰即留（外兵郎中天水權）景宣守張白塢，（胡注：『塢在宜陽西北』。《水經注》：『河內軹縣有張白騎塢，在溴水北原上，據二溪之會，北帶深隍，三面阻險，唯西面板築而已。』）節度東南諸軍應關西者。」

年，他流落到山東，登泰山，望神州，前途渺茫，滿目蒼涼。在泰山腳下，他和一位名叫呂苦桃的女子草草成親，[35]正想過上幾天平安的日子，不料南朝梁軍隊乘北魏大亂之機，出兵北伐，他被虜往江南，在梁朝過了五年。

大通二年（五二八）十月，梁朝以投降的北魏北海王元顥為魏王，發兵送其歸國，楊忠被任命為直閣將軍，隨軍北上。翌年，元顥攻入洛陽，當上皇帝，不由得滿心歡喜，縱酒高歌，大吹大擂。就在這時，爾朱榮的前鋒獨孤信已兵臨城下，一場惡戰，元顥被亂兵所殺，楊忠改換門庭，成為爾朱度律帳下統軍。不久，爾朱榮被孝莊帝誅殺，爾朱兆自并州反攻，楊忠隨之進入洛陽。其時，爾朱氏已是強弩之末，旋為高歡所滅。而高歡所立的孝武帝，不滿高歡專政，任命武川舊將賀拔勝出鎮荊州，以為羽翼，武川出身的軍將多追隨賀拔勝，楊忠也轉歸獨孤信，成為其麾下一員猛將。

賀拔岳被殺，獨孤信奉賀拔勝之命，攜楊忠入關綏撫賀拔岳餘眾。這時，宇文泰已經繼立，而獨孤信、楊忠和宇文泰自幼打鬧廝混，情同手足，如今闊別重逢，更是互訴衷腸，傾心交結。宇文泰便讓獨孤信到洛陽，向朝廷匯報關中的情形。到了洛陽，風雲激變，孝武帝與高歡攤牌，倉促西遷，獨孤信和楊忠又護衛著孝武帝回到關中。

在南邊，局勢卻變得十分險惡。賀拔勝優柔失機，部將勸他全力入關，和宇文泰會師。但他自矜前輩，不甘屈居人下，逡巡不前，計無所出。高歡當機立斷，派大將侯景提雄兵直趨荊州，風行電擊，打得賀拔勝落荒而逃，渡江降梁。

失去荊州，宇文泰就只能窮蹙關中一隅，難與高歡逐鹿中原，這令他難以忍受，所以，他派遣獨孤信率數百軍卒，打回荊州。楊忠率領先頭部隊，陷陣破圍，斬將搴旗，一口氣奪回荊州。

半年之後，高歡派遣大將高敖曹和侯景來奪荊州，獨孤信立足未穩，寡不敵眾，不得不棄城南奔。這樣，時隔六年，楊忠又再度流落梁朝。

正面戰場上，宇文泰正醞釀著與高歡大戰。千軍易得，一將難求，宇文泰聽從部下的勸說，派趙剛專程到梁朝，請賀拔勝、獨孤信和楊忠回關中。而梁武帝正想借重北方降將之力，故挽留不遣。賀拔岳只好買通梁武帝近臣朱異關說，遷延了三年，才獲准北歸。第二年（五三六）秋，獨孤信和楊忠也獲得批准，回到關中。[36]

楊忠高大美髯，深沉大度，曾隨宇文泰出獵，有猛獸馳出，楊忠赤手空拳，左挾其腰，右拔其舌，親手殺之，見者無不驚嘆。達奚武以武勇著稱，有一次和楊忠一道出征，遇到北齊大軍，達奚武懼不敢戰，率軍後撤，以楊忠殿後。部隊退到洛南，齊軍追至洛北。兩軍隔水相望。楊忠令將士解鞍而臥，自己立馬河上，齊軍見而懼怕，竟不敢進逼。達奚武嘆服道：「達奚武自是天下健兒，今日服矣！」宇文泰深愛楊忠英勇，將他留在身邊。

賀拔勝、獨孤信和楊忠等自南朝歸來，武川鎮出身的各路將軍終於會首關中，凝聚為堅強的軍事集團，開始了與高歡爭奪天下的生死大搏鬥。

---

35 《陳寅恪魏晉南北朝史講演錄》第十七篇中，據此以為楊忠乃出自山東楊氏，而非出自武川。如上文所示，所謂出自武川鎮，是指武川軍將共同承認的第二故鄉，而不是指其原籍；而且，楊忠祖上數代定居於武川，是不爭的事實。楊忠客居山東，並不能抹煞這一事實，而此短暫的居留，也不足以證明其為山東楊氏，更何況六鎮流民大多流徙於河北、山東一帶。

36 《資治通鑑》卷一百五十七記載，賀拔勝於大同二年（五三六）北歸，獨孤信和楊忠則遲至翌年才回到關中。《周書》卷十六〈獨孤信傳〉也記載其於大統三年（五三七）秋回到長安，時間記載明確。但《周書》卷十九〈楊忠傳〉記載，楊忠隨宇文泰「擒竇泰」。擒竇泰在大統三年正月，參戰者為先期歸來的賀拔勝。其時，楊忠尚未回到關中，不應參預此役。故〈楊忠傳〉誤載，當從《資治通鑑》。

楊忠回到關中，鞍馬未下，便隨宇文泰出征，先後參加了著名的沙苑之戰、河橋之役，屢立功勳。此後，東西之間戰事間歇，楊忠隨宇文泰等軍隊統帥回居靠近潼關的華州，防備高歡。在這裡，他喜氣洋洋地迎來了長子楊堅的誕生，嘗到家庭的歡樂，更增添了保家衛國的豪情壯志。這段溫馨的日子沒有持續多久，楊堅還在繈褓之中，父親又風塵僕僕趕往前線，破黑水稽胡，解玉壁之圍，東進洛陽，會戰邙山，南入梁境，略定漢沔，不斷把捷報寄回家中。

到了西魏大統十六年（五五〇），東西之間的戰事已基本穩定，宇文泰騰出手來，整頓軍隊，構建統一的軍事指揮體制。在其創立的府兵制頂端，有宇文泰、李虎、元欣、李弼、獨孤信、趙貴、于謹、侯莫陳崇八大柱國，其下有元贊、元育、元廓、宇文導、侯莫陳順、達奚武、李遠、豆盧寧、宇文貴、賀蘭祥、楊忠、王雄十二大將軍。[37]這份精心安排的名單，既保留了武川軍將的基本色彩，又包括了原賀拔岳、賀拔勝、侯莫陳悅和魏孝武帝各大派系的代表，每位柱國大將軍的背後，都有一個軍事集團支撐，顯然是各派之間妥協與平衡的結果。這二十家構成了關中政權的核心，組成新的門閥政治格局，「當時榮盛，莫與為比」。[38]此後，由於柱國大將軍權位隆重，甚少出征，因此，軍事行動的重任就主要落在十二大將軍肩上，後者的重要性日益提高。楊忠躋身於十二大將軍之列，成為關中政權的梁柱，使得楊堅日後能夠直接進入權力中樞。

楊堅出生後，就在佛教的環境中成長，一年難得見上父親幾面，童年的歲月裡，並沒有享受到多少雙親的溫暖，玩耍時的歡樂、生活中的困難以及對外間世界的遐想，經常只能對著莊嚴的佛像，在心裡對自己訴說。暮鼓晨鐘，燃燈誦經，寺院的刻板生活，使他過早地失去了童稚和天真，養成深沉穩重、孤傲剛毅的性格，舉止有度，少年老成。清冷的佛寺，使他缺少兒時玩伴，只有後來成為其姐夫的竇榮定，是他最好的夥伴。楊堅日後回憶童年往事時，曾經說道：「朕少惡輕薄，性相近者，唯竇榮定而已。」[39]言辭裡不免讓人隱隱感覺到一種孤單、冰冷，多少缺乏幽默詼諧的氣度和人情味。

作為軍事貴族家庭的子弟，他從小就受到良好的軍事訓練，薰陶於北周質樸尚武的風氣之中。當時，宇文泰為首的軍事將領大都居住在華州，東西兩大政權之間，頻頻爆發戰爭，活生生的英雄故事，深深地感染著楊堅幼小的心靈。除了佛教的世界，他最熟悉也最嚮往的世界，無疑就是馳騁殺敵的戰場。父親每次從前線傳來勝利捷報，都讓他興奮不已，感到無比的驕傲，爭強好勝的孩兒心理在家世勳貴的光環照耀下，更激起他的萬丈雄心，渴望早日成長，叱吒風雲，展現才華，一種統帥群英的領袖感油然而生。

可是，佛寺的高牆把他緊緊地禁錮其中，胸中的豪情只有在夜間夢裡得到滿足，對未來的憧憬也只能默默地化作心中的籌算，由此養成沉默寡言和善於獨立思考的習慣。生活的環境和對外間世界的嚮往在內心衝撞，形成他極為複雜而矛盾的性格。就這樣，這位過於早熟的少年，終於在十三歲時，走出佛門，轉入太學，邁向他日思夜盼卻又不太熟悉的世界。

37 名字底線者為武川鎮出身的軍將。
38 《周書》卷十六，〈侯莫陳崇傳〉。
39 《隋書》卷三十九，〈竇榮定傳〉。

第三章 多事之秋

初入仕途

西魏恭帝元年（五五四），楊堅十四歲，轉入太學學習已經有一段時間了。太學是一所專門培養貴族子弟的學校。魏孝武帝匆促西遷，禮樂散逸，典籍不備；宇文泰集團起自行伍，軍將驍勇少文；貴冑子弟從小習武，以弓馬自矜。宇文泰深知，沒有文化的隊伍是難以擔負起爭奪天下的重任的，所以，他努力提倡學習，甚至在自己的行臺設置學堂，讓部下府佐白天辦完公事後，晚上到學堂學習。當然，這種軍政機構附設的學堂，充其量不過是進行諸如掃盲和學習一般公文寫作之類的實用教育，同正規學校完全不能等量齊觀。彌漫於統治階層的尚武輕文的風氣，給以後形成的國家政權留下嚴重的先天不足的病根，這是後話。就當時的社會風氣和學校的師資設備來看，西魏太學的教育水準，可想而知。

在這群質樸而孔武的子弟中，能文善武，就容易得到大家的尊重。例如，李禮成「雖善騎射，而從容儒服，不失素望。」[1]至於像楊堅這種自幼深受佛寺教育的學生，更是一種特異的人物，其威儀風姿，讓那些胡人軍將公子和漢人世族子弟肅然起敬，「雖至親昵不敢狎也」。[2]在太學學習的都是貴宦子弟，楊堅所獲得的尊重，在他們這一代人登上政治舞臺時，就成為極其寶貴的政治資本。

就在這一年，楊堅被京兆尹薛善看中，辟他為功曹。這一任命固然是象徵性的，但對於楊堅來說，卻是他走上仕途的開端。

翌年，楊堅因為父親平定江陵（今湖北省荊沙市）的軍功，被授予散騎常侍、車騎大將軍、儀同三司的勳官，封成紀縣公。第二年，又升為驃騎大將軍，加開府銜。在宇文泰制定的勳位中，楊堅的勳位已是最高的九命一級。顯然，作為宇文泰集團的核心家族，其子弟都從高位起家，這就確保了各個家族既得利益的世襲繼承，維持了其顯赫的政治地位和整個集團的穩固。所以，楊堅雖然還沒有正式踏上仕途，但其似錦的前程，已經得到充分的保障。

大約就在這個時候，楊堅又迎來了對他一生具有決定性影響的喜事。他父親的老上司，上柱國、大司馬獨孤信相中楊堅一表非凡，滿心歡喜，便把十四歲的女兒獨孤伽羅嫁給了他。[3]這件喜事，雖然帶有貴族通婚的濃厚政治色彩，但是，獨孤氏決非一般的女子，她個性堅

1 《隋書》卷五十，〈李禮成傳〉。

2 《隋書》卷一，〈高祖上〉。

3 《隋書》卷三十六〈后妃〉記載：文獻獨孤皇后病逝於仁壽二年（六〇二），「時年五十」。依此推算，則她出生於西魏廢帝二年（五五三）；根據她十四歲與楊堅結婚的記載，則已是北周武帝天和元年（五六六），此時，她的父親獨孤信早已被宇文護逼死多年，不可能為她主婚。而且，根據《周書》卷九〈宣帝楊皇后〉記載，楊堅的長女楊麗華在大業五年（六〇九）去世，時年四十九歲，則應出生於北周武帝保定元年（五六一），早於以上推算的獨孤皇后結婚時間。由此可證，《隋書》關於獨孤皇后年齡的記載是錯誤的。《北史》卷十四〈后妃下〉記載，獨孤皇后去世時五十九歲，顯然是正確的，茲以為據。另外，根據《北史》獨孤皇后卒年推算，她出生於西魏大統十年（五四四），按照其十四歲結婚的記載推算，則應在北周孝閔帝元年（五五七）。但是，上年底宇文泰去世，而這年二月，其父獨孤信就被罷黜，不久自殺。因此，獨孤氏與楊堅結婚，應在上年（五五六），即宇文泰和獨孤信都健在的時候。

強，頗有政治見識，在以後幾十年的風雨歲月裡，她始終是楊堅最親密的戰友和精神上的支柱。獨孤氏的名字伽羅，出自梵文「tagara」，意譯作香爐木。不難看出，她同樣出自信仰佛教的家庭。共同的政治志向和宗教信仰，把兩人的心緊緊地連在一塊，情同魚水。得此賢妻，楊堅如虎添翼。而見到這位躊躇滿志的少年郎，一代梟雄宇文泰也不禁暗地喝彩，讚嘆道：「此兒風骨，非世間人！」[4]

五五七年，北周取代西魏而立。西魏滅亡，早已是時間問題，這一點，沒有人不清楚。可是，這番廢立，卻也經歷了激烈的鬥爭。阻力並不是來自西魏皇室的反抗，而是爆發於宇文氏集團內部。宇文泰死後，其姪宇文護以迅速果斷的行動，扶持宇文泰的嫡子宇文覺（孝閔帝）登上王位。同年，因為新的權力鬥爭，宇文護廢弒孝閔帝，改立宇文泰的長子宇文毓，即明帝，而朝廷權力則完全掌握在宇文護手裡。

明帝即位後，楊堅被任命為右小宮伯，進封為大興郡公，正式踏上了仕途。

宮伯掌管皇宮宿衛，小宮伯為其副職。貴胄子弟多由侍衛起家，其主要原因就是因為宿衛官在皇帝身邊，貼近權力中樞，能夠迅速得到提拔。另外，從北周官制上說，宮伯隸屬於天官大塚宰。當時，擔任大塚宰的是宇文護。由此看來，楊堅擔任此職，是宇文護為拉攏楊氏而作的安排。可是，這一職務正好夾在皇帝和權臣之間，地位十分微妙，是飛黃騰達，還是身敗名裂，就取決於在政治鬥爭中的立場態度。每逢朝會，宮伯官金刀金甲，立於兩班衛士前頭，威風凜凜，然而，箇中冷暖滋味，只有自己心裡明白。楊堅在這個職位上如臨深淵地度過了好幾個寒暑，幾度險遭不測，親身體驗到政治鬥爭的冷酷。可是，這個特殊的位置，卻也讓他洞察朝廷複雜的人事關係，在宮裡宮外，交結一幫密友，練就了深藏不露、處變不驚的政治本領。

「兩姑之間難為婦」

楊堅一踏入仕途，就經受了政治鬥爭驚濤駭浪的洗禮。

五五六年十月，關中政權的實際領袖宇文泰在北巡途中發病，急召其姪兒、中山公宇文護趕到涇州（今甘肅省涇川縣北涇河北岸），交代後事道：「吾形容若此，必是不濟。諸子幼小，寇賊未寧，天下之事，屬之於汝，宜勉力以成吾志。」[5]不日，宇文泰就在趕回長安的路上，於雲陽（今陝西省涇陽縣西北）逝世。雲陽就在長安邊上，用不了半天就可以到達。但是，宇文護仍然採取嚴格的保密措施，一直將靈柩護送到長安後，才公開發喪。由此可見，當時的形勢相當嚴峻。

那麼，宇文護究竟緊張什麼呢。其實，從宇文泰的遺言已可略見端倪了。宇文泰說自己「諸子幼小」，可是，當時其嗣子宇文覺十五歲，長子宇文毓二十三歲，都不能說是「幼小」。既然如此，為什麼宇文泰還要將權力囑託給宇文護呢？

如前所述，關中政權是由賀拔氏兄弟等幾個武裝集團合流而成的，其主要成員，原是同輩，兄弟相稱，宇文泰因為膽略才智過人，為諸將所推崇而成為實際的領袖。因此，他們之間雖說是上下級關係，實際上宇文泰更像是「老大」。宇文泰對此十分清楚，所以，自西魏政權成立以來，他在內政方面所作的就是逐步提高相府權力，明確上下級關係，慢慢收服各路將領，培植宇文氏親屬勢力。同時，他也儘量照顧各將領的利益，用毫無實權的西魏皇帝來平衡派系關係。宇文泰

4 《北史》卷十一，〈隋本紀上〉記載。

5 《周書》卷十一，〈晉蕩公護傳〉。

不急於代魏自立，其根本原因就在於此，同時也表現出自己對駕馭群雄的自信。可以說，時間的推移有利於宇文泰。

可是，天不作美，就在宇文泰日占上風的時候，突然病逝，其手下的將領，個個都是出生入死、久經沙場的好漢，他們崇敬的是本事和軍功，決非一般人所能駕馭。宇文泰的兒子素無功勳，顯然鎮不住這些英雄好漢。宇文泰所謂「諸子幼小」，指的並非生理年齡，而是政治上的成熟度。

其實，對於繼承人問題，宇文泰早有安排。在自己的兒子尚未長大成熟之前，宇文泰著重培養其姪兒宇文導，早早就把他提拔為十二大將軍之一，每逢自己出征，就讓他留守關中，「深為吏民所附，朝廷亦以此重之」。[6] 可惜，宇文導死得太早。於是，宇文泰就把目光投向宇文導的弟弟宇文護。宇文護生於北魏延昌二年（五一三），[7] 曾經參加過西魏建立初年的歷次戰役，宇文泰稱讚他「此兒志度類我」，是宇文家族第二代中的佼佼者。宇文泰去世時，他四十四歲，正當盛年，宇文泰只能把終生為之奮鬥的大業交付與他，希望他能實現改朝換代統一天下的目標。

宇文護臨危受命，他面對的形勢十分嚴峻。從軍功資歷來說，他還不足以和第一代元勳相提並論，而且，宇文泰沒有稱帝，其職位並沒有一定要由宇文氏繼承的道理。所以，宇文泰一死，「群公各圖執政，莫肯服從」，[8]「懷等夷之志，天下有去就之心」，[9] 關中政權面臨最嚴重的政治危機。

有資格向宇文氏家族挑戰的，是那些和宇文泰「等夷（同輩）」的元勳。當時，最初的八柱國尚存五家：于謹一直是宇文泰的心腹助手。李弼原為敵對的侯莫陳悅集團將領，正因為有這層關係，所以他歸附宇文泰後，更是小心謹慎，忠心耿耿。而且，他們兩人已同宇文泰結為兒女親家。侯莫陳崇為賀拔岳部將，忠誠於宇文氏。那麼，剩下來的趙貴和獨孤信顯然就是謀求執政職位的競爭對手。

當年，賀拔岳被害時，是趙貴力排異議，確立宇文泰的領導地位，對宇文泰有擁戴之恩。獨孤信是賀拔勝集團的主要將領，他「風度弘雅，有奇謀大略」，在荊州、洛陽，特別是其長期鎮守的隴右，甚得民望，「聲振鄰國」，[10]以至東魏傳檄說他擁兵秦中與宇文泰對抗。敵國之說或為捕風捉影，但他的確不屬於宇文泰嫡系，相互之間關係頗微妙。獨孤信的三個女兒，分別嫁給北周明帝宇文毓、隋文帝楊堅和唐高祖的父親李昺，從一個側面反映出獨孤氏在宇文泰集團中的重要地位。但這自然也引起宇文泰的戒心。就在去年，宇文泰決定立嗣，長子宇文毓是獨孤信的女婿，而嫡子宇文覺剛剛成年，宇文泰想立嫡子，卻又擔心獨孤信不服，便向諸將徵求意見。眾將不願得罪任何一方，便都沉默不語，立嗣之議差一點擱淺。最後，還是李遠挺身而出，請斬獨孤信以立嫡子，這才勉強確定了繼承人。宇文泰不立長子，恐怕有擔心獨孤信將來以外戚干政將無人能制的因素。宇文泰之死，使得集團內部潛存的矛盾表面化，如何處理這一矛盾，對於關中政權來說，既是嚴重危機，也是一大轉機。

宇文護顯然不足以鎮住趙貴和獨孤信，但他機智地請來威望隆重的于謹為他衝鋒陷陣。于謹

6 《周書》卷十，〈邵惠公顥傳附宇文導傳〉。

7 《周書》卷十一〈晉蕩公護傳〉記載了其母給他的信，說道：「昔在武川鎮生汝兄弟，大者屬鼠，次者屬兔，汝身屬蛇。」可知宇文護生於北魏延昌二年癸巳歲（五一三）。

8 《資治通鑑》卷一百六十六「梁敬帝太平元年（五五六）十月」條。

9 《周書》卷十一，〈晉蕩公護傳論〉。

10 《周書》卷十六，〈獨孤信傳〉。

懷著「以死爭之」的決心，在討論繼承人的會議上，回憶宇文泰對大家的恩德，聲色俱厲地要求大家擁護宇文護主持大政，並帶頭向宇文護效忠，「群公迫於謹，亦再拜，因是眾議始定」。[11]

宇文護自忖，只要宇文氏不稱帝、不確立與群雄的君臣關係，自己就沒有把握駕馭他們。因此，他趁著宇文泰屍骨未寒，立即逼迫西魏恭帝禪讓，於第二年正月，擁立宇文覺即天王位，正式建立北周。奪取了君權，宇文護也就讓趙貴擔任大塚宰，滿足他想當「執政」的願望，但同時將至關重要的大司馬一職從獨孤信手中收歸己任，爭得軍權，並和于謹、李弼及侯莫陳崇參議朝政，把趙貴和獨孤信架空並擠出權力中心。

趙貴和獨孤信自以為和宇文泰平輩，居功自負，憤憤不平晚輩宇文護專權。趙貴一時衝動，甚至想剷除宇文護，但被獨孤信所制止。然而，不久，他們的密謀竟被遠在鹽州（今陝西省定邊縣）任刺史的宇文盛告發。於是，宇文護先發制人，在趙貴入朝時，將他捕殺，同時還罷免了獨孤信，旋即逼他自殺。這一事件大有疑問，趙貴和獨孤信如果真的謀反，那麼，人在外地的宇文氏族人宇文盛兄弟從何得知？今天，我們已經無法得知當時的真相了，但是，從不合理的蛛絲馬跡，仍可看出這是宇文護為提高中央集權，有預謀的進行剷除異己的行動。

然而，一波未平，一波又起。趙貴、獨孤信一案剛剛了結，馬上又爆發了李植等人支持孝閔帝謀誅宇文護案。李植的父親是十二大將軍之一的李遠，自稱隴西李氏，實際上是隴西鮮卑拓跋族酋長。[12] 李賢、李遠和李穆三兄弟，為宇文泰崛起於關中，立了大功。宇文泰曾經把兩個兒子，即後來的周武帝和齊王憲，寄養於李賢家，可見關係之深。李植早在宇文泰時代就已經參掌朝政，宇文護專權，他和幾位宮衛頭領，與孝閔帝密謀捉拿宇文護，歸政於孝閔帝。然而，計畫不幸敗露，孝閔帝被弒，李植及其成年的弟弟都被誅殺，甚至禍及其父李遠，而李賢和李穆兩家亦受牽連，除名為民。

繼立的明帝，就是獨孤信的女婿宇文毓，他早已成年，又聰明好學，明顯不利於宇文護長期專權，所以，登基才兩年，就被毒死。臨死前，明帝沒有把王位傳給年幼的兒子，而是傳給弟弟宇文邕，即武帝，希望他能完成兩位長兄未竟之志，制服權臣，樹立皇室的絕對權威。

北周初年，一系列政變所造成的影響非常深遠。第一，趙貴、獨孤信事件，標誌著在中央集權化過程中，北周元勳集團分裂了。第二，李植事件表明，在第二代中，新的領導權威尚未樹立起來。第三，孝閔帝和明帝被弒則是中央集權由誰來完成的鬥爭，即皇權與相權之爭，其結果是宇文氏家族的分裂，削弱了自身的力量。

這三種矛盾，都反映出北周政權正堅定地邁向統一的中央集權國家的道路，在這一進程中，出現第一、二種類型的矛盾並不奇怪，它或許是中央集權所需付出的代價，可以通過國家制度的完善和妥善的政治措施來逐步消解。可是，不管怎麼說，每一次重大的政治鬥爭，都需要相當一段時間來鞏固其成果和消化其負面影響。然而，北周國家的發展卻缺少了這一消化的過程。宇文護受命於危難之際，終能擁立宇文泰諸子，變魏為周，功勳殊偉。但他熱衷權勢，甚至走馬燈似地一再廢立君主，破壞了正常的政治秩序，在強化中央集權的過程中，自己反倒成為中央集權的

---

11 《周書》卷十五，〈于謹傳〉。

12 《周書》卷二十五〈李賢傳〉記載：「其先隴西成紀人也。」但是，其墓誌記載：「十世祖俟地歸，聰明仁智，有則哲之監，知魏聖帝齊聖廣淵，奄有天下，乃率諸國定扶戴之議。鑿石開路，南越陰山。竭手爪之功，成股肱之任。建國擒拔，因以為氏。」(〈寧夏固原北周李賢夫婦墓發掘簡報〉，載《文物》，一九八五年，第十一期。)「擒拔」即「拓跋」，可知李氏實為鮮卑拓跋族。

最大障礙。而且，他缺乏文化修養，一味實行政治高壓，激化了矛盾，渙散了人心，給北周政權造成很大的對立面，最後自己身敗名裂。

武帝時代揭開北周最輝煌的一頁，中央集權體制得到鞏固，北方獲得統一，各種政治矛盾逐步被納入正常的國家體制內加以消化。遺憾的是，這段黃金時間匆匆而逝，還沒來得及發揮影響，轉眼之間又進入缺乏理性的宣帝時代。如果說宇文護時代的政治鬥爭還具有中央集權的意義，那麼，宣帝所進行的則是變態、猜忌和無聊的政治迫害，造成統治集團的徹底分裂，新舊矛盾匯聚在一起，新的政治領袖和新的政治時代已經呼之欲出了。

在這一系列殘酷的政治鬥爭中，剛剛出道的楊堅經受了嚴峻的考驗。北周初年首先遭到清洗的獨孤信不但是楊忠的老上司，而且還是楊堅的岳父。這樣兩層關係，不能不使得楊家格外引起宇文護的警惕。

趙貴和獨孤信敢於向宇文護挑戰，根本原因就在於宇文泰集團內部以實力為基礎的相對平等的關係。府兵制建立初期，兵士分屬於各軍將而不直屬於君主。[13]因此，元勳軍將得以同中央鬧獨立性。可是，經過宇文泰一番整頓和大力培植親族勢力之後，到了大統末年，實際統兵者已由柱國逐漸轉移到大將軍，因此，趙貴和獨孤信他們只能憑著資歷勳功和影響力同宇文護抗爭，自然輕易就被擊敗。但是，大將軍楊忠卻是實力人物，宇文護既不信任他，卻也不敢小看他，因此，對楊家既拉攏又提防。楊堅就是在這種背景下當上宿衛將領的，其處境可想而知。

楊堅擔任小宮伯，應該是宇文護所作的安排。剛剛發生過孝閔帝企圖奪回政權的教訓，宇文護更需要在宮內安插親信，以監視宮中的活動。如果能把元勳子弟楊堅拉攏過來，可謂是一箭雙雕。對於宇文護的主動接近，楊堅有點不知所從，他趕忙回家和父親商量。楊忠在戰場上是一員虎將，在政治上也很有遠見，他清醒地看到，宇文護固然大權在握，但他目無君主，和元老們形同水火，其與皇室的鬥爭，前途也不容樂觀，支持他，將來會被斥為逆臣；反對他，則立招橫禍。最好的辦法就是與之若即若離，超脫於宇文家族明爭暗鬥的漩渦之外。因此，楊忠冷靜地對兒子說道：「兩姑之間難為婦，汝其勿往！」[14]也就是說，夾在兩個婆婆之間是很難作媳婦的。楊堅對父親的勸告心領神會，拒絕了宇文護的招誘。

楊家的態度，表面上是不偏不倚，實際上是不與宇文護同流合污，這自然引起宇文護的不滿。但是，楊氏父子對當時發生的事件保持沉默，似乎對政治毫無興趣，宇文護也摸不清其底細，無可奈何。他只能在暗中密切觀察，尋找破綻。楊堅是第二代中的佼佼者，有關他的出生及相貌的傳說，似乎已在上層社會流傳開了。當時，統治者相當迷信，時常發生因為名字相貌等犯讖而濫殺無辜的事例。因此，楊堅的相貌不能不引起注意，明帝特地派遣善於看相的術士趙昭，前去給楊堅看相。趙昭能夠搖唇鼓舌於錯綜複雜的派系之間，自然八面玲瓏。他先是回去稟報說：「（楊堅的相貌）不過做柱國耳。」替楊堅遮掩了過去。然後又偷偷告訴楊堅道：「公當為天下君，必大誅殺而後定。善記鄙言。」[15]從當時朝廷的形勢來看，政權已經逐漸向第二代轉移，宇文護作為其頭領，自然特別留意第二代子弟中是否有危險的或異己人物存在，所以，術士趙昭或是宇文護派遣的。

13 參閱：陳寅恪，〈兵制〉，《隋唐制度淵源略論稿》六（上海古籍出版社，一九八二年）。
14《資治通鑒》卷一百七十「陳臨海王光大二年（五六八）七月」條。
15《隋書》卷一，〈高祖上〉。

不久，朝廷的氣氛更加緊張。年輕氣盛的明帝親政，改變以往的天王稱號為皇帝，建立年號，逐步收回大權，觸犯了宇文護。於是，宇文護派人毒死明帝，改立武帝宇文邕。翌年，改年號為保定元年（五六一），「以大冢宰、晉國公護為都督中外諸軍事，令五府總於天官」[16]宇文護。實現了總攬朝政的野心。

當初，宇文泰建立府兵制度，立左右十二軍，由十二大將軍統率，其所統軍人，均改從將軍姓，企圖模仿鮮卑部落兵制，以虛構的血緣關係來提高戰士的歸屬感和戰鬥力。然而，這支軍隊雖說統屬宇文泰指揮，實際上具有相當的獨立性。宇文護執政，成功地收回兵權，軍隊的所有調發，都必須有宇文護簽署的命令才能實行。至此，北周實現了向中央集權體制的轉換。只是權力沒有集中到皇帝手中，而是在宇文護的控制之下。如此一來，中央集權體制還是沒能最終完成。因此，不管武帝如何韜光晦跡，他必將是宇文護的對手。這一點，宇文護心裡清楚，所以，他擴大用人，在大力提拔新人和培植親信的同時，進一步加強了對元勳集團的監視和壓抑。

保定三年（五六三）春正月，武帝出巡原州（今寧夏固原縣），突然夜裡回到長安。百官都覺得很奇怪，私下打聽原因。隨武帝巡行的侯莫陳崇對其親信解釋道：「吾昔聞卜筮者言，晉公今年不利。車駕今忽夜還，不過是晉公死耳。」[17]預言宇文護將死，不啻是爆炸新聞，頓時就在京城裡流傳開來。有人告發其事，武帝便將公卿召集起來，當眾責問侯莫陳崇。當晚，宇文護就派兵包圍侯莫陳崇府第，逼他自殺。侯莫陳崇在前述趙貴和獨孤信事件中，顯然是支持擁立宇文氏的，所以在事件之後成為四位參議朝政的大臣之一。但是，他所忠誠的無疑是皇室，而不是宇文護，因此，在皇帝與權臣的鬥爭中，他明顯站在皇帝一邊。侯莫陳崇的一死，北周初年的五大柱國已經被宇文護清洗了三家，創業元勳所剩無幾，可見當時鬥爭之慘烈。

武帝即位後，楊堅的職務從右小宮伯改任左小宮伯，幾乎沒有變化。從明帝即位（五五七年）起到武帝保定五年（五六五）左右，他整整擔任了八年的宿衛官。光陰荏苒，保定元年（五六一），隨著長女楊麗華的出世，他已經不再是當年那位春風得意的少年郎了。那些得到當權者青睞的夥伴，已經建功立業，節節攀升，而他仍被冰凍在起家的職位上，不僅得不到提升，而且還要時時提防宇文護的迫害。

這些年，楊家的日子過得不順，雖然還沒有淪落為階下囚，但也受到了許多不公正的待遇。就在宇文護整肅元老的時候，楊忠有意埋頭於具體工作，對朝政漠不關心，以免給宇文護抓到口實。保定三年（五六三），也就是侯莫陳崇自殺的時候，楊忠自告奮勇，率領步騎一萬，迂回塞北，會合突厥，突破北齊雁門防線，連克二十餘城，直逼晉陽。次年正月，與北齊主力會戰於城下，因突厥退出戰鬥，不利而還。顯而易見，僅以萬人之師要攻打北齊，是不現實的。楊忠積極請戰，或與迴避朝廷鬥爭有關。這次出兵雖然沒有取得預期的成果，但是，在周齊關係上卻是一大轉折。以前，每到冰封季節，周兵就要鑿開河上冰床，阻止齊軍進攻。現在，攻守之勢逆轉，變成齊兵鑿冰以防周軍。因此，這次戰役具有重要的意義。武帝對楊忠的功勳給予很高的評價，打算封他為太傅，但是，宇文護因為楊忠不依附於己而加以阻撓，結果，楊忠非但沒有獲得封賞，反被外放為涇州刺史。同年，宇文護親提大軍伐齊，卻只讓楊忠率偏師出塞北策應，有意冷落他。

16《周書》卷五，〈武帝上〉。
17《周書》卷十六，〈侯莫陳崇傳〉。

宇文護的種種行為，深深地傷害了楊堅，他從心底裡反感宇文氏，並對北周派系傾軋與唯權是視有了極其深刻的認識。政治理想在遭受挫折之後，已經被權力所扭曲，熱血變成欲望，抱負成為野心。逼人深緘其口的專制體制不僅使人變態，而且還教人把變態的慾望掩飾在偽善的面具之下，當它有機會迸發出來的時候，便是那樣的猛烈、致命和驚世駭俗。就在宇文護如日中天的時候，楊堅已經深埋下反叛的念頭。

保定五年（五六五），被冷落了八年的楊堅好歹晉升為大將軍，被派到隨（或作隋）州（今湖北省隨州市）擔任刺史，總算有了出頭的機會。[18]這年，北周為了加強對外攻勢，調整了荊、襄一帶的機構，把荊州、安州（今湖北省安陸市）和江陵總管隸屬於襄州（今湖北省襄樊市）總管府，並以大司空衛國公宇文直出任襄州總管。據庾信〈周柱國大將軍拓跋儉神道碑〉記載：「保定四年，治襄州，……控禦五十州，風行數千里。」可知北周所轄今湖北、河南一帶地區，均隸屬於襄州總管府，則隨州應該也在其中。楊堅到隨州，首先到襄州拜謁上司宇文直。宇文直是宇文護的紅人，官大氣盛，並沒有把不甚得志的楊堅放在眼裡，只是出於禮貌，派其部下龐晃回訪一通。

龐晃是宇文泰元從親信，此時隨宇文直出鎮襄州。他一見到楊堅，就被其卓爾不群的氣質所打動，相信楊堅將來一定會大有作為，於是傾心交結，成為密友。

然而，楊堅好景不長，他在隨州還沒坐熱那把刺史的交椅，又被調回中央，再次路過襄州。清冷失意之際，想不到龐晃還前來接他，不由地心頭一暖，便把龐晃請到官邸，盛情款待。酒酣耳熱，龐晃悄悄對楊堅說道：「公相貌非常，名在圖籙。九五之日，幸願不忘。」這番預言楊堅會當皇帝的話，簡直是大逆不道，而楊堅竟坦然受之。時已微曙，有雄雉引頸報曉，楊堅讓龐晃射雉為驗，說道：「中則有貴。然富貴之日，持以為驗。」龐晃彎弓持滿，一箭射個正中，楊堅撫掌大笑道：「此是天意，公能感之而中也。」[19]龐晃的這一箭，射去了楊堅心中的憂思，堅定了他上膺天命的自信。歡笑之餘，楊堅把身邊的兩個婢女送給龐晃，兩人遂成盟友，密謀篡周。

回到京城，政治氛圍依然緊張，武帝雖然早已成年，但他鑒於兩位哥哥慘死的教訓，深藏不露，對宇文護尊崇有加，任其專權。而宇文護大權在握，黨同伐異，楊堅更是備受排擠，回京之後，就被晾在一邊。楊堅無奈，乾脆以母親生病為由，給自己找了個臺階下來，天天在家侍奉母疾，晝夜不離左右，既躲開宇文護的鋒芒，又博得一片「純孝」的稱讚。但是，鵲起的讚譽，更引來宇文護的忌恨，好幾次想對他下手加害，多虧大將軍侯伏侯萬壽為他說情，才得以倖免。

就在這時，天和三年（五六三），外任多年的楊忠終於病倒，回到京城後不久就去世了。楊堅

---

18 楊堅擔任隨州刺史的具體時間，史無明文。《隋書．高祖上》僅載：「武帝即位，遷左小宮伯。出為隋州刺史，進位大將軍。後徵還，遇皇妣寢疾三年，晝夜不離左右，代稱純孝。」所以，一般都系之於武帝即位初年。然而，《隋書》卷五十〈龐晃傳〉記載：「時高祖出為隨州刺史，路經襄陽，衛王令晃詣高祖。」據此，則楊堅出任隨州刺史必在宇文直出掌襄州之後。《北史》卷五十八〈周室諸王〉記載：「（衛剌王直）武成初，進封衛國公，歷雍州牧、大司空、襄州總管。」查《周書．武帝上》，宇文直於保定元年（五六一）十一月任雍州牧；保定四年（五六四）九月為大司空；保定五年（五六五）正月，北周為加強對外攻勢，「令荊州、安州、江陵等總管並隸襄州總管府，以柱國、大司空、衛國公直為襄州總管。」據此，荊、襄一帶的機構調整在保定五年初，故此間人事任免亦應在此時期。而且，楊堅不久就被徵還，侍奉其母達三年，而楊忠在三年後的天和三年（五六八）逝世，綜合上述記載，則楊堅任隨州刺史當在保定五年中一段不長的時間。

19 《隋書》卷六十九〈王劭傳〉錄其上表稱：「昔周保定二年，歲在壬午，五月五日，青州黃河變清，十里鏡澈，齊氏以己瑞，改元曰河清。是月，至尊以大興公始作隋州刺史，歷年二十，隋果大興。」論者或據此將楊堅任隨州刺史系於保定二年。其實，王劭貫采荒誕不經的傳說事蹟，附會圖讖，以獻媚取寵。楊堅封大興公早在五年前的明帝即位時，王劭有意將之與「黃河清」、「大興公」和「隋州刺史」等系於保定二年，是為了牽強附會「壬午歲」、「五月五日」及「二十年」等歷數，以證明隋屬火德，乃膺天命而興之說，顯然不足為憑。《隋書》卷五十，〈龐晃傳〉。

固然按例承襲父爵隨國公，成為一家之主，但是，失去父親這座堅強的靠山，楊堅更加覺得前途茫然，甚至有點懷疑自己是否真有天命。於是，他頻頻祕訪著名的術士來和，看相問卜。來和詳細詢問了楊堅身邊發生的事情，當他聽到楊堅說自己只要一聽到別人行走的聲音就能辨別是誰的時候，頓時精神一振，故作神祕地說：「公眼如曙星，無所不照，當王有天下，願忍誅殺。」硬是把楊堅懸起的心給鎮定了下去。後來，來和在回憶當年的情景時說道：「臣早奉龍顏，自周代天和三年已來，數蒙陛下顧問，當時具言至尊膺圖受命，光宅區宇。此乃天授，非由人事所及。」

可是，楊堅回家後，總覺得這天命老沒應驗，倒是咄咄逼人的宇文護像高懸的劍，讓他寢食不安。於是，他又找了好幾位道士，如張賓、焦子順和董子華等，逐個看相。不料，這些赫赫有名的道士也都異口同聲地說：「公當為天子，善自愛。」[20]楊堅這才略感安心。

就在楊堅擔驚受怕成天求神問卜的時候，北周的政局暗暗地朝著不利於宇文護的方向發展。武帝大智若愚，小時候，父親宇文泰見到他就驚異地說道：「成吾志者，必此兒也」；長兄明帝遇害時，特意把皇位傳給他，也是因為認定「能弘我周家，必此子也」。[21]這些年來，武帝聽任宇文護專權而得以自我保全，他讓宇文護儘量表演，因為宇文護處在權臣擅政的地位，必然人心不服，而其推行的高壓政策，會給自己造成巨大的潛在的反抗勢力，只要保住皇位，耐心等待，就一定能夠剷除宇文護。

機會終於來了。天和七年（五七二）春，宇文護的黨羽宇文直因為五年前與陳軍交戰失利而被免職，遂記恨宇文護，祕勸武帝誅宇文護。十分明顯，對手的陣營已經出現分裂，這是予以致命一擊的最佳時機，武帝當機立斷，祕密將右宮伯中大夫宇文神舉、內史下大夫王軌和右侍上士宇文孝伯等一班心腹召進宮中，密謀設計。

三月十八日，宇文護從同州大本營回到京城，照例謁見皇上。武帝平時並不以君臣禮而是以家人禮接見宇文護，以示尊崇。今天也不例外，他見到宇文護進來，顯得非常高興，一邊帶著宇文護到含仁殿去謁見皇太后，一邊說道：「太后春秋高，頗好飲酒，雖屢諫，未蒙垂納。兄今入朝，願更啟請。」說著便從懷裡掏出早已寫好的上諫文〈酒誥〉，交給宇文護道：「以此諫太后。」宇文護不知是計，慨然允諾。見過太后，宇文護果真拿出〈酒誥〉，讀將起來。這時，站在一邊的武帝悄悄繞到背後，用手中的玉珽猛擊宇文護後腦。宇文護沒有防備，跌倒在地，武帝命令宦官何泉用刀劈之，但宇文護平日威風慣了，何泉竟怕得下不了手。這時，埋伏在內的宇文直跳了出來，劈死宇文護。[22]

結束了宇文護專權，北周終於實現了朝政的統一。為了慶祝勝利，武帝把這一年改為建德元年，表示要推行德政的意志，楊堅也長長地舒了一口氣。

嶄露頭角

武帝親政之後，即刻罷中外府，把宇文護集中起來的權力從相府回收到皇帝手中。接著，又從三個方面完善中央集權體制：

---

20 以上引文均見：《隋書》卷七十八，〈藝術・來和傳〉。
21 分別見：《周書》，卷五〈武帝上〉；卷四〈明帝〉。
22 《周書》卷十一，〈晉蕩公護傳〉。

首先，加強對軍隊的直接控制。建德元年（五七二）起，武帝多次召見諸軍都督以上將官，親加慰撫，並通過「講武」、「試以軍旅之法」和「教以戰陣之法」，[23]嚴格進行整訓。建德三年（五七四）十二月，武帝特別下詔：「改諸軍軍士並為侍官。」[24]這一提高府兵地位的改變，重在表明軍隊為皇帝所有的屬性。此後進行了大規模的擴軍，「募百姓充之，除其縣籍，是後夏人半為兵矣。」[25]宇文泰建府兵制是模仿鮮卑部落兵制，將各大派系的兵力統一起來，而武帝則在此基礎上，對軍隊進行國家化改造，而且，還通過大量徵召漢人入伍，改變了府兵原來主要為鮮卑武裝的特色，把大量塢壁村落等豪族武裝吸納為國家軍隊，既消化了地方鬧獨立的軍事基礎，又使得鮮卑將領難以把持軍隊。可以說，武帝對府兵進行了具有里程碑意義的改造，從此，漢人武裝作為國家支柱，對政局的演變日益發揮重要作用。

第二，加強皇權的政治領導作用。宇文護以天官大塚宰擅政，令其他五府總於天官。武帝時，大塚宰不兼他職，與五卿並列，[26]這樣就把軍政大權收歸皇帝。為了加強皇帝的政治領導權，武帝加強了內史和御正的作用及地位。胡三省說：

> 《周書·申徽傳》曰：「御正，任專絲綸」，蓋中書舍人之職也。……考之《唐六典》，則曰：後周依《周官》，春官府置內史中大夫，掌王言，蓋比中書監、令之任，後又增為上大夫。小史下大夫，比中書侍郎之任；小史上士，比中書舍人之任。然則為御正者，亦代言之職，在帝左右，又親密於中書。[27]

以前，皇帝無權，內史和御正的作用並不顯著，現在，皇帝親掌政權，這兩類官員作為重大決策的參加者和皇帝詔令的起草傳遞者，就具有很大的權威。而其職務特點需要具備較深的歷史文化素養，因此，當此任者，就由六官初建時的元勳武將轉為漢人儒士。這樣，中央集權化過程就是實質性的漢化過程，就是漢人日益主導政治的過程。

第三，加強思想的統一。武帝自登基以來，就注意教育文治。保定三年（五六三），他幸太學，尊崇于謹為三老；天和元年（五六六），親自在正武殿向群臣講解《禮記》；次年，立露門學；三年，「集百僚及沙門、道士等親講《禮記》」，其以儒家思想統一意識形態的傾向已經清楚表現出來了。誅宇文護之後，武帝集中群臣、沙門、道士等討論三教之先後秩序，規定以儒教為先，道教為次，佛教為後；到了建德三年（五七三），甚至「初斷佛、道二教，經像悉毀，罷沙門、道士，並令還民。並禁諸淫祀，禮典所不載者，盡除之。」[28] 我們知道，南北朝時代，佛教極為盛行，北周武將中也有許多人崇信佛教。現在，武帝要把他們統一為儒家思想，確立君臣等級秩序，用統一的意識形態來確保中央集權體制。於此同樣表現出自外來思想回歸中原傳統文化。

因此，武帝的中央集權化措施，是在北周民族融合的基礎上，具有根本意義的漢化運動，至此，數百年分裂混戰的漫漫長夜已經露出了曙光。

楊堅在家裡密切注視朝廷的動向。武帝的一系列人事安排，雖然突出了重用宇文氏以加強皇

23《周書》卷五，〈武帝上〉，建德二年十一月；三年正月、六月、十二月。
24《周書》卷五，〈武帝上〉。
25《隋書》卷二十四，〈食貨志〉。
26 參閱：王仲犖，《北周六典》卷二（中華書局，一九七九年），〈天官府第七〉，第三十四頁。
27《資治通鑒》卷一百六十八「陳文帝天嘉二年（五六一）六月」條注。
28《周書》卷五，〈武帝上〉。

權的特點，但也十分注意吸收各方面的人才，改變宇文護任人唯親的政策，尊重元老重臣，增進內部團結。在建德初年的調整中，楊堅雖然沒有獲得任命，但在建德二年（五七三）九月，武帝決定納其女楊麗華為太子妃，楊堅頓時成了皇親國戚，備受尊重。

然而，楊堅似乎沒有意識到，正是武帝的一系列中央集權措施，無意之中才使得他迅速地逼近權力頂峰。他仍然埋怨周朝對他待遇不公，渴望攫取實權，以作為向上攀登的資本。

建德四年（五七五），北周經過一番整頓，實力大增，呈現出一派朝氣蓬勃的景象，開始了統一中國的宏偉事業。七月，武帝親率大軍出關，直指河陰（今河南省洛陽市東北）。在這次重大的戰役中，楊堅終於獲得他夢寐以求的統兵機會，被任命為偏師統帥，率舟師三萬自渭水入黃河，策應主力。周師初戰告捷，進逼洛陽，在這裡卻遭到齊軍的頑強抵抗。九月，齊軍大舉增援洛陽，周軍頓於堅城，而武帝又生病，難以再戰，所以一聽到齊軍來援，馬上全軍撤退。楊堅擔心水軍逆流而返，會被齊軍追及，就命令焚燒舟艦，自陸路撤回關內。

建德五年（五七六）十月，武帝再度親征北齊。這次，楊堅被委以主力右路第三軍總管的重任，會同諸軍，一舉攻克北齊發祥地晉州（今山西省臨汾市）。這時，荒淫的齊後主親自來援，周武帝根據事先制定的打援戰略，留梁士彥帶一萬人堅守晉州，自己則率大軍退入關中。齊後主帶著心愛的馮淑妃來到陣前，指揮大軍猛攻晉州。齊軍挖地道，攻破城牆，馮淑妃卻令軍隊等她梳妝完畢再進攻，好讓她親眼目睹大軍入城的雄壯場面。可是，等她打扮好時，周軍也已經把缺口給堵上了。就這樣，反復爭奪，晉州始終沒有被攻下。這時，回到關中的周武帝見齊軍已經疲憊，又率八萬主力，再出晉州，與齊軍主力決戰。

決戰那天，周武帝親自來到陣前視察，逐個呼喚各軍將領的名字，親加慰勉，三軍將士無不感動，踴躍出戰。而齊軍的情況則大不相同，齊後主攜馮淑妃上陣觀戰，見到東路軍稍卻，便嚇得落荒而逃，造成軍心大亂，全線崩潰。

齊後主逃到晉陽，驚魂未定，又繼續出逃，打算北投突厥，半道被部下叩馬死諫，才轉回鄴都（今河北省臨漳縣西南鄴鎮），招兵買馬，準備再戰。部下勸他親臨部隊慰勞，並替他擬好慰問辭。齊後主到陣前，竟然忘記致辭，只覺得眼前這些將士十分滑稽，不由得哈哈大笑，左右隨從也跟著笑將起來，把好端端的軍心士氣全給笑得煙消雲散。到了年底，周軍攻克北齊重鎮晉陽。消息傳來，齊後主六神無主，翌年正月，他趕忙禪位給八歲的皇太子，自稱太上皇帝，隨後即攜幼帝出奔濟州（今山東省茌平縣西南）。到這裡，他又讓幼帝把皇位禪讓任城王高湝，繼續出逃，企圖從青州逃往南陳，不料，周軍閃電般追蹤而至，齊後主和幼主都成了俘虜。

受齊幼主禪位的任城王高湝有勇有謀，甚得軍心，在冀州招聚兵馬，旦夕之間，就募得四萬餘人，倒也不容小覷。所以，周武帝趕忙派出齊王憲和楊堅率領的主力部隊，前往鎮壓。齊王憲和楊堅乘北齊亡國之勢，不給敵人喘息的機會，迅速包圍冀州。任城王高湝的部下見大勢已去，臨陣投降，只有任城王高湝力戰不屈，最後兵敗被虜。

滅齊之戰，楊堅總算獲得領兵打仗的機會，並在戰爭中表現出軍事才能，嶄露頭角。為了表彰他的功勳，建德六年（五七七）二月，[29] 武帝任命他為定州（今河北省定州市）總管，進位柱國，把安撫河北的重任交給了他。

定州是河北的軍事要地，楊堅獲此重任，喜出望外，他盤算著如何在這裡經營自己的勢力。

29《周書》卷六，〈武帝下〉。

恰好他的政治盟友龐晃也被派到毗鄰的常山郡（今河北省正定縣南）當太守，兩人過從甚密，共謀大計。

就在楊堅躊躇滿志的時候，對他頗為不利的事情也正在悄悄地發生。

武帝從宇文護手中奪回政權，依靠的是他的貼身侍從。因此，他掌權之後，一直在盡力提高中央集權，加強皇族的權力與地位，表面上固然尊重元老，但實際上對他們頗有戒心。換言之，北周的中央集權體制是宇文護建立起來的，武帝只是從宇文護手中奪得政權，他並不是一個強勢皇帝，弱勢地位促使他格外警惕出現新的權臣。楊堅為元勳後代，且在第二代子弟中頗具影響，因此，很快就引起武帝身邊重臣的警覺。早在建德四年（五七五）五月，也就是楊堅成為太子岳父的第二年，齊王憲就向武帝進言：「普六茹堅相貌非常，臣每見之，不覺自失。恐非人下，請早除之。」[30] 聽了這話，武帝不能不起疑心，他祕密將術士來和召到宮中，詢問楊堅的相貌。來和與楊堅早有交往，而且，如此重要的問題，出言不慎，後果難測，所以，他非常機靈地回答道：「隋公止是守節人，可鎮一方。若為將領，陣無不破。」一出宮，來和馬上把以上問答告訴楊堅，楊堅感激不已，發誓決不會忘記來和的恩德，此事前已述過。而武帝聽了來和的話後，多少有些安心，回頭告訴齊王憲，說楊堅最多只能當個將軍，不必多疑。然而，事情並沒有那麼簡單就過去，特別是和繼承人的問題糾纏在一起，就愈加複雜。

武帝所立太子宇文贇是個不務正業、剛愎自用的紈絝子弟，武帝生前，唯恐他將來不堪承托國家大任，所以對他嚴加管教，甚至痛加捶打，派人在東宮記錄太子的言行，逐月奏聞。太子害怕，在人前也裝得道貌岸然。可是，武帝的心腹大臣對太子的品性一清二楚，他們知道太子肯定無法繼承大業，所以屢屢向武帝進諫。武帝對兒子的德性當然心裡明白，但他苦於諸子年幼，略大一點的次子更加不才，無可奈何，所能做的就是加強太子身邊的輔臣，希望他們能盡心竭力，即使是爛泥也要硬糊上牆。這樣，大臣們自然格外留意太子身邊的人，很自然就注意到太子的岳父楊堅，如此隱隱生威的實力人物，將來誰能駕馭得了他？出於對社稷的深刻憂慮，建德五年（五七六），內史王軌不顧個人利害得失，向武帝直言：「皇太子非社稷主，普六茹堅貌有反相。」武帝再次詢問來和，來和既然已經為楊堅說話，當然不會再改口，便回答說：「是節臣，更無異相。」武帝也抓不到楊堅有什麼把柄，只好對王軌說道：「必天命有在，將若之何？」[31]當然，武帝心中，必然對楊堅深加警惕。

正是在這種情況下，當戰爭的塵埃落定，武帝很快就對楊堅執掌河北軍政大權感到不安，同年十二月二十九日，下令將上任不久的楊堅調往南方，改任南兗州（今安徽省亳州市）總管。[32]當時，北周尚未考慮對南朝用兵，故南兗州的重要性大大不如定州，所以，楊堅接到調令，自然知道是什麼意思，老大不痛快。這時，龐晃借送行之名，前來與楊堅密談，這位有勇無謀的武夫當時就想起兵作亂，他殺氣騰騰地說道：「燕、代精兵之處，今若動眾，天下不足圖也。」可是，已近不惑之年的楊堅更能沉得住氣，他知道武帝的聲望如日中天，自己決非對手，所以他緊緊握

30 《隋書》卷一〈高祖上〉。普六茹是胡姓，楊忠隨宇文泰屢建戰功，被賜此姓。獲賜胡姓者為宇文泰集團的骨幹，甚有榮譽，故北周君臣之間常以胡姓相稱。

31 以上引文參見《隋書》卷一〈高祖上〉；卷七十八〈藝術·來和傳〉。

32 《周書》卷六〈武帝下〉。《隋書》卷一〈高祖上〉和卷五十〈龐晃傳〉都記載為「亳州總管」。南兗州改稱亳州，是周宣帝時事，故《隋書》是以後來的地名敘事。

著龐晃的手，森然說道：「時未可也。」然後就悻悻上路，把怒火埋在胸中，待時而動。

危險的國丈

楊堅滿心不高興地來到南兗州上任時，已經是新的一年了。

一開年就是好兆頭，陳朝想借齊亡之機，奪回徐、兗二州，結果在彭城一戰，全軍覆沒，老帥吳明徹被俘，北周的南線穩定了下來。武帝統一中原，格外高興，下令改元宣政，準備大治天下，一展宏圖。

五月，武帝下詔北伐，親總大軍，分五道出塞，準備消滅盤踞在東北地區的北齊餘孽高紹義、高寶寧之流，打敗不時入侵的突厥。然而，大軍才剛剛踏上征途，武帝就一病不起，齎志而歿。

風雲突變，霎時間天昏地暗，一切都倒轉了過來。六月一日，武帝才咽氣，即位的宣帝就撫摸著被父親教訓的杖痕，衝進殯宮，大罵其父死得太遲，當晚就在父親的後宮撒野逞慾，同時將當年教他做壞事而遭武帝貶斥的鄭譯等人拔擄要津，委以朝政。

宣帝一上臺，就倒行逆施，首先以莫須有的罪名殺北周首輔齊王憲及上大將軍王興、上開府儀同大將軍獨孤熊、開府儀同大將軍豆盧紹。第二年，又誅王軌、宇文孝伯、宇文神舉和尉遲運等。至此，武帝朝的重臣紛紛落馬，被誅殺殆盡，其空缺由宣帝的親狎侍從出任。這些人，多為文學出身的世家子弟，並無軍功資歷，他們平日以褻狎無賴得寵，在北周政壇上見風使舵，投機取巧，忌恨那些看不起他們的元老重臣。因此，他們積極唆使剛滿二十歲的宣帝逞兇鬥狠，排斥前朝舊臣，把大權統統集中到宮中，便於他們從中竊弄。日後，楊堅在回憶宣帝濫殺忠良時，慶幸道：「宇文孝伯寔有周之良臣，若使此人在朝，我輩無措手處也。」[34]

宣帝登基，太子妃楊氏順理成章地當上了皇后，楊堅也因此獲得高升，進位上柱國，出任大司馬，掌管軍政。在地方任職一年多回來，京城已是今非昔比，楊堅深懷顧忌的大臣或死或散，剩下來的並無多少政治才幹。

翌年正月二十五日，宣帝戴通天冠，穿絳紗袍，一身漢裝，讓百官都換上漢魏時代的衣冠，在露門向他朝拜，改年號為大成元年（五七九）。這一舉動表明宣帝志得意滿，準備通過推進漢化來進一步加強皇帝集權。

果然，這年實行的一系列政治舉措，證實了人們的推測。首先，宣帝在原有官制之上，設置四輔官，充實並提升內史、御正等皇帝直屬機構，既加強對朝官的控制，又使得大權進一步集中到皇帝手中；其次，起洛陽宮，移相州（今河北省臨漳縣西南鄴鎮）六府於洛陽，加強控制，形成東西兩京的格局；再次，恢復佛教和道教，自己和佛像及天尊像並南面而坐，藉宗教來提高皇權，緩解統治集團內部對禁教的不滿。

在宣帝的人事變動中，楊堅自然大得其益，從個人的軍功資歷來說，他都不顯赫，可是就因為他是國丈，所以也就當上了大後丞，躋身於最高的四輔官之列，而且，在四輔官中，越王盛為宗室，尉遲迥和李穆都是耆老之人，只有楊堅才三十九歲，又具有家世和外戚的背景，顯然是

33《隋書》卷五十，〈龐晃傳〉。

34《周書》卷四十，〈宇文孝伯傳〉。

一顆冉冉升起的政治明星。過了半年，楊堅再次被提升為大前疑，高居四輔之首，而且，宣帝出巡時，經常讓他留守京城，足以證明其地位之顯要，備受矚目。宣帝的政治清洗，自毀棟梁，現在，楊堅似乎可以不必擔心背後那些警惕的眼睛，從容進行政治布局。

然而，楊堅和武帝朝的大臣都看錯了宣帝的為人性格。王軌曾經以為，宣帝性格太弱，不堪重負，其實大大不然。在南北朝眾多荒淫暴君之中，宣帝可算是真正本性兇悍的。唐太宗和魏徵曾經對北齊後主和北周宣帝作過十分有趣的討論，比較其優劣，魏徵認為：「二主亡國雖同，其行則別。齊主懦弱，政出多門，國無綱紀，遂至滅亡。天元性凶而強，威福在己，亡國之事，皆在其身。以此論之，齊主為劣。」[35]也就是說，齊後主其實是色厲內荏，而周宣帝才是貨真價實的暴君。

宣帝愛好聲色犬馬，他既要獨裁，又討厭處理日常政務，所以，登基不滿一年，就將皇位禪讓給七歲的幼子（靜帝），改元大象，自稱天元皇帝，當起太上皇來，把應付古板朝臣的辛苦差事交給幼主去打發，自己專心致志於「變革」儀典和漁色玩耍。

他自大成狂，自比上帝，最恨別人有稱「高」「大」者，凡姓高的，盡改為「姜」，高祖改稱「長祖」，官名犯此忌者，也一併改名，還下令天下車輛，以渾成木為輪，禁止婦女塗脂抹粉等等。經過這番兒戲般的「改革」，妄圖實現普天之下唯我獨尊的夢想。

「改革」大功告成，宣帝好不得意，便把魚龍百戲，陳設於殿前，日夜嬉戲。他還是太子的時候，就因為按捺不住青春衝動，與籍沒入宮且大他十餘歲的婢女朱氏胡來，生下靜帝，現在母以子貴，宣帝封她為天元帝后，但內心實在嫌棄她，於是四下搜括美女，先後又立了兩位皇后。大象二年（五八〇）春，宗室命婦按慣例入宮朝拜，宴會上，宣帝發現姪媳婦尉遲氏好生漂亮，不禁心動，連忙頻頻勸酒，當晚就將她留在宮中，苟合亂倫，逼得尉遲氏夫家起兵造反，盡被抄斬，只有尉遲氏被迎入宮中，立為皇后。一時五位皇后並立，把後宮制度給攪得一塌糊塗。然後，他又讓人製造五輛專車，載著五位皇后，自己率左右徒步隨行，左顧右盼，花團錦簇，春光旖旎。

楊皇后溫柔敦厚，自知管束不了夫君，也就聽之任之，不管丈夫弄回幾位皇后，她都一體友愛，有時見夫君日夜宣淫，精力不濟，變得瘋瘋癲癲，喜怒無常，不免心疼，關心幾句。不料，宣帝乘機發作，咆哮如雷，楊皇后面不改容，辭色不撓。宣帝虐待成性，最喜歡人家向他磕頭求饒，見到楊皇后竟然如此鎮定，毫無懼色，不由得氣急敗壞，當即賜死，令其自裁。

宣帝的那群皇后，只有楊皇后身分最為高貴，既無須獻媚取寵，也不懼怕宣帝，宣帝對此早就十分惱火。在他看來，楊皇后膽敢不屈，無非是仗著父親楊堅為後盾。前些時候，楊堅已經表現出不同的政治主張，例如，宣帝要實行《刑經聖制》，楊堅卻認為新法過於苛刻，極力勸諫，犯了大忌。

自有了宇文護的教訓，北周皇帝都十分警惕再次出現權臣，宣帝做得最徹底，他一方面把武帝朝掌握實權的大臣盡加清除，同時命令宗室親王各就封國赴任，以免留下隱患；另一方面則重用資歷淺薄者，把權力全都集中到自己手裡。即便如此，他還不放心，經常派人祕密察訪，將朝臣的言行舉止一一記錄奏報，略不順眼，輒加其罪，甚至對大臣鞭笞捶撻，每行體罰，起碼就是一百二十下，號稱「天杖」，幾乎無人能夠倖免，直打得「內外恐懼，人不自安，皆求苟免，莫有

35《貞觀政要》（上海古籍出版社，一九七八年），卷八〈辯興亡第三十四〉。

固志，重足累息，以逮於終」，[36]所以，當宣帝清除完先朝舊臣之後，自然就盯上了頗具實力的岳父大人。現在，他找到了藉口，要通過教訓楊皇后來收拾楊堅。

要處死皇后的消息，由宮中飛報到楊家，這種事楊堅不好出面，便由夫人獨孤氏飛也似趕入宮中，見著女婿，磕頭如搗蒜泥，血流滿面，死命求饒，這才稍解宣帝的一腔怒氣，免去皇后一死。

可是，這次沒逮著楊堅，讓他輕巧溜了過去，宣帝終不甘心，從直覺上，他感到楊堅與自己格格不入，深不可測，因此，打定主意要除去這個心頭之患。有一天，宣帝又和楊皇后生氣，發怒道：「必族滅爾家！」隨即派人去召楊堅入宮，並吩咐左右，只要楊堅神色有異，立刻就將他砍了。楊堅來到宮中，舉止合禮，神情自若，宣帝無由下手，只好再覓機會。[37]

楊堅與其寶貝女婿，關係十分微妙。過去，楊堅長期受宇文護等當朝者猜忌，抑鬱不得志，一直熬到三十八歲，才因為宣帝外戚的緣故而飛黃騰達，可謂大器晚成。然而，他認為自己只是得到早該獲得的東西，所以並不感謝宣帝。相反，他從心底裡看不起這位膽大胡為的女婿，只是宣帝濫殺忠良，搞得滿朝文武惶惶不可終日，使武帝好不容易重新攏起的人心再度渙散，大家都在另謀出路，不啻給了自己絕好的機會，在這點上，楊堅還真得感謝他。宣帝荒淫無度，恐怕壽命不長，楊堅算准了這點，對宣帝身後的形勢作了極其冷靜的分析，他對心腹宇文慶說道：

天元實無積德，視其相貌，壽亦不長。加以法令繁苛，耽恣聲色，以吾觀之，殆將不久。又復諸侯微弱，各令就國，曾無深根固本之計，羽翮既剪，何能及遠哉！尉迥貴戚，早著聲望，國家有釁，必為亂階。然智量庸淺，子弟輕佻，貪而少惠，終致亡滅。司馬消難反覆之虜，亦非池內之物，變成俄頃，但輕薄無謀，未能為害，不過自竄江南耳。庸、蜀嶮隘，易生艱阻，王謙愚蠢，素無籌略，但恐為人所誤，不足為虞。[38]

這段話，如果不是洞悉朝廷權力人事關係並蓄謀篡權的人，是絕對說不出來的，而日後事態的發展，也和楊堅的分析吻合，可見楊堅已經認定自己的機會來到了。他曾與郭榮月下談心，從容說道：「吾仰觀玄象，俯察人事，周歷已盡，我其代之。」[39]而且，楊堅也確實以此為目標，積極展開活動，並在暗中招納了不少黨羽。

然而，眼下最大的障礙，在於宣帝雖然沒有政治遠見，不懂得積德樹恩，卻善於不擇手段地剷除異己，只要誰的權勢坐大，則必欲除之而後快。楊堅很早就意識到在宣帝眼皮底下發展自己的勢力並非易事，還不如出鎮地方，更可進退自如。所以，自入京擔任大司馬時起，就多次請求外任，另謀發展。當時，其黨羽李諤堅決反對，並給他分析了掌握中樞權力的至關重要性，楊堅恍然大悟，認識到堡壘必須從內部攻破，遂決意留在中央。[40]這一決斷固然是極其正確的，可現在的問題是宣帝已經盯上了他，使他不但不能再像以前那樣從容不迫地積蓄力量，而且已經到了馬上就有血光之災的危急關頭。這位渾身戾氣的女婿，實在叫他又鄙視又心驚肉跳，翁婿之間，

36《周書》卷七，〈宣帝紀〉。

37《資治通鑑》卷一百七十四「陳宣帝太建十二年（五八〇）五月」條。

38《隋書》卷五十，〈宇文慶傳〉。

39《隋書》卷五十，〈郭榮傳〉。

40《隋書》卷六十六〈李諤傳〉記載：「上謂群臣曰：『朕昔為大司馬，每求外職，李諤陳十二策，苦勸不許，朕遂決意在內。今此事業，諤之力也。』」

已經成為你死我活的冤家對頭。

大難臨頭，楊堅趕忙入宮，悄悄把宣帝面前的頭號紅人鄭譯拉到無人之處，拜託他千萬幫忙，給找個外任職位，好保全性命。鄭譯一來是楊堅的老同學，二來他也看出宣帝不能持久，要為自己找條後路，所以，十分爽朗地應承了下來。

鄭譯來到宣帝面前，宣帝正在籌畫對南朝用兵。自稱天元皇帝固然十分風光，但是，天下尚未統一，宣帝仍感到意猶未足，特別是和武帝的平齊功業相比，更有相形見絀之感，大大損傷他的虛榮心。鄭譯見機，從旁獻策道：「若定江東，自非懿戚重臣無以鎮撫。可令隋公行，且為壽陽總管以督軍事。」宣帝正看楊堅不順眼，但一時又想不出好辦法發落他，所以聽到鄭譯的話，頓時覺得此計一箭雙雕，實在太妙了，便立刻准奏，任命楊堅為揚州（今安徽省壽縣）總管，偕鄭譯發兵南征。[41]

五月初四，楊堅接到任命，如逢大赦，一面奏請調其黨羽龐晃同行，[42]一面整理行裝，準備離開這生死之地。說實在的，這次外任，固然躲得了眼前之災，但前途卻十分渺茫。這些年在京城裡的慘澹經營，隨著自己的出走或將付諸東流；以地方反抗中央是很難成功的；能不能逃脫宣帝的政治迫害還不得而知，更遑論將來能否重回京城執掌大權？而且，一旦中央出事，自己鞭長莫及，鹿死誰手？憂喜參半，心思重重，此番外任，恐怕不是龍歸深淵，而是虎落平川。

楊堅自嘆命蹇時乖，但他實在不願意就這樣認輸出走。這時，他在宮內朝中布置下的心腹或許帶給了他什麼消息，所以，楊堅突然改變了態度，自稱有足疾，暫緩啟程。他決定以閉門養病為由，韜光晦跡，在京城裡拖一段時間，最後看看有沒有轉機，而這一切現在都只能託付給命運了。

41《隋書》卷三十八，〈鄭譯傳〉。
42《隋書》卷五十，〈龐晃傳〉。

第四章　政變建隋

變起蕭牆

就在楊堅徘徊觀望的時候，命運之神真的向他招手了。

大象二年（五八〇）五月九日夜裡，宣帝心血來潮，備法駕巡幸天興宮。

這種事情以往有過多次，就在去年底，宣帝也曾突然想起要到洛陽，當即啟程，令四位皇后並駕齊驅，自己騎驛馬奔馳，見到哪位皇后落後，即加譴責，一日驅馳三百里，人馬勞頓，顛僕者不絕於道。所以，這次夜出避暑，並沒人把它當回事。

可是，隔天，宣帝就起不了身，病勢沉重，左右迅速護送他回宮，同時下詔讓楊堅入宮侍疾。御醫想盡辦法，多方救治，但宣帝的病情不但絲毫未見起色，而且連聲音都嘶啞了，說不出話來，眼看凶多吉少。到了二十二日，宣帝大概也感覺到自己快不行了，傳令趙、陳、越、代、滕五王火速入朝，準備囑以後事。

二十四日這天，宣帝再也等不及五王到來了，他令御正中大夫顏之儀和小御正劉昉俱入臥內，起草遺詔。劉昉一看，宣帝已經不濟，而靜帝幼小，不能親理朝政，大權必然旁落，便在心裡打起小算盤來。俗話說，一朝天子一朝臣。宣帝過世，他們這班先帝寵臣必將失勢，如果能趁機作手腳，讓自家同夥掌權，必然對自己感恩不盡，永保榮華富貴。於是，劉昉出來與其同夥內史上大夫鄭譯、御飾大夫柳裘、內史大夫韋謨及御正下士皇甫績密謀。劉昉和鄭譯主張由楊堅入主朝政，理由很清楚，楊堅早有野心，上下內外都已部署了黨羽，和他們早就串通一氣，而且，從道理上說，楊堅是皇后的父親，名重天下，最為合適。此議敲定，他們馬上派人去把楊堅請來。

楊堅正不知道宣帝身邊究竟發生了什麼事，心裡很不踏實，這時見到裡面有人來請，儘管滿腹狐疑，也只好硬著頭皮跟了進去，在宮中永巷東門碰巧見到術士來和，他如同遇著救星，連忙問道：「我無災障不？」自古權貴多迷信，來和經常出入宮中算命施法，或許了解到什麼情況，所以，他報功似地搶著向楊堅祝賀道：「公骨法氣色相應，天命已有付屬。」把楊堅一顆懸著的心給說定了。[1]

進到裡面，鄭譯和劉昉把情況對他明說了。楊堅內心大喜，表面上卻故作謙讓。劉昉見時機緊迫，沒時間與他裝模作樣，便乾脆俐落地對楊堅說道：「公若為，當速為之；如不為，昉自為也。」[2]柳裘也在一旁勸道：「時不可再，機不可失，今事已然，宜早定大計。天與不取，反受其咎，如更遷延，恐貽後悔。」[3]話說到這田地，楊堅也不好繼續作態，便答應了下來，托稱受詔，坐鎮內裡。

外間發生的事情，宣帝再不可能知道了，他已經被自己提拔重用的心腹所出賣，在重重陰謀

1 《隋書》卷七十八，〈藝術．來和傳〉。
2 《隋書》卷三十八，〈劉昉傳〉。
3 《隋書》卷三十八，〈柳裘傳〉。

中撒手歸天，年僅二十二歲。[4]

鄭譯和劉昉密不發喪，立刻矯詔令楊堅入宮輔政，都督內外諸軍事。同受宣帝遺命的顏之儀一看，就知道遺書有詐，拒不簽署，厲聲叱責：

主上升遐，嗣子幼沖，阿衡之任，宜在宗英。方今賢戚之內，趙王最長，以親以德，合膺重寄。公等備受朝恩，當盡忠報國，奈何一旦欲以神器假人！之儀有死而已，不能誣罔先帝。

劉昉見狀，知道顏之儀志不可屈，當下強代他簽發了詔書。[5]忠於皇室的顏之儀認為，只有宗室親王入主朝政才是正理，所以一見情況不妙，急忙和宦官商量，飛召大將軍宇文仲入內輔政。鄭譯得此消息，立即告訴楊堅，並帶著楊惠（即楊雄，楊堅堂姪）、劉昉、皇甫績和柳裘趕來，在御坐前逮捕了宇文仲，控制住宮內局勢。[6]

楊堅等人能夠迅速控制宮內，楊皇后的支持十分重要。宣帝雖然立了五位皇后，但楊皇后終究是正宮，猝臨國喪，她就成了後宮的主宰，以外戚輔政，在道理上說得過去，這就給了楊堅在政治鬥爭中十分重要的名分。《周書．宣帝楊皇后》記載：

初，宣帝不豫，詔后父入禁中侍疾。及大漸，劉昉、鄭譯等因矯詔以后父受遺輔政。后初雖不預謀，然以嗣主幼沖，恐權在他族，不利於己，聞昉、譯已行此詔，心甚悅之。

光憑這段記載，則楊皇后儼然是個旁觀者，只是間接被動地在名分和感情上支持了其父親。但是，從當時關乎生死的政治形勢，以及楊家同宣帝及宗室的矛盾來看，楊皇后不可能不對未占優勢的父親伸出援手。日後，楊堅在追憶這段往事時說：「公主（即楊皇后）有大功於我。」可見楊皇后曾經積極介入這場宮內鬥爭，並在關鍵時刻起了舉足輕重的作用。楊堅所謂的「大功」，透露於《隋書．天文下》：

宣帝崩，楊后令其父隋公為大丞相，總軍國事。

由此看來，劉昉、鄭譯與顏之儀相持不下時，由楊堅輔政的詔書或即由楊皇后最後拍板敲定。控制宮中，完成了掌權的第一步，緊接著，就是控制朝廷。次日，靜帝入居天臺，大會百官，宣布以漢王贊為右大丞相；楊堅為假黃鉞、左大丞相，節制百官。這一任命不無奇怪之處，

4 以上據《資治通鑑》卷一百七十四「陳宣帝太建十二年（五八〇）五月」條；《周書》卷七，〈宣帝〉；《隋書》卷三十八，各傳。從宣帝去世到楊堅入掌朝政這段經過的時間記載，《周書．宣帝》與《隋書．高祖上》完全不同，《資治通鑑》採用《隋書》，而我則採用《周書》的記載。據《隋書》記載，宣帝死於五月十日，二十二日發喪，二十五日靜帝親政。也就是說，宣帝從九日夜遊天興宮到去世僅隔一天。《通鑑考異》說明採用《隋書》的理由是，楊堅能夠矯詔當國，是因為變起倉猝，若按《周書》記載，則從宣帝發病至死，「凡十五日，事安得不泄！」十分明顯，《資治通鑑》並沒有別的史料根據，只是出自個人判斷。根據《隋書．劉昉傳》，宣帝發病後失音，顯然是由於上呼吸道引起的疾病，當不至於即死；而且，根據北周從明帝到宣帝的皇位繼承情況看，新帝都是在先帝去世第二天即位，其間沒有間隔，靜帝於二十五日入居天臺，正說明宣帝死於二十四日，若按《隋書》則間隔三天；最關鍵的是，圍繞楊堅主政，宮廷內部有過激烈的鬥爭，楊堅未能完全控制局勢，就不可能封鎖宣帝死訊達十二日之久。其實，所謂變起倉猝，當是指宣帝於二十二日意識到病勢無望，急召五王入侍，詔令才發出兩天，病勢就急轉直下，等不到五王趕來就去世，而朝中沒有宗室強有力人物，所以給了楊堅可乘之機。此段經過，《周書》之〈宣帝紀〉與〈靜帝紀〉，逐日詳細記載，清晰可考，而《隋書．高祖上》則時間含混錯誤，不能為據。

5 《周書》卷四十，〈顏之儀傳〉。

6 《隋書》卷三十八，〈鄭譯傳〉。

楊堅既要主政，又要掩人耳目，所以抬出宣帝的弟弟漢王贊，置於自己之上，[7]外示尊崇，卻無實權，明眼人一看就知道玩的是什麼把戲，所以「群情未一」。楊堅也料到會有不服者出現，所以早就密令擔任宿衛的老部下盧賁領兵在外伺候。會後，楊堅前往東宮，百官不知所從，這時，盧賁站了出來，招呼道：「欲求富貴者，當相隨來。」公卿百官三三兩兩，竊竊私議，有些人並不想跟隨楊堅，掉頭就要往外走，可眼前布滿了嚴整以待的士兵，令人不寒而慄。就這樣，公卿們在衛兵的「護送」下，以盧賁為先導，喝退企圖阻攔的門衛，來到東宮向楊堅俯首效忠。[8]

楊堅當上丞相，第一件事就是對定策有功人員加官進爵，以滿足其欲望。他首先任命鄭譯為丞相府長史，劉昉為司馬，協助處理軍政事務。這項任命，說明楊堅上臺靠的是這兩個人的陰謀，故當時人形象地戲稱為「劉昉牽前，鄭譯推後」。[9]當然，楊堅曾經為奪取付出繁多，但是，最後能夠如此輕易地達到目的，不能不說是機遇巧合，頗為僥倖。

宣帝暴死，無疑是其最大的機遇；而宣帝猜忌成性，把宗室親王都打發到封國，造成中央空虛，使得楊堅成為滯留京城中唯一能撐持場面的皇親國戚，有可乘之機，實是又一機遇。可是，透過這些偶然的巧合，我們也不能不承認楊堅確有過人之處。

幫助楊堅政變的全都是宣帝的近倖，這些人的出身品格，前章已有介紹，其所擔任的官職，分別為小御正、御正下士、內史上大夫、內史大夫，以及御飾大夫，雖然屬於兩個系統，卻為同一類人。胡三省說：

《周書．申徽傳》曰：「御正，任專絲綸」，蓋中書舍人之職也。……考之《唐六典》，則曰：後周依《周官》，春官府置內史中大夫，掌王言，蓋比中書監、令之任，後又增為上大夫。……

然則為御正者，亦代言之職，在帝左右，又親密於中書。杜佑《通典》：御正屬天官府。[10]

周置御飾大夫，掌御飾，其御服又置司服掌之。[11]

由此可知，這三種官職，名義上分別屬於天官大塚宰和春官大宗伯兩個系統，但實際上，他們都是皇帝的近侍，特別是御正和內史，相當於中書長官，掌管機要，參預決策，負責溝通內外、承上啟下。北周建立以後，皇帝身邊的辦事機構一直在加強，到宣帝大象元年（五七九）二月，「內史、御正皆置上大夫」，[12]進一步提高這些機構的地位，最大限度地將權力集中到宮內。同時，宣帝任用舊世族出身的文士掌樞要，這些人素無勳望，不被朝中權貴所看重，他們只能依附於皇帝，根本不可能竊取政權。這樣的布置，從裡到外完全杜絕出現權臣的可能性，真可謂萬全之策。

然而，任何事物，其長處往往也就是最薄弱的環節。楊堅的過人之處就在於他敏銳地看到這一點，因此，他不但沒有擺出貴族的傲慢，反而屈尊交結，甚至迎合這些為人輕視的皇帝近幸。

7 周宣帝時代，以右為先，迄周亡未變，參閱：周一良，《魏晉南北朝史劄記》（中華書局，一九八五年），「官品排列次序」條。

8 《隋書》卷三十八，〈盧賁傳〉。

9 《隋書》卷三十八，〈劉昉傳〉。

10 《資治通鑒》卷一百六十八「陳文帝天嘉二年（五六一）六月乙酉」條注。

11 《資治通鑒》卷一百七十四「陳宣帝太建十二年（五八〇）五月甲午」條注。王仲犖，《北周六典》，卷七〈六官餘錄第十三〉認為：御飾官「或天官之屬」。

12 《周書》卷七，〈宣帝紀〉。

他看透了這些人沒有是非忠貞觀念、有奶便是娘的貪婪嘴臉，從心底裡鄙視他們，淋漓盡致地痛罵他們「皆反覆子也。當周宣帝時，以無賴得幸，……任之則不遜，致之則怨，自難信也。」[13]但是，他同時也懂得宵小構亂的巨大能量，他所要利用的也正是這一點。因小人以成事，使得楊堅在周末的政治鬥爭中比對手高出一籌，當機遇瞬間閃現，他便如猛虎撲食，迅速將偶然的機遇導向勝利。

楊堅篡周，可以說是北周創業集團第二代人物，利用周政權中央集權化過程中的領導失誤、既得利益集團內部權力分配上的矛盾，以及政治領袖個人的問題等因素，依靠皇帝任人唯親而重用的不純分子，從權力中樞發動的宮廷政變。這一政變不但沒有打斷，反而加速了社會發展的進程。而在另一方面，由於勝利來得太容易，也使得新王朝不能不全盤繼承舊王朝的成就與弊病，從而在鞏固勝利成果時不能不格外付出沉重的代價。

控制京師

通過宮廷政變上臺的楊堅，當務之急就是要牢牢地控制京師，挾天子以令諸侯，既為自己建立鞏固的根據地，又為將來的改朝換代搭起過渡橋梁。

控制京師就必須完全掌握國家機器，迅速組建忠誠於自己的領導團隊，清除異己分子，鎮壓反抗勢力。首先，必須排除皇室勢力，徹底控制朝政。如前所述，位居楊堅之上的右大丞相漢王贊，除了荒淫好色之外，對政治權術毫無所知，之所以被抬了出來，完全是為楊堅作遮掩。可是，這位年輕小夥子竟不知趣，每天也大模大樣地到禁中，和楊堅同帳而坐，礙手礙腳，讓楊堅既頭痛也無可奈何。同是惡少出身的劉昉自有對付這種紈絝子弟的絕招，他找來幾個妓女，濃妝豔抹，到相府招搖幾下，便把漢王贊給勾得魂不守舍，這時，劉昉在一旁挑唆道：「大王，先帝之弟，時望所歸。孺子幼沖，豈堪大事！今先帝初崩，群情尚擾，王且歸第。待事寧之後，入為天子，此萬全之計也。」[14]三兩下子，就把漢王贊勸誘得高高興興，左擁右摟，帶著一班妓女回家去等待消息，準備入宮當天子。

去掉礙事的漢王贊，又來了趙、陳、越、代、滕五位較有見識的親王。這五王都是宇文泰的兒子，因而是宣帝的叔父，他們都曾在武帝時代建功立業，在遭受宣帝摧殘後的周宗室裡，已算是鶴立雞群的人物了。可是，正因為這樣，所以，宣帝心裡忌憚他們，早早就把他們打發到地方封國去，直到彌留之際，眼看宗室實在沒人能夠輔佐幼帝，才不得不將他們召回。[15]五王的封國，除了滕國在河南新野外，都在原北齊境內，路途遙遠，直到六月初四，他們才齊集於京城，

13《隋書》卷三十八，〈盧賁傳〉。

14《隋書》卷三十八，〈劉昉傳〉。

15《資治通鑑》卷一百七十四「陳宣帝太建十二年（五八〇）五月」條記載：「堅恐諸王在外生變，以千金公主將適突厥為辭，徵趙、陳、越、代、滕五王入朝。」《周書》卷十三〈文閔明武宣諸子列傳〉和《隋書．高祖上》均無此記載，不知《通鑑》有何根據。《周書．趙僭王招傳》記載：「（大象）二年，宣帝不豫，徵招及陳、越、代、滕五王赴闕。比招等至而帝已崩」，正說明徵召五王入京者為宣帝無疑。《周書》卷五十〈突厥傳〉記載：「大象元年，他鉢復請和親。帝冊趙王招女為千金公主以嫁之，……二年，始遣使奉獻，且逆公主。」《周書．宣帝》也記載，突厥入朝迎娶公主在二月；而且，五月宣帝駕崩，國喪期間決無下嫁公主之理，楊堅不可能出此掩耳盜鈴的下策召五王入京，適足激成其變。但是，從五月二十二日宣帝召五王到六月初四五王入京，似乎時間太長。《隋書》卷五十四〈崔彭傳〉記載：「及高祖為丞相，周陳王純鎮齊州，高祖恐純為變，遣彭以兩騎徵純入朝」，崔彭計擒陳王入京。這段記載似乎有所誇張，難以盡信。五王未及時入京，楊堅恐其生變，遣使催促，或許有之，但其詳情已不得而知。我以為五王並非被楊堅誆騙到京城的。

這時，宣帝都死了十來天，楊堅也已上臺，他們不但無計可施，而且一旦回到京城，簡直就是羊入虎口，自身難保。

五王回到京城，見到大權旁落，切齒憤恨，他們和在京諸王聯繫，發誓要捍衛宇文氏政權，決不讓楊堅篡奪。然而，他們低估了政治鬥爭的殘酷性，似乎沒有完全明白，自從進入京城那時起，他們就已經處於嚴密的監視之中。果然，六天後，也就是六月十日，楊堅以謀害執政罪，誅明帝的長子畢王賢一家，[16]給五王來個下馬威。同時，楊堅任命年幼無知的秦王贄為大塚宰，取代其兄漢王贊，加強了自己的權勢。

既要排除皇室勢力，又不能過早暴露篡周的野心，楊堅煞費苦心地對宗室諸王軟硬兼施，又捧又打。七月十六日，楊堅讓靜帝下詔，令五王入朝不趨，劍履上殿，以示尊崇。然而，五王曾與畢王賢祕密商談國事而被人出賣，現在，楊堅只殺畢王而不再深入追查，甚至給他們殊榮，顯然是要向天下顯示自己寬宏大量，把一切罪過都扣在五王頭上，將他們耍弄於掌中，再各個擊破。果然，沒過多久，楊堅突然造訪趙王府，回去後，就以刺殺執政未遂罪，於二十八日誅殺趙王招和越王盛兩家，五去其二。次日，加封兩位皇弟為王，以掩人耳目。入冬以後，隨著外間叛亂次第平定，局勢逐漸穩定下來後，楊堅更無顧忌，先後於十月十日和十二月二十日，以同樣的罪名再殺陳王純和代王達、滕王逌三家，消滅了京城皇室有政治經驗的成年親王。

周末的「六王事件」，顯然是楊堅為奪取政權而製造的一起冤案。誅殺五王發端於楊堅造訪趙王府，從有關此事的不同記載裡，可以看出羅織罪名的痕跡。根據《周書．趙僭王傳》記載，是趙王招邀請楊堅至其第寢室飲酒的，《隋書．元胄傳》亦同。[17]但是，當時三方亂起，楊堅日夜忙於處理軍國要務，豈有閒暇飲酒作樂？看來，還是《隋書．高祖上》透露了實情：「五王陰謀滋甚，高祖齎酒肴以造趙王第，欲觀所為。」楊堅於內憂外患、百忙之中主動到趙王府，乃是攘外必先安內之策，既然如此，則決無不作防備甚至對趙王毫不起疑的道理。而且，當時在場的是滕王逌，可是，案發後受誅的卻是與此事無關的越王盛，其間誣枉，不言自明。至於在寢室裡飲酒、拔佩刀切西瓜、元胄破門入衛及以身堵門掩護楊堅撤退等扣人心弦的場面，無非是對鴻門宴故事的摹寫，於精彩之處，益見其偽。

在鎮壓北周宗室的同時，楊堅給一批元老加官進爵，利用其聲望來鎮服朝廷，給自己的地位增加正統的光彩。其中，爭取到李穆和于翼兩大家族的支持，是楊堅的巨大成功。

李穆是西魏十二大將軍李遠的弟弟。宇文護專政，李遠及其子李植被誅，李穆也受到牽連，除名為民。這一事件，使他在感情上與周室疏遠了。武帝時，李穆復出，曾隨楊忠東伐，[18]與楊家結下深厚關係，以至楊堅稱他為「父黨」。後來，李穆官至太保，出任戰略要地并州總管，位望隆重，其向背不僅直接關係到關中的安危，而且還將牽動群情物議。所以，楊堅上臺後，馬上派心腹柳裘前去拉攏。當時，起兵反抗的尉遲迥也派遣使者前去遊說，李穆家族內部出現了不同的意見，其子士榮就「以穆所居天下精兵處，陰勸穆反」，[19]而李穆本人一度「頗懷猶豫」，柳裘到

16 誅畢王賢的時間，根據《周書》卷八〈靜帝紀〉，其經過則見於同書卷十三〈文閔明武宣諸子列傳〉：「賢性強濟，有威略。慮隋文帝傾覆宗社，言頗洩漏，尋為所害，並其子弘義、恭道、樹孃等，國除。」

17 《資治通鑑》關於此事件的記載，基本依據《隋書》卷四十〈元胄傳〉，參以《周書》卷十三，〈文閔明武宣諸子列傳〉，並無多少參考價值，此不論。

18 《周書》卷三十，〈李穆傳〉。

19 《隋書》卷三十七，〈李穆傳〉。

後，為之「盛陳利害，穆甚悅，遂歸心於高祖（楊堅）」。[20]

楊堅對於柳裘能否說服李穆原本沒有把握，他絲毫不敢大意，又派李穆第十個兒子李渾乘驛馬趕往并州，想用父子親情來打動這位元老。楊堅的用心，李穆自然清楚，其所猶豫的，是幾十年的政治經驗告訴他，眼前的問題決非支持楊堅輔政與否那麼簡單，遠為深刻的是要不要支持楊堅必將進行的改朝換代。就在他對全盤局勢反復掂量的時候，李渾到來，表現出楊堅對他的信任，給足了他面子，而且，他也料定周室諸王不足以成事，更何況有那麼一段不堪回首的寒心往事。於是，李穆作出決斷，立即派李渾帶著熨斗趕回京城，轉告楊堅：「願執威柄以熨安天下也。」[21]同時，他說服持相反意見的兒子李士榮道：「周德既衰，愚智共悉。天時若此，吾豈能違天。」[22]並將尉遲迥的兒子、朔州（今山西省朔州市）刺史尉遲誼捉了起來，連同尉遲迥的使者及信函一併押送入京，還獻上天子佩帶的十三環金帶，密表勸進。在北周元老中，李穆大概是最早表態支援楊堅篡周的。

李穆以族長的身分要求家族支持楊堅，使得有不同意見的子姪不得不從。例如，其姪李崇本來打算回應尉遲迥，後來知道李穆的態度後，嘆息道：「合家富貴者數十人，遇國有難，竟不能扶傾繼絕，復何面目處天地間乎！」但是，他最終還是服從家族的意志，在平定尉遲迥的戰爭中立功受獎。[23]李穆給予楊堅的支持，遠不止是「富貴者數十人」的家族力量，最重要的是他給天下樹立了巨大的榜樣，直接影響到官僚貴族的向背。當楊堅獲悉李穆的態度後，異常高興，立即讓李渾前往至關重要的韋孝寬處，把這一消息告訴他，以堅定其信心，此即為明證。

于氏家族的情況和李氏不盡相同，其遠祖為北魏開國元勳，是北朝胡人世族。到北魏末年，于謹輔佐宇文泰奠基關中，為八柱國之一，後來又支持宇文護建立周朝，可謂北周第一功臣，子孫任職內外，部屬遍於天下。可是，正因為如此，所以也受到當政者暗中猜忌，次子于翼為宇文護所排擠，三子于義因直言上諫差一點被宣帝問罪。楊堅上臺，自然盡力拉攏于氏，給其長子於寔進位上柱國，任命為四輔官之一的大左輔。當時，非周室親王而任三公四輔者，僅于寔和李穆而已。

對於楊堅的籠絡，于氏家族亦竭誠報效。于翼為都督幽、定七州六鎮諸軍事、幽州（今北京）總管，雄踞河北，尉遲迥遣使招誘他，被他執送京城，使得楊堅對東方局勢大大鬆了一口氣，當即對他大加褒賞，封為任國公。于翼順勢派兒子入朝，上表勸進，深得楊堅歡心，所以，隋朝一建立，于翼就被尊為太尉。于家長孫于仲文，任東郡（今河南省滑縣）太守，因為拒絕尉遲迥的引誘而兩度遭到圍攻，三子一女被害，自己單身逃回關中，楊堅為之泣下，委派他為河南道行軍總管，隨韋孝寬征伐尉遲迥，屢建奇功。由於於家兩代為隋朝的建立貢獻殊偉，所以自太尉于翼以下，上柱國五人，「大將軍已上十餘人，稱為貴戚」，[24]于仲文後來在回顧於家的功勳時說：

> 當群兇問鼎之際，黎元乏主之辰，臣第二叔翼先在幽州，總馭燕、趙，南臨群寇，北捍旄頭，內外安撫，得免罪戾。臣第五叔智建旗黑水，與王謙為鄰，式遏蠻陬，鎮綏蜀道。臣兄顗作牧淮南，坐制勍敵，乘機剿定，傳首京師。王謙竊據二江，叛換三蜀。臣第三叔義受脤

20《隋書》卷三十八，〈柳裘傳〉。
21《隋書》卷三十七，〈李穆傳附李渾傳〉。
22《周書》卷三十，〈李穆傳〉。
23《隋書》卷三十七，〈李穆傳附李崇傳〉。
24《隋書》卷三十九，〈于義傳〉。

廟庭，龔行天討。自外父叔兄弟，皆當文武重寄，或銜命危難之間，或侍衛鉤陳之側，合門誠款，冀有可明。[25]

楊堅拉攏北周元老，以之同尉遲迥相對抗，「在朝將相，多為身計，競效節於楊氏」，[26]使得尉遲迥失去以勤王為號召的旗幟，反倒成為周室的叛臣。此政治謀略的成功，獲得李、于二氏的支持與勸進而並為天下表率，實是一大關鍵。

與此同時，楊堅實行了一系列收攏人心的措施。首先，革除宣帝時代的苛政。宣帝生性殘忍暴戾，實行《刑經聖制》，百官稍有過失輒科以重罪杖罰，搞得內外離心，各求苟免。楊堅上臺後，即「行寬大之典，刪略舊律，作《刑書要制》。既成奏之，靜帝下詔頒行。」[27]其次，「復行佛、道二教，舊沙門、道士精誠自守者，簡令入道。」[28]我們知道，南北朝時代戰爭頻仍，宗教大盛。周武帝在恢復漢家傳統時，曾禁止佛、道二教，但在北周文武百官中，信仰佛教者大有人在，楊堅一家就是典型的例子。所以，禁教不得人心。有鑑於此，宣帝曾略為放寬對宗教的管制，同時以神佛自擬。楊堅對宗教的態度，早已為人熟知，其恢復佛、道二教的舉措，大得各界讚賞，故其一生曾獲得宗教界的巨大支持。再次，下令將宇文泰所改的鮮卑姓一律改回原來漢姓。如前所述，宇文泰實行鮮卑姓，意在統合各大派系，用模擬血緣關係組建強悍的鮮卑軍隊。府兵擴大後，漢人成為其骨幹，則鮮卑部落兵制已不適用，更重要的是，隨著中央集權的加強，士兵不再是將領的私屬，鮮卑姓制更失去存在的意義，因此，廢除落後的鮮卑姓制，符合當時國家與社會組織的現狀，表明漢人地位的進一步提高，可以說是北周漢化政策瓜熟蒂落的結果。楊堅的這些措施，點燃了重建清明政治的希望，對於振奮人心，穩定政局，具有不可低估的作用。

當然，要在中央站穩腳跟，尤為根本的問題還在於確立新的領導核心，迅速組建一支屬於自己的官吏隊伍。

楊堅把眼光投向和北周皇室沒有深厚淵源關係又具有真才實學的後起之秀身上，他首先看中了李德林和高熲。

李德林原為北齊通直散騎常侍兼中書侍郎，久典機要，且與名士顏之推同判文林館事，是名滿天下的文人才子。周武帝平齊，在進入齊國首都的當天就專門派人至其宅召請他，說道：「平齊之利，唯在於爾。」隨即帶他回長安，「授內史上士，自此以後，詔誥格式，及用山東人物，一以委之」，足見對他極為器重。

楊堅早就發現這位奇才，當宣帝病危時，他馬上派其姪子邗國公楊惠（雄）前去試探李德林的態度道：「朝廷賜令總文武事，經國任重，非群才輔佐，無以克成大業。今欲與公共事，必不得辭。」周宣帝任用佞幸，李德林被冷落一旁，正自嘆命蹇時乖、不受重用之際，楊堅主動求賢，實在讓他感激涕零，油然升起士為知己者死的豪情，毅然決然地回答：「德林雖庸懦，微誠亦有所在。若曲相提獎，必望以死奉公。」從此殫精竭慮為楊堅出謀劃策。

當時，楊堅外有強敵環伺，內無腹心可寄，一步不慎即致敗亡。當初，鄭譯、劉昉等人發動

25《隋書》卷六十，〈于仲文傳〉。
26《隋書》卷六十六，〈柳莊傳〉。
27《隋書》卷二十五，〈刑法〉。
28《周書》卷八，〈靜帝紀〉。

政變，決非要將權力拱手讓給楊堅，而是企圖自擅朝政，所以，他們想推楊堅為冢宰，而以鄭譯為大司馬，掌握軍權，劉昉任小冢宰，為楊堅之副貳。在北周六官制度裡，冢宰雖居六官之首，但若不總攝百官，特別是掌管兵馬，則與其他五官並列，武帝誅宇文護後，冢宰名重權輕，[29]鄭譯和劉昉的人事安排，乃是效武帝故智以架空楊堅。楊堅剛受鄭譯等人大恩，正不知如何是好，便以此事詢問李德林。李德林長期在中樞機構任職，深知其中利害，馬上告訴楊堅：「即宜作大丞相，假黃鉞，都督內外諸軍事。不爾，無以壓眾心。」李德林的建議，其核心思想就是要確立以我為主的原則，果斷地選拔任用新人以取代舊官僚，控制要害部門。楊堅一點就醒，立刻採納，任命鄭譯為丞相府長史、內史上大夫，劉昉為丞相府司馬，將此二人置於自己控制之下，同時，以李德林為丞相府屬，負責處理日常軍機要務。[30]這一人事安排，使得楊堅成功地避開了陷阱，在奪取政權的道路上，邁出至關重要的第一步。

高熲是楊堅挖掘出來的又一人才，他出自一般官僚家庭，父親曾任東魏諫議大夫，大統六年（五四〇）因為避讒而逃到西魏，投奔獨孤信門下當屬僚，與北周政權沒有深厚的關係。北周建立時，獨孤信不滿宇文護專政而被迫自殺，家屬流徙蜀中。樹倒猢猻散，門人徒附紛紛離去，而高熲仍與楊堅夫人獨孤氏交往，可謂患難見忠心，深受獨孤氏的賞識。楊堅緣此知道高熲精明強幹，智勇雙全，很想用他，便派姪子楊雄拜訪高熲，直截了當地把意思對他說了，高熲欣然應承，立誓道：「願受驅馳。縱令公事不成，熲亦不辭滅族。」從而進入丞相府任司錄，成為楊堅的心腹。這時，前線出現危機，投靠楊堅的貴臣們竟然沒有一人願意上前線，高熲見此光景，自告奮勇請纓出陣，大得楊堅信賴。在前線，高熲善於安綏，得眾將效力，與韋孝寬一道迅速平定了尉遲迥，表現出傑出的領導才能。[31]在楊堅輔政之初，高熲和李德林一內一外，一文一武，成為楊堅的左右手。

高熲的貢獻還在於積極發現並引薦人才。蘇威出自關中武功（今陝西省武功縣武功鎮）大族，九世祖為北魏侍中，累世二千石。其父蘇綽為宇文泰制訂《六條詔書》，草創西魏各項制度，貢獻巨大。蘇威幼年喪父，[32] 長大後，頗得宇文護賞識而將女兒下嫁於他，但他見宇文護專權，高層矛盾重重，唯恐將來禍及自己，便逃入山中避禍，當起隱士，因此得名。楊堅輔政，高熲極力推薦蘇威，楊堅也聽說過蘇威的名字，便同意召見他，一宿長談，就看中了蘇威的才幹，也看透了其虛偽懦弱的性格，這種人在強者的領導下可以成為傑出輔弼之臣，但不足以獨挑大梁，符合楊堅的用人方針，所以就將他留在身邊出謀劃策，逐漸委以重任。[33]

虞慶則是高熲推薦的另一人才，他家居靈武（今寧夏靈武縣西南），世代為北邊豪傑，大象元年（五七九），他隨越王盛和內史下大夫高熲出討稽胡，凱旋時，高熲推薦其「文武幹略」而讓他留守邊地，[34] 後來，大概也是高熲把他推薦給楊堅的。隋初，楊雄與高熲、虞慶則、蘇威並稱「四

---

29 參閱：王仲犖，《北周六典》卷二〈天官府第七〉上冊，第三十四頁。

30 以上李德林事蹟見：《隋書》卷四十二，〈李德林傳〉。

31 以上高熲事蹟見：《隋書》卷四十一，〈高熲傳〉。

32 《隋書》卷四十一〈蘇威傳〉記載，蘇威「五歲喪父」，《北史》卷六十三〈蘇威傳〉亦同。但同傳又稱，唐太宗平王世充時（武德四年，六二一年），蘇威入京，卒於家，時年八十二歲。據此推算，則蘇威生於西魏大統五年（五三九），八歲喪父，年齡比楊堅還大兩歲。所謂「五歲喪父」，大概是為了渲染其孝心而作的誇張。

33 《隋書》卷四十一，〈蘇威傳〉。楊堅曾評論蘇威道：「世人言蘇威詐清，家累金玉，此妄言也。然其性很戾，不切世要，求名太甚，從己則悅，違之必怒，此其大病耳。」可見對蘇威的為人瞭若指掌，所以頗能容之，兩人的關係，誠如楊堅所說：「蘇威不值我，無以措其言；我不得蘇威，何以行其道？楊素才辯無雙，至若斟酌古今，助我宣化，非威之匹也。」

34 《隋書》卷四十，〈虞慶則傳〉。

貴」。[35]四人當中，高熲引薦的就有虞慶則和蘇威二人，可見其對楊堅組建新班底，發揮了龐大的作用。

當然，楊堅蓄謀篡周已久，早就在朝官中積極活動，「或素盡平生之言，或早有腹心之託」，[36]所以，一旦上臺就能迅速將其親信黨羽安插進各個要害部門，尤其是軍事和樞要部門。他任用堂弟楊弘，「常置左右，委以心腹」；[37]以姐夫竇榮定「領左右宮伯，使鎮守天臺，總統露門內兩箱仗衛，常宿禁中」；[38]以妹夫李禮成為上大將軍、司武上大夫，「委以心膂」；[39]以家將李圓通為護衛，「授相國外兵曹，仍領左親信」；[40]以弘農楊汪「知兵事」；[41]以舊部司武上士盧賁「恒典宿衛」；[42]以獨孤信舊部獨孤楷「督親信兵」；[43]以北魏宗室[44]元胄兄弟「恒宿臥內，……每典軍在禁中，又引弟威俱入侍衛」，牢牢地控制了京師衛戍部隊。又通過支持其上臺的鄭譯、劉昉、柳裘和皇甫績等人，嚴密控制宮中樞要部門。[45]

與此同時，楊堅迅速對京兆開刀。六月十日，以謀殺執政罪處斬畢王賢。前面說過，「六王事件」是一起冤案，而畢王賢首先殉難，根本原因就是因為他擔任雍州（今陝西省西安市）州牧，亦即首都行政長官，直接妨礙楊堅對京師的控制，因此，楊堅讓其姪子楊雄出面告發畢王賢謀反，並以楊雄取而代之，[46]奪取了對京師的控制。

就這樣，轉眼之間，楊堅成功地清除了北周宗室勢力，拉攏到勳功貴族的支援，並通過三個系統的親信，即以自己的親屬故舊控制京中部隊和都城官府，以李德林、高熲和虞慶則等入主相府處理國家要務，以鄭譯和劉昉等人掌握中樞部門，完全控制了京師的大局，鞏固了自己的輔政地位。

七月二十三日，由於尉遲迥、宇文胄等人起兵反抗，靜帝下詔，以楊堅為都督內外諸軍事，正式將全國軍權交給了他。現在，楊堅已經坐穩關中，有了可靠的根據地，可以騰出手來，居高臨下，全力對付地方上的叛亂了。

平定三方

南北朝時代，政變頻繁，王朝像走馬燈似地更迭。但是，如果我們稍微仔細考察一下改朝換代的篡位者，就很容易發現一個共同的特點，那就是他們一般都曾經由於內亂或者外患而在舊王朝內立下大功，手中掌握強大的武裝力量，從而憑藉其聲望和實力奪取政權。至於像楊堅這種既無特殊軍功，手中又沒有掌握軍隊，風雲際會，因人成事的篡奪者，的確絕無僅有。所以，清代

35 《隋書》卷四十三，〈觀德王雄傳〉。
36 《隋書》卷五十，〈傳論〉。
37 《隋書》卷四十三，〈河間王弘傳〉。
38 《隋書》卷三十九，〈竇榮定傳〉。
39 《隋書》卷五十，〈李禮成傳〉。
40 《隋書》卷六十四，〈李圓通傳〉。
41 《隋書》卷五十六，〈楊汪傳〉。
42 《隋書》卷三十八，〈盧賁傳〉。
43 《隋書》卷五十五，〈獨孤楷傳〉。
44 《隋書》卷四十，〈元冑傳〉。
45 《隋書》卷三十八。
46 《隋書》卷四十三，〈觀德王雄傳〉。

學者趙翼曾為北周打抱不平說：「古來得天下之易，未有如隋文帝者，以婦翁之親，值周宣帝早殂，結鄭譯等，矯詔入輔政，遂安坐而攘帝位。」[47]這其實也就是隋唐時人的普遍看法，唐太宗就斥責楊堅「欺孤兒寡婦以得天下」。[48]顯然，楊堅上臺曾激起了許多人的妒忌、不服、反感乃至反抗。

首先舉起反旗的是相州總管尉遲迥。

尉遲迥是宇文泰的外甥，因此大受重用，在西魏大統十五年（五四九）時已升任尚書左僕射，翌年拜大將軍。廢帝二年（五五三），他又趁梁朝內亂之機，率大軍入川，攻克益州（今四川省成都市）。自古以來，關中地區強大的關鍵在於獲得巴蜀為依託。尉遲迥的巨大勝利，既使得關中政權轉弱為強，為最終統一中原奠定了基礎，又給自己帶來了巨大的權力和聲望，任「大都督、益潼等十八州諸軍事，益州刺史。……自劍閣以南，得承制封拜及黜陟」，儼然是個西南王。宣帝時，尉遲迥任四輔之首的大前疑，後來又轉任相州總管，出鎮山東，不論從軍功聲望還是年齡資歷，他都遠在楊堅之上，更何況他勉強也算是宣帝外戚，所以對楊堅以國丈身分輔政憤憤不平。

如前章介紹的，尉遲迥有個孫女，天生麗質，嫁與杞國公亮的公子西陽公溫為婦，有一次，在宗室婦女入宮覲見皇帝、皇后的酒會上，被宣帝看中，收為第五位皇后，夫家咽不下這口氣，要起兵討個公道，結果家破人亡。也不知道是不是當時少數民族對此類搶婚事件習以為常的緣故，總之，尉遲迥對此事不以為恥，恐怕內心裡還暗暗高興，畢竟孫女婿不再是一般的國公而是皇帝啊！

尉遲迥把自己和楊堅反復比較，愈比愈不服，而他所寵愛的後妻王氏也一個勁地從旁叫唆，這位老眼昏花的將軍一肚子火，沒事都要反抗。何況京裡傳來消息，楊堅擔心尉遲迥作亂，已經在五月二十七日，讓朝廷下令派韋孝寬前來接替他的相州總管職務；更不能忍受的，是楊堅派來傳旨的使者破六韓裒竟然祕密傳書給相州總管府長史晉昶，要他作內應。這簡直把尉遲迥給氣壞了，他馬上處斬了破六韓裒和晉昶兩人，於六月十日召集文武士庶，登城北樓，慷慨誓師道：

楊堅以凡庸之才，藉后父之勢，挾幼主而令天下，威福自己，賞罰無章，不臣之迹，暴於行路。吾居將相，與國舅甥，同休共戚，義由一體。先帝處吾於此，本欲寄以安危。今欲與卿等糾合義勇，匡國庇人，進可以享榮名，退可以終臣節。卿等以為何如？[49]

山東地區剛被北周征服不久，人心尚未完全歸服，不少圖謀變天的人混進北周隊伍裡，為尉遲迥所安撫任用，充斥於各個機構之中，他們看到尉遲迥振臂高呼，彷彿找到東山再起的機會，紛紛響應。尉遲迥統轄的相、衛（今河南省淇縣）、黎（今河南省浚縣東北）、洺（今河北省永年縣東南）、貝（今河北省清河縣西北）、趙（今河北省隆堯縣東）、冀（今河北省冀州市）、滄（今河北省鹽山縣西南）、瀛等州自不待言，其姪兒青州總管尉遲勤管轄的青、齊（今山東省濟南市）、膠（今山東省膠州市）、光（今山東省萊州市）、莒（今山東省沂水縣）等州也起兵回應。[50]

47《廿二史箚記校證》卷十五，「隋文帝殺宇文氏子孫」條。
48《貞觀政要》卷一，〈政體第二〉。
49 尉遲迥事蹟及引文均據《周書》卷二十一〈尉遲迥傳〉，並參閱《北史》卷六十三〈尉遲迥傳〉。
50《周書．尉遲迥傳》於相州總管府下載有毛州。《通鑑考異》說：「按迥滅後，隋高祖始置毛州」，已糾正了《周書》之謬，今從之；另於青州總管府下缺齊州，此據《資治通鑑》卷一百七十四「陳宣帝太建十二年（五八〇）七月」條補。

進入七月，反叛的規模愈來愈大，滎州（今河南省滎陽市西北）刺史邵國公宇文冑、申州（河南省信陽市）刺史李惠、東楚州（今江蘇省宿遷市東南）刺史費也利進、東潼州（今安徽省泗縣）刺史曹孝達，各據本州，徐州總管司錄席毗羅據兗州（今山東省兗州市）、前東平郡守畢義緒據蘭陵（今山東省棗莊市東南嶧城鎮西）回應尉遲迥。一時間，北起河北冀州，南至安徽泗縣，廣袤千里的山東地區都舉起了反旗。

而且，事態還在進一步惡化。封疆大臣中又有些人在觀望動搖中走上與中央對抗的道路。七月二十五日，鄖州（今湖北省安陸市）總管司馬消難以其管轄之九州八鎮叛周降陳；八月七日，益州總管王謙亦據其管轄的十八州起兵；同時，豫州（今河南省汝南縣）、襄州和荊州「三總管內諸蠻，各率種落反，焚燒村驛，攻亂郡縣。」[51]

司馬消難原是北齊勳貴，父親司馬子如為北齊佐命功臣，曾任尚書令，他本人則為高歡女婿，官拜駙馬都尉、光祿卿，出鎮北豫州（今河南省滎陽市西北汜水鎮）。司馬消難風流才子，不免惹草拈花，喜新厭舊，且貪財好賄，故內與公主失和，外為御史彈劾，好不狼狽。齊文宣帝末年，猜忌日甚，司馬消難也受到懷疑。於是，他搶先與北周勾結，舉州降附。周宣帝納其女為靜帝皇后，司馬消難也榮升大後丞，不久，以外戚出鎮鄖州。[52]

王謙的情況頗不相同，他是北周功臣王雄之子，為人恭謹，沒有什麼才能，只因為承襲父爵而身居重位，世受朝恩，對北周政權深有感情。楊堅輔政，王謙舉棋不定，為了個人利益，他也曾派部下奉表入京，表示服從。另一方面，他又對自己不忠於周皇室的行為而羞愧自責，有著倫理道德上的負罪感。因此，當其使者自京城回來告訴他中央的形勢後，他最終狠下決心，「以世受國恩，將圖匡復，遂舉兵」。[53]

尉遲迥、司馬消難和王謙以匡復皇室為號召，三方俱起，表面上聲勢極為浩大。然而，他們之間各有打算，同床異夢。尉遲迥一起兵，就「北結高寶寧以通突厥，南連陳人，許割江、淮之地」；司馬消難更是毫無忠誠廉恥之心的反復小人，起兵後「使其子泳質於陳以求援」。[54]這些行為表明，他們的目的無非是想趁著主少國疑之際，牟取私利，與楊堅篡權並無根本區別。然而，他們為了達到目的，不惜出賣本朝利益，勾引外敵，顯然沒有濟時拯世的政治目標，只是一幫爭權奪利之徒，與楊堅的勵精圖治完全不能同日而語。因此，他們根本不可能得到社會大眾的真心支持。沒有明確的政治目標，只為各自利害關係而沆瀣一氣，這種烏合之眾根本不可能團結一致。果然，起兵之後，三方各自為戰，給了楊堅以各個擊破的機會。

這種形勢，旁觀者洞若觀火。當天下紛擾之時，後梁君臣曾經在一起分析局勢，討論是否趁機起兵，以擺脫北周的控制。當時，鴻臚卿柳莊說道：

> 昔袁紹、劉表、王浚、諸葛誕之徒，並一時之雄傑也。及據要害之地，擁哮闞之群，功業莫建，而禍不旋踵者，良由魏武、晉氏挾天子，保京都，仗大義以為名，故能取威定霸。今尉迥雖曰舊將，昏耄已甚，消難、王謙，常人之下者，非有匡合之才。況山東、庸、蜀從化日近，周室之恩未洽。在朝將相，多為身計，競效節於楊氏。以臣料之，迥等終當覆滅，隋

51 《周書》卷八，〈靜帝紀〉。
52 參見《周書》卷二十一，〈司馬消難傳〉；《北齊書》卷十八，〈司馬子如傳〉。
53 《周書》卷二十一，〈王謙傳〉。
54 以上見《周書》卷二十一，各傳。

公必移周國。未若保境息民，以觀其變。[55]

柳莊的分析，可謂道破形勢要害。實際上，在反叛四起之中，一些具有戰略意義的地區牢牢地控制在楊堅手中。例如：東北重鎮幽州總管府，轄幽定七州六鎮，總管于翼支持楊堅，阻斷了尉遲迥與邊境少數族的聯繫，直拊其背，使之大有後顧之憂；[56]號稱「東南襟帶」的徐州（今江蘇省徐州市）總管源雄拒絕尉遲迥的招誘，出兵討平畢義緒、席毗和曹孝達，擊退南陳大軍的進攻，粉碎了尉遲迥與南陳合勢的企圖；[57]亳州（今安徽省亳州市）總管賀若誼「西遏司馬消難，東拒尉迥，中州刺史李慧（惠）反，誼討之」，分隔了尉遲迥和司馬消難兩大叛軍；[58]利州（今四川省廣元市）總管豆盧勣死守本州，為大軍入蜀敞開門道。[59]這樣，各地的反叛勢力被分割開來，形不成氣候，難以對中央政權構成致命威脅，給了楊堅寶貴的時間，得以調兵遣將，部署反擊。

六月十日，朝廷下達了以徐州總管韋孝寬為行軍元帥，討伐尉遲迥的命令；六月二十六日，任命老將梁睿為益州總管，取代王謙，旋因王謙抗命而改任行軍元帥討之；七月十六日，命令楊素出討宇文胄；二十五日，以王誼為行軍元帥，討伐司馬消難。又以韋世康為絳州（今山西省聞喜縣東北）刺史，確保關中安全。

在各路討伐大軍中，韋孝寬所統帥的是主力部隊，集中了梁士彥、元諧、宇文忻、宇文述、崔弘度、楊素和李詢等宿將精英，構成決定生死存亡的正面戰場。

韋孝寬是北周最傑出的將領，文韜武略，料敵如神，早年為弘農楊侃所賞識，委以要職，妻之以女，以後又在獨孤信手下屢建功勳，大概因此而與楊堅家族結下深厚關係。大統十二年（五四六），高歡傾巢出動，企圖一舉平定關中，大軍在戰略要地玉壁（今山西省稷山縣西南），被守將韋孝寬所阻。高歡連營數十里，晝夜猛攻六十餘日，死傷過半，不得已而退兵，高歡因此抱恨而死；後來，韋孝寬又給朝廷上了平齊三策，周武帝據此統一了中原，韋孝寬也名揚四海。所以，尉遲迥叛起，楊堅立刻就想到任用軍功資歷均與尉遲迥相仿的韋孝寬來，只有他才是尉遲迥的剋星。在被任為行軍元帥之前的五月底，韋孝寬接受朝廷的任命，動身前往相州，欲要接替尉遲迥的總管職務。當他走到朝歌（今河南省淇縣）時，遇上尉遲迥派來迎接的大都督賀蘭貴，韋孝寬留他交談，觀貌察色，懷疑尉遲迥有變，遂稱病徐行，一面派人到相州，以求醫為名，打探消息。一行人磨磨蹭蹭來到湯陰（今河南省湯陰縣），前面就是相州了，尉遲迥派來的韋藝早已在此迎候。韋藝是韋孝寬的姪兒，但他站在尉遲迥一邊，不肯將相州的內情告訴韋孝寬。韋孝寬大怒，下令將他推出去斬首，韋藝這才講了實話。韋孝寬得到尉遲迥造反的證據，立即帶上韋藝，調頭西馳，一路破壞橋樑道路，帶走亭驛的所有馬匹，同時命令驛吏盛備佳餚，以招待追兵。果然，韋孝寬一走，尉遲迥的騎兵隨後就到，但他們沒有馬匹可換，只能面對一桌桌酒菜，眼睜睜地讓韋孝寬給溜走了。60

韋孝寬一口氣奔回洛陽北邊的河陽（今河南省孟縣西北），所幸，洛陽尚在朝廷掌握之中。

55《隋書》卷六十六，〈柳莊傳〉。
56《周書》卷三十，〈于翼傳〉。
57《隋書》卷三十九，〈源雄傳〉。
58《隋書》卷三十九，〈賀若誼傳〉。
59《隋書》卷三十九，〈豆盧勣傳〉。
60 韋孝寬事蹟見：《周書》卷三十一，〈韋孝寬傳〉，以下同。

洛陽原是北魏首都，周平齊後，宣帝於此設置東京六府，統領北齊舊境，並大集山東諸州兵丁，起洛陽宮，委任賓熾為營作大監，總領其事。賓熾先世為匈奴部落大人，「累世仕魏，皆至大官」，他本人也因為護衛魏孝武帝入關而成為關中政權的創業元勳，其姪兒賓榮定是楊堅的姐夫，故與楊家關係頗深。尉遲迥起兵，賓熾正在洛陽，他當即入居金墉城，「簡練關中軍士得數百人，與洛州刺史、平涼公元亨同心固守，仍權行洛州鎮事」。[61]而主掌東京六府的長孫平和趙芬也效忠於楊堅，[62]這樣，在素有威望的賓熾主持下，洛陽暫時平安。

然而，形勢並不樂觀，絲毫不能大意。河陽的八百守軍全是關東鮮卑，其家屬都在相州尉遲迥掌握之下，因此，他們密謀起來策應尉遲迥。河陽若失，則洛陽難保，而韋孝寬手中無兵，連自家性命都攥在人家手掌裡。情急之中，他想出一條計策，偽造東京官府文件，讓守軍分別到洛陽領賞，到了洛陽，再將他們扣押下來，平息了一場後果不堪設想的嘩變，穩固地控制住洛陽，確保了平叛的前進基地。

到了六月，楊堅終於從關中給韋孝寬派來了大批部隊，各路行軍總管也陸續到任，群英薈萃，看似兵強馬壯，然而，更深刻的危機卻也漸漸地暴露出來。這些將領原來和楊堅不相上下，現在地位發生了根本變化，心中難免不服，更不知道楊堅將來準備如何對待他們，頗懷疑慮。而且，尉遲迥正以高官厚祿相誘，眼看著叛亂四起，還不知道鹿死誰手呢？所以，他們有意徘徊不前，等待觀望。前線將領中，楊堅最信賴的就是李穆的姪兒李詢，據他密報：「梁士彥、宇文忻、崔弘度並受尉遲迥鑲金，軍中慅慅，人情大異。」[63]韋孝寬對此似乎一時沒有良策，加上年齡也大了，便稱起病來，「時孝寬有疾，不能親總戎事，每臥帳中，遣婦人傳教命。」[64]以韋孝寬的過人才智，此舉恐怕另有深意，大概是想靜綏暗訪，消除內部隱患。然而，從表面上看，似乎群龍無首，局勢著實叫人如坐針氈，因此李詢趕忙向楊堅建議派重臣前來監軍。

如前章所述，楊堅對於尉遲迥、司馬消難和王謙作亂，早有預料，因而指揮若定。可是，對於眼下來自內部的危險卻心理準備不足，加之初臨大事，不免憂心忡忡，沉不住氣，當下就和鄭譯、劉昉商議，準備撤換前線將領，並希望他們中能有一人到前線督軍。鄭譯和劉昉在宮中翻雲覆雨自是好手，但要到前線真槍實刀地拼殺，則決不是那塊料，好在他們很有自知之明，推託得飛快。他們不肯去，實屬萬幸，而楊堅卻沒有體會到自己的失誤，心裡很不愉快。

李德林得知此事，趕忙單獨入見楊堅，一針見血地指出：

> 公與諸將，並是國家貴臣，未相伏馭，今以挾令之威，使得之耳。安知後所遣者，能盡腹心，前所遣人，獨致乖異？又取金之事，虛實難明，即令換易，彼將懼罪，恐其逃逸，便須禁錮。然則鄖公以下，必有驚疑之意。且臨敵代將，自古所難，樂毅所以辭燕，趙括以之敗趙。如愚所見，但遣公一腹心，明於智略，為諸將舊來所信服者，速至軍所，使觀其情偽。縱有異志，必不敢動。

李德林的這番話，是對當時形勢的真實寫照：楊堅遽登高位，挾天子以令諸侯，眾心未服，在這種情況下，聽信傳言，臨陣換將，只會搞得人人自危，恐怕軍隊將因此崩潰。楊堅聽得出了

61《周書》卷三十，〈竇熾傳〉。
62《隋書》卷四十六，〈趙芬傳〉；〈長孫平傳〉。
63《資治通鑑》卷一百七十四「陳宣帝太建十二年（五八〇）七月」條。
64《隋書》卷三十九，〈陰壽傳〉。

一身冷汗，慶幸自己還沒魯莽行事，感激道：「若公不發此言，幾敗大事。」同時，採納李德林的建議，派高熲到前線監軍。[65]

恰在此時，東郡太守于仲文被尉遲迥所破，妻子兒女均遭殺害，隻身逃回長安。楊堅馬上任命他為河南道行軍總管，派往韋孝寬處。于仲文出自北周勳貴，和諸位將領地位相近，利益相通，有共同的語言，所以，他一來到，諸將紛紛向他探聽京城消息，特別是楊堅的為人。宇文忻吐露心聲道：「公新從京師來，觀執政意何如也？尉迥誠不足平，正恐事寧之後，更有藏弓之慮。」顯然，大家關心的是改朝換代後自己的地位利益。于仲文深知眾將的向背取決於自己的表態，便盡力將楊堅讚美一通，大包大攬地安慰道：「丞相寬仁大度，明識有餘，苟能竭誠，必心無貳。」說得宇文忻誠心悅服，於是，眾心遂安。[66]

高熲和于仲文的到來，迅速穩定了軍心，眾將一心，向尉遲迥展開猛烈的攻勢。韋孝寬率大軍挺進武陟（今河南省武陟縣南），與盤踞武德郡（今河南省沁陽市東南）的尉遲迥之子尉遲惇所率十萬大軍隔著沁水對陣，高熲令士兵搭橋，宇文忻率部渡河，尉遲惇本想趁韋孝寬軍半渡之時出擊，不料，韋孝寬反而利用其軍隊略作後撤的機會，嗚鼓齊進，一過河，高熲就將渡橋燒毀，士兵一往無前，大破尉遲惇，乘勝追奔，連破尉遲迥的伏兵於野馬岡和草橋，直逼鄴城。

八月十七日，尉遲迥看形勢不妙，便集結十三萬大軍，率其二子尉遲惇和尉遲祐，於城南布陣。他自己老當益壯，親自披掛上陣，率頭戴綠巾身穿錦襖的「黃龍兵」結成一陣，麾下全是關中士兵，拼死力戰。其弟尉遲勤率五萬青州兵前來增援，趕到的三千騎兵率先投入戰場。雙方在相州城下展開了極其慘烈的大決戰，鄴城士民四下雲集於高處，爭相目睹這驚心動魄的壯烈場面。尉遲迥不愧是一員虎將，威風不減當年，他一出陣，全軍為之振奮。韋孝寬遇上拼命的軍隊，卻也抵擋不住，全軍在敵人的壓迫下逐步後退。高熲、宇文忻和李詢看到情況危急，已經顧不上什麼道義了，匆忙整頓一下陣勢，下令部隊攻擊圍觀的百姓。那些興高采烈觀戰的群眾萬萬沒想到正在作戰的軍隊會突然調頭進攻他們，嚇得魂飛魄散，四下逃竄，驚叫之聲，震天動地，一下子就把尉遲迥的陣勢給衝亂了。宇文忻見機，傳令高呼「賊敗矣！」全軍為之一振，重新向敵人猛烈衝擊，硬是把尉遲迥的大軍打得落花流水。梁士彥首先從北門攻破鄴城，一路追殺至西門，納宇文忻部入城。尉遲迥退守小城樓，崔弘度尾追而至，尉遲迥回頭欲射，一看是兒媳婦的哥哥崔弘度，想到大勢已去，再掙扎也無濟於事，不如作個順水人情，便將弓箭擲地，痛罵楊堅後自殺。崔弘度大概也覺得不好意思撿現成便宜，回過頭去，叫其弟崔弘升將尉遲迥的首級割下，回去報功領賞。

尉遲勤和尉遲惇、尉遲祐叔姪三人東奔青州，被大將軍郭衍追獲。山東各地叛軍，相繼被敉平。[67]

戰後的清算是極其嚴酷的。《周書》之〈韋孝寬傳〉只是輕描淡寫地交代道：「兵士在小城中者，盡坑於遊豫園」；而〈尉遲迥傳〉則說：「餘眾，月餘皆斬之。」顯然，被坑殺的不止是最後仍據小城頑抗的將士，而是所有的「餘眾」。唐僧道宣在《集神州三寶感通錄》中披露了這場大屠殺的經過：

65《隋書》卷四十二，〈李德林傳〉。

66《隋書》卷六十，〈于仲文傳〉。

67 戰鬥經過綜參《資治通鑒》卷一百七十四；《周書》卷二十一〈尉遲迥傳〉；《隋書》卷四十〈梁士彥傳〉、〈宇文忻傳〉，卷四十一〈高熲傳〉，卷七十四〈崔弘度傳〉，卷六十一〈郭衍傳〉。

擁俘虜將百萬人，總集寺北遊豫園中，明旦斬決。圍牆有孔，出者縱之，至曉便斷，猶有六十萬人，並於漳河岸斬之，流屍水中，水為不流，血河一月，夜夜鬼哭，哀怨切人。以事聞，帝曰：「此段一誅深有枉濫，賊止尉遲迥，餘並被驅。當時惻隱咸知此事，國初機候不獲縱之。可於游豫園南葛屢山上立大慈寺，折三爵台以營之，六時禮佛加一拜，為園中枉死者。」寺成僧住，依敕禮唱，怨哭之聲一期頓絕矣。

道宣追述往事，其中俘虜人數顯然誇張失實，但對屠殺經過的記述，采自寺史，自有相當的根據。其地點記載，與〈韋孝寬傳〉相符；而相州立寺一事，可於佛教文獻中覓得。《廣弘明集》卷二八收錄了〈隋高祖於相州戰場立寺詔〉：

門下，昔歲周道既衰，群凶鼎沸。鄴城之地，實為禍始，或驅逼良善，或同惡相濟，四海之大，過半豺狼，兆庶之廣，咸憂吞噬。朕出車練卒，蕩滌妖丑，誠有倒戈，不無困獸，將士奮發，肆其威武，如火燎毛，殆亡遺燼。於時朕在廊廟，任當朝宰，德慚動物，民陷網羅，空切罪己之誠，唯增見辜之泣。然兵者凶器，戰實危機，節義之徒，輕生忘死，干戈之下，又聞徂落。興言震悼，日久逾深，永念群生，蹈兵刃之苦，有懷至道，興度脫之業。物我同觀，愚智俱愍，思建福田，神功詩討，庶望死事之臣，菩提增長，悖逆之侶，從暗入明，並究苦空，咸拔生死。鯨鯢之觀，化為微妙之台，龍蛇之野，永作玻璃之鏡，無邊有性，盡入法門。可於相州戰地，建伽藍一所，立碑紀事，其營構制度、置僧多少、寺之名目，有司詳議以聞。

根據隋朝翻經學士費長房成書於開皇十七年（五九七）的《歷代三寶紀》卷十二記載，上述詔令頒布於開皇元年（五八一）八月，即平定尉遲迥一周年之際，看來當年那場血腥大屠殺所造成的恐怖，依然震悚人心，以至月黑風高之夜，似乎都可以聽到遊豫園冤魂野鬼淒厲的哭聲，連楊堅本人也感到不安，才為之建寺超度。然而，為戰死者建伽藍，在中國前所未有，因此，費長房也有些迷惑不解，因而歌功頌德道：

> 夫有國有征，肇自上古，未見戰場之所，起立僧坊，死事之臣，追為建福，決一人罪，十奏乃行，其非大士應生，金輪托降，祐含識於死傷之際，安庶類於擾攘之間，孰能若是。所以為善相繼，天下普頌，猶恐黎民懲惡未改，將漸風化。68

楊堅是佛教的忠實信徒，所以，費長房也好，道宣也罷，佛門僧俗子弟都盡力為他唱讚歌。這從一個側面證明，佛教文獻的有關記載是可靠的。那麼，根據上引道宣的記述，當年的這場屠殺，楊堅事先是知道的。其建伽藍固然是為了鎮撫人心和自我安慰，但當年採取這般慘無人道的手段，決不是思慮不周造成的失誤，而是有意的行動。《周書．尉遲迥傳》說，尉遲迥「委任亦多用齊人」。山東是北周征服不久的地方，民心尚未服從，一有風吹草動，就會揭竿而起，中央政權對此深懷警惕，以後的隋王朝也始終以此為戒。顯然，楊堅是有意大開殺戒，企圖用高壓和恐怖政策，以儆效尤。同時，在攻克相州之後，立即「移相州於安陽，其鄴城及邑居皆毀壞之。分相

68　費長房，《歷代三寶紀》卷十二。

州陽平郡置毛州，昌黎郡置魏州」；[69]「乃焚燒鄴城，徙其居人，南遷四十五里。以安陽城為相州理所，仍為鄴縣」，[70]乾脆廢除相州行政建制，從地表上抹掉鄴城，徹底杜絕後患。[71]

平定尉遲迥的勝利是決定性的，其影響很快就顯現出來。

八月二十七日，也就是在平定尉遲迥十天之後，王誼率領四總管軍進逼鄖州近郊，司馬消難聞訊，連夜南逃，投降陳朝，荊、郢諸州反叛的巴蠻亦告平定；楊素攻克滎州，宇文冑出逃，被追及斬首。梁睿率二十萬大軍入蜀，連戰皆克，進逼成都，十月二十六日，王謙率五萬精兵背城結陣，梁睿縱兵進擊，大破之，追斬王謙，傳首京師，益州平。這樣，三方反叛均被鎮壓下去。

三方反叛，看似轟轟烈烈，聲勢駭人，然而，他們都在短短的時間內分別被鎮壓，勢力最大的尉遲迥，從起兵到失敗只不過六十八天，說明反叛不得人心，既得不到官僚階層的擁護，也得不到普通民眾的支持。關隴世族共同建立的北周政權，其內部勢力平衡，在宇文護時代已被打破而出現深刻的罅裂，爾後，又經歷宣帝的暴政而離心離德，周室已經失去了往昔的號召力和凝聚力，黯然失色，再沒有多少人願意為之獻身。剛統一不久的中原百姓，對北周政權並無特殊感情，他們只希望從此過上安穩的日子，怎會輕易就被幾個垂暮的軍將所蠱惑而為之賣命。所以，尉遲迥等人匡扶周室的號召，難以得到回應，何況人們怎能判定他們沒有個人野心？正如平叛過程所示，除了對尉遲迥還有幾次殊死之戰外，其他各戰場幾乎都是在一邊倒的情況下結束戰爭，可知平叛首先是一場政治戰而不是軍事戰，勝負早已決定了。

這場反叛是對楊堅的嚴峻考驗，他上臺伊始，曾引元諧於左右，元諧對他說道：「公無黨援，譬如水間一堵牆，大危矣。公其勉之。」[72]當時，許多人都為楊堅捏一把冷汗。然而，他胸有成竹，料敵先機，奪取朝政，控制京師，拉攏李、于、竇、韋、梁、宇文、楊、王等關隴河東大世族，牢牢掌握關中河東根據地。贏得全域勝利的關鍵，變「水間一堵牆」為中流砥柱，表現出政治領袖的戰略遠見和嫺熟的鬥爭技巧；另一方面，在處理前線將領擁兵不前時，他也表現出主觀、急躁和猜忌等性格弱點，其對尉遲迥部眾的殘殺，更表現出強制高壓的政治作風。這一切，已在一定程度上顯露出新王朝政治風格的端倪。

十一月二十五日，一代將星韋孝寬與世長辭，他以生命的最後一搏，完成了為新王朝鳴鑼開道的歷史使命，也許沒有人意識到，他的去世暗示著一個時代的結束，[73]而嶄新的王朝已經出現在地平線上。

禪讓

平叛的勝利，極大增強了楊堅的領導地位，再沒有人能夠向他提出挑戰。

---

69 《周書》卷八，〈靜帝紀〉。

70 《舊唐書》卷三十九，〈地理二．河北道．鄴〉。

71 鄴城的考古發掘，與上述文獻關於城南為主戰場以及鄴城被毀的記述相吻合，參閱〈河北臨漳縣鄴南城朱明門遺址的發掘〉，載《考古》，一九九六年，第一期。

72 《隋書》卷四十，〈元諧傳〉。

73 宮崎市定在《隋煬帝》（日本人物往來社，一九六五年）一書中，對韋孝寬平定尉遲迥後沒有乘勝回師長安，驅逐楊堅，奪取政權，感到迷惑不解。其實，韋孝寬只是一位傑出的軍事將領，並不是一位政治領袖，只要不是極度混亂的世道，很少有純粹軍人能夠奪取政權的情況。韋孝寬對此是有清礎認識的，況且尉遲迥等人就是現成的例子，所以，他沒有那份野心。而且，其手下將領不統一，身邊又安插了不少楊堅的親信，容不得他輕舉妄動。實際上，比起韋孝寬政變臆說更具意義的，是其去世標誌著北周以地方鄉帥武裝為基礎的世族統兵制正在讓位於統一的國家軍事制度。

造成這樣的結果，楊堅當然要感謝尉遲迥。正是這一介武夫貿然攤牌，使得本來撲朔迷離的政治形勢頓時明朗，文武官吏不得不作出非此即彼的抉擇，涇渭分明，不容含糊，這正是楊堅求之不得的事情。而且，戰爭還為楊堅錘煉出一支忠誠的幹部，為建立新王朝積蓄下寶貴的人才資源。因此，尉遲迥起兵不但沒能挽救周王朝的覆滅，反而使朝廷完全喪失對楊堅的制約，加速其篡權的步伐。

楊堅所鎮壓的，是打著匡扶周室旗號的武裝力量，因此，不管他如何挾天子以令諸侯，都難以遮掩其真面目，而且，主客觀的形勢也都逼使他不能不邁出篡位這一步。主觀方面前已述及，就客觀方面來說，朝廷百官作出支持他的抉擇，無不是以其篡周為前提來權衡個人得失的，「時周代舊臣皆勸禪讓」，[74]就是明證。這種形勢，沒有人看不清楚，楊堅初總百揆時，夫人獨孤氏就派家將李圓通入禁中對他說：「騎獸之勢，必不得下，勉之」，[75]暗示他篡周自立。

受到夫人的鼓勵，楊堅更加堅定了決心。《隋書．庾季才傳》記載：

及高祖為丞相，嘗夜召季才而問曰：「吾以庸虛，受茲顧命，天時人事，卿以為何如？」季才曰：「天道精微，難可意察，切以人事卜之，符兆已定。季才縱言不可，公豈復得為箕、潁之事乎？」高祖默然久之，因舉首曰：「吾今譬猶騎獸，誠不得下矣。」因賜雜綵五十四，絹二百段，曰：「愧公此意，宜善為思之。」

顯而易見，此時楊堅已經破釜沉舟，不管成敗如何都要拼死一搏了。他開始為篡周試探風向，製造聲勢。

由於此事關係到整個統治階層權力和利益的重新分配，所以，楊堅首先必須得到統治集團核心成員的大力支持。如前所述，他先派人去爭取李穆和于翼等北周最高門閥，這兩個家族十分識趣，早早就上表勸進，給了楊堅巨大的鼓舞。

隨即爆發的三方武裝反抗，無情地迫使百官表明政治立場，不論他們出於怎樣的考慮，都是見風使舵、攀龍附驥，自然不會有什麼人站在反叛一方，為分崩離析的北周政權捨生取義。因此，這場軍事攤牌，反倒省去了楊堅拉攏收買和甄別忠貞的功夫，其結果更是讓他大喜過望，北魏舊家世族，如原皇族元氏、長孫氏、源氏，以及弘農楊氏、博陵崔氏、滎陽鄭氏、河東薛氏、柳氏；北周豪強高門，如隴西李氏（鮮卑）、安定梁氏、昌黎大棘宇文氏、昌黎徒河豆盧氏、武川宇文氏（原為破野頭）、代北賀若氏、樂浪王氏、扶風竇氏、京兆韋氏、王氏、武功蘇氏、河南東垣韓氏等，都站在楊堅一邊。這些家族的代表人物，見於隋開皇十七年（五九七）四月欽定公布的開國功臣名單裡，共十七人，他們是：

申明公李穆、鄖襄公韋孝寬、廣平王楊雄、蔣國公梁睿
楚國公豆盧勣、齊國公高熲、越國公楊素、魯國公虞慶則
新寧公叱李長叉、宜陽公王世積、趙國公陰壽、隴西公李詢
廣業公□景、真昌公□振、沛國公鄭譯、項城公王韶
鉅鹿公賀婁子幹

74《隋書》卷四十七，〈柳機傳〉。
75《北史》卷十四，〈后妃下．隋文獻皇后獨孤氏傳〉。

（注：「□」表示姓氏不明）[76]

但是，這份名單顯然是根據當時的政治形勢以及隋文帝的個人好惡而制訂的，很不完整，至少還應該加上于氏和竇氏家族代表、柳裘、皇甫績、韋謨、李德林、賀若誼，以及在此前獲罪受黜或被誅的劉昉、宇文忻、梁士彥、盧賁、王誼、元諧等十餘人，合起來至少有三十名左右。

從上述名單可以清楚地看出，來自代北塞上的軍事貴族與關隴河東的世家大族基本上都倒向楊堅一邊，而這兩者的結合曾經建立了北周王朝，因此，這種局面的出現，意味著北周政權的社會政治基礎已經發生根本轉移。對此，英國劍橋大學崔瑞德（Deniswitchett）教授曾敏銳地指出：「在當時不過是一次宮廷政變，是西北的一個貴族家庭接替另一個家族即位。……隋不僅使由西北各貴族大族組成的小集團的政治優勢得以綿延勿替，它還通過在前一世紀已被北方諸王朝所採用並行之有效的制度繼續組織它的帝國。」[77]這一論斷，正確地指出了北周隋唐時代特定的幾個家族輪流執政，從而保持政治的活力及其延續性的現象。但是，為什麼政權會侷限在北周創業集團內部更替呢？具有很大的政治實力和威望，並始終處於或接近於權力中樞地位，這些必備條件已經毫不留情地淘汰了大部分野心家，而且，經過長期的少數民族統治之後，新一代統治者不可能由沒有民族融合的經歷與胸懷的漢族世家來擔任，同樣，純粹少數族人也不能被廣大漢族所接受，因此，只有像楊堅這種起自社會基層、深受少數民族習俗薰陶、既混血又能夠冒充中原世族的漢人才能為胡漢雙方所接受，脫穎而出。這既是時代的要求，也反映出當時民族融合（特別是在少數族政權下漢族的地位與作用大幅度提高的條件下），以及社會經濟文化恢復與發展這兩個歷史進程所達到的水準。

然而，崔瑞德把北周隋唐間的政權遞嬗看成是沒有變化的重複過程，說道：「後來唐朝的繼承，也不過是把皇位移向這一緊密結合的家族集團中的另一個家族而已。在七世紀和八世紀初期，隋室的楊氏、獨孤氏以及北周宇文氏王室的成員依然遍及各地，勢力極大。」且不論隋代的宇文氏並非被楊堅盡加殺戮的北周皇族，其見解亦屬僵硬失察。

上述大族功臣裡，包含了一個值得重視的變化，那就是出身於原北齊舊境的山東世族不但占有相當比例，而且在關鍵時刻起了舉足輕重的作用。他們和關中、河東的漢人世族有共通之處，都想通過擁戴具有漢族血統的楊堅取代少數民族的宇文氏，取得漢族的領導地位。顯然，楊堅比宇文氏具有更大的代表性，擁護他的社會階層更加廣泛。

獲得如此眾多的支援，楊堅已經不需要太多的顧慮，可以更加主動地進行改朝換代的準備。他以襄助軍機為名，派遣名士薛道衡到梁睿軍中，趁便勸道：「天下之望，已歸於隋。」[78]讓梁睿上表勸進，從而爭取到西南軍政首腦的支持。隨著各個戰場的節節勝利，楊堅聲望日益隆盛，文武百官更是紛呈忠款，司武上士盧賁勸進道：「周歷已盡，天人之望實歸明公，願早應天順民也。天與不取，反受其咎」；[79]少內史崔仲方「見眾望有歸，陰勸高祖應天受命」。[80]更有甚者，

76《隋書》卷二，〈高祖下〉，令文中每個人僅稱其名或字，此處統一加姓稱名。

77 崔瑞德編，《劍橋中國隋唐史五八九～九〇六年》(*The Cambridge History of China, Volume 3, Sui and T'ang China, 589-906, Part 1, edited by Denis Twitchett.*)，第一章〈導論〉(中國社會科學出版社，一九九〇年中譯版)，第四頁。

78《隋書》卷三十七，〈梁睿傳〉。

79《隋書》卷三十八，〈盧賁傳〉。

80《隋書》卷六十，〈崔仲方傳〉。

有些人還密勸楊堅大誅北周宗室，以絕後患，如石州（今山西省離石縣）總管虞慶則就「勸高祖盡滅宇文氏」；[81]武山郡公郭衍也「密勸高祖殺周室諸王，早行禪代」。[82]這些獻計效忠的人無不大得楊堅的讚揚，因此飛黃騰達。顯然，勸進已成為官吏政治態度的試金石和進身階。

就在這一片勸進聲中，楊堅大大加快了奪權的步伐。九月初九，司馬消難之叛甫平，他就以叛臣之女為由，廢靜帝司馬皇后為庶人，公開藐視皇帝；二十九日，他讓靜帝廢除左右丞相之號，僅設大丞相一職，由自己擔任；十月十日，他再加大塚宰職，總攝其他五官府，獨攬大權，再現當年宇文護專政的局面；到了十二月十三日，楊堅進封為隋王，以十郡為國，距離南面稱帝僅有一步之遙了。

翌年，各地的反抗都已平定，北方又恢復一派昇平景象。一開年，朝廷就下詔，改元「大定」，以示「四海寧一，八表無塵，元輔執鈞，垂風揚化」，同時讓各地推舉賢能，表明一切都已恢復正常，今後將「使天下英傑，盡升於朝」。[83]這一切，實際上都是在為楊堅歌功頌德。二月初九，楊堅改稱相國，總百揆，劍履上殿，入朝不趨，贊拜不名，被九錫之禮，建天子旌旗，出警入蹕，大家心裡都明白，改朝換代只是選擇黃道吉日的問題了。

果然，就在月中，術士庾季才進言：

> 今月戊戌平旦，青氣如樓闕，見於國城之上，俄而變紫，逆風西行。《氣經》云：「天不能無雲而雨，皇王不能無氣而立。」今王氣已見，須即應之。二月日出卯入酉，居天之正位，謂之二八之門。日者，人君之象，人君正位，宜用二月。其月十三日甲子，甲為六甲之始，子為十二辰之初，甲數九，子數又九，九為天數。其日即是驚蟄，陽氣壯發之時。昔周武王

以二月甲子定天下，享年八百，漢高帝以二月甲午即帝位，享年四百，故知甲子、甲午為得天數。今二月甲子，宜應天受命。[84]

根據庾季才的推算，此前兩大強盛王朝都在二月甲子（或甲午）登基而享國長久，所以，他也選擇這一天。況且這年的二月甲子還是驚蟄，春雷響起，萬蟄蘇而六合盡開，這是一個多麼吉祥的象徵！楊堅欣然接受庾季才的建議。

改朝換代，除舊迎新，一切都有條不紊地進行著。楊堅的心腹李德林為周靜帝起草了禪讓詔書，楊堅按照舊例推讓三次，……這些都已經是例行手續而已了。在喜洋洋的氣氛中，很少人留意到其間發生的兩段插曲。

虞慶則勸楊堅在登基前盡誅宇文氏。如此殘忍的建議，高熲和楊雄都不敢苟同，但也不敢隨便反對。南北朝時期，由於改朝換代或者新王即立而進行的宗室殘殺，司空見慣。可是，北周開國時，並沒有濫殺西魏宗室，開了一個好頭。其中一個重要的原因，是宇文氏政權由幾大派系組成，如果過分誅殺，就會造成內部人心浮動而影響政局的穩定。此後，北周內部多次的政治鬥爭，勝利者都小心翼翼地把鬥爭限制在一定的範圍內。現在，楊堅重新大開殺戒，勢必給人留下難以消除的陰影。因此，李德林據理力爭，企圖勸阻楊堅作出缺乏理性的決定。然而，這次的諫

81《隋書》卷四十二，〈李德林傳〉。
82《隋書》卷六十一，〈郭衍傳〉。
83《周書》卷八，〈靜帝紀〉。
84《隋書》卷七十八，〈藝術・庾季才傳〉。

爭卻惹得楊堅勃然大怒，叱責道：「君讀書人，不足平章此事。」結果，李德林非但沒能勸阻這場慘劇，反被楊堅疏遠，「自是品位不加，出於高（熲）、虞（慶則）之下」。[85] 茲將楊堅所殺北周宗室整理如下（見表二〈楊堅殺戮北周宗室一覽表〉）。

表二　楊堅殺戮北周宗室一覽表

	兒子	孫子
周文帝	趙王招	員、貫、乾銑、乾鈴、乾鏗
	陳王純	謙、讓、議
	越王盛	忱、悰、恢、憒、忻
	代王達	執、轉
	滕王逌	祐、裕、禮、禧
	（宋公震）	寔
	（譙王儉）	乾惲
	（翼公通）	絢
孝閔帝	（康）	湜
明帝	畢王賢	弘義、恭道、樹娘
	酆王貞	德文
武帝	漢王贊	道德、道智、道義
	秦王贄	靖智、靖仁
	曹王允、道王充、蔡王兌、荊王元	
宣帝	靜帝、鄴王衍、郢王術	

宗室	宇文胄、宇文洽、宇文椿	道宗、本仁、鄰武、子禮、獻
	宇文眾	仲和、孰倫
	宇文洛	

另一段插曲，則是在楊堅登基前夕，他所器重的蘇威突然不辭而別，循歸鄉里。高熲接到消息，痛惜人才，急忙請楊堅立即派人把蘇威追回來。不料，楊堅絲毫不在意，反倒開導高熲道：「此不欲預吾事，且置之。」果然，不出楊堅所料，隋朝建立後，楊堅封蘇威一個「太子少保」官，他馬上就自己回來就職了。[85]

這樣的事例，其實不止蘇威而已。前述北周元老竇熾固然在洛陽為平定尉遲迥立了大功，明白無誤地支持楊堅，但是，當百官紛紛勸進之時，他卻「自以累代受恩，遂不肯署牋。時人高其節。隋文帝踐極，拜太傅，加殊禮，贊拜不名。」[86]

以上兩件事情暗示著相當深刻的問題。令人不由地想起唐朝貞觀年間，太宗君臣就治理國家的根本方針所進行的辯論。當時魏徵主張德政，其他大臣則斥之為迂腐，但是，太宗採納魏徵的建言，力行不倦，終於達成備受稱道的「貞觀之治」。後來，唐太宗在回憶這段往事時，感慨道：「貞觀初，人皆異論，云當今必不可行帝道、王道，惟魏徵勸我。既從其言，不過數載，遂得華夏安寧，遠戎賓服。」[87] 這與隋朝開國前後的情況頗為相似。李德林諫爭受斥，表明主張懷柔的溫

85《隋書》卷四十一，〈蘇威傳〉。
86《周書》卷三十，〈竇熾傳〉。
87《貞觀政要》卷一，〈政體第二〉。

和派遭受壓制，而主張政治高壓的強硬派占據主導地位。由此可知，隋唐兩代的開國氣度與政治志向頗不相同。

楊堅堅持剷除異己，自有其道理。隋朝開國之際，楊堅重用的蘇威跑回老家躲避，此事相當典型地反映出當時官場的心態：他們固然支持楊堅，但仍然覺得其奪取天下並不光彩，甚至有點不仁不義，就連蘇威、竇熾都要惺惺作態，何況他人。出身儒學士族的柳機即又是一例：「周代舊臣皆勸禪讓，（柳）機獨義形於色，無所陳請」，[88]這已經是比較中立的態度了。至如王世積，則「密謂（高）熲曰：『吾輩俱周之臣子，社稷淪滅，其若之何？』」[89]更表現出內心深處的敵意。楊堅深明此點，所以，他對於表面表示順從的北周舊臣都先加籠絡，同時，拿北周宗室開刀以震駭群下，令他們死了復辟北周之心，杜絕後患。誠然，濫殺前代宗室在南北朝動亂時代司空見慣，然而，北周組織構成的特殊性和楊堅上臺的偶然性，都使得這場大屠殺給隋朝留下了深重的內傷。

首先，這場屠殺完全是新政權內在虛弱的表現，而其負面作用則是激起北周舊臣內心不服，從而對楊氏的正統地位不以為然。實際上，到了北周末年，真正的北周忠臣寥寥無幾，即使是那些起兵反抗楊堅者，也不見得就是要匡扶周室，所以，比起北周復辟的可能性，更重要的是如何使原來平起平坐的周臣歸心。高壓政治顯然做不到這一點，卻落下欺負孤兒寡母的罵名。

其次，如果說楊堅奪權當初，在一定的時間範圍內實行高壓政治尚有迅速樹立政治權威，完成政權過渡的必要，那麼，把這種立竿見影的高壓手段，視為政治上成功的範例並將之長期固定化，則無疑是被表像迷惑而落入陷阱。不幸的是，隋朝最高統治者始終沒有醒悟到此，反而養成急功近利的惡習，甚至變本加厲，最終葬送自己。

第三，急功近利的高壓統治，必然輕視甚至賤視文教事業，他們感覺不到文化薰陶那種潛移默化的偉大力量。中國屢經戰亂割據而始終不會徹底分裂，根本原因就在於文化認同這一點。而楊堅的一句「君讀書人，不足平章此事」，無意中已經道破其思想深處對文化的輕視，儘管在他勵精圖治時，曾經對文教事業表現出相當的熱情，但這畢竟不是其真正的想法，他只是嘗試著把文教事業變成速效的統治工具，當這一目標無法達到時，其遭到棄之如敝屣的命運就絲毫也不奇怪了。

楊堅個性上的缺點確實令人惋惜，但是，我們不能忘記那個時代對個人性格行為的深刻影響，我們對其嚴厲批評，只為他是給時代歷史進程打上性格印記的人物。

就這樣，新政權帶著內在缺陷誕生了。

二月中，周靜帝「以眾望有歸」，[90]下詔禪位於隋。太傅、杞國公宇文椿和大宗伯、金城公趙煚分別捧著冊書和璽紱來到隋王府，在百官勸進聲中，楊堅欣然接受。

二月十三日甲子，朝陽噴薄，霞光萬道，京城喜氣洋洋，人們奔相走告「慶雲見」，迎接新王朝的生日。清晨，楊堅身穿黃袍常服，威儀隆重地邁出相府，緩緩踏入皇宮，備禮即皇帝位於臨光殿。同時，於南郊設壇，遣使柴燎告天；自己則祭祖告廟，宣布隋朝正式建立。

當日，楊堅任命了第一批大臣，相國司馬、勃海公高熲任尚書左僕射兼納言，相國司錄、沁

88《隋書》卷四十七，〈柳機傳〉。
89《隋書》卷四十，〈王世積傳〉。
90《隋書》卷一，〈高祖上〉。

源縣公虞慶則為內史監兼吏部尚書，相國內郎、咸安縣男李德林為內史令，這三人分別負責尚書、門下和內史三省，成為新王朝的宰相。韋世康任禮部尚書，元暉任都官尚書，元巖任兵部尚書，長孫毗為工部尚書，楊希尚為度支尚書，這些人為尚書省六部長官。楊雄任左衛大將軍，統領禁軍。這份新政府要員名單，確實給人耳目一新的感覺，三名宰相全為漢人，六部尚書則關中世族與胡人貴族平分秋色，中央禁軍和財政部門由楊氏宗親掌管，體現出以皇帝為主導，漢族為主體，胡漢融合的政治特色，充分展示了新時代的風貌。

在中原大地上，自西晉末年匈奴劉淵建立第一個少數民族政權時起，經過幾百年的動亂，重新出現以漢族為主體的多民族國家，說明經過民族鬥爭，迎來了民族融合的新時代。歷史發展到這樣的階段，國家統一已經取代了分裂，成為新時代的主旋律，人心所向，勢不可擋。在隋唐兩代三百多年裡，雖然一再有風雲變幻，甚至政權更迭，但是，中國再沒有出現像南北朝那樣長期徹底的分裂動亂，顯然，民族融合及其帶來的多元文化創新，生機勃勃，成為維護統一的堅強紐帶。而作為偉大時代的先驅，剛過不惑之年的楊堅，率領一代年富力強的政治新秀，滿懷信心去開闢一個嶄新的世界。

第五章　除舊布新

啟運開皇

隋朝建立，萬象更新，展望未來，楊堅雄心勃發，立志要超越以往任何一代帝王，成為萬民企慕的救世聖主，因此，他別出心裁，給新王朝起了一個新奇的年號：開皇。

我們知道，楊堅出生於佛寺，自幼就以大力金剛那羅延自許，現在如願登上皇位，更是積極宣揚天命論。根據《金光明經．正論品第十一》所載：「因集業故，生於人中，王領國土，故稱人王。處在胎中，諸天守護，或先守護，然後入胎，雖在人中，生為人王，以天護故，復稱天子。三十三天，各以己德，分與是人，故稱天子」。附會其誕生傳說，以所謂「赤若之歲，黃屋馭時，土制水行，興廢毀立，佛日火乘，木運啟年，號以開皇，可謂法炬滅而更明，否時還泰者也」，[1]將「開皇」作為年號，證明自己乃「祇奉上玄，君臨萬國」。[2]

1　費長房，《歷代三寶記》卷十二。
2　《隋書》卷一，〈高祖上〉，開皇二年（五八二）六月丙申詔。

「開皇」恰好又是道教年號。《隋書．經籍四》記載：「每至天地初開，或在玉京之上，或在窮桑之野，授以祕道，謂之開劫度人。然其開劫，非一度矣，故有延康、赤明、龍漢、開皇，是其年號。其間相去經四十一億萬載。……五方天帝及諸仙官，轉共承受，世人莫之豫也」。隋朝王劭亦對此大加附會道：「年號『開皇』，與《靈寶經》之開皇年相合，故曰協靈皇」。[3] 說得煞有介事。其實，劫數之說，在北朝就相當流行，《魏書．釋老志》說：「又稱劫數，頗類佛經。其延康、龍漢、赤明、開皇之屬，皆其名也。」但是，如果細心對照，不難發現《隋書》和《魏書》關於劫號的順序並不一致，且都只有四種，似乎五大劫號尚未完全定型統一。究其根本原因，在於魏晉道教理論構建時期，其時間觀念的「劫運」說主要系由靈寶派抄自佛經，甚至一劫四十一億萬年說，也是在佛教一劫四十三億二千萬年的基礎上略加篡改而成的。至於「五方天帝」，恐怕也來自佛教的「五佛」說，無怪乎《魏書》和《隋書》都認為道教劫數說類似於佛教。楊堅是佛教信徒，對此當然明白。因此，其所採用的年號，主要乃取佛教之劫說，采「聖皇啟運，像法載興」之意。[4]

後來繼登皇位的隋煬帝曾經透露「高祖受命之符，因問鬼神之事。」[5] 其實，古代帝王並沒有真正的宗教信仰，只有功利主義的「鬼神」迷信。楊堅一輩子迷信讖緯符籙，上臺時又曾經得到許多道士的幫助，因此，使用一個盜自佛教的道教年號，可謂八面玲瓏，充分表現出利用各種宗教為政治服務的態度。

「開皇」既然是新紀元的象徵，那麼，用此年號即表現出楊堅要除舊布新、大治天下的宏偉抱負。他這麼想，也這麼做，故其所奠定的國家制度文化，在許多方面對此後的中國社會產生深遠影響，頗有開山之功。

上臺伊始，楊堅就召見崔仲方和高熲，討論確定正朔與服色事宜。崔仲方採用通行的五行相生理論，說道：「晉為金行，後魏為水，周為木，皇家以火承木，得天之統。又聖躬載誕之初，有赤光之瑞，車服旗牲，並宜用赤。」[6]此建議深合楊堅心意，所以，開皇元年（五八一）六月便正式下詔規定：

> 初受天命，赤雀降祥，五德相生，赤為火色，其郊及社廟，依服冕之儀，而朝會之服，旗幟犧牲，盡令尚赤，戎服以黃。[7]

根據傳統的五行學說，周為木行，在東方，木生火，故隋為火行，在南方，屬夏季，色尚赤，而中央為土，色尚黃。隋朝兼采二者，「旗幟犧牲，盡令尚赤」。而君臣常服則用黃色，史稱「隋代帝王貴臣，多服黃文綾袍、烏紗帽、九環帶、烏皮六合靴。百官常服，同於匹庶，皆著黃袍及衫，出入殿省」。[8]皇帝的朝服也和百官無異，「唯帶加十三環，以為差異，蓋取於便事。」[9]盧賁又奏請改變北周的旗幟，並親擬嘉名，創制青龍、騶虞、朱雀、玄武，千秋、萬歲之旗；[10]

3 《隋書》卷六十九，〈王劭傳〉。
4 開皇八年，內史薛道衡為釋曇延所作弔文，載《佛祖統紀》卷第三十九。
5 《隋書》卷五十八，〈許善心傳〉。
6 《隋書》卷六十，〈崔仲方傳〉。
7 《隋書》卷一，〈高祖上〉。
8 （唐）劉肅撰，許德楠、李鼎霞點校，《大唐新語》卷之十（中華書局，一九八四年），〈釐革第二十二〉。
9 《隋書》卷十二，〈禮儀七〉。
10 《隋書》卷三十八，〈盧賁傳〉。

而李德林則以為北周承襲北魏的車輿都不合古制，盡請廢除，楊堅准其所奏，只保留北魏太和年間儀曹令李韶所制五輅，並為北齊所遵用者。[11]經過這番改作，新王朝總算粗具禮制。七月七日這一天，楊堅身著新制的黃袍，在大殿接受百官的朝賀，君臣服飾一新，透過洋洋喜氣，大家都能感受到改制背後所閃爍的清新恢宏氣象。

改變輿服制度，絕不只是給新王朝選擇一個嶄新的標誌。楊堅出身於北周，而他所改革的卻是北周制度。當時，太子庶子、攝太常少卿裴政曾上奏道：

「竊見後周制冕，加為十二，既與前禮數乃不同，而色應五行，又非典故。……且後魏已來，制度咸缺。天興之歲，草創繕修，所造車服，多參胡制。故魏收論之，稱為違古，是也。周氏因襲，將為故事，大象承統，咸取用之，輿輦衣冠，甚多迂怪。今皇隋革命，憲章前代，其魏、周輦輅不合制者，已敕有司盡令除廢，然衣冠禮器，尚且兼行。……既越典章，須革其謬。……今請冠及冕，色並用玄，唯應著幘者，任依漢、晉。」制曰：「可。」於是定令，採用東齊之法。[12]

北魏起自漠北，入據中原而立國，其制度建設著眼於鞏固少數民族政權，必然「多參胡制」，其後雖經魏孝文帝大力推行漢化改革，但仍然保留大量的鮮卑舊俗。六鎮兵起，鮮卑文化大回潮，特別是地處關隴一隅的宇文氏政權，力蹙勢窮，尤須借鮮卑遺俗以籠絡人心，別樹一幟，故一時之間，陳規陋習氾濫於世，「輿輦衣冠，甚多迂怪」。隋代周興，首先要破除的就是這些沉滓泛起的胡俗，恢復傳統的漢族制度。當楊堅君臣退下北周不倫不類的仿古衣冠，換上傳統漢服出現時，人們奔相走告，彷彿雲開日出，重見中原文明的耀眼光芒，那種興奮、激動、喜悅的心情，在一片歡呼聲中，隨著滾滾熱淚，沖決長期壓抑在心頭的屈辱而迸發出來。他們清楚地意識到，跋涉過漫長幽暗的隧道，光明終於克服了黑暗，文明又回到人間，數百年的民族壓迫過去了，歷史確確實實進入了嶄新的時代。通過這簡短的朝會儀式，隋朝贏得了廣泛的支持。

更重要的是，在改變輿服的背後，人們強烈地感受到新王朝迥異於前代的立國原則，這就是隋文帝楊堅所確立的「易周氏官儀，依漢、魏之舊」的基本政策，[13]亦即裴政所奏請的「任依漢、晉」的方針。十分明顯，恢復少數民族政權以前的中國制度文化，是隋朝君臣的共識，意在洗淨狹隘的民族政權色彩，以爭得舉世公認的正統地位，重新構建以漢族為主體的強大統一的國家。

當然，「依漢、魏之舊」並不是泥古不化的復辟倒退。經過數百年的社會分裂與變遷，漢魏制度既難完全恢復，也不盡適應現實政治。實際上，自北魏太和十七年（四九三）南齊祕書丞王肅北奔為孝文帝制定禮儀國典，將南朝前期所繼承發展的漢、晉文物制度移植於北朝時，它已經和中原保存的傳統文化融合而適應於北朝的社會政治。此後，又經過碩學大儒的改定，結晶為北齊的制度。因此，楊堅雖然高舉恢復漢制的旗幟，遠溯漢、魏，其實則近取北齊為樣板，以為創建新制的出發點。這樣，我們就不難明白其煞費苦心的種種革新改制，落於實處的卻是「於是定令，採用東齊之法」。顯然，恢復漢制的口號實質上既非一味復古，也不是狹隘排外的漢族主義。楊堅巧妙地平衡了政治理想與現實政治的關係，表現出精明務實的領袖風格。

11《隋書》卷十，〈禮儀五〉。
12《隋書》卷十二，〈禮儀七〉。
13《隋書》卷一，〈高祖上〉，「開皇元年二月」條。

確立三省六部制

開皇元年（五八一）二月，在開國典禮上，隋文帝宣布了新政府的組成名單，其引人注目之處，在於政府首腦分別為尚書省、門下省、內史省和尚書省所屬六部的長官，這意味著北周實行的六官制度被徹底廢除了。

楊堅出自北周，卻為何要徹底改革北周的制度呢？

其實，這場改革是勢在必行的。

當年，宇文泰率少數六鎮軍將崛起於關中，軍事實力難與雄踞山東的高歡相比，文化上更難與自居正統的南朝抗衡，而且，其內部上有謀求伸張皇權的魏帝，下有與其相埒的各路軍將。精明過人的宇文泰深知，要和山東、江南鼎足而三，除了整軍務農外，尤須在文化上別樹一幟，以維繫內部團結並與外敵抗衡的精神支柱。因此，他讓謀臣蘇綽、盧辯和裴政等人祭起復古旗號，利用關中地區歷史文化背景，遠溯姬周以壓過山東和江南政權。同時，摹仿《周禮》建立六官制度，中央設大塚宰（天官）、大司徒（地官）、大宗伯（春官）、大司馬（夏官）、大司寇（秋官）和大司空（冬官）六位長官，分掌各類政務，由大塚宰總領，即所謂「五府總於天官」，[14] 從而給宇文泰把持西魏朝政提供理論和制度的保證，達到一箭雙雕的目的。

然而，姬周制度是建立在分封諸國的基礎上，這與宇文泰謀求中央集權的意圖大相徑庭，因此，他嚴格限定六官制度僅適用於部分中央機構，凡不利於宇文氏集權者，則根據需要雜行胡漢舊制，即《周書．盧辯傳》所謂：「于時雖行《周禮》，其內外眾職，又兼用秦漢等官。」顯而易見，六官制度乃斷章取義為現實政治服務的產物，所以，著名隋唐史學家陳寅恪嘲笑北周官制為

「虛飾周官舊文以適鮮卑野俗，非驢非馬，藉用欺籠一時之人心。」[15]

這種出於權宜之計而穿鑿拼湊的制度，實行不久就難以為繼。首先，大塚宰獨攬大權的規定，勢必造成權臣擅政的惡果，宇文護專權即為明證。所以，周武帝誅宇文護後，大塚宰便不再統領五府，而其下屬的御正大夫、納言大夫及大宗伯下屬的內史大夫直接聽命於皇帝，六官制度發生了重大改變。其後，宣帝設置大前疑、大右弼、大左輔和大後丞四輔官，目的同樣在於分散相權，使之相互制約。這些變化都在向三省制度靠攏，只是還未能衝破六官體制的框框。其次，北周統一中原之後，當年那種軍事立國的特定環境改變了，和平時代當然無法繼續維持戰時的軍政體制。何況在北齊制度的對照下，北周官制更顯得不倫不類，其被擯棄已是大勢所趨。

隋文帝親身經歷過宇文護專權的時代，深知六官制度的弊端，因此，他決心參照北齊制度，破舊立新，吸收南北朝三省制的優點，加以精簡整頓，使之整齊規範，成為國家最高領導機構，以適應現實政治的需要，從制度上保證國家機器的良性運轉。

三省制下，尚書省為最高行政機構，置令一人，左、右僕射各一人，為正、副長官。實際上，由於尚書令位高權重，直逼皇權，所以，除了隋煬帝時期楊素曾短期擔任尚書令的特例外，此職位闕而不授，這幾乎成為隋唐兩代的慣例，[16]故左、右僕射為尚書省實際長官，其中尤以左僕射為重。僕射之下設左、右丞各一人，都事八人，於都省辦公，分司管轄。下設吏部、禮部、

14《周書》卷五，〈武帝上〉，「保定元年春正月戊申」條。

15《隋唐制度淵源略論稿》二〈禮儀〉。

16 唐長孺，〈讀《隋書》劄記〉（收於其著《山居存稿》，中華書局，一九八九年）指出，唐朝不設尚書令，並不是因為唐太宗曾任此職，故以後無人敢繼其任，而是自隋朝起就已成為慣例。

兵部、都官、度支和工部六部，每部設尚書一人，為其首長。左、右僕射與六尚書合稱「八座」，構成尚書省的領導核心。改以往的郎曹為司，置於部之下，每部一律設四司，亦即：

吏部轄吏部、主爵、司勳、考功四司；

禮部轄禮部、祠部、主客、膳部四司；

兵部轄兵部、職方、駕部、庫部四司；

都官轄都官、刑部、比部、司門四司；

度支轄度支、戶部、金部、倉部四司；

工部轄工部、屯田、虞部、水部四司。

以上共二十四司，每司置侍郎主其事，凡三十六人。

門下省主要掌管封駁，百官奏事或頒布詔令須經門下審閱，隨事封駁，因此，它成為承上啟下、聯繫皇帝、內史和尚書省的橋梁。門下省有納言（即侍中，因避隋文帝父親楊忠名諱，改稱納言）二人，給事黃門侍郎四人，為正、副長官，其下有錄事、通事令史各六人，分管具體事務。南北朝均於門下省之外再設集書省，主掌獻納諫議，職掌頗與門下重複，故隋文帝將其併入門下省，置散騎常侍、通直散騎常侍、諫議大夫、散騎侍郎、員外散騎常侍、通直散騎侍郎、給事、員外散騎侍郎、奉朝請等侍從官員。門下省統領城門、尚食、尚藥、符璽、御府、殿內等六局，仍擔負內侍工作。

內史省（即中書省，因避隋文帝父親楊忠名諱而改）主要負責制定詔令，置監、令各一人，旋廢監，置令二人，侍郎四人，為內史省正、副長官。下設舍人八人，通事舍人十六人，分掌具體事務，屬員有主書十人，錄事四人。

此外，還有祕書省，主管國家經籍圖書與天文曆法；內侍省掌管宮內事務，與尚書、門下、內史並為五省，但負責國家政務的是上述三省六部。

三省制實現了宰相制度的重大變革。三省主官，秦漢時原來都是為皇帝服務的宮官，曹魏時，尚書、中書省發展成為獨立的機構，門下省大約也在西晉時成立。經過長期的發展演變，尚書省成為國家政務的執行機關，而中書、門下兩省則成為承上啟下、出納帝命的樞要機構，宮官變為朝官，取代了原來三公（即太尉、司徒、司空，為宰相）的職權。南北朝時代，國家機器只有通過三省才能運轉。在此基礎上，隋朝全面實行三省制，宰相由三省長官共同擔任，[17]與此相應，廢除了三公府及其僚佐，使三公完全成為榮譽職位。如此，則宰相不再是只對皇帝負責的百官之長，而是中央最高部門的代表，領導機構宰相制完全取代了秦漢以來的個人開府宰相制，使得宰相職務制度化，有力地防止出現個人專權的情況。

除了三省長官為當然宰相外，皇帝還可以任命其他官員參預朝政。早在開皇初年，隋文帝就

17 尚書左、右僕射固不待言，門下與內史（中書）省長官亦為當然宰相。此點唐朝人早已言明，可不必置疑。《唐六典》卷九〈中書省〉中書令注說：「文帝廢三公府寮，令中書令與侍中（當為納言——筆者）知政事，遂為宰相之職」；《通典》卷第十九，〈職官一．宰相〉記載：「隋有內史、納言，是真宰相。」然而，由於尚書省權重，故頗受抑。清人萬斯同〈隋將相大臣年表〉（收於《二十五史補編》第四冊）已載明，自大業三年蘇威罷尚書右僕射（〈煬帝紀〉與〈蘇威傳〉都未記載蘇威由右僕射升任左僕射事，但〈煬帝紀〉大業三年七月條卻記載「尚書左僕射蘇威坐事免」，「左僕射」或為「右僕射」之誤），尚書省再未任命僕射，令、僕俱闕，尚書省已無長官，自然無人出任宰相，所以，《隋書．蘇威傳》載：大業年間，「帝以威先朝舊臣，漸加委任。後歲餘，復為納言。與左翊衛大將軍宇文述、黃門侍郎裴矩、御史大夫裴蘊、內史侍郎虞世基參掌朝政，時人稱為『五貴』」，這五人中，有門下、內史兩省長官，獨缺尚書省長官。唐朝貞觀末年，尚書省僕射須加「平章事」等頭銜方為宰相，當可溯及隋朝，以故上引唐人著作均未將僕射列為宰相。

讓其姪楊雄以右衛大將軍的身分參預朝政，「雄時貴寵，冠絕一時，與高熲、虞慶則、蘇威稱為『四貴』」，[18]開他官參知政事的先例。至其晚年，又以女婿兵部尚書柳述「參掌機密」。[19]而煬帝亦沿襲此例，任命納言蘇威「與左翊衛大將軍宇文述、黃門侍郎裴矩、御史大夫裴蘊、內史侍郎虞世基參掌朝政，時人稱為『五貴』」。[20]「五貴」包括門下、中書兩省的負責人，宇文述和裴蘊則為他官。綜觀以上諸例，隋代主持朝政者，一般由三省長官、軍事部門負責人和皇帝任命的他官組成。

由此形成的國家管理體制分別在兩個層次上運轉。首先，是國家政務的決策層次，在皇帝的直接領導下，數位宰相共同商議決定國家的大政方針，由中書省草擬詔令，經過門下省審核，如有不妥即予封駁，否則由皇帝批准後，交由尚書省施行。中書和門下兩省位於宮內中華殿東西兩側，[21]宰相商議機密大事，自然應在宮內，大概就在門下省，唐初沿襲定制，稱之為「政事堂」。[22]日常議事，一起辦公，因此還出現合中書、門下職務的情況，[23]宰相集體決策的制度日趨完善。

隋立國初年，創規立制，百廢待興，故皇帝躬親庶務，日理萬機，容易讓人產生尚書省居主導地位的錯覺，其實不然，《隋書》卷十二〈禮儀七〉記載：

周武帝時，百官燕會，並帶刀升座。至開皇初，因襲舊式，朝服登殿，亦不解焉。十二年，因蔡徵上事，始制凡朝會應登殿坐者，劍履俱脫。在不坐者，敕召奏事及須升殿，亦就席解劍，乃登。納言、黃門、內史令、侍郎、舍人，既夾侍之官，則不脫。其劍皆真刃，非假。……又准晉咸康元年定令故事，……唯侍臣帶劍上殿。

這則記載告訴我們兩個重要的問題：第一，三省當中，中書、門下兩省與皇帝的關係更加親密，當創建國家體制工作告一段落，日常事務走上軌道之後，中書與門下的作用就日益重要，而最高行政機構的尚書省便不一定成為宰相之一員。由此可知，隋文帝改革宰相制度的根本原則是儘量將決策與施政分離，使宰相成為一個決策群體，由此決定了他只是皇帝輔臣的角色。隨著以他官參預朝政情況日益增多，以及尚書省在決策過程中作用逐漸降低，領導機構宰相決策制的特點就顯現得更加清楚。第二，中書、門下官員仍保留濃厚的天子侍從色彩，表明三省制仍處於進一步完善的過程中。

其次，是政務執行層次。大政方針決定之後，便交給具體行政部門負責施行。隋朝的行政機構有前述尚書省的六部，以及太常、光祿、衛尉、宗正、太僕、大理、鴻臚、司農、太府九寺和都水台、國子寺、將作寺等。九寺並置卿、少卿各一人為主官，下轄各種專職行政部門的署（宗

---

18 《隋書》卷四十三，〈觀德王雄傳〉。

19 《隋書》卷四十七，〈柳機附柳述傳〉。

20 《隋書》卷四十一，〈蘇威傳〉。

21 參閱：史念海主編，「隋大興城圖」，《西安歷史地圖集》（西安地圖出版社，一九九六年）。

22 「政事堂」並非權力機構，是根據宰相的性質而派生出來的。既然隋代的宰相已演變成為決策群體，則必有議事地點，且須在宮內，這些都無須置疑。隋代詔令，保存完整者，一般以「門下」起首，可以佐證門下省為決策地。《大唐新語》卷十〈釐革〉記載：「舊制，宰相臣嘗於門下省議事，謂之政事堂。」既稱「舊制」，則知由來已久。因此，不必因襲李華《中書政事堂記》之舊說，非認定「政事堂」為唐朝發明不可。

23 《唐會要》（上海古籍出版社，一九九一年），卷七四，〈選部上〉記載：「自隋已降，職事五品已上官，中書門下訪擇奏聞，然後下制授之。」參閱：陳仲安、王素，《漢唐職官制度研究》（中華書局，一九九三年），第九〇頁。

正和大理寺不統署）。都水台主管水利、川澤、關津等事務；國子寺掌管教育；將作寺掌管土木工程等事務。

舊體制下，三公主政務，九卿在其領導下負責具體執行。現在，新的宰相制固然完全取代了三公，但是，龐大的行政機構依然保存下來。因此，出現了尚書六部與九寺機構並立重複的現象。如何解決這個問題，早就有不同意見，或主張事權歸九卿，或建議並省諸寺。隋文帝建國當初，注意力集中於改革至關重要的宰相制，無暇顧及於此，「故隋氏復廢六官，多依北齊之制。官職重設，庶務煩滯，加六尚書似周之六卿，又更別立寺、監，則戶部與太府分地官司徒職事，禮部與太常分春官宗伯職事，刑部與大理分秋官司寇職事，工部與將作分冬官司空職事。自餘百司之任，多類於斯，欲求理要，實在簡省。」[24]

行政部門機構重疊，分工不清的矛盾暴露出來後，隋文帝隨即進行了調整改革。從突出三省作用、加強集權的思路出發，他採取了並省諸寺的辦法。[25] 開皇三年（五八三）四月，廢光祿寺及都水臺入司農，廢衛尉入太常尚書省，廢鴻臚亦入太常。然而，光是裁併機構還是解決不了六部與諸寺合理分工的問題，所以，開皇十二年（五九二）又復置光祿、衛尉和鴻臚三寺，翌年，都水臺亦告恢復，一切都回復原狀。由此可見，在隋文帝時代一直都未能解決好諸寺與六部之間的關係。

另一方面，則是根據具體情況充實加強三省。開皇三年四月，明確尚書左、右僕射的分工，規定左僕射分管吏、禮、兵三部，右僕射分管都官、度支和工部三部；改度支為民部，都官為刑部，使尚書都省的下一級單位統一名為「部」，使之更加整齊規範；將內史省通事舍人增加至二十四人。開皇六年（五八六），尚書省二十四司又各增加員外郎一人，作為副職，充實日常事務部門。

隋文帝實行的三省六部制，承前啟後，奠定了中央政治體制的基本框架，影響極其深遠。此後，三省制度的變化，主要集中於完善三省建制、平衡三省職權和理順行政部門之間關係兩個方面。隋煬帝即位，繼承文帝「復廢周官，還依漢、魏」的基本方針，「意存稽古，建官分職，率由舊章」，[26]對三省制頗加改進，其中較重要的，是將門下省下的城門、殿內、尚食、尚藥和御府五局分出，合太僕分出的車府、驊騮等署，設立殿內省；從內史省中將通事舍人獨立出來，設立謁者臺，掌受詔勞問，出使慰撫，持節察授和申奏冤枉。這兩項改進，除去門下省的侍從與內史省的出使宣慰等事務，使之更加專職於制定詔令的工作。另一方面，將光祿以下八寺卿的品秩降為從三品，低於六部尚書，明確兩者之間在行政上的統屬關係，朝著六部掌管政令，諸寺負責實行的方向演進。煬帝及後來的唐朝充完善三省六部制的方法，就是沿著隋文帝確立的方向進行的。

制定律令禮制

完成構建國家機構和任命政府首腦的工作後，隋文帝再接再厲，以飽滿的熱情組織制定新的

---

24 《通典》卷二十五，〈職官七．總論諸卿〉注。

25 據《隋書》卷五十七〈盧思道傳〉記載，隋文帝原計畫並省諸寺，僅置六卿，在並省的機構中有大理寺，後來，由於盧思道提出反對，故大理寺得以保留。然而，根據《隋書》卷二十八〈百官下〉的記載，其對諸寺的並省，基本按照原來的六卿設想進行。

26 《隋書》卷二十六，〈百官上〉總序。

律令法規。這項工作的意義，他有著切身的體會。

早年，他在北周任南兗州總管時，周武帝編修《刑書要制》，企圖用重典來整治北齊舊境。對此，他頗不以為然，批評道：「人主之所為也，感天地，動鬼神，而《象經》多糾法，將何以致治？」[27]在他心中，法律是治國之本，國家與社會的管理必須在法制化的軌道上進行，這大概是對北周個人集權政治反思的結果。所以，在他登上權力頂峰後，嘔心瀝血努力奮鬥的是建立嶄新的國家制度和編撰法典，垂則後世。他這兩方面所取得的巨大成就，奠定了此後中國政治社會的基本架構。

隋朝成立後，隋文帝馬上命令：「尚書左僕射、勃海公高熲，上柱國、沛公鄭譯，上柱國、清河郡公楊素，大理前少卿、平源縣公常明，刑部侍郎、保城縣公韓濬，比部侍郎李諤，兼考功侍郎柳雄亮等，更定新律。」[28]實際上，參加編修新律的遠遠不止上述七人。《隋書．裴政傳》說：「同撰著者十有餘人」，以此為線索，考諸《隋書》，可以確定開皇元年（五八一）參加編撰《開皇律》的人員至少還有于翼、李德林、裴政、蘇威、趙芬、王誼和元諧等七人，[29]通前計十四人。在這十四人中，高熲、李德林、蘇威、鄭譯和裴政為主要編撰者。《隋書．裴政傳》記載：

「（裴）政採魏、晉刑典，下至齊、梁，沿革輕重，取其折衷。同撰著者十有餘人，凡疑滯不通，皆取決於政。」

由此可知，《開皇律》兼收博采南北各代法律之優點，以河清三年（五六四）制定的《北齊律》為樣本揀選淘汰而成。《開皇律》有十二篇，篇各一卷，分別為：

1、名例，2、衛禁，3、職制，4、戶婚，5、廄庫，6、擅興，7、賊盜，8、鬥訟，

9、詐偽，10、雜律，11、捕亡，12、斷獄。

十二篇之制，直接繼承《北齊律》，篇目也大體沿襲《北齊律》名，略有改動。[30]最主要的改動是根據律文性質歸類排列，注重法律的內在聯繫，使之明瞭有序。例如，將原置於第五的〈違制〉改名為〈職制〉，調到第三，與〈衛禁〉上下銜接；將原在〈捕斷〉之後的〈毀損〉、〈廄牧〉和〈雜〉三篇調到〈捕斷〉之前，亦即將實體法放在一起。其次，調整篇目內容，將損壞財物罰則的〈毀損〉大體併入〈雜律〉；將訴訟與審判規定的〈捕斷〉析為〈捕亡〉和〈斷獄〉，使得分類更加合理。再次，將〈捕亡〉和〈斷獄〉置於最後，這樣，隋法便清楚地分為法律總則、實體法和程式法，表明隋代立法技術的成熟。

隋律的突出特點，在於加強君主集權體制，維護官僚貴族等級制及其利益。這種傾向性主要

27 《隋書》卷六十六，〈郎茂傳〉。

28 《隋書》卷二十五，〈刑法〉。

29 以上七人，分別見：《隋書》卷四十二，〈李德林傳〉載：「開皇元年，敕令與太尉任國公于翼、高熲等同修律令」；《隋書》卷六十六，〈裴政傳〉載：「開皇元年，轉率更令，加位上儀同三司。詔與蘇威等修定律令」；《隋書》卷四十六，〈趙芬傳〉載：「開皇初，罷東京官，拜尚書左僕射，與郢國公王誼修律令」；《隋書》卷四十，〈元諧傳〉載：「及高祖受禪，……奉詔參修律令。」

30 隋律的淵源沿革，參閱：韓國磐，〈略論隋朝法律〉，收入其著《隋唐五代史論集》（生活・讀書・新知三聯書店，一九七九年）；高明士，〈從律令制度論隋代的立國政策〉，收於《唐代文化研討會論文集》（臺北文史哲出版社，一九九一年）。

體現於「十惡」和「八議」的規定。[31]

「十惡」規定，凡犯有謀反、謀大逆、謀叛、惡逆、不道、大不敬、不孝、不睦、不義、內亂罪者，須加重懲罰，不得寬赦。這十條重罪可以大致分為兩類，即危害國家政權與皇室罪（謀反、謀大逆、謀叛、大不敬和不義）；破壞宗法秩序罪（惡逆、不孝、不睦和內亂），以及特別惡劣殘忍的犯罪（不道），強調以忠孝治國，把國看作是放大了的家，皇帝為絕對的家長。在國與家的關係上，則特別規定「唯大逆謀反叛者，父子兄弟皆斬，家口沒官」，[32]突出忠君報國的至高無上地位。

北周和北齊，對於特別嚴重的犯罪均有專門規定，北周「重惡逆、不道、大不敬、不孝、不義、內亂之罪」，北齊則「列重罪十條」。[33]隋律直接繼承北齊律，參酌增刪，創設「十惡」之制，反映出隋文帝重整社會秩序、大力加強中央集權的意圖。

把儒家禮教法律化的同時，也給予官僚貴族相當的法律特權，即所謂議親、議故、議賢、議能、議功、議貴、議勤和議賓的「八議」規定。「其在八議之科，及官品第七已上犯罪，皆例減一等。其品第九已上犯者，聽贖」。在頒行新律的詔書中，隋文帝強調「貴礪帶之書，不當徒罰，廣軒冕之蔭，旁及諸親」，[34]表明對於身分性貴族和受教育的士人，其法律適用不同於一般庶民。這樣，《開皇律》的性質就更加明顯。

在刑名上，隋文帝同樣對前代法律做了大刀闊斧的改革。《開皇律》規定的刑名有五種，可以歸納為四類：

第一，死刑，分斬和絞兩種，絞刑可以全屍，故視為較輕。

第二，流刑，有一千里、一千五百里和二千里三等；[35]並且還要在流放地分等服勞役二年、二年半和三年；服刑時還要加杖一百、一百三十和一百六十。

第三，徒刑，有一年、一年半、二年、二年半和三年五等。開皇前期，流刑和徒刑所服勞役可在官府「居作」執行，也可以「配為戍卒」，到了開皇十三年（五九三），則原則上改為充軍「配防」。

第四，身體刑，分「杖刑」和「笞刑」兩種，杖刑從六十到一百五等，每等加十下；笞刑亦分五等，從十至五十，每等加十下。[36]

《開皇律》的框架結構，主要取法《北齊律》，這是因為《北齊律》「法令明審，科條簡要」

31 湯承業，《隋文帝政治事功之研究》（臺北：中國學術著作獎助委員會，一九六七年），否認《開皇律》具有階級性，甚至連再明白不過的「十惡」規定，也要曲解為：「觀此『十惡之條』，無非以『教忠教孝』為鵠的；說其為『禮教』亦無不可」，並且用統治集團內部傾軋的事例來否定官僚貴族享有「八議」的法律特權，溢美隋法具有「平等性」與「公正性」。這類歪曲史實強作解事的例子隨處可拾，難以逐條摘引討論。

32 《隋書》卷二十五，〈刑法〉。

33 《隋書》卷二十五，〈刑法〉。

34 以上引文見《隋書》卷二十五，〈刑法〉。

35 南北朝時代，流刑已見於北魏律，而北齊和北周均將其正式列為五刑之一。據《隋書．刑法》記載，北齊規定：「謂論犯可死，原情可降，鞭笞各一百，髡之，投于邊裔，以為兵卒，未有道里之差」。北周則區別為五等，起自二千五百里的衛服，直至四千五百里的蕃服，每等相差五百里，亦加鞭笞。由此可知，流刑的對象為犯死罪而情有可原者，故處罰很重，本由流放、體罰和勞役三者合一。唐朝流刑未見附加刑，唐太宗時，廢除斷趾肉刑，改為流放三千里，加勞役二年，稱為「加役流」。由此可知，隋朝的流刑不能稱為「加役流」，而且，勞役有在官府或軍隊裡罰作，流配本為一事，不能硬加區分。隋律中的流刑，大約取自北周律而頗加減輕。唐朝將流刑之勞役統統減為一年，但各等均加一千里。《資治通鑒》卷一百七十五「陳宣帝太建十三年九月」條記載：「流刑三，自二千里至三千里。」這恐怕是誤將唐律當作隋律。

36 《隋書．刑法》作：「杖刑五，自五十至於百」。程樹德，《九朝律考．隋律考》（中華書局，一九六三年，新版）訂正為六十至一百，應是正確的。

的緣故。但是，在具體規定上，應該也吸收不少《北周律》條文。例如，《開皇律》「蠲除前代鞭刑及梟首轘裂之法，其流徙之罪皆減從輕」，[37] 其中的「裂」就是北周的刑名，此其一。《開皇律》的主要制定者裴政，名聞南梁，入周後，曾經參與制定《北周律》，深知南北法律優劣所在，所以，如前引史料所見，他編修《開皇律》時綜參南北各朝法律，「沿革輕重，取其折衷」，自然不會偏廢《北周律》，此其二。下面將要談到，初版的《開皇律》有一千數百條，顯然接近於一千五百三十七條的《北周律》，而非九百四十九條的《北齊律》，此其三。《舊唐書・刑法志》記載：「隋文帝參用周、齊舊政，以定律令，除苛慘之法，務在寬平」，指明了《開皇律》的來源，所以，說「北魏、北齊、隋、唐律為一系相承之嫡統，而與北周律無涉也」，[38] 似乎不太精確。

在隋文帝的督勵下，《開皇律》當年就編修完成，十月十二日，文帝下詔在全國頒行。這麼短的時間內就編制完成的法典，駁雜抵牾之處在所難免，更重要的是，隋承周、齊末世深文致罪之弊，律文中還保留不少前代苛刻的規定，所以，新律實行不久，就發現不少問題。開皇三年（五八三），隋文帝在批閱刑部奏文時，看到斷獄數目尚在萬件以上，被深深地震住了。這一切顯然是由於前代苛法尚未盡除，新律過於嚴密，使人舉手觸禁，動輒犯法。於是，他找來納言、民部尚書蘇威、禮部尚書牛弘主持修改律文。據《隋書》記載，參加這次修訂的應該還有趙軌和源師。[39]

從事起緣由不難明白，本次修訂的重點，在於進一步貫徹隋文帝頒律詔書提出的「以輕代重，化死為生，……雜格嚴科，並宜除削」原則。[40] 屬於具體規定的刪汰，而不是對整部法律原則框架的修改。經過認真的揀擇，共刪除死罪八十一條，流罪一百五十四條，徒杖等千餘條，刪除了三分之二強的條文，僅保留五百條。此後，隨著社會的發展還曾對律文做個別修改，但《開皇律》

於此時即告定型完成。

捐棄前代酷法，也包括修正刑訊、訴訟和審判的規定。以往官司訊囚，法無規定，故法官獄吏濫施酷刑，慘毒至極，故往往屈打成招，冤獄迭出。現在，《開皇律》把刑訊也納入法內，規定訊囚時拷打不得超過兩百下，行杖不得換人，還規定刑具的樣式，堵塞了訊問中法外施刑的重大漏洞。在訴訟方面，除了正常的公訴外，允許自訴，對於刑事犯罪還要求相互糾告，糾告有賞，知情不告有罰。[41] 而且，還允許逐級上訴，「乃詔申敕四方，敦理辭訟。有枉屈縣不理者，令以次經郡及州，至省仍不理，乃詣闕申訴。有所未愜，聽撾登聞鼓，有司錄狀奏之」。[42] 在審判上，要求秉公執法，對於舞文巧詆的官吏，還作了「反坐」的規定。[43] 重大案件，特別是死刑案件，要求上報中央，再三復審。開皇六年（五八六）規定：「命諸州囚有處死，不得馳驛行決」。開皇

37 以上引文見：《隋書》卷二十五，〈刑法〉。

38 陳寅恪，《隋唐制度淵源略論稿》四〈刑律〉，第一一五頁。

39 趙軌，《隋書》卷七十三本傳記載：「高祖受禪，轉齊州別駕，……在州四年，考績連最。……（徵入朝）既至京師，詔與奇章公牛弘撰定律令格式。」此記載在時間上有一年誤差，前引高明士，〈從律令制度論隋代的立國政策〉訂正趙軌任齊州別駕在楊堅受禪的前一年，當是。源師，《隋書》卷六十六本傳記載：「高祖受禪，除魏州長史，入為尚書考功侍郎，仍攝吏部。朝章國憲，多所參定。」

40 《隋書》卷二十五，〈刑法〉。

41 《隋書．刑法》記載，隋文帝因盜賊不止，「詔有能糾告者，沒賊家產業，以賞糾人。……此後又定制，行署取一錢已上，聞見不告言者，坐至死。」

42 《隋書》卷二十五，〈刑法〉。

43 《隋書．刑法》記載：「（開皇）五年，侍官慕容天遠，糾都督田元，冒請義倉，事實而始平縣律生輔恩，舞文陷天遠，遂更反坐。」

十二年（五九二）又「詔諸州死罪不得便決，悉移大理案覆，事盡然後上省奏裁」。[44] 到開皇十六年（五九六）八月，則進一步規定為：「決死罪者，三奏而後行刑」。[45]

這次修改法律，還確定了一些進步的司法原則。例如，要求「斷決大獄，皆先牒明法，定其罪名，然後依斷」，開皇五年（五九五）更明確規定「自是諸曹決事，皆令具寫律文斷之」，[46] 表現出力糾罪刑擅斷、朝著罪刑法定主義方向邁進的努力，頗具進步意義。同時，設置律博士弟子，協助判案。隋開皇五年發生律生舞文弄法的事件後，隋文帝鑒於前代設律官枉法出入的弊端，取消大理寺律博士、尚書刑部曹明法和州縣律生，隨後規定「諸州長史已下，行參軍已上，並令習律，集京之日，試其通不」，[47] 督勵執法官員學習法律，以求依法辦案。

《開皇律》對魏晉以來的南北各朝法律多有釐革，取精用宏，「自是刑網簡要，疏而不失」，[48] 成為我國法制史上的一大里程碑，其立法精神、司法原則和依法治國的思想，不僅為以後歷代所繼承，而且對東亞世界也產生深遠影響。

總的來說，文帝一朝君臣基本上能夠儘量依法辦事。

當時，中央的司法機關設御史臺，監察非法，彈劾百官；尚書省刑部（都官），管理司法行政事務；大理寺，負責案件的審判。地方司法則隨行政區劃轄於當地政府機構之內。隋文帝與司法官員之間，對於法律的權威與公正，有著一定程度的共識。刑部侍郎趙綽曾經向隋文帝進諫道：「律者天下之大信，其可失乎！」黃門侍郎劉行本也向隋文帝說過律令是與民約束的「朝廷之大信」，[49] 他們都因此受到隋文帝的表揚。隋文帝一朝，湧現出一批剛正不阿敢於秉公執法的司法官員，如李諤、郎茂、榮毗、梁毗、薛胄和上述趙綽、劉行本等人。其中，在文帝時期以執法公允著稱的郎茂，到煬帝時竟「不敢措言，唯竊嘆而已」，[50] 足見這些法官能夠有所作為，得益於隋文帝的信任與法治精神。

隋文帝本人十分重視司法審判，把執法公正作為政治清明的保證，常抓不懈。開皇年間，他經常審理案件，特別是在秋季判決犯人之前，他曾多次「親錄囚徒」，以避免出現冤案。[51] 國子博士何妥以其親眼所見，稱讚文帝「留心獄訟，愛人如子，每應決獄，無不詢訪群公，刑之不濫，君之明也。」[52] 其行為無疑成為表率，同時也給臣下無形的壓力，警策他們認真執法。

當然，隋文帝在不少時候也不顧法律規定，任情擅斷，因而一直受到後人的批評。其實，要求一位古代帝王完全依法辦事是不現實的，因為它無視了古代社會君權至上的基本原理。實際上，隋文帝許多過分的表現，正是為了說明這一點。這可以從以下兩點得到佐證：首先，隋文帝濫加處罰的對象，主要是針對官吏，目的還在於樹立皇帝的權威，此點留待後文分析。所以，他的行為並沒有對整個法律體製造成傷筋動骨的破壞，這與隋煬帝後期向人民濫施酷法有本質上的區別。其次，隋文帝固然重視法律的權威，並要求臣下遵循。然而，他本人始終把法律置於皇權

44《隋書》卷二十五，〈刑法〉。

45《隋書》卷二，〈高祖下〉。

46《隋書》卷二十五，〈刑法〉。

47《隋書》卷二十五，〈刑法〉。

48《隋書》卷二十五，〈刑法〉。

49 分別見《隋書》卷六十二，〈趙綽傳〉和〈劉行本傳〉。

50《隋書》卷六十六，〈郎茂傳〉。

51《隋書．高祖紀》記載，隋文帝分別於開皇二年五月、十二月，四年九月，十年七月，十二年八月，十七年三月，十八年十一月，多次「親錄囚徒」。

52《隋書》卷七十五，〈儒林．何妥傳〉。

之下，對他而言，權大於法，法律必須服從於權力，因此，他的一些反復無常的作法實為耍弄權術的故意造作。下面的一則故事，頗能反映隋文帝的真實思想。

隋文帝禁止惡錢流通，官府捉到兩名在市場上以劣幣換良幣的罪犯，文帝下令將他們處斬。法官趙綽進諫曰：「此人坐當杖，殺之非法。」

文帝斥道：「不關卿事。」

不料，趙綽據理力爭：「陛下不以臣愚暗，置在法司，欲妄殺人，豈得不關臣事！」

文帝不耐煩地喝道：「撼大木不動者，當退。」

趙綽毫不退縮，平靜地說：「臣望感天心，何論動木！」

文帝不由怒從中起，逼問道：「啜羹者，熱則置之。天子之威，欲相挫耶？」

趙綽叩拜謝罪，卻寸步不讓，文帝再三訶斥，他仍不肯退下，弄得文帝下不了臺，拂袖入內。治書侍御史柳彧見勢不妙，連忙上奏勸解，才慢慢平息了文帝的怒氣。[53]

顯而易見，隋文帝把法律作為樹立天子權威的工具，因此，皇帝並不受法律的束縛，當臣下嚴格執法而制約君權時，他首先想到的是「天子之威，欲相挫耶？」

正是由於這種思想作怪，所以他心安理得地出爾反爾，下令將謀反伏誅的梁士彥和劉昉等人妻妾財產籍沒，十五歲以上的子女遠配，[54]似乎忘記了正是自己「詔免尉迥、王謙、司馬消難三道逆人家口之配沒者，悉官酬贖，使為編戶。因除孥戮相坐之法」；甚至規定「盜邊糧者，一升已上皆死，家口沒官」、「盜一錢已上皆棄市」、「行署取一錢已上，聞見不告言者，坐至死」之類的酷法。[55]其中有些規定的動機或許不壞，然而，講動機而不考慮後果，以及片面強調「治亂世用重典」，一直是中國立法與執法上的誤區與陷阱，隋文帝也深陷其中。

君權至上的思想，還表現於《開皇律》的比律論罪原則方面。以往，隋文帝大幅度刪減律條的作法經常受到稱讚。其實，條文多寡與法律性質並無必然聯繫，條文過簡有時反而造成律無正條或罪刑不明確的情況。當這種情況出現時，《開皇律》規定可以比引類似律文來定罪，即隋侍御史劉子翊所謂：

律云「准枉法」者，但准其罪，「以枉法論」者，即同真法。律以弊刑，禮以設教，准者准擬之名，以者即真之稱。「如」「以」二字，義用不殊，禮律兩文，所防是一。將此明彼，足見其義，取譬伐柯，何遠之有。[56]

罪刑不確定固然有利於君主操縱法律，然而，它也給官吏弄法打開方便之門，造成官僚個人分享國家權力的後果。無怪乎唐朝人對此提出尖銳的批評：

神龍元年正月，趙冬曦上書曰：「臣聞夫今之律者，昔乃有千餘條。近有隋之姦臣，將弄其法，故著律曰：『犯罪而律無正條者，應出罪則舉重以明輕，應入罪則舉輕以明重。』立夫一言，而廢其數百條。自是迄今，竟無刊革，遂使死生罔由乎法律，輕重必因乎愛憎，賞罰者不知其然，舉事者不知其犯。臣恐賈誼見之，必為慟哭矣！夫立法者，貴乎下人盡知，

53《隋書》卷六十二，〈趙綽傳〉。
54《隋書》卷三十八，〈劉昉傳〉。
55 以上引文均見：《隋書》卷二十五，〈刑法〉。
56《隋書》卷七十一，〈誠節．劉子翊傳〉。

則天下不敢犯耳，何必飾其文義、簡其科條哉？夫條科省則下人難知，文義深則法吏得便。下人難知，則暗陷機阱矣，安得無犯法之人哉？法吏得便，則比附而用之矣，安得無弄法之臣哉！」[57]

然而，對於熱衷於集權的人，政治權力的誘惑使他失去政治遠見，不懂得政治權力必須通過制度與法律權威來保障，當政治權力好不風光地踐踏法律時，似乎並沒有意識到這同時也是在作賤自己。

《隋書》卷三十三〈經籍二〉記載：「隋則律、令、格、式並行」，並載明存有《隋開皇令》三十卷，目錄一卷；《隋大業令》三十卷。《隋書．蘇威傳》也說：「隋承戰爭之後，憲章踳駁，上令朝臣釐改舊法，為一代通典。律、令、格、式，多威所定，世以為能。」由此可知，隋朝的成文法典還包括令、格、式等，都是根據隋文帝的命令，而制定「一代通典」的遠大氣魄，大體由同班人馬編撰而成。只是《開皇律》先行完成，而其他三種法典則要到第二年，即開皇二年（五八二）七月才頒布實行。[58]

漢代法典，令是派生的，用以輔助律的貫徹。曹魏修改法律制度，將政府與軍隊的組織法等歸為令，[59]其變革最後由西晉總結為泰始律令。經此改革，令成為與律並立的一大法典。西晉杜預在《晉律》序中說：「律以正罪名，令以存事制，二者相須為用」，[60]表明律和令相輔相成，律主要用以處罰犯罪，大約相當於後世的刑法，而令則用以規定各種制度和社會生活，「違令有罪則入律」。和令配套的，還有「品式章程」等等。[61]隋朝對前代法典進行全面系統的整理，釐訂為律、令、格、式四大類，其功能從繼承隋開皇法典的唐朝情況來看，「律以正刑定罪，令以設範立制，格以禁違正邪，式以軌物程事」。[62]

《唐六典》卷六〈尚書刑部．刑部郎中〉「令」注道：

隋開皇命高熲等撰〈令〉三十卷：一、〈官品〉上，二、〈官品〉下，三、〈諸省台職員〉，四、〈諸寺職員〉，五、〈諸衛職員〉，六、〈東宮職員〉，七、〈行臺諸監職員〉，八、〈諸州郡縣鎮戍職員〉，九、〈命婦品員〉，十、〈祠〉，十一、〈戶〉，十二、〈學〉，十三、〈選舉〉，十四、〈封爵俸廩〉，十五、〈考課〉，十六、〈宮衛軍防〉，十七、〈衣服〉，十八、〈鹵簿〉上，十九、〈鹵簿〉下，二十、〈儀制〉，二十一、〈公式〉上，二十二、〈公式〉下，二十三、〈田〉，二十四、〈賦役〉，二十五、〈倉庫廄牧〉，二十六、〈關市〉，二十七、〈假寧〉，二十八、〈獄

57 《通典》卷一百六十七，〈刑法五〉。

58 《隋書》卷二十八〈百官下〉記載：「（開皇）二年，定令」，但月份不詳。《玉海》（上海古籍出版社，四庫類書叢刊本，一九九二年）卷六十五〈律令上．隋律令格式〉和《通志》（中華書局影印本，一九八七年）卷十八〈隋紀十八．文帝〉都記載「七月甲午，行新令。」但是，查方詩銘、方小芬，《中國史曆日和中西曆日對照表》（上海辭書出版社，一九八七年），該年七月無甲午日，故「甲午」或為「甲子」之誤。前引高明士，〈從律令制度論隋代的立國政策〉推測，格、式也和令一道公佈。《隋書》卷三十六〈后妃傳〉序載：「開皇二年，著內官之式，略依《周禮》」，可作為開皇二年（五八二）頒式之佐證，故高氏說應可成立。

59 《晉書》卷三十〈刑法志〉記載：「（魏明帝時）天子又下詔改定刑制，命司空陳群、散騎常侍劉邵、給事黃門侍郎韓遜、議郎庾嶷、中郎黃休、荀詵等刪約舊科，傍采漢律，定為魏法，制新律十八篇，《州郡令》四十五篇，《尚書官令》、《軍中令》，合百八十餘篇。」

60 （唐）歐陽詢著，汪紹楹校，《藝文類聚》卷五十四（上海古籍出版社，一九八二年，新一版），〈刑法部．刑法〉。

61 引文見《晉書》卷三十，〈刑法志〉。

62 陳仲夫點校，《唐六典》卷六（中華書局，一九九二年），〈刑部尚書．刑部郎中〉。

官〉，二十九、〈喪葬〉，三十、〈雜〉。

其中，第八篇為〈諸州郡縣鎮戍職員令〉。我們知道，隋文帝在開皇三年（五八三）廢郡，因此，《唐六典》所記載的無疑是開皇二年頒行的令。

從規模上看，《開皇令》三十卷與梁令相同，但是，鑒於隋朝實行的均田、三長、租調、府兵等制度直接繼承於北朝，而且，南北朝社會形態與生產方式差異頗大，因此，隋朝的律令格式必然主要取法北齊乃至北周。北周令連篇目都沒有保存下來，所以，我們只能取北齊令作比較。

南北朝令有著明顯的區別。南朝令系晉令一脈相傳，按照儒家「衣食足而知榮辱」的理念，先生活、教化、生產，爾後才是有關政府軍政制度的規定。北朝令則直接著眼於對社會的管理和控制，譬如北齊令就徑取尚書省二十八曹為其篇名。《開皇令》除了篇目及其他若干調整外，其編撰原則完全繼承北齊。

從《開皇令》的篇目可以看出，自第一到第九是關於各級政府職官的規定，已占了近三分之一的篇幅，而第十三以下，大體依次為吏、兵、禮、度支、都官各部的有關規定。再看格與式，從唐朝格式篇目可以一目了然，完全是關於政府六部二十四司及寺卿部門辦事程式的具體規定，[63]上溯隋朝，亦應大同小異。十分清楚，隋朝令、格、式以行政法為主，以官僚體系為前提而制定，通過職官制度所表現的國體，是整個成文法典的核心。

當然，在法令中也有一部分民法方面的內容。但是，對於個人、家族、財產和交易等，是從公法的角度，即從國家對社會的控制和維護國家政權的安定出發，納入嚴格的等級與身分體制之內，而不是去規定並保護社會成員相互之間的各種關係。換言之，法律強調的是自上而下的縱向統治關係，而不是橫向的社會聯繫。個人的權力服從於宗族關係，進而擴展到國家社會，在這種法律制度下，私法不發達甚至衰退自然是可想而知的了。隋朝法典反映了統治者力圖通過政治權力重新整合並控制長期分裂的社會，大力加強中央集權的官僚制目標，它同時也規定了後世政治發展的方向。

孔子曾經說過：「道之以政，齊之以刑，民免而無恥；道之以德，齊之以禮，有恥且格。」[64]由於中國基本上是由農村公社演變為階級社會的，所以，自古以來就特別注重用倫理道德內在、積極地去規範人的行為，儒家更是把它凝結為「禮」，提高到天下大治的至高境界。《禮記．曲禮上》說道：「道德仁義，非禮不成；教訓正俗，非禮不備；分爭辨訟，非禮不決；君臣上下，父子兄弟，非禮不定；宦學事師，非禮不親；班朝治軍，涖宜行法，非禮威嚴不行；禱祠祭祀，供給鬼神，非禮不誠不莊。」禮成為無所不包、無所不能的規範。西晉將法律儒家化，加強了以禮入法的趨勢，禮律並置，互為表裡，已成為魏晉南北朝統治者與法學家的共識，[65]唐律裡說得很明確：「德禮為政教之本，刑罰為政教之用」。[66]隋朝律令格式依次編撰完成後，立即著手修禮，這一清楚的發展脈絡，正是南北朝禮律思想的體現。

---

63 請參閱：池田溫，《律令官制的形成》（收於《岩波講座世界歷史》古代五，日本東京：岩波書店，一九七〇年版），對魏晉隋唐成文法典與職官制度作了出色的研究。

64 《論語．為政》，見《四書集注》（嶽麓書社，一九八七年）。

65 《藝文類聚》卷五十四〈刑法部．刑法〉記載：「晉楊乂〈刑禮論〉曰：『蓋刑禮之本，經緯陰陽，擬則乾坤，先王所以化民理物，興國濟治也。……大道行焉，則刑禮俱興，不合而成，未之有也。』」就是明證。此類事例頗多，參閱：程樹德，《九朝律考．晉律考》。

66 劉俊文點校，《唐律疏議》卷第一（中華書局，一九八三年），〈名例〉疏。

另一方面，《禮記．樂記》說：「王者功成作樂，治定制禮」。孔子也說過：「非天子，不議禮，不制度，不考文。……雖有其位，苟無其德，不敢作禮樂焉；雖有其德，苟無其位，亦不敢作禮樂焉」。[67]制禮以告功成、樹正統、明君德，這是一代開基創業的皇帝所擁有的神聖特權。開皇初，隋文帝打算修禮，祕書監牛弘上書稱：「制禮作樂，事歸元首」，[68]獲得首肯。顯然，文帝修禮包含其作為一代明君的自負。

其實，隋文帝登基伊始，就曾應一時之急而修改了北周輿服儀衛等部分禮制。《隋書．禮儀七》記載：「高祖初即位，將改周制，乃下詔曰：『祭祀之服，須合禮經，宜集通儒，更可詳議。』」當時，大臣高熲、崔仲方、盧賁、李德林、裴政等人紛紛獻言，建議廢除北周禮，用魏晉北齊禮代之，由此確定了後來修禮的基調。

同書〈禮儀一〉還記載：「高祖受命，欲新制度。乃命國子祭酒辛彥之議定祀典。」可知當時隋文帝委以主持修改北周禮典的「通儒」，是出身於隴西的辛彥之。

此後，百廢待興，國務繁忙，修禮工作暫無進展。祕書監牛弘知道文帝念念不忘修禮，便上書建議全面編撰新禮，移風易俗，大治天下。其時，律令格式已經基本編就，與之配套的改定禮制自然提上了議事日程。於是，隋文帝讓牛弘與辛彥之一起編撰禮典。開皇三年（五八三），牛弘繼辛彥之出任禮部尚書，全面負責編撰新禮。隋文帝找了編撰團隊與他合作，參加者還有明克讓和崔儦諸儒。[69]

明克讓出自南梁禮學名家，本人亦為當世所推崇，梁亡後入周，先後當過麟趾學士和露門學士。崔儦出身於北方大族的博陵崔氏，其父為山東儒學宗師，本人亦是隋代一流文士。此二人參加修禮，顯然是為了博采北齊及南朝後期新發展的禮制。

開皇五年（五八五）正月，《隋朝儀禮》一百卷編撰完成。十一日，隋文帝下詔頒行。這部禮典包含吉、凶、賓、軍、嘉五禮，「悉用東齊《儀注》以為準，亦微採王儉禮」，或載「採梁及北齊《儀注》」，[70] 堪稱北齊與南朝禮制的集大成。

《隋朝儀禮》的頒布，標誌著隋朝系統性禮刑法制建設基本完成。隋禮對傳統禮制多有改革創新。例如，隋朝將國家祀典分為大、中、小三種，釐清其等級，確定以昊天上帝、五方上帝、社稷和宗廟等為大祀，這些都與編修律令格式的指導思想一致，即通過祭祀天神以強調隋政權的正統合法性，助其實現中央集權的目的。[71]

構建大興新都

中央政治體制的構建進展十分順利，隋文帝大為振奮，各種建設新帝國的設想不停地湧現，他心潮澎湃。隨著新帝國的輪廓逐漸明朗，他不由地想到，這幅藍圖需要重重地加上畫龍點睛的

---

67 《中庸》第二十八章，見《四書集注》（嶽麓書社，一九八七年）。
68 《隋書》卷八〈禮儀三〉。
69 明克讓，見《隋書》卷五十八本傳記載：「高祖受禪，拜太子內舍人，轉率更令。……詔與太常牛弘等修禮議樂，當朝典故多所裁正」。崔賾，見《隋書》卷七十七本傳記載：「開皇初，秦孝王薦之，射策高第，詔與諸儒定禮樂，授校書郎。」
70 引文分別見：《隋書》卷八〈禮儀三〉、卷六〈禮儀一〉。《隋朝儀禮》一百卷，見《隋書》卷三十三〈經籍二〉。開皇五年頒行新禮，見《隋書》卷一〈高祖上〉。
71 參閱：高明士，〈隋代的制禮作樂——隋代立國政策研究之二〉，收於《隋唐史論集》（香港大學亞洲研究中心，一九九三年）。

一筆，那就是建造一座不同凡響的新都城，作為帝國的象徵。

長安，這座渭水之濱的歷史古都，留給人們多少輝煌燦爛的追憶，在華夏文明的搖籃中，她格外的光彩動人。太遙遠的歷史不去細說，統一大帝國的腳步卻是從這裡邁出的。據說，秦始皇當年構建的都城宮闕，被項羽的一把火燒成廢墟，這把火足足燒了三個多月！燒去了人們對秦王朝的怨恨，同時也點燃人們心中新的希望。劉邦建立漢朝，還是選擇在這片讓人魂牽夢縈的黃土故地構建帝國的都城。

黃河由西向東滔滔奔湧，在進入黃土地時突然掉頭向北轉了一個大圈，順著呂梁山南下，從北嶽華山東邊的潼關重新上路，東流入海。如此神奇的一筆，把關中平原擁抱入懷，母親般地呵護哺育，使得關中平原從地形到經濟、人文條件都得天獨厚。司馬遷在其不朽名著《史記》裡，不無偏愛地說：「關中之地，於天下三分之一，而人眾不過什三；然量其富，什居其六」。的確，站在黃土高坡向東眺望，地勢由西向東低斜延伸，逐漸開闊起來，不由得胸中湧起居高臨下氣吞山河的豪情，難怪古人總以為這裡匯聚王氣，輔助隋文帝創業的元勳更是這麼想的。元老李穆就認為曹魏和西晉棄關中而都洛陽，所以都未遑寧處，只有西魏和北周立都長安，故能平定天下。[72] 往事歷歷，而今，隋文帝佇立於此，又怎能不心逐黃河：天降斯人，再現並超越昔日大漢帝國的榮耀，舍我其誰！

而且，自東漢喪亂以來，長安屢遭兵燹，都城破敗，水源亦遭污染，若不徹底整治，確實難以再作都城。然而，這些都是表面上的理由，在隋文帝心中，還有更深的想法。開皇二年（五八二），他在營建新都詔書裡說：「羲、農以降，至于姬、劉，有當代而屢遷，無革命而不徙」，[73] 也就是說，從三皇五帝直至漢代，沒有革命創業者不遷都的。這句話，確實透露了他的抱負。

回首眼前的長安舊城，不但規模狹小，和心中構想的世界帝國很不相稱。而且，皇城偏在大城西南隅，不在中軸線上，不能體現天子堂堂正正君臨天下的氣度，更難讓人滿意。因此，有必要按照自己心中的設想，構建全新的都城。

當然，這座城市曾經發生過一幕幕政治清洗的慘劇，尤其是對北周皇室的族誅，這些陰影噩夢，攪得隋文帝心神不安，夜色降臨，彷彿「宮內多鬼妖」。[74] 他心裡明白，北周舊臣並不見得都擁護他。冤魂聚結為魑魅，恭順掩蓋著陰謀。所以，他要離開這裡，要造一座高大雄偉的都城鎮住它們，也給自己壯膽。

隋文帝在心理上並不是一個真正的強者。《隋書．禮儀一》記載：「初，帝既受周禪，恐黎元未愜，多說符瑞以耀之。其或造作而進者，不可勝計。」營建新都的背後同樣潛藏著別人不易覺察的動機，他渴望高大，渴望神聖，渴望證明自己上膺天命而贏得臣下萬民的心悅誠服。唐宋時，流傳著這樣一則故事：

長安朝堂，即舊楊興村，村門大樹今見在。初，周代有異僧，號為棖公，言詞恍惚，後多有驗。時村人於此樹下集言議，棖公忽來逐之曰：「此天子坐處，汝等何故居此。」及隋文

72 見《隋書》卷三十七〈李穆傳〉所收，李穆勸隋文帝移都的上表。
73 《隋書》卷一，〈高祖上〉。
74 《隋書》卷三十七，〈李穆傳〉。

帝即位，便有遷都意。[75]

其實，他早就看好了一塊風水寶地，位於漢都城東南面，屬北周京兆萬年縣，名為龍首山。名字本身就夠氣派迷人的了，更何況這裡山水秀麗，「南直終南山子午谷，北據渭水，東臨滻川，西次灃水」。[76] 龍首原上樹木挺拔，林蔭茂密之間隱然有股王氣，著實叫人神往。占上一卦，大是吉祥：「卜食相土，宜建都邑，定鼎之基永固，無窮之業在斯」。[77]

主意拿定，隋文帝連夜找來高熲和蘇威，商議遷都大計。按照他心中的設想，都城將無比壯麗宏偉，規模空前。但如此則工程浩大，要調發大批勞役和巨額資金，對於建立不久的帝國並非易事，至於百官庶民能否理解支持，也說不準。君臣仔細策劃，籌算通宵，卻始終沒有作出決定。文帝似乎在等待什麼。

第二天清晨，身任門下省通直散騎常侍的術士庾季才叩見，呈上奏文道：

臣仰觀玄象，俯察圖記，龜兆允襲，必有遷都。且堯都平陽，舜都冀土，是知帝王居止，世代不同。且漢營此城，經今將八百歲，水皆鹹鹵，不甚宜人。願陛下協天人之心，為遷徙之計。

文帝君臣相顧愕然，半晌，文帝才說道：「是何神也！」[78]

庾季才精通天文地理，善於觀察形勢。當年就是他斷定隋代周興，宜在甲子，結果一切順利，因此聲名大振，躋身門下要職。眼下，內裡才剛剛提起遷都，他已經在外間從天象找根據，如此不謀而合，能不讓人由衷欽服！

況且，從天象找依據的，並不是庾季才一人，祕書省掌管天文的太史也趕來奏報：「當有移都之事」。

如此神奇的「巧合」，讓文帝感到為難。不同意嘛，天意難違，同意嘛，耗資巨大。正舉棋不定時，德高望重的太師李穆上了一道長長的表文，從天意人望到歷史與現實的各個方面，闡述遷都的深刻意義，言詞懇切，文帝閱後，動情地說：「天道聰明，已有徵應，太師民望，復抗此請，則可矣」。[79]遷都大計這才慎重地決定了。

開皇二年（五八二）六月十八日，朝廷正式下詔，命左僕射高熲、將作大匠劉龍、鉅鹿郡公賀婁子幹和太府少卿高龍叉等人主持營建新都。另外，還任命著名的建築師宇文愷擔任「營新都副監。高熲雖總大綱，凡所規畫，皆出於愷」。[80]舉國矚目的首都營建工程隆重開工了。

到了年底，新都已經初具規模，皇城宮闕超出一丈八尺高的城牆，隱約可見。十二月六日，文帝高興地命名新都為大興城。他清楚地記得，自己最初踏上仕途時就是被封為大興郡公的。「大興」這封號帶給他運氣和吉祥，彷彿昭示著天意。所以，他以此命名新都、京縣、皇宮大殿以及園池寺院等，希望在他治下，帝國大興。

75《太平廣記》第一百三十五卷（中華書局，一九六一年），〈徵應一・帝王休徵・隋文帝〉所引〈西京記〉。
76《唐六典》卷七，〈尚書工部・郎中〉條注。
77《隋書》卷一，〈高祖上〉。
78《隋書》卷七十八，〈藝術・庾季才傳〉。
79《隋書》卷三十七，〈李穆傳〉。
80《隋書》卷六十八，〈宇文愷傳〉。另見同卷〈何稠傳附劉龍傳〉及卷一〈高祖上〉。

翌年三月，新都落成。從開工到完成，前後僅用十個月的時間，真可謂神速。[81]年初，文帝就為即將遷都而興奮不已，下令大赦天下，讓百姓分享喜悅。三月十八日，文帝黃袍常服，率百官隆重遷入新都。

朝廷百官都看呆了眼前這座都城，所到之處，嘖嘖交贊，驚嘆不已。新都東西廣十八里一百一十五步，南北長十五里一百七十五步，[82]面積為八十四平方公里，比明清時代的北京城約大一倍半，僅宮城中心部的大興宮就比明清紫禁城大五倍，在近代以前，大興城是人類建造的最大都會。

當初，龍首原上有六條高坡，宇文愷以為這正好像《周易》乾之六爻，「故于九二置宮闕，以當帝之居。九三立百司，以應君子之數。九五貴位，不欲常人居之，故置元都觀興善寺以鎮之」，[83]這就完全改變了漢代皇宮偏在西南隅的情況，使得宮城與皇城正好坐落於大城正北，奠定皇帝南面統轄百官、君臨百姓的布局。而且，皇宮官署盡在高地，龍盤虎踞，居高臨下，既控制要點，又充分顯示其權威。

大城東、西、南面各開三座遙相對應的大門，縱橫交錯的道路，把全城劃分成整齊的長方形區塊。坐在最北面的宮城大興殿上往南眺望，中央的昭陽門街把皇城分為左右兩部分，櫛比安置著各級中央官署；穿出皇城，一百五十多米寬的朱雀門街將大城一分為二，東為大興縣，西為長安縣，各領五十四坊以及各占兩坊地的東、西市。全城南北共置十三列坊，象徵一年十二個月再加閏月；皇城之南，東西排四行坊，象徵春夏秋冬四季，每行設九坊，表現《周禮》「王城九逵之制」。整個布局，既巧妙又暗合古禮。

北魏洛陽都城已經出現按城市功能初步進行分區的作法，但是，「自兩漢以後，至於晉、齊、梁、陳，並有人家在宮闕之間。隋文帝以為不便於民」，於是在宮城南面創建皇城，安置中央衙署，「不使雜人居止，公私有便，風俗齊肅」，宮城皇城外面，根據高低親疏的權力關係，布列官僚宅第和寺觀，再遠的里坊才是百姓的居住區。北面仰望帝居，猶如眾星拱極，仔細察看，官署民居各得其所，秩序井然，繁華之中，處處透露森嚴的等級。從政治角度去構思都城的布局，「實隋文新意也」。[84]

把政治觀念貫徹得如此徹底，無所不在，卻是人們難以想像得到的。原來，大興城最初只設計宮城，然後以宮城的東西之廣或南北之長為模數，依次設計出皇城和大城的各個部分。以宮城為基準確定城市各部分的內部關係，儘量把外部的重要區域規劃為宮城的相似形。且不去說這種以宮城邊長為模數規劃城市的設計原理在中國城市建築史上的創新意義，[85]那種以皇帝為天下中心，將皇帝的家推廣為國，強調皇權涵蓋一切、化生一切的皇權至上的理念，無疑是隋文帝構思新都的靈魂。把中央集權的理念原則化為具體的都市建設，不能不說是一大創舉。人們從未見過

---

81 大興城能夠在如此短的時間內建成，除了中央政府傾注全力予以支持外，還在於其中不少建築是由舊都搬遷而來的緣故。《唐會要》卷十七〈廟災變〉記載：「開元五年正月二日，太廟四室崩。……上又召姚崇，對曰：『太廟殿本是苻堅時所造，隋文帝創立新都，移宇文廟故殿，改造此廟。歲月滋深，朽蠹而毀。』」連太廟都是拆遷來的，則其餘可想而知，由此亦可見隋文帝務實勤儉之一斑。

82 《隋書》卷二十九，〈地理上〉。另見《唐六典》卷七〈尚書工部・郎中〉注。

83 《唐會要》卷五十，〈觀〉。

84 關於大興城的規劃布局，見宋敏求，《長安志》卷七所引述的〈隋三禮圖〉，收於平岡武夫編，《唐代的長安與洛陽資料》（上海古籍出版社，一九八九年）。

85 傅熹年，〈隋唐長安洛陽城規劃手法的探討〉，載《文物》，一九九五年，第三期。

這般規劃齊整、宏偉壯麗的都城，置身於此，眼前是一片片與宮城相似的區塊在向前不斷延伸，一條條廣場般寬闊的大道攜高樓大宅滾滾而至，王氣浩蕩，噴薄而起，讓渺小的個人於心靈顫抖中匍匐在地，由衷地感到這才是世界的中心，天子的家鄉。

釐訂地方行政制度

在第一章裡，我曾以地方制度的徹底瓦解是魏晉南北朝空前絕後大分裂的根本原因之一。拙見幸若無誤，則地方制度的重建就不僅僅是簡單的制度沿革問題，而且具有整合社會、消除分裂因素，加強中央對地方、國家政權對社會階層控制力等根本性的意義。進行這樣一場艱巨複雜的變革，固然要觸動社會各個階層的利益，但是，對於一個想要大有作為的君主，卻是無可回避的挑戰性課題。

隋朝重建地方行政制度的努力，首先是從鞏固中央政權和加強對地方控制開始的，所考慮的是大的現實政治方面。

隋朝建立當初，曾經歷尉遲迥、司馬消難和王謙等人的激烈反抗。通過這場鬥爭，隋文帝深深地感到，北周輕而易舉被推翻，實由於沒有分封宗室，造成「諸侯微弱，以致滅亡」。[86]所以，他登基後，立即分封諸子和宗室為王，特別是以其姪楊雄掌禁軍，以其弟楊爽鎮京畿，以次子楊廣出任并州總管，九月，又任命四子楊秀為益州總管，已顯現其分封思想的端倪。

開皇二年（五八二）正月，文帝參照北齊制度，採取重大措施，「置河北道行臺尚書省於并州，以晉王廣為尚書令。置河南道行臺尚書省於洛州（今河南省洛陽市），以秦王俊為尚書令。置西南道行臺尚書省於益州，以蜀王秀為尚書令」。[87]

行臺初見於曹魏，為臨時性隨軍的中央分支機搆。北魏道武帝時，始以行臺治理一方，即為尚書行臺的簡稱，代表中央指揮地方。北齊在重要區域設行臺，為地方軍政的最高機關。[88]西魏曾一度設立行臺，不久就廢除。故隋立行臺乃取法北齊，但與之頗不相同。隋朝行臺僅上述三處，均由皇子任尚書令，完全體現文帝封諸子以為中央藩籬的思想。另一方面，行臺官員由中央任命，地方軍政事務也由中央直接領導，故行臺權力受到很大的制約，它一方面代表中央監控地方，另一方面則作為區域性軍政統轄乃至指揮機關，抵禦外敵，準備統一江南。

開皇三年（五八三）十月，中原無事，罷河南道行臺，調秦王俊為秦州（今甘肅省天水市）總管。開皇六年（五八六）十月，設立山南道和淮南道行臺尚書省，分別以秦王俊和晉王廣任尚書令，[89]大概是為南征作準備，旋因時機不成熟，故晉王廣未到任而改調雍州牧。開皇八年（五八八）十月，再立淮南道行臺尚書省於壽春（今安徽省壽縣），以晉王廣任尚書令。翌年滅陳

86 《隋書》卷六十二〈元巖傳〉記載：「時高祖初即位，每懲周代諸侯微弱，以致滅亡，由是分王諸子，權侔王室，以為磐石之固。」同書四十三卷末「史臣曰」：「高祖始遷周鼎，眾心未附，利建同姓，維城宗社，是以河間、觀德，咸啟山河。」從長期分裂走向統一，許多人都在探索維持國家穩固的道路，提出封建諸王的構想。隋朝人的一些探索，可以從大約成書於初唐的《文中子中說》（收於《百子全書》，浙江人民出版社影印本）得知。封建論者中，不少人是從鞏固中央政權的角度立論的，隋初封建就是這種思想的表現。當然，封建論也含有建立分層權力結構的設想。

87 《隋書》卷一，〈高祖上〉。

88 參閱：嚴耕望，《中國地方行政制度史乙部魏晉南北朝地方行政制度》下冊（臺灣中央研究院歷史語言研究所，一九九〇年，第三版），第十二章。

89 《隋書》卷一〈高祖上〉僅記載設立山南道行臺尚書省，淮南道行臺尚書省則見於〈煬帝上〉。

後，廢行臺。但是，親王鎮撫一方的制度並未廢除，全國仍分為三到四大區，設大總管監臨之。其間的具體變動不去一一細究，到開皇十五年（五九五），「天下唯置四大總管，并、揚、益三州，並親王臨統，唯荊州委於（韋）世康，時論以為美」。[90]

顯而易見，平陳以前的行臺，或者其後的四大總管府的設置，並不是權宜之計，而是文帝加強對地方監控的重要舉措。特別是前期的行臺，乃仿中央行政機構而有所簡省，設尚書令、僕射、兵部和度支尚書，下轄考功、禮部、膳部、兵部、駕部、庫部、刑部、度支、戶部、金部、工部、屯田等曹，品秩視同中央尚書省官（行臺侍郎略低），[91] 其主官皆一時之選。[92] 隋承大亂之後，地方制度積弊已深，故文帝先從大處著手，通過行臺逐步增強對地方的控制，為進一步徹底改革作好準備。

開皇三年，中央制度建設初見成效，文帝立即轉入地方行政制度的改革。十一月，河南道行臺兵部尚書楊尚希見天下州郡過多，上表說：

> 自秦并天下，罷侯置守，漢、魏及晉，邦邑屢改。竊見當今郡縣，倍多於古，或地無百里，數縣並置，或戶不滿千，二郡分領。具僚以眾，資費日多，吏卒人倍，租調歲減。清幹良才，百分無一，動須數萬，如何可覓？所謂民少官多，十羊九牧。琴有更張之義，瑟無膠柱之理。今存要去閒，并小為大，國家則不虧粟帛，選舉則易得賢才，敢陳管見，伏聽裁處。[93]

楊尚希的上表，指出了政府機構最為混亂的方面。自晉末動亂以來，南北王朝都濫設州郡。就說南朝後期的梁、陳兩代，梁武帝天監十年（五一一），有州二十三，可是，只過了二、三十年，竟猛增到一百零七，增加近四倍。陳朝雖然僅於荊、揚之域，卻設四十二州。北朝的情況同樣混亂，遠的且不說，北齊建立時，「豪傑糾合鄉部，因緣請托，各立州郡，離大合小，公私煩費」，到文宣帝天保七年（五五六），已經達到「百室之邑，遽立州名，三戶之民，空張郡目」的地步，[94]不得不加以裁汰，「於是並省三州、一百五十三郡、五百八十九縣、三鎮、二十六戍。」[95]一番整頓之後，仍有五十五州，一百六十二郡，三百八十五縣。北周的情況更是有過之而無不及，大象二年（五八〇），其舊境有州一百五十六，郡三百四十六，縣七百三十九，足可驚人南北朝州郡縣。[96]實際上，此時的州甚至比以往的郡還小，而且，經常是幾級機構擠在一地辦公。

維持這般龐大的地方機構，不僅國家財政不堪承受，行政效率極低，而且還助長地方豪強的囂張。因此，到和平年代，就必須對戰爭時期用封官設職拉攏地方勢力而造成的爛攤子痛加整治，既為了政府機構自身的合理化，也為了將地方勢力吸收消化，消除分裂隱患，促進內在的統一。

---

90 《隋書》卷四十七，〈韋世康傳〉。《資治通鑑》卷一百七十八「隋文帝開皇十五年十月」條載：「時天下惟有四總管」，將「大總管」誤作「總管」，岑仲勉，《通鑑隋唐紀比事質疑》（中華書局，一九六四年）已作了糾正。

91 《隋書》卷二十八，《百官下》。

92 參見《隋書》卷五十四〈李徹傳〉、卷六十二〈元巖傳〉。

93 《隋書》卷四十六，〈楊尚希傳〉。

94 《資治通鑑》卷一百六十六「梁敬帝太平元年」條。

95 《北齊書》卷四，〈文宣帝紀〉。

96 資料基本取自《隋書》卷二十九〈地理上〉總序，僅北齊末年的資料採自《周書》卷六〈武帝下〉「建德六年二月」條記載。據《隋書．地理上》記載，北齊末年有州九十七，與《周書．武帝紀》的記載相去甚遠。《隋書》卷七十五〈儒林．劉炫傳〉記載，劉炫曾對牛弘說：「齊氏立州不過數十，三府行臺，遞相統領，文書行下，不過十條。」劉炫為北齊人，所言近於事實，故茲取《周書》記載，而郡縣兩級，二書所記出入不大。另外，清人徐文範〈東晉南北朝輿地表〉（收於《二十五史補編》第五冊）曾對周、齊州郡作過詳考，可參閱，只是其中常置與暫置者不易區別。

所以，文帝讀了楊尚希的上表，興奮不已。表文的建議正與其想法不謀而合，他當即做了批示，斷然對地方機構進行大刀闊斧的整頓。鑒於州郡重疊極其嚴重，文帝沒有採用楊尚希「存要去閒，併小為大」的建議，而是採取更加徹底的措施，乾脆取消郡這一級機構，掃除實行約六百年的州、郡、縣三級制，恢復到秦漢時的二級制。如此，則這場整頓就不僅是裁減州郡這種常見的補苴罅漏，而具有變革地方行政制度的意義。這一決定，將撤銷幾百個郡，免去成千上萬名官吏的職務，直接觸動地方豪族階層的利益，確實需要非凡的氣魄與膽略。

十二月，[97]廢郡的工作在全國雷厲風行地展開，年底就基本完成。茲根據《隋書・地理志》，參考今人的研究成果，[98]將文帝朝州郡的廢立情況整理成表三（表中將開皇三年以後的情況一併列出，以免論述上重複；同時列出整個隋朝的廢立情況，以資比較；廢立的州郡，一律按今日行政區劃歸納整理。表四同此，不再說明）

表三　隋文帝時代州郡廢立表

	改郡為州		立州		廢州		立郡		廢郡	
	文帝朝	隋總數	文帝朝	隋總數	文帝朝	隋總數	文帝朝	隋總數	文帝朝	隋總數
內蒙古	0	0	2	2	0	2	0	2	2	5
新疆	0	0	0	0	0	0	0	3	0	1
寧夏	0	0	1	1	0	1	0	1	5	5
青海	0	0	0	0	0	0	0	2	1	3
甘肅	3	3	2	3	0	14	0	7	30	30
陝西	0	0	0	0	0	10	0	5	37	37

遼寧	0	0	0	0	0	1	0	3	0	0
河北	0	0	6	6	1	8	1	3	23	23
山西	1	1	5	5	2	9	1	11	34	34
山東	0	0	9	9	1	8	1	1	11	11
河南	2	2	10	11	9	28	0	4	61	63
湖北	0	0	2	4	5	11	0	4	26	28
湖南	2	2	3	4	0	0	0	0	7	8
安徽	1	1	2	2	1	4	0	2	22	23
江蘇	1	1	3	3	2	4	0	0	21	21
浙江	1	1	5	6	2	3	0	0	6	6
江西	5	5	1	1	0	0	0	0	2	2
福建	0	0	0	0	0	0	0	0	3	3
廣東	0	0	6	6	3	8	0	3	31	32
四川	0	0	7	9	4	18	0	0	79	80
貴州	0	0	1	1	0	0	0	0	0	0
雲南	0	0	2	4	0	4	0	0	0	0
廣西	0	0	3	3	0	8	0	0	28	32

97《隋書．高祖上》記此事於開皇三年十一月甲午。查該月無甲午日，而十二月有甲午（三十日），該年閏十二月，故甲午非除夕，完全可以進行改革。

98 當代的研究，主要參考復旦大學歷史地理研究所編，《中國歷史地名辭典》（江西教育出版社，一九八六年）；譚其驤主編，《中國歷史地圖集》（一九八二年）。廈門大學歷史系學生劉渤文曾協助我對隋代地方行政制度的改革進行全面整理，按今日的省份逐一列出州、郡、縣變動情況，由於篇幅限制，這裡只能列示總的變動情況表，無法羅列具體地名。

	改郡為州		立州		廢州		立郡		廢郡	
	文帝朝	隋總數	文帝朝	隋總數	文帝朝	隋總數	文帝朝	隋總數	文帝朝	隋總數
越南	0	0	0	2	0	3	0	1	5	5
總計	16	16	70	82	30	144	3	52	434	452

從表三可以明瞭，整個文帝時代，全國僅立三郡，屬於特例，可以不論。那麼，郡這一級單位確實是徹底廢除了。哪怕是南朝地域，在平陳之後，郡也隨即廢除，沒有例外。根據能夠統計的資料，全國廢郡四百五十九個以上（包含郡改為縣九個，改為州十六個，但不含撤廢時間無法確定的郡）。可以說，文帝改革的最大特色就在於此。

如此巨大的變革，自然得到歷史學家的讚譽。然而，清朝學者王鳴盛卻提出截然不同的看法，指出：

> 西漢極盛，不過郡國一百三；周平齊，州至二百十一，已為極毓。隋高祖開皇九載，廓定江表，尋以戶口滋多，析置州縣，是於二百十一中又分析為最繁矣。[99]

王氏基本根據《隋書．地理志》「總序」的記載立論，指出平陳之後，州大量增加的事實。岑仲勉先生也持同樣的見解，並具體考證出平陳後各地所增州名。[100] 這些見解無疑是客觀的。北周末年，「通計州二百一十一，郡五百八，縣一千一百二十四」，[101] 隋文帝廢郡後，州卻大量增加，直超過三百個，連隋朝人都覺得太濫，批評道：「今州三百，其繁一也」。[102]

然而，這裡需要指出的是，文帝立州並不限於平陳以後，而是從開皇三年就已經開始了，如果以平陳為界，那麼，此前改、立的州達十六個，占文帝朝所立八十六州的百分之十八點六，並非少數。茲將這些州及其改立時間列示如下。

新設立州：豐（今內蒙古杭錦後旗東北，五八三年）、庸（今四川省黔江縣，開皇初）、益（今四川省成都市，五八三年複置）、綿（今四川省綿陽市東，五八五年）、西汾（今山西省隰縣，五八四年置，翌年改為隰州）、棣（今山東省陽信縣，五八六年）、虢（今河南省盧氏縣，五八三年）、睦（今湖北省長陽縣，五八八年）、牂（今貴州省黃平縣西北，隋初）、協（今雲南省彝良縣，五八四年）、越析（今雲南省賓川縣北，開皇初）、岡（今廣東省開平市西北，隋初）。

改郡為州：蘭（金城郡改，今甘肅省蘭州市，五八三年）、渭（隴西郡改，今甘肅省隴西縣東南，五八三年）、岷（同和郡改，今甘肅省岷縣，五八三年）、并（太原郡併入，今山西省太原市，五八三年）。

就整個文帝朝而言，立州（含改郡）八十六個，廢州三十個，改州為郡兩個，兩者相抵，淨增五十四州。達到如此規模，已關係到改革的實質，不容忽視。

根據開皇二年頒行的令制規定，上上郡有官吏一百四十六人，依次遞減至下下七七人。撤銷近五百個郡，受影響最大的是數以萬計的地方辟召的屬僚。《隋書·百官下》記載：「舊周、齊

99 王鳴盛，《十七史商榷》卷六十七「隋州最繁」條。
100 岑仲勉，《隋書求是》，第五六～五七頁。
101 《隋書》卷二十九，〈地理上〉總序。
102 《隋書》卷七十五，〈儒林·劉炫傳〉。

州郡縣職，自州都、郡縣正已下，皆州郡將縣令至而調用，理時事。至是不知時事，直謂之鄉官。」[103] 原來趾高氣揚的州郡屬官，一夜之間跌落為「鄉官」，喪失了既得利益，惹得怒火中燒，誰能保證他們不心懷叵測？

這些地方屬僚也不是輕易就能打發之輩。前面已經一再指出，南北朝對立年代，各朝都用郡縣官來拉攏吸納地方豪族。北齊末年政治腐敗，把地方官當作商品，「乃賜諸佞幸賣官，或得郡兩三，或得縣六七，各分州郡，下逮鄉官亦多降中旨，故有敕用州主簿，敕用郡功曹。於是州縣職司多出富商大賈，競為貪縱，人不聊生」，[104] 豪商也躋身地方官之列，鄉族勢力加以經濟後盾，這些人就不同於一般官員可以用一紙公文打發。

所以，隋文帝就更需要打點精神，妥善安置他們，以免激成變亂。妥協的辦法，就是將他們中的一部分人吸收到地方政府機構中，由此出現了王鳴盛斥責的州的大量設立。這種現象，很難像《隋書．地理志》那樣，說成是平陳以後戶口增多的緣故。實際上，文帝增設的州，主要分布在北齊與南陳舊境。江南地區，到隋朝人口鼎盛的大業年間，每縣平均人口也多在三、五千戶，而這裡增設的州卻最多。機構龐雜既是最大的弊端，則大量設州自難說是加強對地方的控制。作為一個強有力的領導者，文帝大量設州實在有不得已的苦衷。

當然，事情也不盡是消極的。郡介於州、縣之間，自然可上可下，因此，也有部分郡官充實為縣官。

縣是政府基層組織，直接管理鄉村，對於穩定社會與加強中央對地方的控制起著關鍵作用。所以，隋朝十分重視縣一級政府機構的建設，茲將隋朝縣的廢立情況整理成表四。

表四　隋朝縣廢立表

	立縣 開皇仁壽	立縣 隋代總數	改縣 開皇仁壽	改縣 隋代總數	廢縣 開皇仁壽	廢縣 隋代總數
內蒙古	2	2	1（改鎮）	1	0	1
新疆	0	1	0	0	0	0
寧夏	2	2	1（改鎮）	1	0	1
青海	0	5	0	0	1	6
甘肅	3	11	0	0	7	15
陝西	6	11	0	1	4	13
遼寧	0	1	0	0	0	0
河北	45	50	0	0	4	18
山西	23	29	1（改郡）	1	4	26
山東	51	52	0	0	3	20
河南	53	62	0	0	19	65
湖北	4	9	0	0	13	25
湖南	4	7	0	1	4	23
安徽	9	10	1（改郡）	1	8	23
江蘇	7	9	0	1	25	31
浙江	6	9	0	0	14	27

103《隋書》卷二十八，〈百官下〉。
104《北齊書》卷八，〈後主紀〉。

	立縣		改縣		廢縣	
	開皇仁壽	隋代總數	開皇仁壽	隋代總數	開皇仁壽	隋代總數
江西	4	4	0	0	35	36
福建	1	1	0	0	8	8
廣東	9	24	2（改郡）	4	26	47
四川	13	29	1（改郡）	1	14	22
貴州	3	11	0	0	0	0
雲南	4	5	0	0	0	5
廣西	21	25	4（改郡）	5	10	35
越南	0	15	0	0	1	9
總計	270	383	11	17	200	456

從表四可以清楚看到，隋朝在原北齊中心區域（今河北、河南、山東、山西）大量設縣，而平陳以後對江南地區則主要是廢縣，兩種作法實質是一致的。華北人口稠密，地方勢力強大，縣平均人口多在萬戶以上，是全國經濟重心區域，所以有必要多設縣以加強管理；江南則地廣人稀，當地豪族難以駕馭，故多裁其冗縣，使權力集中於中央直接控制的州一級機構。

從地方行政機構裁減下來的人員，成為「不知時事」的鄉官，而州縣機構則「別置品官，皆吏部除授，每歲考殿最。刺史、縣令，三年一遷，佐官四年一遷」。[105] 這是中國地方制度史上具有劃時代意義的政令，它將地方官吏的任用權統統收歸中央，而且還規定官員的任期，每年考核，以為去留晉級的依據。

通過這幾條配套措施，文帝地方行政制度改革的真實面目漸漸清楚。整個改革的目標，是極大地削弱乃至清除各級地方政府中的門閥世族的勢力，把地方牢牢地置於中央強有力的控制之下，扭轉豪強左右地方行政的局面，徹底消除地方割據分裂的隱患。因此，這場改革的中心課題是通過變州郡縣三級制為州縣二級制，廢除漢以來的辟召制度，黜退地方長官辟召的僚屬，完全收回地方官員的任命權，並規定官員的任期與考核制度，確立中央對地方的絕對領導。

為了實現上述戰略目標，文帝通過設州的妥協讓步，安撫地方勢力，確保改革的成功，表現出精明務實的一面。踏出了最艱難的第一步，往後的改革就容易得多。開皇十五年（五九五），在十餘年歲月磨蝕下失去往日威風的鄉官，再也沒有嘯聚一方的能耐了，這時，京城傳來薄薄一紙公文：「罷州縣、鄉官」。[106] 於是，他們便無聲無息地消失在廣袤的鄉村，沒有一點波瀾，甚至許多人都記不清什麼是鄉官。

把確立中央對地方的絕對領導作為第一階段地方制度改革的首要目標，是收拾數百年分裂動亂殘局中具有根本意義的一步。在此前提下，文帝也對地方機構自身的合理化做了一些改革。其中最重要的是「改別駕、贊務，以為長史、司馬」。[107]

這事說來還有點複雜。早在東漢順帝時期，由於軍事行動的需要，出現都督某一地區軍事的事例，到了魏文帝黃初二年（二二一），正式出現都督諸州軍事並領刺史的情況。[108] 西晉「八王之

105 《隋書》卷二十八，〈百官下〉。
106 《隋書》卷二十八，〈百官下〉。
107 《隋書》卷二十八，〈百官下〉。
108 參閱：《南齊書》卷十六〈百官志〉「州牧、刺史」條、《宋書》卷三十九〈百官上〉「持節都督」條。

亂」後，中國陷入長期分裂戰亂的境地，軍事成為第一要務，刺史幾乎都帶軍職，沒有將軍銜的刺史，被稱為「單車」，[109]形單影隻，好不心酸。北朝的情況當然不會例外，都督統領一地。北周明帝武成元年（五五九）正月，改都督為總管，轄區更加固定。至周末，全國設有四十九個總管府，每個總管府一般管三、四個州，或者更多。[110]總管上面還有大總管府。

刺史既是地方行政長官，又是軍事長官，一身二任，便有了兩套機構，一套為管軍政的府官，另一套為理民事的州官。隋初亦沿襲舊制，《開皇令》規定：

上上州，置刺史，長史，司馬，錄事參軍事，功曹，戶、兵等曹參軍事，法、士曹等行參軍，行參軍；典籤，州都光初主簿，郡正，主簿，西曹書佐，祭酒從事，部郡從事，倉督，市令、丞等員，并佐史，合三百二十三人。上中州，減上州吏屬十二人。[111]

參照北齊州官的設置，[112]可以明瞭，隋朝州刺史下也有兩套機構，從長史到行參軍為府官，典籤以下為州官。兩套機構在實際運作上，並不是軍民分理相互平等的，而是府官盡占優勢。一般說來，州官為刺史辟召的當地門閥豪強，輔助刺史治理民事，而府官經常是長期追隨左右的軍事幕僚，與上司關係親密，加上戰爭的時代背景，府官往往直接插手行政，以軍統民，侵奪州官職權。時代愈往後推移，州郡氾濫，州官地位愈低。例如，在北齊，府官系統基本上是國家品官，而州官只有個別重要者才是流內官。而且，為了便於對基層的控制，不少府官成為州的次官，或者兼任管內的郡太守、縣令等，直接管理地方。如此一來，州官實際上已經成為閒餘人員。

有鑑於此，故隋文帝在改革地方行政制度時，乾脆合併兩套機構，取消州官，納入鄉官行列，[113]既裁減冗員，提高行政效率，又清除政府部門內的地方豪強因素，使得政府機構精簡合理。改革的結果，是原先的軍政機構完全取代了民政機構。

政治體制的改革完成之後，才有可能推進政府機構自身的合理化，堅冰一旦打破，航道就在眼前。在文帝政治改革的基礎上，大業二年（六〇六），煬帝開始了第二階段的改革，「遣十使併省州縣」。[114] 從表三和表四可以看到，隋朝的州縣，大部分是煬帝廢除的。該時期，隋朝人口達到頂峰，這就更加說明所謂平陳以後因人口增多而增設州縣的說法不能成立。翌年四月，地方行政制度的合理化改革完成，源於監察區劃的州被廢除，改回到秦漢時代地方建制的原稱——郡，下轄縣，文帝時代的三百餘州精簡為一百九十個郡，轄一千二百五十五個縣。縣的數量變化不

---

109 《隋書》卷二十六，〈百官上〉「陳」條。

110 參閱：嚴耕望，《中國地方行政制度史乙部魏晉南北朝地方行政制度》下冊，第二、第三章。

111 《隋書》卷二十八，〈百官下〉。

112 《隋書》卷二十七〈百官中〉，北齊州官部分記載：「上上州刺史，置府。屬官有長史，司馬，錄事，功曹、倉曹、中兵等參軍事及掾史，主簿及掾，記室掾史，外兵、騎兵、長流、城局、刑獄等參軍事及掾史，參軍事及法、墨、田、鎧、集、士等曹行參軍及掾史，右戶掾史，行參軍，長兼行參軍，督護，統府錄事，統府直兵，箱錄事等員。州屬官，有別駕從事史，治中從事史，州都光迎主簿，主簿，西曹書佐，市令及史，祭酒從事史，部郡從事，皁服從事，典籤及史，門下督，省事，都錄事及史，箱錄事及史，朝直、刺姦、記室掾，戶曹、田曹、金曹、租曹、兵曹、左戶等掾史等員。」

113 參閱濱口重國，《秦漢隋唐史研究》下卷（東京大學出版會，一九九六年），「第四所謂隋的廢止鄉官」。中譯本收於《日本學者研究中國史論著選譯》第四卷。

114 《隋書》卷三，〈煬帝上〉。

大，[115]主要是裁減州，因此，這次改革的目標顯然在於精簡機構，是文帝未竟事業的繼續與完成。

此前的大業元年（八〇五），煬帝先行廢除了各地的總管府。文帝末年并州總管漢王諒的反叛證明，分封親王以加強對地方的控制，結果往往適得其反。而且，在和平時代長期維持軍事管制色彩的體制，反而削弱中央的領導權。何況府官取代州官之後，軍政部門的性質已經不知不覺地發生根本轉變，因此，在進一步加強中央集權的要求下，取消總管府更是順理成章水到渠成的事情。抹去戰時軍事體制的殘跡，徹底告別不堪回首的過去，本應迎來一個繁榮富強的太平盛世。

115 氣賀澤保規，〈對隋代鄉里制之一考察〉（載《史林》，第五十八卷第四期，一九七五年）一文中，以大業年間的縣數減去陳國轄縣四百三十八，得出開皇時的縣數為八百一十七，並引李德林的話「今時吏部，總選人物，天下不過數百縣，於六七百萬戶內，銓簡數百縣令，猶不能稱其才」，作為佐證，認為開皇時縣大有減少。然而，《隋書．地理上》總序記載：「大象二年（五八〇），通計州二百一十一，郡五百八，縣一千一百二十四。」據上文表四，文帝朝立縣兩百八十一，廢縣僅兩百，淨增八十一，故全國縣數不減反增。若再細讀李德林所言，似非講全國僅有數百縣，而是講吏部到期要銓選更替數百縣令。

第六章　禦侮安邦

塞上風雲

開皇初年大手筆的創規定制，勾勒出新帝國恢宏的輪廓，可是，我們很難想像，這些寓意深遠的變革，卻是在外敵四面入侵的嚴酷形勢下進行的。

最嚴重的威脅首先來自北方。北朝雖為少數民族創建，但其久居中原，特別是北魏孝文帝遷都洛陽之後，塞外草原又被新崛起的游牧民族所控制。北朝末期，突厥強大起來，勢力遠達中亞，「有淩轢中夏志」。[1] 他鉢可汗時，「控弦數十萬，中國憚之」。[2] 其時，北周與北齊對立，爭相拉攏突厥。北周一年要向突厥獻納絹帛十萬段，而北齊「亦傾府藏以給之」。漁翁得利的突厥統治者當然樂得中原分裂，便玩起權術，在前期北周較弱時，助周伐齊，借機擄掠一通；到後期北周明顯占優勢時，則轉而支持北齊，故他鉢曾傲慢地說道：「但使我在南兩箇兒孝順，何憂無物

1 《周書》卷五十，〈異域下·突厥傳〉。
2 《隋書》卷八十四，〈北狄·突厥傳〉。

邪」。[3]

然而，周武帝迅猛的軍事行動，徹底打破了他缽可汗的如意算盤。建德六年（五七七），北周滅齊，齊定州刺史、范陽王高紹義逃奔突厥，他缽當即立他為齊帝，將北地的齊人統統劃歸其屬下，並與齊營州（今遼寧省朝陽市）刺史高寶寧聯絡，共同舉兵南下，聲稱要為北齊復仇。宣政元年（五七八）四月，他缽自幽州進犯。北周柱國劉雄兵敗被殺，朝廷震動，武帝親率六軍北伐，不幸齎志而歿。他缽遂再入圍酒泉，大掠而去。而高紹義也從幽州一帶發起攻勢，幸被宇文神舉所阻。[4]

由此可知，北周統一北方，使得突厥不但不能繼續操縱中原內戰以獲取經濟利益，而且直接感受到其霸主地位的動搖，遂直接以軍事介入，企圖借北周立足未穩之機，助齊復辟。另一方面，北周結束北方分裂局面，不再受制於人，也開始轉變對突厥忍讓受屈的態度。

其實，在對突厥問題上，北周內部早有不同看法。當年，突厥助周伐齊時，見到齊軍甚壯，便大掠而去。周軍統帥楊忠就向周武帝說道：

突厥甲兵惡，爵賞輕，首領多而無法令，何謂難制馭。正由比者使人妄道其強盛，欲令國家厚其使者，身往重取其報。朝廷受其虛言，將士望風畏慴。但虜態詐健，而實易與耳。今以臣觀之，前後使人皆可斬也。[5]

楊忠兩度與突厥聯兵攻齊，每次都吃了突厥臨陣撤退的苦頭，看出突厥並不像使者所說的那麼強大，因而主張不受突厥訛詐的強硬政策。突厥臨陣退兵，未必就是兵不能戰，恐怕是其表面助周以趁火打劫、骨子裡則要保持中原分裂的真實意圖的表露。[6]但不管怎麼說，楊忠代表著軍方強硬的立場，其對突厥的分析與態度，必然對其子隋文帝有著難以計算的影響。這一點，在隋文帝執掌政權後就清楚地表現出來。

大象二年（五八〇）二月，北周嫁宗女千金公主與突厥可汗，以長孫晟護送，要求突厥執送高紹義以示和親誠意。這是他缽可汗一直拒絕的。為此，北周再派威著北地的將軍賀若誼到突厥談判，並以軍兵隨後。這時，適逢突厥發生汗位繼承糾紛，經過明爭暗鬥，他缽病故，他缽屬意的姪兒大邏便和兒子菴羅最終都沒能繼立，倒是攝圖登上汗位，即史書所稱的沙缽略可汗。[7]內部的紛爭，使得沙缽略暫時緩和與北周的關係。在這場政治交易中，高紹義首先成為犧牲品。沙缽略假裝和高紹義一起到南邊打獵，卻讓賀若誼帶兵將其擒獲。[8]這一事件已經暗示著北周對突厥態度的微妙轉變。其時，楊堅已經掌握了北周朝政。

---

3 《周書》卷五十〈異域下．突厥傳〉。

4 參閱：《周書》卷五十〈異域下．突厥傳〉；《北齊書》卷十二〈范陽王紹義傳〉。

5 《周書》卷五十〈異域下．突厥傳〉。

6 薛宗正，《突厥史》（中國社會科學出版社，一九九二年）第一三二頁認為，突厥歷代可汗皆奉行親周反齊政策，他缽即位後政策劇變，且由於他缽與齊文宣帝私交甚好，故一貫袒齊。其實他缽公開反周是由於齊的滅亡，由於周、齊對峙的均勢被打破而對突厥不利，因此，此時反周完全出自突厥自身的利益。在此場合，個人私交不會有多大的作用。

7 《資治通鑑》卷一百七十五「陳宣帝太建十三年（五八一）」末條所載：《考異》認為，他缽可汗於太建四年（五七二）立，太建十三年（五八一）卒。上引薛宗正，《突厥史》第一三七頁對此作了考訂，認為他缽死於西元五七九年初。據《隋書》卷五十一〈長孫覽附長孫晟傳〉記載：「宣帝時，突厥攝圖請婚于周，以趙王招女妻之」，可知與北周和親者為攝圖，故此取薛氏說。

8 《北齊書》卷十二〈范陽王紹義傳〉載：「又使賀若誼往說之，他缽猶不忍，遂偽與紹義獵於南境，使誼執之，流于蜀。……紹義在蜀，遺妃書云：『夷狄無信，送吾於此。』竟死蜀中。」而《隋書》卷三十九〈賀若誼傳〉記載：「齊范陽王高紹義之奔突厥也，誼以兵追之，戰於馬邑，遂擒紹義」，可知擒拿高紹義曾經過一番戰鬥。

此時爆發的尉遲迥、司馬消難和王謙等人的叛亂，也對日後隋朝對外政策發生重要影響。尉遲迥起兵後，即「北結高寶寧以通突厥，南連陳人，許割江、淮之地」，司馬消難更是「使其子泳質於陳以求援」。內外勾結，確實構成隋朝的心腹大患，況且，北齊餘孽高寶寧也在蠢蠢欲動。顯然，不以武力保衛邊疆，新生政權就將時時面臨外敵入侵與顛覆的威脅。以往用玉帛換和平的道路已經走到盡頭，再沒有妥協的餘地了。

恰好此時，去年出使突厥的長孫晟歸來，向隋文帝詳細報告了突厥各部不和的內情，指出眼下對突厥不能力征，而應利用其內部矛盾，「宜遠交而近攻，離強而合弱」，通過離間，使其「首尾猜嫌，腹心離阻，十數年後，承釁討之，必可一舉而空其國矣」。[9]文帝閱後大喜，盡納其計，重用他來參與制定對外政策。開國功臣梁睿也上書指出，周朝贖買和平與漢朝一味征討都非上策，針對突厥騎兵高度機動的特點，應該以靜制動，「安置北邊城鎮烽候，及人馬糧貯戰守事」。[10]

綜合各人意見，文帝堅定不移地採取積極防禦的方針，確定了三管齊下的對策。

首先，停止對突厥的歲貢。文帝在討伐突厥詔令中指出，周齊分裂時代那種爭相籠絡突厥的政策，不但勞民傷財，而且，還助長突厥的囂張氣焰，資敵入寇，所以，他嚴正聲明要「除既往之弊」，做到「節之以禮，不為虛費，省徭薄賦，國用有餘。因入賊之物，加賜將士，息道路之民，務於耕織」。這種養民備戰的自強政策，既鼓舞士氣，又給突厥沉重的經濟打擊。突厥自失去歲貢以後，經濟立刻破綻畢露，「時虜飢甚，不能得食，於是粉骨為糧，又多災疫，死者極眾。」[11]

其次，強化防禦體系。開皇元年（五八一）四月，命汾州（今山西省吉縣）刺史韋沖徵發當地稽胡修築長城；[12]又命司農少卿崔仲方「發丁三萬，於朔方、靈武築長城，東至黃河，西拒綏州，南至勃出嶺，綿亙七百里。明年，上復令仲方發丁十五萬，於朔方已東緣邊險要築數十城，以遏胡寇」，[13]「敕緣邊修保障，峻長城」。同時，分遣重要將領鎮守一方，例如，「命上柱國武威陰壽鎮幽州，京兆尹虞慶則鎮并州，屯兵數萬以備之」，[14]命竇榮定出鎮寧州（今甘肅省寧縣），大大加強了緣邊的軍備，建立並完善較大區域的作戰指揮系統。

複次，實施對突厥內部的離間策反工作。沙缽略即位後，為了安撫內部，不得不增封諸汗，東有其弟處羅侯，西有族叔達頭，前述菴羅退位後居獨洛水（今土拉河），稱第二可汗，而大邏便則被封為阿波可汗。針對這種情況，文帝採納長孫晟的離間計，派遣太僕元暉從伊吾道進入西面可汗達頭處，轉致敬意，並賜以狼頭纛。突厥崇拜狼，賜狼頭大旗，表示尊其為突厥君主。所以，達頭大喜，遣使入隋，隋即將其使者置於沙缽略使者之上，激起沙缽略的猜忌和憤怒。東面則派遣反間計謀主長孫晟本人出黃龍道，攜帶大量錢幣，沿途經過奚、霫、契丹等族，大加收

9 《隋書》卷五十一，〈長孫覽附長孫晟傳〉。
10 《隋書》卷三十七，〈梁睿傳〉。
11 《隋書》卷八十四，〈北狄．突厥傳〉。
12 事見《資治通鑒》卷一百七十五「陳宣帝太建十三年（五八一）四月」條，還見於《隋書》卷四十七〈韋世康附韋沖傳〉。按後者記載，似在開皇二年，但《宋本冊府元龜》卷九九〇（中華書局，一九八九年，影印版），〈外臣部．備禦三〉記載：「隋高祖開皇元年四月發稽胡修築長城，二旬而罷」，則應為開皇元年事。
13 《隋書》卷六十，〈崔仲方傳〉。
14 以上引文見：《資治通鑒》卷一百七十五「陳宣帝太建十三年（五八一）」末條。

買，並在其嚮導下抵達東面可汗處羅侯所，「深布腹心，誘令內附」。[15]

文帝利用突厥內部不統一的間隙，迅速做好防禦準備，贏得了極其寶貴的時間。果然，當突厥汗位之爭塵埃落定，內部粗安，沙鉢略便以為妻家北周復仇為由，大言：「我周家親也，今隋公自立而不能制，復何面目見可賀敦乎？」開皇元年（五八一），率軍與高寶寧會合，攻陷臨渝鎮（今河北省撫寧縣東榆關鎮），並「約諸面部落謀共南侵。高祖新立，由是大懼」。[16]這還只是局部的邊境戰鬥，規模已相當可觀，而更大的風暴，正在漠北積聚。

對於剛剛遭遇尉遲迥、司馬消難和王謙等三方叛亂的隋王朝，形勢還要複雜嚴峻得多。內亂招致外侮，南方陳王朝不久前被北周韋孝寬盡奪江北之地，正圖規復。現在遇上北方內亂，豈能錯過良機！配合司馬消難南投，陳朝即以鎮西將軍樊毅督沔、漢諸軍事，命南豫州（今安徽省當塗縣）刺史任忠率軍攻歷陽（今安徽省和縣），超武將軍陳慧紀為前軍都督，攻南兗州（今江蘇省揚州市西北蜀岡上）。陳軍的攻勢頗有進展，前鋒連破數城，通直散騎常侍淳於陵越過長江，克臨江郡（今安徽省和縣烏江）和祐州城；智武將軍魯廣達克郭默城（今安徽省壽縣西），向淮河挺進；任忠擊破增援歷陽的部隊，生擒援軍統帥王延貴。從陳軍的動向可以看出，其目的主要在於加強都城建康（今江蘇省南京市）一帶防線，奪取長江中下游北岸的戰略要地，向北收復江淮間失地。

南線告急，再不遏制住陳軍的攻勢，中原的反叛大有甫定旋起之勢，禍害難測。

可惡的是，西部的吐谷渾也來趁火打劫。吐谷渾出自遼東鮮卑，晉末民族大遷徙中，其一支西遷，定居河西，建立吐谷渾國，在與西秦抗爭中壯大，控制了青海、隴西一帶。北周與北齊抗爭時代，吐谷渾因與北周有領土財物等直接利益衝突，故採取遠交近攻的方針，一方面頻頻遣使至北齊通好，另一方面則不斷攻擊河西、隴右地帶，與北周敵對。北周曾多次討伐吐谷渾，最近一次發生在建德五年（五七六），「其國大亂，高祖詔皇太子征之，軍渡青海，至伏俟城。夸呂遁走，虜其餘眾而還」。[17]

隋朝建立時，內亂外患接踵而至。吐谷渾以為有機可乘，起兵報復，進攻弘州（今甘肅省臨潭縣西）。[18] 隋文帝覺得弘州地廣人稀，難以堅守，便廢州忍讓。然而，吐谷渾得寸進尺，再攻涼州（今甘肅省武威市）。[19] 西線也在告急：河西走廊面臨著被攔腰截斷的危險。隋王朝正處在敵人的四面圍攻之中。

衝破包圍

局勢如此嚴重：東北是高寶寧，漠北有突厥，西面是吐谷渾，南邊有陳朝，他們都已出兵，

15《隋書》卷五十一，〈長孫覽附長孫晟傳〉。

16 以上引文見：《隋書》卷五十一，〈長孫覽附長孫晟傳〉。

17《周書》卷五十，〈異域下．吐谷渾傳〉。

18 見《隋書》卷八十三，〈西域．吐谷渾傳〉。弘州，《通典》卷一百九十〈邊防六．吐谷渾〉注「弘州」為安化郡馬嶺縣界，即今甘肅省慶陽縣。此地已近陝西，吐谷渾軍不致於深入到此。《隋書》卷二十九，〈地理上〉臨洮郡歸政縣注：「後周立弘州及開遠、河濱二郡」。周偉洲，《吐谷渾史》（寧夏人民出版社，一九八五年），第六十三頁注，據此考證弘州即在於此，當是。茲取周氏說。

19《隋書》卷四十，〈元諧傳〉記載：「時吐谷渾寇涼州，詔諧為行軍元帥」。

四面進犯。所幸他們還只是為著自己的利益各自為戰，尚未結成目標一致的同盟。[20]但是，如果戰事拖延下去的話，不謀而合的進攻就完全可能轉變為分進合擊的軍事聯盟。因此，隋朝必須利用寶貴的瞬間，打破被包圍的態勢，戰機稍縱即逝！

這一次，隋文帝顯得從容不迫，胸有成竹。畢竟平定內亂的巨大勝利，讓他經受了有生以來最驚心動魄的戰鬥洗禮，洗去慌張和猶豫，變得沉著、老練、自信而敏銳。他冷靜地判斷形勢：陳朝內部矛盾重重，且水軍步戰，不是隋軍對手；吐谷渾軍制落後，缺乏統一指揮，難以形成強大攻勢；突厥最強大，雙方惡戰必不可免，容不得絲毫幻想，而且，迫在眉睫的戰爭將是決定整個東亞世界勢力消長的生死大戰，必須全力以赴；高寶寧集團已和突厥緊密勾結，這是心頭大患，將來必須徹底剷除，否則會節外生枝，引起更大的麻煩。

高寶寧出自代北塞外，誰也不清楚其家系來歷，只有周、隋人根據他姓高而以為他是北齊宗室疏屬，大大抬高了他的身分。[21]

渤海高氏，是河北大姓。而在朝鮮，高氏同樣也是大姓。晉末天下大亂，中國在朝鮮設立的郡縣陷落，出現大規模的人口遷徙。此時，相當一部分朝鮮高氏遷徙到遼東，和鮮卑高氏一樣，他們經常冒稱渤海蓨人，例如，後燕末代皇帝高雲，「祖父和，高句驪之支庶，自云高陽氏之苗裔，故以高為氏焉」，[22]就是有名的例子。他們有不少人在北朝身居高位，頗有影響。從下述史實來看，高寶寧極可能就是此等出身。

高寶寧「為人桀黠，有籌算」，北齊武平（五七〇～五七五）末年，任營州刺史，鎮黃龍城（今遼寧省朝陽市），「甚得華夷之心」。[23]宣政元年（五七八），北周武帝乘滅齊之勢，率六軍北伐突厥，遼東方向由宇文神舉率領，征討拒不投降的高寶寧及反叛的盧昌期、祖英伯等人，大軍在遼東遭遇猛烈抵抗。高寶寧的軍隊，主要由契丹及靺鞨組成，而且，還得到高句麗的支援。筆者在韓國史籍《三國史記》卷第四十五〈溫達傳〉裡發現一條彌足珍貴的記載：

溫達，高句麗平岡王時人也。……時，後周武帝出師伐遼東，王領軍逆戰於拜山之野，溫達為先鋒，疾鬥斬數十餘級，諸軍乘勝奮擊大克。及論功，無不以溫達為第一，王嘉嘆之曰：「是吾女婿也！」

高句麗王及其女婿溫達親率大軍作戰，可知當年那場激烈戰鬥的重要性。[24]

20 日本國史與東亞史學者中，有些人認為隋朝的崛起，打破各國間的勢力平衡，造成國家或民族間關係的大變動。為了重建均勢，故周邊民族國家聯合起來，組成反隋聯盟，共同對抗隋朝。在中國，金寶祥等著，《隋史新探》（蘭州大學出版社，一九八九年）對此觀點作了最大限度的發揮，認為從東北亞一直到中國西南民族及南朝，存在一個有組織、有目的、有計畫的反隋弧形包圍圈，其統帥是高句麗。這些見解都是由推理而構建的「歷史」，雖然迷人，卻沒有任何證據，和史實相去太遠。隋朝崛起，打破原來的實力平衡局面，引起鄰國或少數民族的恐慌，這是不爭的事實。然而，當時民族、國家間關係是建立在實力基礎上的，被利益關係所左右，在相互鬥爭中勉強達成暫時妥協與平衡，相互間敵視懷疑頗深，因此，不可能在隋朝出現瞬間拋棄前嫌與利益爭奪，去結成步調與利益瓜分均難一致的反隋同盟。我曾在〈魏伐百濟〉與南北朝時期東亞國際關係〉（載《歷史研究》，一九九五年，第三期）等論文中，對此問題作過分析批判。

21 《北齊書》卷四十一，〈高寶寧傳〉記載：「高寶寧，代人也，不知其所從來」；而《隋書》卷三十九，〈陰壽傳〉卻記載：「時有高寶寧者，齊氏之疏屬也」。

22 《晉書》卷一百二十四，〈慕容雲載記〉。

23 引文見《隋書》卷三十九〈陰壽傳〉，並參閱：《北齊書》卷四十一〈高寶寧傳〉、《周書》卷四十〈宇文神舉傳〉。

24 筆者在用日文撰寫的論文〈隋與高句麗國際政治關係研究〉（收於《堀敏一先生古稀紀念中國古代的國家與民眾》，日本汲古書院，一九九五年）中，分析研究了高寶寧集團及其與高句麗的關係，以及隋朝與東北亞民族國家政治關係的推演，請參閱。

高寶寧不是高紹義。高紹義完全投靠突厥，所以被突厥當作與北周交易的籌碼。高寶寧有自己的實力，能夠號召契丹和靺鞨，甚至能夠獲得高句麗的支援。這樣一股北齊殘餘勢力的存在，對於隋朝是嚴重的威脅，其危害程度更甚於外敵，尤其是不穩定的華北地區，一有風吹草動，反叛就迅速蔓延。尉遲迥反叛時勾結高寶寧為後援，此舉告訴隋文帝，若高寶寧不去，後患無窮。而且，必須速戰速決，不能延誤，否則難保東北地區的其他勢力不介入，釀成更大的戰亂。

隋文帝經過一番分析，正確地把握形勢，確定輕重緩急順序，制訂了打破險惡局面的對策，那就是集中優勢兵力，先弱後強，改變四面受敵的不利處境，而首先被選為打擊目標的是南陳與吐谷渾。

開皇元年（五八一）三月，文帝任命賀若弼為吳州總管，[25]鎮廣陵（今江蘇省揚州市西北蜀岡上）；韓擒虎為廬州總管，鎮廬江（今安徽省廬江縣）。

這兩員大將都是宰相高熲推薦的，韓擒虎曾任和州（今安徽省和縣）總管，在平定尉遲迥之亂時，屢次擊退陳將甄慶、任蠻奴和蕭摩訶的進攻；賀若弼曾隨韋孝寬攻奪陳朝江北之地，威震南方，故隋文帝求將時，高熲推薦說：「朝臣之內，文武才幹，無若賀若弼者。」而賀若弼也以平陳為己任，他寫詩給一同鎮守長江的源雄道：

> 交河驃騎幕，合浦伏波營，
> 勿使騏驎上，無我二人名。[26]

詩中抒發的滅陳豪情固然可嘉，但時機尚未成熟，與隋文帝的通盤計畫相衝突。當時最大的威脅來自突厥，隋朝無力同時兩面作戰。因此，文帝下璽書給壽州（今安徽省壽縣）[27]總管元孝矩，對南線的戰略方針作出明確指示：

「揚、越氛祲，侵軼邊鄙，爭桑興役，不識大猷。以公志存遠略，今故鎮邊服，懷柔以禮，稱朕意焉。」[28]

璽書將陳軍的進攻輕描淡寫地說成為「爭桑」一類邊境衝突，[29]原因是陳朝「不識大猷」，故我方不能與之一般見識，而應「志存遠略」，「懷柔以禮」。所謂「志存遠略」，就是要服從大局，即服從於國家草創的現實條件和抵禦迫在眉睫的突厥入侵，況且，其時陳宣帝在位，國事差強人意，無釁可乘。在全域把握上，隋文帝確實要比許多傑出的軍事將領高明得多。年初，老將梁睿請纓伐陳，文帝優詔答覆道：

公既上才，若管戎律，一舉大定，固在不疑。但朕初臨天下，政道未洽，恐先窮武事，未為盡善。昔公孫述、隗囂，漢之賊也，光武與其通和，稱為皇帝。尉佗之於高祖，初猶不臣。孫皓之答晉文，書尚云白。或尋款服，或即滅亡。王者體大，義存遵養，雖陳國來朝，

---

25 《隋書》卷一〈文帝上〉作「楚州總管」，誤。茲依《隋書》卷五十二〈賀若弼傳〉及《資治通鑒》該年三月條記載。
26 引文及詩俱見《隋書》卷五十二〈賀若弼傳〉。
27 《隋書》卷三十一〈地理下〉淮南郡注：「舊曰豫州，後魏曰揚州，梁曰南豫州，東魏曰揚州，陳又曰豫州，後周曰揚州。開皇九年曰壽州，置總管府，大業元年府廢。」壽州乃長江沿岸要地，所謂開皇九年平陳後才有壽州總管府，顯然有訛誤。
28 《隋書》卷五十，〈元孝矩傳〉。
29 「爭桑」事見《史記》卷三十一，〈吳太伯世家〉「王僚八年」條，講的是楚國與吳國邊邑婦女爭搶桑樹，兩家鬥毆，引起兩邑械鬥，最後擴大為兩國邊境戰鬥。

未盡藩節，如公大略，誠須責罪。尚欲且緩其誅，宜知此意。[30]

由此可知，對陳忍讓，是文帝審時度勢作出的戰略決策。這就決定了對陳作戰必須是以解除南線壓力為目標的局部戰鬥。文帝所擔心的倒不是戰鬥是否順利，而是怕諸將不能體會其深意，無節制地交戰。所以，當陳軍在陳紀、蕭摩訶、任蠻奴、周羅睺和樊毅等將軍統率下，「侵江北，西自江陵，東距壽陽，民多應之，攻陷城鎮」之際，[31]文帝一方面調派上柱國長孫覽和元景山任行軍元帥，發起反擊，另一方面則派尚書左僕射高熲趕赴前線，節度諸軍。這樣一場局部戰爭，根本用不著宰相親臨指揮，高熲到前線，完全是為了控制戰爭的進程，節制諸將不得交戰。

九月，隋軍集中優勢兵力，發起淩厲的反擊。東南道行軍元帥長孫覽率八總管，從壽陽（今安徽省壽縣）發起攻擊，水陸俱進，盡復失地，飲馬長江。[32]吳州總管于顗堅守江陽（今江蘇省揚州市西北蜀岡上），擊退陳將錢茂和所部數千人的偷襲，復與陳紀、周羅睺及燕合兒大戰，擊退之。[33]徐州總管源雄與賀若弼收復江北失地，平定回應陳軍作亂的東潼州刺史曹孝達。[34]行軍元帥元景山率總管韓延、呂哲出漢口，一舉攻克溳口（今湖北省漢川縣東北）；另派上開府鄧孝儒領精兵四千進攻甑山鎮（今湖北省漢川縣東南），大破陳將陸綸趕來增援的水師，甑山與沌陽（今湖北省漢陽縣東臨嶂山下）二鎮守軍棄城而遁，[35]收復司馬消難降附陳朝的軍事要地。

到年底，反擊戰取得預期的成果，江北失地全線收復，隋軍在長江北岸一線展開，大有乘勝渡江的態勢。陳軍被打得膽戰心驚，退縮江南，北上爭鋒的事壓根就不敢再提，心裡只能祈求長江天險能擋住隋軍的強大攻勢。陳宣帝本想有所作為，收復淮南，沒想到看錯隋代周興的形勢，被教訓成這種模樣，心裡又羞又惱，急火攻心，勉強熬過大年初一，就支撐不下去了，挨到十日，便撒手歸西。

陳宣帝一死，立刻變起蕭牆，始興王叔陵刀斫太子於靈前，差點就偷襲得手。大敵當前還有心思內訌，宣帝以後的政情就用不著多費口舌了。隋軍將領自然躍躍欲試，爭先要求渡江平陳，最讓隋文帝擔心的情況出現了。

此時此刻，高熲果然不負重托，他引經據典地開導諸將：禮不伐喪！王者之師，仁義之軍，堂堂正正，決不乘人之危。話全說在道理上，諸將雖然心有不甘，卻苦於嘴巴不靈光，理論辯不過人家。

新繼位的陳後主倒很識相，知道再打下去結果更慘，便派遣使者請和，並歸還以前攻占的胡墅（在今江蘇省南京市長江北岸）等城，給足隋朝面子。

於是，文帝根據高熲的建議，下詔班師。全軍將士眼巴巴地盯著龜縮於對岸的陳軍，費力拔起灌鉛似的雙腳，緩緩離去。真不知道要感謝還是詛咒陳宣帝的死。

差不多在南線對陳軍作戰的同時，西北方向也發起了強勁的反攻。

八月，文帝任命元諧為行軍元帥，率行軍總管賀婁子幹、郭竣和元浩等步騎數萬反擊吐谷

30《隋書》卷三十七，〈梁睿傳〉。
31《隋書》卷三十九，〈源雄傳〉。
32《隋書》卷五十一，〈長孫覽傳〉。
33《隋書》卷六十，〈于仲文附于顗傳〉。
34《隋書》卷三十九，〈源雄傳〉。
35《隋書》卷三十九，〈元景山傳〉。

渾。對於這次作戰，文帝在給元諧的詔令中專門作了指示：

公受朝寄，總兵西下，本欲自寧疆境，保全黎庶，非是貪無用之地，害荒服之民。王者之師，意在仁義。渾賊若至界首者，公宜曉示以德，臨之以教，誰敢不服也！[36]

從而明確界定了這場戰爭的性質與規模，亦即這是一次保境安邊的反擊戰。詔書所申明的不擴張領土原則，是隋文帝處理與周邊民族國家關係的重要思想。這份隋文帝最早的民族政策所表現的基本思想，實際上已經大致規定了其對外關係的政策走向，彌足珍貴。

元諧受命後，率部從鄯州（今青海省樂都縣）發起攻擊。吐谷渾也傾巢出動，從曼頭（今青海省共和縣西南）至樹敦（今青海省共和縣東南），甲騎滾滾而來，其定城王鍾利房率騎兵三千，聯合南部的黨項兵，渡河東進，迎戰隋軍。元諧採取戰役包抄的方針，直插青海，斷敵退路。

在豐利山（今青海省青海湖東）下，隋軍與吐谷渾鐵騎二萬相遇，激戰後將其擊退，乘勝進逼青海湖，直蹙其大本營。吐谷渾遣其太子可博汗率勁騎五萬反撲，雙方再次鏖戰，殺聲震天，煙塵蔽日。由各部聯合的吐谷渾軍擋不住統一指揮的隋軍猛烈衝擊，敗下陣去，一路潰逃。隋軍追奔三十餘里，俘斬萬計，打得吐谷渾舉國震駭。

到此地步，元諧就按照預定計畫，見好就收，停止進攻，改派使者到吐谷渾中，諭以禍福，招其降附，結果，「其名王十七人、公侯十三人，各率其所部來降」，[37]文帝「以其高寧王移茲裒素得眾心，拜為大將軍，封河南王，以統降眾，自餘官賞各有差」。[38]善後事宜安排妥當，隋軍隨即撤回，以賀婁子幹鎮涼州（今甘肅省武威市），防備吐谷渾再起和突厥入侵。

經過兩場有限度的反擊戰，隋朝趕在突厥大規模進犯之前，解除了來自東南和西北方向的威脅，阻止了周邊民族國家結成反隋同盟的潛在可能，扭轉了四面受敵的不利處境，得以專心應付突厥的重大挑戰。

戰略轉折

要成功地抵禦強大的外敵入侵，首先要依靠內部團結、社會安定與經濟發展，上下一致，同仇敵愾，這是任何外來壓力都不能屈服的。

作為一個精明務實的政治家，隋文帝深明此理。所以，一登基，便派遣八道使者到全國巡省風俗，以官府畜養之牛五千頭分賜貧人；放鬆山澤之禁，供百姓樵漁開發；鑄五銖錢，禁止五花八門的古錢及私錢。通過這些措施來振興經濟，安定社會。同時，以身作則，宣導勤儉樸素，下令「犬馬器玩口味不得獻上」，將「太常散樂並放為百姓。禁雜樂百戲」，[39]力糾奢靡之風。派遣使者，賑恤戰亡之家，解除前線將士後顧之憂，鼓舞士氣。十月十六日起，文帝親自到岐州（今陝西省鳳翔縣）一帶視察，獎掖勤政愛民的地方官，直至十二月二十五日才回到長安。

文帝的一系列措施，不光是具有經濟意義，更重要的是給人改革政治、耳目一新的感覺，使上下深受鼓舞。

36《隋書》卷四十，〈元諧傳〉。
37《隋書》卷四十，〈元諧傳〉。
38《隋書》卷八十三，〈西域・吐谷渾傳〉。
39 均見《隋書》卷一〈高祖上〉開皇元年。

而且，在百忙之中，文帝依然清楚記得北周末代皇帝宇文闡的存在。他雖然早被降為介國公，屈居一隅，身受監視，但是，北周宗女千金公主嫁在突厥，日夜在沙缽略可汗前哭訴，請求出兵為其娘家報仇。所以，只要宇文闡活著，就成為突厥入侵的藉口，如果內部再有人興風作浪，說不準會釀成怎麼樣的禍害。本來就對北周皇室犯忌的文帝這麼一想，便橫下心來，不留活口。五月二十三日，他派人暗害九歲的宇文闡，[40]讓內外敵人都徹底死了復辟北周這條心。

經過這一年各方面的努力，隋朝作好充分準備，正嚴陣以待突厥的進犯。

開皇二年（五八二）春，陽光明媚，農夫正忙著給大地披上綠裝，四野花開，散發出誘人的芳香。可是，越過一線相隔的長城，塞外草原卻是枯黃蕭森的景象。和隋朝交惡以來，老天也不作美，偏偏災害頻至，一年到頭，「竟無雨雪，川枯蝗暴，卉木燒盡，饑疫死亡，人畜相半。舊居之所，赤地無依」，[41]而失去來自南邊的「歲貢」，更使天災演變為人禍，越發不可收拾。於是，沙缽略可汗孤注一擲，鋌而走險了。

四月，突厥騎兵深入到雞頭山（又稱筓頭山、崆峒山、牽屯山、簿洛山，在今寧夏隆德縣東），被隋朝大將軍韓僧壽擊破；另一路突厥軍兵則在河北山（今內蒙古狼山與陰山的合稱）被上柱國李充擊退，這兩場戰鬥，是突厥的試探性進攻，「山雨欲來風滿樓」，北方的天空已是烏雲密布，不時傳來沉悶的雷聲。

五月，沙缽略「悉發五可汗控弦之士四十萬入長城」，[42]揭開了根本改變雙方乃至東亞世界間關係的大搏鬥的序幕。

突厥這次進攻，聲勢浩大，來勢兇猛。十六日，高寶寧亦配合突厥，向平州（今河北省盧龍縣北）發起進攻，突厥兵突破長城南下。隋文帝聞報，即「令柱國馮昱屯乙弗泊，蘭州總管叱李長叉守臨洮，上柱國李崇屯幽州，達奚長儒據周槃」，[43]全線防禦。六月九日，又命衛王爽為涼州總管，行軍元帥，率軍七萬出平涼（今甘肅省平涼市）。十二日，上柱國李充在馬邑（今山西省朔州市）打退突厥的進攻。突厥進犯蘭州（今甘肅省蘭州市），隋朝急調叱李長叉為蘭州總管，堅守拒敵，[44]賀婁子幹率部馳援，在可洛峐山遭遇突厥兵，隋軍據河立營堅守，切斷敵軍水源，俟敵人馬疲憊，縱兵出擊，大破之。[45]捷報傳來，文帝大喜，傳令嘉獎。

然而，在整個戰線，隋軍的防禦多處被突破。屯守乙弗泊（今青海省樂都縣以西）的行軍總管馮昱遭突厥數萬騎襲擊，「力戰累日，眾寡不敵，竟為虜所敗，亡失數千人，殺虜亦過當」。[46]據守臨洮（今甘肅省臨潭縣）的蘭州總管叱李長叉也被突厥打敗。東部戰線，突厥與高寶寧聯軍突破隋軍防線，進攻幽州，李崇出戰，為其所敗。[47]八月，文帝以左武侯大將軍竇榮定為秦州（今甘肅省天水市）總管，縱深布防。

40《周書》卷八〈靜帝紀〉；《資治通鑑》卷一百七十五「陳宣帝太建十三年（五八一）五月」。

41《隋書》卷八十四，〈北狄・突厥傳〉。

42《資治通鑑》卷一百七十五「陳宣帝太建十四年（五八二）五月」條。《隋書》卷八十四〈北狄・突厥傳〉僅記載：「由是悉眾為寇，控弦之士四十萬。」可知所謂的「五可汗」，顯然本於司馬光的研究，即《資治通鑑》注文所載的「沙鉢略可汗，第二可汗，達頭可汗，阿波可汗，貪汗可汗」。薛宗正，《突厥史》考證第二可汗應為東部處羅侯可汗。另據《隋書》卷五十三〈達奚長儒傳〉記載，尚有潘那可汗參戰，故應為六可汗。

43《隋書》卷八十四，〈北狄・突厥傳〉。

44《隋書》卷一〈高祖上〉；《隋書》卷四十四〈衛王爽傳〉。

45《隋書》卷五十三，〈賀婁子幹傳〉。

46《隋書》卷五十三，〈劉方附馮昱傳〉。

47《隋書》卷八十四，〈北狄・突厥傳〉；《資治通鑑》卷一百七十五「陳宣帝太建十四年（五八二）」末條。

十月，西北長城沿線重要州郡一個個陷落，突厥攻破木峽、石門兩關，[48]分兵南下，越過六盤山，挺進渭水、涇水流域，嚴重威脅長安。就在這時候，文帝因操勞過度，竟致病倒，只好讓太子勇於二日率兵出屯咸陽，統籌大局。十二月十五日，文帝再派內史監虞慶則為元帥，馳往弘化（今甘肅省慶陽縣）拒敵。[49]

虞慶則命行軍總管達奚長儒率騎兵二千出擊，才出弘化沒多遠，就在周槃遭遇突厥大軍，陷入重圍。隋軍大懼，達奚長儒神色慨然，激勵將士死戰求存。他把全軍聚結成陣，且戰且退，經受突厥騎兵排山倒海般的反復衝擊，晝夜凡十四戰，軍兵散而復聚，整整堅持了三天三夜，直打得刀卷槍折，沒有武器可用，士兵便揮拳肉搏，手皆見骨。達奚長儒身先士卒，五處受傷，兩處前後貫穿，可這條已是血肉模糊的硬漢猶如鐵塔般挺立不倒，山河為之變色，全軍以死相拼，殺敵萬計，漸漸撤到郡城邊上。但虞慶則見敵勢大，竟不敢出救。

突厥軍兵本來是為了擄掠財物而南侵，完全沒想到會遭遇如此猛烈的抵抗，他們被眼前驚天地、泣鬼神的悲壯場面驚呆了：兩千對四十萬！猶如汪洋大海中的一葉扁舟，槳斷檣折，任憑狂風巨浪一次次將它打入波谷，卻又頑強地浮了上來，在抗擊中迸發出來的不屈不撓精神，猶如雷鳴電閃，震懾心魄。與之相比，眼前的勝利已經黯然無光，渺小而沒有意義。突厥大軍銳氣盡失，面對所剩無幾的隋軍竟然無心發起最後衝擊，他們匆匆焚燒了夥伴的屍體，慟哭一場，解圍而去。[50]

在另一條戰線上，祕密的戰爭也在激烈展開。前述長孫晟在突厥各汗中間的策反工作，以及隋朝爭取周邊民族的努力，開始顯出效果。

沙缽略繼立時的內爭，已使得內部「昆季爭長，父叔相猜，外示彌縫，內乖心腹」，[51]而外部的形勢也對突厥頗為不利。在東方，高句麗與突厥爭奪靺鞨、契丹、奚、霫等族，甚至兵戎相見。《隋書．北狄．契丹傳》記載，契丹曾「為突厥所逼，又以萬家寄於高麗」。突厥原來就與高句麗有矛盾，朝鮮古史《三國史記．高句麗本紀第七》記載，陽原王七年（五五一）九月，「突厥來圍新城，不克。移攻白巖城。王遣將軍高紇，領兵一萬，拒克之，殺獲一千餘級」，即其一例。在西方，突厥面臨崛起的薩珊波斯，曾聯合東羅馬攻之，不利而還，雙方有著直接的利害衝突。故隋文帝形容突厥是「東夷諸國，盡挾私仇，西戎群長，皆有宿怨。突厥之北，契丹之徒，切齒磨牙，常伺其便」。[52]

強權主義者向來都迷信於暴力所帶來的急功近利，他們總想欺淩弱者和掠奪財富，用武力的輝煌來遮掩深刻的矛盾。可是，一旦戰事不順，潛在的矛盾就在頃刻之間演變為現實的危機。隋朝的頑強抵抗，讓突厥每前進一步都要付出高昂的代價，於是，內部矛盾表面化，達頭可汗不願繼續南下，率部挾戰利品北還。

正在沙鉢略怒不可遏的時候，長孫晟悄悄出現在其姪染干面前，神神祕祕地對著他的耳邊嘀咕一通，話還沒說完，染干已是面如死灰，跌跌撞撞地衝進沙缽略帳中，上氣不接下氣地報告：

48 《資治通鑒》卷一百七十五「陳宣帝太建十四年（五八二）」末條注：「木峽、石門兩關，皆在弘化郡平高縣界。」查譚其驤主編，《中國歷史地圖集》第五冊〈隋關隴諸郡圖〉，則兩關均在平涼郡（今甘肅省固原縣一帶）。

49 《隋書》卷一，〈高祖上〉。

50 《隋書》，卷五十三〈達奚長儒傳〉、卷四十〈虞慶則傳〉。

51 《隋書》卷八十四，〈北狄．突厥傳〉。

52 《隋書》卷八十四，〈北狄．突厥傳〉。

北方的鐵勒造反，打算偷襲牙帳。[53]

沙鉢略聞言大懼，率軍將其攻占的武威（今甘肅省武威市）、天水（今甘肅省天水市）、安定（今甘肅省涇川縣北涇河北岸）、金城（今甘肅省蘭州市）、上郡（今陝西省富縣）、弘化和延安（今陝西省延安市城東延河東岸）人畜擄掠一空，匆匆退出塞外。

突厥全線撤退的內幕，後來才在隋文帝的詔書中披露出來：

> 達頭前攻酒泉，其後于闐、波斯、挹怛三國一時即叛。沙鉢略近趣周槃，其部內薄孤、束紇羅尋亦翻動。往年利稽察大為高麗、靺鞨所破，娑毗設又為紇支可汗所殺。與其為鄰，皆願誅剿。[54]

我們已經很難知道突厥後院起火的真實原因，但對於隋朝而言，突厥終於被打退了，以往的屈辱得以洗雪，又找回失落多時的自我和自尊，人們揚眉吐氣，熱淚奔湧。在這舉國歡慶的時刻，文帝顯得格外的冷靜。他心裡明白，突厥沒有遭到重創，而北方的災荒仍在蔓延，因此，突厥很快就會捲土重來，需要及早作好再戰準備。

這年，文帝給其次子楊廣定下一門親事，納後梁明帝蕭巋之女為晉王妃。還打算將他最鍾愛的第五女蘭陵公主下嫁蕭巋之子蕭瑒。後梁雖是隋朝附庸，但蕭家卻是皇族，文化修養更為天下稱道，非常符合文帝復興漢文化的目標。而且，和後梁結親，大大有助於安定南線。果然，晉王納妃之後，文帝即下令罷江陵總管，使隋朝暫時可以傾注全力於北方防線。

不出文帝所料，開皇三年（五八三）開春不久，突厥又開始蠢蠢欲動。二月，北部邊境發生局部戰鬥。四月，突厥又大軍壓境。

而且，前年被隋朝打得四下逃竄的吐谷渾又陸續遷回原地，趁勢渾水摸魚，進攻臨洮，隋洮州（今甘肅省臨潭縣）刺史皮子信出戰，兵敗被殺。汶州（今四川省茂縣）總管梁遠率精兵馳援，斬首千餘級，吐谷渾這才敗走。但旋又復聚，轉攻廓州（今青海省貴德縣），被州兵擊退。

吐谷渾復為邊患，提醒隋朝必須儘快給予突厥重創，否則，任其掌握戰場主動權，則周邊地區的其他民族將受其控制，或與之合勢，為禍更烈。

最重要的是，隋朝將單純防禦改為積極反攻的條件正在成熟。經過去年的大戰，隋軍經受了考驗，培育起戰勝突厥的信心，士氣高昂。而突厥內部矛盾表面化，使其難以成為號令統一的整體，只要再挫其氣焰，就會造成其內部分裂。因此，文帝決心利用矛盾，各個擊破，給沙缽略以決定性的打擊，實現敵我攻守之勢的戰略轉折。

四月，文帝下詔，歷數突厥的罪惡和內外困境，宣布大舉討伐突厥：

> 斯蓋上天所忿，驅就齊斧，幽明合契，今也其時。故選將治兵，贏糧聚甲，義士奮發，壯夫肆憤，願取名王之首，思撻單于之背，雲歸霧集，不可數也。東極滄海，西盡流沙，縱百勝之兵，橫萬里之眾，亙朔野之追躡，望天崖而一掃……
>
> 但皇王舊迹，北止幽都，荒遐之表，文軌所棄。得其地不可而居，得其民不忍皆殺，無勞兵革，遠規溟海。諸將今行，義兼含育，有降者納，有違者死。異域殊方，被其擁抑，放聽

53 《隋書》卷五十一，〈長孫覽附長孫晟傳〉。

54 《隋書》卷八十四〈北狄．突厥傳〉。詔書中的「東紇羅」，當依《北史》卷九十九〈突厥傳〉作「東紇羅」，即同羅，與薄孤（僕固）、紇支（黠戛斯）同屬鐵勒九姓。

復舊。廣辟邊境，嚴治關塞，使其不敢南望，永服威刑。臥鼓息烽，暫勞終逸，制禦夷狄，義在斯乎。何用侍子之朝，寧勞渭橋之拜！[55]

在詔書中，文帝說明這是一次「東極滄海，西盡流沙」的全面出擊，目的在於讓突厥「不敢南望，永服威刑」。在具體政策的把握上，強調不以擴張領土和俘虜人口為目標；不宜過於深入，好戰濫殺，應該爭取降附，善加綏撫；對於以往受突厥控制壓迫者，須予解放；命令部隊要嚴治關塞，防備將來外敵入侵。綜觀上詔，可知此次戰役規模雖大，但其性質仍屬於有限度的反擊戰。至於戰後如何確立與突厥的關係，似乎尚未確定。

隋軍分別由衛王爽、河間王弘、上柱國豆盧勣、竇榮定、左僕射高熲和內史監虞慶則任行軍元帥，以衛王爽居中節度諸軍。分八道出塞，向突厥發起猛烈攻擊。[56]

中路軍首先與突厥主力爆發戰鬥。四月十一日，衛王爽率總管李充等四將出朔州道行軍途中，與沙缽略所率突厥大軍相遇於白道（今內蒙古呼和浩特市西北）。李充屢破突厥，深知敵情，故向衛王爽建議：「突厥狃於驟勝，必輕我而無備，以精兵襲之，何破也。」[57]衛王爽和長史李徹深以為然，給李充精騎五千，令其出擊。突厥不意隋軍掩殺而至，措手不及，一敗塗地。沙缽略身受重傷，丟盔棄甲，潛入草地，好不容易撿回性命。持續不斷的災荒，已使得突厥軍中乏食，現在又打了大敗仗，不但無處擄掠，反被隋軍奪去數萬馬牛羊，全軍只能磨獸骨為粉充饑，餓得瘦骨伶仃，被那凜冽的北風吹得直打哆嗦，一時流行病肆虐，轉死荒野，好不淒慘。

東北方向，幽州總管陰壽率步騎數萬，出盧龍塞（今河北省喜峰口附近古塞）猛攻高寶寧。高寶寧急忙向突厥求救，可沙缽略正處於衛王爽的圍剿之下，自顧不暇，哪裡還管得上高寶寧。

於是，高寶寧只好棄城出逃，遁入磧北，四月十二日，黃龍城被攻破，營州一帶悉平。陰壽留開府成道昂鎮守，自率大軍班師。

不久，高寶寧又招引契丹和靺鞨等族，其勢復熾，反攻黃龍城，成道昂苦戰連日，才勉強打退其進攻。陰壽對高寶寧流竄作戰的戰術深感頭痛，想出一計。派人潛入其心腹趙世模和王威處離間誘降，並四下傳播官府以重金懸拿高寶寧的消息。這一招在窮途末路的高寶寧軍中大為奏效。一個月後，趙世模率部投降，逼使高寶寧再奔契丹，途中為其麾下趙修羅所殺。[58] 五月二十九日，文帝下詔：「赦黃龍死罪已下」，[59] 東北宣告平定。

剷除高寶寧集團，是隋朝取得的輝煌戰果。這一重大勝利，解除了東北邊患，完成北周未竟的統一事業，還有助於消除山東地區的不穩定因素，使潛在的敵對分子失去外部的呼應依託，鞏固了隋朝在該地區的統治。

西北方向取得的戰果，同樣具有決定性意義。

河間王弘率軍數萬，出靈州道，與突厥相遇，大破之，斬敵數千。其別部在行軍總管龐晃率

55《隋書》卷八十四，〈北狄．突厥傳〉。
56《隋書》卷四十四〈衛王爽傳〉記載，諸軍「俱受爽節度」。卷五十一〈長孫覽附長孫晟傳〉記載：「後數月，突厥大入，發八道元帥分出拒之」。
57《資治通鑑》卷一百七十五「陳長城公至德元年（五八三）四月」條。
58《隋書》卷三十九，〈陰壽傳〉。
59《隋書》卷一，〈高祖上〉。

領下，出賀蘭山，包抄敵後，擊破突厥，斬首千餘。60

竇榮定率九總管、步騎三萬，出涼州，在高越原與突厥阿波可汗相遇，兩軍對峙於戈壁灘上。放眼四野，草木不生，烈日灼人，隋軍攜帶的水三兩下就喝光了，士兵只好刺馬飲血，死者相繼。竇榮定眼看再拖下去將不戰自斃，仰天長嘆，不意天上竟下起及時雨來，全軍為之一振，奮勇出擊，屢挫敵鋒。61

當時，前上大將軍史萬歲坐事配敦煌為戍卒，聽說竇榮定討伐突厥的消息，跑到軍門，自告奮勇。於是，竇榮定約突厥各出一將決鬥，史萬歲躍馬向前，轉眼間直取敵將首級，突厥大驚，部伍狼藉，連連後退，好不容易才立住陣腳。62

文帝派在竇榮定軍中擔任偏將的長孫晟，看出阿波可汗已陷入進退狐疑的窘境，覺得時機已到，就派人跟阿波可汗說：「攝圖（沙缽略）每來，戰皆大勝。阿波纔入，便即致敗，此乃突厥之恥，豈不內愧於心乎？且攝圖之與阿波，兵勢本敵。今攝圖日勝，為眾所崇，阿波不利，為國生辱。攝圖必當因以罪歸於阿波，成其夙計，滅北牙矣。願自量度，能禦之乎？」

如前所述，阿波（大邏便）本為上代可汗他缽意中的繼承人，就因為母親出身低賤而不得立，早與沙缽略有隙。現在聽了隋使的話，更是滿腹疑慮，派人到隋軍中來。這下子正中長孫晟下懷，他舌燦蓮花地為阿波出謀劃策道：「今達頭與隋連和，而攝圖不能制。可汗何不依附天子，連結達頭，相合為強，此萬全之計。豈若喪兵負罪，歸就攝圖，受其戮辱邪？」63

空穴來風一樣吹得阿波心動，便與竇榮定立盟，另派人隨長孫晟入京請和，自己則在六月初旬率軍北還。64

在白道吃了大敗仗的沙缽略逃回塞北，滿腔羞憤，聽人傳言阿波暗通隋朝，不禁怒從中來，帶領沿途收聚的離散軍兵，奔襲阿波北牙，盡獲其眾而殺其母。阿波回來時，營盤早已是滿目瘡痍，慘不忍睹，看得他兩眼冒火，西奔素與沙鉢略不和的達頭可汗，借得十萬雄兵，浩浩蕩蕩殺向東去，找沙鉢略討還血債。

阿波與沙鉢略反目成仇，引起突厥內部強烈震撼。貪汗可汗由於和阿波關係親密，遭沙鉢略廢黜，投奔達頭；沙鉢略的堂弟地勤察平素就不服沙鉢略，現在也轉投阿波。從此，突厥分裂為東、西兩大敵對集團，兵連禍結。[65]

消息傳來，文帝強按住內心的激動，「遣尚書左僕射高熲出寧州道，內史監虞慶則出原州道，並為行軍元帥，以擊胡。」[66] 敵人已經敗退，卻派出兩位宰相到遠離前線的地方抗擊突厥，這多少有些不合情理的舉措，恐怕是去確認突厥內戰的情報是否屬實，同時整頓沿邊州郡設施，進行戰爭的善後撫恤工作，防備突厥內戰蔓延至境內。所以，在史書上，我們實在找不出這兩位宰相的軍功。

60 《隋書》卷四十三〈河間王弘傳〉、卷五十〈龐晃傳〉。薛宗正，《突厥史》第一五一頁引《冊府元龜》，將龐晃一軍作為衛王爽所率中路軍之側翼。其實，《冊府元龜》有關史料基本抄自《隋書》，而《隋書．龐晃傳》記載：「河間王弘之擊突厥也，晃以行軍總管從至馬邑。別路出賀蘭山，擊賊破之」，明記其隸屬於西路之河間王。

61 《隋書》卷三十九，〈竇榮定傳〉。

62 《隋書》卷五十三，〈史萬歲傳〉。

63 《隋書》卷五十一，〈長孫覽附長孫晟傳〉。

64 《隋書》卷三十九〈竇榮定傳〉、卷五十一〈長孫覽附長孫晟傳〉。據同書〈高祖上〉記載，是年六月十一日，「突厥遣使請和」，此當即是阿波的使者，則阿波北撤應在六月上旬。

65 《隋書》卷八十四〈北狄．突厥傳〉、卷五十一〈長孫覽附長孫晟傳〉。

66 《隋書》卷一，〈高祖上〉。

讓文帝不敢輕信突厥爆發內戰，還有另外一個原因，那就是在東北戰場，隋軍遭到突厥的猛烈進攻。

五月平定東北後，名將陰壽隨即於十一日去世，文帝委派李崇接任幽州總管。[67]李崇是開國元勳李穆的姪兒，威名素著，他到任後，「奚、霫、契丹等懾其威略，爭來內附。」突厥東面可汗是沙鉢略弟弟處羅侯，高寶寧覆滅時，他無暇救援。隋軍收復營州後，東北少數民族紛紛歸附隋朝，大大改變了該地區各民族間的勢力分布，突厥日顯窮蹙，故處羅侯盡力來爭，大舉進攻幽州。

李崇親自統率步騎三千，出城拒敵，轉戰十餘日，戰士相繼陣亡，只得退守砂城。砂城荒廢已久，城牆頹敗，難以堅守，而軍中又告斷炊，但士兵仍拼死抵抗，毫無怯意。到了晚上，他們就利用夜幕作掩護，偷襲敵營，奪取六畜以繼軍糧。突厥被打怕了，每夜結陣以待，嚴密封鎖，不讓隋軍有隙可乘。在反復的戰鬥中，突厥不由得對如此英勇頑強的隋軍肅然起敬，故一再招降李崇，許以高官。李崇望著眼前僅剩百餘人的傷兵，知道決難倖免，他勉勵部下盡力突圍，向皇帝報告這裡的真實情況，自己則隻身衝入敵陣，手刃敵兵兩人。突厥知其不可屈服，下令放箭，把他射得猶如刺蝟，仍不肯倒下。[68]李崇成為隋朝抵禦突厥鬥爭中不幸捐軀的最高級別的將領。

幽州戰後，沒有見到突厥進犯的記載。顯然，處羅侯站在沙鉢略一邊，正忙於準備內戰，無力南顧了。到翌年，突厥內部分裂的情況逐漸明朗。二月，春寒料峭，隋軍像往年一樣警惕著北方的動向，然而，這年迎來的卻是「突厥蘇尼部男女萬餘人來降。……突厥可汗阿史那玷率其屬來降」。[69]連年災荒，再加上內戰，天災人禍的雙重肆虐，已使得突厥民不聊生而分崩離析了。

以開皇三年七月為分水嶺，隋朝取得戰勝突厥的輝煌勝利，完全扭轉四面受敵的被動局面，徹底改變了東亞世界的面貌。從建國至此，才經過兩年多，隋朝就打敗了頭號強敵突厥，這在中國史上也近乎奇跡。這一勝利的取得，首先是隋朝有一個堅強的領導和堅定務實的政策。第二是充分利用四面之敵不統一的機會，集中優勢兵力予以各個擊破，表現出冷靜高超的軍事藝術。第三是善於利用敵人內部的矛盾，分化瓦解。第四是有一支強大的騎兵隊伍。而最基本的一條，是上下同心，三軍用命，顯示出隋王朝的蓬勃朝氣。乘著這股氣勢，文帝胸中正在勾畫一幅世界性帝國的藍圖。

構建中的世界性帝國

戰勝突厥之後，隋朝取得了在東亞世界的主導地位。這時，一個嶄新的課題無可迴避地擺到文帝的面前。這就是重建以隋朝為中心的政治關係秩序，並以此作為維護和平的基石。

我們知道，漢武帝征討匈奴勝利後，東方世界的國家或民族間關係就是以漢朝為軸心展開的。這時期的關係主要具有以下幾個特點：第一，以漢王朝為中心；第二，以文化（語言、文字、制度、禮儀等）傳播為紐帶；第三，通過冊封建立上下君臣關係和交往的道義原則；第四，政治上的服從與軍事上的占領相結合等。

67 《隋書》卷三十七，〈李穆附李崇傳〉載：「開皇三年，除幽州總管」。而同書〈高祖上〉開皇三年僅載：「秋七月辛丑，以豫州刺史周搖為幽州總管」，漏載李崇。岑仲勉，《隋書求是》第八頁以為周搖或為豫州總管，可備一說。但《資治通鑑》卷一百七十五「陳長城公至德元年（五八三）七月」條，以周搖為李崇之繼任，似較合理。

68 薛宗正，《突厥史》一五三頁認為，此役突厥攻陷幽州。但從前述周搖的繼任及史籍記載，幽州並未陷落。

69 《隋書》卷一，〈高祖上〉。

西晉崩潰後，中國四分五裂，對於周邊民族政權，經常處於劣勢地位，因此，漢代所建立的關係體系徹底崩潰，哪怕存在表面上的對外冊封，也是徒具形式，更多則是被冊封者為了借助冊封者的權威來加強對內統治的需要而要求的。對於東方世界而言，失去中國這樣一個具有權威和約束力的政治中心，其結果是各個民族、國家相互間關係完全建立在現實利益與軍事實力之上，交相征伐，弱肉強食。在此意義上說，古代中國所構建的國家間關係準則，固然有利於中國，但也有助於維護周邊諸族及各國間關係的和平與穩定。

因此，當中國重新崛起時，周邊民族、國家以複雜的心情關注著形勢的發展。開皇初，他們紛紛來到隋朝，打探消息。在《隋書．高祖上》所粗略記載的名單上，就可以見到白狼國、靺鞨、突厥、百濟、高句麗、契丹和吐谷渾等。那些受強大鄰國欺淩的民族，對隋王朝抱有相當期望。而在中國內亂中獲得利益者，則深恐中國強大，並設法予以阻止。當時，最強大的首推雄踞漠北的突厥。開皇三年（五八三），隋朝打敗突厥之後，整個東亞形勢為之改觀，沒有任何勢力能夠正面阻擋隋朝成為東亞的主導力量。對於隋朝而言，重構以自己為中心的關係原則，將保障國內的統一，創造有利的外部環境，積極開拓與世界各地的交往與貿易，具有十分重要的意義。

如前面所見，文帝在構建這種關係秩序時，始終持穩重務實的態度。在反擊吐谷渾和突厥入侵的詔書中已經可以看到，隋朝對周邊民族國家政策的出發點是保證邊境的長久和平，為了做到這一點，就必須使敵人臣服，建立上下君臣關係，而具有實質意義的冊封則是其表現形式之一。值得注意的是隋朝主張的是臣服而不是征服，它不伴隨擴張和經濟掠奪，相反，周邊各族和國家通過朝貢而獲得大量饋贈，在經濟上往往不利於隋王朝。所以，隋朝對外政策的基本點是強調政治上的服從，力圖提高周邊民族國家的文化程度，通過「用夏變夷」來造成對中國文化的認同與向心力，取代漢代實行的領土占領政策。因此，隋朝的對外政策更具有廣泛的適應力與包容性。

文帝在給突厥沙鉢略可汗的下引詔書裡，已清楚地表露其對外關係的主導思想：

門下：突厥沙鉢略可汗表如此。昔暴風不作，故南越知歸，青雲千呂，使西夷入貢。遠人內向，乃事關天。獯鬻相踵，抗衡上國，止為寇盜，禮節無聞，唯有呼韓永臣於漢，奇才重出，異代一揆。沙鉢略稱雄漠北，多歷歲年，左極東胡之土，右苞西域之地，遐方部落，皆所吞並，百蠻之大，莫過於此。昔在北邊，屢為草竊，朕常曉喻，令必修改。彼亦每遣行人，恒自悔責。今通表奏，萬里歸風，披露肝膽，遣子入侍，罄其區域，相率稱藩，往迫和與，猶是二國，今作君臣，便成一體，情深義厚，朕甚嘉之。蓋天地之心，愛養百姓，和氣普洽，使其遷善，屈膝稽顙，畏威懷惠，雖衣冠軌物，未能頓行，而稟訓承風，方當從夏，永為臣妾，以至太康。荷天之休，海外有截，豈朕薄德所致此。已敕有司，肅吉郊廟，宜普頒行天下，咸使知聞。[70]

在詔書中，文帝以為「遠人內向，乃事關天」，將周邊民族和國家的歸服視為頭等大事，其所謂「罄其區域，相率稱藩」，並非要整個地實行領土占領，而是體現「普天之下，莫非王土；率土之濱，莫非王臣」的總體臣服理念。貫徹這種理念的措施之一，是「遣子入侍」的侍子制度。侍子一方面具有人質的意義，另一方面更在於通過學習來培養下一代親隋朝的繼承人。在這裡，「雖

70　許敬宗等撰，《文館詞林》卷第六百六十四（叢書集成初編本，中華書局，一九八五年，影印版），〈隋文帝頒下突厥稱臣詔〉。

衣冠軌物，未能頓行，而稟訓承風，方當從夏」那種用夏變夷、「使其遷善」的文化改造與認同的構想，乃是長遠的目標，是達到天下大同的根本途徑。

近期的臣服政策與長期的文化改造，是隋朝重建天下秩序的基本原則，它是根據魏晉南北朝大動亂後的現實與民族融合的進程，總結漢王朝對外政策的得失經驗而提出的。例如，在是否進行領土占領的問題上，早就有過爭論。隋文帝在前引討伐吐谷渾詔中所申明的「非是貪無用之地，害荒服之民」原則，就是對歷史經驗的總結與回答：不以勞民傷財為代價，去進行無益的領土擴張。事實上，開皇二年（五八二）對吐谷渾降眾的處理，已經提供了範例。文帝封其高寧王移茲裒為河南王，以統降眾，保持其原來的社會組織和生活習俗，儘量就地安置。[71] 移茲裒死後，「高祖令其弟樹歸襲統其眾」。[72] 這種含育包容的指導思想，被唐朝所繼承，並迎來世界文化百花齊放的盛大場面。

突厥的衰落，給文帝重建以隋為中心的世界政治秩序掃清了道路。

在西邊，竇榮定麾下行軍總管賀婁子幹率部打敗吐谷渾的進攻。不久，吐谷渾又再進犯，「西方多被其害」，文帝命賀婁子幹馳至河西，發五州兵深入吐谷渾境內，大破之，「殺男女萬餘口，二旬而還」。[73] 這一仗再次打出隋軍的聲威，以至於後來吐谷渾進犯岷、洮二州時，一聽到賀婁子幹的名字，便望風而逃。

鑒於西部邊疆不設村塢，一再遭到吐谷渾的侵掠，所以，文帝給賀婁子幹下達新的指示，要求將當地百姓組織起來，築堡居住，營田積穀，農戰兼備。賀婁子幹經過認真的調查研究，認為隴西、河右一帶，地廣人稀，居民頗以畜牧為生，不宜實行屯聚的辦法，且以往的屯田事倍功半，不如廢除邊遠地區的屯田，使各鎮戍相連，烽堠相望，加強戒備即可。文帝採納了賀婁子幹的建議。此後，未見吐谷渾騷擾的記載。

開皇四年（五八四）四月十五日，文帝在新都大興殿宴請吐谷渾等使者，表明吐谷渾基本上已經歸順隋朝。歸順的原因，除了隋朝軍事上的勝利外，還在於吐谷渾內部分裂。其王呂夸在位數十年，老當益壯，深恐子孫篡位，故先發制人，廢殺太子。新立的太子以前車之鑒，圖謀執呂夸而投降隋朝，向隋求援，文帝不許。結果，太子謀泄，又遭殺害。第三任太子嵬王訶深懼被害，惶惶不可終日。開皇六年（五八六），他實在熬不下去，密謀率部投降，不受文帝歡迎而止。隋平陳後，「呂夸大懼，遁逃保險，不敢為寇」。[74] 到了開皇十一年（五九一），呂夸還是死去，其子伏繼立，遣其姪兒奉表稱藩，隋朝終於和吐谷渾建立起君臣藩屬關係。以後，隋朝又於開皇十六年（五九六）將光化公主嫁與吐谷渾王伏，和親關係更有發展。

在此過程中，不難看出，開皇三年（五八三）打敗突厥是形勢發生轉折的關鍵。突厥衰落後，吐谷渾就無力單獨挑戰隋朝，而追隨吐谷渾的黨項也轉而投向隋朝。開皇四年（五八四），黨項

71 周偉洲，《吐谷渾史》第六十四頁，根據「河南王」的封號，推測可能安置於今貴德、臨夏黃河以南。

72 《隋書》卷八十三，〈西域．吐谷渾傳〉。

73 引文俱見：《隋書》卷五十三〈賀婁子幹傳〉。周偉洲《吐谷渾史》將此役系於開皇二年，另據《隋書．高祖上》開皇三年四月記載，以該年吐谷渾復入寇，為竇榮定所敗。實際上，竇榮定率軍出擊突厥在開皇三年，而《隋書．賀婁子幹傳》明載：「其年，突厥復犯塞，以行軍總管從竇榮定擊之。子幹別路破賊……」故知上述〈賀婁子幹傳〉與〈高祖上〉所載為同一件事，時間應為開皇三年。《資治通鑒》卷一百七十六「陳長城公至德二年（五八四）四月」條將此事系於開皇四年（五八四），似乎過遲。因吐谷渾乃借突厥入侵之勢犯邊，並非孤立的事件，而隋朝也不應在開皇四年無緣無故地攻打吐谷渾。

74 《隋書》卷八十三，〈西域．吐谷渾傳〉。

「有千餘家歸化。五年，拓拔寧叢等各率眾詣旭州內附，授大將軍，其部下各有差」；[75]翌年春正月，又見到「黨項羌內附」的記載。[76]當年，還見到西域女國「遣使朝貢」。[77]顯然，西域民族國家正在擺脫突厥而轉向隋朝。這就為隋朝打開通往中亞的「絲綢之路」鋪平了道路。

而且，在文帝處理吐谷渾內亂時，一再拒絕支援反叛的吐谷渾太子，不但在決策時對侍臣說：「朕以德訓人，何有成其惡逆也！吾當教之以義方耳。」而且，還當面指斥太子嵬王訶的使者道：

朕受命於天，撫育四海，望使一切生人皆以仁義相向。況父子天性，何得不相親愛也！吐谷渾主既是嵬王之父，嵬王是吐谷渾主太子，父有不是，子須陳諫。若諫而不從，當令近臣親戚內外諷諭。必不可，泣涕而道之。人皆有情，必當感悟。不可潛謀非法，受不孝之名。溥天之下，皆是朕臣妾，各為善事，即稱朕心。嵬王既有好意，欲來投朕，朕唯教嵬王為臣子之法，不可遠遣兵馬，助為惡事。[78]

這套倫理說教，是文帝以《孝經》治天下思想在對外關係上的延伸，決不是假仁假義的虛偽造作。子叛父為不孝，臣叛君為不忠，均屬隋律「十惡」之列，決難支持。不僅對吐谷渾太子如此，對其臣屬也是如此。開皇八年（五八八），吐谷渾名王拓拔木彌請求背主降附，文帝不予支援，[79]表現出首尾一貫的立場。

顯然，文帝不能開支持背主行為的先例。這不僅有隋朝政治上大力強調忠孝治國的需要，同時也為了重建國家民族間關係中必須遵循的精神道義準則，改變唯權力論的現實，把國家、民族間關係建立在以隋朝為中心、以文化傳播為紐帶、有道義原則可遵循的基礎之上，以此確立互相間的政治秩序，構築世界性體系。

但是，在處理具體問題的時候，文帝並不把自己的倫理道德強加於人。例如，開皇十七年（五九七），吐谷渾發生內亂，國主伏被殺，其弟伏允繼立，遣使入隋，請求按照其「兄死妻嫂」的風俗，尚光化公主，文帝即予同意，表現出對異文化的包容。在強調政治服從的前提下，尊重成員各自的文化習俗，並不強求一律，表現出原則性與靈活性的協調統一。這些原則措施，結晶為唐朝嫻熟運用的羈縻政策及其體制。[80]

開皇四年（五八四）五月十二日，文帝高坐於大興殿上，彬彬有禮地接受契丹主莫賀弗派來的請降使者，當場冊封契丹主為大將軍。文帝心頭，湧起陣陣喜悅和期盼，這些年折衝尊俎、縱橫捭闔，隋朝又將取得具有戰略意義的豐收。果然，到了九月十一日，契丹終於內附於隋。[81]

爭取東北民族內附，對於隋朝的內政外交，均具重大意義。

西晉崩潰時，崛起於東北的鮮卑族大規模南下，先後建立了許多政權。以此為契機，朝鮮半

75 《隋書》卷八十三，〈西域・黨項傳〉。
76 《隋書》卷一，〈高祖上〉。
77 《隋書》卷八十三，〈西域・女國傳〉。
78 引文均見《隋書》卷八十三，〈西域・吐谷渾傳〉。
79 《隋書》卷八十三，〈西域・吐谷渾傳〉。
80 關於漢唐間中國對外關係政策的形成與嬗變，請參閱：堀敏一，《中國與古代東亞世界》（日本：岩波書店，一九九三年版）；筆者所撰寫的長篇書評《評堀敏一〈中國と古代東アツア世界——中華的世界と諸民族〉》（載《唐研究》第二卷，北京大學出版社，一九九六年）。
81 《隋書》卷一，〈高祖上〉。

島上高句麗、馬韓和辰韓等也擺脫晉王朝的控制，攻占樂浪和帶方郡，分別建立起高句麗、百濟和新羅三國。北方的高句麗實行向西擴張的戰略，特別是接收被北魏打垮的馮氏北燕遺產，其勢力一直推進到遼河流域。此後，由於北魏強盛才遏止住其繼續向西擴張的勢頭。但是，中國北方歷代政權忙於內部的鬥爭，無力恢復對東北的統治，故與高句麗的對峙就這樣維持了下來。

占據遼河流域，給高句麗帶來莫大的利益。而要鞏固在這裡的統治，就必須爭得對東胡各族的控制。因此，爭奪東胡族，關係到各方勢力的消長。

開皇初，由於突厥的沉重壓力，隋朝無力經營東北。但是，如前述高寶寧的事例所示，當中國統一王朝形成之際，高句麗竟武裝支持中國的敵對勢力，力圖維持其在此地獲取的既得利益。這一事件顯然給隋文帝留下極其深刻印象，東北問題不僅有歷史遺留下來的領土主權問題，而且還可能成為華北不穩的隱患，同時也是隋朝重建天下秩序的障礙。所以，文帝早早就不露聲色地從爭取東胡族內附落子布局。

契丹為東胡族之一，位於隋王朝、高句麗和突厥三大勢力之間，其戰略地位不言而喻。因此，從一開始，它就成為幾大勢力爭奪的對象。

北魏時，北方蠕蠕強盛，高句麗便與蠕蠕合謀瓜分位於契丹西北地方的地豆于。《魏書・契丹傳》載：「太和三年（四七九），高句麗竊與蠕蠕謀，欲取地豆于以分之。契丹懼其侵軼，其莫弗賀勿于率其部落車三千乘、眾萬餘口，驅徙雜畜，求入內附，止於白狼水東。自此歲常朝貢。」高句麗征地豆于，實為假途滅虢之策。《隋書・契丹傳》載：契丹「當後魏時，為高麗所侵，部落萬餘口求內附，止於白貔河」，即是明證。高句麗企圖侵吞契丹的結果，卻是驅使契丹依附於中原。此後強大起來的突厥也捲入對契丹的爭奪。《隋書・契丹傳》載：「其後為突厥所逼，又以萬家寄於高麗。」突厥勢力的介入，遂在遼東與高句麗發生武裝衝突。《三國史記．高句麗本紀第七》記載：「（陽原王）七年（五五一）秋九月，突厥來圍新城，不克。移攻白巖城。王遣將軍高紇，領兵一萬，拒克之，殺獲一千餘級。」突厥突然進攻高句麗，顯然與爭奪契丹大有關係。[82]結果，契丹被分裂，部分併入突厥，部分依附高句麗。

契丹的向背，同樣關係到華北政權北部邊疆的安全。據《北齊書．文宣紀》記載，天保四年（五五三）九月，契丹犯塞，北齊文宣帝親自北伐，一直追討到營州，奪回契丹大部。此役之後至齊後主天統四年（五六八），經常可以看到契丹向北齊朝貢的記載。但此後契丹的動向不明，一直到前述高保寧叛亂時，才重新見到有關契丹的記載：一是建德六年（五七七）高保寧率契丹軍抵抗北周；二是開皇三年（五八三）高保寧兵敗後投奔契丹。估計在北齊末年，契丹又背離了中央朝廷。

隋朝打敗突厥後不久，隨即見到契丹請降的記載。主戰場上的漫天烽火，完全遮掩住杯觥交錯下的外交折衝，儘管如此，我們仍可相信，上述開皇四年（五八四）的契丹歸附是隋朝爭取東胡族的最初成果。

翌年四月八日，「契丹主多彌遣使貢方物。」[83]《隋書．契丹傳》亦載：「五年，悉其眾款塞，高祖納之，聽居其故地。」顯然，在隋朝的積極爭取下，除了受高句麗控制的一部外，契丹大部已投向隋朝。開皇六年（五八六），其「諸部相攻擊，久不止，又與突厥相侵，高祖使使責讓之。

82 金善昱，《隋唐時代中韓關係研究——以政治、軍事諸問題為中心》（臺灣大學歷史研究所博士論文，一九七三年，未發表）認為，這年突厥進攻高麗乃是因為爭奪契丹所引起的，頗有見地。

83 《隋書》卷一，〈高祖上〉。

其國遣使詣闕，頓顙謝罪。」[84]此事表明，契丹頗聽命於隋朝，在內政上，其國主借助隋朝的權威約束不聽話的諸部，鞏固統治地位；在對外關係上，如與突厥相攻擊時，亦接受隋朝的調停，成為隋朝在東北地區的重要藩屬。

隋朝取得的另一項重要進展，是取得靺鞨粟末部的歸附。

靺鞨在高句麗東北，分布頗廣，尚未統一。在隋代，靺鞨分為七部，不相統屬，與中原和朝鮮均有悠久的歷史聯繫。北齊時，靺鞨頻來朝貢。隋朝建立後，文帝就積極招撫之。開皇元年（五八一），即見其酋長遣使來貢方物，[85]文帝非常高興，大加褒獎道：「朕聞彼土人庶多能勇捷，今來相見，實副朕懷。朕視爾等如子，爾等宜敬朕如父。」其使者來自邊遠苦寒地帶，初次來到繁華都會，就受到仰慕已久的皇帝親自接見，並蒙嘉獎，感激之情，溢於言表，當場宣誓：「臣等僻處一方，道路悠遠，聞內國有聖人，故來朝拜。既蒙勞賜，親奉聖顏，下情不勝歡喜，願得長為奴僕也！」[86]這樣，從開皇初年起，靺鞨就同隋朝建立起君臣服屬關係。其後在開皇三、四、十一、十二、十三年，均見其朝貢，關係極其親密，[87]隋煬帝時，甚至出兵幫助隋朝對高句麗作戰。

然而，由於靺鞨各部互不統屬，所以，隋朝的招撫工作也不都是一帆風順。據《隋書．靺鞨傳》記載，靺鞨各部中，直接與中原和朝鮮有關者，主要為粟末部和白山部，「粟末部，與高麗相接，勝兵數千，多驍武，每寇高麗中。」實際上，靺鞨與高句麗敵對，其來已久。《魏書．勿吉傳》記載，靺鞨在北魏太和初年來朝，「自云其國先破高句麗十落，密共百濟謀從水道並力取高句麗，遣乙力支奉使大國，請其可否。」顯然，隋朝充分利用粟末部與高句麗的矛盾，早早爭取其歸附，共同對付高句麗。唐朝杜佑《通典．州郡八》歸德郡燕州條載「隋文帝時，粟末靺鞨有厥稽部渠長，率數千人，舉部落內附，處之柳城、燕郡之北」，也證明了此點。因此，在《隋書》裡見到與高句麗為敵之靺鞨，應該都是指粟末部。

另一方面，靺鞨的白山部則一直追隨高句麗，為其衝鋒陷陣。《舊唐書·靺鞨傳》記載：「其白山部，素附於高麗」。而在朝鮮古史《三國史記》裡也隨處可見其為高句麗攻打百濟和新羅的事例。隋朝雖然一直在積極爭取靺鞨，但顯然不如對契丹那樣順利，除了拉攏到原來就與高句麗對立的粟末部外，似乎對白山部束手無策，始終未能打破其與高句麗的聯盟。開皇十八年（五九八），甚至還發生高句麗王「元率靺鞨之眾萬餘騎寇遼西」的事件，[88]事件中的靺鞨應是白山部。

儘管如此，取得契丹及與之毗鄰的靺鞨粟末部支持，是隋朝的重大勝利，對於今後處理東北地區問題有著舉足輕重的影響。有利於隋朝的形勢發展，也進一步促使東北地區的其他民族投向隋朝，就連被視為「最為無信」的奚，「自突厥稱藩之後，亦遣使入朝」。[89]隋朝的優勢地位，隨著時間的推移，日益明顯。

隋朝在東北地區逐步取得優勢，與其處理同各民族國家間關係的指導原則有關。東北各族，

84《隋書》卷八十四，〈北狄·契丹傳〉。
85《隋書》卷一，〈高祖上〉。
86《隋書》卷八十一，〈東夷·靺鞨傳〉。
87《隋書》卷一，〈高祖上〉。
88《隋書》卷八十一，〈東夷·高麗傳〉。
89《隋書》卷八十四，〈北狄·奚傳〉。

發展較為落後，又夾在高句麗和突厥東西兩大勢力之間，一直處於不統一的狀態，相互間關係尤為複雜，「親疏因其強弱，服叛在其盛衰。衰則款塞頓顙，盛則彎弓寇掠，屈申異態，強弱相反。正朔所不及，冠帶所不加，唯利是視，不顧盟誓。」[90]有鑑於此，隋朝在同該地區少數民族交往中，有兩點尤其值得注意。

其一，如上述契丹歸附後的事例所見，隋朝積極幫助其國主確立統治地位，輸出文化物資，通過加速其社會的發展，給雙邊關係建立較為穩固的基礎。

其二，調停臣屬國之間的紛爭。制止契丹與突厥互侵，已見前述。靺鞨歸附後，頻與契丹互攻，隋文帝親自出面對靺鞨使者道：「我憐念契丹與爾無異，宜各守土境，豈不安樂？何為輒相攻擊，甚乖我意！」[91]調解糾紛與隋文帝努力建立世界關係秩序的道義原則是一脈相通的，臣屬國不相互攻擊，君主國保護屬國不受外來侵略，共同維護一個和平、有序的環境，是隋朝是否建立起有效的世界體系的象徵與試金石。

東北各族紛紛歸附隋朝，則高句麗就裸露於隋朝面前。

對於隋朝的崛起，高句麗很警惕。開皇元年（五八一），隋朝剛建立，高句麗就迅速把握機會，遣使赴隋，打探消息，恢復前述與北周衝突後中斷了的雙方關係。隋文帝也機智地冊封高句麗威德王為大將軍、遼東郡公，以改變四面受敵的局面。雙方一度緊張的關係有所緩和了。

此後至開皇四年（五八四），高句麗年年入朝。據《隋書》和《三國史記》記載，其使節入隋情況為：開皇元年一次；二年兩次；三年多達三次；四年一次，相當頻繁。如果說開皇元年為禮節性拜訪，則其後兩年的頻繁接觸，顯然有重要交涉。筆者推測至少有三個方面的議題，第一是高保寧問題；第二是突厥問題；第三是契丹問題。開皇三年高句麗三次入朝，必與隋文帝大舉討伐突厥和高保寧有關。是年突厥敗北，高保寧被誅。翌年，契丹轉向隋朝，整個東北的局勢完全改觀。高句麗的對外戰略遭到重大挫折。特別是契丹倒向隋朝，使高句麗必須直接面對強大的隋朝，猶如鋒芒在背，令其不寒而慄。於是，在契丹內附隋朝後，高句麗旋改對外政策，停止與隋朝的交往，轉而向陳朝朝貢，[92]同時繼續爭奪契丹，謀求同突厥聯繫，以圖建立新的勢力均衡。

高句麗在東胡族裡的影響不容小覷。《隋書．室韋傳》說，室韋「其國無鐵，取給於高麗。」反映出高句麗利用各種手段擴大影響。因此，其新的動向，明顯是為了抵制隋朝的世界戰略，促進弱者聯合，阻止多極間從勢力均衡轉向以隋為中心的一元化體系轉變。這兩種反方向的運動，遲早會引爆衝突。對於以漢帝國自許的隋朝而言，再不去收復遼河流域，就等於承認動亂時期高句麗的擴張，這是不能容忍的屈辱。而且，不能臣服高句麗，則其構建天下秩序的努力也將功虧一簣。所以，我們不能把隋朝征討高句麗的行為簡單說成是好大喜功或對外擴張，否則就無法解釋在此問題上隋唐兩代王朝的一貫立場。

從東北亞形勢的發展過程可以明顯看出，造成有利於隋朝的重大轉折，在於打敗突厥，這是全域的關鍵。因此，開皇三年（五八三）之後，隋文帝並不急於經營東北，而仍然把精力集中於進一步削弱業已分裂的突厥，以加強隋朝牢不可破的優勢。

開皇四年（五八四）二月十五日，接到突厥蘇尼部男女萬餘人投降的奏報後，文帝旋於十八

90《隋書》卷八十四，「史臣曰」。

91《隋書》卷八十一，〈東夷．靺鞨傳〉。

92《三國史記》卷第十九〈高句麗本紀〉（韓國：景仁文化社，一九八八年），「平原王二十七年（五八五）」條。又見於《陳書》卷六〈後主紀〉，「至德三年十二月癸卯」條。

日前往隴州（今陝西省隴縣）視察。與此同時，又傳來「突厥可汗阿史那玷率其屬來降」的消息。[93]

阿史那玷厥就是西面可汗達頭。其時兵勢正盛，所謂「來降」云云，大概是隋朝誇大其詞，故司馬光認為是「文降」。大概和阿波可汗北撤時向隋請和一樣，達頭「來降」也是前來與隋朝訂立和約。這一舉動本身已經暗示突厥內部將發生大的變動，[94]文帝敏銳地感覺到這一點，所以，從隴州視察回來後，四月十五日，親自在大興殿接見並宴請突厥、高句麗和吐谷渾三個與隋朝有利害衝突的來使，[95]席間談笑風生，文帝通過直接觀察，對整個北方的全域形勢得出了自己的判斷。

果然，突厥阿波和達頭聯盟反叛沙缽略大汗的大規模內戰爆發，「連兵不已，各遣使詣闕，請和求援」。[96]讓昔日的仇敵自相殘殺，這本來就是長孫晟的構想，現在敵人自己鑽進圈套，隋朝當然樂得作壁上觀，故文帝婉言拒絕了突厥各方的求援。

到了九月，沙缽略可汗終於抵擋不住阿波的復仇之兵，一路敗下陣來，萬般無奈，只好向以往毫不放在眼裡的隋朝請降，好不狼狽。嫁在突厥的北周宗女千金公主也忍辱上書：「自請改姓，乞為帝女」。[97]認仇作父，顯然沙缽略夫婦的處境窮蹙已極。年輕氣盛的晉王楊廣主張趁機出擊，踩平沙缽略。文帝想得更深更遠，草原鏖兵，不論誰一統天下，都將成為隋朝的勁敵。所以，他欣然同意沙缽略的請求，派遣開府儀同三司徐平和為使者，前往突厥，改封千金公主為大義公主。[98]「大義公主」封號取自「大義滅親」，是褒獎，還是揶揄？這一切都顧不上了，眼下能求得隋朝寬容，便可徐圖再起。所以，沙缽略連忙傳喚文士修書，上表謝恩道：

辰年九月十日，從天生大突厥天下聖賢天子、伊利俱盧設莫何始波羅可汗致書大隋皇帝：使人開府徐平和至，辱告言語，具聞也。皇帝是婦父，即是翁，此是女夫，即是兒例。兩境雖殊，情義是一。今重疊親舊，子子孫孫，乃至萬世不斷，上天為證，終不違負。此國所有羊馬，都是皇帝畜生，彼有繒采，都是此物，彼此有何異也！[99]

儘管沙鉢略指日誓心，但文帝豈會輕易受騙。他一看表文首句，就洞察沙鉢略內心不服，雖然信誓旦旦，卻採取與隋朝皇帝對等的格式，毫無稱臣之意，明顯是想暫時忍耐以圖重整旗鼓。因此，必須迅速打掉其傲氣，讓他心服口服。所以，文帝馬上回信通知沙鉢略，將派遣尚書右僕射虞慶則和車騎將軍長孫晟前往看望新認的女兒，順便也看看沙鉢略。過去在戰場上鬥勇，沙鉢略大受挫折，現在想來鬥智，更是班門弄斧，文帝冷眼靜觀沙鉢略如何變把戲。

虞慶則來到突厥，沙鉢略果然耍起花樣。他大陳兵杖，刀槍發亮，帳前擺列寶物，自己高坐

---

93 《隋書》卷一〈高祖上〉。據《通鑑考異》記載：「《隋帝紀》云：『突厥阿史那玷厥帥其屬來降。』按時玷厥方強，蓋文降耳」，知今中華書局點校本脫一「厥」字。

94 薛宗正《突厥史》第一五三頁認為：「此『降』無非指達頭遣使要求同隋朝停止敵對行動，恰恰是準備向沙鉢略發起全面進攻的信號」，並反對將此解釋為達頭受阿波擠迫而離開原住地進入隋境的見解。從當時各方的現狀及其動向分析，筆者亦持薛氏說。

95 《隋書》卷一，〈高祖上〉。

96 《隋書》卷八十四，〈北狄・突厥傳〉。

97 《隋書》卷五十一，〈長孫覽附長孫晟傳〉。

98 《資治通鑑》卷一百七十六「陳長城公至德二年（五八四）九月」條。

99 《隋書》卷八十四，〈北狄・突厥傳〉。

中央，等著虞慶則前來向他行禮。這哪裡是求和，簡直是要隋使向他稱臣。虞慶則氣憤不過，當場指斥沙缽略無禮。沙缽略欠了欠身子，自稱有病不能起身，然後又補充道：「我父伯以來，不向人拜。」千金公主也在一旁假意勸虞慶則道：「可汗豺狼性，過與爭，將齧人」。話中暗含威脅，[100]雙方頓時僵在那裡。

沙缽略那幾招，長孫晟心中有數，他緩緩上前說道：「突厥與隋俱是大國天子，可汗不起，安敢違意。但可賀敦為帝女，則可汗是大隋女婿，奈何無禮，不敬婦公乎？」搬出家禮來，沙缽略一時詞窮，只好勉強笑了笑，自我安慰道：「須拜婦公，我從之耳。」起身下跪，拜接詔書。[101]虞慶則又令其稱臣，沙缽略忙問左右什麼是臣，左右告訴他，隋朝的臣猶如突厥的奴。沙缽略既然下跪，已沒有什麼好爭的了，所以也就順勢說道：「得作大隋天子奴，虞僕射之力也」。送虞慶則駿馬千匹，還把妹妹嫁給他，好歹把場面敷衍過去。虞慶則走後，沙缽略愈想愈淒涼，當年馳騁草原，傲視群雄，何其風光，而今卻落到寄人籬下這等田地，不由地悲從中來，與屬下相聚痛哭，淚雨滂沱。[102]

經過這番較量，隋朝大獲全勝，打掉了沙缽略的傲氣，令其不得不低下頭來。但突厥各部實力還相當強大，隋朝一時尚無法將他們納入天下秩序體系中，所以，文帝在接納沙缽略的同時，於第二年五月「遣上大將軍元契使于突厥阿波可汗」，向內戰雙方都表示友好，繼續採取坐山觀虎鬥，從中抑強扶弱以收漁利的政策。[103]

開皇五年（五八五），沙缽略的處境更加窘促，阿波與達頭聯軍步步進逼，西域各族都歸依於阿波，東方的契丹也趁勢侵掠，沙缽略再無力單獨支撐下去了，「遣使告急，請將部落度漠南，寄居白道川內」，[104]亦即遷徙到今內蒙古呼和浩特市西北一線，以圖背靠長城，取得隋朝的支援。

文帝也看到沙鉢略已經被打得慘不忍睹，不能再袖手旁觀了，便同意沙鉢略的請求，同時命令晉王廣出兵支援，「給以衣食，賜以車服鼓吹」。獲得隋朝強有力的支援，沙鉢略率餘部全力反擊，總算打了個勝仗，擋住了阿波的攻勢。可是，就在沙鉢略出擊之時，阿拔國部落乘虛搗其營盤，掠其妻子，幸賴隋軍為他擊敗阿拔，才歸有所居。沙鉢略這下子感激涕零，七月二十七日上表給文帝：「大突厥伊利俱盧設始波羅莫何可汗臣攝圖言：……竊以天無二日，土無二王，伏惟大隋皇帝，真皇帝也。豈敢阻兵恃險，偷竊名號，今便感慕淳風，歸心有道，屈膝稽顙，永為藩附。」並派其第七子庫合真奉表入朝。[105]

這一次，沙鉢略是真心臣服了。所以，文帝也對其大加籠絡，「策拜窟含真（庫合真）為柱國，封安國公，宴於內殿，引見皇后，賞勞甚厚。沙鉢略大悅，於是歲時貢獻不絕。」[106]而且，文帝還為之約束契丹，不使進攻突厥。[107]開皇六年（五八六）正月十八日，派使者「班曆於突厥」。[108]沙鉢略大受感動，開皇七年（五八七）正月，遣子入貢，因請獵於恒、代之間（今山西省

100 《隋書》卷八十四，〈北狄．突厥傳〉。
101 《隋書》卷五十一，〈長孫覽附長孫晟傳〉。
102 《隋書》卷八十四，〈北狄．突厥傳〉。
103 《隋書》卷一，〈高祖上〉。
104 《隋書》卷八十四，〈北狄．突厥傳〉。
105 《隋書》卷八十四，〈北狄．突厥傳〉。時間記載見《隋書》卷一〈高祖上〉。
106 《隋書》卷八十四，〈北狄．突厥傳〉。
107 《隋書》卷八十四〈北狄．契丹傳〉記載，契丹「又與突厥相侵，高祖使使責讓之，其國遣使詣闕，頓顙謝罪。」
108 《隋書》卷一，〈高祖上〉。

大同市一帶），獲得文帝准許，沙缽略大奮神威，一日手殺鹿十八頭，進獻給文帝，以示忠誠。

促使隋朝大力支持沙缽略的原因，是阿波勢力的急遽膨脹。開皇六年以來，隋朝連續兩年於二月份「發丁男十萬餘修築長城，二旬而罷。」[109]這時，隋朝所防備者，必是已經控制漠北的阿波可汗。沙缽略受其逼迫，備嘗屈辱，於開皇七年四月，鬱鬱而卒，其弟處羅侯繼立。隋朝聞訊，即遣車騎將軍長孫晟持節趕赴突厥，冊立處羅侯為莫何可汗，[110]賜以鼓吹、幡旗，助其迅速完成政治權力交接，以防發生不測事件。

莫何有勇有謀，他利用汗位交替而對手麻痹之機，讓部隊打起隋朝贈送的旗鼓，奇襲阿波。阿波部眾以為隋朝出兵支持莫何，大驚失色，望風降附，阿波遂成階下囚。處羅侯上書請示如何處置阿波。

文帝讓文武大臣討論，武將如元諧、李充等都主張將阿波處斬，文帝不以為然，轉問長孫晟的意見。長孫晟早在心中籌畫好了，故從容回答：「若突厥背誕，須齊之以刑。今其昆弟自相夷滅，阿波之惡，非負國家。因其困窮，取而為戮，恐非招遠之道，不如兩存之。」[111]宰相高熲也贊同長孫晟的辦法，他們的意見，正符合文帝的心意，故文帝大聲稱善，下令饒恕阿波一命。

開皇八年（五八八），莫何乘著戰勝阿波集團之勢，率軍西征，企圖統一突厥，不幸中箭身亡。沙缽略的兒子雍虞閭繼立，為都藍可汗。莫何西征失敗，整個突厥仍處於東西分裂的狀態，東邊的都藍與西邊的達頭兩大集團勢不兩立，在內戰中相互損傷，一時還看不到統一的希望。敵對雙方勢均力敵，都必須盡力向隋朝示好，都藍更是全力以赴，即位後，馬上「遣使詣闕」，隋朝則「賜物三千段」，以後，都藍「每歲遣使朝貢」。[112]維持這種狀態，使隋朝能夠對突厥東西兩部均發揮較大影響，確保了北方邊境的安全。

分化強敵，使之內部分裂，然後「兩存之」，令其相互制約，以便操縱控制，使各方勢力不斷處在動態平衡中，從而達到臣服整個突厥的目標，這是隋朝「以夷制夷」的一貫方針。但是，隋朝所追求的世界戰略並不是向外的領土擴張，而是力圖建立起有利的周邊和平環境，並以相互間的政治關係秩序加以固定。所以，在對外的「冊封」表像後面，是羈縻、籠絡、懷柔等貫徹戰略意圖的現實考量。誠如以上所見，隋朝在處理對外關係方面，強調「用夏變夷」的融合，而不是咄咄逼人的恃強淩弱；更多運用的是政治、外交的手段，而不倚仗於軍事力量，這些方面，都體現出文帝務實的政治家風格。

109 《冊府元龜》卷九九〇，〈外臣部・備禦第三〉；《隋書》卷一，〈高祖上〉。

110 《隋書》卷八十四，〈北狄・突厥傳〉。同書〈高祖上〉開皇七年四月記載：「突厥沙鉢略可汗卒，其子雍虞閭嗣立，是為都藍可汗」，誤。雍虞閭在處羅侯死後才繼承汗位，故〈高祖紀〉顯然漏載了處羅侯一代。茲依〈突厥傳〉記載。另外，〈突厥傳〉記載處羅侯號「葉護可汗」，而《資治通鑑》卷一百七十六「陳長城公禎明元年（五八七）二月」條注：「葉護，突厥達官」，其正文載「處羅侯竟立，是為莫何可汗。以雍虞閭為葉護」；《隋書・長孫覽附長孫晟傳》也記載隋朝冊立處羅侯為莫何可汗，可證處羅侯為「莫何可汗」無疑，大概《隋書・突厥傳》此段文字有脫落。

111 《隋書》卷五十一，〈長孫覽附長孫晟傳〉。

112 《隋書》卷八十四，〈北狄・突厥傳〉。

第七章　開皇之治

勤勞思政

開國僅僅三年，「內修制度，外撫戎夷」，[1]國家轉危為安，社會生活走上正軌，這一項項繼往開來的成就的確來之不易，光是三年打敗突厥、徹底改變兩百多年來漢族飽受欺淩這一項，在整個中國歷史上就難有什麼王朝能望其項背，而戎馬倥傯之際建立的各項制度竟能垂則後世，更反映出文帝君臣善於把握大局、從容自信、處變不驚、一絲不苟的風貌。

這一千多個日日夜夜，文帝作為隋王朝的最高統帥，為鞏固新生政權，殫精竭慮，嘔心瀝血，不知疲倦地工作著。每天上朝，他總是一一召見五品以上官員，認真聽取他們的匯報，一起商討政務國事，以至經常錯過午飯時間，只好臨時讓宿衛的兵士隨便弄些飯來充饑。回到宮中，仍焚膏繼晷地批閱檔，直到夜闌人靜。[2]臨終前，他回顧自己這一生時說道：

> 所以昧旦臨朝，不敢逸豫，一日萬機，留心親覽，晦明寒暑，不憚劬勞，匪曰朕躬，蓋為百姓故也。王公卿士，每日闕庭，刺史以下，三時朝集，何嘗不罄竭心府，誡敕殷勤。[3]

這段話並非自我吹噓。唐朝貞觀四年（六三〇），唐太宗曾問大臣蕭瑀對隋文帝的看法，蕭瑀評價道：「克己復禮，勤勞思政，每一坐朝，或至日昃，五品已上，引坐論事，宿衛之士，傳飧而食，雖性非仁明，亦是勵精之主。」[4]

這種事必躬親的工作作風，且不去論其得失，在屢見荒淫暴君的那個時代，確實給人耳目一新的振奮，印象深刻。隋禮部尚書楊尚希見文帝「每旦臨朝，日側不倦」，頗含體惜地上書勸道：「周文王以憂勤損壽，武王以安樂延年。願陛下舉大綱，責成宰輔，繁碎之務，非人主所宜親也。」[5]

文帝曾經擔任過地方官，了解民間疾苦和官場的取巧舞弊，所以，他並不偏信公文匯報以至受其蒙蔽，而是強調細心的工作。即位後，頻頻派遣使者到各地巡省風俗，自己也經常出巡，所過之處，親自受理百姓上訴，「路逢上表者，則駐馬親自臨問」，直接了解基層的情況。他所派出巡省的使者，不但要採聽風俗和民間疾苦，而且還負有明察暗訪「吏治得失」的職責，[6]以利於清明政治，漸臻大治。

關心民間疾苦，在文帝身上表現得比較突出。有一次，關中鬧饑荒，文帝派遣左右出去探視民間生活，手下給他帶回百姓吃的豆屑雜糠，文帝看了之後，淚流滿面，拿到朝廷，讓百官傳

1《隋書》卷二，〈高祖下〉。
2《隋書》卷六十二〈柳彧傳〉記載，文帝「一日之內，酬答百司，至乃日旰忘食，夜分未寢」。
3《隋書》卷二，〈高祖下〉。
4《貞觀政要》卷一，〈政體第二〉。
5《隋書》卷四十六，〈楊尚希傳〉。
6《隋書》卷二，〈高祖下〉。

視，並深自咎責，從此不食酒肉將近一年。另一次關中饑荒，文帝率百姓到洛陽「就食」，一路上，文帝與百姓同行共處，許多人被擠進儀仗衛隊中間，衛士們十分緊張，唯恐文帝發生意外，沒想到文帝毫不在意，不但不許衛士驅趕百姓，而且每遇到扶老攜幼者時，自己先引馬避在路旁，溫言慰勉，到山險路隘處，則命令左右上前扶助挑擔者。那些動人的場面，在百姓中間流傳了下來。

與此成鮮明對照的，是文帝對自己生活的嚴格要求，以身作則，其生活之儉樸，在歷史上也是極為著名的。平時吃飯，只有一道葷菜，六宮都穿浣洗的衣服。每天上朝乘坐的輿輦，一再修理，就是不肯換新。外間官員不知道文帝脾氣的，往往大倒其楣，碰得一鼻子灰。有一次，有關機構送乾薑到宮中，正巧被文帝瞧見，認為用布袋子盛薑實在浪費，心疼得大加斥責。而此機構的官員卻不曉得引以為戒，下次進香時，竟然以氈袋裝裹，惹得文帝勃然大怒，把這位蠢不可喻的官員抓來痛笞一頓，這才略有開智。

當然，這件事不能全怪下屬不好。自古以來，皇帝官吏，個個矯情飾貌，欺世盜名，其夢寐以求的東西，往往就是借著慷慨的表演說了出來。如果全然相信當官的豪言壯語，恐怕就不止是打一頓屁股可以了事的了。當然，我們無法因此斷定這位官員就如此精明過人。但是，這頓笞刑，倒是給朝中百官以警告，反對鋪張浪費生活腐敗是認真的。

早在開國當初，文帝就三令五申，要革除頹靡腐敗。例如，「詔犬馬器玩口味不得獻上」；「太常散樂並放為百姓。禁雜樂百戲」等等。這些規定絕不是虛飾套話，他對自己的子女也一樣嚴格要求。太子勇裝飾一具漂亮的蜀鎧，文帝見後，很不高興地教訓道：

我聞天道無親，唯德是與，歷觀前代帝王，未有奢華而得長久者。汝當儲后，若不上稱天心，下合人意，何以承宗廟之重，居兆民之上？吾昔日衣服，各留一物，時復看之，以自警戒。今以刀子賜汝，宜識我心。[7]

文帝提倡勤儉，無疑是出於對前代興衰歷史經驗的總結，作為一項國策來推行，希望能夠移風易俗，激勵人們奮發向上。所以，勤儉樸實就不止是道德上的一般號召，而且還通過國家的具體舉措來貫徹。

每年元宵節，從京城到鄉村，人們都要歡聚在一起，火樹銀花，燈火輝煌，座座高棚如群星薈萃，長長帷幕似彩雲追月，人潮如湧，車馬填衢，少男少女戴上假面，翩躚起舞，情歌抒懷，倡優雜技，絲竹管弦，飛燕遊龍，一年的辛勞和所有的鬱悶藩籬，都在這動情的歡舞中一掃而空。但街坊村里之間的爭奇鬥豔，競相誇耀，自然糜費財力，乃至破產。所以，世家出身的柳彧早就看不順眼，現在文帝提倡節儉，則此項活動自應首先革除，所以，他給文帝寫了份奏摺：

臣聞昔者明王訓民治國，率履法度，動由禮典。非法不服，非道不行，道路不同，男女有別，防其邪僻，納諸軌度。……盡室並孥，無問貴賤，男女混雜，緇素不分。穢行因此而生，盜賊由斯而起。浸以成俗，實有由來，因循敝風，曾無先覺。非益於化，實損於民，請頒行天下，並即禁斷。[8]

7《隋書》卷四十五，〈文四子．房陵王勇傳〉。
8《隋書》卷六十二，〈柳彧傳〉。

柳氏雖為河東大族，但柳彧一支早就避遷江南，寓居襄陽，直到其父柳仲禮兵敗被俘，才由梁歸周。柳彧熟悉南朝奢靡頹廢以至亡國的諸多事例，深以為戒，故其上書，亦屬情理中事。從奏摺的內容來看，柳彧擔憂的並非奢靡，而是背禮，貴賤不分，男女混雜，這才真正讓他坐立不安。他的想法，與文帝不期而同。文帝主張對社會實行集權、等級、循禮、有序乃至刻板的管理。所以，柳彧的建議，立即得到文帝的贊同，照準執行。

由此可知，提倡儉樸不能光從生活作風這種低的層次去理解，還應該從政治的角度去探究，而且，它還具有整頓官風的意義。也就是說，不僅生活作風要樸素，而且，政治作風也要樸實，擯棄浮誇，故當時人就曾說過：「及大隋受命，聖道聿興，屏黜輕浮，遏止華偽。」[9]

開皇四年（五八四），文帝通令全國，公私文翰，一律據實撰寫。文翰格式要皇帝親自下詔來規定，乍看實在是小題大做，但是，如果回顧一下當時的文風，就可明白文帝針砭時弊的苦心孤詣。

隋朝負責監察百官的治書侍御史李諤，曾對魏晉以來的官場文風有一段精闢的描述：

> 降及後代，風教漸落。魏之三祖，更尚文詞，忽君人之大道，好雕蟲之小藝。下之從上，有同影響，競騁文華，遂成風俗。江左齊、梁，其弊彌甚，貴賤賢愚，唯務吟詠。遂復遺理存異，尋虛逐微，競一韻之奇，爭一字之巧。連篇累牘，不出月露之形，積案盈箱，唯是風雲之狀。世俗以此相高，朝廷據茲擢士。祿利之路既開，愛尚之情愈篤。於是閭里童昏，貴遊總丱，未窺六甲，先製五言。至如羲皇、舜、禹之典，伊、傅、周、孔之說，不復關心，何嘗入耳。以傲誕為清虛，以緣情為勳績，指儒素為古拙，用詞賦為君子。故文筆日繁，其

政日亂。[10]

文帝的一番苦心，並不為積弊已久的官場所理解，置之腦後，目為虛文。自古道：「千穿百穿，馬屁不穿」。天底下哪有當官不拍馬屁，做官不盼阿諛奉承。所以，那些老官精依然按照官場規矩行事，渾不在意。

這年九月，泗州（今江蘇省宿遷市東南）刺史司馬幼之按照以往的規矩，精心寫了篇奏文，文詞極盡華麗，自己頗感得意，派人送往京城。文帝一過目，不由大怒，有禁不止，還竟敢上呈，便將他交有關部門治罪，以儆效尤。

官場陋習是最難整治的，儘管文帝三令五申，力誡奢靡浮華，使官僚們有所收斂，但是，只要稍有機會，他們便又故態復萌。相州刺史豆盧通，出自鮮卑名門，又是文帝的妹夫，難免自恃貴胄，不太把禁令當真。一上任就忙著上貢綾文布，弄得文帝好不尷尬。親人帶頭違令，百官都在暗地裡看熱鬧，如果不加懲處，則今後自己說話還有什麼權威？他愈想愈氣，叫人把貢品抬到朝堂，當場焚毀。

開皇年間，文帝重用蘇威，曾對朝臣稱讚道：「我不得蘇威，何以行其道？」[11]可見期望之深。蘇威的父親蘇綽，「性儉素，不治產業，家無餘財」，[12]一心襄助宇文泰勤儉建國。蘇威生長

9 《隋書》卷六十六，〈李諤傳〉。
10 《隋書》卷六十六，〈李諤傳〉。
11 《隋書》卷四十一，〈蘇威傳〉。
12 《周書》卷二十三，〈蘇綽傳〉。

在這樣的家庭裡，自然深受影響，也以清明政治為己任。文帝的治理國家的思想與作法，頗可見到蘇威父子的影子。

蘇威曾入宮議事，見到宮中幔鉤乃用銀打造，便對文帝大談節儉美德，說得文帝為之動容，下令將宮內舊有的雕飾一概撤除銷毀。至如整頓文風，更是直接繼承蘇綽緒業。文風是社會風氣的尺度，當年蘇綽就想由此入手以救時弊，親自摹仿《尚書》作大誥，定為文翰格式，頒布推行。

文帝從政治的高度崇儉倡廉，推進了開皇年間樸實風氣的形成，有利於社會的安定和有序的管理。但是，其政策並不能長期堅持下去。煬帝即位後，「一變其風。……並存雅體，歸於典制。雖意在驕淫，而詞無浮蕩，故當時綴文之士，遂得依而取正焉。」[13]以往，我們總給煬帝時代貼上奢靡、腐敗之類標籤，口誅筆伐以為結論，結果造成自我封閉，甚至將研究導入死胡同。如果我們不去糾纏於功利主義的價值判斷，而更認真的理性思考，不難看出，唐人對隋煬帝的文化政策頗予評價。實際上，文帝的一些政策在煬帝時代被修正，自有其深刻的內在原因。

文帝過於強調政治的社會功用，因而把許多根本與政治不同範疇的問題提到政治的高度去認識和處理，造成政治的擴大化及其對社會生活無理性的干預，缺乏寬容的態度與兼容並蓄的氣度，不承認精神文化、社會生活乃至經濟活動的多樣性，使得社會物質與精神文明頗為單調刻板，甚至窒息了不少本應得到正常發展的社會文明。強求千篇一律，必然造成領導方法上的簡單粗暴。

西漢史學家司馬遷曾經說過，治理國家「善者因之，其次利道之，其次教誨之，其次整齊之，最下者與之爭。」[14]在治理統一大帝國的指導思想與政策措施方面，我國的政治家很早就總結出因勢利導的原則，所謂的「領導」，重在從時代的高度進行協調與引導，而不是以個人主觀意志教條地強制社會，阻遏其發展。這方面，文帝君臣的一些作法，是否值得我們重新反思？

例如，蘇威以為，臨街店舍，乃求利之徒，不符合鼓勵農本的原則，就向文帝請示，盡加拆除，遣散歸農。如想繼續經營者，則州、縣須將他們登錄於市籍，打入另冊，同時拆毀舊店，限令在規定時日內，遷往遠離道路的僻處經營。[15] 這種事例為數不少，則隋朝把抽象的政治理念淩駕於一切之上，無視社會客觀規律，強調用國家行政方法統制社會方方面面的管理方式，即可略示一斑。這就使得文帝激勵人們奮發向上而提倡的勤儉節約，在相當程度上變為抑制人性、背離經濟發展方向的禁欲主義。

按照經濟規律，鼓勵合理的消費以刺激生產發展，這並不是西方近代經濟學特有的理論，而是我國古代思想家早就提出來了，《管子．侈靡論》就是其典型代表。[16] 在隋代，主張放寬經濟統制的一派被壓制，表明文帝的許多思想，仍是延續北周軍國時代社會管制方法，對於新產品和技術，首先想到的不是鼓勵與發展，而更多是以古老的眼光去打量，不是去引導而是去阻遏。致命的是他處在無所不統的位置上，其個人的好惡頓時就對社會發展的進程產生難以計算的影響，當然，不符合社會進程的政策難以持久，所以，隋煬帝修正文帝過於嚴厲的統治政策，實是在一定程度上作出符合社會發展的回歸。

13 《隋書》卷七十六，〈文學傳〉序。
14 《史記》卷一百二十九，〈貨殖列傳〉。
15 《隋書》卷六十六，〈李諤傳〉。
16 楊聯陞，〈侈靡論——傳統中國一種不尋常的思想〉（收入其著《國史探微》，聯經出版事業公司，一九八四年），對《管子．侈靡論》的版本及其經濟思想作了細緻的研究。

發展、繁榮與頹廢、腐敗是完全不同範疇的問題，兩者並無必然的聯繫。然而，隨著皇權的高度加強，特別在對社會生產造成巨大破壞的動亂時代，卻往往把兩者混為一談，從而達到把生動活潑的社會強行納入等級森嚴、人為劃定的靜止框架之中，以犧牲經濟文化的繁榮和技術的進步為代價，實現政治集權的壓倒性目標。從這些意義上說，隋朝思想文化的不發達，並不能僅從其國祚不長得到令人滿意的解釋。如果再與更具政治遠見和寬容精神的唐朝相比，則益顯其弊。

勤儉樸實是一種美德，這裡所分析的只是文帝思想上的缺陷，而這又與其治理國家的指導思想密切相關。

孝治天下

開皇初，納言蘇威曾對文帝說道：「臣先人每誡臣云，唯讀《孝經》一卷，足可立身治國，何用多為！」提出以孝治國的倫理原則，深得文帝贊同。[17]

在中國這樣一個以原始農村社會發展而來的社會，集中體現社會傳統與家族倫理的孝，歷來就備受重視，儒家也好，法家也罷，各個階層、各種學派基本上都接受孝悌倫理，具有最為普遍的意義，即所謂「自天子至於庶人，孝無終始，而患不及者，未之有也」。[18]魏晉喪亂以來，儒家理論受到猛烈衝擊，唯有孝卻更受尊崇，各朝各代統治者無不把孝抬高到嚇人地位，強調「五刑之屬三千，而罪莫大於不孝」。[19]

可是，當我們把目光轉向社會的時候，卻是普遍的道德淪喪，特別在統治階級內部，父不慈，子不孝，骨肉相殘，刻毒已極，其慘烈之狀，第一章已有專門介紹。在禮崩樂壞的世道突出強調孝，足見統治階級在理論上極度貧乏，只能用人類公認的最低準則來收攏人心。這時來強調孝，至少有來自兩個方面的需求，一是在上層統治集團面對不斷出現的亂臣賊子，企圖用最起碼的倫理準則加以約束控制，重樹權威。二是社會大量存在的鄉村集團，企圖用孝悌倫理來加強內部的凝聚力。總之，經過實用主義改造後的孝道，成為克服權力分散與漫無秩序的良藥，同時也在很大程度上喪失其原有的天然純樸，被扭曲以至走到反面，成為壓抑甚至扼殺人性的政治專制工具。

把這種背離人性的孝作為重建國家的最高倫理，顯然缺乏構建新社會的想像力和充滿理想的感召力，看不到那種包容四海的恢宏氣度。所以，隋朝初年，就有不少人對蘇威倡言的孝治嗤之以鼻。

國子博士何妥當場批駁蘇威道：「蘇威所學，非止《孝經》。厥父若信有此言，威不從訓，是其不孝。若無此言，面欺陛下，是其不誠。不誠不孝，何以事君！且夫子有云：『不讀《詩》無以言，不讀《禮》無以立。』豈容蘇綽教子獨反聖人之訓乎？」[20] 指斥蘇威虛偽不誠，本身就不合乎孝道，豈能信任？

內史令李德林也以為，孝是人的天性，根本用不著人為地灌輸說教。後來，其見解竟成為遭

17《隋書》卷七十五，〈儒林・何妥傳〉。
18《孝經・庶人章第六》，收於《十三經注疏》（中華書局，一九八〇年版）。
19《孝經・五刑章第十一》。《三國志・魏書》卷四也記載，甘露五年（二六〇）五月，太后詔曰：「夫五刑之罪，莫大於不孝」。此類事例，不勝枚舉。
20《隋書》卷七十五，〈儒林・何妥傳〉。

貶黜的罪名，文帝數落他道：「朕方以孝治天下，恐斯道廢闕，故立五教以弘之。公言孝由天性，何須設教。然則孔子不當說《孝經》也。」[21]

何妥所揭露蘇威的虛偽，文帝十分了解，他就曾對群臣評論蘇威道：「性很戾，不切世要，求名太甚，從己則悅，違之必怒，此其大病耳。」[22]然而，以愛慕名利和人格的誠信作為尺度去衡量官員，未免太過書生氣息了。所以，文帝對何妥所言，一笑置之。然而，對於李德林的批評，文帝就耿耿於懷了。

李德林認為孝是一種天性，確實打中要害。李德林本人，是有名的孝子，父親去世，他親駕靈車，歸葬故里，時值嚴冬，他只穿單薄的衰衣，赤著腳，跋涉而至，讓州里人感銘至深。後來，母親去世，他辭官還鄉，哀泣五天，粒米未進，因而大病一場，遍體瘡腫，幾致喪命。像他這種人，最能體會什麼是發自內心深處的親情，懂得什麼是真正的孝。所以，他站在親情的孝的立場上，批判被政治利用的孝，一針見血。

值得注意的是，李德林和何妥都不出身於北周。李德林為北齊名士，齊亡後入周，隋文帝賴其籌畫而順利篡周，已見前述，可知其確為難得的政治家和文士。何妥雖是西域胡人後裔，[23]但出生在繁榮的梁朝，以才學著稱於世，江陵陷落後入周，大得周武帝賞識。

李德林和何妥都不是反傳統的偏激人物，且都出身於制度文化比較發達的國度，大概他們都看不慣源於北周的軍事管制體制，以及由此形成單調、刻板、沉悶的社會氛圍，看不起關中土生土長的政治人物狹隘的排外性和功利主義的短視。像蘇威這種缺乏政治想像力的人物，關中有才華的人士也不看重他，如楊素就「視蘇威蔑如也」；[24]鮮卑貴族元善甚至當面對文帝說：「蘇威怯懦」，沒有宰相的才具。[25]然而，蘇威主張對社會生活的各個方面進行無所不至的干預管理，例如要農民挨家挨戶把吃剩的糧食都登記上報，作成「餘糧簿」等作法，[26]卻與察察為明的隋文帝性格相合，十分投契，簡直少不了他，以至委以五項要職，幾乎是言聽計從。

蘇威所主張的孝治，其實就是文帝的思想。這裡且不論文帝作為孝子的一面，[27]其強調忠孝治國原則的確是堅持一貫的。他曾親臨國子學祭奠孔子，在隆重的儀式上，令國子祭酒元善講《孝經》，並結合現實，大加闡揚。講畢，文帝親自為之授獎，賜絹百匹，衣一席。[28]開皇初年，功臣之子田德懋因父親去世而還鄉治喪，在父親墓旁搭廬守制，哀毀骨立。文帝一聽說，馬上將此事作為楷模，頒布璽書予以嘉獎道：

> 朕孝理天下，思弘名教，復與汝通家，情義素重，有聞孝感，嘉嘆兼深。

派遣員外散騎侍郎元志前往弔祭。不久，又下詔旌表其門閭，厚加賞賜。[29]通過這些事例，文帝明確向世人宣告「孝治天下」的政治主張。

21《隋書》卷四十二，〈李德林傳〉。
22《隋書》卷四十一，〈蘇威傳〉。
23《隋書》卷七十五及《北史》卷八十二之本傳均載其為「西城人」，但《通志》卷一七四之本傳明確記載為「西域人」。何妥先世出自昭武九姓之何國，當以《通志》為是。
24《隋書》卷四十八，〈楊素傳〉。
25《隋書》卷七十五，〈儒林・元善傳〉。
26《隋書》卷六十六，〈郎茂傳〉。
27《冊府元龜》卷二七〈帝王部・孝德〉記載：「隋高祖初仕後周為大將軍，遇皇妣寢疾，三年晝夜不離左右，代稱純孝。」
28《隋書》卷七十五，〈儒林・元善傳〉。
29《隋書》卷七十二，〈孝義・田德懋傳〉。

北齊舊境城市發達，商業繁榮，在以農耕為主的關中統治者眼裡，屬於俗薄難治的地區，故隋文帝自是不遺餘力地在此加強中央政府的統治力。而貫徹孝治以期移風易俗，則成為提高中央權威的重要面向，尤具政治意義。太原文水郭儁，家族七世共居，和睦相處，據說其孝義感天，以至烏鴉都和喜鵲同巢，豬狗則互相哺乳。地方官發現這一奇跡，上報朝廷。文帝欣然相信，特地派遣大臣宇文弼前往其家慰問，治書御史柳彧則在巡省河北時，專門旌表其門，給山東樹立一個規矩敦厚的榜樣。[30]

原北周治下，世族多以孝道和騎射相標榜。京兆韋師，閱讀《孝經》後，掩卷感嘆道：「名教之極，其在茲乎！」[31] 弘農楊尚希十八歲時，在太學講《孝經》，讓聽講的周太祖驚奇不已，賜其鮮卑姓普六茹氏。[32] 北周在關中推行的這一套，實遠承秦國緒風。商鞅教秦孝公耕戰之術，秦國丞相呂不韋總結道：

凡為天下，治國家，必務本而後末。所謂本者，非耕耘種植之謂，務其人也。務其人，非貧而富之，寡而眾之，務其本也。務本莫貴於孝。人主孝，則名章榮，下服聽，天下譽。人臣孝，則事君忠，處官廉，臨難死。士民孝，則耕耘疾，守戰固，不罷北。夫孝，三皇五帝之本務，而萬事之紀也。

夫執一術而百善至、百邪去、天下從者，其惟孝也。[33]

據此，可知秦國所謂的務本，就是以孝為本，以期建成上下森嚴，號令整齊的耕戰社會。這也是隋文帝所希望達成的目標。

儒家主張孝治天下，其理論建立在中國農村社會的家族關係上，也就是將血緣關係推廣為社會關係，把家族倫理升格為國家倫理，導孝為忠，變悌為順，從而構建君一臣一民的絕對統屬關係。《孝經．廣揚名章第十四》說道：

> 子曰：「君子之事親孝，故忠可移於君。事兄悌，故順可移於長。居家理，故治可移於官。」

在儒家學說中，由孝到忠的一系列過渡，是通過仁愛來實現的，[34]《孝經．天子章第二》所謂「愛敬盡於事親，而德教加於百姓，刑于四海，蓋天子之孝也」，就從一個側面表現出這種思想。然而，法家接過儒家的忠孝倫理，把它改造成專制主義理論時，恰恰抽掉了這一點。韓非子曾經坦言道：

> 母之愛子也倍父，父令之行於子者十母；吏之於民無愛，令之行於民也萬父。母積愛而令窮，吏用威嚴而民聽從，嚴愛之筴亦可決矣。且父母之所以求於子也，動作則欲其安利也，行身則欲其遠罪也。君上之於民也，有難則用其死，安平則盡其力。親以厚愛關子於安利而不聽，君以無愛利求民之死力而令行。明主知之，故不養恩愛之心而增威嚴之勢。故母厚愛

30 《隋書》卷七十二，〈孝義．郭俊傳〉。
31 《隋書》卷四十六，〈韋師傳〉。
32 《隋書》卷四十六，〈楊尚希傳〉。
33 《呂氏春秋》卷十四，〈孝行覽第二〉。
34 參閱渡邊信一郎，〈孝經國家論——孝經與漢王朝〉，收於川勝義雄、礪波護編，《中國貴族制社會研究》（京都大學人文科學研究所，一九八七年）。

處，子多敗，推愛也。父薄愛教笞，子多善，用嚴也。[35]

韓非子認為，上對下的恩愛純屬婦人之仁，只會滋長下屬簡慢之心，敗事有餘。所以，他堅決主張用威嚴代替仁愛，以法、術、勢臨下，使之產生畏懼之心，由懼生敬，「則人主雖不肖，臣不敢侵也」。[36]在其理論中，不但忠孝是下級絕對服從上級的片面義務，而且，愛敬之類也不例外，由此形成極度專制的理論。

孝從家族倫理演變為國家倫理的過程中，總的趨勢是人性逐漸泯滅。大約成書於東漢時代的《大戴禮記．曾子大孝篇第五二》說道：

身者親之遺體也，行親之遺體，敢不敬乎？故居處不莊，非孝也；事君不忠，非孝也；蒞官不敬，非孝也；朋友不信，非孝也；戰陣無勇，非孝也。五者不遂，災及乎身，敢不敬乎？

經過這般發揮，人性親情完全被扭曲為奉迎政治的侍婢。這種國家倫理的孝道，十分投合隋文帝的口味，他就曾對臣下說道：「禮主於敬，皆當盡心」。[37]要求群臣忠誠於他。所以，文帝提倡的孝道完全是國家的統治倫理，提倡臣下百姓學習的《孝經》，中心內容都在灌輸忠君思想，隋朝所表彰的也是這類典型。例如，開皇三年（五八三）七月，文帝特向全國通令嘉獎在反對尉遲迥戰爭中傾家蕩產佑護忠臣的濟陰郡（今山東省曹縣西北）省事范臺玫：「行仁蹈義，名教所先，厲俗敦風，宜見褒獎」。樹立忠於王事的榜樣。

當人情與國家倫理衝突的時候，文帝毫不猶豫地要求孝服從於忠，大義滅親。當年，文帝還是北周宰相時，李安向他密告其叔與北周趙王一道謀反，使文帝得以借機誅鋤北周五王。後來，文帝下詔褒獎李安道：

先王立教，以義斷恩，割親愛之情，盡事君之道，用能弘獎大節，體此至公。……今更詳按聖典，求諸往事，父子天性，誠孝猶不並立，況復叔姪恩輕，情禮本有差降，忘私奉國，深得正理，宜錄舊勳，重弘賞命。[38]

大力提倡孝道，目的在於培育不受制約的君權，以及專制君主領導下具有高度權威的政府。文帝大概想以此克服長期動亂所造成的各種社會分裂渙散因素，對症下藥。可另一方面，長期分裂積累下來的差異矛盾，有不少是需要通過時間去消化吸收的，急於求成反而會激化矛盾，這就需要政治的寬容、耐心與遠見。後一點往往不容易為人理解並接受，人們大多喜歡走捷徑。隋朝正直的大臣李諤曾向文帝上書道：

臣聞古先哲王之化民也，必變其視聽，防其嗜欲，塞其邪放之心，示以淳和之路。五教六行為訓民之本，《詩》、《書》、《禮》、《易》為道義之門。故能家復孝慈，人知禮讓，正俗調

35《韓非子》第十八卷（嶽麓書社，一九九〇年），〈六反第四十六〉。
36《韓非子》第二十卷，〈忠孝第五十一〉。
37《冊府元龜》卷二七，〈帝王部・孝德〉。
38《隋書》卷五十，〈李安傳〉。

風，莫大於此。39

如柳彧上書請求禁止元宵節娛樂活動所示，李諤的上書也提出相同的建議，亦即用國家倫理為尺度，審查各種社會活動，由官僚來判定是非禁放。這樣一來，政治專制便得到倫理的支持，如虎添翼，社會完全被納入政治和道德所規定的雙重框框裡，整齊而有序，規規矩矩，按部就班，江山穩固，萬民歸心。

這完全是統治者所追求的田園詩篇，與因長期動亂破壞而造成生產力低下的農業社會相當合拍，然而，它卻經常使刺激社會經濟文化蓬勃向上的發展因素窒息。而且，誰能保證君主官僚總是清明公正的呢？隋朝因集權而強大，也因集權過度而滅亡。

李德林與隋文帝關於孝治爭論的背後，實際上是兩種建國思想的衝突，是包容與專制、刺激社會發展與國家全面嚴格干預社會之爭。政治鬥爭往往先從意識形態領域爆發，它似乎遠離社會生活而不起眼，卻最終規定社會發展的方向。

有人根據李德林與何妥的出身，判定這場爭論是原北齊和南朝系統的官員與關中系官僚的鬥爭。其實，大力主張以抽象倫理全面干預社會的柳彧和李諤，原來也都出身於南梁或北齊官宦，所以，這完全不是無聊的官場傾軋，而是不同思想的交鋒。

李德林早就感覺到文帝專制主義的傾向，在開皇初年的政治推演中，更切身體會到專制主義下黨同伐異的偏激狹隘，不寒而慄，所以才一再勸諫文帝要多一點政治寬容。當時，有遠見的政治家如柳莊、趙綽等人，也都勸文帝多一點寬容。但是，這些意見最後都被壓制下去。這樣，專制集權與全面干預社會生活，便成為隋代的主旋律。

繼續均田

農業是國計民生的基礎，自古道：「倉廩實而知禮節，衣食足而知榮辱」。在中國這樣一個農業國家，有遠見的政治家無不把農業放在理政之首位，即所謂「《洪範》八政，以食為首」。

魏晉動亂，無辜百姓屢遭屠殺，戶口銳減。倖存者或者築塢自保，或者顛沛流離，造成社會的極度蕭條。為了維持社會的穩定和供應軍糧，統治者首先將軍事體制擴大應用於民間社會，出現了國有土地制度全面推行的時代。在北魏，還由於政府把實現拓跋族從游牧到農耕定居的戰略性轉變作為全面漢化的基石，所以強有力地推行國有化的均田制度。顯然，國有土地制度產生、發展、興盛直到衰落的過程，與中國王朝滅亡、社會崩潰、戰亂、分裂、漢化、社會重建到繁榮相一致，可知其為大動亂年代因社會喪失生產機能而由國家代行其職才出現的，這種由國家來組織農業生產的制度，適應於遭到巨大破壞而生產力低下的特定歷史時期和社會環境，目的主要在於恢復經濟、穩定社會和確保國家財政。因此，社會的基本政治經濟條件沒有發生根本性轉變，則國有土地制度仍將在自身修正中具有活力；社會經濟不繁榮，則均田制仍將在慣性作用下繼續實行。隋朝就是在這種社會條件下，繼續推行均田制的。

開皇二年（五八二），經過一年緊張奮鬥，到這年七月，隨著《開皇令》的頒布施行，隋王朝基本框架才大致完成。

在《開皇令》公布之前，隋朝固然捐棄了部分北周苛政，但基本上「仍依周制，役丁為十二

39《隋書》卷六十六，〈李諤傳〉。

番」。北周力役確有「豐年不過三旬」的規定，實施則見於周武帝保定元年（五六一）之「改八丁兵為十二丁兵」的規定。[40]隋朝既然採行北周的「十二番」力役，自然也繼承與之配套的均田制，暫作過渡，以便承前啟後。

新制定的《開皇令》，對北周均田制度作了修改。從《隋書．食貨志》有關均田制記載中「其丁男、中男永業露田，皆遵後齊之制」一句，可知在土地制度方面，文帝也堅持貫徹依北齊改北周制度的原則。從今日傳世文獻來看，北周均田制僅存「有室者，田百四十畝，丁者田百畝」之類極為疏闊的規定，遠不如北齊周密完備，難以具體運作。而且，主持關中政權財政的蘇綽曾對其子蘇威說道：「今所為者，正如張弓，非平世法也。後之君子，誰能弛乎？」[41]連蘇綽本人都覺得賦役過重，於心不安，[42]則此等制度自難被隋朝所繼承。

等級制是古代制度最大的特點，均田制同樣建立在等級基礎上，它首先保證國家官吏對土地的占有。《開皇令》規定：「自諸王已下，至於都督，皆給永業田，各有差。多者至一百頃，少者至四十畝。」[43]比起北齊官吏通過擁有奴婢來獲得永業田，隋朝的給田範圍更加寬泛，甚至連用以酬勳的散實官「都督」都能受田。因此，馬上就出現了百姓受田嚴重不足的情況。

對此，民部尚書蘇威建議，[44]減少分給功臣的田地，以緩解百姓受田不足的局面。建議剛剛提出，立即遭到勳貴功臣的強烈反對，上柱國王誼趁文帝親臨其府的機會，當面對文帝說道：「百官者，歷世勳賢，方蒙爵土。一旦削之，未見其可。如臣所慮，正恐朝臣功德不建，何患人田有不足？」[45]文帝靠宮廷政變上臺，正需要拉攏官僚的支援，豈能輕易觸動其既得利益，所以，他當即作出決定，壓下蘇威的建議。

從這件事可以看出，均田制實行已近百年，其性質發生了巨大變化。

當初，北魏進入中原，控制著大量荒地，可以通過國家行為使勞動力和土地相結合，扶持自耕農，「蓋欲使土不曠功，民罔游力。雄擅之家，不獨膏腴之美；單陋之夫，亦有頃畝之分。所以恤彼貧微，抑茲貪欲，同富約之不均，一齊民於編戶」。[46]

隨著社會安定，生產恢復，上述均田制的作用也在日益減低。這也許是一種必然的趨勢，猶如小孩要長大，病人痊癒要脫離護理一般。然而，均田制已經實行百年，經歷北魏、北齊、北周三個王朝，幾乎成為北方社會不可觸犯的基本國策，而且，在這種制度下，滋長起一大批既得利益階層，統治者無論有或者沒有預料到這樣的發展，在當時經濟業已恢復但還不繁榮的時代，一時不能也不敢輕易改弦易轍，以免造成不必要的混亂。這時，均田制雖然還有一點扶貧作用，但其主要目的更接近於等級制的社會利益分配制度；以前國家穩定社會的重點在於扶助自耕農，現在則在於籠絡官僚，即王誼所謂的「正恐朝臣功德不建，何患人田有不足」。

在這種制度下，獲得最大利益的自然是大大小小的官吏。除了上述的永業田，他們還可以根

40 引文均見《隋書》卷二十四，〈食貨志〉。
41 《隋書》卷四十一，〈蘇威傳〉。
42 《周書》卷二十三〈蘇綽傳〉記載，蘇綽為宇文泰制定「六條詔書」，其第三條「盡地利」規定，地方官要把凡能拿得起農具的農民，不問老小，盡驅田頭，男耕女織。凡有偷懶者，將其姓名上報官府懲罰，以儆效尤。這種集體役使的辦法，頗帶軍事色彩。
43 《隋書》卷二十四，〈食貨志〉。
44 《隋書》卷四十〈王誼傳〉作「太常卿蘇威」，然據同書蘇威本傳記載，隋文帝受禪，蘇威拜太子少保，「俄兼納言、民部尚書」，則「太常卿」應為「民部（度支）尚書」。
45 《隋書》卷四十，〈王誼傳〉。
46 《魏書》卷五十三，〈李孝伯附李安世傳〉。

據官品高低，在任期內獲得職分田，如表五所示，其數量也不少。

表五 隋《開皇令》所規定京官職田表

一品	二品	三品	四品	五品	六品	七品	八品	九品
5頃	4.5頃	4頃	3.5頃	3頃	2.5頃	2頃	1.5頃	1頃

京官職田，在京城近郊。而各地官吏，也按規定於所在州縣城郊得到職分田，作為俸祿的一部分。至此，京官、外官職分田制度臻於成熟。[47]

除了永業田和職分田外，官吏還可以得到一大筆公廨錢，作為官署的辦公費用。他們拿這筆錢放貸取息，維持辦公費。

官署是政治、行政權力部門，依靠國家稅收維持，本來就是老百姓供養的，現在讓其直接介入經濟活動，以權經商，官商勾結，「出舉興生，唯利是求，煩擾百姓，敗損風俗，莫斯之甚」。這種妨礙行政公正，造成官風敗壞的陋習，乃「因循往昔」。[48]北魏孝文帝為整治腐敗，曾加禁止，同時給官吏發放俸祿和辦公費。隋朝在職分田之外，恢復官署放貸的作法，實是對官吏作出的重大讓步。

到了開皇十四年（五九四），官署放貸做得太不像話了，工部尚書蘇孝慈看不下去，挺身而出，直言上諫，請求予以廢止，改為給官署田地。文帝也覺得有道理，遂於六月四日頒發詔令規定：「省府州縣，皆給公廨田，不得治生，與人爭利」，[49]對官吏略加約束。可是，田租收入遠遠比不上以錢生錢來得輕巧豐厚，所以，他們紛紛起來，明裡暗裡發洩不滿，向中央施加壓力。這樣，到了開皇十七年（五九七）十一月，文帝只好再次下詔：「在京及在外諸司公廨，在市迴易，及諸處興生，並聽之。唯禁出舉收利」。[50]一收一放，官吏不但毫髮未損，公廨錢依舊閃閃發亮，而且還多得一份公廨田，少一分對中央的敬畏。

開皇年中，民部侍郎上奏：「身死王事者，子不退田；品官年老不減地」，[51]獲得文帝的欽准。以前，文帝也曾多次賑恤犧牲的將士家屬，如開皇元年（五八一）九月，「戰亡之家，遣使賑給」；開皇六年（五八六）九月，「詔大象已來死事之家，咸令賑恤」等等，郎茂的建議，使得這類賑恤制度化，勳田與官吏受田更加固定。而且，政府在緣邊地帶推行屯田，各地軍府也都占有土地，七折八扣，國家能夠掌握並用於分給百姓的土地，十分有限。

從名義上說，隋朝百姓得以和北齊一樣，男丁分得露田八十畝，婦人四十畝，奴婢按良人標準給田，這些土地，年老及死要還給國家。此外，每丁又給永業田二十畝，課種桑樹五十棵、榆樹三棵、棗樹五棵，不宜種桑處，按桑田辦法給麻田，這類土地世襲不還。

這些規定，實際上徒具形式。如上所述，從開皇初年起，就已經出現民田不足的情況，而政府又不肯觸動官僚的利益，那麼，隨著人口的增長和戶數激增，受田不足的情況只會日益嚴重。

---

47 參閱：堀敏一，《均田制的研究》（日本：岩波書店，一九七五年），第四章第九節。韓昇等譯，《均田制的研究》（福建人民出版社，一九八四年）。

48 引文均見：《隋書》卷二十四，〈食貨志〉。

49 《隋書》卷二，〈高祖下〉。

50 《隋書》卷二十四，〈食貨志〉。

51 據《隋書》卷六十六〈郎茂傳〉所載，郎茂建議之時，蘇威任尚書右僕射。查蘇威第一次任尚書右僕射，在開皇九年（五八九）閏四月至開皇十二年（五九二）七月，故郎茂建議當在此時期。

開皇三年（五八三）正月，文帝「初令軍人以二十一成丁」。[52]「軍人」實為「軍民」，系唐人避唐太宗李世民名諱所改。這一規定決非無緣無故，也不像有些研究者所謂的「惠政」。這年，隋朝與突厥戰事方艱，國家正是用人之時，不會平白提高成丁年齡。聯繫到上述蘇威關於削減功臣土地的建議，大概文帝在否決其議後，用提高成丁年齡的辦法，緩解丁男受田的壓力，暫時敷衍過去，將來再從長計議。

就這樣，一年拖過一年，問題非但沒有解決，反而更加突出。政府嚴格戶口管理，搜括出許多隱漏人口，卻沒有能力解決其土地問題，尤其在「京輔及三河，地少而人眾，衣食不給」。[53]而且，平陳以後，四海為一，再沒有什麼理由長期拖而不決了。

開皇十二年（五九二），文帝硬著頭皮讓百官商議此事，有人十分鄭重地建議：把土地不足的「狹鄉」百姓遷往地多人少的「寬鄉」安置。其實，政府歷來鼓勵農民遷居寬鄉，並給予優惠待遇。既然如此，農民還不願意遷徙，可知所謂寬鄉大多是比較偏僻荒涼的地方。因此，此類徙民建議，純屬一本正經的老生常談。文帝又讓各州進京匯報政績的考使參加討論，結果只是得到深切的關心。顯然，要想這幫官吏為國為民忍痛割捨些許私人利益，不啻是與虎謀皮。文帝轉而讓尚書將此作為考題，看四方貢士有何高見，結果只是增加失望。

文帝只能在現有條件下對農民擁有土地的狀況略加調整，他派遣使者到各地貫徹均田。使者回來報告，均田普遍不足，「其狹鄉，每丁才至二十畝，老小又少焉」。[54]既不能觸動官僚階層的利益，又不願意放鬆國家對土地的管制，加上人口增長的壓力，隋朝的均田制度只能在夾縫裡勉強圖存。好在農民還有一小塊田地，尚可忍耐，統治者便在這一點餘地上大顯才智。隋煬帝即位，因「戶口益多，……乃除婦人及奴婢部曲之課。男子以二十二成丁」。[55]揭開仁慈的面紗，按照不課稅不受田的原則，實際上是免除婦女及依附人口的受田，連成丁受田都再度推遲了。爾後，由於國用不足，煬帝顧不上虛文掩飾，徑調發婦女服勞役。農耕人家，受田是不敢指望了，西風殘照，妻女傷別，哪裡比得起官吏既得公廨田又放公廨錢的滿面春風。

農民實際擁有二十來畝田地，這恰好只夠均田規定中的永業田數額。永業田源於北魏的桑田，根據法令，必須種桑、棗、榆樹。可是，從唐代敦煌戶籍殘卷所反映的情況來看，農民主要擁有的是永業田，種糧尚且不足，遑論種桑？而且，從當時的農藝角度來看，桑、棗、榆樹不宜種於農田。[56]中國很早就總結出「田中不得有樹，用妨五穀」的農藝經驗。[57]我曾歸納當時桑樹的種植，認為一般種於：一、屋宅、村落周圍；二、田邊地頭，以為藩界；三、河渠道旁、山坡丘陵等不宜種糧食的空閒土地。[58]由此可知，法令中的課民種桑，只是中國男耕女織觀念下的勸農規定，所謂的桑田，決非種桑之地，故北魏以後，桑田就徑稱為永業田。北魏均田令本身就規

52《隋書》卷二十四，〈食貨志〉。

53《隋書》卷二十四，〈食貨志〉。

54《隋書》卷二十四，〈食貨志〉。

55《隋書》卷二十四，〈食貨志〉。

56《齊民要術》卷五〈桑柘〉，引《氾勝之書》記載：「種桑之法，耕治肥田十畝，荒田久不耕者尤善」；同書同卷記載：「榆性扇地，其陰下五穀不植，種者宜於園地北畔。……又種榆法，其於地畔種者，致摧損穀，既非叢林，率多曲戾。不如割地一方種之。其田土薄地，不宜五穀者唯宜榆」；《王禎農書》卷九〈百穀譜集之七．棗〉，引《齊民要術》記載，旱澇之地，不任耕稼者，歷落種棗則任矣，棗性燥故也」，其注說：「棗性堅強，不宜苗稼」，都證明不宜用農田種植上述樹種。

57《漢書》卷二十四上，〈食貨志上〉。

58韓昇，〈北魏の桑田について〉，《唐代史研究會會報》第五號（日本：唐代史研究會，一九九二年）。一九九一年七月，我在日本箱根舉行的唐代史研究會上宣讀論文時，古賀登教授支持筆者的分析，並補充中亞地區種桑情況亦如筆者所論。

定「諸桑田皆為世業，身終不還，恒從見口。有盈者無受無還，不足者受種如法」，[59]已經在一定程度上接近於桑田的實質。

所謂的桑田、永業田，就是農民原來擁有的土地，北魏初行均田制時，不承認土地私有，把所有土地統統作為國有土地。但是，在具體運作上，顯然不可能把農民擁有的田地先收歸國有，再來進行均田，而只能將這類土地首先納入一定程度承認其私有的桑田系列，這就是法令上先受桑田的基本原則。在此基礎上，國家再按照法令規定，將國有土地授於農民，補其差額。這樣，田地可以分為兩大類，一是農民原有的，二是國家授予的。國家給予的田地當然都要實行還受。在唐代，平均每戶僅有十畝地的吐魯番地區，民田皆為永業及園宅地，都要還受，恐怕也是這個道理。實際上，均田制具有國有和私有土地的雙重結構。[60]

隋文帝繼續推行均田時，狹鄉農民僅有二十來畝田地，差不多就是其祖傳世業。寬鄉大概也好不到那裡，唐代寬鄉敦煌，平均每戶也就是四十畝左右，可以作為參考。這時期的均田制，對於保證農民的受田，作用並不太大，它已隨著官員受田的擴大、土地買賣限制的鬆弛和私有化程度的提高而逐步走向衰落，在此趨勢面前，統治者束手無策，一籌莫展。是隋末全國性的農民起義，才打斷或延緩了這一進程。至於說隋朝約束官僚地主，排除干擾，在更大的廣度和深度上推行均田制度，而且還「既推行於北方必推行於南方」云云，[61]筆者尚未發現足以支持如此新穎見解的證據。

如此舉步維艱的均田制度，文帝要勉為其難地推行實施，必有其用意與合理性。國家直接控制農民和穩定並擴大稅收層面，是首先可以想到的。而保護農民擁有最低限度的土地，其作用恐怕更在於保護農民自立，這同時還具有政治的意義。因此，我們必須了解隋朝對鄉村社會的整治與控制。

整治鄉村

《開皇令》規定，「五家為保，保有長。保五為閭，閭四為族，皆有正。畿外置里正，比閭正，黨長比族正，以相檢察焉。」[62]這一鄉村基層組織的規定，和北齊頗不相同，大概是沿襲北周制度。

北齊河清三年（五六四）令規定：「十家為比鄰，五十家為閭里，百家為族黨。」[63]北魏三長制規定：「五家立一鄰長，五鄰立一里長，五里立一黨長，長取鄉人強謹者。」[64]和北魏相比，北齊基層組織大為鬆弛，不是那麼嚴密。當然，這只是法令上的對比，實際上，北魏推行三長制時的鄉村情況是「惟立宗主督護，所以民多隱冒，五十、三十家方為一戶」，[65]從「宗主督護」直接跨入嚴密的三長制，其實效如何，不得而知。文獻上倒是留下胡漢世族紛紛反對的記載。[66]到高歡執政時，元孝友上書，建議以二十五家為比，二比為閭，四閭為族，如此，則每百家可省出

59 《魏書》卷一百一十，〈食貨志〉。
60 我在〈桑田考釋〉（《平准學刊》第五輯上冊，光明日報出版社，一九八九年）及上引拙文中，作過專門的考證，請參閱。
61 金寶祥等著，《隋史新探》第一章。
62 《隋書》卷二十四，〈食貨志〉。
63 《隋書》卷二十四，〈食貨志〉。
64 《魏書》卷一百一十，〈食貨志〉。
65 《魏書》卷五十三，〈李沖傳〉。
66 參閱《魏書》卷五十三〈李沖傳〉，《魏書》卷一百一十〈食貨志〉。

十二個免賦役的鄉里胥吏，增加稅收。由此可知，以前反對三長制的豪族早已搖身變為鄉官，享受免稅優待，逼得政府反而要削減鄉官。三長制的鬆弛或可反映其實效之一斑。

北周的三長制情況，史書語焉不詳，只知道有「黨族、閭里正、長之職，皆當審擇，各得一鄉之選，以相監統」寥寥數語。[67]黨族、閭里，恰與隋制相同，且蘇綽曾為宇文泰設立計帳、戶籍之法，嚴格戶口管理，勵行耕戰，轉弱為強。故隋朝鄉里制度，當基本沿襲北周，而推行於全國，其實施的重點是制度鬆弛的舊北齊地區。

山東地區比較殷實，世族聚集。高歡時代，政府於滄、瀛、幽、青沿海四州煮鹽收稅，即可周贍軍國之資，故「是時法網寬弛，百姓多離舊居，闕於徭賦」。北齊成立後，「（文宣）帝刑罰酷濫，吏道因而成姦，豪黨兼并，戶口益多隱漏。舊制，未娶者輸半床租調。陽翟一郡，戶至數萬，籍多無妻。有司劾之，帝以為生事。由是姦欺尤甚。戶口租調，十亡六七。」[68]而且，在北齊財政收入中，非農業稅的比例不低。在這種條件下，河清三年（五六四）重新制定的均田法令，其實際效果令人難以完全相信。況且，僅過了十多年，北齊就滅亡了。趁戰亂之機隱漏戶口的情況，自可想像。所以，隋朝建立後，「山東尚承齊俗，機巧姦偽，避役惰遊者十六七。四方疲人，或詐老詐小，規免租賦」。[69]農民脫籍，不但減少了國家稅收，更嚴重的是，他們托庇於大族門下，加強了豪強壟斷鄉曲的地位，妨礙國家對鄉村的直接控制。

大族在鄉村具有很大的影響。趙郡（今河北省趙縣）李氏為天下一流名族，「宗黨豪盛」。李士謙常以家財賑濟鄰里，故鄉里婚喪嫁娶、糾紛鬩訟，無不請他主持裁決。「其後出粟數千石，以貸鄉人，值年穀不登，債家無以償，皆來致謝，士謙曰：『吾家餘粟，本圖振贍，豈求利哉！』於是悉召債家，為設酒食，對之燔契，曰：『債了矣，幸勿為念也。』……他年又大饑，多有死者，士謙罄竭家資，為之糜粥，賴以全活者將萬計。收埋骸骨，所見無遺。至春，又出糧種，分給貧乏。」[70]世家大族在鄉里社會的中心地位，還由於債務關係而得到很大的加強。至於恃強淩弱的豪門，如滎陽（今河南省滎陽市西北）鄭氏，「並恃豪門，多行無禮，鄉黨之內，疾之若仇」，[71]更是赤裸裸地壟斷鄉里。

因此，隋朝強化三長制度，就不僅具有增加稅收的經濟意義，還具有削弱豪強勢力，增進國家權力的目的。尤其是山東社會與關中相比，政治、經濟等各個層面差異頗大，對中央政府並不服氣，所以，隋朝採取相當嚴厲的措施，大規模整治鄉村。

開皇五年(五八五)，[72]文帝下令各州縣檢括戶口，派官吏深入鄉村，逐個閱視核實，稱為「大索貌閱」，「戶口不實者，正長遠配，而又開相糾之科。大功已下，兼令析籍，各為戶頭，以防容隱。於是計帳進四十四萬三千丁，新附一百六十四萬一千五百口」，[73]取得很大成效。

有趣的是，二十四年後的煬帝大業五年（六〇九），民部侍郎裴蘊主持了另一次大規模的檢括

67《周書》卷二十三，〈蘇綽傳〉。
68《隋書》卷二十四，〈食貨志〉。
69《隋書》卷二十四，〈食貨志〉。
70《隋書》卷七十七，〈隱逸·李士謙傳〉。
71《北史》卷三十五，〈鄭羲附鄭白驎傳〉。
72《隋書》卷二十四〈食貨志〉系於開皇三年之下，而《資治通鑑》卷一百七十六則系於開皇五年。記載中「令州縣大索貌閱」一句，表明此事發生在廢郡之後，如前所述，廢郡在開皇三年十二月，所以，「大索貌閱」必在開皇四年以後，這裡采《通鑑》的記載。
73《隋書》卷二十四，〈食貨志〉。

戶口行動，「諸郡計帳，進丁二十四萬三千，新附口六十四萬一千五百」。[74] 兩次行動的手段方式極其相似，而且，括出丁、口兩項的尾數完全相同。

日本的志田不動麿氏首先發現這一問題，[75] 並據此認為「大索貌閱」實際只在大業五年實行過一次，而開皇五年的記載純屬《隋書．食貨志》作者誤會。此後，礪波護及中國的唐長儒氏均撰文表示支持。[76] 對此，池田溫先生從隋朝戶籍政策整體出發，對上述見解提出有力的反駁。

如第五章所述，從開皇三年（五八三）底開始，文帝對地方行政制度進行了重大調整，廢除郡一級機構，加強中央對地方的控制。從廢郡中精簡出大批官吏，成為「鄉官」，閒無職任。隨著地方制度改革的深入，中央權力強有力地貫徹於鄉村，自是必然的趨勢。否則，地方行政制度的改革倒是要落空夭折，變得不可理解。所以，繼廢郡之後，各地在州縣直接領導下，利用閒散的「鄉官」協助，進行大規模的人口普查，勢在必行，無可置疑。

而且，政府對鄉村戶口的掌握，也不是一次括戶就能徹底解決，一勞永逸。《資治通鑒》認為開皇五年與大業五年的括戶都屬真實。其實，戶口增長歷來是中央考核地方官政績的主要指標，因此，各地對戶口的檢括，恐怕還是經常性行為。至於兩次括戶的手段方式相似，亦屬正常，甚至唐朝還沿用「貌閱」方法確定簿籍，[77] 繼承前人行之有效的作法，不足為奇。而兩次括出丁、口的尾數相同，哪怕就算是記載有相混之可能，也不足以構成決定性的證據。相反，開皇初期的許多事例倒是確鑿證明了括戶曾經認真實行過。

文帝見山東民多浮浪，便派遣使者巡察按驗，打算將搜括出來的流民遷徙到北疆實邊，以後，經過太子楊勇勸諫才作罷。[78] 此事發生在開皇元年（五八一），可知文帝早就計畫實行括戶。

乞伏慧任曹州（今山東省曹縣西北）刺史，「曹土舊俗，民多姦隱，戶口名簿帳恒不以實。慧下車按察，得戶數萬。遷涼州總管。……歲餘，轉齊州刺史，得隱戶數千」。[79]《隋書・皇甫誕傳》也記載，「（文帝）以百姓多流亡，令誕為河南道大使以檢括之。及還，奏事稱旨，上甚悅，令判大理少卿。」這些事例都表明，開皇年間的「大索貌閱」是在文帝親自督責下進行的，而且，它作為一項國家政策，一直持續實行。

開皇十六年（五九六），公孫景茂出任道州（今河南省許昌市）刺史，經常「單騎巡人，家至戶入，閱視百姓產業」。[80]可知「貌閱」決非一紙空文。

在嚴厲的括戶下，隋朝人口迅速增長。令狐熙擔任滄州刺史，「時山東承齊之弊，戶口簿籍類不以實。熙曉諭之，令自歸首，至者一萬戶」。[81]據〈令狐熙碑〉記載，令狐熙到任時，「戶惟四萬，綏撫□□□□□□□□乃□十萬」。[82]查《隋書・地理中》「渤海郡」，渤海郡就是文帝時代的滄州，大業五年（六〇九）時，「戶十二萬二千九百九」。令狐熙從開皇二年（五八二）至八

74《隋書》卷六十七，〈裴蘊傳〉。
75 志田不動麿，〈北朝時代的鄉黨制〉，《史潮》，第五卷第二期，一九三五年。
76 礪波護，〈隋代的貌閱與唐初食實封〉（後來收入其著《唐代政治社會史研究》，同朋社，一九八六年）；唐長孺，〈讀隋書劄記〉（載於其著《山居存稿》，中華書局，一九八九年）。
77《唐會要》卷八十五〈團貌〉記載：「延載元年八月敕：『諸戶口計年將入丁、老疾應免課役及給侍者，皆縣親貌形狀，以為定簿。』」
78《隋書》卷四十五，〈文四子・房陵王勇傳〉。
79《隋書》卷五十五，〈乞伏慧傳〉。
80《隋書》卷七十三，〈循吏・公孫景茂傳〉。
81《隋書》卷五十六，〈令狐熙傳〉。
82《金石萃編》卷五十六。

年（五八八）任滄州刺史，短短六年間，戶數便從四萬猛增至十萬，增長一點五倍。而從開皇八年到大業五年，經過十一年，戶數才增加二萬多。

就全國而言，隋建立時，大約有戶四五百萬，平陳後不久，已增加到六七百萬，文帝末，應達到八百餘萬戶，至大業五年則增加到約九百萬，達到頂峰。

無論是全國或者是某一地區的情況都顯示，隋朝戶口的迅猛增加，出現在開皇年間，其增長方式很大程度是依靠政府的行政手段，即通過整治鄉里、檢括戶口實現的。人口迅速增長的地區，最顯著的是北齊舊境，今天的江蘇、安徽一帶也有較大增長。[83]由此可見，開皇年間的「大索貌閱」確實收到明顯的效果。而到了文帝後期以後，人口增加的速度明顯減慢，基本屬於正常的自然增長。

比較開皇年間與大業年間的括戶，最顯著的不同，在於開皇年間強調析戶，亦即「大功已下，兼令析籍，各為戶頭，以防容隱」的規定。根據《資治通鑑》胡三省注，所謂大功，就是指堂兄弟，大功已下意即大功以下的親屬，明顯是針對大家族及其隱占人口。所以，開皇年間，戶數有較快增長，其結果是戶平均口數顯著減少，全國由六點六下降至五點二，[84]而山東地區由六點零六下降到五點一七，[85]尤其明顯。而這兩組資料同時也表明，檢括戶口是在全國實行，並不局限於山東地區。

在總戶數中，大族儘管隱占許多人口，但其占有的比例不大，自是不言而喻。因此，戶平均人口數哪怕降低百分之零點幾，其絕對數目就十分可觀，像開皇年間如此明顯的下降，說明析戶進行得相當徹底，豪強的勢力大大削弱，鄉村的主導權掌握在政府委任的三長手裡。

有的研究認為，由於「齊亡後，衣冠士人多遷關內，唯技巧、商販及樂戶之家移實州郭」，[86]

導致山東地區可供百姓均田的土地增加。其實，第一，北齊官僚、衣冠士人遷入關內，而中央派來的官僚填補其空缺，只不過更換了一批享受權力的面孔而已。第二，山東括出大量隱戶，大大加劇土地不足的局面。第三，山東地區的人口密度遠遠高於關中。[87]因而，根本不可能存在山東地區均田條件優於關內的情況。

文帝對北齊舊境的統治是嚴厲的。有一次，他途經汴州（今河南省開封市西北），「惡其殷盛，多有奸俠」，[88]於是調括戶出名的令狐熙前來擔任刺史。令狐熙一上任，立即禁止遊食，抑制工商，民居大門朝向街道的一律改向，船隻過客散居城外各處的統統編成團體，外地人遣歸務農。令狐熙的一系列作法，大得文帝讚賞，並向山東其他地區推廣其治理經驗，政績評為全國第一。

關中在北周時代，曾經歷嚴格的軍事管制，力耕務農已經蔚然成風，故地方官員沒有太多需要操心的事。梁彥光平平安安地當了幾年岐州刺史，無所事事卻政聲頗高，因而調任重要的相州刺史。他依然實行在岐州的那一套管理辦法，各司其職，各安其業。文帝知道後，很不高興，將

83 氣賀澤保規〈對隋代鄉里制度之一考察〉一文，從地區戶數總量考察，指出北齊舊境從滅亡時的三百三十〇（三百〇三）萬增加到大業五年的五百五十四萬多，增長率為一點一六（一點八三）倍，南陳舊境則從六十（五十）萬增加到六十九萬餘，增長率為一點一六（一點三九）倍。而趙文林、謝淑君《中國人口史》第一四八頁則指出，除了江蘇和安徽兩省外，整個南方的人口比重普遍下降，其原因是尚未完全擺脫「侯景之亂」等南朝內亂的影響。

84 趙文林、謝淑君，《中國人口史》，第一五一頁。

85 池田溫，《中國古代籍帳研究概觀．錄文》第三章第一節。和前面一組資料相比，由於各人掌握的資料和使用的統計方法不同，因而必然存在一定的偏差，但基本是一致的。

86 《隋書》卷七十三，〈循吏．梁彥光傳〉。

87 趙文林、謝淑君，《中國人口史》，附圖五「各省（區）在隋代人口平均密度示意圖」。

88 《隋書》卷五十六，〈令狐熙傳〉。

他罷免。後來，他向文帝請求重任相州刺史，將功折罪，獲得批准。這次，他一上任就嚴厲打擊豪強，「發擿姦隱，有若神明，於是狡猾之徒莫不潛竄，合境大駭」，[89]大得褒揚。

顯然，文帝心目中的社會藍圖，是傳統的農業社會，日出而作，日入而息，末業不興，盜賊不起，勤勞順從，秩序井然。這種社會的樣板，來自他最熟悉的關中故土，在力行耕戰的政策下，才有統一華北的勝利。所以，他要把關中這一套推行於山東。在他眼裡，山東腐敗衰亡，根本原因就在於末業發達，造成百姓脫離鄉村，游食於城市，營利生姦，風俗險薄，而這正是滋生動亂的淵藪，對此他始終保持著高度警惕。其高度管制的措施，不見得是敵視山東地區，而是出自對治理國家的認識。因此，他並沒有感到山東社會的發達與先進，倒是看到其不符合農業社會標準和不利於國家全面管理民生的方面，所以，他要把山東重新納入傳統的農業社會框架中。抑制工商，檢括浮浪人口，驅使他們歸籍務農，這與削弱豪強，都是重建鄉村的不同側面。

而且，國家還要進一步加強對鄉村的控制。

開皇九年（五八九）平陳之後，蘇威建議以五百家為鄉，置鄉正，處理民間訴訟。內史令李德林當即表示反對，他認為，當初廢除鄉官判事，就是因為鄉官生活於布滿親戚朋友的閭里，直接的利益瓜葛使他們不可能保持公正的立場。現在要把五百家農民完全交給鄉正統治，恐怕會滋長惡霸，為害更甚。文帝心裡是贊同蘇威的，但他又不願直接表態，就讓內外群官齊聚東宮討論。皇太子楊勇等大多支援李德林，而宰相高熲揣知文帝意向，又沒有什麼合適的理由，便指責李德林狠戾固執，向文帝匯報。於是文帝作出最後裁決：「制五百家為鄉，正一人；百家為里，長一人」。[90]

果然，鄉正設立才一年，右武侯大將軍虞慶則從關東諸道巡視回來，向文帝匯報道：「五百家鄉正，專理辭訟，不便於民。黨與愛憎，公行貨賄」。豪強壟斷鄉曲又要故態復萌了，文帝不得不下令廢鄉正。這時，李德林從維護法令權威而不宜朝令夕改的角度，再次進諫：

此事臣本以為不可。然置來始爾，復即停廢，政令不一，朝成暮毀，深非帝王設法之義。臣望陛下若於律令輒欲改張，即以軍法從事。不然者，紛紜未已。[91]

一片肺腑之言，道出了一個專制帝王不喜歡聽的原則：維護法律權威，才是維護國家與君主權威的正道。試圖以權力蔑視法律，只會造成上行下效的惡劣影響，結果不會有真正的勝利者，只有國家的衰亡和人民的痛苦。

文帝百密一疏，出了個敗招，心中正在懊惱，所以一聽到李德林的勸諫，反而惱羞成怒，大罵李德林將他當作王莽，把毫不相干的事情扯在一起罵了一通，心中的火氣才慢慢壓了下去，思量一番，作出妥協而明智的決斷：保留鄉正，但不理辭訟。[92]

鄉正沒有廢除，隋朝的基層機構也因此逐漸穩定，形成鄉、里兩級，並一直維持了下去。這就是此後還不斷見到鄉正記載的緣故，例如：《匋齋藏石記》卷十五所收〈菀德贊妻杜氏墓磚〉記載，開皇十九年（五九九）「相州相縣輔和鄉長金遵下儀同府前參軍菀德贊妻杜口生……」；

89《隋書》卷七十三，〈循吏．梁彥光傳〉。
90《隋書》卷二，〈高祖下〉。廢立鄉正判辭訟事，見同書卷四十二〈李德林傳〉。
91《隋書》卷四十二，〈李德林傳〉。
92《隋書．李德林傳》僅記載文帝聽了虞慶則有關鄉正不法行為的匯報後，「上仍令廢之」。造成許多誤解，以為鄉正就此廢除。其實不然，所廢者僅為鄉正理民間辭訟。

《舊唐書．劉文靜附劉世龍傳》記載：「劉世龍者，并州晉陽人。大業末，為晉陽鄉長」等等。

而且，鄉正（長）作為基層官吏，在貫徹國家政令上，仍起著重要作用。大業五年（六〇九）括戶時，「皆令貌閱。若一人不實，則官司解職，鄉正里長皆遠流配」，[93]即可見其一斑。立鄉正的倡議者蘇威，更是通過鄉里組織強化管理，如責成農戶立「餘糧簿」，「每歲責民間五品不遜」等等。[94]

所謂的「五品」，出自《尚書．舜典》，宋人蔡沈注道：「父子、君臣、夫婦、長幼、朋友，五者之名位等級也」；[95]《史記．五帝本紀》集解載：「鄭玄曰：五品，父、母、兄、弟、子也。王肅曰：五品，五常也。」通過鄉里組織的行政手段，把文帝孝治天下的倫理原則強硬貫徹於鄉村，則整頓並強化鄉里組織的政治意義便更加清晰地凸現出來。

國家要牢固控制鄉村，就必須加強基層政權組織的建設，削弱豪強勢力，而最根本的乃是培育起一大批國家直接控制的自耕農，以此填平動亂造成的中央與基層的巨大鴻溝。可以說隋代的均田制、大索貌閱、析籍和禁遊食、抑工商、勒民歸農等等措施，都是圍繞這一中心課題展開的。

強化財經制度

重農抑商又成為新時代的主旋律。對於從動亂分裂中迅速邁向統一和集權的政府而言，文帝顯然是想把國家建立在一個穩定而嚴格管理的農業社會上，使其根基更加牢靠。這不僅是出於政治的考慮，而且也具有巨大的經濟意義。

強化對鄉村的控制，首先從根本上保證了國家政權經濟基礎的穩固。《開皇令》規定，均田制下的農民必須向國家交納租調，「丁男一牀，租粟三石。桑土調以絹絁，麻土以布絹絁。絁以疋，加綿三兩。布以端，加麻三斤。單丁及僕隸各半之」，而且，還要服勞役。開皇三年（五八三）正月修改調及力役規定為：「減十二番每歲為二十日，減調絹一疋為二丈」，[96]由此可知，力役最初是每年一個月，此時減為二十天。

以上所列皆為國家正稅。北齊河清三年（五六四）令將租稅細分為每戶墾租二石、義租五鬥，「墾租送臺，義租納郡，以備水旱」，[97]清楚區分中央與地方的稅收分成。然而，《開皇令》裡看不到這類規定，這似乎不能歸結為隋令原本散佚而難知其詳，因為唐令規定也和隋朝基本相同。由此看來，從隋朝開始，中央對稅收制度進行了重大調整，大大加強中央對稅收的管理控制，並不在具體稅目裡明確規定中央與地方各自的比例，而是從總的國家稅收中，由中央來確定當年地方的留成數額。

然而，這並不表明上述正稅就包括了農民的全部負擔。實際上，在正稅之外應該還存在中央和地方的其他稅目。開皇八年（五八八），宰相高熲建議，以往各州無課調處，以及課州內轄戶過少，官員的俸祿徭役無處著落者，均由鄰近的州來負擔，這在道理上說不過去，因此，應該改為

---

93 《隋書》卷六十七，〈裴蘊傳〉。
94 《隋書》卷六十六，〈郎茂傳〉。
95 宋蔡沈，《書經集傳》（中國書店標點本，一九九四年）。
96 引文均見《隋書》卷二十四，〈食貨志〉。
97 《隋書》卷二十四，〈食貨志〉。

在自身轄區內計戶徵稅。文帝批准了高熲的建議。[98]由此可知，百姓還要負擔地方的官俸和徭役。就北朝後期農民的租稅負擔來看，隋朝徵課的額度並不輕。北齊為每戶墾租二石、義租五鬥，調絹一疋，綿八兩；北周為每戶粟五斛，絹一疋，綿八兩，但兩國都有一些變通與減免的規定。[99]如果光從帳面來看，隋朝的租稅重於北齊，輕於北周。然而，實際情況就與帳面數字頗有差別了。

最重要的變化在於隋文帝時代的度量衡。隋朝的尺，與北周大致相同，雖略小於北齊，但相差不大，不去細究，則齊、周、隋三代畝制和調額基本相同，隋朝還略少一點。但是，文帝朝的秤和斗就要遠遠大於古代了。《隋書．律曆上》記載：「開皇以古斗三升為一升，大業初，依復古斗」；「開皇以古稱三斤為一斤，大業中，依復古秤」。一九三〇年河北易縣燕下都老姥臺的南端居住遺址中，發掘出近七百克重的大鐵權，[100]以及日本山下泰氏收藏的隋量實物，[101]均可證明上引開皇與大業年間權衡制度曾經發生變化的記載真實無誤。至於這些變化並非突如其來，而是早就存在大、小兩種秤斗制度，隋文帝只是將混亂的權衡制度統一到大秤大斗上，也被近年深入精細的研究所證明。[102]據此，則文帝時代的農民負擔顯然加重了許多。

更讓農民難以忍受的，是地方官吏徇私舞弊，上下其手，造成嚴重的稅負不均。因此，在文帝實行括戶的同時，高熲針對「人間課輸，雖有定分，年常徵納，除注恒多，長吏肆情，文帳出沒，復無定簿，難以推校」的種種弊端，親自編制徵收租稅的樣本，叫做「輸籍定樣」，頒發給諸州官吏，遵照實行，於「每年正月五日，縣令巡人，各隨便近，五黨三黨，共為一團，依樣定戶等上下」。[103]唐朝理財家、曾任德宗、順宗和憲宗三朝宰相的杜佑在總結隋朝推行的「輸籍定樣」時說道：

> 其時承西魏喪亂，周、齊分據，暴君慢吏，賦重役勤，人不堪命，多依豪室，禁網隳紊，姦偽尤滋。高熲睹流冗之病，建輸籍之法。於是定其名，輕其數，使人知為浮客，被彊家收太半之賦，為編甿奉公上，蒙輕減之徵。先敷其信，後行其令，烝庶懷惠，姦無所容。隋氏資儲遍於天下，人俗康阜，熲之力焉。[104]

編制「輸籍定樣」是針對官吏「除注恒多」和豪強隱占人口。在隋朝，並不是所有的人戶都要負擔國家租稅的，例如，有品爵的官員和政府表彰的孝子順孫、義夫節婦等，就享受免除課役的優待，這就需要區分課戶和不課戶。而且，男女老幼、已婚未婚、當戶與否、良賤身分和生死存亡等等，負擔的租稅都不一樣，所以，政府必須根據各戶的資產人丁等情況，將他們區分為

---

98 《隋書》卷二十四，〈食貨志〉。

99 例如，《隋書．食貨志》記載，北齊河清三年（五六四）令規定：「墾租皆依貧富為三梟。其賦稅常調，則少者直出上戶，中者及中戶，多者及下戶。上梟輸遠處，中梟輸次遠，下梟輸當州倉」；北周則規定：「豐年則全賦，中年半之，下年一之，皆以時徵焉」等等。敦煌發現的西魏大統十三年計帳文書，記載租稅亦按戶等徵課，上等課戶租四石，中等課戶三石五鬥，下等課戶二石，單丁皆按其戶等納半租。參閱：唐耕耦，〈西魏敦煌計帳文書以及若干有關問題〉，載《文史》，第九輯。

100 傅振倫，〈燕下都發掘品的初步整理和研究〉，《考古通訊》，一九五五年，第四期。

101 紫溪，〈古代量器小考〉，《文物》，一九六四年，第七期。

102 綜合古今各家之說，考諸實物證據的最新研究為：郭正忠，《三至十四世紀中國的權衡度量》（中國社會科學出版社，一九九三年）。

103 引文均見：《隋書》卷二十四，〈食貨志〉。

104 《通典》卷第七，〈食貨七．丁中〉。

上、中、下三等，並據此決定租稅額。

顯然，只要國家制度不嚴密，或者監察不得力，那麼，審定戶等和徵稅的官吏就可以任意出入，詐老詐小，以生為死，損公肥私，敲詐受賄，官吏的種種謊報做假手段，造成國家稅收的大量流失，入不敷出。針對這種情況，腐敗無能的政府採用不斷提高稅率的辦法加強剝削，結果重稅勢必造成大面積漏稅，國家在財政的惡性循環中衰亡。而想有所作為的政府，自然會去整治稅收環節，堵塞官吏侵吞國家稅收的漏洞。高熲的「輸籍定樣」就是在這種情況下誕生的，它通過嚴密的制度化使規劃明確而容易運作，把各戶的詳細情況和相應的租稅負擔清楚記載下來，一目了然，便於監督檢查，從而把官吏的舞弊限制在最低限度內，通過嚴格徵稅管理大幅度增加國家的財政收入，大見成效，以至後世理財專家杜佑對此稱讚不已。105

向官僚階層開刀，需要相當的權力和氣魄。毫無疑問，高熲嚴格稅收管理的舉措，必定是在隋文帝的強有力支持下方能實現。實際上，它與「大索貌閱」配套實施，是開皇年間大治天下的一個重要方面，和前述均田制相比，頗具特點。在均田制下，國家儘量保證官僚獲得豐厚的經濟利益，條件是其必須切實努力為國家服務，忠於皇帝。另一方面，在關係國家重大利益的稅收上，中央對官吏就不再假以辭色，曲加縱容了。

隋朝建立以來，天不作美，連續幾年水旱交至，尤其是關中地區的災情更為嚴重。從開皇二年（五八二）到開皇六年（五八六），關中幾乎年年旱災，弄得文帝又是親理刑獄，又是祭神祈雨，希望能感動上蒼。有一次，在他審理案件後，竟然下起雨來，讓他欣喜若狂。史官也對此大書特書。然而，偶然一場雨，根本無濟於事。所以，開皇三年（五八三），他不得不從河南等地緊急調運糧食入關，以解燃眉之急。翌年，情況更加糟糕，持續的旱災使得關中出現饑荒，運輸線路之艱險惡劣，使得自關外運入的糧食猶如杯水車薪，文帝只好率眾到洛陽一帶「就食」。然而，開皇五年（五八五）以後，關東的情況也嚴峻起來，當年，河南諸州發大水，以後幾年，關中赤日炎炎，關東、山南水漫金山，災情四起，朝廷窮於應付。

開皇三年（五八三），民部尚書長孫平提出對策，「奏令民間每秋家出粟麥一石已下，貧富差等，儲之閭巷，以備凶年，名曰義倉」。[106] 這年上半年，隋朝忙於同突厥作戰，下半年又忙於大規模的地方制度改革，無暇顧及設置義倉事宜。到了開皇五年（五八五）五月，經歷去年「就食」洛陽的慘痛經驗，京畿地區的糧食供應與儲備問題成為當務之急，長孫平再度上書，總結去年救災的經驗教訓，指出國家儲備與賑濟乃「經國之理，須存定式。於是奏令諸州百姓及軍人，勸課當社，共立義倉。收穫之日，隨其所得，勸課出粟及麥，於當社造倉窖貯之。即委社司，執帳檢校，每年收積，勿使損敗。若時或不熟，當社有饑饉者，即以此穀賑給」。[107] 文帝批准了長孫平的建議，在全國建立義倉，以增強抗災能力。

顯然，義倉是根據長孫平的建議在隋開皇五年（五八五）創立的，是一種由國家組織、以賑

---

105 鄭佩欣，〈租調徵收方法和「輸籍定樣」——與李燕捷先生商榷〉（《歷史研究》，第一期，一九九六年）認為：「『輸籍定樣』包括區分課與不課及定戶等兩項內容。」此見解基本正確，但是，既然是為了防止官吏作弊，則其登錄的項目應該更加詳細，包括每個人的基本情況及其相應的租稅負擔額，這些情況，可以西魏和唐朝的籍帳文書作為參考。

106 《隋書》卷四十六，〈長孫平傳〉。同書〈食貨志〉系於開皇五年（五八五）。兩處記載，都不完整。周一良，〈隋唐時代之義倉〉（《食貨》，第二卷第六期，一九三五年）解釋道：「自職守言，似度支尚書建言立義倉為近理。或平官度支時建議，及為工部始見諸施行」，亦即開皇三年提出建議，施行則遲至開皇五年。此說甚是。

107 《隋書》卷二十四，〈食貨志〉。

災自助為目的的民間儲備。由於倉庫設在「閭巷」，由「社司」管理，所以也叫作「社倉」。[108]規定諸州百姓及軍人共立義倉，完全是因為開皇十年（五九〇）以前，軍民分籍，管轄系統各異，故需分別提及，軍籍取消後，詔令中便不再另外提及軍人。所以，不能以此推出義倉。[109]

義倉雖說是民間倉儲，但是，從一開始似乎就置於政府的嚴格管理之下。《隋書．刑法志》記載，開皇五年（五八五），侍官慕容天遠檢舉鄉兵都督田元冒領義倉，說明義倉初創時確實設於鄉里，但已由政府管理，擅自取用要受到法律懲處。同年，瀛州秋潦，民居漂沒，刺史郭衍「先開倉賑恤，後始聞奏。上大善之」。[110]可見災害時是否開倉賑濟，還需上報中央決定。煬帝末期，天下大亂，民不聊生，這時「所在倉庫，猶大充牣，吏皆懼法，莫肯賑救」，[111]也證實了這一點。由此可知，義倉設立伊始，就與詔令所說的民間自救儲備的性質不符，而接近於國家儲備。

開皇十五年（五九五）正月，文帝親臨山東視察，祠泰山，認為義倉設在民間，多有費損，下令加強管理，並讓雲、夏、長（今內蒙古烏審旗西南城川古城）、靈、鹽、蘭、豐（今內蒙古杭錦後旗東北）、鄯、涼、甘（今甘肅省張掖市西北）、瓜（今甘肅省敦煌市西）等州所有義倉，都納入州治。次年正月，又令秦、疊（今甘肅省迭部縣）、成（今甘肅省西和縣西南）、康（今甘肅省成縣）、武（今甘肅省武都縣東南）、文（今甘肅省文縣西白龍江南岸）、芳（今甘肅省迭部縣東南）、宕（今甘肅省宕昌縣東良恭鎮）、旭、洮、岷（今甘肅省岷縣）、渭（今甘肅省隴西縣東南）、紀（今甘肅省秦安東北）、河（今甘肅省臨夏縣）、廓、豳（今陝西省彬縣）、隴、涇、寧、原、敷、丹（今陝西省宜川縣東北）、延（今陝西省延安市城東延河東岸）、綏（今陝西省綏德縣）、銀（今陝西省橫山縣東黨盆）、扶（今四川省松潘縣）等州社倉，並移入縣城。西北地方義倉國有化的試點，迅速推廣到全國，二月，文帝發布了一道具有根本意義的詔令：

社倉，准上中下三等稅，上戶不過一石，中戶不過七斗，下戶不過四斗。[112]

根據這道命令，義倉很難再說是民間自助的倉儲，而演變為國家稅收的一部分。至於說義倉設在民間，多有耗損云云，哪怕有部分事實，仍只是一種託辭。義倉一開始就在政府管理之下，有本事貪汙的只能是政府官吏，前述冒領義倉糧食的田元是鄉兵軍官，而開皇十六年（五九六）查獲貪汙七千石粟的也是倉庫主典，文帝甚至為此規定「盜邊糧者，一升已上皆死，家口沒官」的酷法。[113]官吏貪汙，卻拿百姓糧儲充公，豈不是開錯了藥？然而，這並不是誤會，把民間儲備變為正式稅收，正是真實的意圖。而其稅率和按貧富徵收的辦法，最初也都見於長孫平的建議。

108 「社」為民間組織，《隋書》卷七〈禮儀二〉記載：「（南梁）百姓則二十五家為一社，其舊社及人稀者，不限其家。……（開皇時）百姓亦各為社」，此與義倉設於閭巷適相配套。曾我部靜雄，〈論我國大寶與養老令制所規定的義倉貯藏穀〉（見其著《以律令為中心的日中關係史研究》，吉川弘文館，一九六八年）認為：義倉起源於北齊的「義租」。這恐怕是誤解。北齊「義租」和「墾租」都是國家正稅，所不同者在於地方與國家對稅收的分配，和正稅以外的賑濟儲備，性質迥異，不可混為一談。呂思勉，《隋唐五代史》下冊（上海古籍出版社，一九八四年），第九六三頁認為：「自人民自相周贍言之，則曰義倉，自其藏貯之地言之，則曰社倉，二名可以互稱。唐之義倉，由州縣設立，與社無涉。……故在隋世，義倉、社倉是一，唐以後則是二。」甚為妥當。

109 由民倉演變為西北軍倉的結論欠端實，《論隋代的義倉》（《東方學》第五十二輯，一九七六年）認為，義倉不同於社倉，前者為防備突厥、吐谷渾而設置於西北邊州的軍倉，後者才是民間賑濟倉儲，開皇五年的規定中專門提到「百姓及軍人」，表明開皇三年義倉只以百姓為部分，至此則包括軍人在內，最後演變為軍倉。

110 《隋書》卷六十一，〈郭衍傳〉。

111 《隋書》卷二十四，〈食貨志〉。

112 《隋書》卷二十四，〈食貨志〉。

113 《隋書》卷二十五，〈刑法志〉。

開皇五年（五八五）所規定的「收穫之日，隨其所得，勸課出粟及麥」，說明初期還考慮到年成好壞，而現在就只根據戶等來徵課，並直稱為「稅」，其徵調額前後期沒有多大變化，但原來的勸導性質卻在不知不覺中轉變為強制性的稅收了。

實際上，把義倉作為國家稅收的一部分，恐怕還要早於明文規定的開皇十五年。正因為是國家財政收入，所以就不再具有賑災的義務。對此，唐太宗曾感慨道：

隋開皇十四年大旱，人多饑乏。是時倉庫盈溢，竟不許賑給，乃令百姓逐糧。隋文不憐百姓而惜倉庫，比至末年，計天下儲積，得供五六十年。煬帝恃此富饒，所以奢華無道，遂至滅亡。煬帝失國，亦此之由。凡理國者，務積於人，不在盈其倉庫。古人云：「百姓不足，君孰與足？」但使倉庫可備凶年，此外何煩儲蓄！後嗣若賢，自能保其天下；如其不肖，多積倉庫，徒益其奢侈，危亡之本也。[114]

唐太宗的話，道出了隋唐兩代不同的財政思想。

隋文帝為了克服長期的分裂，採取了高度的中央集權政策，不僅集政治、軍事之權，而且也集經濟、文化之權，把政治擺到壓倒一切的高度，凡事從政治的角度來考慮。因此，其財政政策自然也表現出高度集權的原則，把財富集中於國家，積聚起無與倫比的倉儲，以至到唐朝還能供應五六十年！[115]在生產力沒有發生革命性進展，社會生產總量變化不大的情況下，財富的高度集中勢必造成百姓的相對貧窮，因此，其抵禦自然與社會災變的能力必然低落，一有風浪，很快就超出其承受限度，釀成巨變。隋朝短祚，與此有著重大關係。

唐朝前期以隋為鑒，而且，其時統一的趨勢已定，所以採取了相對放寬集權的政策，在經濟政策上十分注意平衡國家與百姓分配社會財富的尺度。例如，貞觀二年（六二八）四月，尚書左丞戴冑建議仿照隋朝設立義倉時，唐太宗當即說道：「既為百姓預作儲貯，官為舉掌，以備凶年，非朕所須，橫生賦斂。利人之事，深是可嘉。宜下所司，議立條制」，[116]深恐重蹈隋朝變備荒倉儲為國家橫生賦斂的覆轍。唐朝君臣非常注意從隋朝國政的成敗得失汲取寶貴的經驗，魏徵曾總結道：「隋氏以富強而喪敗，動之也；我以貧窮而安寧，靜之也。靜之則安，動之則亂」。[117]唐太宗提出「凡理國者，務積於人」的財政思想，顯然也是出自對隋文帝矯枉過正作法的修正。

隋文帝實行嚴厲的重農抑商政策，勢必形成國家財政不能不基本依賴於農業稅收的局面。只要稍為對比南北朝廷的稅目，其社會的發達程度及其財政基礎頓然清楚。南朝開徵魚稅、酒稅、鹽稅、估稅、市稅、津稅、牛埭稅、塘丁橋桁稅等，且不論如何看待這些稅收，但是，在南朝國家財政中工商稅收占有相當比例，殆無疑問。反觀北朝，工商稅收往往被視為惡稅，故隋文帝一登基，立即廢除北周「入市之稅」以收攏人心，此後又於開皇三年（五八三），罷酒和鹽的征榷專賣等。[118]另一方面，隋朝建立後，百廢待興，加之戰事不斷，各項開支龐大，財政支出增大與財政收入偏倚於農業稅收，不可避免地造成農民負擔沉重的結果。

在此情況下，隋朝的經濟還取得了相當的進步，這主要有以下幾方面的原因。

---

114 《貞觀政要》卷八，〈辯興亡第三十四〉。

115 考古發掘也證實了唐人所言決非誇張，參閱〈洛陽隋唐含嘉倉的發掘〉，《文物》，第三期，一九七二年。

116 《舊唐書》卷四十九，〈食貨下〉。

117 《貞觀政要》卷八，〈刑法第三十一〉。

118 《隋書》卷二十四，〈食貨志〉。

第一，國家重新統一所造成的人心振奮。

第二，政治比較清明，法令基本得到遵守。從以上分析可以明瞭，隋朝財政收入的增加，主要來自增加農民負擔、防止逃稅和整頓稅收徵管制度、制止官吏不法行為兩方面。農民負擔最沉重的實際上是力役，[119]而徵調無時，役滿不歸，更加重力役對農事的破壞作用。對此，文帝給予高度的重視。開皇三年（五八三），文帝將每年一個月的力役減為二十日。[120]其實，早在開皇元年（五八一）四月調發稽胡修築長城時，已是「二旬而罷」。此後幾次重大力役調發均嚴格遵照法令規定的天數，如開皇六年（五八六）二月，「發丁男十一萬修築長城，二旬而罷」；翌年二月「發丁男十萬餘修築長城，二旬而罷」等等。南陳甫定，文帝又於次年五月以宇內無事，益寬傜賦，規定「百姓年五十者，輸庸停防」，允許有條件地用實物替代力役。[121]而「輸籍定樣」的頒布實行，既防止官吏貪汙，又大大限制其對農民的敲詐盤剝。歷史上，法外橫斂往往高於正稅。隋朝的財政收入，相當程度是通過政治的清明來保證。

第三，不時減免租賦，適當減輕農民負擔。開皇三年（五八三），「減調絹一疋為二丈」；九年（五八九），「帝以江表初定，給復十年。自餘諸州，並免當年租賦」；十二年（五九二），因府庫皆滿而下詔：「河北、河東今年田租，三分減一，兵減半，功調全免」；十七年（五九七），又以相同理由，詔「停此年正賦，以賜黎元」。[122]前述杜佑稱「輸籍定樣」起到「定其名，輕其數，使人知為浮客，被強家收太半之賦，為編甿奉公上，蒙輕減之徵」的作用，決非憑空杜撰。

在大力推行重農抑商政策的同時，文帝通過嚴格管理和清明政治，保證了國家財政與社會經濟的正常運轉和向前發展。

增進國力

自上節可以看出，隋朝建立初年，國家的底子還比較薄弱，特別是首都所在的關中，雖然「號稱沃野，然其土地狹，所出不足以給京師，備水旱」。[123] 所以，開皇年間，只要天氣一不順，關中馬上就出現糧食危機，都城經常在饑荒的威脅下飄搖度日，京畿百姓不時要輾轉流徙，四處「就食」，這嚴重威脅到王朝的長治久安，成為統治者的心頭大患。

造成這種局面的主要原因，除了上述生產方面的因素外，主要是由於漕運供應不上，使得大批自關東徵調來的物資，難以大批量運抵京城，以及國家儲備不足。為了扭轉這一嚴峻局面，文帝從建倉廩、廣積糧，開運河、通漕運和修水利、促生產等三個方面入手，全面提升國家防災應變的能力。

開皇三年（五八三），朝廷根據關中倉廩尚虛，不足以抵禦自然災害的現狀，決定在蒲（今山西省永濟市西南蒲州鎮）、陝（今河南省三門峽市西舊陝縣）、虢、熊（今河南省宜陽縣西）、伊（今河南省嵩縣東北）、洛、鄭（今河南省滎陽市西北汜水鎮）、懷（今河南省沁陽市）、邵（今山西省

119 唐令規定可以庸代役，庸根據勞動力市價確定，一個役日折絹三尺，則二十日役折六十尺絹，明顯高於租調。隋文帝時代，力役負擔不在唐朝之下。
120 《隋書》卷二十四，〈食貨志〉。
121 引文見《隋書》卷一〈高祖上〉；卷二十四〈食貨志〉。
122 引文見《隋書》卷二十四，〈食貨志〉。
123 《新唐書》卷五十三〈食貨三〉所說的雖然是唐初的情況，其實，隋朝也是如此。

垣曲縣東南城關）、衛、汴、許（今河南省許昌市）、汝（今河南省汝州市東）等十三州，也就是今日河南省三門峽市以東黃河等水路沿岸城市，募丁運米。同時，在衛州置黎陽倉（今河南省浚縣）、洛州置河陽倉（今河南省偃師市）、陝州置常平倉、華州置廣通倉（今陝西省華陰市東北）等官倉儲糧，逐次轉運，「漕關東及汾、晉之粟，以給京師」。[124] 這些倉庫規模都十分宏大，儲糧在幾百萬石以上，如開皇五年（五八五）關中旱災，文帝下令開廣通倉賑濟，一次就出粟三百萬石。

興建大型糧倉固然大大增加國家儲備，但是，關鍵是要解決由洛陽向長安的運輸問題。這段漕運，有兩個路段艱險難通。

首先是從洛陽至陝州路段，黃河穿行於中條山脈和崤山山脈之間，山高水險，特別是三門峽一段，神島和鬼島兩大石島聳立河中，把黃河切為三股，分別自神門、鬼門和人門奔騰而下，激蕩於千仞峭壁之中，暗礁遍布，水聲如雷，漕船難以通過，只好從小平（今河南省孟津縣西北）轉為陸運，穿過崎嶇的崤、函山路，把糧食運抵陝州，由此換船，通過黃河轉運至潼關。這段路程最為艱險，開皇三年（五八五），文帝專門派遣倉部侍郎韋瓚到蒲、陝以東地區，招募運夫，規定能從洛陽運米四十石至陝州常平倉，免其征戍。

其次是從潼關至長安路段。這段漕運所利用的渭水，屬地塹式構造，秦嶺隨著斷層上升，而渭水則逐級下降，山高坡陡，支流湍急，大量的泥沙被雨水衝刷下來，淤積在渭水河床，造成流淺沙深，舟楫難通。

這兩段路程，猶如瓶頸，嚴重制約了京城的繁榮和東西部的經濟交往。要改變這種狀況，任何小規模的疏浚工程都無濟於事，必須進行徹底整治。開皇四年（五八四），突厥被打敗，大規模的戰爭結束，文帝當機立斷，把國家的中心任務轉向經濟建設，特別是加強對基礎設施的投入，力圖從根本上改善漕運與農業生產的條件。

六月二十一日，文帝下令開鑿「廣通渠」。這條渠，西起咸陽，引渭水，經過新建的大興京城北面，在渭河南岸平原與渭河平行，東達潼關，全長三百餘里，取代原先的渭水漕運。廣通渠由隋朝著名的建築專家宇文愷負責設計，蘇孝慈和郭衍監督工役，渠成後，不但使得潼關到長安的漕運暢通無阻，而且還兼向京城供水，有助於改善渭南平原的灌溉條件，所以，當地稱之為富民渠。[125]

與此同時，文帝還派出重臣，如曾任尚書左僕射、中書令的趙芬，坐鎮關東，親領漕運事務，確保山東地區的物資財富源源不斷運往關中。[126]《隋書．食貨志》描述當日這條國家經濟動脈的繁忙景象道：

> 時百姓承平日久，雖數遭水旱，而戶口歲增。諸州調物，每歲河南自潼關，河北自蒲阪，達於京師，相屬於路，晝夜不絕者數月。

以洛陽為轉運中心，確保京城的供給，奠定了帝國繁榮的基礎。在這段並不太長卻崎嶇險峻的運輸線上，幾乎集中了天下的財富，其數量極其驚人，成為決定國家興盛衰亡的戰略中樞，唐

124 《隋書》卷二十四，〈食貨志〉。

125 參閱：《隋書》卷一〈高祖上〉；卷二十四〈食貨志〉；卷六十八〈宇文愷傳〉；卷六十一〈郭衍傳〉和卷四十六〈蘇孝慈傳〉。〈食貨志〉記載渠長「三百餘里」，而〈郭衍傳〉載為「漕運四百餘里」，略有不同。

126 《隋書》卷四十六，〈趙芬傳〉。

朝侍御史馬周曾經說道：「隋家貯洛口倉，而李密因之；東京積布帛，王世充據之；西京府庫亦為國家之用，至今未盡。向使洛口、東都無粟帛，即世充、李密未必能聚大眾。」[127]如此規模的物資儲備，其意義已經遠遠超出保證長安供應的目的了，顯然，文帝與政治集權同步，要實現國家對國民財富的高度集中與壟斷，在經濟上同樣達到強幹弱枝的目的。

開皇十五年（五九五）六月，文帝還想進一步打通陝州路段的水運，加速洛陽一帶龐大的物資儲備向京城轉移，便於中央直接控制，下令開鑿黃河道中的砥柱山（三門山）。[128]可是，由於工程過於艱巨浩大，沒能取得什麼成果，不得不作罷。

另一項大規模的工程，是開皇七年（五八七）四月於揚州開鑿的山陽瀆。[129]這條運道南起揚州，北通山陽（今江蘇省淮安市），大大縮短了江淮之間的交通距離，使得大量的人員物資能夠迅速調動。在當時，開鑿這條管道是為平陳作準備，出於軍事目的。平陳以後，則成為南方經濟運輸的主要運道，日後更成為隋煬帝修建江南運河與通濟渠的基礎。

在隋朝建立不久，國家的底子還比較薄弱，以及國家尚未完全統一的情況下，廣通渠和山陽瀆的修建，可謂是最具有戰略意義的工程。顯然，文帝不是一位老是帶著狹隘地方主義眼光的領袖，這些工程已經表現出他對山東和江南兩大區域的重視，注重其內部的開發和相互之間的交通聯繫，這種思想實際上已經為將來統一全國後加強區域間聯繫打下基礎，隋煬帝就是在此基礎上，用南北大運河把全國牢牢地結合在一起，成為增進中國內在統一的又一條強有力的紐帶。

進行國家的經濟建設，必然致力於加強農業基礎設施，特別是水利工程，從根本上提高國家基本經濟部門的實力。在此指導思想下，自隋朝建立以後，全國各地都呈現出蓬勃的農田水利建設場面。

開皇二年（五八二）三月，都官（刑部）尚書兼領太僕寺的元暉，「奏請決杜陽水灌三時原，溉舄鹵之地數千頃，民賴其利」，[130]於京畿地區開始了大規模的農業水利建設，大大加強了關中地區農業生產能力。

而在關東各地，同樣湧現出一大批熱心農業基礎建設的地方官，在他們的積極宣導和主持下，興建了許多水利設施，奠定了「開皇之治」的經濟基礎。

在懷州（今河南省沁陽市），刺史盧賁開鑿「利民渠」，引沁水東注，並導入溫縣的「溫潤渠」，沿途灌溉，使大量的潟鹵地得以開發利用。[131]

在蒲州（今山西省永濟市西南蒲州鎮），刺史楊尚希，「甚有惠政，復引瀵水，立隄防，開稻田數千頃，民賴其利。」[132]

在兗州（今山東省兗州市），沂、泗兩河在城東交匯之後，滔滔南流，氾濫於大澤中。刺史薛胄發動當地百姓積石築堰，讓河水西注，使得陂澤盡為良田，「又通轉運，利盡淮海，百姓賴之，號為薛公豐兗渠。」[133]

在壽州（今安徽省壽縣），著名水利工程芍陂的五門堰，失修廢棄，荒涼蕪穢，總管長史趙軌

127《貞觀政要》卷六，〈奢縱第二十五〉。
128《隋書》卷二，〈高祖下〉。
129《隋書》卷一，〈高祖上〉。
130《隋書》卷四十六，〈元暉傳〉。另見《隋書》卷一，〈高祖上〉。
131《隋書》卷三十八，〈盧賁傳〉。
132《隋書》卷四十六，〈楊尚希傳〉。
133《隋書》卷五十六，〈薛胄傳〉。

見此光景，親自督責屬僚，勸課百姓，「更開三十六門，灌田五千餘頃，人賴其利。」134

冀朝鼎先生曾根據清代各省地方誌資料，統計中國古代的水利工程專案，茲引錄其中南北朝隋唐部分於下（表六）。135

表六　魏晉隋唐水利設施建設統計表

	南北朝（四二〇～五八九）	隋（五八九～六一八）	唐（六一八～九〇七）
陝西		9	32
河南		4	11
山西	1	3	32
河北	3	1	24
甘肅			4
四川			15
江蘇	8	1	18
安徽	4	1	12
浙江	2	2	44
江西	1		20
福建		4	29
湖北			4
湖南		2	7
雲南	1		1
合計	20	27	254

（筆者注：據表中所列資料統計，唐朝應為二百五十三項）

根據表六，可以清楚看出，水利工程建設在隋朝又出現新的高潮，在短短的三十餘年間，其工程絕對數量竟超出南北朝一百七十年間約近三分之一，而且，就以年平均工程數計算，隋朝為零點九三二，高於唐朝的零點八八，在秦至唐時代，獨占鰲頭。[136]而且，如果把水利工程的規模考慮進去，則隋朝的水利成就更為顯著。因此，我們不能將此水利建設高潮視為地方官個人行為，顯然是國家政策使然。

其次，隋朝的水利建設以國家大型工程為主導。文帝時代，除了上述廣通渠和山陽瀆之外，較大規模的工程還有開皇十八年（五九八），山東頻繁水災，文帝特遣使者帶著水工，「巡行川源，相視高下，發隨近丁以疏導之」。[137]這些工程都不單是為了解決某一地區的農業水利問題，而是全域性工程，特別是以增強國力的水利運輸項目為主，此與隋朝的漕運、國家儲備和財政政策密切相關，可以說是隋朝兩代的一貫國策。

第三，隋朝水利設施首先集中於關中與河南、山西地區。根據冀朝鼎先生的研究，東漢以後，中國的基本經濟區已經由關中轉移到山東。以後又逐步南移，至遲在南宋就已移至長江流域

134《隋書》卷七十三，〈循吏・趙軌傳〉。
135 冀朝鼎著、朱詩鼇譯，《中國歷史上的基本經濟區與水利事業的發展》（中國社會科學出版社，一九八一年），第三章。
136 參閱：李約瑟，《中國科學技術史》（英文版）第四卷第三分冊（劍橋大學出版社），第二八二～二八三頁。
137《隋書》卷二十四，〈食貨志〉。

（江南）。[138]北周定都於關中長安，有其不得已的背景，隋朝繼承這一現實，加大對關中水利事業的投入，試圖改變經常性旱災對當地農業的破壞，重振關中，恢復其作為政治中心支撐點的基本經濟區地位，政治意圖十分明顯。

然而，人為意志難以改變客觀發展趨勢，山東地區的優越性不言而喻，故文帝也十分重視與關中毗鄰的河南與山西地區的水利建設，以此拱衛關中，並可進一步向東拓展。這樣，整個隋朝的北方水利建設布局便集中於關中與河南、山西地區。到煬帝時代，中央幾乎放棄了重建關中，而把主要精力投放在山東與江南地區的建設，煬帝本人甚至基本不在長安居住，這決不是所謂奢靡好色所能解釋的。

第四，重視開發江南，特別是長江下游。江南的水利設施，側重於交通運輸，目的在於加強南北的交往。

概言之，隋朝的水利事業突出的特點，在於密切各大經濟區域的交通聯繫，煬帝用通濟渠和永濟渠把山東與江南經濟區域同中央緊密連結起來後，隋朝將水利工程當作社會與政治鬥爭的有力武器的意圖，越發清晰地顯現出來，這一藍圖顯然構思於文帝時代，目的都在於加深中國的內在統一和提高中央政府的領導地位。

在重農抑商政策下，民間工商業受到抑制，處於國家嚴格管制之下，並不活躍。儘管如此，隋朝在此領域亦非毫無建樹。文帝時期，在全國嚴厲實行新的度量衡和貨幣政策，無疑對打破地方封鎖割據、實現經濟統一大有貢獻。

文帝一上臺，就對手工業實行嚴格的管制，「於時王業初基，百度伊始，徵天下工匠，纖微之巧，無不畢集」。[139]從全國各地徵調而來的各種工匠，實行番役制度，其役期遠較一般農民為長，

「役丁為十二番，匠則六番」。[140]以後，農民的力役有所減輕，而工匠役期卻未見縮短，大概一直維持到隋亡。[141]

這些工匠集中於太府寺，下轄左藏、左尚方、內尚方、右尚方、司染、右藏、黃藏、掌冶、甄官等署，分類管理，其他中央部門和地方官府也都掌握相當數量的工匠，組成強大的官府手工業。對於一些重要的部門，如鹽池等，國家還實行特別管制，中央設總監、副監以統轄東西南北面等四監。官府手工業無論在數量、規模、技術和產品等方面，都居於絕對優勢的地位，成為整個手工業部門的主導力量，極大地增加了國家的實力。其產品之精美，表明技術水準較南北朝時代有較明顯的提高。

對民間工商業的抑制，如關閉臨街店邸等等，本章均有述及，無須再贅。開皇十六年（五九六）六月十三日，文帝專門下詔：「制工商不得進仕」。[142]在官本位的社會，個人的社會榮譽地位都是用官職官品來衡量，故重申工商不得進仕，其意義乃在於從政治上強調對民間工商業者的歧視。

發達的官手工業所生產的產品，主要通過國家分配調撥的方式進行消費，部分也進入市場。

138 斯波義信，《宋代江南經濟史研究》（東京大學東洋文化研究所報告，一九八八年），對江南經濟的開發與繁榮，作了極其精審的研究，對於研究中國經濟中心南移，富有啟示。
139 《隋書》卷四十六，〈蘇孝慈傳〉。
140 《隋書》卷二十四，〈食貨志〉。
141 參閱：韓國磐，《隋唐五代史綱》（人民出版社，一九七九年），第五十二頁；王仲犖，《隋唐五代史》上冊（上海人民出版社，一九八八年），第二十五頁。
142 《隋書》卷二，〈高祖下〉。

總的來說，隋朝的民間商業並不繁榮，內外貿易市場都在官府的管制之下，「緣邊交市監及諸屯監，每監置監、副監各一人。畿內者隸司農，自外隸諸州焉」。[143]在此情況下，民間市場對貨幣的需求有一定限度，而國家在注重農業社會安定和加強對社會全面控制的政策基調下，自然採行通貨緊縮政策，嚴格貨幣管制。

開皇元年（五八一）九月，文帝下令鑄行標準統一的新錢。新錢製作精良，上刻「五銖」二字，每錢重三克多，與面值相符。為了推行新錢，文帝於開皇三年（五八三）四月下令各關津置百錢為樣板，凡入關者都要將所攜錢幣與樣錢勘驗，相符者放行，不符者當場銷毀為銅，沒入官府，改鑄新錢。同時，命令禁止前代舊錢。翌年，因舊錢禁而不止，下令凡出現此類情況的地區，縣令罰半年俸祿。次年正月，更峻其制。經過全力整頓，從開皇五年（五八五）後，全國貨幣基本趨於統一。

全國統一之後，為了適應經濟發展的需要，特別是緩解商業比較發達之南方地區的銅錢匱乏，自開皇十年（五九〇）起，還多次准許晉王廣於揚州（今江蘇省江都市）和鄂州（今湖北省武漢市武昌）、秦王諒於并州、蜀王秀於益州置爐鑄錢。同時，嚴格取締私人盜鑄，在各地市面上立樣錢榜，不合格者不准入市，以後更令有關部門在市場上檢查錢幣，凡不是官鑄者，一律熔毀，文帝甚至親自判處在京城以惡錢交易的罪犯死刑。長期不懈的努力，使得隋朝對貨幣的整頓確實取得極為豐碩的成果，就連錢幣極其混亂的南方，在隋朝統一後也都普遍使用開皇「五銖」錢。[144]

顯然，隋文帝在貨幣方面取得的最大成就，在於將前代五花八門的錢幣統一到隋「五銖」錢上。其次，是嚴厲打擊私人鑄幣，使得國家能夠牢牢控制貨幣的鑄造及其流通量，從總體上對社會進行有效的經濟調控。清代學者顧炎武曾高度讚揚隋文帝整頓貨幣的成就，說道：「故嘗論古來之錢凡兩大變：隋時盡銷古錢，一大變；天啟以來，一大變也」。將此作為中國貨幣史上兩大里程碑之一。[145]

實際上，隋文帝的貨幣政策，與其在政治、經濟方面的中央集權相輔相成，中心任務在於統一貨幣和確立國家對通貨的壟斷。而貨幣統一和幣值穩定，保障和推進了對市場的發育和工商業的發展。

143 《隋書》卷二十八，〈百官下〉。

144 一九五二～一九五八年，在湖南省長沙地區發掘兩晉、南朝及隋墓四十七座，隋以前的墓葬所出土的銅錢，雜有漢以來各代古錢，而隋墓則皆為隋「五銖」錢。參閱：〈長沙兩晉、南朝、隋墓發掘報告〉(《考古學報》，第三期，一九五九年)；蕭清，《中國古代貨幣史》(人民出版社，一九八四年)，第五章第一節。

145 顧炎武著，黃汝成集釋，秦克誠點校，《日知錄集釋》卷十一(嶽麓書社，一九九四年)，〈錢法之變〉。

第八章　君臣之間

用人政策

北周末年那場順利得令人不敢置信的宮廷政變，迅速演變為改朝換代的鬥爭，就像突如其來的狂飆巨瀾，頃刻之間將隋文帝推上雲霄絕頂。

捷徑雖然可使人迅速到達目的，但是，那段應該經歷卻沒有經歷的路程，給勝利者遺留下深刻複雜的隱憂。尤其在人事方面，宮廷政變不像改朝換代的戰爭那樣，得以造就一支久經考驗的幹部，而只能在舊的官僚中收攏人心，懷柔延攬，這就在兩個方面制約了隋朝的用人政策。

其一，它決定了隋朝只能在北周政權基礎上構建新班底。

其二，隋朝必須仔細平衡各個民族或區域集團的勢力與利益。

這種內在的先天不足，往往使得政變王朝難以達到真正的強盛。陳寅恪先生根據北周隋唐三代均出自北周創業集團的事實，提出了著名的「關隴集團」說，認為：

> 蓋宇文泰當日融冶關隴胡漢民族之有武力才智者，以創霸業，而隋唐繼其遺產，又擴充之，其皇室及佐命功臣大都西魏以來此關隴集團中人物，所謂八大柱國家即其代表也。[1]

所謂「關隴集團」，其範圍大概以八大柱國家為代表，加上十二大將軍和其他骨幹家族，也就是北周創業集團及其後裔。既然是一個地域性的集團，必然具有強烈的排他性，以維持其在統治階層中的壟斷地位，故陳先生在總結從宇文泰到唐高宗三代王朝約一百五十年的用人政策時說道：

> 但隋唐兩朝繼承宇文氏之遺業，仍舊施行「關中本位政策」，其統治階級自不改其歧視山東人之觀念。[2]

也就是說，宇文泰所組建的「關隴集團」成為三代政權不可動搖的基石，其長期壟斷政局的內在凝聚力，在於關中文化的同一性和對山東人士的歧視，亦即區域的文化特性及其在人事上的排外性為此集團活力的源泉。

以此概括一個半世紀的政局和用人政策，則隋朝自不能衝破此牢不可破的窠臼，何況隋文帝本人就出身於北周十二大將軍之家。如此，則地區間的歧視代替了以往的民族壓迫，歷史又進入一條幽深而沉悶的隧道。

然而，如前所述，周隋之際，制度文化都曾發生巨大變革，這顯然不是關中制度文化延續發展的結果。那麼，如何解釋社會巨變與用人政策之間的關係呢？就政局的大勢而言，陳先生的假說指出了隋唐兩代頗帶關中烙印的共性，獨具慧眼。在其啟發之下，如何去把握共性與各個時代

1 陳寅恪，《唐代政治史述論稿》（商務印書館，一九四四年），第三十六頁。
2 陳寅恪，《唐代政治史述論稿》，第十二頁。

的特性？特別是在集權體制下，用人政策關係到政權的性質、社會發展的方向乃至王朝的興盛衰亡，因此，這裡不能不首先對隋文帝的用人作一總的探討。

在隋朝的官僚體制下，三師和三公居於官僚階層的頂端。開皇初，擔任三師的有太師李穆、太傅竇熾和太保長孫覽，[3]至開皇六年（五八六）八月李穆逝世，三師未見再設。三公有太尉于翼和司徒王誼，至開皇五年（五八五）四月王誼伏誅，三公付闕，此後在開皇九年（五八九）以晉王廣為太尉，觀王雄為司空，三公已由皇室所壟斷。[4]

以上七人，李、竇、長孫和于均為胡族大姓高門，無須贅論。王氏出自樂浪，自漢武帝平朝鮮設郡縣到西晉末年樂浪、帶方郡被朝鮮民族所攻克，王氏始終為朝鮮漢人第一大姓，並已帶有濃厚的當地文化色彩。[5]樂浪郡陷落後，部分朝鮮王氏遷回中國，輾轉於北方各地，王誼一族則「以良家子鎮武川，因家焉」，[6]因此機緣而躋身於北周創業集團，在此數百年間，王氏早已胡化，從上一章所述王誼反對蘇威減功臣田地建議的事例，可知他是支援隋朝革命的權勢階層代表，完全可以視為胡人。[7]

從隋初三師和三公的人員組成來看，都是胡人，且為北周創業集團成員，在北周的身分地位不亞於隋文帝。他們受到尊重是由於在隋朝建立中站在楊堅一邊，並頗建功勳。顯然，北周權貴在隋朝的地位，是由其政治立場決定的。但是，由於他們身分地位本與文帝相埒，使得文帝上朝時，一見到這班功高望重的老臣，便渾身不自在起來。開皇元年（五八一），文帝要到岐州巡察，王誼勸諫道：「陛下初臨萬國，人情未洽，何用此行？」文帝笑著回答：「吾昔與公位望齊等，一朝屈節為臣，或當恥愧。是行也，震揚威武，欲以服公心耳。」[8]這句暗藏鋒芒的戲言，不但說出文帝內心的真實思想，而且非常生動貼切地描述文帝與北周舊臣的關係，道破了隋初用人政策之天機。實際上，隋朝的三師、三公均不管事，外示尊崇而內奪實權，原北周權勢集團的功臣被安排於此，則所謂「關隴集團」壟斷政治的局面已經發生變化。到這批人老死誅殺完畢，文帝甚至連這一榮譽職位都不願再授予人，而改由皇室擔任。

三省長官為隋朝政治決策的核心人物，文帝時代，其任免情況如下（見表七）。

3 宋敏求，《長安志》卷第八，「南宣平坊」記載：「西南隅法雲尼寺，寺本隋太保薛國長孫覽宅」，文中薛國後脫「公」字。長孫覽任太保，《隋書》卷五十一本傳未見記載，然而，他在北周武帝時已受封為薛國公，宣帝時任大司徒，入隋後，文帝納其女為蜀王秀妃，結成兒女親家，以其家世和經歷來看，完全可能擔任太保，或《隋書》失載？

4 張偉國，《關隴武將與周隋政權》第一二八頁，列田仁恭、柳敏、孫恕、蘇威四人為隋三師、三公。然據《隋書》卷一〈高祖上〉所載：「（開皇元年二月）觀國公田仁恭為太子太師，武德郡公柳敏為太子太保，濟南郡公孫恕為太子少傅，開府蘇威為太子少保」，可知以上四人皆為太子屬官，非三師或三公。

5 參閱：韓昇，〈朝鮮漢人的流徙過程及其組織〉，《日本古代的大陸移民研究》。

6 《北史》卷六十一，〈王盟傳〉。

7 陳寅恪《唐代政治史述論稿》上篇指出「漢人與胡人之分別，在北朝時代文化較血統尤為重要。凡漢化之人即目為漢人，胡化之人即目為胡人，其血統如何，在所不論」，至為精闢。

8 《隋書》卷四十，〈王誼傳〉。

表七　文帝時代三省長官表[9]

(1) 尚書省左、右僕射表

姓名	籍貫	前朝任職	任期	備註
高熲	渤海	內史下大夫	開皇1.2.～1.8. 開皇2.6.～19.8.	《周》37，《隋》41，《北》72 （複任）
趙芬	天水	東京小宗伯	開皇1.8.～2.6.	《隋》46，《北》75
楊素	華陰	治東楚州事	仁壽1.1.～大業1.2.	《隋》48，《北》41 （以上左僕射）
趙煚	天水	齊州刺史	開皇1.2.～不詳	《隋》46，《北》75
虞慶則	京兆	石州總管	開皇4.4.～9.1.	《隋》40，《北》73
蘇威	京兆	不仕	開皇9.4.～12.7. 仁壽1.1.～大業3.7.	《隋》41，《北》63 （再任）
楊素			開皇12.12.～仁壽1.1.	

(2) 門下省納言表

姓名	籍貫	前朝任職	任期	備註
高熲			開皇1.2.～不詳	（兼任）
柳機	河東	華州刺史	開皇初	《周》22，《隋》47，《北》64
蘇威			開皇1.3.～10.7. 開皇14.7.～仁壽1.1.	（開皇九年四至六月一度免職）
楊素			開皇9.6.～10.7.	
衛王爽	（皇族）	內史上士	開皇7年	《隋》44，《北》71
楊達	（皇族）	內史下大夫	仁壽2.10.～大業8.5.	《隋》2，《隋》43

⑶ 內史省監、令表

姓名	籍貫	前朝任職	任期	備註
虞慶則			開皇1.2.～4.4.	（內史監）
李德林	博陵	齊中書侍郎 周御正下大夫	開皇1.2.～10.4.	《隋》42，《北》72
趙芬			開皇初	
趙煚			開皇3.4.～不詳	
晉王廣	（皇子）		開皇6年～8年	《隋》3
楊素			開皇10.7.～12.7.	
蜀王秀	（皇子）		開皇12.2.～13.6.	《隋》45，《北》71
齊王暕	（皇孫）		開皇19.6.～仁壽元年	《隋》59，《北》71
晉王昭	（皇孫）		仁壽1.1.～4年	《隋》59，《北》71
楊約	華陰		仁壽4年～大業元年	《隋》48，《北》41

（備註中《周》、《隋》、《北》分別為《周書》、《隋書》和《北史》的省略，其後為卷數。）

三省長官中，高熲的出身頗可研究，《北史》本傳記其「自言渤海蓨人也。其先因官北邊，沒於遼左」。所謂「渤海蓨人」云云，似屬冒稱大姓，真正的出身大概與前述王誼無異，為朝鮮郡縣的漢族大姓，但高熲文化修養頗深，並未胡化，更不宜視作胡人。其父自北齊歸周，成為獨孤信

9 本表及以下表八、表九的製作，參考山崎宏，〈隋朝官僚的性格〉，載《東京教育大學文學部紀要史學研究》六，一九五六年。

僚佐，獨孤信落難後，不畏牽連繼續與其女（隋文帝文獻皇后）來往，高熲因此得到文獻皇后的有力支援，成為隋朝開國首任尚書左僕射。因為其父曾在北齊任職而將高熲歸為北齊舊臣系列，顯然不合理。

虞慶則「本姓魚。其先仕於赫連氏，遂家靈武，代為北邊豪傑。……慶則幼雄毅，性倜儻，身長八尺，有膽氣，善鮮卑語，身被重鎧，帶兩鞬，左右馳射，本州豪俠皆敬憚之」，[10]一生因軍功顯赫，在三省長官中最具有胡族軍將氣質。

表七幾乎一目了然地顯示，隋政府首腦幾乎清一色出自漢族，哪怕將跡近胡人的虞慶則當作胡族代表，也完全不成比例，與北周政府首腦的民族構成恰成鮮明對照，[11]此其一。執政人物的籍貫分別為京兆、天水、華陰、河東、博陵和渤海，其中，天水出身的趙芬和趙煚任期短而手無實權，故文帝時期的政府首腦人物大致集中在京兆到洛陽一線，此其二。這些人（柳機和後期的皇室人物除外）都在周隋鼎革中堅定支持隋文帝，故文帝用人重在政治立場，並不完全固執畛域之見，所以能夠在一定程度上任用李德林等北齊出身者，並且，隨著國家統一進程的發展，還有愈來愈多的山東或江南地域人士加入官吏行列，煬帝時代甚至出現重用江南士人的轉變，[12]此其三。這些人在北周無一擔任中央高官者，他們不是北周政權的核心成員，並且與楊堅有著明顯的上下地位差別，[13]此其四。

顯而易見，周隋交替之後，用人政策也發生了重大變化，原「關隴集團」重要分子已經被請上有名無實的高位。其實，他們早在北周內部多次的政治整肅中離心離德，又由於位高望重而難為新王朝所用，代之而起的是北周中下級官吏，他們對舊政權並無深厚感情和忠誠心，反而對北周末年的政治敗壞感到失望，他們年輕力壯，抱有理想，渴望建功立業，因此，很容易聚集到年輕的改革家楊堅的旗幟下，試圖變革現狀，取得權力，實現抱負。這一批人多為兩京地帶漢人家族，受過較好的教育，比起孔武有力的關隴軍將更有知識文化，他們的崛起，符合社會由亂而治的發展趨勢。

表八　文帝時代六部長官表

(1) 吏部尚書表

姓名	籍貫	前朝任職	任期	備註
虞慶則			開皇 1.2. ～ 4.4.	（以內史監兼）
韋世康	京兆	司會中大夫	開皇 1.12. ～ 7.4. 開皇 13.1. ～ 15.10.	《隋》47，《北》64
蘇威			開皇 7.4. ～ 9.4.	
盧愷	涿郡	東京吏部大夫	開皇 9 ～ 12.7.	（以禮部尚書攝） 《隋》56，《北》30

10 《隋書》卷四十，〈虞慶則傳〉。

11 北周八大柱國、十二大將軍中，鮮卑化漢人僅占五分之一左右，前引山崎宏《隋朝官僚的性格》指出，網羅西魏恭帝三年（五五六）正月至大象元年（五七九）楊堅執政前擔任六官的首腦人物計三十四人，筆者對其民族成分略作修正後進行統計，則漢族也只占四分之一左右，且多已胡化。

12 參閱：韓昇，〈論隋朝統治集團內部鬥爭對隋亡的影響〉，《廈門大學學報（哲學社會科學版）》，第二期，一九八七年；轉載於人民大學資料中心編，《魏晉南北朝隋唐史》，第七期，一九八七年。

13 山崎宏，《隋朝官僚的性格》在統計上述人員的前朝任職時，以北周末年為下限。筆者修正為楊堅奪權之前的大象二年（五八〇）五月，因為此後的官職變動，出自楊堅的任命，不足為據。

姓名	籍貫	前朝任職	任期	備註
令狐熙	敦煌	司勳、吏部二曹中大夫	開皇九年以後	（以鴻臚卿兼）《周》36，《隋》56，《北》67
牛弘	安定	內史下大夫	開皇 19.9. ～大業 6.11.	《隋》49，《北》72
柳述	河東		仁壽中	（判吏部尚書事）《隋》47，《北》64
長孫平	※洛陽	東京小司寇	仁壽中	（乙太常卿判吏部尚書事）《隋》46，《北》22

（「※」表示少數民族出身，以下各表相同。）

(2) 禮部尚書表

姓名	籍貫	前朝任職	任期	備註
韋世康			開皇 1.2. ～ 1.12.	
辛彥之	隴西	少宗伯	開皇 2	《隋》75，《北》82
牛弘			開皇 3 ～ 6 年	
楊尚希	弘農	東京司憲中大夫	開皇 6.10. ～ 9 年	《隋》46，《北》75
盧愷			開皇 9.6. ～ 12.7.	
楊文紀	弘農	虞部下大夫	開皇中～仁壽 2 年	（以宗正卿判）《隋》48，《北》41

(3) 兵部尚書表

姓名	籍貫	前朝任職	任期	備註
元巖	※洛陽	內史中大夫	開皇 1.2. ～ 2.1.	《隋》62，《北》75

元暉	※洛陽	司憲大夫	開皇2年	《隋》46，《北》15
蘇孝慈	※扶風	工部上大夫	開皇2.6.～4.4.	《隋》46，《北》75
楊尚希			開皇4.4.～6.10.	
郭均	馮翊		開皇中	《隋》46〈張煚傳〉，《北》75〈張煚傳〉
馮世基	上黨		開皇中（平陳後）	《隋》46〈張煚傳〉，《北》75〈張煚傳〉
柳逑			開皇末 仁壽年間	（以內史侍郎判）

（姚薇元《北朝胡姓考》第六十二頁，引《姓纂》十一「河南蘇氏」所說：「後魏〈官氏志〉：拔略氏改為蘇氏。後魏恒州刺史蘇強，孫武安兗州刺史，生順，孝慈。……孝慈，隋兵部尚書安平公」，據此可知蘇孝慈為少數族人。）

(4) 刑部尚書表

姓名	籍貫	前朝任職	任期	備註
元暉	※		開皇1.2.～2年	
李圓通	京兆	隋國公府參軍事	開皇初 開皇13～15年 開皇19～仁壽4年	（尚書左丞攝） （檢校） 《隋》64，《北》75
皇甫績	安定	御正下大夫	開皇2.5.～不詳	《隋》38，《北》74
蘇威			開皇3年	
袁聿修	陳郡	齊吏部尚書 周吏部下大夫	開皇初	《北齊書》42 《魏書》85

姓名	籍貫	前朝任職	任期	備註
劉仁恩			開皇4.4.～8.10.	《隋》46〈張煚傳〉 《北》75〈楊尚希傳〉
宇文弼	※洛陽	南司州刺史	開皇9.4.～13年	《隋》56，《北》75
薛胄	河東	司金大夫	開皇19年	《周》35，《隋》56

(5) 民部尚書表

姓名	籍貫	前朝任職	任期	備註
楊尚希			開皇1.2.～2.5.	
長孫平	※		開皇2.5.～3.12.	
蘇威			開皇3.12.～7.4.	
張煚	河間	塚宰司錄	開皇7.4.～10年	《隋》46，《北》75
厙狄嶔	※代人		開皇年間	《隋》46〈張煚傳〉
斛律孝卿	※太安	齊尚書令 周納言上士	開皇18～19年	（卒官） 《北齊書》20，《北》53，《元和姓纂》10
韋沖	京兆	汾州刺史	仁壽3.9.～大業1.5.	《隋》47，《北》64

(6) 工部尚書表

姓名	籍貫	前朝任職	任期	備註
長孫毗	※洛陽		開皇1.2.～2年	《隋》1
杜杲	京兆	同州刺史	開皇2年	《周》39，《北》70

賀婁子幹	※代人	秦州刺史	開皇2.10.～3年	《隋》53，《北》73
蘇孝慈	※		開皇初 開皇12～15年	〈蘇孝慈碑〉 《隋書求是》十二頁
長孫平	※		開皇中	
楊異	弘農	寧都太守	開皇9.4.～12.9.	《隋》46，《北》41
楊達	（皇族）	內史下大夫	開皇15.4.～仁壽2.10.	《隋》43

表九　文帝時代禁軍衛府大將軍表

姓名	籍貫	前朝任職	任期	備註
楊雄（惠）	（皇族）	右司衛上大夫	開皇1.2.；9年 開皇初	左衛 右衛。《隋》43，《北》11
楊弘	（皇族）		開皇1.5.～	右衛。《隋》43，《北》71
高熲			開皇2年 開皇5年	左衛 左領
宇文述	※代郡	左宮伯	開皇初～9年初	右衛。《隋》61，《北》79
李禮成	隴西	民部中大夫	開皇7年 開皇3.2.～3.8.	左衛 右武衛。《隋》50
元冑	※洛陽	大將軍	開皇元年～ 開皇中	左衛旋轉右衛 右衛。《隋》40，《北》73
虞慶則			開皇9.1.～9.11. 開皇9.11.～17.12.	右衛 右武侯

姓名	籍貫	前朝任職	任期	備註
元旻	※洛陽		開皇11.5.～20.10.	左衛。《隋》40，《北》68〈王世積傳〉
賀婁子幹	※		不詳～開皇13.7.	左衛
漢王諒	（皇子）		開皇13～17年 開皇12.2.～13年	左衛 右衛。《隋》45，《北》71
晉王昭	（皇孫）		仁壽1～3年	內史令兼左衛
田仁恭	平涼	幽州總管	開皇初	右武衛旋轉左武衛。《隋》54，《北》65
晉王廣	（皇子）		開皇2.2.～ 開皇9	左武衛 領左武侯。《隋》2，《隋》3，《北》12
秦王俊	（皇子）		開皇2.2.～	右武衛。《隋》45，《北》71
竇榮定	※扶風	忠州刺史	～開皇6年 開皇3.12.～ 開皇2.4.～2.8. 開皇1.11.～	左武衛 右武衛 左武侯 右武侯。《隋》39，《北》61
劉昶	※中山	秦靈二州總管	開皇初	左武衛。《周》17，《隋》80
楊武通	弘農		開皇中	左武衛。《隋》53，《北》73
獨孤羅	※雲中	楚安郡太守	仁壽中	左武衛。《隋》79，《北》61
伊婁謙	※洛陽	前驅中大夫	開皇1.2.～	左武侯。《隋》54，《北》11

賀若誼	※洛陽	洛州刺史	開皇2年	左武侯。《隋》39，《北》68，《金石萃編》40〈賀若誼碑〉
姚　辯	※武威	大都督	仁壽3.2.～大業2年	左武侯。《隋》2，《金石萃編》40〈姚辯墓誌銘〉
賀若弼	※洛陽	壽州刺史	開皇15年 平陳後	右武侯 右領軍。《隋》52，《北》68
衛王爽	（皇族）	內史上士	開皇1年	右領軍
宇文忻	※朔方	豫州總管	開皇5.3.～6.8.	右領軍。《隋》40，《北》60
李　安	隴　西	少師右上士	開皇9.11.～	右領軍。《隋》50，《北》75
蜀王秀	（皇子）		開皇12.2.～	內史令兼右領軍

六部尚書和禁軍衛府大將軍的情況，和前述三省長官的情況基本相同。但是，有一點需要特別指出的是，少數民族出身的官員占有相當比例，在六部和軍隊長官總數中占百分之三十六點五，其中，在兵部和民部尚書中均占百分之四十三，在工部尚書中占百分之五十七，在禁軍衛府大將軍中占百分之四十六。在集權體制下，軍隊是國家的支柱，被置於皇帝的嚴格控制之下，先後有十名皇族外戚（占百分之三十八點五）擔任禁軍大將軍，充分體現其重要性，而少數民族在此部門占有如此高的比例，足見他們仍深受信任與重用。少數民族在尚書省各部的不同分布，完全由於其文化特長所決定，例如禮部純任漢人，而工部多用少數民族，即可示其一斑。因此，說周隋嬗替乃漢族推翻少數民族政權的鬥爭，不能成立。毫無疑問，隋朝是以漢族為主的多民族融合的國家。

在上述高官當中，出身於原北周地區者占絕對多數。然而，真正出自北周創業集團或來自原北方六鎮者卻實在少見。如前所述，隋文帝上臺時對北周皇族宇文氏進行了斬草除根的殺戮，其所警戒的就是宇文氏在關隴集團中的影響力，有此深憂，則明顯不會倚重北周舊班底。後面還將談到，文帝此後政治清洗的矛頭，主要就是針對與北周政權關係相對親近的上層官員。因此，他著力培養並重用者，為其親族、舊部（含其父楊忠部屬）、同學和故友，亦即與其頗有淵源關係又在政治上堅決擁護他的新人。

縱觀文帝的經歷，在登基之前，僅在保定五年（五六五）擔任隨州刺史和建德六、七年（五七七~五七八）先後擔任定州和南兗州總管這樣兩次外任機會，且任期都很短，沒有機會發現並培養起自己的幹部。其一生基本在關中活動，所熟悉的大多為關中人士，由此決定了其用人的地域局限性。而且，他沒有顯赫的政績軍功，這既決定他不會重用那些功高望重者，又決定了他缺乏自己的人事班底。就隋朝官僚的家族背景而言，皇室自稱與之有淵源關係的弘農楊氏居中心地位，與皇親國戚一起控制朝政。此外受重用者為文帝的故舊。人事基礎的薄弱，使得文帝不能不在楊氏之外，倚重皇后獨孤氏系統的人馬，這批人以高熲為代表。當然，隋文帝上臺後也儘量提拔一批政績突出的新秀，表明他並不囿於原來的小圈子。然而，相對而言，文帝用人範圍並不廣。

人事基礎的欠缺，使他不敢輕信別人，在發生了幾次功臣背叛的事件之後，他對那些貌似忠誠的官僚更加懷疑。高度集權體制下，直言敢諫的忠臣成為打擊的目標，而政治面目掩蓋得完美無瑕的野心家卻飛黃騰達，魚龍混雜，忠奸難辨。性急的文帝愈來愈失去了耐心。平陳之後，天下太平，在偃武修文的政策下，中央的權力進一步集中到皇族手中，如吏部的柳述（女婿）、禮部的楊文紀（弘農）、兵部的柳述、刑部的李圓通（家將）、民部的韋沖（皇孫齊王暕岳父）和工部的楊達（皇姪），不但六部全為皇親國戚所控制，而且，出納帝命的門下、內史二省長官也轉由皇族擔任。特別是在開皇末年，廢立太子的事件造成的強烈衝擊，一代良相高熲失勢，中樞權力完全為皇室所控制，統治集團內部的權力平衡被打破，中央集權轉變為皇室集權，表明晚年的文帝已經不再充滿自信了。這種不正常的現象為隋朝用人之一大變化。煬帝上臺後，雖然緩和了皇室壟斷政權的局面，但他轉而大批重用南方人士，造成用人上的又一變化，這當然是後話。

山東和江南人士在權力中心所占比例甚低，其主要原因恐怕在於統一的時間太短，這些地區官員的政治立場尚未經受考驗，文帝對他們還不熟悉，因此還談不上委以重任的問題。但是，在六部尚書以下官職中，山東和江南人士占有相當比例亦是不爭的事實。據粗略統計，北齊出身而轉仕於隋者，有：

李德林、薛道衡、高勱、乞伏慧、盧昌衡、李孝貞、魏澹、陸爽、杜臺卿、辛德源、樊子蓋、劉權、慕容三藏、李諤、源師、郎茂、高構、張虔威、房彥謙、裴矩、劉龍、王劭、劉弘、游元、馮慈明、劉子翊、陸彥師、房恭懿、公孫景茂、何妥、馬榮伯、王通、房暉遠、劉焯、劉炫、王孝籍、李元操、劉臻、崔儦、諸葛穎、孫萬壽、庾季才、盧太翼等。

南朝出身而仕於隋者，有：

柳裘、明克讓、柳䛒、許善心、麥鐵杖、來護兒、周羅睺、周法尚、鮑宏、裴政、柳莊、陸知命、虞世基、裴蘊、姚察、元善、王頍、蕭該、袁充、王頒、王貞、虞綽、王胄、庾自直、潘徽、耿詢、蕭吉、許智藏、萬寶常等。

他們或者治理一方，政績斐然；或者在中央部、寺擔任副職，雖然不參加高層政治決策，但卻負責處理日常事務，亦是要職。李德林長期擔任內史令，為重要決策人物；薛道衡和陸彥師一度典選，甄別士流，力圖改變隋初用人路線；柳裘助隋文帝政變篡周；麥鐵杖、來護兒勇冠三軍，屢建軍功。至於文化部門，則幾乎為北齊和江南人士壟斷，異彩紛呈。正因為有此基礎，所以在社會文化走向繁榮的煬帝時代，他們就能以文辭才華脫穎而出，攀龍鱗，附鳳翼，扶搖而上。顯然，文帝對於山東和江南人士還是能夠相容並包、量才錄用的。

但是，畢竟山東和江南人士出自原來的敵國，要說完全將他們與出身關中的官員一視同仁，卻也不現實。開皇前半期，文帝對山東和江南人士明顯抱有戒心，而李德林在中央屢遭高熲和蘇威的排擠，最後被文帝逐出中樞機構，也不能說沒有畛域之見。至於能否將權力之爭、地域歧視和幫派壁壘等官場中常見的糾葛，抽象為確定不移的排他性組織路線，尚可研究。

總而言之，文帝的用人，在開皇前期是以助其改朝換代的兩京地帶出身的漢族官人為中心，融合少數民族支持者，並隨著統一的進程而不斷吸收山東、江南士人。然而，到了開皇中後期，由於發生多次的政治鬥爭，加重了文帝對百官的猜疑，又由於太平盛世而增長的驕慢、家庭不幸而造成的焦躁失望和老年的偏執等因素，中央集權日益蛻變為皇帝個人專斷，形成皇族近臣遍布朝廷要津的不正常局面。過度的集權無助於克服潛在的分裂因素，反而加劇了隋朝內部的政治矛盾。注意內部協調與平衡的組織路線破產，標誌著隋朝已露出破綻而面臨新的轉折關頭。

組建新的領導核心

隋文帝剛上臺時，朝廷裡悄悄流傳著這樣一句話：「劉昉牽前，鄭譯推後」，[14]十分具體地描述了隋文帝登上政治舞臺的經過。

劉昉、鄭譯這班宮中近臣把楊堅推了出來，無非是想讓他在前臺表演，便於自己在後臺繼續弄權，營私舞弊。所以，楊堅一進入宮中，就被他們所包圍，要官要賞。楊堅得人好處，自然盡予滿足，「言無不從，賞賜玉帛不可勝計」，[15]劉昉更是恃功倨傲，縱酒逸遊，無心政事，甚至招商納賄，川流不息。

當時，楊堅甫掌權柄，軍國要務，日不暇給，只好另外請人幫忙。他看重了才華橫溢的李德林，而夫人獨孤氏平時一個勁兒推薦高熲，楊堅便派其姪楊雄將他們二人延攬進相府，協助處理政事。

尉遲迥等三方兵起，前線告急，楊堅讓劉昉和鄭譯前去督軍，沒想到二人竟推辭不迭，絲毫不以國家為意，讓楊堅大為失望，從此疏遠他們，令相府屬官不得將公文送他們處理，並以高熲任相府司馬，取代劉昉執掌軍機。鄭譯不知楊堅已對他們心生嫌隙，依然大模大樣到相府上班，高坐廳上，卻不見有人前來稟報公務，這才知道事情不妙，趕忙辭職。

不露聲色之間，楊堅擺脫了劉昉、鄭譯這幫人，並且把他們置於自己的控制之下，不再因為

14《隋書》卷三十八，〈劉昉傳〉。
15《隋書》卷三十八，〈鄭譯傳〉。

欠下的人情債而受制於人。其實，劉昉等人不過是一批狐假虎威的寵臣，在北周的政治組合中，並不具有真正的實力地位，楊堅正是看透了這一點，所以能輕而易舉地打發掉他們。然而，真正的考驗卻還在後頭。

楊堅入主朝政，事起倉卒，隨即三方兵起，天下紛擾，朝野百官還來不及想清楚是怎麼回事，就必須表明自己的政治立場。這時候，他們中的大多數人其實是持觀望態度，表面上順從朝廷，實際上待價而沽，看那一方於己有利。楊堅實力不足，只能依靠北周的實力人物，他拉攏李穆、于翼、韋孝寬等元老宿將支持輔佐，穩住大局。

有意思的是在周末動亂中，為北周政權挺身而出的，只有周室姻親尉遲迥、恭謹無能的王謙和北齊降將司馬消難等寥寥數人，滿朝文武多數傾向於楊堅。司馬消難性格反復，可以不論。王謙的父親王雄雖為北周十二大將軍之一，但戰死疆場，與政治關涉不深，王謙遂得以承繼父勳，任寄一方，對周室頗有感情。除此之外，北周大臣對楊堅露骨的篡權行為裝聾作啞，甚至轉相投靠，可知經過宇文護和周宣帝的政治整肅，使得北周創業集團已經貌合神離到何等地步。打天下的激情，已經被殘酷的政治現實滌蕩無餘，理想破滅之後，人變得格外現實，心裡總在計較個人的利益得失。楊堅所能調動並利用他們的正在於此。

然而，當楊堅派出去鎮壓尉遲迥的大軍按兵不動，各路將領騎牆觀望，甚至暗中接受尉遲迥金幣的時候，不但前線統帥韋孝寬難以駕馭，就是楊堅也憂心如焚，胸無良策。這時，兵敗逃回的于仲文猶如救星一般，立刻被派往前線，代表楊堅，並以于氏家族的聲望為擔保，保證諸將在勝利後的利益和地位，這才穩住大局，戰勝尉遲迥。

關鍵時刻毫不猶豫地挺身而出，和楊堅一道力挽狂瀾的，既不是發動宮廷政變的機要權臣，也不是頗有聲望的宿將，而是他親手提拔的後起之秀。李德林為他出謀劃策，高熲趕赴前線督軍，這些充滿朝氣的政治新人竭盡全力支持楊堅，並不是為了換取一己私利，而是希望通過楊堅的改朝換代來一展雄圖，構建心中理想的社會。他們早就企盼新一代政治領袖的誕生。因此，當楊堅終於登上政治舞臺的時候，他們充滿知遇的感激，更懷抱共同的政治理想，迅速聚集攏來。這樣的君臣組合具有穩固的基礎，而其釋放出來的能量更是難以估算，無堅不摧。

大浪淘沙，在風雲多變的歲月，楊堅深刻體會到，要在北周基礎上建立起鞏固的隋朝，不能依靠舊政權的上層文臣武將，而必須迅速建立自己的官吏隊伍。所以，從隋朝成立之時起，他立即將相府僚屬推向前臺，以高熲為尚書左僕射兼門下納言，虞慶則為內史監兼吏部尚書，李德林為內史令，楊雄為左衛大將軍。不久，又任命蘇威為門下納言。在其直接領導下，形成新王朝的最高領導核心。

在這批人當中，掌管禁軍的楊雄出自皇族；虞慶則和蘇威都是高熲推薦的，且都出自京兆，可視為同一線的人物；只有李德林比較特殊。

前面曾多次介紹過李德林這位聞名天下的北齊才子，在北周末年的驚濤駭浪中，洞察形勢，出謀劃策，輔佐楊堅轉危為安，終成建隋大業。然而，從性格上說，他和楊堅並不是一類人。李德林才華橫溢，少年入仕，為北齊政壇名士所稱許，與著名的顏之推共判文林館事。齊滅入周，大得周武帝推崇，負責起草詔誥和選用山東人物。而且，他還是一位英雄論者，在北齊，他積極主張編修北齊歷史當起自高歡；在隋朝，他親撰《天命論》，論述英雄乃上膺天命降生人世，扶危繼絕，救國濟民，告誡那些蠢蠢欲動的野心家不要輕舉妄動，同時號召人們順應天命，忠於隋文帝。這些文章都表現李德林希冀輔佐明主治國平天下的政治抱負。

他經歷齊、周、隋三朝，一直擔任草詔要職，有機會比較各朝的得失，熟知政壇內幕和各大派系勢力分布，深諳政治運作的技巧。多年的磨煉，使他頗具政治遠見和決斷能力，因此，在幫助楊堅奪取天下的過程中發揮了關鍵性的決策作用。

身處亂世，他親眼目睹了齊、周兩朝的衰亡，痛感強權政治的危害，強烈主張實行文治，重建法律與倫理秩序。隋初，他曾因為反對濫殺北周皇室而被文帝斥為「讀書人」，大受冷落；在治理國家方面，他主張維護法律權威，當面勸諫文帝：「政令不一，朝成暮毀，深非帝王設法之義。」[16]因而遭到貶黜。顯然，李德林從歷史的經驗教訓中總結出比較有系統的治國理論，其政治主張和唐朝初期實行的政策頗相一致，並被歷史證明是卓有成效和更有遠見。

對於李德林，文帝頗為器重。特別是在平陳之前，文帝勵精圖治，較能接受不同意見。而李德林文韜武略，奇謀迭出，更讓文帝深相倚重。開皇八年（五八八），文帝親送大軍遠征伐陳，來到同州，想起李德林所獻平陳之計，連忙派專人持敕書徵召臥病京中的李德林隨從，又交代宰相高熲道：「德林若患未堪行，宜自至宅取其方略」，交付前線統帥晉王廣。[17]只此一例，已見平常寄託之深。

以上諸例表明，文帝對李德林的倚重主要在於具體的謀略，至於根本性的治國方略，則常相抵觸。作為一位務實而性急的政治家，文帝更注重眼前的事務，希望實行的政策是馬上能夠產生效果的，他要用高度集中的手段迅速克服各種矛盾，甚至採取殘酷的高壓手段來強求一致與服從，實際上，其思維仍處於戰時軍事統制的延長線上。因此，他不能允許有礙於政治權力貫徹行使的主張擋路，哪怕是他親手制定的法律也不例外，這種至高無上的政治權力只屬於君主，臣下百官只能是執行者。然而，這樣的界限是很難確定的，所以，君主便會不住地盯著臣下的合法權力，想方設法集中到自己手中，於是，合理的中央集權就蛻變為君主專制，開皇後期演出的正是這一幕。這種近似於迷信的權力萬能論，無視強權掩蓋下的矛盾激化，又把權力的公正寄託在統治者的自律上，從根本上說，他們更加不現實，更加浪漫而富於空想。可是，對於主張健全權力機制和理性地消化社會矛盾的人，反而被他們認為是不切實際的「讀書人」。

李德林這種具有獨立見解與個性的人，在集權體制下是難以長期存在下去的。平日與文帝在治國方針上的分歧逐漸積累下來，到了開皇十年（五九〇），以鄉正壟斷鄉村而引起權與法的爭論成為導火線，文帝終於下決心貶黜李德林，甚至不允許他賦閒在京，免得看不順眼。此時，全國已經統一，李德林的奇謀已經派不上用場了。

實際上，開皇時期，隋中央的政治人事是以高熲為基軸展開的。高熲得到文獻皇后強有力的支援，在平定尉遲迥的鬥爭中頗建功勳，深受信任，文帝見到他時，經常按照北周部屬隨長官姓的遺俗，親切地稱他為「獨孤」，視同家人。高熲確是一位極為稱職的宰相，他穩重而不墨守成規，堅持原則又善於協調各方關係，識大體，顧大局，胸懷寬廣，舉賢薦能，朝中文武大員如虞慶則、蘇威、楊素、賀若弼、韓擒虎等，都是他推薦任用的，實在難能可貴。他把全副身心投入處理國家事務中，連晚上睡覺都要在床頭放盤粉，一旦想起什麼公事，隨即用手指書寫其上，第二天醒來，便可記錄下來，上朝實行。[18]

16《隋書》卷四十二，〈李德林傳〉。
17《隋書》卷四十二，〈李德林傳〉。
18 劉餗，《隋唐嘉話》上，第一頁。

高熲明達世務，善於領會並堅決貫徹文帝的意圖，故隋朝每有重大行動，都委派他實際負責。而他也深知君主習性，常自謙抑，每有奇計，總是私下奏報，不留痕跡，以突出文帝的豐功偉績。綜觀其一生事蹟，更像是一位傑出的國務活動家。也許因為如此，所以能夠「當朝執政將二十年，朝野推服，物無異議。治致升平，熲之力也，論者以為真宰相」；文帝也一再讚揚他，平陳之後，還專門下詔褒獎道：「公識鑒通遠，器略優深，出參戎律，廓清淮海，入司禁旅，實委心腹。自朕受命，常典機衡，竭誠陳力，心迹俱盡。此則天降良輔，翊贊朕躬」。[19]

在隋朝最高領導階層中，蘇威占有重要的位置。他由高熲推薦入朝，文帝和他一席長談，大加讚賞，開皇初年，一再委以重任，曾經同時兼任納言、度支（民部）尚書、大理卿、京兆尹和御史大夫五項要職，還擔任過吏部尚書、刑部尚書、國子祭酒等職，開皇九年（五八九）升任尚書右僕射，仁壽元年（六〇一）再任此職，直至煬帝大業三年（六〇七）罷官，為隋朝最後一位尚書省長官。

蘇威兢兢業業，克盡厥職，他的最大特長是精通行政工作，善於將文帝的政治意圖化為具體的政策條文，變藍圖為現實，所以，隋朝的典章制度多出自其手。這種事務型官僚的特點，使他特別受到重視，因為集權體制下，君主更喜歡的是體察上意的辦事能員。而且，蘇威的性格又與文帝頗相合拍，他也主張中央集權，所制訂的政策總是力求細密，甚至連挨家登記農民餘糧、商店不得面臨大街等等，都規定無遺，「然頗傷苛碎，論者以為非簡允之法」，[20]內外官員頗不以為然，楊素就「視蘇威蔑如也」；[21]內史侍郎元善甚至直接對文帝說道：「蘇威怯懦，……可以付社稷者，唯獨高熲」；[22]治書侍御史李諤和民部侍郎郎茂都曾對蘇威苛碎擾民的規定提出異議，奏請罷之。[23]

察察為明者往往諳於大局，蘇威也不例外，他經常無視法律的尊嚴，動輒要求修改法令，將法律置於行政權力之下。在旺盛的虛榮和功名心驅使下，他喜歡攬權，自以為是，又心胸狹隘，「每至公議，惡人異己，雖或小事，必固爭之，時人以為無大臣之體」。[24]而且，他經常把政見分歧演變為私人成見，黨同伐異。例如，李德林反對他不顧法令規定強設鄉正的作法，他便向文帝挑撥，硬說李德林的住宅枉取民地，全然不顧此宅乃文帝所賜的事實，推波助瀾，促使李德林垮臺。諸如此類，在隋朝紛繁複雜的人事鬥爭中，不利於新領導集體的穩定和政治的良性運作。

在整個隋朝領導集體中，蘇威的任期最長，地位也最穩固。除了以上原因之外，還由於得到高熲的大力支持，「時高熲與威同心協贊，政刑大小，無不籌之，故革運數年，天下稱治」。[25]而且，在人事鬥爭中，高熲往往也都支持蘇威，例如李德林反對蘇威設立鄉正，太子勇及朝中百官大多贊同李德林，此時，高熲「稱德林狠戾，多所固執」，給予蘇威決定性的支持。

高熲支持蘇威，或與隋朝的基本人事組成有關。蘇威出自京兆武功，其家族自西魏以來，在

19 引文均見：《隋書》卷四十一，〈高熲傳〉。
20 《隋書》卷四十一，〈蘇威傳〉。
21 《隋書》卷四十八，〈楊素傳〉。
22 《隋書》卷七十五，〈元善傳〉。
23 並見《隋書》卷六十六本傳。
24 《隋書》卷四十一，〈蘇威傳〉。
25 《隋書》卷四十一，〈蘇威傳〉。

關中頗具影響，[26]與京兆杜陵（今陝西省長安縣東北）韋氏皆為漢族大姓。關中漢人氏族是隋朝興起的基本支持力量，文帝要依靠他們，高熲在關中沒有深厚的根基，更要提拔重用他們，由此構成隋朝初期新班底的基本面貌。

虞慶則的基本情況已在前述作了介紹，他也是京兆出身，胡化頗深，因高熲的推薦而獲得迅速提升，支持楊堅政變，力主剷除北周宗室，故於隋朝開國時大受重用，進位大將軍，任內史監、吏部尚書、京兆尹。

隋初的最高領導層，半數以上出自高熲一系，他們都具有濃厚的關中色彩，蘇威負責行政，虞慶則主持吏部，居於主要地位。李德林雖為文帝重用之人，但政見有所不同，不時受到排斥。作為文帝的代表者，是其姪子楊雄。

前已述及，在楊堅政變中，楊雄為他奔走於宮廷內外，延攬高熲、李德林等一批心腹。隋朝建立伊始，政局尚未穩定，文帝以皇族掌握禁軍，委派河間王弘擔任右衛大將軍，楊雄為左衛大將軍。翌年，楊弘出討突厥，楊雄轉任右衛大將軍，參預朝政。高熲等人能夠深得文帝信賴，大刀闊斧推行新制，實得益於楊雄的鼎力支持。

從以上分析可以看出，隋朝初期的核心領導均出自原楊堅相府班底，他們積極參加創建隋朝的政治鬥爭，表現出堅定的政治忠誠與卓越的軍政才幹，因此深得文帝賞識，超常拔擢。他們在北周沒有足可稱道的權勢地位，完全是由於改朝換代才得以一躍而起，出將入相，個人的前途命運完全和新王朝緊緊聯繫在一起。

文帝重用他們，亦在於他們年資尚淺，不具有獨立的實力基礎，不能向他評功擺好，用起來得心應手。而且，文帝對他們有知遇之恩，除了共同的政治目標之外，權力關係還帶有濃厚的私人感情。開皇二年（五八二），文帝曾在一次宴會上對楊雄、高熲、虞慶則和長孫覽等人說道：「朕之於公，義則君臣，恩猶父子。朕當與公共用終吉，罪非謀逆，一無所問」，[27]頗帶情感色彩。

然而，也由於他們資歷較淺，故其執政自然引起元老勳舊的強烈不滿，激起一次次政治危機。這一切，也許早在文帝預料之中，鑒於南北朝時代勳貴大族經常成為分裂動亂的溫床，所以，文帝有意要削弱其勢力，一無例外地重用新人本身就包含著這種政治意圖。當波瀾掀起的時候，朝中新秀不具有同元老勳貴對抗的權威，這時就需要文帝親自出馬，才能夠轉危為安。這樣，文帝便始終處於領導中心，主宰大局。

穿越潛流暗礁

隋文帝起用原相府屬僚主持朝政，確立了自身的領導地位。然而，對於將他推上皇位的樞機文臣、勳貴武將，這卻意味著他們被排除於政治權力之外，絕難接受。

北周的政治體制是打天下者擁天下，誰在戰場上立功，就能從政府官職上得到酬報，這早已是不言而喻的了。在這種體制下，皇帝往往只是功勳貴族的代表，與之共同分享政治權力。可是，文帝圖謀改變的正在於此，他要改變用人制度來提高皇帝的絕對權威，以中央集權來開闢國

26 氣賀澤保規，〈圍繞蘇威展開的隋朝政界〉，收於日本佛教大學歷史研究所編，《鷹陵史學》，第三、四號（森鹿三博士頌壽紀念特集），一九七七年。

27 《隋書》卷五十一，〈長孫覽傳〉。

家統一繁榮的新時代。這就要求首先在中央上層破除權與利、忠誠與官職的交換，用共同的政治目標作為任用官吏的基礎。因此，隋朝初期的人事鬥爭往往就具有政治改革的意義。

首先對文帝的人事安排大為不滿的是劉昉、鄭譯和盧賁等政變功臣，他們將文帝推上權力頂峰是為了竊取實權，謀求個人私利。因此，當文帝疏遠他們，轉而重用高熲、蘇威等人時，他們彷彿覺得被出賣了，眼看著自己作為賭注押下的官職落入他人手中，心裡恨得直咬牙。

開國大典上，原相府的人馬加官進爵，身居要職，而作為政變主謀的鄭譯只封得一個「上柱國」勳爵，劉昉還低一級，封個柱國、舒國公，兩人無所職任，就被打發回府，享受清福。

從無比風光的中樞權力高座上跌落下來，還得去品嘗世態炎涼，更何況把自己拉下馬來的正是自己親手扶上臺的人，那番煎熬，不是常人所能體會的。鄭譯還算比較想得開，私下請一班道士到家中，畫符設壇，念咒祈禱，企盼文帝能回心轉意，再獲重用。沒想到天神尚未請到，家中的婢女已經向官府告發他厭蠱左道。文帝聞訊，將他召來，教訓了一通。恰在此時，憲司彈劾他與母親別居，為子不孝。於是，數罪並罰，文帝專門下詔：「譯嘉謀良策，寂爾無聞，鬻獄賣官，沸騰盈耳。若留之於世，在人為不道之臣，戮之於朝，入地為不孝之鬼。有累幽顯，無以置之，宜賜以《孝經》，令其熟讀」。[28]將他盡情羞辱一番，除名為民，勒令與其母同住。

鄭譯經過這番教訓，學乖許多，從此規規矩矩作人，倒還得到文帝垂念，重新起用，撰律修樂，頗有建樹，開皇十一年（五九一）病死於岐州刺史任上。

劉昉本非善良之輩，野心也比鄭譯大得多。他自遭罷黜之後，便把個人私憤轉變為政治復仇，明裡暗裡，煽風點火，挑動對隋朝的怨恨。開皇初，京師發生饑饉，文帝忙於組織救濟，為了節約糧食，頒布禁酒命令。這時，劉昉跳了出來，非但不遵守法令，還故意讓其妾租賃店面，當壚賣酒，公開發洩不滿。治書侍御史梁毗提出彈劾，被文帝按下不問。劉昉以為得計，更加張狂。他暗地裡和散騎常侍盧賁、上柱國元諧、李詢、華州刺史張賓相互勾結，密謀以高熲、蘇威等主要朝臣為打擊目標，取而代之。

至此，這場鬥爭的性質及其影響都發生了根本變化。首先，劉昉等人固然以「清君側」為號召，但其真實目的恐怕是要推翻隋朝。所以，他們四處活動，大耍陰謀。盧賁見晉王廣深得文帝寵愛，便想加以利用，一方面密謀廢立太子，另一方面則偷偷對太子勇說道：「賁將數謁殿下，恐為上所譴，願察區區之心」，[29]挑撥文帝父子關係，唯恐天下不亂。

其次，捲入這場鬥爭的人員出現微妙的變化。盧賁和張賓都是當年進行宮廷政變的主要參加者，謀反原因與鄭譯、劉昉無異，可以不論。值得注目的是李詢和元諧。

李詢是北周大將軍李賢之子，隋朝太師李穆的姪兒，在平定尉遲迥的決戰中，作為韋孝寬的副手，頗建功勳。隋朝建立後，未見特別受到重用，只知道他和刑部尚書元暉一起修建京畿水利工程。元諧為北魏貴胄，又是隋文帝少時同學，甚相友愛。在平定尉遲迥的戰爭中立功受獎，不久又率兵擊退吐谷渾和黨項的進攻，威名遠揚。他為人剛愎率直，不媚權貴，又喜歡批評時政，口無遮攔。

李詢和元諧是關隴集團的代表人物，他們在隋文帝上臺的過程中，頗效犬馬之勞，隋朝建立後，他們反被排除於權力中心之外，自然憤憤不平。這些不滿主要是衝著高熲、蘇威等他們看不

28《隋書》卷三十八，〈鄭譯傳〉。
29《隋書》卷三十八，〈盧賁傳〉。

上眼的小人物而發，希望的是奪回朝政大權，恢復以往君臣共治天下的傳統。他們苦苦尋覓宇文泰時代豪傑聚義共創大業的英雄夢想，沉浸在對往事的無限眷戀中，難以接受人情日益淡漠的集權制國家的崛起。從國家自身發展的歷程來看，當年衝鋒陷陣的健兒已經落伍，眼下是「沉舟側畔千帆過，病樹前頭萬木春」，把他們抛到一邊的是滾滾的歷史潮流，也是他們自身的思想。可是，這正是他們永遠也弄不明白的。

蒼涼的感傷並不帶有謀反的性質，他們對文帝還是忠誠的，元諧曾當面對文帝披瀝衷腸道：「臣一心事主，不曲取人意」。[30]但是，他們的不滿被劉昉之流野心家所利用，以前支持隋文帝的先朝近臣與關隴武將趨於合流，這不能不讓文帝深感憂慮。

高熲這位精明的宰相大概也感到這股壓力的沉重。說實在的，劉昉這夥人有能量而沒有實力，無須過慮。但是，如果挑起關隴武將的眾怒，局勢就複雜艱險了。看來只能以退為進，分化瓦解反對勢力。

開皇元年（五八一）八月，高熲「深避權勢，上表遜位，讓於蘇威」。[31]文帝左右權衡，准其辭職，委任他為伐陳軍統帥，領兵外出，暫避鋒芒。高熲所遺職位空缺當然不可能由蘇威繼任，文帝調來原東京左僕射趙芬，接任尚書左僕射。

趙芬為天水人，少年時由宇文泰提攜入仕，他為人謹慎，忠於職守，在北周複雜詭譎的政治鬥爭中，不但未曾牽連，而且逐級升遷，到北周末年，已任東京小宗伯，年高資深。尉遲迥和司馬消難密謀造反，坐鎮洛陽的趙芬將他所掌握的情報祕密報告隋文帝，大獲信任。顯然，趙芬是各方都能接受的過渡性人物，文帝起用他，確是暫時敷衍關隴武將的一著高招。

對於劉昉等人圖謀不軌的案件，文帝擺出嚴厲架勢，下令追查。劉昉慌忙把所有罪責都推到盧賁和張賓頭上。由於案件牽涉頗深，而隋朝甫立，人心尚未穩定，故文帝樂得裝聾作啞，就此結案，並以「龍潛之舊，不忍加誅」為由，寬宥盧賁和張賓二人，僅作「除名為民」的處分。[32]值得注意的是，大約就在此時，文帝專門給太師李穆下了道詔書，大加褒獎之後，說道：「自今已後，雖有愆罪，但非謀逆，縱有百死，終不推問」。[33]而李崇也被委任為隰州（今山西省隰縣）總管，離開京城。文帝的這番處置，既表示他寬宏大量，又給心懷不滿的人以警告，先穩住大局。

但是，高熲畢竟是朝臣首腦，他一外放，新團隊的處境就更加困難，舉步維艱。這一切，文帝心中有數。翌年正月，他親自駕臨上柱國王誼府第，二月，又來到趙國公獨孤陀家中，對關隴頭面人物進行一番安撫，接著，便以高熲推薦蘇威為由，褒獎道：「蘇威高蹈前朝，熲能推舉。吾聞進賢受上賞，寧可令去官！」[34]下令高熲復職，旋又兼左衛大將軍，執掌禁軍。

一場政治危機，由於文帝的堅定沉著和高超的政治技巧，暫且渡過。經過這番洗禮，新團隊站住了腳跟，而且站得比以前更穩。顯然，他們是文帝政治路線的貫徹執行者，因此，圍繞他們而展開的人事鬥爭，直接關係到新政的成敗。看不清這一點，仍想保持既得利益集團對權力的壟斷，繼續對新執政發洩不滿的人，很快就將體會到文帝嚴酷的一面。

30《隋書》卷四十，〈元諧傳〉。
31《隋書》卷四十一，〈高熲傳〉。高熲自解尚書左僕射職務的具體時間，史無明文。有兩則材料可供研討。其一，接任尚書左僕射的趙芬，原任東京左僕射。據《隋書．高祖上》記載，開皇元年八月五日，「罷東京官」，則趙芬入京接替高熲，大約就在此時。其二，《隋書．高祖上》載，這年九月，高熲出為伐陳諸軍統帥，由此推測，高熲去職，約在八九月之交。
32 引文均見《隋書》卷三十八，〈盧賁傳〉。
33《隋書》卷三十七，〈李穆傳〉。
34《隋書》卷四十一，〈高熲傳〉。

龐晃是文帝最艱難時候的政治密友，曾多次在一起密謀政變。文帝踐阼，龐晃恃寵倨傲，尤其看不起新朝執政，「時廣平王雄當塗用事，勢傾朝廷，晃每陵侮之。嘗於軍中臥，見雄不起，雄甚銜之。復與高熲有隙」。[35]對於這樣一位沒有政治野心，全憑個人好惡行事的魯莽功臣，文帝當然不好與之計較，但也不能聽之任之，所以，自從開國初將他調任右衛將軍後，十多年不予升遷，略施薄懲。至於一般官僚那可就慘了。

那些年，關中常鬧旱災，尚書都事姜曄和楚州行參軍李君才借題發揮，援引儒家天人感應之說，奏稱罪由高熲，請廢黜之。李君才還批評文帝過分寵信高熲。文帝勃然大怒，把他們貶斥尚不解氣，下令當廷杖打。可一下子找不到刑杖，文帝便親自以馬鞭痛笞李君才，直打得皮開肉綻，一抬出去就咽氣了。

文帝大失常態的行為，並非其性格果真就如此暴戾乖張，他顯然是在堵勳貴的嘴，用小官的命來樹立朝廷執政的權威，殺雞駭猴。他和他所任命的新團隊都渴求獲得公認的政治權威，甚至不惜使用強制性的暴力手段。當廷笞殺李君才，給百官的資訊再清楚不過：文帝堅定不移地支持當朝宰相，因此，對他們的攻擊將被視作是對文帝的挑戰，在此問題上，文帝毫不含糊，立場一貫。平陳時，高熲輔助晉王出征，朝中再生謠言，高熲凱旋歸來，文帝慰勞他說：「公伐陳後，人言公反，朕已斬之。君臣道合，非青蠅所間也」。[36]文帝不拿宰相作為其耍弄政治權術或與各派政治勢力周旋的籌碼甚至犧牲品，他要以自己的敢作敢當去贏得臣下的竭誠盡忠，共創大業。

用皇帝的權威庇佑大臣，為推行政治改革開道，卻也使得一些朝臣間的爭鬥直接演變為君臣之間的衝突，文帝不得不為此付出更多代價。但是，他既然已經作出抉擇，自然也對將來的政治鬥爭作了通盤的考慮和準備。所幸的是，旋即爆發突厥大規模入侵的戰事，內部的矛盾暫時被擱置起來。戰爭結束的時候，隋朝作為勝利者，政權穩固，地位堅強，文帝本人更是聲望高漲。當他重新把目光轉向內部時，強者的地位使他可以採取比較嚴厲的手段抑制勳貴，強化中央的領導。

元諧自從上次事件後，被解除職務。當時，王誼也賦閒在家，兩個官場失意的人，很自然就聚到一塊，頻相往來。

王誼和元諧都是文帝少時同學，且都為文帝上臺立下汗馬功勞，王誼之子奉孝還娶文帝第五女蘭陵公主，同學加親家，關係更為緊密。然而，正因為如此，所以他們總把文帝當作同輩，沒能轉過彎來以臣禮自持，而且還對當朝執政不以為然，我行我素，著實讓文帝及其輔臣感到頭疼。

開皇初，文帝曾以玩笑的口吻告誡王誼：「吾昔與公位望齊等，一朝屈節為臣，或當恥愧」，[37]希望引起他注意。不久，王誼的兒子死去，蘭陵公主為夫守喪逾年，王誼見她年紀輕輕，卻穿著一身孝服，楚楚可憐，不忍心便向文帝上表，請求提前解除她的孝制。不料，這道表文卻引來御史大夫楊素的嚴辭彈劾，要求將他法辦。我們知道，當時文帝一班君臣正積極推行孝治天下，以此重建尊卑等級秩序。王誼的上表正好違反孝治，給人抓到把柄。文帝雖然沒有批准楊素的彈劾，但此事對王誼實是一個嚴厲的警告，要他懂得遵從法度。

王誼和元諧都是豪門武將出身，受人尊重，哪裡受得了這番折辱。所以，他們兩人聚在一起，三杯烈酒下肚，嘴裡自然不會有什麼好聽的話。功勞得不到酬報，還因為雞毛蒜皮的小事被

35《隋書》卷五十，〈龐晃傳〉。
36《隋書》卷四十一，〈高熲傳〉。
37《隋書》卷四十，〈王誼傳〉。

冷落，怨氣發完後，又覺得無可奈何，眼前的文帝已經變得難以捉摸，他們只好請來和尚，算命占卜，指點迷津。沒想到請來的胡僧偷偷向官府密告他們企圖造反，朝中公卿也奏稱王誼大逆不道，當處死罪，文帝下詔照準。開皇五年（五八五）四月十六日，四十六歲的大司徒王誼被賜死於家。

從整個案件審理的情況來看，王誼的謀反罪大概是不成立的。因為同案的元諧審查結果為「無逆狀，上慰諭而釋之」，[38]一個案子，兩種結果，不能不讓人置疑。王誼充其量不過行巫蠱，「信用左道，所在詿誤，自言相表當王不疑」，[39]這種言論罪的可信度不高，關鍵在於君主如何去推敲把握。

元諧被開釋後，過了幾年，又有人上告他夥同堂弟上開府元滂、臨澤侯田鸞、上儀同祁緒等謀反。審查的結果是：元諧令祁緒率黨項兵據巴蜀，並詛咒楊雄和高熲必死，甚至誹謗文帝等等。文帝御筆一揮，罪狀成立，元諧終於難逃一死。

從元諧「無逆狀」到伏誅，案件的發展都說明，王誼和元諧的不滿主要是針對楊雄和高熲等人。對此，文帝心中有數，但他仍然執意讓有關機關羅織罪名，必欲致之死地，顯然是要拿其舊日心腹開刀，用位列三公的王誼之誅來震懾關隴勳貴。和開皇初年對劉昉、盧賁案件的處理相比，輕重頗不相同。盧賁等人被文帝斥為無賴，不足為患，故得免死，以示寬容。相反，關隴武將勳高望重，既有影響，又具實力基礎，所以不能輕易姑息。開皇五年的王誼、元諧案，在隋朝中央集權發展道路上頗具意義。

文帝對關隴勳貴的防範相當明顯。于翼一族對隋朝的建立立下大功，開國後，他榮任太尉，位居三公之首，其弟于義任潼州（今四川省綿陽市）總管，「弟智、兄子仲文並上柱國，大將軍已上十餘人，稱為貴戚」。[40] 正因為如此，故不久之後，于翼和于仲文都因事下獄，于仲文在獄中給文帝上書，極力辯白自己一族在平定尉遲迥和王謙之亂中的忠勇表現。由此看來，由於其家族和北周的深厚關係，使其忠誠受到懷疑。經過于仲文的申辯，叔姪二人才獲文帝恩准釋放。

對關隴動貴的抑制，險些釀成激變。

前述劉昉篡權陰謀破產後，非但不思悔改，反而變本加厲地進行祕密活動，時常到老將梁士彥和宇文忻家中走動。

梁士彥和宇文忻俱為北周名將，梁士彥曾因孤軍死守晉州而揚名天下；宇文忻為北周十二大將軍宇文貴之子，佐周武帝平齊，屢戰屢勝。平定尉遲迥之役，他們雖都隸屬於韋孝寬，卻又私下接受尉遲迥的賄贈，只是在獲得文帝對其戰後利益的保證後，才全力參加平叛。這種人當然不可靠。防禦突厥的戰爭中，文帝曾因宇文忻善於用兵而想重用他，高熲當即勸諫道：「忻有異志，不可委以大兵」。[41] 這才作罷。從此事也可看出，他們和高熲等人並不相容，其實，他們連文帝都沒放在眼裡。

劉昉不時到梁士彥家作客。梁士彥年事雖高，卻娶了房嬌妻，奈不得寂寞，漸漸與劉昉混得廝熟，風流到一處，互通心曲，原來都對新朝深懷怨恨，當下一拍即合，由夫人牽線，劉昉、梁士彥和宇文忻聚到一塊，宇文忻道：「帝王豈有常乎？相扶即是。公於蒲州起事，我必從征。兩

38《隋書》卷四十，〈元諧傳〉。
39《隋書》卷四十，〈王誼傳〉所載誅王誼詔。
40《隋書》卷三十九，〈于義傳〉。
41《隋書》卷四十，〈宇文忻傳〉。

陣相當，然後連結，天下可圖也。」[42]宇文忻所謂「相扶即是帝王」的思想，在原北周軍將中具有相當的代表性。梁士彥聽後深以為然，三人密謀了好幾套政變方案，或準備在皇帝祭祖之時率僮僕襲擊車駕，或擬以梁士彥赴蒲州起事，略取河北，據黎陽關，塞河陽路，劫調布以為牟甲，募盜賊以為戰士等等。

梁士彥的外甥裴通聽到他們的密謀，膽戰心驚，偷偷跑去出首。文帝得報，裝作不知道，故意任命梁士彥為晉州刺史。三人得知此任命，彈冠相慶，以為天助。梁士彥請求以其舊交薛摩兒為長史，文帝亦予批准，以迷惑他們。開皇六年（五八六）閏八月二十八日，三人隨百官上朝覲見，文帝證據在握，這才命令左右將他們一併拿下，下詔歷數其罪狀，並其黨羽薛摩兒、裴石達等皆處死刑，妻妾家產沒官。過了幾天，文帝下令將這三家的財產置於射殿之前，讓百官射取，以為鑒戒。

文帝抑制勳貴的諸種舉措，當時的明眼人心裡亮堂堂。梁睿是北周名將，楊堅奪取北周權柄，他受命率大軍入蜀，平定王謙，任總一方。但他「自以周代舊臣，久居重鎮，內不自安，屢請入朝，於是徵還京師」。其實，早在初平王謙之際，他就考慮到自己「威名太盛，恐為時所忌，遂大受金賄以自穢」，[43]回到京城後，更是急流勇退，閉門謝客，頗得文帝禮遇，富貴善終。

梁睿給北周軍將樹立了一個榜樣，自然有人起而仿效。王世積在隋多有軍功，位至上柱國，但他見文帝「性忌刻，功臣多獲罪，由是縱酒，不與執政言及時事。上以為有酒疾，舍之宮內，令醫者療之。世積詭稱疾愈，始得就第」。[44]

所謂「功臣多獲罪」，很能說明當時隋文帝對勳功武將的抑制，特別對於那些戀棧不去者，朝廷便覓其疵瑕加以彈劾，好將他們從重要位置上撤下來。例如，老將賀若誼北征突厥，以功遷左武侯大將軍，隨即「坐事免」，[45]再度起用時已轉任地方，職權迥異。元景山在南邊屢敗陳軍進犯，威鎮江南，但同樣「坐事免」，[46]直到老死家中也未再起用。像元景山這類事例頗多。宇文慶是文帝的知交，曾在一起深談奪取天下大計，開皇初頗受腹心之托，職任禁軍將領，出為涼州總管，但不久後同樣被徵還京師，「不任以職」，[47]而他還不醒悟，將當年文帝與他密謀的言論整理上奏，文帝閱後，表揚幾句，終不復用。後來，對於立有大功的武將，也多用此辦法羈縻駕禦。平陳功臣韓擒虎，回京後「有司劾擒（虎）放縱士卒，淫污陳宮，坐此不加爵邑」。[48]賀若弼同樣被晉王廣以違反軍令，先期決戰的罪名拘束受審，雖經文帝放免並加封賞，旋由「公卿奏弼怨望，罪當死。上惜其功，於是除名為民。歲餘，復其爵位。上亦忌之，不復任使」。[49]

隋朝初期高岸深谷般的人事變動，看似撲朔迷離，但若細加疏理，卻可看出清晰的發展脈絡：亦即組建新的中央領導成員，樹立其權威，同時，抑制原北周勳貴階層，尤其是排除軍人對朝政的干預。在此過程中，文帝發揮了關鍵的領導作用，可以說，如果沒有文帝的堅定支援，在論資歷、比軍功的上層社會，新班子的立足乃至新政的貫徹都難以想像。為此而抑制勳貴武將，

42《隋書》卷四十，〈宇文忻傳〉。
43 引文均見：《隋書》卷三十七，〈梁睿傳〉。
44《隋書》卷四十，〈王世積傳〉。
45《隋書》卷三十九，〈賀若弼傳〉。
46《隋書》卷三十九，〈元景山傳〉。
47《隋書》卷五十，〈宇文慶傳〉。
48《隋書》卷五十二，〈韓擒虎傳〉。
49《隋書》卷五十二，〈賀若弼傳〉。

政治意圖十分清楚，這也許是國家社會由大亂邁向大治而不得不付出的代價，決不能簡單以刻薄猜忌論之。公允地說，這時期，演變成流血鎮壓的事件並不多，大多數只是以某種藉口將他們罷免。文帝曾經對太子解釋貶抑功臣是為了保全其性命的道理，感嘆道：「眾人見此，或有竊議，謂我薄於功臣，斯不然矣。」蘇威也在一旁引述歷史經驗道：「漢光武欲全功臣，皆以列侯奉朝請。至尊仁育，復用此道以安之。」文帝深以為然見。[50]

揚清激濁

北周軍國體制的流弊，對隋朝的用人制度也帶來相當深刻的影響。這主要表現在兩個方面：首先，武將幾乎壟斷了各級行政機構，所謂「周代公卿，類多武將」[51]即是指此。受其影響，社會尚武成風，「於時貴公子皆競習弓馬，被服多為軍容」，[52]甚至連「家世並以學業自通」的漢人大世族子弟也紛紛棄文從武，趙郡李雄獨習騎射就是其中之一例，[53]至於少數族子弟如宇文慶投筆喝斥：「書足記姓名而已，安能久事筆硯，為腐儒之業！」[54]實不足為奇。其次，是政府官職成為酬勳的獎賞，多為當地出身的功臣所占據，故當「時諸功臣多為本州刺史」。[55]從中央到地方，各級政權機關多為武將大族所蟠踞，要實現中央一元化領導，澄清吏治，並非易事。

隋朝初期，文帝對中央職官和人事制度進行了大刀闊斧的改革，頗見成效，然而，對於豪強勢力盤根錯節的地方人事，由於它並不立即影響到新政權的生死存亡，所以只能先繼承現狀，再逐步加以變革。在這種情況下，隋初地方人事和北周時代並沒有太大區別，仍處於「刺史多任武將，類不稱職」[56]的狀態。造成這種情況的主要原因，首先當然是由於對歷史現狀的直接繼承；

其次是因為政權甫立，人心未穩，需要加強控制；第三則是由於隋初四面受敵，戰爭頻仍的原因。

地方官員多由武將、勳功、勢家之類實力人物擔任，這些人文化水準普遍不高，缺乏對地方的責任心和使命感，往往把官職視為自己掙來的酬報，屬於私有地盤，因此，不稱職的情況自然普遍存在，飛揚跋扈違法亂紀者，也不乏其人。

燕榮出自弘農，以軍功入仕，歷任青、揚、幽州總管，所在任上，選孔武有力者為爪牙，橫行州境，如狼似虎。他動輒鞭笞部下，淩辱世族，「每巡省管內，聞官人及百姓妻女有美色，輒舍其室而淫之。貪暴放縱日甚」，[57]儼然就是一個土皇帝。至於利用職權地位牟取私利的現象就更多了。盧賁擔任齊州刺史時，當地發生饑荒，他便利用職權，不許商家賣米，而自己大賣特賣，

50《隋書》卷三十八，〈盧賁傳〉。

51《隋書》卷四十六，〈張煚傳〉。

52《隋書》卷五十，〈李禮成傳〉。

53《隋書》卷四十六，〈李雄傳〉。

54《隋書》卷五十，〈宇文慶傳〉。

55《周書》卷三十六，〈令狐整傳〉。此類事例在北周頗為常見，例如：「王傑……朝廷以傑勳望俱重，故授以本州。」（《周書》卷二十九，〈王傑傳〉）；「劉雄……高祖嘗從容謂雄曰：『古人云：富貴不歸鄉，猶衣錦夜遊。今以卿為本州，何如？』雄稽首拜謝。於是詔以雄為河州刺史。雄先已為本縣令，復有此授，鄉里榮之。」（《周書》卷二十九，〈劉雄傳〉）；「李穆……自以叔姪一家三人，皆牧宰鄉里，恩遇過隆，固辭不拜。」（《周書》卷三十，〈李穆傳〉）；「陽雄……世襲邑陽郡守。」（《周書》卷四十四，〈陽雄傳〉）等等，都是明證。

56《隋書》卷六十二，〈柳彧傳〉。

57《隋書》卷七十四，〈酷吏・燕榮傳〉。

牟取暴利。[58]韋藝任營州總管，「大治產業，與北夷貿易，家資鉅萬」。[59]韋伯仁隨其叔南寧州（今雲南省曲靖市）總管韋沖在府，「掠人之妻，士卒縱暴，邊人失望」。[60]張威任青州總管，「頗治產業，遣家奴於民間鬻蘆菔根，其奴緣此侵擾百姓」。[61]

開皇初年，文帝按照軍功授職的慣例，任命上柱國和干子為杞州刺史。這時，治書侍御史柳彧給文帝上表奏道：

> 方今天下太平，四海清謐，共治百姓，須任其才。昔漢光武一代明哲，起自布衣，備知情偽，與二十八將，披荊棘，定天下，及功成之後，無所職任。伏見詔書以上柱國和干子為杞州刺史，其人年垂八十，鐘鳴漏盡。前任趙州，闇於職務，政由群小，賄賂公行，百姓吁嗟，歌謠滿道。乃云：『老禾不早殺，餘種穢良田。』古人有云：『耕當問奴，織當問婢。』此言各有所能也。干子弓馬武用，是其所長，治民莅職，非其所解。至尊思治，無忘寢興，如謂優老尚年，自可厚賜金帛，若令刺舉，所損殊大。臣死而後已，敢不竭誠。[62]

在這道表文中，柳彧提出了一個十分重要的問題，那就是不能將政府官職用來酬勳，打天下用武將，但治理天下卻必須起用有專長的文官，各盡所能。

文帝閱後，十分贊同，當即下令撤銷對和干子的任用。其實，文帝對此問題有著自己的看法。平陳之後，賀若弼居功求任宰相時，文帝就明白對高熲說道：「功臣正宜授勳官，不可預朝政」。[63]這應該是其內心思想的表露，只是要改變任用地方官員的慣例，勢必觸犯眾多勳功武將的利益，尤須慎重進行。

開皇初，文帝專門派人將張煚請入朝廷，親自走下御座，執手問候，與之同坐，相談甚歡，還賜以幾杖，讓滿朝文武看得驚異無比，紛紛打聽張煚。其實，按照當時官僚標準衡量，張煚實在算不上什麼大人物，在北周崛起的崢嶸歲月裡，他沒有軍功可言，每當百官聚在一起相互炫耀戰績時，他便躲到一邊苦讀聖賢書，埋頭於文書宗案當中。久而久之，居然因學業優異贏得武將們的尊敬。隋朝建立時，他已年過八十，在家頤養天年。文帝將他抬了出來，大加褒獎，捧為上賓，除了表示一般意義的尊老敬賢，更在於向內外暗示將大力宣導以文治國的立場。

開皇三年（五八三）十一月，文帝在準備對地方行政制度進行重大改革的同時，詔令各地舉薦賢才，說道：

朕君臨區宇，深思治術，欲使生人從化，以德代刑，求草萊之善，旌閭里之行。民間情偽，咸欲備聞。……如有文武才用，未為時知，宜以禮發遣，朕將銓擢。其有志節高妙，越等超倫，亦仰使人就加旌異，令一行一善獎勸於人。遠近官司，遐邇風俗，巨細必紀，還日奏聞。[64]

詔書雖未完全道出文帝的用人思想，但已相當明確地點明以文興邦的基本原則。在敏感的人

58《隋書》卷三十八，〈盧賁傳〉。
59《隋書》卷四十七，〈韋世康附韋藝傳〉。
60《隋書》卷四十七，〈韋世康附韋沖傳〉。
61《隋書》卷五十五，〈張威傳〉。
62《隋書》卷六十二，〈柳彧傳〉。
63《資治通鑑》卷一百七十九「隋文帝開皇二十年（六〇〇）二月」條。
64《隋書》卷一，〈高祖上〉。

事問題上，他實際上是採取少說多做的辦法，不但派遣使者到各地明察暗訪，自己也借巡察之機，親自發現並提拔大批政績斐然的地方行政官員，改變官吏隊伍的成分結構，大力整頓吏治。

各級地方官員是中央政令的具體執行者，在由亂而治的時代，還起到消除地方分裂因素，促進國家深層統一的作用，故其選任是否得當至關重要。對此，文帝「初有天下，勵精思政，妙簡良能，出為牧宰」，[65] 傾注了大量的心血。

開皇初，文帝有懲於北周宗室微弱以致滅亡的教訓，分別於并州、洛州和益州設置行臺尚書省，由晉王廣、秦王俊和蜀王秀出掌，監臨地方。三位皇子俱年少，文帝為之「盛選貞良有重望者為之僚佐」。于時（元）巖與王韶俱以骨鯁知名，物議稱二人才具侔於高熲，由是拜巖為益州總管長史，韶為河北道行臺右僕射」，同時任命的還有河北行臺兵部尚書李雄，亦是一時之選。上任時，文帝還親自召見慰勉，他對元巖說：「公宰相大器，今屈輔我兒，如曹參相齊之意也」。[66] 對李雄交代道：「吾兒既少，更事未多，以卿兼文武才，今推誠相委，吾無北顧之憂矣」。[67] 我們知道，在中央集權體制下，任職朝廷者因為接近權力中心而易於升遷，故百官趨之若鶩。現在，文帝將朝中「宰相大器」的高官派往地方任職，給全國樹立一個榜樣。考察文帝時代中央高級官員的經歷，一般都曾在地方任過職，朝官與外官的雙向交流比較頻繁，處於良性循環的狀態。

如果說行臺尚書省為中央派出機構，僅具象徵意義，那麼，對於真正地方官員的考察選拔，文帝更是不惜餘力。開皇元年（五八一）十月，文帝巡視岐州，沿途考察吏治。岐州刺史梁彥光有惠政，文帝專門下詔，大加褒獎：

> 賞以勸善，義兼訓物。彥光操履平直，識用凝遠，布政岐下，威惠在人，廉慎之譽，聞於

天下。三載之後，自當遷陟，恐其匱乏，且宜旌善。可賜粟五百斛，物三百段，御傘一枚，庶使有感朕心，日增其美。四海之內，凡曰官人，慕高山而仰止，聞清風而自勵。」未幾，又賜錢五萬。[68]

房恭懿原為北齊官員，蘇威推薦他擔任新豐令（今陝西省臨潼縣新豐鎮），政績為三輔之最，文帝賜之絹帛，他轉分給窮困百姓，文帝再賜之粟米，他又拿去賑濟貧民，讓文帝讚嘆不已，在召見雍州諸縣令時，特地把房恭懿喚至座前，訪以治術，超授澤州（今山西省晉城市）司馬。不久，轉德州（今山東省陵縣）司馬，政績又再考為全國第一。文帝十分驚異，對諸州進京考核的朝集使說道：「如房恭懿志存體國，愛養我百姓，此乃上天宗廟之所祐助，豈朕寡薄能致之乎！朕即拜為刺史。豈止為一州而已，當令天下模範之，卿等宜師斅也」。[69] 號召百官向他學習，同時將他提拔為使持節、海州（今江蘇省連雲港市海州鎮）諸軍事、海州刺史。

對於北齊舊屬，文帝也能加以甄別，量才敘用。高勱為北齊太尉清河王岳之子，文帝當政後

65 《隋書》卷七十三，〈柳儉傳〉。
66 以上引文見《隋書》卷六十二，〈元巖傳〉。
67 《隋書》卷四十六，〈李雄傳〉。
68 《隋書》卷七十三〈循吏・梁彥光傳〉系此事於開皇二年，但《資治通鑑》卷一百七十五「陳宣帝太建十三年（五八一）」條系之於開皇元年十月。如本書附錄〈隋文帝年表〉所示，元年出巡岐州為史所明記，而次年十月，隋與突厥戰事方鑾，文帝又因操勞過度而病倒，當無出巡事。
69 《隋書》卷七十三，〈循吏・房恭懿傳〉。

曾對他說：「齊所以亡者，由任邪佞。公父子忠良聞於鄰境，宜善自愛」。[70]並因其剛正而任命他為楚州（今江蘇省淮安）刺史。以後，隴右遭羌人寇掠，又調他擔任洮州刺史，頗能綏撫各族，抑制豪猾，前後數任，皆稱治理。

文帝還留意了解官員的能力特長，默記於胸。賀婁子幹長期鎮守西部邊疆，威名遠揚，死後找不到合適的人繼任，文帝焦慮道：「榆林國之重鎮，安得子幹之輩乎？」才過幾天，他就親自物色到新的人選，說道：「吾思可以鎮榆林者，莫過杜彥。」杜彥果然不負重托，守邊安民，令「北夷畏憚，胡馬不敢至塞」。[71]再如，開皇三年（五八三）七月，幽州總管李崇出兵抗擊突厥，兵敗身亡，東北形勢頓時吃緊，消息傳來，文帝馬上想到能繼此重任的「無以加周搖者」，立即令他趕赴前線，化解危機。從這些事例都可看出，文帝平素是何等重視吏治，努力做到知人善任。

要激勵地方官盡心為治，光靠樹立幾個楷模還不夠，還必須對關乎其切身利益的升遷出路，並作出妥善明確的規定，把官吏的個人利益和國家利益緊密聯繫起來，同向發展。具體地說，就是要以嚴考政績為綱來黜陟幽明，努力做到「黜陟合理，褒貶無虧，便是進必得賢，退皆不肖」。[72]在這方面，國家的首要任務是確立公平合理的賞罰標準，並儘量確保其不受親疏愛憎等幫派人為因素的干擾，做不到這一點，則賞罰不公，便會使得為了澄清吏治的所有努力付諸東流，法同虛設。換言之，政治領袖比起親自考核任用官吏，更應該致力於建立與捍衛良性的用人機制，因為政治的腐敗首先來自人事的腐敗，起源於用人機制的破壞。在這方面，文帝確實作出不懈的努力，頗有建樹。

開皇六年（五八六）二月五日，文帝「制刺史上佐每歲暮更入朝，上考課」，[73]開始實行按政績黜陟地方官吏的制度。黜幽陟明並非隋朝首創，但是，隋朝確實施行得比較嚴格，不僅歲末考課的記載頻頻出現，而且，許多官員的履歷可以看到他們確實是通過考績而得到提拔的。例如，開皇十一年（五九一）二月，「以臨潁令劉曠治術尤異，擢為莒州刺史」；[74]「仁壽中，上令持節使者巡行州縣，察長吏能不，以彥謙為天下第一，超授鄀州司馬」等等，[75]眾多此類事例表明，一直到文帝晚年，官吏考課升遷制度仍很好地運作著。

而且，政績優異的地方官還經常被選拔到中央任職。相州刺史樊叔略，「政為當時第一。上降璽書褒美之，賜物三百段，粟五百石，班示天下。……徵拜司農卿」；[76]劉仁恩「有文武幹用。初為毛州刺史，治績號天下第一，擢拜刑部尚書」[77]等等。把經驗能力俱佳的地方官員選入中央，負責某一部門的全域性工作，對地方官是一大激勵，使他們能夠通過克盡厥職而入京做官，有了仕途奮進的目標。而且，中央高級官吏從地方官中選拔，有助於密切中央和地方的關係，下情上達，使得決策貼近實際，官吏隊伍吐故納新，中央政府保持活力。

對於官吏的升遷，隋朝也有一定的規則，原則上是逐級提升，上述房恭懿由縣令遷州司馬，再升任刺史；房彥謙由縣令擢為州司馬等，都屬於正常情況。至於超常拔擢者，如劉曠由縣令提

70《隋書》卷五十五，〈高勱傳〉。
71《隋書》卷五十五，〈杜彥傳〉。
72《隋書》卷六十六，〈房彥謙傳〉。
73《隋書》卷一，〈高祖上〉。
74《隋書》卷二，〈高祖下〉。
75《隋書》卷六十六，〈房彥謙傳〉。
76《隋書》卷七十三，〈循吏．樊叔略傳〉。
77《隋書》卷四十六，〈張煚傳附劉仁恩傳〉。

升為刺史，劉仁恩由刺史入京任刑部尚書等，越級幅度並不太大。對於政績優異的官吏，文帝更多給予實物獎賞，而較少採取直接升官的辦法，以維持人事制度的嚴肅性。梁彥光政績突出，文帝對他賞賜頗豐，但並不立即予以提升，只是允諾：「三載之後，自當遷陟」。究其原因，大概是梁彥光任岐州刺史尚未期年，故文帝遵循正常程式，俟其任滿方予升遷。由此可知，文帝對官吏的升遷不光看政績，還十分注重經驗資歷。煬帝大業二年（六〇六）七月規定：「制百官不得計考增級，必有德行功能，灼然顯著者，擢之」。[78]可知文帝時代存在「計考增級」的制度。在依據政績的基礎上，適當注意年資經驗，有利於對官吏較為完整的考察和磨煉，既達到大膽選用賢能的目的，又儘量避免過快拔擢帶來的種種弊端。

把考核政績作為澄清吏治的中心，文帝為此嘔心瀝血，對於考績優異的官吏，他經常召見慰勉，下詔褒獎，「雖嗇於財，至於賞賜有功，亦無所愛吝」，[79]而且，只要可能，他便親自主持考課，「嘗大集群下，令自陳功績」，[80]開皇八年（五八八），還「親考百僚」。[81]在他主持下，隋朝的官吏考課制度得到嚴格而公正的執行，不但保證了各級國家機器高效率運轉，而且，也確實造就一批清廉勤政的官員。

元巖以骨鯁知名，被委任為益州總管長史，在州法令嚴明，斷案公允，連受處罰者都相謂道：「平昌公與吾罪，吾何怨焉」。去世時，「益州父老莫不殞涕，于今思之」，文帝也「悼惜久之」。[82]

元亨以太常卿出任衛州刺史，在職八年，風化大洽。後來因老弱多病，請求退休，當地「吏人詣闕上表，請留臥治」，讓文帝感嘆不已。元亨病重回京後，文帝「令使者致醫藥，問動靜，相望於道」，[83]體現出對優秀官吏的愛惜之情。

令狐熙任滄州刺史，深得人心。開皇四年（五八四），文帝到洛陽，令狐熙前往述職，吏民以為他將調職，揮淚相送於道，等他回來時，百姓喜出望外，「出境迎謁，歡叫盈路」。開皇八年（五八八），他升任河北道行臺度支尚書，「吏民追思，相與立碑頌德。……上甚任之」。[84]

在人治社會，能由清廉愛民的官員治理，對當地所具有的意義確實難以計算。所以，百姓以樹碑頌德等各種方式表達感戴之情，其例頗多。劉曠任平鄉令七年，大崇惠政，及去職，「吏人無少長，號泣於路，將送數百里不絕」；[85]瀛州刺史侯莫陳穎去官時，「百姓將送者，莫不流涕，因相與立碑，頌穎清德」；[86]房彥謙因考績為天下第一而超授鄀州司馬，「吏民號哭相謂曰：『房明府今去，吾屬何用生焉！』其後百姓思之，立碑頌德」。[87]這些事例，感人至深。所以，司馬光在記述隋文帝選賢任能事蹟後說道：「由是州縣吏多稱職，百姓富庶」。胡三省進一步注明：「開皇之治，以賞良吏而成」。[88]誠若斯言。

78《隋書》卷三，〈煬帝上〉。
79《隋書》卷二，〈高祖下〉。
80《隋書》卷五十七，〈盧思道附盧昌期傳〉。
81《隋書》卷五十六，〈盧愷傳〉。
82《隋書》卷六十二，〈元巖傳〉。
83《隋書》卷五十四，〈元亨傳〉。
84《隋書》卷五十六，〈令狐熙傳〉。
85《隋書》卷七十三，〈循吏．劉曠傳〉。
86《隋書》卷五十五，〈侯莫陳穎傳〉。
87《隋書》卷六十六，〈房彥謙傳〉。
88《資治通鑒》卷一百七十五「陳宣帝太建十三年（五八一）十月」條。

監察防範

隋朝吏治能有如此成就，還在於對官吏進行嚴格的監察，對非法行為嚴懲不貸。賞罰分明是吏治之本，賞不可濫，而罰必求其公正。仁壽三年（六〇三）七月，文帝在對古代治亂經驗進行反思之後總結道：

> 自王道衰，人風薄，居上莫能公道以御物，為下必踵私法以希時。上下相蒙，君臣義失，義失則政乖，政乖則人困。蓋同德之風難嗣，離德之軌易追，則任者不休，休者不任，則眾口鑠金，戮辱之禍不測。[89]

興衰在於得人，得人務須「公道」，賞罰不公會造成離心離德的惡果。對此，文帝給予高度重視，以身作則。

張威是隋朝開國功臣，曾任先鋒入蜀，大破王謙叛軍，深受文帝信任，官至河北道行臺僕射，後轉任青州總管。但他自恃功績，在州大治產業，甚至派遣家奴四處兜售蘆菔根，趁機侵擾百姓。文帝得報，並不偏袒寬宥，而是依據法令，深予譴責，罷免官職。後來，文帝祠泰山途經洛陽時，召見張威，仍對此記憶猶新，痛心地說道：「自朕之有天下，每委公以重鎮，可謂推赤心矣。何乃不修名行，唯利是視？豈直孤負朕心，亦且累卿名德。」[90]

對於身邊親信觸犯法規，文帝亦不寬貸。李圓通為其家奴出身，自幼侍奉左右，典宿衛，預朝政，最受寵信。但他隨秦孝王出鎮并州期間，不懂得奉公自律，故「孝王以奢侈得罪，圓通亦坐免官」。[91]

文帝身為表率，不偏袒親信舊部，使得有關機構對百官的監察可以不必過多顧忌人事背景，執行得比較嚴格。

仁壽年間，楊素貴寵擅權，百僚震懾，大理卿梁毗直接上封事給文帝，指斥楊素「所私皆非忠讜，所進咸是親戚，子弟布列，兼州連縣。天下無事，容息異圖，四海稍虞，必為禍始。夫姦臣擅命，有漸而來」。文帝閱後大怒，親自詰問梁毗，梁毗非但不懼，反而慷慨陳詞道：「素既擅權寵，作威作福，將領之處，殺戮無道」。引起文帝的警惕，不再專任楊素。[92]

蘇威最受文帝重用。仁壽二年（六〇二）春，文帝到仁壽宮休養，命蘇威代理朝政。回京後，御史彈劾蘇威不理職事，文帝大怒，頗加譴責。

宰相亦在憲官糾彈之列，則朝廷百官自不待言，平日言行舉止，頗以憲官糾彈為意，不敢過於放縱。平陳後，文帝曾親臨晉王廣府第，大宴群臣。虞慶則和楊素相互爭功揭短，有失大臣之體，御史當場就要加以彈劾，為文帝所止。故文帝提議群臣宴射行樂時，虞慶則連忙告饒道：「臣蒙賚酒食，令盡樂，御史在側，恐醉而被彈。」[93]只有在文帝將御史支走後，大臣們才敢放情盡歡。高級將領的慶功宴會尚且如此，則平時情形可想而知。

對於地方官吏，文帝則經常派遣中央官員外出巡省，考核黜陟。開皇元年（五八一）二月，

89《隋書》卷二，〈高祖下〉。
90《隋書》卷五十五，〈張威傳〉。
91《隋書》卷六十四，〈李圓通傳〉。
92《隋書》卷六十二，〈梁毗傳〉。
93《隋書》卷四十，〈虞慶則傳〉。

隋朝建立伊始，文帝即發遣八使巡省風俗，此後在開皇二年（五八二）、三年（五八三），連年派出巡省大使，開皇六年（五八六）更以民部尚書蘇威為大使，巡省山東各地。平陳以後的開皇十年（五九〇）、十五年（五九五）、十七年（五九七）、仁壽元年（六〇一），都曾遣使外出，巡察各地。

中央派出巡省大使，如柳彧、皇甫誕為治書侍御史、楊尚希為河南道行臺兵部尚書、[94]長孫熾為吏部侍郎，[95]多為臺省主官，甚至如虞慶則、蘇威還以宰相出任巡省大使，可知職任頗重。他們代表中央行使權力，訪察民情，救恤撫慰，充當皇帝的耳目，有時還負責專項要務，如並省州縣等，一般則以黜陟明、舉薦人才為主要職責，故朝廷有時徑派黜陟大使，如開皇九年（五八九）以慕容三藏為「涼州道黜陟大使」；[96]仁壽元年（六〇一）以辛公義為揚州道黜陟大使，[97]皆為其例。

巡省或黜陟大使對於地方官員的升遷任免具有重大影響。趙軌任齊州別駕，連續四年考績最優，持節使者梁子恭將其事蹟上報，文帝大喜，予以褒賞，調任京官；公孫景茂同樣因為巡省大使楊紀的美言而遷任淄州（今山東省淄博市淄川）刺史。對於不遵法度乃至為非作歹的官吏，巡省大使確實能夠起到相當的抑制作用。皇甫誕在刑部頗有能名，遷治書侍御史，「朝臣無不肅憚」，[98]旋被委任為河南道大使；治書侍御史柳彧「持節巡省河北五十二州，奏免長吏贓汙不稱職者二百餘人，州縣肅然，莫不震懼」，[99]文帝知道後，大加獎勵，仁壽初年再度委派他持節巡省太原道十九州。正因為有文帝撐腰，所以巡省大使敢於秉公監察，使得封疆大員甚至宗室親王都有所顧忌，收斂避讓。仁壽元年（六〇一），辛公義被委任為揚州道黜陟大使，當時任揚州總管的豫章王暕深恐其部屬犯法遭劾，趕在辛公義進入州境之前，遠迎請托，希望他不要過於頂真，但辛公義斷然拒絕道：「奉詔不敢有私」。[100]入州後監察無所寬宥。文帝時代，不少貪官酷吏就是在監察官員的糾彈下受到法辦的。

執法的官員同樣受到其他官吏的監察。南陳降將蕭摩訶在妻子病危時，奏請讓其子回江南收取家產，御史見而不言。尚書左丞元壽立即上表糾彈，認為蕭摩訶不顧妻子病重，讓其子遠出斂財，實在是重利忘義的行為，大虧名教，而監察官員竟然不加彈劾，斷難饒恕，請將他們送交大理寺審判。文帝閱後，「嘉納之」。[101] 元壽在奏章裡指出「御史之官，義存糾察，直繩莫舉，憲典誰寄」，與文帝的見解大相吻合。有一次，有人向文帝檢舉御史監師在朝會上對衣冠劍佩不整的武官不加糾彈，文帝怒道：「爾為御史，何縱捨自由。」[102] 當場就命令左右將監師拉出去斬了。顯然，文帝視監察官員為耳目鷹犬，督勵甚嚴。為了防止他們懈怠苟且，還允許百官對其進行監督，造成百官之間相互糾察的局面，以此保證國家體制穩固而高效地運轉。

94《隋書》卷四十六本傳載其「尋拜瀛州刺史，未之官，奉詔巡省淮南」，則其本官仍為河南道行臺兵部尚書。

95《隋書》卷五十一本傳載其乙太常少卿「持節為河南道二十八州巡省大使，於路授吏部侍郎」，可知巡省大使職任頗重，故於途中授其吏部侍郎要職。

96《隋書》卷六十五〈慕容三藏傳〉。

97《隋書》卷七十三〈循吏・辛公義傳〉。據同書〈高祖下〉記載，仁壽元年（六〇一）「遣十六使巡省風俗」，在全國範圍內開展行政監察，而上引〈辛公義傳〉稱其於該年任揚州道黜陟大使，則此黜陟大使當屬十六員巡省大使之一。由此可知，巡省大使為一般通稱，其中包含專司特使。

98《隋書》卷七十一〈誠節・皇甫誕傳〉。

99《隋書》卷六十二〈柳彧傳〉。

100《隋書》卷七十三〈循吏・辛公義傳〉。

101《隋書》卷六十三〈元壽傳〉。

102《隋書》卷二十五〈刑法〉。

而且，隋朝還通過創建公文檔案制度，對各級機關的行政過程進行全面監察。吏部尚書牛弘曾對政府部門吏員倍增而公務益煩現象大惑不解，向名儒劉炫諮詢，劉炫作了一段饒有意思的回答：

古人委任責成，歲終考其殿最，案不重校，文不繁悉，府史之任，掌要目而已。今之文簿，恒慮覆治，鍛煉若其不密，萬里追證百年舊案，故諺云「老吏抱案死」。古今不同，若此之相懸也，事繁政弊，職此之由。[103]

不難看出，劉炫對以往地方官行政權力相對獨立，能夠專治一方的模式頗為嚮往，言語之間回蕩著世族社會的流風餘響，因此，他對眼前大力推行的官僚政治自然懷抱批評態度。客觀地說，創建公文檔案制度，和中央任命地方官僚佐制度相配套，都是為了克服長期的社會分裂而採取的新舉措，並得到嚴格貫徹。開皇初年，文帝見尚書省文簿繁雜，覺得其中有鬼，令于仲文前往核查，果然揭發出不少奸偽，[104]故劉炫所謂官吏「恒慮覆治」文簿的心態，以及「老吏抱案死」的諺語，都真實反映出文檔制度無形中對官吏依法行使權力起到相當的督察作用，使得行政過程更加規範化與合理化，為此而適當增加一些職能部門和辦公人員，是社會管理更加精密健全的表現，還談不上機構臃腫、人浮於事的問題。隋朝一系列加強中央集權的新舉措，極大改變了國家政權的面貌，並規定了此後的發展方向。

隋朝對地方官吏有著種種限制。開皇四年（五八四）四月，文帝頒敕，規定「總管刺史父母及子年十五已上，不得將之官」，[105]到開皇十四年（五九四），此規定限制的對象進一步擴大到「外官九品已上，父母及子年十五已上，不得將之官」，同時還規定：「制州縣佐吏，三年一代，不得重任」。翌年規定「文武官以四考交代」。這些限制一是防止地方官員及其僚佐長期任職，年久生奸，沆瀣一氣，盤根錯節；二是防止官員作威作福，蠹政害民。此外，諸如「制刺史上佐每歲暮更入朝，上考課」，[106]「制縣令無故不得出境」等等，[107]對官吏的紀律約束比較嚴格。

與此相適應，隋朝對官吏的監察就不限於行政執法、政風官紀、忠誠廉潔、儀容儀表等公務方面，還深入涉及到官吏的品行操守等私生活領域。前述上柱國鄭譯與母親別居，為憲司所劾，除名為民。大司徒王誼的兒子尚文帝第五女，不久，其子病死，一年後，王誼以公主年少為由，奏請提前免其孝服，遭到御史大夫楊素的嚴詞彈劾。[108]應州（今湖北省廣水市）刺史唐君明母喪期間，娶雍州長史厙狄士文堂妹，被治書侍御史柳彧糾彈，唐君明和厙狄士文雙雙獲罪入獄。[109]就連一代名相高熲之子高弘德被封為應國公時，申請門戶列戟以示尊貴，也被柳彧嚴詞駁回。[110]

對倫理道德的強調，經常以提倡貞操和勤儉為開路先鋒。文帝和獨孤皇后過著近似清教徒般的儉樸生活，前已述及。在家庭倫理方面，他們共同起誓「無異生之子」。[111]皇帝帶頭立誓過一夫

103《隋書》卷七十五，〈儒林・劉炫傳〉。
104《隋書》卷六十，〈于仲文傳〉。
105《隋書》卷一，〈高祖上〉。
106 以上引文見《隋書》卷二〈高祖下〉和〈高祖上〉「開皇六年二月」條。
107《隋書》卷五十九，〈齊王暕傳〉。
108《隋書》卷四十，〈王誼傳〉。
109《隋書》，卷七十四〈酷吏・厙狄士文傳〉、卷六十二〈柳彧傳〉。
110《隋書》卷六十二，〈柳彧傳〉。
111《隋書》卷三十六，〈后妃・文獻獨孤皇后傳〉。

一妻的生活，已夠朝野咋舌驚嘆了，而獨孤皇后甚至還以此作為鑒定人物品行的重要尺度，左右其對朝臣忠誠善惡的判斷，並影響於文帝。她特別痛恨納妾行為，每「見諸王及朝士有妾孕者，必勸上斥之」，[112]不少大臣深受其苦。前述厙狄士文的堂妹頗有姿色，為北齊嬪妃，齊滅後，被賞賜給功臣長孫覽為妾。長孫覽興高采烈，而被撇在一邊的老妻卻妒嫉得直咬牙。隋朝建立後，長孫覽的妻子知道獨孤皇后尤恨男人薄幸，忙不迭覲見皇后，哭訴一通，獨孤皇后當即棒打鴛鴦，強令長孫覽將愛妾逐出家門。[113]以後，攪得隋朝政情大亂的貶黜高熲和更換太子事件，均以納妾為導火索，將生活問題變成為觸發政治事件的催化劑。

官吏品行成為行政監察的重要對象。監察官員自然成為倫理道德的堅定捍衛者，開皇年間的治書侍御史李諤就是其典型。當時，婦女改嫁的情況頗為常見，特別是官僚家庭，子孫嫁賣父祖遺妾侍婢成風，李諤為之扼腕，以為大傷風化，上書痛陳，請予禁止。此事得到儒士劉炫的支持，《隋書．劉炫傳》記載此事緣由為「風俗陵遲，婦人無節」，可知所針對的不只是變賣父祖妾婢現象，應該還包括一般的改嫁。文帝讀罷李諤奏文，大為贊同，遂於開皇十六年（五九六）六月，「詔九品已上妻，五品已上妾，夫亡不得改嫁」，[114]到煬帝時代，更編制為格，成為法律。此外，在提倡儉樸、力戒輕薄浮華、糾正文風和改變官吏自矜浮誇等方面，李諤都曾上書直言，大得文帝讚賞，並將其「前後所奏頒示天下，四海靡然向風，深革其弊」。[115]

以上事例，都反映隋朝對傳統禮法的強調和向儒家倫理道德的回歸。魏晉動亂，儒家倫常禮制土崩瓦解，加之少數族習俗大量湧入，北方社會道德觀念發生劇變，亂世的精神苦悶使得頹靡成風，物欲橫流。此中崛起的隋朝，必須祛此陰霾方能激勵人心，造就統一的思想意識，故文帝高舉儒家倫理的旗幟，激起道德理想主義，為構建新帝國造勢，給整肅積弊已深的官場提供理論根據，用意深遠。《隋書．柳彧傳》說：「隋承喪亂之後，風俗頹壞，彧多所矯正，上甚嘉之。」其實，把倫理道德政治化以及對官吏進行嚴厲的行政監察，無非是針對分裂時代風俗頹壞而發，不僅為了救時厲俗，還因為激進的道德主義乃是實現集權的有力武器，其不近人情甚至泯滅人性的方面，隨道德主義的激昂而增大，並為統治者所贊同，史稱：「高祖之世，以刀筆吏類多小人，年久長姦，勢使然也」，[116] 反映的正是道德光彩所掩蓋的另一個側面。

道德主義與行政監察相輔相成，鑄就了既可用來救弊濟世、也可為專制主義披荊斬棘的兩刃利劍。開皇初年，文帝曾與安德王楊雄、上柱國元諧、長孫覽、李充、左僕射高熲、內史監虞慶則及吳州總管賀若弼等新朝要員同宴，動情地說：「朕昔在周朝，備展誠節，但苦猜忌，每致寒心。為臣若此，竟何情賴？朕之於公，義則君臣，恩猶父子。朕當與公共用終吉，罪非謀逆，一無所問。」[117] 北周時代，他曾備嘗猜忌之苦，深知其渙散人心的惡果，故於登基之後，思革前弊，乃與群臣相約推誠接物，共用終吉。實際上，由於北周派閥政治的遺俗和文帝相對脆弱的權力根基，決定了這些話不可能真正做到。

開皇初，文帝在同舊勢力鬥爭的同時，也時刻注視著自己陣營內部的動向。在專制集權體制

112 《隋書》卷三十六，〈后妃．文獻獨孤皇后傳〉。
113 《隋書》卷七十四，〈酷吏．厙狄士文傳〉。
114 《隋書》卷二，〈高祖下〉。
115 《隋書》卷六十六，〈李諤傳〉。
116 《隋書》卷七十五，〈儒林．劉炫傳〉。
117 《隋書》卷五十一，〈長孫覽傳〉。

內，君主最希望的是只存在君臣之間的縱向關係，最警惕的是群臣之間的橫向聯繫，斥之為「交通」或「交關」等，後一種聯繫一增多，就會讓君主寢食不安，視作威脅最高權力的「朋黨」。因此，「交通」和「朋黨」都被列為嚴加監察與處罰的部分，哪怕是自己的心腹大臣亦莫能外。

建隋當初，政治鬥爭異常激烈，高熲鞍前馬後獻計出力，引薦人才，幫助文帝迅速組建起一支忠於新王朝的官僚隊伍。當時，出自原北周系統的元老重臣勢力仍大，高熲等新朝政要必須依靠皇帝的權威才能在政壇上立足，這是文帝全力支持他們的一大關鍵。儘管如此，文帝從一開始還是嚴防高熲坐大，當有人向文帝密告高熲等人結為朋黨時，文帝不假思索，便在朝中向楊雄盤詰，楊雄回答道：「臣忝衛宮闈，朝夕左右，若有朋附，豈容不知！至尊欽明睿哲，萬機親覽，熲用心平允，奉法而行。此乃愛憎之理，惟陛下察之。」[118] 連竭誠盡忠的高熲都受到懷疑，則文帝對於臣下防範之嚴，可想而知。

因此，「朋黨」常被用作政治攻訐的手段，經常是無往不利。平陳後，文帝令太常卿牛弘主持制定樂律，參加修樂的宰相蘇威之子蘇夔和國子博士何妥意見相左，爭執不下，文帝便讓百官來表決，結果蘇夔大獲支持，何妥憤懣道：「吾席間函丈四十餘年，反為昨暮兒之所屈也！」[119] 為泄私憤，上書揭發蘇威與禮部尚書盧愷、吏部侍郎薛道衡、尚書右丞王弘、考功侍郎李同和等結為朋黨，尚書省內呼王弘為世子，李同和為叔，視他們為蘇威的子弟等等，言之鑿鑿。對樂律的不同見解本屬於正常的學術爭論，而且，文帝也十分清楚蘇威與何妥之間的矛盾。可是，一提到朋黨，文帝就失去冷靜，下令蜀王秀會同虞慶則等人一道追查。蘇威為褊狹，又長期主政，對立面自然不小，而吏部銓選，失意不滿者亦不在少數，幾方面一同發難，深文巧詆，果然揭露出一個龐大的朋黨集團，蘇威等人罷官貶黜，被牽連的知名人士竟達百餘人。

出於對政治陰謀的防範，朝臣之間的交往經常受到監視，動輒成罪。地方官之間相互來往，更在限制之列，前引「縣令無故不得出境」的規定，可示其一斑。至於諸王與大臣的交往，最為犯忌。楊玄感作亂時，宇文述率軍平叛，途經河陽（今河南省孟縣南），致書時任河陽都尉的秦王浩，與之會合，結果秦王浩因此遭到彈劾，「以諸侯交通內臣，竟坐廢免」。[120] 由此可知，隋朝存在著諸侯王不得與內臣交往的條文。

開皇初年，文帝要樹立太子楊勇的權威，特地向朝中大臣交代：「朕亦知公至誠，特付太子，宜數參見之，庶得漸相親愛。」[121] 可是，當百官遵命向太子朝拜稱臣時，文帝又暗生疑心，頗加譏諷，後來竟成為楊勇失寵的因素之一，以後甚至規定宮官都不向太子北面稱臣，[122] 以防止出現新的政治山頭，從而對皇權構成威脅。因此，在現實生活中與親王交往者罕不罹禍。侯莫陳穎在平陳時隸屬於秦王俊麾下，後來出任瀛州刺史，甚有惠政，卻因為「坐與秦王俊交通，免官」；[123] 蜀王秀得罪遭黜，牽連甚廣，元胄雖然是文帝創業元勳，同樣「坐與（蜀王秀）交通，除名」；[124] 剛正耿直的治書侍御史柳彧曾得到博陵李文博所撰《治道集》十卷，傳了出去，被蜀王秀知道，立即派人前來索要，柳彧只好將書獻呈，蜀王秀回贈他奴婢十口。如此簡單的一件小

118 《隋書》卷四十三，〈觀德王雄傳〉。
119 《隋書》卷四十一，〈蘇威傳〉。
120 《隋書》卷四十五，〈文四子・秦孝王傳〉。
121 《隋書》卷五十一，〈長孫覽傳〉。
122 《隋書》卷九，〈禮儀四〉。
123 《隋書》卷五十五，〈侯莫陳穎傳〉。
124 《隋書》卷四十，〈元胄傳〉。

事，卻在蜀王秀得罪後被安上「以內臣交通諸侯」的罪名，除名為民，配戍懷遠鎮。[125]與諸王「交通」者往往得罪，則王府屬官更是難逃厄運，「多被夷滅」，[126]搞得當時人多視王府官屬為畏途，辭謝求免。

打擊危害國家政權的犯罪與實行專制主義，其界限不易劃分清楚。早在開皇初年，文帝已經採取一些不大正常的做法，「恒令左右覘視內外，有小過失，則加以重罪」，而且還經常在朝堂動手打人，「一日之中，或至數四」，[127]用恐怖手段來樹立權威。只是當時新朝甫立，君臣勵精圖治，高熲、蘇威、柳彧等朝臣還敢於當面直諫，使得這些行為在相當程度上得到控制，政治生活也比較正常。可是，對於官吏的違法犯罪，卻依然採取並不光彩的偵察手段，如派人對官吏行賄，一旦得實，立馬斬決等等。這種猜疑引誘的做法，似乎並沒有人對此提出異議。實際上，這已經埋下日後專制主義氾濫的禍根。在此，我們不由想起唐初相似的事例。

貞觀初年，有人上書太宗，請除佞臣，並密授發姦擿伏的高招道：「請陛下佯怒以試群臣，若能不畏雷霆，直言進諫，則是正人，順情阿旨，則是佞人。」太宗當場拒絕道：「朕欲使大信行於天下，不欲以詐道訓俗，卿言雖善，朕所不取也。」後來，太宗又對封德彝說道：「流水清濁，在其源也。君者政源，人庶猶水，君自為詐，欲臣下行直，是猶源濁而望水清，理不可得。朕常以魏武帝多詭詐，深鄙其為人，如此，豈可堪為教令？」[128]

兩相比較，隋文帝猜忌多疑和急功近利的缺點就突出地顯現出來。

隋朝大臣中並不是沒有真正有遠見的政治家，看不出高壓權術的深刻危害，可是，如前述李德林的事例所示，其穩健的政治主張不合文帝的口味，又受到蘇威一類事務型官僚的排斥，這樣，隋朝便處於高度集權下的激進狀態中，固然取得空前的成就，卻也付出沉重的代價。特別是在取得重新統一中國的輝煌勝利之後，文帝的個人權威如日中天，志得意滿，日益把國家政權視為個人私有物。到了開皇後期，國家權力幾乎壟斷在少數宗室親屬手中，朝廷內部的權力鬥爭也隨之激化，陰謀事件頻頻發生，文帝曾努力克制的猜忌毛病越發嚴重，幾乎對所有的人都失去信任，連親生骨肉也不能倖免，五個兒子，廢黜其三，以高熲為代表的一批開國輔臣也都成了專制權壇的祭品，先後遭到整肅。政治蛻變，皇權獨尊，監察機關日漸淪為君主獨裁的鷹犬，順風承旨，偵伺密告，「怨言」、「謗訕」皆成罪名，不同意見遭受彈壓。唐太宗曾批評道：「有隋御宇，政刻刑煩。上懷猜阻，下無和暢。致使朋友游好，慶弔不通；卿士聯官，請問斯絕。」[129] 實際上，這種局面其來有自，開皇九年（五八九）平陳勝利，是文帝由勵精圖治轉向驕傲自滿的一大轉捩點，個人獨裁與高壓政治與日俱增。

然而，在君主獨裁體制附著於國家體制內部迅速滋生蔓延的時候，大多數人並沒有察覺，甚至為之盡情謳歌，推波助瀾，特別是當時整個社會正迎來幾百年未曾經歷過的輝煌，沐浴在國家統一的榮耀之中。

125《隋書》卷六十二，〈柳彧傳〉。
126《隋書》卷七十六〈文學．孫萬壽傳〉載其：「仁壽初，征拜豫章王長史，非其好也。王轉封於齊，即為齊王文學。當時諸王官屬多被夷滅，由是彌不自安，因謝病免。」
127《隋書》卷二十五，〈刑法〉。
128《貞觀政要》卷五，〈誠信第十七〉。
129《大唐新語》卷十，〈釐革第二十二〉。

第九章　統一大業

平陳謀略

開皇八年（五八八）一開春，人們就隱隱感覺到這一年不同於往常，看樣子，隋朝和南陳之間將有重大事件爆發，心裡說不清是期盼、等待，還是不安，在關注事態發展的同時，默默地祝福祈禱。

從去年歲暮以來，形勢就開始變得緊張。十月十九日，文帝離開京城到同州，回到他幼年的故居，瞻仰先父遺跡，追憶往事，流連盤桓了四天，才起身東巡。在這裡，他可以獨自向父親的英靈直抒胸臆，透露心中籌畫已久的宏偉計畫，就像當年攀登仕途時徵詢父親指點一般，他還想再到兒時生活過的佛寺進香，祈求神明佑助。總之，這次回省意義絕不尋常，實際上是變換形式的祕密告廟，文帝要在此下決心，作出最後的戰略決斷。

果然，在內心猶豫難決的時候，他想起了因病不能隨從的內史令李德林來，連忙下敕，親筆在敕書後面注道：「伐陳事意，宜自隨也。」[1]追召李德林前來幫助決斷。恰好高熲有事要回京城，文帝囑咐他前去探望李德林，交代說：「德林若患未堪行，宜自至宅取其方略。」李德林抱病應召，提出自己的伐陳設想，大受重視，文帝專門派人將其方略送給晉王廣，讓其參照制定行動計畫。在巡視歸途，文帝以馬鞭南指，對李德林許諾道：「待平陳訖，會以七寶裝嚴公，使自山東無及之者。」[2]

作出最後決斷之後，文帝如釋重負，心情十分開朗，他一路東去，來到蒲州，二十五日，宴請當地父老，縱情歡樂，舉目四座，鄉紳老農，皆可人意，高興道：「此間人物，衣服鮮麗，容止閒雅，良由仕宦之鄉，陶染成俗也。」[3]如此歡欣的光景，在文帝的生活中並不多見。

十一月二十三日，文帝再回到馮翊（今陝西省大荔縣），親祠故社，儀式完畢後，接見故鄉父老，結果因父老應對不合聖意，惹得文帝勃然大怒，免其縣官，起駕回京。

陰晴不定的情緒波動，說明伐陳一事實在重大，關係到整個國家的前途命運。曾幾何時，前秦苻堅率百萬雄師南下長江，企圖投鞭斷流一統江山，結果把好端端一個中原大國搞得灰飛煙滅。從此以後，儘管北強南弱，卻沒有一位君主敢再輕舉妄動。北魏雖曾幾度飲馬長江，但也是雷聲大雨點小。所以，眼前文帝決心雖下，仍費斟酌。諸般焦慮，直灼得他心煩意躁，肝火上升。

建國以來，文帝無時不在考慮統一中國的宏偉事業。開皇初年，朝廷就曾討論過伐陳，具體內容雖然不得而知，但其結果是任命元壽為專使，前往淮浦監修船艦，顯然是為渡江伐陳預作準

1 《隋書》卷四十二，〈李德林傳〉系此事於開皇八年（五八八），但據〈高祖紀〉記載，文帝出巡同州等地在開皇七年（五八七），且至開皇八年十月，隋朝已經全面動員部署，出師伐陳，進入戰役實施階段。故文帝追召李德林作最後決策事，當從帝紀紀年。
2 以上引文均見：《隋書》卷四十二，〈李德林傳〉。
3 《隋書》卷一，〈高祖上〉。

備。這一工程似乎持續到開皇四年（五八四）元壽改督漕渠工役為止。[4] 但是，從其他方面的情況綜合來看，文帝並未真正準備伐陳。

當時，不少人向文帝建議伐陳，特別是一班武將，更是躍躍欲試，老將梁睿是其代表，他在平定益州王謙之亂後，就向文帝獻策，請纓平陳。文帝回信婉拒，指出：「朕初臨天下，政道未洽，恐先窮武事，未為盡善。……王者體大，義存遵養，雖陳國來朝，未盡藩節，如公大略，誠須責罪。尚欲且緩其誅，宜知此意。」[5]

文帝暫時擱置伐陳請求是有充分道理的，就內因而言，隋朝剛剛立國，人心不安，社會未穩，難以支援一場全國規模的戰爭；在軍事上，渡江水戰又非北軍所長，貿然進兵，徒取其禍。而且，當時在位的陳宣帝亦非平庸之輩，隋朝無隙可乘。

就外因而言，隋朝當時四面受敵，不久即與突厥傾力相拼，國家安危系於北線作戰，故文帝必須儘快緩解南線壓力，非但不能尋釁，而且還必須克制忍耐。故開皇元年（五八一）九月對陳反擊作戰時，文帝一再嚴令諸將不得好戰，在恢復江北失地、給陳軍教訓之後，主動停戰。

可是，將軍們不完全了解內情，一味請戰，加上對南軍的藐視，更助長了其聲勢，給文帝造成不小的壓力，就連一次規模不大的對陳反擊戰，都得派宰相高熲出馬坐鎮，以防諸將輕敵深入，造成難以收拾的後果。因此，為了頂住來自各個方面的壓力和干擾，文帝把對陳朝關係事務嚴格置於自己的領導之下，傾注了大量心血。

實際上，隋朝在擺出了大舉伐陳架勢的同時，從未斷絕與陳朝的關係，隨時作好談判修好的準備。同年十一月，隋朝在戰場上取得勝利後，派遣兼散騎侍郎鄭撝到陳朝，作出善意的姿態。翌年正月，陳宣帝病逝，隋朝隨即以「禮不伐喪」宣布停止軍事行動，而後，又於六月派遣專使入陳弔唁，大大緩和了與陳朝的關係，為北禦突厥爭取到平穩安定的南面形勢。

在南方，還有一個蕞爾小國後梁，為梁朝侯景之亂的產物，早就成為北周的附庸。隋文帝登基後，迅速提升與後梁的關係。開皇二年（五八二），文帝為其子晉王廣納後梁明帝的女兒為妃，一度還打算將蘭陵公主下嫁後梁皇子，而且，還因此罷江陵總管，讓後梁明帝蕭巋表面上能夠專掌其國。尊崇後梁皇室，可用以同陳朝爭南朝的正統地位，而罷江陵總管則可向陳顯示和平意願，充分利用後梁在對陳關係上的政治與宣傳價值，成為隋朝牽制綏撫陳朝的重要棋子。

開皇三年（五八三）四月，文帝再次派遣兼散騎常侍薛舒、兼通直散騎常侍王劭到陳朝。隋使頻頻而至，逼使陳後主不得不於十一月派遣散騎常侍周墳、通直散騎常侍袁彥前來回聘。此後，雙方每年互派使節的形式固定了下來，文帝完全取得南北交往的主動權，巧妙地將陳朝納入隋朝精心制定的長期戰略之中。

自打敗突厥之後，隋朝對陳關係便發生了根本變化，所有的交往都是為著實現統一中國的宏偉目標，而通過使節互訪拉陳入局，不啻給隋朝提供了施展各種策略手段的機會，可謂初戰告捷。此後，文帝迭施妙手，把陳後主耍弄於股掌之間，逐步促進平陳條件的成熟。

首先，拒降示好，製造和平氣氛，鬆懈陳朝的警惕性。開皇三年（五八三）四月，「陳郢州城主張子譏遣使請降，上以和好，不納」；翌年八月，「陳將夏侯苗請降，上以通和，不納」，[6] 一

4《隋書》卷六十三，〈元壽傳〉。
5《隋書》卷三十七，〈梁睿傳〉。
6《隋書》卷一，〈高祖上〉。

再拒絕陳將歸降，以示隋朝對保持友好關係的高度重視與堅定立場，給陳朝以天下太平的幻覺。

其次，保持交往中的低姿態，誘敵驕慢。開皇四年（五八四），文帝派遣名儒薛道衡出使陳朝，臨行前特意叮囑道：「朕且含養，置之度外，勿以言辭相折，識朕意焉。」在致陳朝國書中，文帝自稱姓名頓首，卑辭厚禮，造成陳後主的錯覺，不由得自大起來，回書竟稱：「想彼統內如宜，此宇宙清泰」。[7] 口氣傲慢，其實早已墜入文帝彀中。文帝還將陳朝的回書傳示朝臣，群情激憤，大收鼓舞士氣之效。

再次，在邊境採取守勢，以麻痺敵軍，滋長輕敵心理。自文帝登基以來，陳軍屢屢尋釁犯邊。隋陳通好之後，陳軍仍不時越境進犯，開皇五年（五八五），陳將湛文徹進攻和州就是一例。對此，隋軍只是堅守拒敵，並不主動出擊，而且，每次捕獲陳朝間諜，都厚給衣馬，以禮遣還，造成陳軍誤解，渾然不把隋軍當回事，麻痺輕敵。

文帝的一系列精心安排，營造了隋陳友好的太平表像，其實，在內部，文帝無時不在考慮平陳方案，為此，他積極向臣下密詢計策。高熲獻了一條長期耗損陳朝國力的計策，亦即根據北寒南暖、收成早晚不同的特點，在江南稻熟時，秣馬厲兵，聲言伐陳，迫使陳軍屯兵守禦，廢其農時。待陳軍聚集完畢，隋軍隨即解甲休息，如此再三，則陳軍習以為常，不作戰備，趁此良機突然過江，則陳軍可破。而且，江南土薄，房舍多為茅竹所築，糧食儲藏亦非地窖，故可祕密派人因風縱火，待其修繕後，再放火燒之，不出數年，足可罄盡其財力。文帝聞言大喜，依計實行，果然把陳朝搞得困憊不堪。[8]

高熲計謀見用，楊素、賀若弼、高勱和崔仲方等人亦爭相獻策，虢州刺史崔仲方知道文帝迷信天命，便先引經據典闡述一通陳朝當滅的五行運曆道理，然後筆鋒一轉，提出對陳用兵的軍事部署道：

今唯須武昌已下，蘄、和、滁、方、吳、海等州更帖精兵，密營渡計。益、信、襄、荊、基、郢等州速造舟楫，多張形勢，為水戰之具。蜀、漢二江，是其上流，水路衝要，必爭之所。賊雖於流頭、荊門、延州、公安、巴陵、隱磯、夏首、蘄口、盆城置船，然終聚漢口、峽口，以水戰大決。若賊必以上流有軍，令精兵赴援者，下流諸將即須擇便橫渡。如擁眾自衛，上江水軍鼓行以前。雖恃九江五湖之險，非德無以為固，徒有三吳、百越之兵，無恩不能自立。[9]

崔仲方的方案，充分利用隋朝據有長江上游的有利條件，以上游水軍牽制敵軍，而在下游突破陳朝江防，批亢擣虛，直取建康。這一建議實是西晉滅吳之計的改版，根據歷史的經驗教訓，陳人對此不應毫無防備。然而，此時的陳朝的統治集團已經腐敗透頂，無可救藥了。

開皇三年（五八三）十一月，登基近兩年的陳後主在遣使入隋時，才想起要了解對手隋文帝的情況，命令使者將文帝相貌畫下帶回。當他見到畫像時，大驚失色，神經質地尖叫：「吾不欲見此人！」急命左右將畫像撤下。隨著文帝畫像的排除，陳後主猶如鴕鳥把頭埋進沙裡一樣，馬上忘卻了來自北方的威脅，又沉浸在醉生夢死的溫柔鄉中。太市令章華實在看不下去，上書極諫

7《資治通鑑》卷一百七十六「陳長城公禎明元年（五八七）十一月」條。
8《隋書》卷四十一，〈高熲傳〉。
9《隋書》卷六十，〈崔仲方傳〉。

道：

陛下即位，于今五年，不思先帝之艱難，不知天命之可畏，溺於嬖寵，惑於酒色，祠七廟而不出，拜妃嬪而臨軒，老臣宿將，棄之草莽，諂佞讒邪，昇之朝廷。今疆場日蹙，隋軍壓境，陛下如不改弦易張，臣見麋鹿復游於姑蘇臺矣。[10]

章華講得相當克制，還不敢提及宮中醜行，陳後主已是忍耐不住，急令拉出去斬首，免得掃興。

客觀地說，陳朝的滅亡完全是咎由自取。從當時南北社會的比較上，並不能得出隋朝全面超過陳朝的結論。相反，在生產方式、商品流通和社會發達程度等許多方面，南方並不見得差，有些甚至還優於北方。而且，陳朝軍隊的規模亦不小，占有地利，只要能組織起有效的抵抗，亦非輕易可以欺侮的，何況兵凶戰危，大小強弱，在俯仰之間。關鍵的問題在於其政治太過腐敗，生活糜爛且不論，朝政紊亂，忠良貶黜，佞邪當道，上下相蒙，危亡不恤，人心渙散，眾叛親離，如此荒淫王朝，不亡何待！

開皇五年（五八五）後梁發生的一系列變故，加速了中國統一的進程。這年五月，後梁明帝蕭巋去世，其子蕭琮即位。蕭巋依附北周，不為朝廷所重，到隋文帝登基，才大受禮遇，故頗懷感激。蕭巋一死，嗣胤年幼，叔父權重，其動向令人擔憂，故文帝特地下璽書給蕭琮，以長輩的口吻頗加開導：

負荷堂構，其事甚重，雖窮憂勞，常須自力。輯諧內外，親任才良，聿遵世業，是所望也。彼之疆守，咫尺陳人，水潦之時，特宜警備。陳氏比日雖復朝聘相尋，疆埸之間猶未清肅，唯當恃我必不可干，勿得輕人而不設備。朕與梁國積世相知，重以親姻，情義彌厚。江陵之地，朝寄非輕，為國為民，深宜抑割，恒加饘粥，以禮自存。[11]

文帝擔心的一是蕭琮年少，缺乏主見，容易受周圍影響；二是警惕梁陳關係的走向，挑明隋陳友好僅為表面現象。考慮到後梁大臣的鄉土與復國情緒，以及和隋朝沒有深厚關係的現狀，文帝還分別給他們璽書，勸誡慰勉，予以牽制。以後形勢的發展，證明文帝確有先見之明。

蕭琮上臺後，大概是為了表示對隋朝的忠誠，輕率地採取軍事行動，派遣大將軍戚昕統率水軍攻打陳朝公安縣城（今湖北省公安縣西北），遭到挫折。其實，這時候，梁朝內部親陳勢力已經抬頭，大將軍許世武以城祕密招引陳荊州刺史陳慧紀，陰謀洩露，被蕭琮誅殺。許世武是蕭琮任命的，故這一陰謀到底牽涉多廣，無從追究。在這種不穩的形勢下，文帝採取果斷措施，徵召蕭琮的叔父蕭岑入朝，拜為大將軍，封懷義公，留在京城，不令歸國。同時，復置江陵總管，加強對後梁的監視，控制住局面。

然而，讓心懷貳意的後梁長期占據長江中游戰略要地，終歸夜長夢多。更重要的是，到了開皇七年（五八七），隋朝內外皆安，國勢日盛，統一中國的條件趨於成熟。四月間，文帝於揚州開山陽瀆，已經顯露對陳用兵的意圖。所以，到了八月，文帝決定徹底解決後梁問題，召蕭琮入

10《陳書》卷三十，〈章華傳〉。
11《隋書》卷七十九，〈外戚．蕭巋附蕭琮傳〉。

朝，同時，派遣以嚴酷出名的崔弘度為江陵總管，率軍進駐江陵。詔令頒下，梁國震動，江陵父老送蕭琮入京，無不相對悲泣道：「吾君其不反矣！」[12]蕭琮的叔父蕭巖及弟弟蕭瓛等害怕遭崔弘度偷襲，搶先行動，招引陳荊州刺史陳慧紀率兵進至江陵城下，九月十九日，驅虜文武百姓十萬人南奔陳朝。文帝聞訊，下令廢除梁國，並派宰相高熲趕往江陵綏集遺民。[13]

細察事件的全過程，不能不讓人感到其中存在重大嫌疑。首先，隋朝要廢除附庸國後梁易如反掌，不應故張聲勢，打草驚蛇。其次，蕭琮啟程入朝，文帝即派驍將崔弘度率部挺進江陵，軍至鄀州（今湖北省荊門市西北），距江陵僅七十餘公里，沿途未遇抵抗，但隋軍卻在此裹足不前，坐視蕭巖於八月二十三日派人招引陳軍，至九月十九日才從容不迫地攜十萬軍民緩緩入陳，寶貴的二十多天，就在無所事事中流逝，眼睜睜地看著敵人逃逸，而崔弘度不但未受處罰，反被委以平陳行軍總管重任。顯然，這是文帝設置的圈套，目的就在於引誘陳朝上鉤，陷敵於不義，為平陳尋找理由。

果然，文帝接到陳朝出兵接應蕭巖等叛逃的奏報後，勃然大怒道：「我為民父母，豈可限一衣帶水不拯之乎！」[14]下令大規模製造戰艦，進入緊張的戰備狀態。信州（今四川省奉節縣東）總管楊素在永安（今白帝城）建造各種戰艦。高百餘尺的五層樓艦，上張旗幟，前後左右裝備六拍竿，高五十尺，具有拍毀敵艦的作戰能力，可載戰士八百人，號曰「五牙」；次一級的戰艦可運載士兵百餘人，號曰「黃龍」；以下還有平乘、舴艋等小型戰艦，組成一支頗具威力的水軍艦隊。

一場大戰已經迫在眉睫。然而，陳朝君臣仍在花天酒地，渾渾噩噩，毫無警惕。陳慧紀出兵接應蕭巖來降，給陳朝惹來大禍，可陳後主卻視為喜事，因為它可以給百般無聊的偏安日子增加一點刺激和難得的吹噓機會，所以，下令為陳慧紀慶功，加侍中、金紫光祿大夫、開府儀同三司、征西將軍等一大堆官銜，還增邑至六千戶。[15] 酒肉滿腹，笙歌再起，就是沒有人想起陳慧紀接回的只是嗷嗷待哺的流民，失去的卻是整個江陵軍事要地，還招來了飲馬長江的鐵騎雄師。

此事的災難性後果很快就顯現出來。諸將見陳慧紀受賞，都想仿效，他們還以為隋軍會像往常那樣克制忍讓，故可輕啟邊釁。翌年一開春，陳朝的使者按慣例入隋通好，緊跟著，陳將周羅睺就從峽口（今湖北省宜昌市西長江西陵峽口）屯兵地進攻隋硤州（今湖北省宜昌市西北）。這一事件不啻是火上加油，不僅再次向隋朝提供出兵的理由，更嚴重的是促成文帝痛下決心。

其實，就是在隋朝全面進入戰備狀態後，文帝似乎還沒有最後決定伐陳的時間。當時有人勸文帝祕密備戰，不料文帝答道：「吾將顯行天誅，何密之有！」還命令將伐樹造船削下的細木投入江中，有意暴露給陳人知道，冠冕堂皇地說道：「若彼懼而能改，吾復何求！」[16] 大規模備戰，陳朝總是會打探到的，無須掩耳盜鈴，但有意張揚，其中必有文章。文帝顯然是想試探陳朝的反應，相機決定進退。

大臣中也有人看出文帝的煩惱。刑部尚書皇甫績借外任辭行之機，向文帝進言陳朝必亡的理

---

12 《隋書》卷七十九，〈外戚・蕭巋附蕭琮傳〉。

13 參閱《資治通鑑》卷一百七十六「陳長城公禎明元年（五八七）」條；《周書》卷四十八；《隋書》卷七十九〈外戚・蕭巋附蕭琮傳〉；卷七十四〈酷吏・崔弘度傳〉。

14 《資治通鑑》卷一百七十六「陳長城公禎明元年（五八七）十一月」條。

15 《陳書》卷十五，〈陳慧紀傳〉。

16 《資治通鑑》卷一百七十六「陳長城公禎明元年（五八七）十一月」條。

由道：「大吞小，一也；以有道伐無道，二也；納叛臣蕭巖，於我有詞，三也」，[17]以增強文帝的必勝信心。

當然，對實施伐陳戰略權衡再三的，並不只是文帝。高熲直到渡江前夕還感到不太踏實，月夜召來內史舍人薛道衡，問道：「今段之舉，克定江東已不？君試言之。」

薛道衡款款為之分析道：「凡論大事成敗，先須以至理斷之。《禹貢》所載九州，本是王者封域。後漢之季，群雄競起，孫權兄弟遂有吳、越之地。晉武受命，尋即吞併，永嘉南遷，重此分割。自爾已來，戰爭不息，否終斯泰，天道之恒。郭璞有云：『江東偏王三百年，還與中國合。』今數將滿矣。以運數而言，其必克一也。有德者昌，無德者亡，自古興滅，皆由此道。主上躬履恭儉，憂勞庶政，叔寶峻宇雕牆，酣酒荒色。上下離心，人神同憤，其必克二也。為國之體，在於任寄，彼之公卿，備員而已。拔小人施文慶委以政事，尚書令江總唯事詩酒，本非經略之才，蕭摩訶、任蠻奴是其大將，一夫之用耳。其必克三也。我有道而大，彼無德而小，量其甲士，不過十萬。西自巫峽，東至滄海，分之則勢懸而力弱，聚之則守此而失彼。其必克四也。席捲之勢，其在不疑。」

薛道衡從歷史到現狀，對雙方君主、將帥、軍力和政情逐一進行比較，條分縷析，基本符合當時的現實，連文武雙全的高熲也為之折服，胸中的疑慮頓然冰釋，忻然讚嘆：「君言成敗，事理分明，吾今豁然矣。本以才學相期，不意籌略乃爾。」[18]

為伐陳而寢食不安的正是隋朝最高決策者，他們的焦慮來源於對個人、國家和歷史極度負責的態度，表現出敢斷慎行的務實的政治家作風。正是這種作風，成功地麻痹了陳朝統治者，引導統一中國的理想一步步邁向現實。多年的心血，終於迎來了歷史性的關頭。掩上前線送來的急報，走出燭火灼人的殿堂，透過夜幕，向南遙望，城裡一片闃寂，只有星星在閃爍。日前，太史密報：「鎮星入東井」。[19] 文帝很想看清這冥冥中的天意，他目不轉睛地盯著無垠的星空，不知不覺又浸入披閱奏章的世界，彷彿南方的天空紅了起來，不知好歹的陳兵舉著火把，衝向村莊、城池……文帝直覺得血往上衝：「是時候了！」他揮拳擊在自己的腿上，調頭快步邁進宮中。

開皇八年（五八八）三月九日，文帝終於作出了歷史性決斷：下詔伐陳。

直下金陵

這天早晨，京城百姓一開門就感覺到外面世界變了，衢口城門都張掛檄文，前面聚集起越來越多的行人，有人大聲誦讀起來：

陳叔寶據手掌之地，恣溪壑之欲，劫奪閭閻，資產俱竭，驅逼內外，勞役弗已；窮奢極侈，俾晝作夜；斬直言之客，滅無罪之家；欺天造惡，祭鬼求恩；盛粉黛而執干戈，曳羅綺而呼警蹕；自古昏亂，罕或能比。君子潛逃，小人得志。天災地孽，物怪人妖。衣冠鉗口，道路以目。重以背德違言，搖盪疆埸；晝伏夜遊，鼠竊狗盜。天之所覆，無非朕臣，每關聽

17《隋書》卷三十八，〈皇甫績傳〉。
18《隋書》卷五十七，〈薛道衡傳〉。
19《隋書》卷二，〈高祖下〉「開皇八年二月」條。

覽，有懷傷惻。可出師授律，應機誅殄，在斯一舉，永清吳越。[20]

檄文讀來確實令人解氣，不少人已是摩拳擦掌，躍躍欲試。為了達到最大的宣傳效果，文帝命令書手徹夜趕工，抄寫檄文三十萬份，潛送至江南，四處散發，以期瓦解陳朝民心，打擊其士氣。另外，又給陳朝送去璽書，歷數陳後主的二十大罪狀，發起一場空前規模的宣傳戰，先聲奪人。

從發布檄文的三月到十月，七個月間，長江兩岸竟與平常無異，隋軍毫無動靜，一派和平景象。最初的震駭漸漸安定下來，看來隋朝又是虛聲恫嚇。陳後主又恢復故態，在宮中與寵妃張麗華追逐歡樂起來。

張麗華出生於卑賤的兵家，父兄靠編織草席為生，市井碧玉，倒也俏麗，被選入宮服侍龔貴嬪，因此能夠接近陳後主。沒有什麼教養與拘束的性格，反倒讓纖弱脂氣的陳後主如獲至寶，很快就生下始安王深，躍升為貴妃。陳後主貪色而懦弱，張麗華便教他偷香獵豔，並常聚巫女歌舞煽情，弄得陳後主神魂顛倒，無心理政。百司啟奏每由宦官送入宮中，陳後主脫不開身，便將張麗華抱在膝上，共相參決。於是，豔情左右起政情來，織草席的紛紛登堂執笏，與直言敢諫的大臣易位而居。更有甚者，巴結孔貴嬪而飛黃騰達的孔範告訴陳後主說：「外間諸將，起自行伍，匹夫敵耳。深見遠慮，豈其所知！」[21]其他近臣也同聲附和，陳後主竟信而不疑，派人覘視諸將，纖微過失，即奪其兵，轉交給文吏，搞得陳朝軍政竟由一幫小白臉把持。

隋軍既無渡江跡象，陳朝當然不需要在江防上多費心思，何況張麗華正忙著搶奪權位。她日夜吹起枕邊風，要陳後主廢沈皇后和太子。五月，陳後主抓緊寶貴的和平時間，先廢太子，改立始安王深，並張羅著廢黜沈皇后，冊立張麗華，宮裡宮外，一片忙亂。

在此期間，隋文帝卻在為平陳而日夜操勞。他外示閒定，繼續迷惑陳朝，觀察其反應，內則緊鑼密鼓地加強戰備。

首先，為建國以來最大規模的軍事行動進行全國總動員，徵集五十餘萬精銳部隊，開赴各個前線攻擊地集結，完成對陳作戰的兵力部署。

眾所周知，隋承北周實行府兵制度。其府兵規模雖已難知，但若參酌唐朝的情況，則可推知其大概。唐初有兵府六百左右，[22]若以平均每府千人計，則其總數約在六十萬上下，隋朝與此相去不遠。府兵要擔負京城宿衛及戍守邊疆等任務，可以調集出征者，遠遠不能滿足平陳的需要。為此，文帝採取了一些重要措施加以解決。其一是在南邊新增軍府，擴充兵力。洛陽出土的〈大隋帥都督故唐君故蘇夫人墓誌銘〉記載：

> 洎開皇之初，將定江表，首置軍府，妙選英傑。君以材雄入幕，豪勝知名，遠近所推，特授都督。既而教兵不棄，治兵有典，富貴自取，仍領帥都督。兵至於躍馬彎弓，吟猿落雁，貫之者七箚，所敵者萬人。俄屬天下太平，四表無事，解甲臥鼓，散馬休牛。君乃謝病言歸，掛冠不仕。[23]

20《資治通鑒》卷一百七十六「陳長城公禎明二年（五八八）三月」條。
21《資治通鑒》卷一百七十六「陳長城公至德二年（五八四）末」條。
22 兵府數有一個變化的過程，參閱：谷霽光，《府兵制度考釋》（上海人民出版社，一九六二年），第五章。
23 趙萬里，《漢魏南北朝墓誌集釋》卷九（科學出版社，一九五六年），圖版四八八。

新置軍府的將官乃選拔「材雄」者充任。唐該是洛陽人，以「豪勝知名，遠近所推」，可知北方的鄉豪被選入軍中，成為新兵府的骨幹。這些兵府專為平陳設置，並參加平陳，戰後解散。其二是將大批鄉兵納入戰鬥系列。張奫家住淮陰（今江蘇省淮陰縣甘羅城），隋時以大都督領鄉兵，參加平陳；[24]來護兒同樣以大都督統廣陵鄉兵，平陳立功；[25]此外如劉權、樊子蓋等，也都是以鄉帥參加平陳而成為隋朝高級官員。[26]把鄉兵納入正規部隊，不但增加了軍力，而且還收到吸收消化地方武裝的效果，增進國家的內在統一。由於採取了得力的措施，所以隋朝得以在半年多的時間裡迅速擴軍，組成強大的攻擊力量，在軍力上占據優勢。

其次，確定通盤作戰方案。文帝認真聽取了諸將的平陳建議後，博採眾長，相互補充，經過反復斟酌，制定出一個更加縝密周全且規模宏大的作戰計畫，在此計畫中，隋軍西起永安，東至吳郡（今江蘇省蘇州市），在長達數千公里的長江全線向陳軍發起進攻，主攻方向是直取建康，為了實現這一目標，分別在西面選擇長江上、中游的宜都郡（今湖北省枝城市）、江陵、郢州（今湖北省武漢市武昌）、蘄州（今湖北省蘄春縣北），以及東面的吳郡為主要攻擊點，將陳軍分割成三大段，令其顧此失彼，既不能組織起有效的抵抗，又無法回援京師，最終被各個擊破。

第三，組建作戰指揮系統，遴選參戰將領。根據作戰方案，文帝在十月設置淮南行臺省於壽春，任命晉王廣為尚書令，主持伐陳大局。又任命左僕射高熲為晉王元帥府長史，行臺右僕射王韶為司馬，[27]實際負責處理軍務。其下分三大作戰區域，以晉王廣、秦王俊和清河公楊素三人為行軍元帥，分別負責長江下、中、上游的作戰指揮，另以燕榮偏師進攻吳郡，牽制長江上游敵軍。行軍元帥下轄行軍總管，分路出擊。行軍總管共有九十人，他們是戰場指揮人員，直接關係到戰役的成敗，故文帝對其細加遴選，並於九月十一日接見並宴請「南征諸將，頒賜各有差」，[28]

親加勉勵，以鼓舞士氣。舉行這次宴會，實際上表明平陳的各項準備已經就緒。

第四，策反敵人，安排內應。隋軍的優勢，在一定程度上可被陳人據有的地利所抵消，所以，必須從內部瓦解敵軍，通過內應發起突襲，攻破其防線，陷敵於混亂。間諜戰的重要意義不言而喻，故文帝另辟專線，越過正常機構，親自指揮高度機密的策反工作，甚至連宰相都無從預聞。

裴蘊祖上數代仕於南朝，父親裴忌為陳朝開國元勳，官至都官尚書，後因北伐兵敗，被虜往長安。文帝利用這一關係作策反裴蘊的工作。當時，裴蘊以功臣子弟而受陳朝信任，歷任禁軍直閤將軍，鎮興寧陵（今江蘇省鎮江市），[29]拱衛建康東北門戶，其向背具有重要的軍事價值。策反工作進行得極其祕密，且大獲成功，裴蘊奉表於文帝，願意充當內應。後來，賀若弼軍就是從南徐州突破陳軍江防進攻建康。平陳後，文帝召見江南衣冠人士，依次及於裴蘊時，稱讚他夙有向化之心，超授儀同。高熲不明就裡，反對道：「裴蘊無功於國，寵踰倫輩，臣未見其可。」文帝

24《隋書》卷六十四，〈張奫傳〉。
25《北史》卷七十六，〈來護兒傳〉。
26 劉權和樊子蓋事蹟均見《隋書》卷六十三本傳。
27《資治通鑑》卷一百七十六「陳長城公禎明二年（五八八）十月」條記載：「以左僕射高熲為晉王元帥長史，右僕射王韶為司馬，軍中事皆取決焉。」但王韶並未擔任過尚書省右僕射。《隋書》卷六十二〈王韶傳〉記載：「晉王廣之鎮并州也，除行臺右僕射，……平陳之役，以本官為元帥府司馬。」可知王韶實為行臺右僕射。
28《隋書》卷二，〈高祖下〉「開皇八年九月」條。
29《隋書》卷六十七〈裴蘊傳〉載其「在陳，仕歷直閣將軍、興寧令」。裴蘊以直閣將軍出鎮興寧，且因接應隋軍而受重賞，故此興寧既不應是在今雲南省大姚縣的興寧郡，也不應是在今廣東省興寧市的興寧縣，而應是守衛建康下游門戶的興寧陵（即京陵。屬南徐州，今江蘇省鎮江市）。

不便明說，便給裴蘊加授上儀同。高熲給弄糊塗了，再次進諫，於是，文帝再給裴蘊加品級，即日拜開府儀同三司，高熲這才不敢復諫。[30]由此可見祕密工作對隋軍勝利平陳所作貢獻之一斑。

為了確保上游大軍突襲成功，文帝做了大量細膩的工作。他選擇起用一批南朝降人，配屬突擊部隊，以為嚮導。王頒是梁朝名將王僧辯之子，王僧辯被陳武帝襲殺，王頒流落北周，切齒報仇。隋朝建立後，他上書獻平陳之策，為文帝所知，親加慰撫。平陳之役，特讓他率徒眾數百人，為韓擒虎部隊先鋒，乘夜渡江，長途奔襲建康，首建奇功。[31]周法尚為陳朝驍將，為諂言中傷，亡命北投。文帝用之為黃州（今湖北省新洲縣）刺史，密令他經略江南，伺候動靜。平陳時，任秦孝王𢈢下行軍總管，率舟師三萬自樊口（今湖北省鄂城市西）出擊，大破陳軍。[32]

文帝君臣為平陳所作的準備周到而充分，幾乎無懈可擊。以後，整個平陳戰役基本上就按照預定計畫進行，甚至比預想的還順利，這在戰爭史上並不多見。在此意義上，可以說決定平陳勝利的關鍵並不在於戰場廝殺，而在於政治謀略的無聲較量。

十月二十三日，隋朝終於打破七個多月令人捉摸不透的沉寂，於壽春成立淮南行省。再愚鈍的人也能看出一場人戰在即，陳後主這時似乎也感覺到什麼，但他並沒有真正體會到事態的嚴重，還幻想像以往那樣通過外交活動敷衍了事。二十五日，陳朝使者兼散騎常侍王琬和兼通直散騎常侍許善心來到長安。這時，隋文帝已經犯不著再作周旋，便把他們軟禁起來。

二十八日甲子，又是一個文帝深信不疑的革運吉日。天一亮，他已經率領文武百官佇立在太廟前面，舉行莊嚴的告廟儀式，拜將出征。望著盔甲鮮明、精神抖擻的將士，他堅定地命令：東起滄海，西至巴蜀，在千里江面上全線出擊，以晉王廣出六合（今江蘇省六合縣），秦王俊出襄陽（今湖北省襄樊市），清河公楊素出信州，荊州刺史劉仁恩出江陵，宜陽公王世積出蘄春（今湖北省蘄春縣北），新義公韓擒虎出廬江，襄邑公賀若弼出吳州，落叢公燕榮出東海（今江蘇省連雲港市東南），合總管九十，兵五十一萬八千，皆受晉王節度。

十一月二日，文帝大餉士卒，下詔懸賞擒獲陳後主者封上柱國、萬戶公，激勵士氣，以壯行色。十日，他親率大軍來到距潼關三十里的定城，隆重誓師。三軍陣勢嚴整，萬眾振臂高呼，激蕩起排山倒海一往無前的氣勢，文帝激動了，滿懷必勝的信心，跨上戰馬，一直把大軍送出潼關，送過黃河，送走晚霞，一程又一程。當翌日朝陽冉冉升起的時候，他站在河東山岡上，目送大軍隨黃河滾滾東去。

在河東，在黃河之濱，文帝心潮澎湃，中華民族期盼了數百年的統一夢想，將要在自己的手中變成現實，他再也坐不住了，他要在這裡就近等待前線的消息。在這裡，他駐留了二十多天，直到長江中、上游的隋軍如期發動攻勢，他才於十二月五日回京城統籌全域。

十二月，秦王俊率三十總管，水陸十餘萬進屯漢口，大有渡江規取武昌的模樣。陳朝急令駐紮峽口的周羅睺率上游諸軍回防，以荀法尚部勁卒數萬屯駐鸚鵡洲。[33] 陳軍一被調動，楊素旋由長江上游發動強大攻勢，率舟師出三峽，揭開平陳戰役的序幕。

楊素兵出峽口，在山高水急的狼尾灘被陳將戚昕所阻。司馬李安建議：「水戰非北人所長。

30《隋書》卷六十七，〈裴蘊傳〉。
31《隋書》卷七十二，〈孝義・王頒傳〉。
32《隋書》卷六十五，〈周法尚傳〉。
33 參閱《隋書》卷四十五，〈文四子・秦孝王俊傳〉。

今陳人依險泊船，必輕我而無備。以夜襲之，賊可破也。」[34]隋軍戰艦雖大，但真正打起來卻沒有必勝把握，所以，楊素採納李安的夜襲建議，同時派出兩路勁卒，沿南北江岸銜枚疾進，攻陷陳軍大營，水陸呼應，一舉衝出峽口。眼前，江面頓然開闊，浩浩蕩蕩，兩岸平川，鬱鬱蒼蒼，隋軍舟艫被江，旌甲曜日，楊素高坐艦首，容貌雄偉，陳人仰望，以為江神，望風披靡，沿岸鎮戍，順次陷落。陳朝在長江上游的兵力，完全被楊素和秦王俊所鉗制，自顧不暇，無力回援建康。

楊素出蜀，是隋軍具有戰略意義的勝利。消息傳來，文帝心花怒放，特別是水軍獲勝，堪稱奇跡，有助於改變南船北馬觀念，對下游主力部隊會有多大的激勵！文帝當即厚賞水軍先鋒李安，進位大將軍，封郢州刺史，以為全軍榜樣，並通令嘉獎道：

陳賊之意，自言水戰為長，險隘之間，彌謂官軍所憚。開府親將所部，夜動舟師，摧破賊徒，生擒虜眾，益官軍之氣，破賊人之膽，副朕所委，聞以欣然。[35]

狼尾灘一役，隋軍主要是依靠陸戰取勝的。對此，文帝是否清楚，已經無從得知。然而，事實真相並不重要，文帝所需要的只是以此激勵下游部隊，讓他們增強信心，給陳朝致命的一擊。此時此刻，昏庸至極的陳後主平白送給隋軍一個絕妙戰機，一個稍縱即逝的歷史性瞬間！

原來，後梁蕭巖、蕭瓛奔陳，陳後主表面上熱情歡迎，心裡卻猜忌得很，所以，把他們帶來的部眾盡加解散，讓蕭巖當東揚州（今浙江省紹興市）刺史，蕭瓛當吳州（今江蘇省蘇州市）刺史，同時以將軍任忠鎮吳興，監視二蕭。時近年底，陳後主忙著大辦新年元會，命二蕭參加，同時命令緣江諸防的艦船也都相隨回京，意在炫耀軍威，震懾二蕭。置強敵於不顧，而傾水軍之力向兩個行將就木的政治廢人示威，造成江面沒有陳朝戰船的空隙，難道竟如薛道衡所言：陳朝氣數已盡？

天命乎？人事乎？不管怎麼說，對於歷代的亡國君主來說有一點卻是共同的，那就是不顧一切地窩裡鬥。

陳晉熙王叔文擔任湘州（今湖南省長沙市）刺史，在職多年，政通人和，卻因此遭到陳後主的猜忌，無緣無故被徵還朝。而陳後主又沒有合適的人選繼任，便將此重任委派給其近寵施文慶，令他率精兵二千赴任。施文慶由中書舍人遷大州都督，自然高興，但是，他的專長在於黷詞拍馬，哪裡敢把一身細皮嫩肉往隋軍虎口裡送，而且，他還擔心走馬上任後，新當權者會揭短攻訐，故一面薦其黨徒沈客卿自代，一面賴在京城不去就職，結果是湘州無人主持軍務，而朝中二人共掌機密。護軍將軍樊毅見京都防禦薄弱，提醒僕射袁憲要在京口（今江蘇省鎮江市）與採石（今安徽省當塗縣北採石）兩地派駐戰船銳卒，滿朝文武皆以為然，唯施文慶擔心會觸動配屬於他的兵力，極力反對。至隋軍壓境，警報如潮，袁憲等人再三奏請加強江防，而施文慶竟以元會郊祭警衛為由，仍不同意，甚至還買通宰輔江總一道反對，巧舌如簧，說得陳後主深以為然，覺得加強江防等於向隋朝示弱，大言不慚地對侍臣說：「王氣在此，齊兵三來，周師再來，無不摧敗，彼何為者邪！」都官尚書孔範在一旁附和道：「長江天塹，古以為限隔南北，今日虜軍豈能飛渡邪！邊將欲作功勞，妄言事急。臣每患官卑，虜若渡江，臣定作太尉公矣！」[36]逗得陳後主哈哈

34《隋書》卷五十，〈李安傳〉。
35《隋書》卷五十，〈李安傳〉。
36《資治通鑑》卷一百七十六「陳長城公禎明二年（五八八）十二月」條。

大笑。君臣就像一對活寶，你一言我一語，好不開心。真是自作孽不可活。

陳朝的一舉一動早就被飛報給隋軍統帥，建康門戶洞開，機不可失。開皇九年（五八九）元旦，陳後主精心準備的盛會才要開場，江面刮起大霧，入鼻皆酸，陳後主昏然入睡。就在此時，隋軍主力根據文帝的命令，[37]從東西方向同時出擊，賀若弼自廣陵、韓擒虎自採石分別渡江，陳朝守軍在醉中成了俘虜。隋軍渡江成功，晉王廣隨即率大軍跟進，在建康對岸的六合鎮桃葉山建立指揮部。

翌日，從採石逃脫的戍主徐子建趕到建康告變，陳後主不知所措，第二天才想起召集公卿商量對策。大將蕭摩訶主張趁敵立足未穩，急速反擊。陳後主早已嚇成一團，晝夜啼哭，朝中事務皆委施文慶處置。施文慶素與諸將不和，此時更是害怕武將立功，威脅到自己的地位，所以，凡有請戰，皆予壓制。朝議延宕到次日，才宣布戒嚴，命令水陸兩軍增援南豫州，同時頒布賞格，令和尚、尼姑及道士皆服兵役，算是有個交代。此時，距隋軍渡江已是第四天了，而陳朝的援軍還沒個影。

六日，隋將賀若弼攻下京口；次日，韓擒虎再克姑熟（一作姑孰，今安徽省當塗縣），兩路隋軍，南北鉗擊建康。[38]十七日，分別占領鐘山和新林，建康已成囊中之物。與此同時，落叢公燕榮率水師出東海，沿海岸線南下，入太湖，取吳郡；宜陽公王世積艦隊亦出九江道，破陳將紀瑱於蘄口，史祥部攻拔江州（今江西省九江市）。

攻克江州具有重大軍事意義。此役將陳朝江防截為數段，徹底斷絕陳軍之間的聯絡，將其分割在幾個孤立的據點上，致其防禦體系全線崩潰。這是一個振奮人心的勝利，文帝滿懷喜悅在長安宴請群臣，宣布江南指日可下的消息，傳令嘉獎史祥：

> 公親率所部，應機奮擊，沉溺俘獲，厥功甚茂。又聞帥旅進取江州。行軍總管、襄邑公賀若弼既獲京口，新義公韓擒（虎）尋克姑熟。驃騎既渡江岸，所在橫行。晉王兵馬即入建業，清蕩吳、越，旦夕非遠。驃騎高才壯志，是朕所知，善為經略，以取大賞，使富貴功名永垂竹帛也。[39]

勝利在即的時候，久戰屢捷的前線將士最容易驕傲鬆懈，文帝表彰史祥，一方面是向全軍通報戰況，相互鼓舞，另一方面就是要勉勵將士再接再厲，對陳最後一戰。

最後的決戰比預想來得更早。十五日，陳將任忠自吳興郡（今浙江省湖州市）率軍馳援建康，搶在隋軍到達前入屯朱雀門。任忠趕到，建康甲士猶有十餘萬，陳後主的膽子又壯了起來，召諸將商議軍事，任忠主張堅守宮城，等待上游周羅睺大軍來援，分兵反斷隋軍聯絡，自己則率水軍渡江奇襲六合隋軍指揮部，截其歸路。在當時的形勢下，任忠的方案不失為積極防禦的上策。可是，猛將蕭摩訶極力主張趁賀若弼立足未穩，一戰克之。陳後主不知所從，躊躇一夜。次日，他忽然決定出戰，任忠叩頭苦諫，那位自吹包克隋軍的孔範又在一旁誇口，說是只要出戰，必可勒

---

37 《隋書》卷五十二〈韓擒虎傳〉載其與賀若弼爭功時說：「本奉明旨，令臣與弼同時合勢，以取偽都。」可知此役是在文帝部署下進行的。

38 《資治通鑑》卷一百七十七「隋文帝開皇九年（五八九）正月」條載：「辛未，韓擒虎進攻姑孰，半日，拔之。……辛未，賀若弼進據鐘山，頓白土岡之東。晉王廣遣總管杜彥與韓擒虎合軍，步騎二萬屯於新林。」辛未為七日，韓擒虎當日攻姑熟，決無推進至建康之理。《陳書》卷六〈後主紀〉載：「辛巳，賀若弼進據鐘山。」可知《資治通鑑》所載後一「辛未」為「辛巳」之訛，即十七日。

39 《隋書》卷六十三〈史祥傳〉。

碑紀功。後主大喜，命令蕭摩訶統領諸將，決一死戰。

二十日，陳軍傾巢而出，布下南北亙二十餘里的長蛇陣，由魯廣達打頭陣，任忠、樊毅、孔範繼之，蕭摩訶居北指揮。陣勢才布置停當，蕭摩訶家人慌張來報，主母被陳後主接進宮中，再無音信。原來蕭摩訶雖老，妻子卻是妙齡國色。古時將軍出征，家屬為質。故蕭摩訶妻子被陳後主撞個正著，誘入後宮，御駕親征。蕭摩訶得報，哪裡有心接戰。只有前鋒魯廣達最為忠誠，奮力衝鋒，賀若弼抵擋不住，一退再退，縱煙隱蔽，才穩住陣腳。陳軍小勝，士兵紛紛提著敵人首級，回身找陳後主求賞去。賀若弼見勢，分軍反擊，其中一路徑向孔範兵陣撲來。孔範終於盼到了破敵升官的良機，卻是面如土色，一轉身就沒影了，部下頓作鳥獸散。其他陳兵一看不妙，跟著四下潰逃，長蛇陣煙消雲散，隋兵一下子湧到蕭摩訶面前，把自傷妻離的老將軍捆成粽子一般。

任忠見大勢已去，率數騎投降韓擒虎，自為嚮導，引隋軍直入朱雀門，守軍欲戰，任忠招呼道：「老夫尚降，諸軍何事！」[40]於是，士卒棄械，百官皆遁。陳後主轉眼成了光棍天子，只有平時不為所重的袁憲等寥寥幾位文臣趕來陪伴。到了這光景，陳後主仍不悔悟，自嘲自慰道：「非唯朕無德，亦是江東衣冠道盡。」[41]扔下這句話，算是對亡國的交代，自己沒命似的跑進後宮，只聽裡面傳來咕咚一聲，就再無聲響了。

韓擒虎部眾衝入宮中，到處找不到陳後主，仔細搜索，發現宮中井下隱然有聲，便垂下繩索，勒令出降。井臺上的隋兵，虎背熊腰，提繩而上，卻是紋絲不動，不由覺得十分奇怪，眾人合力，才將繩索拉了上來。一看，哄然大笑，只見陳後主與張麗華、孔貴嬪三人緊緊抱成一個大砣，渾身濕透。

隋軍擒得陳後主，馬上讓他寫招降書，急驛傳送，宣示內外，陳軍紛紛放下武器，停止抵抗。長江上游的周羅睺、陳慧紀各擁重兵，與楊素和秦王俊反復爭奪長江控制權，相持逾月，接到陳後主手書後，遣散士兵，解甲投降。王世積在蘄口得悉建康已下，迅速派人分頭告諭江南守軍，諸郡相繼歸降。二十九日，文帝下詔，派遣使者持節巡撫陳朝州郡。二月一日，隋朝撤銷淮南道行省，宣告平陳戰役勝利結束。根據文帝的命令，隋軍把建康城邑宮室夷為耕地，移州治於石頭城，名為蔣州。

此役概得州四十，郡一百，縣四百，分裂數百年的南北王朝終於重新融為一體。如果說隋朝建立標誌著民族融合的基本完成，那麼，平陳則以政權歸一宣告分裂時代的結束，由民族鬥爭而引發的社會崩潰，同樣在民族的融合中邁向統一。從歷史演進的過程上看，南北統一並不是簡單的武力征服。所以，不管以後如何風雲激蕩，這個正在成長的新社會擁有堅強的聯繫紐帶和巨大的發展潛力，一個統一、強大的世界性國家磅礴於世，中華民族的歷史翻開了嶄新的一頁。

四月六日，[42]文帝親自到長安東面的驪山，慰勞遠征歸來的大軍。十二日，長安舉行盛大的凱旋獻俘儀式。三軍健兒排成整齊的方陣，隨高騎馬上的晉王廣和秦王俊闊步進城。後面，鐵騎押著陳後主及其王公將相，還有繳獲的天文圖籍，沿街遊行，最後獻於太廟。翌日，[43]文帝高坐

40《資治通鑑》卷一百七十七「隋文帝開皇九年（五八九）正月」條。

41《資治通鑑》卷一百七十七「隋文帝開皇九年（五八九）正月」條。

42《資治通鑑》卷一百七十七「隋文帝開皇九年（五八九）四月」條載：「辛亥，帝幸驪山，親勞旋師。乙巳，諸軍凱入。」辛亥為十八日，而乙巳為十二日，時間記載顯然有誤。「辛亥」當依《隋書》卷二〈高祖下〉作「己亥」，為六日。

43《資治通鑑》卷一百七十七「隋文帝開皇九年（五八九）四月」條記作「丙辰」，即二十三日，但其後接「庚戌」（十七日），顯然系日有誤，疑「丙辰」當為「丙午」，則為十三日。

在廣陽門城樓上，將陳後主及其太子、諸王二十八人，文武官員二百餘人，押到城門前面，先令納言傳旨撫慰，再令內史令宣詔譴責，陳後主君臣愧懼交加，屏息無語。看到往日的對手匍匐在地，文帝再次痛快地感受到勝利者的喜悅與榮耀，他寬大地赦免了眼前這些俘虜，內心更湧起陣陣的滿足。他決定要大張旗鼓地歡慶這歷史性的勝利。

十七日這天，風和日麗，從廣陽門到南郭，將士填衢而坐，布帛堆滿兩旁，文帝再次出現在宮城正南的廣陽門上，舉行盛筵。三軍沸騰，舉國同慶，立功將士，獎賞優渥，共頒賜布帛三百萬段。會上，文帝還宣布：陳朝故境，給復十年，全國各州，蠲免今年租賦。次日，更宣布大赦天下。

平陳元帥晉王廣進封太尉，賜輅車、乘馬、袞冕之服、玄圭、白璧。楊素進爵為越公，並封賞其二子爵位，賜物萬段，粟萬石。高熲加位上柱國，進爵齊公，賜物九千段。賀若弼和韓擒虎爭功，相互揭短，文帝俱加厚賞，進位上柱國，賜物八千段。自下將領加官進爵，各有封賞，皆大歡喜。

文帝還對陳朝降臣親加甄別，頗予黜陟。陳尚書令江總授從三品的上開府儀同三司，僕射袁憲、驃騎蕭摩訶、領軍任忠等人授正四品的開府儀同三司。袁憲在危難關頭，挺身入宮護衛陳後主，這種為臣盡忠的行為大得文帝稱讚，下詔表彰，並授昌州（今湖北省棗陽市）刺史實職。周羅睺堅守長江上游，忠誠王事，受到文帝的親切接見，許以富貴，授上儀同三司。散騎常侍袁元友因直言勸諫陳後主，被擢授吏部主爵侍郎職務。相反，對於奸邪佞臣，文帝則予以嚴厲的處罰。隋軍攻克建康時，晉王廣和高熲處斬了張麗華及施文慶、沈客卿、陽慧朗、徐析、暨慧景等五佞，卻讓孔範、王瑳、王儀、沈瓘等蒙混漏網，到了長安，他們的劣跡被揭露，文帝即予公布，流放邊裔，以謝江南。賞忠黜邪是為了在隋朝鼓勵事主盡忠的風氣，故文帝頗為鄙視變節者。陳將任忠主動投降，還引導隋軍進入宮城，可謂是為隋立了大功，但文帝鄙其為人，特引古代弘演為衛懿公殉死的例子與之相比，對群臣說：「平陳之初，我悔不殺任蠻奴。受人榮祿，兼當重寄，不能橫屍徇國，乃云無所用力，與弘演納肝何其遠也！」[44] 陳晉熙王叔文亦是降將，到長安後還將投降經過寫成表文，邀功請賞。文帝雖然感到噁心，卻還是用他為宜州（今陝西省耀縣）刺史。超越個人好惡而表現出來的大度包容，明顯具有懷柔江南的用意。

陳朝一滅亡，文帝立即撤銷淮南道行省，命令晉王廣率師凱旋，而以少不更事的秦王俊代之，任揚州總管四十四州諸軍事，鎮廣陵。同時，調信州總管楊素任荊州總管，輔助秦王控制江南。可是，不到兩個月，文帝又調楊素回京擔任納言。這些布置表明，由於江南各地順利平定，文帝判斷軍事行動已經過去，今後將以懷柔為主，貫徹各項國家制度。就在廢淮南道行省的第二天，文帝下令：「制五百家為鄉，正一人；百家為里，長一人。」[45] 選擇這樣的時機頒布重組鄉村的政令，不能說沒有統一全國鄉村政權的意圖，其中自然包括江南。正是基於這種形勢判斷，四月二十九日，文帝發布詔書，宣告天下太平，闡述文治方針道：

> 今率土大同，含生遂性，太平之法，方可流行。凡我臣僚，澡身浴德，開通耳目，宜從茲始。……內外職位，遐邇黎人，家家自修，人人克念，使不軌不法，蕩然俱盡。兵可立威，不可不戢，刑可助化，不可專行。禁衛九重之餘，鎮守四方之外，戎旅軍器，皆宜停罷。代

44《資治通鑑》卷一百七十七「隋文帝開皇九年（五八九）四月」條。
45《隋書》卷二，〈高祖下〉。

（世）路既夷，群方無事，武力之子，俱可學文，人間甲仗，悉皆除毀。有功之臣，降情文藝，家門子姪，各守一經，令海內翕然，高山仰止。……官府從宦，丘園素士，心迹相表，寬弘為念，勿為跼促，乖我皇猷。[46]

這是一篇翹首等待了幾百年的太平文告，從此以後，化干戈為玉帛，共用清平時光。人們歡欣鼓舞，奔相走告，朝野內外，頌聲鵲起，皆請封禪，希望將此豐功偉績敬告天地，宣示神明。在一片歡呼聲中，文帝倒顯得相當冷靜，七月十五日，他下詔說：「豈可命一將軍，除一小國，遐邇注意，便謂太平。以薄德而封名山，用虛言而干上帝，非朕攸聞。而今以後，言及封禪，宜即禁絕」，[47]拒絕了封禪的請求。可是，封禪的請願並沒有就此停息，到了十一月，定州刺史豆盧通等人還在上表請封。這些請求並非虛情拍馬，當時，文帝的聲譽確實如日中天。就其本人而言，內心深處何嘗不想登封泰山，歌功頌德。這年底，他下詔修樂。禮云：「王者功成作樂」。十分明顯，文帝也陶醉在勝利之中，開始為太平盛世裝點打扮。

再平江南

開皇十年（五九〇）底，江南爆發了一場聲勢浩大的武裝反抗，把隋朝君臣從一廂情願的太平夢中喚醒。

偌大一個江南王朝，在一個多月的時間內就被擊潰，僅就軍事方面而言，靠的是隋軍突如其來的強有力進攻，一下子把陳軍給打懵了，而多路鉗型攻勢又迅速將其分割成數段，防禦體系瓦解。但是，陳朝賴以維持的社會基礎並沒有改變，散兵游勇和地方武裝仍潛伏於各地，在一般民眾社會中，對外來統治者的不理解以及由此自然產生的抵觸心理普遍存在。建康陷落後，地方上的零星反抗，已經表明把江南融入北方社會將是布滿荊棘與陷阱的道路。

江南最為富庶的吳州地區，在建康被攻破後，立即推蕭瓛為主，進行抵抗。蕭瓛從後梁奔陳，在吳州時間不長，能夠聚眾而起，主要在於地方勢力對北方統治的恐懼，故其登高一呼，遠近迅速回應，永新侯陳君範自晉陵郡（今江蘇省常州市）率部與之會合，對建康造成威脅。文帝得報，特地下詔給右衛大將軍宇文述，令他率大軍前往鎮壓，水陸並進，同時還將泛海入吳的燕榮部歸其指揮，以絕對的優勢迅速敉平反抗，生擒蕭瓛、蕭巖等，斬於長安。[48]

在內地，湘州刺史岳陽王叔慎及其僚佐刑牲結盟，「招合士眾，數日之中，兵至五千人。衡陽太守樊通、武州刺史鄔居業，皆請赴難。」[49]但最後寡不敵眾，被楊素派出的重兵所鎮壓。

這些反抗倏忽而起，遠近聞風響應，說明江南社會對隋朝統治頗有抵觸。只是當時陳朝土崩瓦解，士氣低落，新兵又不習戰陣，所以，很快就被遍布各地的隋軍所鎮壓。曇花一現的反抗，給隋朝造成陳人不堪一擊的印象，反而掩蓋了實質性的社會發展差異問題。

南北分治已久，從生活習俗到生產方式、制度文化都在各自發展過程中拉大差距，要把這樣

46《隋書》卷二，〈高祖下〉。
47《隋書》卷二，〈高祖下〉。
48 參閱《隋書》卷七十九〈外戚・蕭巋傳〉、卷六十一〈宇文述傳〉。
49《陳書》卷二十八，〈岳陽王叔慎傳〉。

兩個社會統一起來，必然會產生許多矛盾與衝突，需要周密計畫，謹慎行事，而且還需要寬容與耐心。可是，隋軍的迅速勝利，使得隋朝執政者把改造江南的任務想像得過於容易。他們把陳朝君臣帶回京城，供養起來，示以懷柔，算是給江南樹立榜樣。同時，把「江南士人，悉播遷入京師」，[50]境遇淒涼，以此除卻將來動亂的因素。在江南當地，則厲行北方制度，看不出對江南社會特點有所考慮，具有很大的強制性，這主要表現在以下幾個方面。

第一，大量改變原南朝行政區劃。在北方，隋朝早於開皇三年（五八三）實行了廢郡的地方行政制度改革。現在，全國統一了，文帝立即將此項改革在南方推行。開皇九年（五八九）正月二十九日，也就是攻克建康不到十天，文帝就派出第一批使者前往江南巡撫。監察御史房彥謙奉詔安撫括州（今浙江省麗水市東南）、泉州（今福建省福州市）等十州，[51]可知使者足跡幾乎遍及南方。肩負地方制度改革重任的有左領軍長史長孫熾，「持節，使於東南道三十六州，廢置州郡，巡省風俗。」[52]

根據北方實行的地方制度，南方的郡也基本予以廢除。同時，還廢省合併一些州和縣，有些區劃則予以調整改名，並增設一些州縣。[53]地方制度的改革固然必要，但是，操之過急，則對於在當地盤根錯節的門閥世族利益打擊太大，普通民眾一時也難以適應，更何況有些變動純粹是為了加強對江南的統治，例如將南朝古都蕩平還耕，以及揚州、南豫州、吳州等中心地帶行政建制的改變，都帶有十分濃厚的征服色彩，自然引起反感。

第二，基本撤換南方地方長官。平陳以後，原陳朝上層地方官員不是被押往北方，就是被廢黜於家，罕見留任，而代之以隋朝任命的官員。例如，韓洪、張奭和郭衍先後擔任蔣州（今江蘇省南京市）刺史；皇甫績和劉權任蘇州（今江蘇省蘇州市）刺史；楊异和宇文㢸任吳州總管；王世積任荊州總管；韋洸任江州總管；杜彥任洪州（今江西省南昌市）總管；侯莫陳穎和李圓通任饒州（今江西省波陽縣）刺史；席世雅和楊榮任宣州（今安徽省宣州市）刺史；楊初任常州（今江蘇省常州市）刺史；馬敬和劉景安任杭州（今浙江省杭州市）刺史；韋沖檢校括州事等等，這些官員無一例外的為北方人，這種局面直到隋煬帝時代才逐步有所改變。顯而易見，文帝對江南地方人事的安排也完全是征服式的。

第三，整頓鄉村，推行戶籍制度。上面，我推測平陳後立即公布推行的鄉正里長制，應該包括江南地區。而且，隋朝還試圖在江南實行北方的戶籍制度。平陳後派到江南巡撫的使者回京後，「奏言江表依內州責戶籍。上以江表初平，召戶部尚書張嬰，責以政急。」[54]鄉正為政府在鄉村的胥吏，檢括戶口則直接衝擊大量蔭占人口的世族社會，兩項措施都是為了將政府權力貫徹到農村，卻與江南世族社會的現狀相去甚遠，真正強制推行，勢必引起激烈的反抗。

第四，強制灌輸北方統治者的意識形態。文帝大力宣導孝治，並以儒家所謂「父義、母慈、

50《隋書》卷二十一，〈天文下〉。

51《隋書》卷六十六，〈房彥謙傳〉。

52《隋書》卷五十一，〈長孫覽附長孫熾傳〉。

53 平陳後南方地方行政區劃的變更，可參閱《隋書》卷三十一〈地理下〉，以及本書第五章。

54《北史》卷六十三，〈蘇綽附蘇威傳〉。根據這段記載，平陳後，蘇威遷尚書右僕射，持節巡撫江南，但《隋書．高祖紀》記其出使時間在開皇十五年（五九五），兩相抵觸。文帝遣使巡撫江南在正月，而蘇威任尚書右僕射在閏四月十七日，時間上頗有差距。而且，蘇威旋因母憂去職，後由文帝下詔奪情起復，綜合起來看，蘇威或未於開皇九年（五八九）初出使江南。然而，並不能因此而完全否定《北史》的上引記載，特別是記載中提到戶部尚書張嬰，查本書第八章第一節「民部尚書表」，可知開皇七年至十年在任的戶部尚書為張煚，故「張嬰」為「張煚」之訛，與史實相符，可證隋朝確曾在江南推行戶籍制度。

兄友、弟恭、子孝」[55]的五教來宣傳貫徹。這些綱常倫理並非泛泛空言，蘇威曾將五教具體化，責成地方官每年進行檢查處罰。[56]現在，蘇威又將這一套搬到江南，強制灌輸，令「無長幼悉使誦五教。威加以煩鄙之辭，百姓嗟怨」。[57]隋朝大力貫徹的儒家倫常不是要鞏固世家大族的統治，恰恰相反，是要導孝為忠，提高中央集權，削弱豪族勢力，與江南世族意識形態直接衝突。

隋朝在江南推行的，不僅是中央集權化統治，而且是具有濃厚征服色彩的高壓政治，企圖從根本上動搖世族壟斷鄉村的社會基礎，用北方農耕社會的模式來改造江南，謀求政治上的統一。但是，在推行這些政策的時候，確實存在無視江南社會特性與歷史背景的傾向。唐朝及其後的歷史學家都敏銳地指出：

> 江表自東晉已來，刑法疏緩，世族陵駕寒門；平陳之後，牧民者盡更變之。蘇威復作《五教》，使民無長幼悉誦之，士民嗟怨。[58]

操之過急的後果很快顯現了出來。開皇十年（五九〇）年底，看似平靜的江南，街頭巷尾人們相互探詢，聽說隋朝要將他們都遷徙到北方去。平陳後隋朝曾把江南士人都遷入關中，這似乎給眼下的傳言提供佐證，人們越發惶恐不安。就在這當口，婺州（今浙江省金華市）汪文進、越州（今浙江省紹興市）高智慧和蘇州沈玄懀等首先舉起反旗，於是，一場聲勢浩大的反抗運動爆發了。茲將其基本情況整理如表十。

表十　平陳後南方復起基本情況表

領導人	組織形態	活動區域	資料出處
汪文進	自稱天子，署置百官	婺州、宣州	《隋書》〈高祖下〉、〈楊素傳〉、〈來護兒傳〉、〈段達傳〉
高智慧	自稱天子，署置百官	越州、泉州、閩越	《隋書》〈高祖下〉、〈楊素傳〉、〈來護兒傳〉
沈玄懀	自稱天子，署置百官	蘇州一帶	《隋書》〈高祖下〉、〈楊素傳〉
朱莫問	自稱南徐州刺史	京口	《隋書》〈高祖下〉、〈楊素傳〉
鮑遷	自稱晉陵都督	晉陵	《隋書》〈高祖下〉、〈楊素傳〉
顧世興	自稱晉陵太守		
葉略		無錫	《隋書》〈高祖下〉、〈楊素傳〉
陸孟孫		松江	《隋書》〈高祖下〉、〈楊素傳〉
顧子元	響應高智慧	蘇州	《隋書》〈皇甫績傳〉
蔡道人	自稱大都督，屬汪文進	樂安縣	《隋書》〈高祖下〉、〈楊素傳〉
李稜	自稱大都督，屬高智慧	蔣山	《隋書》〈高祖下〉、〈麥鐵杖傳〉
沈雪		黟、歙	《隋書》〈高祖下〉、〈楊素傳〉
沈能			
吳世華	自稱大都督	饒州	《隋書》〈高祖下〉、〈張奫傳〉

55 引文見《左傳．文公》十八年條。《尚書．舜典》說：「汝作司徒，敬敷五教」。

56 《隋書》卷六十六，〈郎茂傳〉記載：「時尚書右僕射蘇威立條章，每歲責民間五品不遜。」

57 《北史》卷六十三，〈蘇綽附蘇威傳〉。

58 《資治通鑒》卷一百七十七「隋文帝開皇十年（五九〇）十一月」條。司馬光的這段話，基本抄自《北史》卷六十三〈蘇綽附蘇威傳〉而略有訂正刪減，代表了唐代以來歷史學家對江南反叛原因的見解。

領導人	組織形態	活動區域	資料出處
沈孝徹	自稱大都督	溫州	《隋書》〈高祖下〉、〈楊素傳〉
楊寶英	自稱大都督	杭州	《隋書》〈高祖下〉
陶子定		東陽	《隋書》〈韋沖傳〉
羅慧方		吳州	《隋書》〈韋沖傳〉
陳正緒		三吳地區	《隋書》〈陸知命傳〉
蕭思行			
王國慶	自稱大都督	泉州	《隋書》〈高祖下〉、〈楊素傳〉
盛道延		泉州	《隋書》〈來護兒傳〉
李　春	自稱大都督	交州	《隋書》〈高祖下〉
王仲宣	番禺夷	番禺	《隋書》〈韋洸傳〉
徐　璒		江南（饒州？）	《隋書》〈柳莊傳〉

這場反叛席捲南方，他們「攻陷州縣。陳之故境，大抵皆反，大者有眾數萬，小者數千，共相影響，執縣令，或抽其腸，或臠其肉食之，曰：『更能使儂誦《五教》邪！』」[59]表中列舉的只是較有勢力與影響而能見諸史冊者。其中，最主要的有汪文進、高智慧和沈玄懀三支，他們都自稱天子，署置百官，而實力較小者則依附於他們，自稱大都督等，尤其痛恨隋朝派來的地方官吏和強制灌輸的《五教》。據此看來，他們起兵的目的不是要復辟陳朝。陳朝在江南之不得人心，在韓擒虎渡江時「江南父老素聞其威信，來謁軍門，晝夜不絕」[60]的情況，得到充分的表現。所以，如此眾多民眾參加的反抗，不能視為對國家統一的反動，而是對隋朝統治的不滿。

叛軍首領的個人情況基本上已經無從考索，僅能知道其一鱗半甲，如「高智慧、汪文進等作亂江南，盧江豪傑亦舉兵相應」[61]，「泉州人王國慶，南安豪族也，殺刺史劉弘，據州為亂，諸亡賊皆歸之」，[62]由此推測他們大多為鄉村豪族，當可成立。反叛被鎮壓之後，楊素家「有鮑亨者，善屬文，殷胄者，工草隸，並江南士人，因高智慧沒為家奴」，[63]可為佐證。正因為如此，所以他們具有很大的在鄉勢力和號召力，能夠呼嘯而起，得到廣泛支援。就以高智慧為例，其黨徒「往往屯聚，保投溪洞」，[64]史萬歲鎮壓高智慧時，「率眾二千，自東陽別道而進，踰嶺越海，攻陷溪洞不可勝數，前後七百餘戰，轉鬥千餘里」，[65]由此不難看出，高智慧集團的基礎是遍布各地的村落塢堡之類組織，故史萬歲僅二千軍眾就能長驅深入，但每前進一步，都要經過戰鬥。這場遍及南方的反抗，基本上屬於豪族領導的反對隋朝統治的鬥爭，目的在於維持南方既有的生產生活方式與社會組織形態，其背後是世族政治與中央集權政治、地主經濟模式與國家壟斷經濟模式之間的鬥爭。

江南如此大規模的反抗，確實是文帝始料未及。消息傳來，他冷靜地判斷形勢，絲毫不敢疏忽大意。十一月，他作出一個正確的決斷，派遣剛回京升任內史令的楊素率大軍出征。楊素是隋朝最具謀略也最為冷酷的軍事家，治軍極嚴，賞罰分明，每逢戰陣，令士兵出擊，不能克敵而退

59《資治通鑑》卷一百七十七「隋文帝開皇十年（五九〇）十一月」條。
60《隋書》卷五十二，〈韓擒虎傳〉。
61《隋書》卷六十四，〈陳稜傳〉。
62《隋書》卷四十八，〈楊素傳〉。
63《隋書》卷四十八，〈楊素傳〉。
64《隋書》卷五十五，〈杜彥傳〉。
65《隋書》卷五十三，〈史萬歲傳〉。

還者盡加殺戮，故戰無不勝。派遣楊素前往江南鎮壓，並為他配屬崔弘度、史萬歲、來護兒等驍將，表明文帝對江南亂事的高度重視，決意以迅雷不及掩耳之勢，迅速予以撲滅，不使蔓延成勢。

楊素率水軍出楊子津，克京口，破晉陵，發動強大的攻勢。剛開始，戰事進展比較順利，經過幾場苦戰，擊潰大股叛軍的抵抗，扭轉了江南的局勢。但是，如表十所見，南方反叛的區域很廣，回應者眾多，所以，楊素的軍隊不久就像進入泥潭一般，必須與敵軍逐個溪洞進行爭奪，他親自率領的部隊在擊破溫州沈孝徹後，挺進天臺，「逐捕遺逸寇，前後百餘戰」；[66] 上述其部將史萬歲亦是「前後七百餘戰，轉鬥千餘里」，艱難地向南推進。

在江浙地區，隋軍固然取得進展。但是，南方的情況卻相當糟糕。泉州王國慶圍攻泉州百餘日，殺刺史劉弘，占領州城。番禺夷人王仲宣聚眾造反，嶺南首領多響應之，遂引兵進攻廣州，廣州總管韋洸勒兵出戰，為流矢所中，戰死軍中。

顯然，一味進行軍事鎮壓，並非長遠良策。文帝又作出了一項具有戰略意義的決定，任命并州總管晉王廣率師增援江南，仍任揚州總管，調秦王俊回任并州總管。

晉王廣曾是平陳統帥，又娶後梁公主為妃，與江南關係頗深。由於這些緣故，晉王廣喜愛江南文化，在隋朝中央，他對江南最有感情。派他回到江南，表明文帝在這期間對其江南政策有所反思，並開始進行戰略性調整。亦即注意統治江南的策略，修正以往的高壓政策，採取一些懷柔手段。

這種政策性的修正，可以從具體的事例反映出來。晉王廣到達江都之後，雙管齊下，一方面加強軍事進攻，命令列軍總管郭衍率精兵萬人屯京口，與叛軍接戰，大破之，乘勝進「討東陽、永嘉、宣城、黟、歙諸洞，盡平之。」[67] 另一方面則招降納叛，進行招安。陸知命是吳郡富春人，陳滅後，廢黜在家，「晉王廣鎮江都，以其三吳之望，召令諷諭反者。知命說下賊十七城，得其渠帥陳正緒、蕭思行等三百餘人。」[68]

江南的這場戰爭究竟持續了多長時間，史無明文，只知道戰爭進行到一半時，文帝因為楊素「久勞於外，詔令馳傳入朝」，[69]厚加賞賜，下詔予以表彰，鼓勵他再接再厲，徹底消滅殘餘的反叛勢力。以後，楊素再度出征，由海路入泉州，大破王國慶，誘其捕斬高智慧，這才大致平息江南的反叛。楊素也因功取代蘇威，升任尚書右僕射。蘇威被免職，在開皇十二年（五九二）七月，楊素繼任則在同年十二月。由此推測，江南的反抗大約堅持到這年年中，亦即至少持續了一年半。[70]佛教文獻記載：「開皇十一年，江南叛反，王師臨弔，乃拒官軍，羽檄競馳，兵聲逾盛。時元帥楊素整陣南驅，尋便瓦散，俘虜誅剪三十餘萬」，[71]證明戰事在開皇十一年（五九一）仍在進行，而決非如文獻記載的那樣，似乎在開皇十年（我九〇）底就被鎮壓下去。[72]

當時，江南人口約為六十萬戶，竟有三十餘萬人參加這場反抗，不難想像當年戰事之慘烈。南方社會如此廣泛參加的反隋鬥爭，不可能完全被軍事力量所鎮壓。實際上，楊素回京後，南方

66《隋書》卷四十八，〈楊素傳〉。
67《隋書》卷六十一，〈郭衍傳〉。
68《隋書》卷六十六，〈陸知命傳〉。
69《隋書》卷四十八，〈楊素傳〉。
70 以上參閱：氣賀澤保規，〈論隋代江南的異動〉，《鷹陵史學》，第二號，一九七六年。
71《續高僧傳》卷三十，〈隋杭州靈隱山天竺寺釋真觀傳〉。
72《隋書》卷二〈高祖下〉和〈資治通鑑〉卷一百七十七「隋文帝開皇十年（五九〇）」均將平叛戰事記於開皇十年底，似乎十一月爆發的江南反叛在翌月就被輕而易舉地鎮壓了。

的反抗鬥爭仍時起時伏地進行著。開皇十二年（五九二），劉權被任命為蘇州刺史，「于時江南初平，物情尚擾，權撫以恩信，甚得民和」；[73] 韋沖受命檢校括州事時，還遇上陶子定和羅慧方聚眾圍攻婺州永康、烏程諸縣，被他率部鎮壓下去。[74] 所以，楊素回京僅僅表明大規模的軍事鎮壓告一段落。此後，江南大局由晉王廣主持，綏撫政策占了上風。嶺南的事例典型地反映出文帝態度上的變化。

陳朝一滅亡，文帝立即命令韋洸進軍西南。其時，嶺南數郡共尊洗夫人為「聖母」，保境拒守，而陳豫章（今江西省南昌市）太守徐璒也退據南康（今江西省贛州市），阻斷韋洸進路。後來，晉王廣令陳後主致書洗夫人，使之歸隋，韋洸得以進入廣州，說諭嶺南，諸州皆定。一年後，番禺夷王仲宣起兵，殺總管韋洸。其造反的主要原因在於隋朝的高壓政策。後來隋朝改變策略，夷、越溪洞渠帥前後對比道：「前時總管皆以兵威相脅，今者乃以手教相諭，我輩其可違乎？」[75] 即可證明這一點。

王仲宣造反，嶺南首領多起而回應。但洗夫人卻支持隋朝，她派遣其孫馮暄率兵增援廣州，但馮暄與叛軍通氣，故意逗留不前，洗夫人聞訊大怒，派人將馮暄抓起來，改派另一位孫子馮盎統軍出擊，與文帝派來增援的裴矩會師，共同討平王仲宣。洗夫人披甲騎馬，護衛裴矩巡撫諸州，蒼梧（今廣西省梧州市）首領陳坦、岡州（今廣東省新會市北）馮岑翁、梁化（今廣西省鹿寨縣）鄧馬頭、藤州（今廣西省藤縣東北）李光略、羅州（今廣東省化州市）龐靖等都前來參謁。值得注意的是文帝授權裴矩便宜行事，使他能「承制署其渠帥為刺史、縣令。及還報，上大悅，命升殿勞苦之」。[76] 由於裴矩讓當地首領「還令統其部落」，故「嶺表遂定」。而且，文帝還因為洗夫人擁隋立功，冊封她為譙國夫人，得以「開譙國夫人幕府，置長史以下官屬，給印章，聽發部落六州兵馬，若有機急，便宜行事」，[77]同時，還封其孫馮盎為高州（今廣東省陽江市西）刺史，赦免馮暄，任羅州刺史。任用當地人，甚至允許地方署置官員，這與隋朝人事任免權盡歸中央的基本原則大相徑庭，是文帝專門針對南方社會而採取的特殊政策。

顯然，席捲南方的反抗運動使文帝深刻認識到南北社會的巨大差異，開始承認江南社會的特點，在維護國家統一和政治服從的前提下，適當作出讓步，允許南方地區在一定程度上保持其原有的生產生活方式，甚至組織形式，容忍多樣性社會的存在。由於貫徹懷柔政策，文帝還約束和制裁中央派往南方官吏的不法行為。番州（廣州）總管趙訥為官貪虐，致使俚、獠多有亡叛。洗夫人專門派遣長史給文帝上封事，論安撫之道，列數趙訥罪狀。文帝得報，法辦趙訥，並下敕委託洗夫人招慰亡叛。

文帝對南方的懷柔並非權宜之計，終文帝之世均可看到他對南方吏治與懷柔的高度重視，以下幾個事例足以說明這一點。

乞伏慧、令狐熙和侯莫陳穎都是文帝激賞的清官，他們先後被派往南方任職。乞伏慧任荊州總管，「又領潭、桂二州總管三十一州諸軍事。其俗輕剽，慧躬行樸素以矯之，風化大洽。……百

73《隋書》卷六十三，〈劉權傳〉。
74《隋書》卷四十七，〈韋世康附韋沖傳〉。據岑仲勉《隋書求是》第二四〇頁考證，韋沖任括州刺史在開皇十二年以後。
75《隋書》卷五十六，〈令狐熙傳〉。
76《隋書》卷六十七，〈裴矩傳〉。
77《隋書》卷八十，〈列女・譙國夫人傳〉。

姓美之」。[78]開皇十六年（五九六），文帝「以嶺南夷、越數為反亂」，特派令狐熙為桂州總管十七州諸軍事，「許以便宜從事，刺史以下官得承制補授。……熙至部，大弘恩信」，[79]當地溪洞渠帥相率歸附，以前不敢赴任的州縣長吏終於能夠走馬上任，政府權力得以貫徹。令狐熙還在各地建設城邑，開設學校，大闡文教，深得華夷各族愛戴。仁壽年間，朝廷發現「嶺南刺史、縣令多貪鄙，蠻夷怨叛」，決定認真選拔清官前往治理，邢州（今河北省邢臺市）刺史侯莫陳穎考績為山東第一，因此成為最佳人選，應召入朝，文帝專門接見他，交談考察後，任命他為桂州總管十七州諸軍事。侯莫陳穎到任後，果然不負重托，「大崇恩信，民夷悅服，溪洞生越多來歸附」。[80]

煬帝時代，文帝的懷柔政策得到繼承並有發展，江南的地位大有提高。在懷柔政策下，江南社會的特質在相當程度得到保存，隋朝在北方實行的政策制度，例如與江南社會生產方式相去甚遠的均田制等，看不到有在南方實施的跡象與證據。江南的這場反抗及其對隋朝江南政策轉變的影響，使我們在隋朝嚴厲的集權統治體制中，首次看到對異質社會的寬容。形成這種結果，從客觀上說，是江南反抗運動的深厚社會基礎，而從主觀上說，是文帝在平陳後威望隆重以及由此而來的政治自信。他表現出令人意外的耐心，務實地把南北兩種社會的磨合作為長期任務，逐步加以解決。

邁向世界

「中國統一了。」人們奔相走告，迅速把消息帶往四面八方，傳向世界。為此而激動的遠遠不只是中國人，整個世界都在關注並打量著這一事件。當這位巨人重新站立起來，世界的面貌就因此而改變，以往建立在中國內部分裂基礎上的國家、民族間關係秩序與勢力平衡被徹底打破，從今以後，隋朝的每一個動向，都會對周邊世界產生巨大影響。遠在南方的林邑國（在今越南中南部）聽說隋朝平陳，立即派遣使者進獻方物，[81]就是很好的說明。

平陳帶來的衝擊，對於隋朝的敵人或潛在的對手更加猛烈。

西北地方的吐谷渾自隋建立以來，屢屢進犯，雖然經過開皇初期幾次軍事較量而遭受重創，但仍蠢蠢欲動，伺機侵擾。陳朝滅亡的消息傳來，年邁的國王呂夸不由得大驚失色，唯恐隋朝前來報復，忙率部遠遁，據山保險，再也不敢寇邊。

開皇十一年（五九一），呂夸在憂懼中死去，其子伏繼立。伏急於打開與隋的關係，以改善窘迫的處境，派遣姪子無素奉表稱藩，請獻美女充實後宮。文帝一眼看穿伏的心思，對滕王瓚說：「此非至誠，但急計耳。」[82]婉言加以拒絕。開皇十六年（五九六），突厥與隋朝的關係以及其內部勢力平衡發生微妙變化，隋朝有必要鞏固同吐谷渾的關係以牽制突厥，穩定西北邊疆，遂將光化公主嫁與伏。然而，次年，吐谷渾發生內亂，國人殺伏，立其弟伏允為王，遣使入朝，謝專擅之罪，請求依俗尚公主，文帝同意所請。這樣，從平陳以後，吐谷渾每年朝貢，西北獲得安寧。

78《隋書》卷五十五，〈乞伏慧傳〉。
79《隋書》卷五十六，〈令狐熙傳〉，其任職時間據《金石萃編》卷五十六，〈令狐熙碑〉。
80《隋書》卷五十五，〈侯莫陳穎傳〉。
81《隋書》卷八十二，〈南蠻・林邑傳〉。
82《隋書》卷八十三，〈西域・吐谷渾傳〉。

需要注意的是，吐谷渾使者入朝，「常訪國家消息，上甚惡之」。[83]由此可知，透過隋朝與吐谷渾的友好景象，其背後起穩定作用的是實力的關係，是因平陳而確立的國勢強盛。文帝充分認識到這一點，並巧妙加以運用，大大增強了隋朝在東方世界的中心地位。

平陳時，隋軍繳獲陳後主宮內珍寶無數，文帝特地挑選出一具屏風，派人送給突厥大義公主。大義公主當年窮鳥投人，改作楊姓，內心實不甘願。文帝送屏風，無非是向突厥炫耀武功，令其勿起異心。可是，大義公主睹物傷情，聯想起北周覆滅的往事，一腔幽怨，化作詩篇，恨恨地寫在屏風上：

盛衰等朝暮，世道若浮萍。
榮華實難守，池台終自平。
富貴今何在？空事寫丹青。
杯酒恒無樂，弦歌詎有聲！
余本皇家子，飄流入虜廷。
一朝睹成敗，懷抱忽縱橫。
古來共如此，非我獨申名。
唯有明君曲，偏傷遠嫁情。

其時，突厥和隋的關係正在發生微妙的變化。都藍可汗看似懦弱，實際上完全不是那麼回事。他不但勇敢善戰，而且很有心計。上臺後，他每年遣使朝貢，顯得對隋朝忠心耿耿，贏得隋朝的大力支持，逐步向西拓展。開皇十年（五九〇），都藍的勢力已經深入到天山，攻破高昌國四城，有兩千多名不願屈服的高昌國人歸附隋朝；爾後，又逼迫高昌改依突厥習俗，淪為其附庸。[84]都藍西征取得進展，高興地將戰利品于闐玉杖派人送給文帝。眼看都藍的勢力日益坐大，文帝不由地警惕起來，把繳獲的陳後主屏風送給大義公主，不無試探突厥態度的含義。結果，大義公主在屏風上題詩抒懷，流露出對隋朝的不滿，證實了文帝的懷疑。

都藍隨著勢力增大，內心隱藏的背離隋朝念頭逐漸顯現。開皇十一年（五九一），[85]有一個名叫楊欽的隋朝人流亡到突厥，神祕兮兮地告訴都藍說，彭國公劉昶和宇文氏合謀造反，派他前來通知大義公主，屆時請突厥發兵回應。都藍信以為真，便對隋朝擺起架子。大義公主接見隋使長孫晟時，更是出言不遜，還派遣與其有染的胡人安遂迦找楊欽計議，盡力誘煽都藍。其實，文帝派遣長孫晟出使突厥，就是專門來觀察其內情與動向，所以，都藍和大義公主的一舉一動，早就被長孫晟所偵知，報告給文帝。

劉昶是北周駙馬，位望俱隆，且與隋文帝舊交，故在隋朝也吃得開，官至左武衛大將軍、慶州（今甘肅省慶陽縣）總管。可是，此時的他已是耆耄之人，在家由兒子供養，說他圖謀造反，確實有點不可思議。事件的真相已經無從知道，只曉得他有一個被寵壞的兒子，叫作劉居士，自恃門第，與一幫公卿子弟成日在長安為非作歹。後來，有人告發劉居士糾集黨羽共游長安故城，

83《隋書》卷八十三〈西域・吐谷渾傳〉。

84《隋書》卷八十三〈西域・高昌傳〉。

85《隋書》卷五十一〈長孫覽附長孫晟傳〉記載此事於開皇十三年（五九三），但據同書〈突厥傳〉記載，此事與都藍遣其弟褥但特勤獻於闐玉杖同年。據同書〈高祖下〉記載，開皇十一年四月「突厥雍虞閭可汗遣其特勤來朝」，則〈長孫晟傳〉敘事時間有所混淆，楊欽事件時間當依〈高祖紀〉。

自己爬上未央殿故基，南面而坐，列徒黨於兩側，大有稱孤道寡的味道；還有人進一步揭發他曾遣使招引突厥南下，準備在京城充當內應等等。豪門惡少胡作非為，做什麼壞事都有可能。文帝把劉居士抓起來，本不想重辦，故派人將劉昶召來，問道：「今日之事，當復如何？」沒想到劉昶自恃與文帝故交，不但不謝罪求饒，反而頂撞道：「黑白在于至尊。」惹得文帝勃然大怒，將劉昶父子賜死。[86]據《隋書．高祖紀》記載，劉昶賜死於開皇十七年（五九七）三月，距離上述劉昶暗通突厥事件整整過了六年，而且，劉昶敢於頂撞文帝，亦從側面說明他心中無鬼。因此，所謂劉昶勾結都藍謀反事件，不能不叫人滿腹疑團，至少可推測是有人利用劉昶為北周駙馬的特殊身分在做文章。

且不管劉昶事件的真相如何，總之，文帝確認都藍有異心，而都藍也在暗作準備。從突厥內部傳來消息說，大義公主正在與西面突厥泥利可汗聯結，文帝深憂其串通生變，決意除去主謀大義公主，破壞其陰謀。開皇十三年（五九三），他派遣長孫晟赴突厥，索要楊欽，都藍推託說：「檢校客內，無此色人。」誰知長孫晟早已買通突厥達官，乘夜捕獲楊欽，出示都藍。同時，當眾揭露大義公主和胡人安遂迦私通的醜聞，說得突厥國人滿面通紅，深以為恥。文帝還擔心都藍不肯殺大義公主，特地挑選四位嬌滴滴的美妓，派牛弘攜往突厥，送給都藍。這四位美妓一進入帳篷，頓時四壁生輝，都藍喜不自禁，手舞足蹈起來，回首大義公主，已是人老珠黃，哪裡還記得她作為軍師的重要作用。恰在此時期，突厥北方的突利可汗向隋求婚，文帝開出條件，讓裴矩對其使者說：「當殺大義主者，方許婚。」於是，突利也趕來勸說都藍，多管齊下，引得都藍一時性起，殺大義公主於帳內，為隋朝除去心腹之患。[87]

殺了大義公主之後，都藍遣使入朝進貢，一方面修補關係，另一方面則請求再續和親。此時，文帝已經不再信任都藍，並且已在邊境作好防禦準備，先後任命老將賀若誼為靈州總管，[88]調平陳功臣杜彥擔任雲州總管。杜彥到任後，「突厥來寇，彥輒擒斬之，北夷畏憚，胡馬不敢至塞」，[89]可知這時邊境已不太安寧。在此情況下，文帝當然不會同意都藍所請。朝議時，長孫晟出謀劃策道：

> 臣觀雍閭，反覆無信，特共玷厥有隙，所以依倚國家。縱與為婚，終當必叛。今若得尚公主，承藉威靈，玷厥、染干必又受其徵發。強而更反，後恐難圖。且染干者，處羅侯之子也，素有誠款，于今兩代。臣前與相見，亦乞通婚，不如許之，招令南徙，兵少力弱，易可撫馴，使敵雍閭，以為邊捍。[90]

長孫晟話語透露，都藍（雍閭）在隋朝支持下，已經取得對西部突厥達頭（玷厥）和北部突厥突利（染干）的優勢。而隋朝也已經預見到都藍將來強而更反的前景，根據扶弱抑強的基本原則，隋朝準備以和親公主為工具，在都藍和達頭這兩位強大而相互敵對的人物以外，培育新的親隋勢力。長孫晟建議扶持弱小的突利，令其南遷以逐步取代都藍，在隋朝北邊建立緩衝地帶，抵禦草原敵對勢力南下侵擾。這一建議符合保障以隋朝為中心的周邊地帶安寧的國家利益，馬上被

86《隋書》卷八十，〈列女．劉昶女傳〉。
87《隋書》卷五十一〈長孫覽附長孫晟傳〉；卷八十四〈北狄．突厥傳〉。
88《金石萃編》卷三十九〈賀若誼碑〉記載：「十二年，除靈州總管、靈州刺史」，可補正《隋書》卷三十九本傳記載。
89《隋書》卷五十五，〈杜彥傳〉。查同書〈高祖下〉開皇十三年記載，可知雲州總管賀婁子幹卒於該年七月，而杜彥繼任於九月。
90《隋書》卷五十一，〈長孫覽附長孫晟傳〉。

文帝所採納，並讓長孫晟答應突利的求親。

然而，這門親事還要再等幾年才實現。換言之，隋朝並不急於遣嫁公主，而是想利用各方都來求親，待價而沽，進一步加深突厥內部矛盾，靜觀其變。

在此期間，隋朝一方面積極培養突利勢力，加強文化輸出。突利為迎娶公主，前後遣使入朝三百七十餘人次，隋朝將這些使者安置於太常，教習六禮，[91]通過文化傳播，增強親近感，力圖達到「以夏變夷」的目的。另一方面則在突厥內戰中持中立態度。都藍失去隋朝支持，攻勢頓挫，與達頭之間的戰事轉為拉鋸狀態，雙方都遣使向文帝控訴，請求支持。文帝並不偏袒那一方，只是派遣工部尚書長孫平持節到突厥調停，勸其各自罷兵。都藍為了感謝隋朝的調停，送給長孫平馬二百匹。從主動西征到請求隋朝調停，可知都藍處境日趨窘促，正在走向衰亡。

以上事例表明，平陳以後，隋朝的地位大大提高，左右著周邊局勢的發展變化。站在這樣一個中心地位上，隋朝積極擴大對外交往，排除敵對勢力，致力於營造並規範由其主導的東亞世界。

陳朝曾經是牽制隋朝的關鍵，因其存在，隋朝便有後顧之憂，在這種相互牽制的世界格局中，如第六章所述，隨著隋朝日益強大，朝鮮北部的高句麗也就逐漸與隋疏遠，轉而密切同陳朝的關係。在陳朝遭到隋軍大舉進攻的時候，滯留於江南的朝鮮人自然而然地站到陳朝一邊。陳都官尚書曾在建康募兵抵抗，軍士無一回應，「唯負販輕薄多從之，高麗、百濟、崑崙諸夷並受督」，[92]從而拼湊起一支雜牌軍，投入與隋軍的決戰。這些高句麗人的行動，從一個方面表明了其國家支持陳朝的立場。所以，平陳之後，高句麗國王「湯大懼，治兵積穀，為守拒之策」。[93]

百濟對隋朝平陳的態度和高句麗頗不相同。當時，有一艘隋朝的戰船飄流到百濟，百濟威德王昌抓住機會，資送甚厚，並遣使奉表入賀平陳。文帝大喜，下詔給百濟使者，褒獎道：

百濟王既聞平陳，遠令奉表，往復至難，若逢風浪，便致傷損。百濟王心迹淳至，朕已委知。相去雖遠，事同言面，何必數遣使來相體悉。自今以後，不須年別入貢，朕亦不遣使往，王宜知之。

從文帝婉轉拒絕百濟每年朝貢來看，雙方另有重要交涉。在朝鮮半島，百濟與高句麗世代為仇，屢相攻伐。但其軍力不及高句麗，故經常處於守勢，勉力支撐。為此，百濟屢次遣使到中國來控訴高句麗，揭露其稱霸東亞的野心，希望獲得支持。開皇末，百濟王還遣使請求充當嚮導，共同討伐高句麗。高句麗對其敵手與隋朝的交往當然十分警惕，經常派兵阻斷水陸通道。這又給隋朝同高句麗的矛盾加入東亞的因素。只是文帝對百濟的真誠尚懷疑慮，況且百濟與剛剛滅亡的陳朝關係很深，所以，他不願意對百濟承諾些什麼，還想對其進行考察。但是，平陳以後內外形勢的發展，都使得文帝必須正面處理東北亞政治關係。

開皇十年（五九〇），[94]文帝給高句麗平原王湯送去措辭強烈的璽書：

91 《隋書》卷八十四，〈北狄．突厥傳〉。

92 《南史》卷七十七，〈恩倖．孔範傳〉。

93 《隋書》卷八十一，〈東夷．高麗傳〉。

94 《隋書》卷八十一〈東夷．高麗傳〉將此璽書的時間記為「（開皇）十七年」，緊接著記載「湯得書惶恐，將奉表陳謝，會病卒。」同書〈高祖下〉開皇十年（五九〇）七月記載：「高麗遼東郡公高陽卒」，可知平原王卒於此年，則文帝給其璽書也必須在這一年。韓國《三國史記》卷十九明載平原王死於開皇十年十月，且將文帝賜璽書事系於該年，顯然是正確的。由此推測，《隋書．高麗傳》的「十七年」，或為「十年七月」之脫落誤記。亦即文帝七月發璽書，平原王十月病死。

朕受天命，愛育率土，委王海隅，宣揚朝化，欲使圓首方足各遂其心。王每遣使人，歲常朝貢，雖稱藩附，誠節未盡。王既人臣，須同朕德，而乃驅逼靺鞨，固禁契丹。諸藩頓顙，為我臣妾，忿善人之慕義，何毒害之情深乎？太府工人，其數不少，王必須之，自可聞奏。昔年潛行財貨，利動小人，私將弩手逃竄下國。豈非修理兵器，意欲不臧，恐有外聞，故為盜竊？時命使者，撫慰王藩，本欲問彼人情，教彼政術。王乃坐之空館，嚴加防守，使其閉目塞耳，永無聞見。有何陰惡，弗欲人知，禁制官司，畏其訪察？又數遣馬騎，殺害邊人，屢騁姦謀，動作邪說，心在不賓。

朕與蒼生悉如赤子，賜王土宇，授王官爵，深恩殊澤，彰著遐邇。王專懷不信，恒自猜疑，常遣使人密覘消息，純臣之義豈若是也？蓋當由朕訓導不明，王之愆違，一已寬恕，今日以後，必須改革。守藩臣之節，奉朝正之典，自化爾藩，勿忤他國，則長享富貴，實稱朕心。……

這道近乎檄文的璽書列舉了高句麗的種種罪狀，主要有侵擾邊疆、整軍備戰和恃強淩弱、阻止周邊民族或國家與隋朝交往等，這些行為明顯與隋朝為敵，頗有稱雄東北亞之勢，是隋朝斷難容忍的。所以，文帝進行一番聲討後，要高句麗改過自新，其基本要求在於不得欺壓鄰國和對隋嚴守藩臣禮節兩點。也就是要高句麗服從以隋為中心的天下秩序。

在璽書中，文帝巧妙地隻字不提領土問題。實際上，當時和高句麗之間解不開的結是兩晉時代高句麗占領的遼東領土，這一地帶不收復，則隋朝連恢復漢代疆域都做不到，還談什麼天下秩序？可是，如果抓住領土問題不放，則與高句麗的矛盾便成為兩國之間的問題，等於承認高句麗為對等國家，自降身分。所以，文帝用「委王海隅，宣揚朝化」、「賜王土宇，授王官爵」兩句話，把高句麗描述為中國的封疆大吏，則高句麗現有的土地自然屬於中國，而且，隋朝還具有以天子討逆臣、救鄰國於水火的大義名分。此後，文帝以威脅的口吻說道：

> 往者陳叔寶代在江陰，殘害人庶，驚動我烽候，抄掠我邊境。朕前後誡敕，經歷十年，彼則恃長江之外，聚一隅之眾，惛狂驕傲，不從朕言。故命將出師，除彼凶逆，來往不盈旬月，兵騎不過數千。歷代逋寇，一朝清蕩，遐邇乂安，人神胥悅。聞王嘆恨，獨致悲傷，黜陟幽明，有司是職，罪王不為陳滅，賞王不為陳存，樂禍好亂，何為爾也？王謂遼水之廣何如長江？高麗之人多少陳國？朕若不存含育，責王前愆，命一將軍，何待多力！慇懃曉示，許王自新耳。宜得朕懷，自求多福。

璽書猶如最後通牒，讀得高句麗平原王膽戰心驚。文帝決非虛聲恫嚇，他代表著隋朝的輿論主流，迫使平原王不能不認真考慮隋朝乘平陳之勢大舉進軍遼東的後果。

南方統一後，許多人都把注意力轉向了高句麗。陸知命曾向文帝請求出使高句麗，上表奏道：「陛下當百代之末，膺千載之期，四海廓清，三邊底定，唯高麗小豎，狼顧燕垂。王度含弘，每懷遵養者，良由惡殺好生，欲諭之以德也。臣請以一節，宣示皇風，使彼君臣面縛闕下。」[95] 陸知命的話確實道出了隋朝的外交形勢和國內民情。而且，隨著四面捷報頻傳，要求討

95《隋書》卷六十六，〈陸知命傳〉。

伐高句麗的呼聲還在不斷高漲，「開皇之末，國家殷盛，朝野皆以遼東為意」。[96]因此，我們不能簡單地將隋朝以至後來的唐朝堅持征討高句麗，視作由皇帝好大喜功之類個人意志所決定的，而是具有相當的社會基礎。

平原王愈想愈怕，急火攻心，旋即死去。其子嬰陽王元繼位，派人向隋告哀，文帝照例遣使冊封嬰陽王為上開府儀同三司，襲爵遼東郡公。嬰陽王趕忙恢復朝貢，於開皇十一年（五九一）正月遣使朝賀，奉表謝恩，採取措施緩和與隋朝的緊張關係。此後，在開皇十二年（五九二）及開皇十七年（五九七）都遣使朝貢，[97]雙方關係表面上趨於正常。然而，要高句麗退出遼東是不可能的，而要隋朝承認現狀同樣辦不到，只要梗在雙方之間的領土問題不解決，其他問題都無從談起。因此，雙方的交往無非是緩兵之計。但是，文帝畢竟逼使高句麗低頭，在東北亞取得優勢地位。

這時期，文帝登上了其政治生涯的頂峰，他開始感到內心的滿足，並將目光投向顯示太平盛世的文化事業。

96《隋書》卷七十五，〈儒林．劉炫傳〉。
97《三國史記》卷二十，〈高句麗本紀．嬰陽王〉。

第十章　偃武修文

寓兵於民

開皇九年（五八九），農曆屬雞，經過猴年天翻地覆的大變化，迎來了雞年的歡樂祥和。新年的鐘聲還在京城繚繞迴響，前方就傳來了平陳的捷報，給文帝的本命年獻上一道厚禮，光是完成統一這件事，就足以讓他名垂青史，更何況在不到十年之間，隋朝臣服了突厥、吐谷渾等強敵，招來靺鞨、契丹歸順，還在社會生活的許多方面創規立制，管理得井井有條，把一個外受強敵欺淩，內部軍勳豪族跋扈、政令難以貫徹的國家帶上統一強大的道路。

回首建隋以來的歷程，一切都按照他的計畫進行，真可謂心想事成。因此，他完全有理由相信，今年的巨大成就預示著在他領導下，又將迎來另一個嶄新的紀元，武功已盛，文治再臻，天下大洽，他將屹立於歷史的淩霄絕頂。

陳朝一滅亡，文帝旋即發表和平詔告，宣布：「代路既夷，群方無事，武力之子，俱可學文，人間甲杖，悉皆除毀」，[1] 表明他已經決定，適時地將國家的中心任務由軍事領域轉移到文化

1 《隋書》卷二，〈高祖下〉。

建設上。這一莊嚴的宣告很快就變成具體的行動。開皇十年（五九〇）五月九日，文帝下詔：

> 魏末喪亂，宇縣瓜分，役軍歲動，未遑休息。兵士軍人，權置坊府，南征北伐，居處無定，家無完堵，地罕苞桑，恒為流寓之人，竟無鄉里之號，朕甚愍之。凡是軍人，可悉屬州縣，墾田籍帳，一同編戶。軍府統領，宜依舊式。罷山東、河南及北方緣邊之地新置軍府。[2]

這道命令對北周以來的府兵制度進行具有根本意義的改革。以往，府兵由軍府管理，其戶口田地，地方官府均無法掌握。府兵可免賦役，所以百姓相率掛名兵籍，再加上隨營家屬，其數量是十分龐大的，北周末年，戶數與口數之比為一比二點五，[3]如此不合理的比例，說明軍人及其蔭庇人口在社會總人口中所占比重之大。由此造成國家財政的巨大損失。在國家處在軍事或准軍事時期，經濟利益只好服從於國家安全的需要。可是，當大規模軍事行動結束以後，國家恢復正常形態，繼續維持軍隊的特權，不但社會發展大受阻礙，而且，社會不公還將帶來腐敗和奴役，危害國家的近期與長遠利益。

文帝斷然進行的府兵制度改革是大膽而徹底的。根據上述詔令，軍府掌握的所有人口戶籍一律移交地方政府管理，通過軍人在當地入籍，使得大量隨軍的寄居浮游人口無從隱匿，成為當地居民，自此以後，社會上不再存在軍戶這樣一個特殊的階層。這一改革還使得軍役與戶籍分開，軍人必須履行的職責及其生活訓練等軍事方面的事務，仍屬軍府按照既有條例管理，絲毫不影響軍隊的性質與其戰鬥力，而兵士則作為一個實在的人登記在籍，有利國家對人口的控制，這是比較合理的。

和戶籍一道移交地方的還有軍府所屬的墾田。軍隊平戰結合，其糧食軍需很大程度上要自給自足，而為數眾多的隨軍人口，更使得軍隊必須擁有大量田地。由於資料的匱乏，我們無法說明這些田地上的具體生產形態，但是，府兵免賦免役則是明確的，隋朝在平陳後也重申「軍人畢世免徭役」，[4]足以為證。把軍隊耕墾的田地交給地方，兵士及其家屬同於編戶，則他們及其擁有的土地也就一道納入均田體制，受田納租，既消除軍府的經濟特權，又大量增加國家掌握的戶口和財稅，一舉兩得。

而且，詔令還宣布廢除山東、河南以及北方緣邊的新置軍府。山東、河南軍府，或是齊亡之後增設，或是為了平齊而新立，都出於一時的軍事需要，至於北方緣邊軍府，完全出於防禦突厥的需要。現在三方俱平，其新置軍府沒有繼續保留的需要，裁撤勢在必然。前一章曾介紹過，隋朝在新設軍府時，把鄉兵等地方豪族武裝大量吸收到府兵體制內，成為國家武裝力量的一部分。現在，國家裁撤這些軍府，將士解甲歸田，無形中取消了豪族地方武裝。因此，這些軍府一置一廢，國家趁機吸收消化掉許多鄉村豪強勢力，對國家的統一和社會的安定大有裨益。

自隋朝建立以來，文帝一直想方設法消除私人武裝。開皇三年（五八三）正月，他曾下詔：「禁大刀長矟」。[5]但是，當時嚴峻的內外軍事形勢決定了這一措施難以徹底貫徹。平陳以後，偃武修文的內外條件均已具備，這時候，文帝能夠迅速調整國家戰略方針，立即裁汰軍隊，寓兵於

2 《北史》卷十一，〈隋高祖紀〉。
3 參閱：岑仲勉，《府兵制度研究》（上海人民出版社，一九五七年），第三十六頁。
4 《北史》卷十一，〈隋高祖紀〉「開皇九年四月」條。
5 《隋書》卷一，〈高祖上〉。

民，表現出他在歷史轉折關頭具有洞察力和卓越的領導能力。此後，隋朝在全國加緊取締非法武裝，開皇十五年（五九五）二月，下令除關中和邊緣地帶，國內私人擁有的兵器一律上繳，如敢私造，繩之以法。開皇十八年（五九八）正月，又針對江南屢生民變的情況，發布禁令：「吳、越之人，往承弊俗，所在之處，私造大船，因相聚結，致有侵害。其江南諸州，人間有船長三丈已上，悉括入官。」[6] 這些措施與精兵政策相輔相成，成為維護國家穩定、促進經濟發展、防範武裝反抗、削弱地方勢力的根本，為發展文教事業創造了良好的環境。

崇文興教

開皇十年（五九〇）十一月七日，文帝親臨國子學主持隆重的釋奠儀式，學禮完畢後，命國子祭酒元善講演《孝經》。元善體察上意，把忠孝之義渲染鋪陳，古今事例，信手拈來，頭頭是道。文帝聽得龍顏大悅，大加稱讚，當場賜絹百匹，衣一襲。接著，太學博士馬光升座講《禮》，同樣是條分節解，剖析疑滯，聽眾莫不推服。這些講座把隋朝的治國倫理闡述得如此透徹，文帝高興極了，他親予慰勞，還根據各人身分分別給予賞賜。[7]

這是整個隋朝唯一的一次由皇帝親自主持的釋奠儀式，因而具有特別的意義，象徵著今後國家將大力闡揚文教的方針。

由重視武功向文治的轉變，包括偃武和修文兩個方面。上節談到府兵管理制度的改革，屬於偃武的方面。軍隊精簡之後，如何發揮武將在和平時代的作用呢？文帝在去年發布的和平詔書中號召：「武力之子，俱可學文」。[8] 這決不是一句客套話，而是要認真加以貫徹的新政策。驃騎將軍崔彭是文帝的心腹，一直負責宮中宿衛。文帝曾對他說：「卿弓馬固以絕人，頗知學不？」崔彭回答道：「臣少愛《周禮》、《尚書》，每於休沐之暇，不敢廢也。」文帝讓他試講一段，崔彭當即講了君臣戒慎的道理，文帝頗予讚賞，不久即予提拔。[9]

北周尚武，朝貴幾乎都出自行伍，形成蔑視文人的傳統。隋朝雖然有所變革，但積習難去，而且，內外形勢也不允許國家從容取士，故其用人多為應付各級政府處理公文急需，注重實用，即所謂「近代左右邦家，咸取士於刀筆」。[10] 急功近利則其學必浮躁，所謂儒士，罕見通人。因此，文化知識仍只是一種從屬性的行政技能，而孔武少文的武將依然居官場主流。因此，再造這類官員至為重要，也十分艱巨。

要根本改變這種局面，從積極的方面則必須確立崇尚文化的風氣，大力培養新人。推行文治，興教為先，在這方面，文帝付出了不少努力。

開皇二年（五八二）十二月，文帝在指揮抗擊突厥的緊張鬥爭中，仍不忘發展文教事業，專門賜給能通儒經的國子學生束帛，給予親切的鼓勵。這一舉動，同樣給主張文治的朝臣儒士以鼓舞。聖眷正隆的潞州（今山西省長治市北古驛）刺史柳昂抓住機會，上書文帝，指斥動亂造成的社會風氣敗壞，請求在全國勸學行禮。柳昂出身河東望族，素有家學，其建議得到文帝的重視和

6《隋書》卷二，〈高祖下〉。
7 綜參：《隋書》卷二〈高祖下〉及卷七十五〈儒林傳〉之元善、馬光、劉焯等傳。
8《隋書》卷二，〈高祖下〉。
9《隋書》卷五十四，〈崔彭傳〉。
10《隋書》卷七十五，〈儒林傳序〉。

採納。開皇三年（五八三）四月十八日，朝廷為此下詔：

建國重道，莫先於學，尊主庇民，莫先於禮。……朕受命於天，財成萬物，去華夷之亂，求風化之宜。……古人之學，且耕且養。今者民丁非役之日，農畝時候之餘，若敦以學業，勸以經禮，自可家慕大道，人希至德。豈止知禮節，識廉恥，父慈子孝，兄恭弟順者乎？始自京師，爰及州郡，宜祗朕意，勸學行禮。[11]

前面曾經介紹過，隋朝建立後，文帝一直設法改變官吏的文化成分，這道詔令亦是與之相配合的。可是，當時北方緣邊烽火連天，國家正需要動員成千上萬民眾上陣禦侮，所以，只能一般性地動員社會民眾業餘就學，遵禮守法。不過，這道詔書也提出具體措施，據記載，詔書發布後，「自是天下州縣皆置博士習禮焉」。

從具體事例來看，這道詔書對於推動興學習文大有裨益。開皇五年（五九五）四月，文帝詔徵山東義學之士馬光、張仲讓、孔籠、竇士榮、張黑奴和劉祖仁等六人同至京師，被委任為太學博士。北周的文化底子薄弱，必須從原北齊地區招攬人才，以建立或充實各級學校，發展文化事業。所以，這次徵召人才的範圍相當廣泛，不止限於上述六儒。原北齊南陽王博士房暉遠為太常卿何妥所推重，經吏部尚書韋世康推薦，被任用為太學博士，[12]即是一例。而且，徵召的地域也不限於山東。梁宗室蕭該大約也在此時被任命為國子博士，而同是南梁出身的王頍則明確在「開皇五年，授著作佐郎。尋令於國子講授」。[13]文獻稱「隋開皇初，文帝搜訪逸隱」，說明徵召的範圍相當廣泛，不限於儒士。隱居於華山的馮翊武鄉人楊伯醜因文帝聞其有道而被徵至京師，頗予禮遇，但他對人說：「我曾受羲皇所教之易，與大道玄同，理窮眾妙，豈可與世儒常談，而測神仙之旨乎？」[14]可知他是位道士，與主流文化並不合拍，故幾年後重歸山中。

中央開風氣，地方也起而效之。梁彥光任相州刺史，見當地人情險薄，欺詐成風，下決心革除其弊，出資延聘山東大儒，每鄉立學，非聖哲之書不得教授。自己常在季月召集學生，親加策試。有聰明好學、成績優異者，升堂設饌，其餘並坐廊下。如有好諍訟、偷懶無成者，則令其坐於庭中，設以草具。當學生學業大成時，他親自舉行賓貢之禮，又於郊外設宴餞行，資助其上考。於是，「人皆剋勵，風俗大改」。[15]

由此看來，勸學行禮詔發布後，「天下州縣皆置博士習禮」是真實的。當然，這需要有個過程，當時最受制約的恐怕是師資問題。長期動亂對文化事業的巨大破壞與歧視，以及實用主義的急功近利風氣，都嚴重壓抑學術的成長，以至「逮乎近古，巨儒必鄙俗」。[16]

政治家直接領導學術，則條條框框必多，御用味道濃厚。被文帝抬上國子祭酒高位的元善就是很典型的御用文人，其實學問並不高明。國子博士何妥對元善的學界領袖地位很不以為然，知道元善集諸儒講《春秋》，便去參加。元善見來者不善，私下對何妥說：「名望已定，幸無相

---

11 《隋書》卷四十七，〈柳機附柳昂傳〉。

12 《隋書》卷七十五，〈儒林・房暉遠傳〉。同書卷七十七〈隱逸・張文詡傳〉記載：「高祖引致天下名儒碩學之士，其房暉遠、張仲讓、孔籠之徒，並延之於博士之位。」據此可知房暉遠與六儒一道成為太學博士。

13 蕭該事蹟見《隋書》卷七十五〈儒林・蕭該傳〉；王頍見同書卷七十六〈文學・王頍傳〉。

14 《太平廣記》卷十八，〈楊伯醜〉。

15 《隋書》卷七十三，〈循吏・梁彥光傳〉。

16 《隋書》卷七十五，〈儒林傳序〉。

苦。」[17]可是，何妥不吃這一套，等元善開講後，專門挑些古今疑義的問題提問詰難，害得元善高座臺上，張口結舌，面紅耳赤。如果說《春秋》不是元善的專長，那麼，他為迎合文帝而專攻的《孝經》就應該有所稱道了。可是，即便是講解《孝經》，元善也被一個小小的著作佐郎王頍問得無言以對。[18]

特地從山東延聘而來的六儒也不怎麼樣，「皆鄙野，無儀範」，文帝見後難免失望，故「朝廷不之貴也」。[19]竇士榮不久病死；孔籠、張黑奴和劉祖仁遭譴褫職；張仲讓請歸鄉里，著書十卷，自詡將因此榮登相位，不料被州縣列狀上告，換了個身首異處；僅存馬光，但幾年後也因為母喪歸鄉。

如果以平陳以前作為隋朝發展文教事業的第一階段，則此階段屬於恢復性建設，中央與地方興教辦學，逐步積累，初具規模。但其顯著的發展，有待於平陳之後國家文治政策的推行。

開皇九年（五八九），隋朝把「江南士人，悉播遷入京師」，[20]不少人充實到中央學術機構中去。沒有遷到京城的學者亦多任地方教官，如吳郡的潘徽「及陳滅，為州博士」，[21]就是一例。任用江南文士的規模頗為可觀，隋煬帝曾說：「自平陳之後，碩學通儒，文人才子，莫非彼至。」[22]在文帝文治政策的積極推動下，隋朝的文教事業迎來一個蓬勃發展的新時期，唐朝魏徵曾給予很高的評價：

高祖膺期纂曆，平一寰宇，頓天網以掩之，賁旌帛以禮之，設好爵以縻之，於是四海九州強學待問之士靡不畢集焉。天子乃整萬乘，率百僚，遵問道之儀，觀釋奠之禮。博士罄懸河之辯，侍中竭重席之奧，考正亡逸，研覈異同，積滯群疑，渙然冰釋。於是超擢奇雋，厚賞諸儒，京邑達乎四方，皆啟黌校。齊、魯、趙、魏，學者尤多，負笈追師，不遠千里，講誦之聲，道路不絕。中州儒雅之盛，自漢、魏以來，一時而已。[23]

在學制方面，隋朝也頗有建樹。首先，隋將書學和算學置於傳統教育機構國子寺之下，與經學並立，表現出國家對應用學科的重視，同時也有助於學校的歸口管理，加強其獨立地位。這樣在國子寺下統轄國子、太學、四門、書、算五學。後來，唐朝又將律學由大理寺移至國子監下，完成六學格局。但學校體系的形成，實肇源於隋朝。其次，隨著學校體系的形成和教育的長足發展，有必要獨立進行管理。開皇十三年（五九三），「國子寺罷隸太常，又改寺為學」。[24]唐朝杜佑從歷史的沿革說得更加清楚：「凡國學諸官，自漢以下，並屬太常，至隋始革之。」[25]這一改革把學術教育機關從宗教事務管理部門的太常寺下解放出來，自成系統，國子祭酒成為國家最高教

17《隋書》卷七十五，〈儒林．元善傳〉。
18《隋書》卷七十六，〈文學．王頍傳〉。
19《隋書》卷七十五，〈儒林．馬光傳〉。
20《隋書》卷二十一，〈天文下〉。
21《隋書》卷七十六，〈文學．潘徽傳〉。
22〈敕責竇威、崔祖濬〉，收於嚴可均輯，《全上古三代秦漢三國六朝文》，第四冊，《全隋文》，卷五。
23《隋書》卷七十五，〈儒林．傳序論〉。
24《隋書》卷二十八，〈百官下〉。
25《通典》卷二十七，〈職官九．國子監〉。

育行政長官，打破了宗教統轄學術的傳統，有利於學術的獨立。[26]

發展文化事業，必須從基礎性的文獻圖籍收集整理做起。在這方面，隋朝面對的是一個滿目瘡痍的慘狀。開皇初，祕書監牛弘在給文帝的表文中，辛酸地講述中國圖書先後遭受秦始皇焚書、王莽覆滅、東漢崩潰、「五胡亂華」和蕭繹自焚圖籍的五大厄運，飽受摧殘。北周曾略加收集，勉強有書萬卷，爾後又收取北齊圖書，也僅增加五千種，故隋朝建立時，總共才有書一萬五千餘卷，但部帙之間，頗有殘缺，與梁朝圖書舊目相比，僅有其半。因此，他大聲疾呼：「昔陸賈奏漢祖云『天下不可馬上治之』，故知經邦立政，在於典謨矣。為國之本，莫此攸先！」[27]

文帝披閱牛弘的奏章，為之動容，深感憂慮，雖然當時百廢待興，國家財政十分緊張，但是，他還是痛下決心，批准牛弘的請求，詔遣使者分赴各地，用高價收購天下異本，獻書一卷，酬縑一匹，祕書省校寫完畢後，再將書籍歸還原主。當時，均田制下的農民一戶一年交納調絹一匹。也就是說，國家以一戶農民一年的調來購求一卷書，可見文帝對搜訪圖籍的高度重視。重賞之下，民間收藏的珍本異書紛紛呈獻出來，經過一兩年的收集，國家圖籍才得稍備。

東漢時，曾讓著名書法家蔡邕書寫七經，刻為石碑。以後，曹魏時又立三字石經，彌足珍貴。北齊高歡曾將石碑自洛陽船運至鄴都，途中因河岸塌方，損失近半。開皇六年（五八六），文帝下令將石碑運到長安，置於祕書內省。可是，這些石碑歷經滄桑磨難，文字漫漶，已經難以辨認了。為此，文帝敕令名儒劉炫和劉焯加以考訂，並將石碑移至國子學，計畫進行修補，以挽救這批文化遺產。

南北統一，無疑給圖書文物事業帶來大好的發展機會。隋軍攻入建康時，高熲立即派專人封存陳朝圖籍，盡數運回長安。至此，圖書流散於南北各地的局面終告結束，經籍漸備，薈萃於京師。在此基礎上，隋朝在宮內和祕書省建立皇帝與國家圖書館，負責整理修繕搜集到的圖書。

南北朝時代，文化在南方曾經輝煌過。南朝歷代注重圖書的收集整理，到梁武帝時，藏書三萬餘卷，詩文燦爛，震爍當世，北齊奠基人高歡就曾深懷憂懼道：「江東復有一吳兒老翁蕭衍者，專事衣冠禮樂，中原士大夫望之以為正朔所在」。[28] 侯景亂後，蕭繹據有江陵，廣收公私典籍，藏書多達七萬餘卷。中國的政客軍閥有惡癖，自己不學無術，卻拿圖書洩恨，使得圖書事業屢遭摧殘。像蕭繹在動亂中仍醉心典籍，實屬少見，可見南方文風之盛。可是，不久周軍攻破江陵，蕭繹竟遷怒於圖書，盡付一炬，成為千古文化罪人。所以，隋朝收得陳朝圖籍，珍本、善本罕存，多為陳宣帝時代抄本，紙墨不精，書寫低劣。為了搶救整理這批圖書，文帝下令徵召天下工於書法之士，於祕書省內補續殘缺，編制目錄，分為正、副二本，藏於宮中和祕書內、外之閣。經過這番整理，藏書達到三萬餘卷，恢復到梁朝水準，重新奠定了圖書文化事業的基點。

此後，圖書事業更有長足的發展。許善心是為江南名儒，開皇八年（五八八）作為陳朝使節入隋，被文帝所扣留。開皇十六年（五九六），有雀降於含章闥，文帝以為神明，大宴百官，許善心當場寫下〈神雀頌〉，文不加點，一氣呵成，文帝大為讚嘆。翌年，因其才華而任命他為祕書丞，成為國家文化事業的主要負責人。許善心見祕藏圖籍尚多混淆，便仿效梁朝目錄學家阮孝緒的七類分法，將圖籍分門別類，編制《七林》，「各為總敘，冠於篇首。又於部錄之下，明作者之

26 參閱：高明士，《唐代東亞教育圈的形成——東亞世界形成史的一側面——》（臺灣國立編譯館中華叢書編審委員會，一九八四年）。

27 《隋書》卷四十九，〈牛弘傳〉。

28 《北齊書》卷二十四，〈杜弼傳〉。

意，區分其類例焉」。[29]而且，他還奏請延聘李文博、陸從典等學者十餘人，在祕書省考訂校正經史圖書的錯謬，把國家圖書事業由徵購收集、抄寫複本推進到分類整理、校勘研究的新階段。

唐初，國家曾將隋朝圖籍搜集運往長安，在黃河底柱路段遇險，損失慘重，僅存十分之一、二，匯總分為四部，在唐太宗時代見在圖書一萬四千四百六十六部，八萬九千六百六十六卷，[30]從開皇中期的三萬卷到貞觀時期的近九萬卷，從中亦可窺見隋朝的圖書事業蓬勃發展之一斑。且不論隋煬帝及唐朝對此作出的貢獻，從隋初圖籍殘缺到頗具規模的成就，則是在文帝的大力支持和直接領導下取得的。

在圖籍整理的基礎上，文帝關心並積極推進修史事業。

開皇十三年（五九三）五月二十四日，文帝下詔：「人間有撰集國史、臧否人物者，皆令禁絕。」[31]私人修史屬於中國的文化傳統，自古如此。開皇初年，對此尚未嚴禁。國子博士蕭該與何妥一道「正定經史」，後因意見相左而遭譴，回家撰寫《漢書》，「咸為當時所貴」。[32]可是，隨著歲月推移，對私人撰述的控制日漸嚴格。文帝在開皇六年（五八六）親加招攬的山東名儒張仲讓辭官歸鄉後，著書十卷，逢人自吹此書若上奏皇上，他馬上就會被請回京中當宰相，說得搖頭晃腦，神色飛揚。結果州縣將此事上報，朝廷立刻命令將他處斬。此例足見文化統制之一斑，同時也說明民間私人修史的情況仍相當普遍。然而，隨著中央集權加深，隋朝從各個方面加強對社會生活的管制，自然要讓精神文化屈從於政治需要，尤其要嚴格管制經常被利用為政治鬥爭工具的史書編撰。

上述禁令得到嚴格地貫徹，即使是政府史官，也不准私人撰寫史書。王劭是祕書省著作佐郎，因母憂去職，在家編修《齊書》，被人上告，文帝大怒，專門派人沒收其著，親自審讀。王劭逢迎的功夫還在學問之上，也不知書裡寫了些什麼，就曉得文帝讀後，不但轉怒為喜，而且還如獲至寶，連忙提拔他為門下省員外散騎侍郎，連升三級。王劭因禍得福當然是例外，這件事說明任何人私撰史書都將受到查辦。

在此政策下，修史傳統發生了根本性變化，即由過去的史家修史向政府史館主持修史轉變。開皇中，具體負責編修史籍的就是上述王劭，他自從私撰史書為文帝所知後，頗得寵信，任著作郎，出掌祕書省著作曹。其下有學者組成的團隊，如劉焯「舉秀才，射策甲科。與著作郎王劭同修國史，兼參議律曆，仍直門下省，以待顧問」；[33] 劉炫「奉敕與著作郎王劭同修國史。俄直門下省，以待顧問」；[34] 王孝籍應召「入祕書，助王劭修國史」。[35] 這時，修史已完全屬於國家事業，受到高度重視，其具體事務經常處於文帝的直接領導之下。這表現在以下兩個方面：

首先，編撰史書的人員都由文帝欽定。上述劉焯、劉炫和王孝籍無須再贅，此外如侯白「舉秀才，為儒林郎……高祖聞其名，召與語，甚悅之，令於祕書修國史」。[36] 甚至祕書省長官要安排著作曹的人選也需要得到文帝的批准，如「祕書監牛弘以（辛）德源才學顯著，奏與著作郎王劭

29《隋書》卷五十八，〈許善心傳〉。
30《隋書》卷三十三，〈經籍一〉。
31《隋書》卷二，〈高祖下〉。
32《隋書》卷七十五，〈儒林．蕭該傳〉。
33《隋書》卷七十五，〈儒林．劉焯傳〉。
34《隋書》卷七十五，〈儒林．劉焯傳〉。
35《隋書》卷七十五，〈儒林．王孝籍傳〉。
36《隋書》卷五十八，〈陸爽附侯白傳〉。

同修國史」。[37]

其次，所修史書由文帝親自指定，以詔書形式下達任務。例如，文帝平日閱讀魏收所撰《魏書》，認為褒貶失實，「詔（魏）澹別成《魏史》」；[38]「姚察為祕書丞，開皇中，別敕成梁、陳二代史」。[39]

在文帝的關心與領導之下，隋朝的修史事業取得了一定的成績。據《隋書．經籍志》記載，在唐初尚有著錄的隋修史書有姚察撰《梁書帝紀》七卷，魏澹《後魏書》一百卷，牛弘《周史》十八卷，崔子發《齊紀》三十卷，王劭《齊志》十卷、《隋書》六十卷和《隋開皇起居注》六十卷等。這些史書無疑為唐朝官修南北朝歷代正史提供素材與參考，功不可沒。

然而，隋朝所修史書畢竟沒有流傳下來，這恐怕與其編修品質不無關係。魏澹在寫成《魏書》後上表文帝，強調修史中尊君卑臣、勸善懲惡等微言大義原則。由此推測，隋朝官修史書過於強調歷史的現實政治功能。而且，王劭本來就是一個投機鑽營的御用文人，由他長期主持修史，則迎合政治需要的附會影射在所難免。唐人對王劭著述的評價頗資參考：

> 劭在著作，將二十年，專典國史，撰《隋書》八十卷。多錄口敕，又採迂怪不經之語及委巷之言，以類相從，為其題目，辭義繁雜，無足稱者，遂使隋代文武名臣列將善惡之迹，堙沒無聞。……然其採擿經史謬誤，為《讀書記》三十卷，時人服其精博。[40]

王劭採「迂怪不經之語及委巷之言」的傑作，如其本傳所錄〈皇隋感應志〉之類，都是為讚頌文帝、附會天命而作。因此，隋修史書的缺陷，應由文帝負主要責任，王劭則是品格不高的悲劇人物。

上述劉焯、劉炫的事例還可看出，隋朝修史由祕書省著作曹負責，有門下省官參加，亦即中樞機要部門參預其事。以後，唐朝在貞觀初年設立史館，專掌國史，置於中書省之下。由中樞部門總領修史的史館制度，突出以史為鑒的現實功能，乃承襲隋朝官修史書之真諦發展而成。

銓選改制

發展文化教育事業，從根本上說就是要開闢風氣，培養新人，提升國家社會的品質。這對於隋朝尤為緊迫。

改朝換代需要有一代人的支援，特別像隋朝是由分裂邁向統一，由勳貴世族分割部分國家權力走向中央集權化統治，其間發生具有深遠意義的變革，因此就不能依賴原有的制度來選拔人才，必須另闢蹊徑，以打破世族把持選舉的局面。

開皇三年（五八三），隋朝斷然進行地方行政制度改革，在廢郡的基礎上，又將地方人事任免權力收歸中央，和以往相比，「舊周、齊州郡縣職，自州都、郡縣正已下，皆州郡將縣令至而調用，理時事。至是不知時事，直謂之鄉官。別置品官，皆吏部除授，每歲考殿最」。[41] 吏部要考選

37《隋書》卷五十八，〈辛德源傳〉。
38《隋書》卷五十八，〈魏澹傳〉。
39《冊府元龜》卷九七，〈帝王部・禮賢〉。
40《隋書》卷六十九，〈王劭傳〉。
41《隋書》卷二十八，〈百官下〉。

全國大小官吏，就需要有大量的後備人才，而這在九品中正制度下卻難以實現。直到平陳前後，李德林還說：「今時吏部，總選人物，天下不過數百縣，於六、七百萬戶內，銓簡數百縣令，猶不能稱其才」。[42] 足見合適人才之不足。

造成這一局面的癥結在於原有的九品中正制度。在此選舉制度下，人才的銓選首先掌握在州郡縣三級的中正官手裡，由他們來品評人才，再送吏部銓敘。而擔任各級中正的是地方大族，這樣，國家選拔官吏就只能在世族劃定的範圍內進行，其客觀程度固然隨政治的清明與否而變化，難以一概而言，但總的來說，被選舉者一般不會是無權無勢的布衣子弟，正所謂「下品無高門，上品無賤族」，九品中正製成為世族政治的支柱。現在，隋文帝要改革的正是侵奪部分國家權力的世族，自然不能期望世族會向國家輸送自己的掘墓人。所以，文帝在廢郡時，已令主掌地方吏選的「州都」、「郡、縣正」不理時事，黜為「鄉官」。[43] 而廢郡本身也使得北朝州舉秀才、郡舉孝廉的制度殘缺不全，九品中正制已是奄奄一息。

為了緩解國家急需大批官吏的局面，文帝在隋朝建國後，即採取制舉的辦法來選拔人才。開皇二年（五八二）正月二十九日，文帝下詔：

> 朕受天命，四海為家，關東關西，本無差異，必有材用，來即銓敘，虛心待之，猶饑思食。彼州如有仕齊七品已上官及州郡縣（？）鄉望、縣功曹已上，不問在任下代，材幹優長堪時事者，仰精選舉之。縱未經仕官，材望灼然，雖鄉望不高，人材卓異，悉在舉限。或舊有聲績，今實老病；或經犯贓貨枉法之罪，並不在舉例。凡所舉者，分為三番，具錄官曆、家狀、戶屬、姓名，送尚書吏部曹。……今令舉送，宜存心簡選，送名之後，朕別遣訪問，

若使被舉之人有不及不舉者，罪歸於公等，更不幹餘等官司。公等宜將朕此敕宣示於人，令知朕意。此事專委於公等，必不得濫薦，復勿使失材也。[44]

詔令規定，推薦的依據是「材幹優長堪時事者」，即使「鄉望不高」亦在舉薦之列，被推舉者須提供「官曆、家狀、戶屬、姓名」材料，並未提到中正的品第。而且，詔令還規定舉薦之事「專委於」刺史，中央將派人前來察訪，如有才不舉，則只追究刺史的罪責。如此下來，撇開既有的中正系統，直接由地方長官主持吏選的用意十分明顯。

翌年十一月十四日，文帝再次下詔制舉：「如有文武才用，未為時知，宜以禮發遣，朕將銓擢。」[45]由地方長官根據指定條件推舉，中央吏部考選，皇帝親自銓擢，這完全是政府主持的銓選，沒有地方世族的介入。開皇初年頻頻進行制舉，是出於政治形勢的需要，也預示著舊的選舉制度行將變革。

制舉不能取代正常的選舉，其道理不言而喻。因此，變革既存的選舉制度勢在必然。開皇七

42 《隋書》卷四十二，〈李德林傳〉。

43 「州都」、「郡、縣正」為地方首長辟署的屬吏，主掌選薦本州郡縣之寮吏。見嚴耕望，《中國地方行政制度史》，乙部卷下第七章。

44 《文館詞林》卷六九一，〈隋文帝令山東卅四州刺史舉人敕〉。《隋書》卷一，〈高祖上〉「開皇二年正月」條記載：「甲戌，詔舉賢良」。據敕文中提及「郡」和「河南道行臺」證之，河南道置廢於開皇二年正月到翌年十月之間，郡廢於開皇三年底，可知此敕與帝紀所載詔舉賢良事相符，則此次舉賢良或以山東地區為主要部分。岑仲勉《隋書求是》第七頁懷疑「帝紀所書，於事實不盡符。」

45 《隋書》卷一，〈高祖上〉。

年（五八七）正月十九日，文帝下令：「制諸州歲貢三人。」[46] 從前面的詔敕已經明瞭，隋初舉薦人才已不通過中正，現在又進一步固定下來，而且規定為「歲貢」，亦即常舉，則將此新規定視為科舉制的嚆矢是十分自然的。

各州貢士集中在京城，參加朝廷舉行的分科考試。當時比較明確的科目有秀才和明經科。

韋雲起「隋開皇中明經舉，授符璽直長」，[47] 可知明經科在開皇中業已存在。隋朝事蹟可考的秀才，現已知有十一人，分別是李寶、王貞、杜正玄、杜正藏、劉焯、仲孝俊、侯白、杜正倫、許敬宗、趙孝鈞、趙構。[48] 舉秀才最早者為李寶和王貞二人，推測在開皇七年（五八七），[49] 則此時已有秀才科，可以無疑。秀才是傳統科目，受到尊崇，隋代亦是如此，杜正玄舉秀才，宰相楊素曾說：「周、孔更生，尚不得為秀才」，[50] 故「隋代舉秀才止十餘人」。[51]

在唐朝成為科舉主科的進士科，在隋朝已經創立。「如侯君集、孫伏伽，皆隋之進士也」。[52] 然而，至關重要的進士科設置時間，卻意見紛紜。唐代文獻一般以為進士科出現於隋煬帝大業年間，但具體年份不能確言。當代學者的研究取得重要進展，韓國磐根據石刻資料考證「進士科在開皇十五或十六年時已經出現」。[53] 大約同期，日本宮崎市定也依據文獻記載認為進士科早在開皇七年已經成立。[54] 前者提出進士科成立的時間下限，後者為其上限，則進士科在此其間成立基本明確，並日益得到學界的支援。[55]

進士科開皇說最直接的證據是〈房玄齡碑〉所載：「公諱玄齡，……年十有八，俯從賓貢」，[56] 恰與《舊唐書．房玄齡傳》之「年十八，本州舉進士」一致，故清代學者陸增祥指出：「至碑云年十有八，俯從賓貢，言舉進士也」。[57] 房玄齡七十歲（《新唐書》本傳載為七十一歲）死於貞觀二十二年（六四八），據此推算，則其舉進士在開皇十五（五九五）或十六年（五九六），而碑文稱「州」，恰是文帝時代地方政制，煬帝時改州為「郡」，由此證明隋文帝創置進士科是十分有力的。

「進士科與俊、秀同源異派，所試皆答策而已」，[58] 考對策比較切合實際，文帝曾經因為田地不足，均田制實施困難，而將此課題作為策問讓四方貢士作答。可知其對官吏的銓選，頗注意實際能力。

由於進士科是新設科目，所以不如秀才、明經科榮耀。唐朝貞觀年間發生州長官因所舉之人

---

46 《隋書》卷一，〈高祖上〉。

47 《舊唐書》卷七十五，〈韋雲起傳〉。

48 參閱：張榮芳，〈隋唐秀才科存廢問題之檢討〉，《食貨》復刊，第十卷第十二期，一九七一年；高明士，〈隋代的教育與貢舉〉，收於《唐代研究論集》第四輯（臺北：新文豐出版公司，一九九二年）。

49 高明士，《隋代的教育與貢舉》。

50 《北史》卷二十六，〈杜銓附杜正玄傳〉。

51 《舊唐書》卷七十，〈杜正倫傳〉。

52 五代王定保撰，《唐摭言》卷一（上海：上海古籍出版社，一九七八年），〈述進士上篇〉。

53 韓國磐，〈隋朝中央集權勢力與地方世族勢力的鬥爭〉，《歷史教學》，第二期，一九五五年，注三十四；韓國磐，〈關於科舉制度創置的兩點小考〉（一九五五年未刊稿），收入其著《隋唐五代史論集》。

54 宮崎市定，《九品官人法研究——科舉前史——》（東洋史研究會，一九五六年）。

55 岑仲勉，《隋唐史》（中華書局，一九八二年新版，原由高等教育出版社，一九五七年出版），第一九五頁注十，曾反對進士科開皇說，隨後即於一九六四年出版的《通鑑隋唐紀比事質疑》（中華書局，一九六四年）之「進士科之始」中支持開皇七年說，並作了補充考證。

56 《金石萃編》卷五十。

57 陸增祥，《八瓊室金石補正》卷三十五。

58 《唐摭言》卷一〈試雜文〉。

考試落第而被追究罪責的事件，地方官不再舉秀才，而唐朝文學繁榮，又驅使應試者競集於注重文辭的進士科，這才形成進士科一枝獨秀的局面。但在隋朝，最為顯耀的仍是秀才科，開皇十五年（五九五）貢舉考試，「時海內唯正玄一人應秀才，餘常貢者，隨例銓注訖」，[59]足可證明。

杜正玄敢於應秀才考試，說明地方貢士可以投試不同科目。而且，還說明當時各科並考，則科舉制度的雛形已具。從前述隋朝秀才中選的情況看，除兩人為開皇七年（五八七）秀才外，都是開皇十五年（五九五）以後中舉的。參考平陳之後國家崇文興教的背景，可以肯定，分科舉人乃是與文治政策同步，蓬勃發展於國家統一之後。

各地貢士會考於京城，貢舉及第後，還必須參加吏部詮選考試，合格後方予授官。資格考試與選官考試分離的規定，一直為後世所繼承，唐朝還進一步將吏部考試完善為身、言、書、判四項。

儘量用具有可比性的客觀標準來代替主觀性的人物品評，明顯要公正得多。更重要的是地方選舉過程減少了世族的干預，而考試銓敘更掌握在中央。開皇三年（五八三），中央收回地方官吏的任免權，平陳以後教育與選舉制度的發展，又使得中央掌握了人才的培養與官吏的選拔，至此，人事制度方面的中央集權制完全確立。

國家主持人才的考選，則世族把持的九品中正制度成為多餘。開皇十五年（五九五），文帝下令「罷州縣鄉官」。[60]前已述及，文帝廢郡時，將主持地方吏選的州都、郡正之流，連同地方寮佐都黜為不理時事的「鄉官」，現在又進一步將其廢除。中央系統的中正官也在此期相應地廢除，唐朝杜佑指出：「九品及中正至開皇中方罷。」[61]自曹魏創立以來沿用數百年的九品中正制度終於被廢除，科舉制度成為不可阻擋的歷史潮流，隋文帝又完成了一項劃時代的變革。

當然，開皇時代的選舉制度，和唐朝發展成熟的科舉制度還有所不同，它固然具備了科舉制的許多特徵及其功能，但仍處在演變之中，具體的差別不去細說，其間一個重要的差別在於隋朝的選舉不是投牒自進，而是採取地方長官薦舉與中央考試銓敘相結合的形式，其考試的範圍限於地方貢士，仍保存《周禮》層層推舉之遺意。

唐玄宗開元年間，左監門衛錄事參軍劉秩批評隋朝廢除中正制，說：「隋氏罷中正，舉選不本鄉曲，故里閭無豪族，井邑無衣冠，人不土著，萃處京畿，士不飾行，人弱而愚。」[62]九品中正制固然是維持世族社會的台柱，但是，如果說廢除中正就使得門閥政治坍塌，則未免言過其實。隋文帝利圖改革世族政治是毫無疑問的，其作法在相當程度上是對北周的繼承，即所謂「隋承周制，官無清濁」。[63]

北周尚武少文，軍人執政，不但「公卿類多武將」，[64]而且，「諸功臣多為本州刺史」。[65]隋朝雖然比較注意官員的文化成分，但其文化取向於實用主義，故有「高祖之世，以刀筆吏類多小人」

59《北史》卷二十六，〈杜銓附杜正玄傳〉。
60《隋書》卷二十八，〈百官下〉。
61《通典》卷十四，〈選舉二〉。
62《通典》卷十七，〈選舉五〉。
63《隋書》卷七十二，〈孝義．陸彥師傳〉。
64《隋書》卷四十六，〈張煚傳〉。
65《周書》卷三十六，〈令狐整傳〉。

之譏。[66]而且，直到煬帝時代，「武夫參選，多授文職」，[67]大業八年（六一二）才下詔改為授勳官，可知隋朝銓選的主流非但清濁不分，且無文武殊途。故以北周以來銓選的源流考察，文帝廢除九品中正制亦屬必然。

平陳當年，配合文治政策的實施，文帝任用大世族出身的盧愷主持吏部。盧愷與吏部侍郎薛道衡、陸彥師等人力圖扭轉隋朝選官不論出身的局面，「凡所任人，頗甄別於士庶」，[68]他們得到宰相蘇威的暗中支持。但是，其作法畢竟與既存的選舉制度相抵觸，招來許多非議和不滿。開皇十二年（五九二）七月，因為修訂樂律的爭吵，國子博士何妥控告蘇威在朝中勾結朋黨，事件涉及盧愷，朝中平時對銓選的不滿頓時爆發出來，盧愷被罷黜為民，薛道衡配防嶺表，牽連百餘人，甄別士庶的銓選自是夭折。唐朝杜佑引用禮部員外郎沈既濟對此事的評論，以為選人自古難事，「蓋非英明之君，不可以語焉。……盧、薛值隋文而身墜。時難，不其然乎？」[69]說明否定盧愷、薛道衡等人銓選辦法的實為隋文帝。顯而易見，重視個人才能的考試選人是文帝的基本思想。

當此之時，靠武力起家的軍將勢力以及門閥世族，都從不同的方面對新選舉制度的健康發展發生不利的影響，而文帝的心思在於強化中央集權，對於文治並無深刻的認識與充分的領導資質，這一切都制約著貢舉考試制度的發展限度。然而，門資選人的堅冰已經打破，新航道將由此向前伸延，並日益顯示出強大的生命力和高度的優越性。

功成修樂

隋軍攻破建康，盡獲南朝樂器和樂工，車載以歸。文帝聞訊大喜，命令當廷演奏，聽罷，感嘆道：「此華夏正聲也，非吾此舉，世何得聞。」[70]於是，調和五音作成五夏、二舞、登歌、房中等十四個樂調，供宴享和祭祀時使用。至此，隋朝才有雅樂，文帝特地命令在太常寺置清商署加以管理，並詔求陳朝太樂令蔡子元、于普明等人，官復原職。

其實，文帝並不喜好南朝音樂。他曾在犒賞平陳將士時下令演奏陳朝女樂，語重心長地對公卿百官說道：「此聲似啼，朕聞之甚不喜，故與公等一聽亡國之音，俱為永鑒焉。」[71]文帝斥南朝音樂為亡國之音並非罕事。開皇二年（五八二），著名學者顏之推針對太常演奏的雅樂並用胡聲的現狀，建議文帝參照梁朝音樂，制定隋樂。文帝當場拒絕道：「梁樂亡國之音，奈何遣我用邪？」[72]表現出對南朝音樂的厭惡。顯然，文帝在音樂上並不想沿襲舊規，而是想要有所作為。因此，採陳音以定樂自有其苦衷。

開皇初，文帝就讓樂工齊樹提校定樂章，改換音律聲調，變革周樂。可是，齊樹提音樂修養有限，反覆多時，越發不通。不久，上柱國鄭譯上奏，請求重新修正。於是，文帝將此事交給太常卿牛弘、國子祭酒辛彥之和國子博士何妥等人討論修訂。

修訂樂律在當時是一件十分困難的事情。由於南北長期分裂，各自的音樂發展道路大相異

66《隋書》卷七十五，〈儒林．劉炫傳〉。
67《通典》卷十四，〈選舉二〉。
68《隋書》卷七十二，〈孝義．陸彥師傳〉。
69《通典》卷十四，〈選舉二〉。
70《舊唐書》卷二十八，〈音樂一〉。
71《北史》卷十一，〈隋本紀上〉。
72《隋書》卷十四，〈音樂中〉。

趣。在南方，經過魏晉名士對傳統儒學的猛烈衝擊，天人感應的音樂理論開始崩潰，嵇康的《聲無哀樂論》猶如春雷，宣告音樂春天的降臨，對美的追求和對「鄭聲」的肯定成為時代的潮流，民間音樂得到長足發展，佛教音樂也大為盛行，民歌「吳聲」和「西曲」吸收繼承漢代以來的相和歌傳統，結晶為「清商樂」，[73]光芒四射。在北方，各種少數民族音樂紛紛傳入中原，百花齊放，異彩紛呈。「陳、梁舊樂，雜用吳、楚之音；周、齊舊樂，多涉胡戎之伎」，[74]南北音樂，不僅風格迥異，而且樂律也頗相徑庭。因此，綜參南北音樂，重新確定音律尤為不易，即所謂「淪謬既久，音律多乖」，牛弘等人「積年議不定」。[75]

文帝是個性急之人，到開皇七年（五八七），見樂律尚未修成，不禁勃然大怒，責問道：「我受天命七年，樂府猶歌前代功德邪？」[76]下令將牛弘等人治罪，幸虧治書侍御史李諤出來講了幾句公道話，才將此事帶過。前已述及，隋朝的立國政策是要變革北周而恢復漢魏之舊，建國七年，國家還沒有自己的音樂，樂府仍在吹奏讚揚前朝的樂章，難怪文帝要生氣。

然而，光是生氣也無補於事。所以，文帝下詔訪求懂得音樂之士，令鄭譯參預其事。北周武帝時，有位名叫蘇祗婆的龜茲人隨突厥皇后入朝，精於琵琶音律，鄭譯曾跟他學習，得七聲之正。在此基礎上，又以琵琶推演音律，每律有七音，以某一律為宮音，則十二律和七音相乘，可得十二宮、七十二調，合為八十四宮調。其所定之樂與太樂所奏相校，則多有乖越，以林鐘之宮為例，可表示如下：

十二律	林鐘之宮	太樂所奏
黃鐘	清角	宮
大呂		
太簇	徵	商
夾鐘		
姑洗	羽	角
仲呂		
蕤賓	變宮	變徵
林鐘	宮	徵
夷則		
南呂	商	羽
無射		
應鐘	角	變宮

兩者相差頗大。然而，細加考察，可以看出鄭譯所定音階恰好和當時流行的俗樂相符。換言之，傳統俗樂林鐘均的七音，恰巧與雅樂黃鐘均的七音完全相符。顯然，鄭譯採用俗樂八十四調來改訂雅樂，而其樂理來自印度，[77]由西域轉傳到關中。鄭譯既以西域七調與中原七聲相符，取印度樂理與俗樂樂理綜合運用，故其所定之樂左右逢源於胡、漢音樂之間，「旋轉相交，盡皆和合」。[78]且不論鄭譯對胡樂漢化的貢獻之巨，其定樂的方法正代表著本土與外來、俗樂與雅樂之間融合提高的潮流。

鄭譯不用傳統的雅樂音階來定樂，自然招來守舊樂律家的反對。伶人萬寶常出身梁朝，精通鐘律，歷經北齊、北周各朝，至隋初定樂，鄭譯常召他一起討論，但所持樂理迥異，故其言多不

73《魏書》卷一百九〈樂志〉載：「初，高祖討淮、漢，世宗定壽春，收其聲伎。江左所傳中原舊曲，明君、聖主、公莫、白鳩之屬，及江南吳歌、荊楚四聲，總謂清商。」文中「四聲」當依《通典》卷一百四十二〈樂二〉作「西聲」。

74《舊唐書》卷二十八，〈音樂一〉。

75《隋書》卷十四，〈音樂中〉。

76《隋書》卷十四，〈音樂中〉。

77 參閱：林謙三，《隋唐燕樂調研究》（商務印書館，一九三六年）；張世彬，《中國音樂史論述稿》（香港：友聯出版社有限公司，一九七五年）。

78《隋書》卷十四，〈音樂中〉。

被採用。鄭譯所定樂成，萬寶常聽太常演奏，止不住泫然淚下。文帝以鄭譯之樂徵求其意見，他批評說：「此亡國之音，豈陛下之所宜聞？」[79]極言樂聲哀怨淫放，非雅正之音，請求以水尺為律，以調樂器。他的話雖然不中聽，但要以《周禮》定樂的建議，倒是合乎文帝的心意。所以，文帝同意讓他來試試。於是，萬寶常採用傳統的「三分損益法」來確定音高，其所用的是雅樂的七音音階，故「其聲率下鄭譯調二律」，得出雅樂八十四調，「其聲雅淡，不為時人所好，太常善聲者多排毀之」。[80]顯然，在音樂大有進步的時代，完全復古是行不通的。

鄭譯和萬寶常的爭論尚未見分曉，這邊又惹惱了一同修樂的國子博士何妥。何妥雖為西域胡人後代，但自幼生長在南朝，號稱神童。他對音樂究竟有多少修養，不得而知。眼見鄭譯的主張日益獲得朝臣的支持，連持有異議的蘇夔也漸漸與之靠攏，何妥坐立不安起來，自己雖稱宿儒，卻比不過鄭譯，甚至連蘇威之子蘇夔都不如，不由覺得顏面無光，決定要破壞其事，於是跳了出來，攻擊七調之義及十二律旋相為宮（轉調）之法。主持修樂的牛弘對音律並不專精，難作裁決。故修樂團隊「競為異議，各立朋黨，是非之理，紛然淆亂」，[81]只好放任各家自行修訂，準備等到樂律製成後再擇善而從。這樣一來，何妥可就緊張了，他害怕樂律一成，優劣立判，連忙把文帝請來，根據儒家以樂律附會人事的理論，先講一通「黃鐘者，以象人君之德」的道理，造成先入為主的印象，再張樂演奏黃鐘之調，果然聽得文帝大悅，讚嘆道：「滔滔和雅，甚與我心會。」[82]何妥趁機建議只用黃鐘一宮，餘律皆不假用。文帝賞賜何妥一班修樂者，滿意而歸。顯然，何妥的話給他印象深刻。

文帝雖然有所傾向，但並未作出最後裁決，因此，修樂之事翻來覆去還是定不下來。平陳繳獲南朝樂工樂器，正好給修樂工作以新的刺激和轉機。

於是，牛弘適時上奏，請求根據以前繳獲的梁朝雅曲和平陳所得正樂，修訂雅樂，取代「雜有邊裔之聲」的北周樂，改變「戎音亂華」的局面。文帝假意推辭道：「制禮作樂，聖人之事也，功成化洽，方可議之。今宇內初平，正化未洽。遽有變革，我則未暇。」[83]從字裡行間不難看出，文帝把修樂作為粉飾太平、歌功頌德的政治行為。開國當初，他就急於修樂，現在取得平定天下的豐功偉績，豈有不修樂告成之理。晉王廣看出乃父的心思，再度上表懇請，文帝這才感到滿足，勉強予以同意。開皇九年（五八九）十二月五日，又是一個甲子日，他頒布詔書：

朕祗承天命，清蕩萬方。百王衰敝之後，兆庶澆浮之日，聖人遺訓，掃地俱盡，制禮作樂，今也其時。朕情存古樂，深思雅道。鄭、衛淫聲，魚龍雜戲，樂府之內，盡以除之。今欲更調律呂，改張琴瑟。且妙術精微，非因教習，工人代掌，止傳糟粕，不足達神明之德，論天地之和。區域之間，奇才異藝，天知神授，何代無哉！蓋晦迹於非時，俟昌言於所好，宜可搜訪，速以奏聞，庶睹一藝之能，共就九成之業。

詔令太常牛弘、通直散騎常侍許善心、祕書丞姚察和通直郎虞世基等議定作樂。[84]

79《隋書》卷七十八，〈藝術．萬寶常傳〉。
80《隋書》卷七十八，〈藝術．萬寶常傳〉。
81《隋書》卷十四，〈音樂中〉。
82《隋書》卷十四，〈音樂中〉。
83《隋書》卷十五，〈音樂下〉。
84《隋書》卷二，〈高祖下〉。

詔書有兩點值得注意，一是規定此次乃是改定律呂，也就是全面制定新的音律制度，進而統一南北既存的古今中外各種樂制，成就千秋事業。儒家認為：「王者功成作樂，治定制禮；其功大者其樂備，其治辯者其禮具。」[85] 文帝雄心勃勃的修樂計畫，頗有功高蓋世的自負。二是給修樂律定下基調，亦即擯棄「鄭、衛淫聲，魚龍雜戲」，嚴格遵照儒家樂理來修訂。顯然，這項事業的政治意義是高於一切的。

有點學究氣的牛弘沒有完全領會文帝的深意，他根據多數意見，折衷鄭譯之說和古典五聲六律理論，提出每一宮只用一調，只有迎氣樂用五個調，而縵樂則用七調，用於祭祀時演奏。他還根據樂律與季節月令對應到玄學理論，定各調尊卑先後秩序，批評只用黃鐘一宮和七律之說，以為如此則無法與自然相對應，主張依照《周禮》取互相轉調之義。

文帝閱後，想起何妥以前對他說的話，批示道：「不須作旋相為宮，且作黃鐘一均也」。[86] 於是，牛弘和祕書丞姚察、通直散騎常侍許善心、儀同三司劉臻、通直郎虞世基等人，再作詳議。

文帝堅持己見有他自己的道理。

古代傳統有五音，亦即宮、商、角、徵、羽，後來又加上變宮和變徵二音，成為七音，與現代樂譜的七音相當。歸納這些基本的音而組成的音列，稱作調式，我國古代有十二律呂，前已列示。這十二律呂以黃鐘聲最低，以上遞高半音階，與西洋音樂的十二調相當。儒家以音律附會自然人事，如以五音象徵土、金、水、木、火五行，對應中、秋、冬、春、夏，以為「宮為君，商為臣，角為民，徵為事，羽為物」，[87] 還以十二律對應十二月，作十二月均，各應其月氣，達到天人感應，從而賦予音律以政治讖緯的意義。

在實際音樂裡，宮、商、角、徵、羽等音的音高要用律來確定。十二律中，任何一個音都可以作宮。這樣，在理論上，十二律與五音可以組合出六十宮調；十二律和七音可以組合出八十四宮調。可是，如此一來，則無法保證黃鐘宮始終居於首位，那麼，與之對應的君臣關係就會錯位，這是文帝絕對不能容許的。不允許轉調的道理也在於此。這樣，文帝完全從政治的角度，將音樂和政治毫無限制地混為一談，把音高絕對化，不但要把政治貫徹到音樂的內容方面，還要貫徹到樂器物理性質的音高方面，以便將君臣政治秩序在社會生活的各個方面都固定下來，不能有絲毫動搖。在其君臣音律鐵則下，修樂就不是世間凡人所能完成的。

就內因而言，文帝對修樂直接干預、指手畫腳，還出於他本人對音樂的自負。他年輕時，喜好音樂，彈得一手琵琶，曾經譜寫過「地厚」、「天高」二曲，用以表現夫妻之義。這兩首歌曲早已失傳，僅從標題來看，其對家庭倫理的抒發恐怕只是漢儒倫常學說的老調重彈。這種宣傳性音樂能有多高的藝術造詣，姑且不論。重要的是會寫小曲不見得就真懂音樂，就算曉得音樂，卻未必懂得音律，因為前者屬於感性的藝術，後者屬於物理的技術。問題是人無自知之明，會彈琴寫曲便自以為是，以為這就是懂得音樂、懂得音律，以專家自居，實際上卻是個外行。

政治教條和淺近的音樂修養交雜在一起，不但把修樂帶上死胡同，而且，以此為標準去衡量各種樂曲，更把音樂關進幽暗的牢籠。開皇初制定律令時，置國伎、清商伎、高麗伎、天竺伎、安國伎、龜茲伎和文康伎七部樂。其中，龜茲樂為西域音樂的代表，配器完整，富於表現力。北

85 吉聯抗譯注，《樂記・樂禮篇》（人民音樂出版社，一九五八年）。
86 《隋書》卷四十九，〈牛弘傳〉。
87 《樂記・樂本篇》。

魏時傳入中原，深受歡迎。「開皇中，其器大盛於閭閈。時有曹妙達、王長通、李士衡、郭金樂、安進貴等，皆妙絕弦管，新聲奇變，朝改暮易，持其音伎，估衒公王之間，舉時爭相慕尚。」可是，文帝卻從倫理教化的角度對此輕鬆歡快的音樂提出尖銳的批評，對朝官說：

聞公等皆好新變，所奏無復正聲，此不祥之大也。自家形國，化成人風，勿謂天下方然，公家家自有風俗矣。存亡善惡，莫不繫之。樂感人深，事資和雅，公等對親賓宴飲，宜奏正聲。聲不正，何可使兒女聞也！[88]

文帝對「新聲」的厭惡，固然有其沉默內向性格和幼時生活環境等因素的影響，但更多是出於政治的考慮，其中有兩點尤為重要。

第一是居安思危觀念。從以上話語中清楚看出，文帝以南朝為鑒，深恐公卿縱情聲樂而重蹈覆轍，故提醒他們天下初定，千萬不可鬆懈。可是，他的勸說似乎見效甚微，「帝雖有此敕，而竟不能救焉」。[89]這種情況也促使文帝矯枉過正，對修樂的態度越加嚴厲。開皇十一年（五九一）正月元宵的前一天，文帝特地下令將平陳所得古器盡行銷毀，以其「多為妖變」。[90]居安思危的思想是十分重要的，可是，中國的政治家在處理政治與學術、主體與客體關係時，經常將兩者混淆。

儒家的音樂經典《樂記．樂論篇》早就發現：「樂者，天地之和也；禮者，天地之序也。和，故百物皆化，序，故群物皆別。」音樂特有的元素就在於講究調和（和諧），其特性越發展，則其性質就愈純粹，愈獨立，愈是音樂的、藝術的，愈是掙脫人們附加於其上的有形的東西，而越發動聽，越發完美。這是音樂發展的自身規律，它不為人們強加的倫理說教所改變，而以美為追求的目的。聽覺美感的增強和音樂表現力的豐富，即所謂的「新聲奇變」，必然遠勝於深受儒家倫理說教束縛的傳統「正聲」，而日益為人所喜愛，這是健康的發展。至於作為音樂欣賞主體的人耽迷於樂舞之中，則完全屬於另一個範疇的問題，並非音樂之罪。可是，人們不去研究和解決造成縱慾的原因，卻把自身的墮落遷怒於客體，猶如中國古代傳統上不去譴責貴族的腐朽，卻對被玩弄的婦女大加鞭笞一般。主體與客體的混淆，摧殘思想藝術的發展，嚴重阻礙中國社會的發達。結果是根本的問題沒有解決，而禁區四設，防不勝防。

第二是誇大音樂的社會功能，以審善取代審美。儒家認為，音樂起源於人對外界自然的感受，「情動於中，故形於聲。聲成文，謂之音」。此見解固然合理，但是，由此得出「聲音之道，與政通矣」；「樂者，通倫理者也」；「是故審聲以知音，審音以知樂，審樂以知政，而治道備矣」，[91]卻大有問題。

音樂的產生與情感的傳播是完全不同的兩個過程，情緒激起的音聲，亦即抽象無形的音樂，要在聽眾體內還原並鼓激起相同的情緒，是不可能的。這就是音樂不同於語言、文字、繪畫、雕塑等的道理。三國時代，嵇康振聾發聵的名篇《聲無哀樂論》，直接向儒家「審樂知政」的音樂傳播的社會功能說發起猛烈衝擊，他認為主體與客體、音樂與感情之間並不存在因果關係，人先於心中有哀樂的情感，音樂才能起到誘導和媒介的作用，使之表現出來。然而，各人的情感不同，故對音樂的感受自然各異。區分主體與客體的關係，當然就不能隨便給音樂安上「亡國之音」、「淫

88《隋書》卷十五，〈音樂下〉。
89《隋書》卷十五，〈音樂下〉。
90《隋書》卷二，〈高祖下〉。
91 引文均見《樂記．樂本篇》。

樂」之類的罪名，淫邪亡國的根本原因在於人本身，「上失其道，國喪其紀，男女奔隨，淫荒無度」。

嵇康所論，動搖了儒家把音樂貶為政治的奴隸與宣傳工具的理論根據，音樂得以衝破牢籠獲得長足的進步，對美的追求和對「鄭聲」的肯定成為時代的潮流。在北方，胡樂的大量傳播，同樣出現音樂的春天。嵇康的樂論每每成為反對限制音樂發展的有力武器。唐初定樂之時，御史大夫杜淹因襲舊說，認為：「前代興亡，實由於樂。陳將亡也為『玉樹後庭花』，齊將亡也而為『伴侶曲』，行路聞之，莫不悲泣，所謂亡國之音。以是觀之，實由於樂。」唐太宗當即反駁道：「不然，夫音聲豈能感人？歡者聞之則悅，哀者聽之則悲，悲悅在於人心，非由樂也。將亡之政，其人心苦，然苦心相感，故聞之則悲耳。何樂聲哀怨，能使悅者悲乎？今『玉樹』、『伴侶』之曲，其聲具存，朕能為公奏之，知公必不悲耳。」[92]在唐太宗本於嵇康的音樂思想理念下，唐朝的音樂獲得空前的發展，燦爛於世。

與此成為鮮明對照的，是隋文帝對音樂的見解實在陳舊，上引音樂乃「存亡善惡，莫不繫之」的說法，無限誇大音樂的社會作用，完全是儒家老調的重彈，表明他想把音樂重新作為政治的工具。在這種思想之下，政治審查成為唯一的標準，音樂領域充斥政治標籤。開皇初，顏之推勸文帝據梁朝之舊修樂時，文帝以梁樂為亡國之音加以拒絕。這樣，魏晉以來南北音樂的發展在理論上遭到否定，修樂很快演變為政治迫害。

修樂團隊裡意見對立最為嚴重的是蘇夔與何妥，蘇夔少有盛名，加上其父蘇威的背景，自然成為朝中矚目的人物，海內文人賓客趨之若鶩。在音樂理論上，他持五音調式之說，和大膽吸收民間及外來音樂的鄭譯相比，他顯得保守。但是，在從音樂藝術的角度來修樂這點上，兩人的意見則是一致的，所以，經過研討商榷，蘇夔似乎頗采鄭譯之說，兩人還準備一道核定尺量，計算律長，確定樂制。開皇十一年（五九一）八月鄭譯死後，蘇夔成為修樂的主要成員。

蘇夔的意見經常與何妥相左。在當時南北中外各種樂制並存的情況下，異議紛呈本是正常現象。然而，何妥與蘇威本來就有矛盾，這就使得問題變得複雜。就出身地域而言，何妥來自南方梁朝，對於關中蘇氏頗掌朝務很是不滿，曾多次在文帝面前力言蘇威不可信任，甚至上書指斥蘇威在朝中結納朋黨。他們之間是否存在地域之爭，尚難斷言。但兩人形同水火則是事實。開皇十二年（五九二），蘇威主考文學，又與何妥發生激烈衝突，蘇威勃然怒道：「無何妥，不慮無博士！」何妥亦不相讓，對罵道：「無蘇威，亦何憂無執事！」[93]兩人大吵一頓。

何妥與蘇威的矛盾，自然擴大到蘇夔身上。修樂時，何妥經常有意抬杠，蘇夔有所建議，他總要挑其短處，大加批評。可是，上下左右如果不是蘇夔的人，也要看蘇威的面子，紛紛贊同蘇夔，鬧得何妥越發惱火，眼見得蘇夔占盡上風，其意見勢將通過，何妥恨道：「吾席間函丈四十餘年，反為昨暮兒之所屈也！」[94]憤然上書：

臣聞樂有二，一曰奸聲，二曰正聲。夫奸聲感人而逆氣應之，逆氣成象而淫樂興焉。正聲感人而順氣應之，順氣成象而和樂興焉。……故鄭、衛、宋、趙之聲出，內則發疾，外則傷人。……案聖人之作樂也，非止苟悅耳目而已矣。欲使在宗廟之內，君臣同聽之則莫不和敬；

92《貞觀政要》卷七，〈禮樂第二十九〉。
93《隋書》卷七十五，〈儒林・何妥傳〉。
94《隋書》卷四十一，〈蘇威傳〉。

在鄉里之內，長幼同聽之則莫不和順；在閨門之內，父子同聽之則莫不和親，此先王立樂之方也。95

何妥的表文充斥政治說教的陳詞濫調，其關於奸聲和正聲的區分，更是令守舊腐儒瞠乎其後。而且，何妥還使出殺手鐗，揭發蘇威同夥禮部尚書盧愷、吏部侍郎薛道衡、尚書右丞王弘、考功侍郎李同和等人結為朋黨。這已經遠遠超出學術論爭的範疇，淪為極端無聊的政治攻訐。然而，他的話，文帝聽起來十分順耳。

前面一再說過，文帝修樂完全是出於政治目的，而且，他也三番五次吩咐牛弘只用黃鐘一宮，不得轉調，其突出皇權的意思已經十分明顯了。可是，蘇夔等人竟然還固執己見，分明是有恃無恐？這麼一想，文帝決定嚴厲追究，給那些陽奉陰違、頑固堅持以音樂藝術為重的儒士、還有主張選舉要甄別士流的文官一個教訓。

於是，文帝讓蜀王秀和上柱國虞慶則主持審理此案。其結果可想而知，蘇威一干人輕則廢黜於家，重則配防邊裔，知名之士慘遭荼毒，牽連百餘人。

經過這番整頓，再沒有人敢聒噪什麼音律相配旋相為宮的話，修樂事業扯起順風大帆，很快就功德圓滿。開皇十四年（五九四）三月，由牛弘領銜，祕書丞姚察、通直散騎常侍許善心、兼內史舍人虞世基、東宮學士劉臻等人共上新樂，並撰歌辭三十首。在此之前，文帝已命內史侍郎李元操、直內史省盧思道等撰清廟歌辭十二曲。這些歌辭已經文帝欽定，牛弘等人當然不敢妄改，只是變換成新律奏上。

新樂律是承風順旨修訂的，很快就獲得欽准。同年四月一日，文帝下詔頒行新樂：

在昔聖人，作樂崇德，移風易俗，於斯為大。自晉氏播遷，兵戈不息，雅樂流散，年代已多，四方未一，無由辨正。賴上天鑒臨，明神降福，拯茲塗炭，安息蒼生，天下大同，歸於治理，遺文舊物，皆為國有。比命所司，總令研究，正樂雅聲，詳考已訖，宜即施用，見行者停。人間音樂，流僻日久，棄其舊體，競造繁聲，浮宕不歸，遂以成俗。宜加禁約，務存其本。[96]

根據這道詔令，民間流行的音樂凡不合於「舊體」者，都被禁止，南北朝音樂春天的風光不再，新聲奇變都被統一起來，舉國上下，「唯奏黃鐘一宮，郊廟饗用一調，迎氣用五調。舊工更盡，其餘聲律，皆不復通」。[97]單調、低沉、緩慢、嚴肅的音樂取代了往日的輕鬆歡快，時刻提醒著人們皇權的莊嚴。

肅穆蕭瑟的樂曲總讓人感到不對勁。唐人評價隋文帝修樂道：「高祖素不悅學，不知樂」。[98]平心而論，文帝還是略知音樂皮毛的，可是，正是這一點蒙蔽了他自己。自視過高還真不如外行，畢竟外行還會傾聽專家的意見。修樂的過程已經顯露出平陳之後文帝身上發生的變化，往日的銳氣正在消失，代之是居功自傲、剛愎自用和專制主義的加深。就文化素養而言，要他繼續站在歷史前頭去領導潮流，確實過於吃力了。

95《隋書》卷七十五，〈儒林·何妥傳〉。
96《隋書》卷二，〈高祖下〉。
97《隋書》卷十五，〈音樂下〉。
98《隋書》卷十四，〈音樂中〉。

第十一章　太平志逸

仁壽宮

平陳以後，隋朝的高層人事悄悄地發生一些變化。高熲從江南回到京城，文帝親自慰勞他說：「公伐陳後，人言公反，朕已斬之。君臣道合，非青蠅所間也。」高熲聽後，心裡暗驚，回家後即刻上表遜位，經過文帝慰留，高熲雖然仍居原職，但經常遭到周圍的攻訐，不得不小心翼翼，如履薄冰。有一次，文帝和他及賀若弼一起談論平陳往事，他連忙說道：「賀若弼先獻十策，後於蔣山苦戰破賊。臣文吏耳，焉敢與大將軍論功！」[1]身為宰相，又是平陳軍實際的前線統帥，卻自抑如此，說明朝廷氣氛發生了微妙的變化。

變化來自兩個方面，一是平陳之後，一批軍勳功臣的勢力得到加強，朝廷中滋長起居功自傲的不良風氣，評功擺好，爭權奪利的現象日益嚴重。

這種風氣的形成，文帝負有直接責任，自建國以來，他常喜歡讓大臣聚集一起，飲酒擺功，以為樂事。如開皇初年，他「嘗大集群下，令自陳功績，人皆競進」。[2]平陳後，文帝臨幸晉王邸，置酒宴請群臣。舉杯慶道：「高熲平江南，虞慶則降突厥，可謂茂功矣。」楊素不服，說道：「皆由至尊威德所被。」巧妙地將高熲和虞慶則的功勞一筆勾銷。虞慶則當然不答應，反擊道：

「楊素前出兵武牢、硤石，若非至尊威德，亦無克理。」[3] 群臣當下就在文帝面前相互揭短攻訐，猶如市井之徒。文帝對此非但不予制止，反而推波助瀾。在他的鼓勵下，大臣自然汲汲於個人名利，矜功伐善。

右武侯大將軍賀若弼位望隆重，兄弟俱封郡公，並任刺史列將，家中珍玩不可勝計，婢妾曳綺羅者數百，自以為功高蓋世，常以宰相自許。然而，文帝任命楊素為右僕射，與高熲並為宰相，賀若弼憤恨不平，怒形於色，大罵高熲和楊素為飯桶，因此免官。但在文帝的庇護下，不久又恢復爵位。賀若弼毫無悔改，甚至在酒宴上作詩洩憤，文帝視而不見，聽之任之。開皇初年群臣同心治國的景象，正在迅速消逝。

二是文帝本人在盛名之下，心驕志逸，惟我獨尊，失去以往勵精圖治的銳氣。

隋朝大臣中，足智多謀又敢於堅持自己立場者，首推李德林。然而，正因為他個性鮮明，所以不為文帝所喜，雖然身為開國元勳，卻十年官位不加。平陳以前，國家正是用人之時，故李德林還有一席之地。文帝曾專門派高熲探望病中的李德林，徵求平陳之計，發誓：「待平陳訖，會以七寶裝嚴公，使自山東無及之者」。[4] 可是，後來封賞功臣時，宣布授李德林郡公、柱國，實封八百戶，賞物三千段。此待遇遠不能和高熲、楊素、賀若弼、韓擒虎等人相提並論，大約只能和

1 以上引文均見：《隋書》卷四十一，〈高熲傳〉。
2 《隋書》卷五十七，〈盧思道附盧昌衡傳〉。
3 《隋書》卷四十，〈虞慶則傳〉。
4 《隋書》卷四十二，〈李德林傳〉。

行軍總管相埒，[5] 與文帝所許諾已經大打折扣了，但還有人不滿，到高熲處訴說一通，高熲隨即勸說文帝，收回成命。如此出爾反爾。可知李德林這種敢於直言的人已經不被官僚所容忍了。

失去利用價值的李德林很快就被整得渾身是傷。當年，文帝曾將逆人王謙宅第賜予李德林，公文已下，突然又改賜他人，令李德林另選一宅。李德林選逆人高阿那肱的市店以為替代，獲得同意。開皇九年（五八九），文帝巡視晉陽時，店人訴稱此店乃高阿那肱強奪民田所造。這本是小事一樁，故文帝令有關部門折價償還，不料蘇威揪住不放，硬說李德林故意欺瞞，竊據贓物。李圓通等人在一旁添油加醋，說此店獲利堪比食封千戶，請計日追贓。文帝給挑撥得火起，把李德林叫來，劈頭蓋臉就是一通斥責，李德林請求查驗逆人文簿及換宅事實，但文帝毫不理會，竟將市店全部追還給原住者，對李德林越發生厭，雖然還讓他繼續擔任內史令，卻不讓他參與決策討論。

遭此中傷，李德林還是不肯明哲保身。翌年，虞慶則從關東巡視歸來，上奏農村設鄉正，蠹政擾民。李德林本來就反對每五百家設鄉正，所以，順勢勸諫文帝不要朝令夕改，應注意維護法律的權威性。結果又觸怒文帝，被臭罵一通。左右趁機密告李德林的父親在北齊時代只是第九品的校書郎，李德林卻謊報為第四品的公府諮議參軍，使得文帝對其人品心生嫌疑。不久，朝廷議事時，李德林的意見又與文帝不合，文帝新怨舊賬一起清算，數落道：「公為內史，典朕機密，比不可豫計議者，以公不弘耳。寧自知乎？朕方以孝治天下，恐斯道廢闕，故立五教以弘之。公言孝由天性，何須設教。然則孔子不當說《孝經》也。又罔冒取店，妄加父官，朕實忿之而未能發。今當以一州相遣耳。」將他貶到遙遠的湖州（今浙江省湖州市）去當刺史。李德林請以散官留居京城，文帝不准，只是讓他轉任略近一點的懷州刺史。

李德林名滿天下，又敢於進諫，實在讓文帝倍感難受，所以非將他貶出京城不可。然而，他的下臺使得隋朝中央人事結構失去平衡，集思廣益的決策方式被打上結束的句號，不同政見遭到禁錮。秋風起於青萍之末，此事件的徵兆意義在當時並未引起人們警覺，鼠目寸光的官僚甚至還為擠走政敵而彈冠相慶。可是，這些人很快就將嘗到專制主義的滋味。當後人回顧這段歷史時，便能清楚地看出平陳之後到李德林下臺的漸變，實際上標誌著開皇前期朝氣蓬勃時代的結束。唐太宗總結這段歷史教訓道：「朕觀古來帝王，驕矜而取敗者，不可勝數。不能遠述古昔，至如晉武平吳、隋文伐陳已後，心逾驕奢，自矜諸己，臣下不復敢言，政道因茲弛紊」，[6] 實為卓見。

然而，沉浸於勝利喜悅的社會和良好的國家財政經濟形勢，掩蓋了政治上的微妙變化。開皇十二年（五九二），財政部門上奏：「府藏皆滿，無所容，積於廊廡。」文帝有點不敢相信，慎重地問道：「朕既薄賦於民，又大經賜用，何得爾也？」財政官員為他計算道：「入者常多於出，略計每年賜用，至數百萬段，曾無減損。」[7] 隋朝曾修造不少官倉，現在諸倉皆滿，只好另辟左藏院以供收納。這使人不由得聯想起漢武帝初期「都鄙廩庾皆滿，而府庫餘貨財。京師之錢累巨萬，貫朽而不可校。太倉之粟陳陳相因，充溢露積於外，至腐敗不可食」，[8] 從那時起，整整經過七百多年，才重見這般富庶景象。兩相比較，漢代整整積蓄了七十多年，而隋文帝卻只用了十餘

5 例如，行軍總管杜彥率部增援韓擒虎，渡江進逼建康，因功賜物五千段，粟六千石，進位柱國，賜其子昌陽縣公爵位，封賞還優於李德林，見：《隋書》卷五十五，〈杜彥傳〉。

6 《貞觀政要》卷一，〈政體二〉。

7 《資治通鑑》卷一百七十八「隋文帝開皇十二年末」條。

8 《史記》卷三十，〈平准書〉。

年時間，如此成就不能不讓「思邁前主」的文帝深深地陶醉在喜悅之中。

於是，他下詔宣布：「既富而教，方知廉恥。寧積於人，無藏府庫。河北、河東今年田租，三分減一，兵減半，功調全免。」藏富於民當然是自我吹噓的講法，減免租調不無節約儲藏費用與損耗的考慮。我們暫且不去討論國家緊富與農民「衣食不給」之間的必然關係，[9]如此巨大的財政盈餘必然刺激消費的欲望。

這時，文帝已經五十三歲，從當時人的壽命來衡量，已經步入老年，這些年的辛勞鍛造出如此錦繡江山，他很想停下來休憩一番，好好欣賞一下眼前如畫風光。說實在的，近來他不時會感到一種說不清的茫然。早年的願望都已經成為現實，激勵他努力拼搏的政治對手盡皆降伏，反倒使得他失去奮鬥的目標，頓時覺得累了下來。

開皇十三年（五九三）正月十一日，文帝親自祭祀感生帝。二十一日，他來到長安西面的岐州。這裡的山水讓他心曠神怡，身體得到很好的修養。於是，他決定在此修建一座行宮，供他和獨孤皇后頤神養壽。

二月六日，[10]文帝詔令楊素負責在岐州北邊修建仁壽宮。楊素推薦著名的建築專家宇文愷檢校將作大匠，並舉其堂妹夫封德彝為土木監，文帝皆予批准。在這裡，文帝一直修養到十七日才回到京城。如此長時間優閒靜養，在以前似乎從未有過。

楊素在戰場上是讓敵人喪膽的將軍，在生活上則是奢侈好手，擁有「家僮數千，後庭妓妾曳綺羅者以千數。第宅華侈，制擬宮禁」，[11]由他來主持工程，規模場面自可想像，何況這又是博取文帝歡心的良機，自然加倍盡心，宮殿設計得極盡富麗，高臺亭榭，層疊而起，依山築殿，宛轉相連。只苦了服勞役的丁夫，在嚴厲的督責下，日夜趕工，疲憊不堪，體力一不支，便被推下坑谷，覆以土石，充作基址。兩年下來，一座金碧輝煌的仁壽宮拔地而起，其下卻掩埋了萬餘民夫的屍骨。

開皇十五年（五九五）三月，仁壽宮竣工，文帝讓高熲前往視察，高熲回來報告，認為太過華麗，文帝心裡不高興。楊素聞知，深感憂懼，密啟獨孤皇后道：「帝王法有離宮別館，今天下太平，造此一宮，何足損費！」[12]請皇后為他開脫。二十九日，文帝親自來到仁壽宮。其時天暑，民夫不堪苦役，死者相繼於道，楊素令部下焚屍清掃，匆匆掩埋。文帝沿途聽說，暗暗生氣，待到仁壽宮一看，頓時火起，怒道：「楊素竭百姓之力，雕飾離宮，為吾結怨於天下！」楊素不知所措，如坐針氈。倒是封德彝沉得住氣，悄悄對楊素說：「公勿憂，待皇后至，必有恩賞。」[13]

次日，文帝召見楊素。楊素不知是喜是憂，心裡七上八下，待入宮一見，文帝與皇后並坐高位，一顆心總算放下。果然，獨孤皇后對他頗加慰勞，讚揚說：「大用意，知吾夫妻年老，無以娛心，盛飾此宮室，豈非孝順。」[14]結果，楊素不但沒有受到責罰，反而受賜錢百萬，錦絹三千段。當然，這些都是枝節小事，重要的是文帝最後一道勤儉憂民的心理防線被攻破了，這對以節

9《隋書》卷二十四，〈食貨志〉在上引減免租調詔書後緊接著記載：「時天下戶口歲增，京輔及三河，地少而人眾，衣食不給。」

10《資治通鑑》卷一百七十八是年二月條作「二月丙午」，查該月無「丙午」日，當依《隋書．高祖下》作「二月丙子」，即二月六日。

11《隋書》卷四十八，〈楊素傳〉。

12《隋書》卷四十八，〈楊素傳〉。

13《大唐新語》卷六，〈舉賢第十三〉。

14《大唐新語》卷六，〈舉賢第十三〉。

儉著稱的夫婦已經變得樂於安逸了。

在建造仁壽宮期間，朝廷發生了幾件事。

開皇十四年（五九四），旱災降臨關中，從五月起，赤日炎炎，長空無雲，烤得黃土龜裂，莊稼乾枯。而且，京城又發生地震，更是雪上加霜。到了八月，農民顆粒無收，僅以豆屑雜糠充饑。文帝見到農民的食物，涕流滿面，傳示朝臣，並宣布不食酒肉，與民同憂。可是，才八月農民就斷糧，這年頭明顯熬不過去。九日，文帝宣布率領百姓到洛陽就食，一路上，他讓衛隊扶老攜幼，保護饑民，體恤備至，表現得十分仁慈。

然而，文帝的悲憫是廉價的。如前所述，這時中央掌握著充足的糧食，只要開倉賑災，已經餓得頭昏眼花的百姓便可以免去長途跋涉。唐太宗曾評論說：

> 隋開皇十四年大旱，人多饑乏。是時倉庫盈溢，竟不許賑給，乃令百姓逐糧。隋文不憐百姓而惜倉庫，比至末年，計天下儲積，得供五六十年。煬帝恃此富饒，所以奢華無道，遂至滅亡。[15]

文帝的節儉已經變為吝嗇，他愈來愈渴望集權，人事權、物權、財權……把各種資源都緊緊抓在自己手中。打敗對手，失去目標的落寞無形中使他把權力作為目的。權力的大小以及對權力的需求，本應根據要實現的目標的規模與艱難程度來規定，將這種權力表現為實現目標的能力。然而，當權力失去目標而以自身的增殖為目的時，那便淪落為專制主義，這種權力是對社會利益最大限度的攫取，對這種權力的追求便是人們常說的權力慾或權力狂。一旦陷入這一怪圈，對權力的享受和對失去權力的恐懼，會讓權力擁有者孤獨、高傲、冷酷、虛偽、猜忌和渴求榮耀，性格變態而焦躁欲狂。

在洛陽安頓下來後，閏十月，文帝下了道詔書，令高仁英、蕭琮和陳叔寶依時修祭齊、梁、陳宗祀，所需器物由有司供給。讓這三位政治廢人祭祀其宗，顯現文帝的寬宏大量，頗起粉飾太平的作用。而且，隨身攜帶亡國舊君出遊，何其風光。

文帝帶著陳叔寶登上洛陽郊外的邙山，當年幾度慘烈的鏖戰，為北周政權立足關中奠基，今日故地覽勝，四海已成一家。陳叔寶當過皇帝，最曉得文帝的心思，他十分湊趣地賦詩讚頌：

> 日月光天德，山河壯帝居。
> 太平無以報，願上東封書。[16]

此時此刻，文帝最希望的便是歌功頌德，而其極致自然非東封泰山莫屬。陳叔寶深諳此理，特意投其所好，上表請求封禪。文帝心裡喜悠悠，溫言慰答，不無贊許。

官僚政客，特別是一心向上爬的野心家何等精明，見文帝這般態度，頃刻洞悉其意。晉王廣立即率百官抗表，固請封禪。他的這番表演，大得文帝歡心。此時的文帝已經頗有些飄飄然，對人的看法更多根據個人喜惡來決定，這就給投機營鑽者打開方便之門。晉王廣因為不惜餘力請求封禪而顯得格外孝順可愛，從此一天天亮麗起來，家門災禍悄然萌生。

要求封禪的呼聲在晉王廣的鼓動下迅速高漲，文帝便讓牛弘、辛彥之、許善心、姚察和虞世

15 《貞觀政要》卷八，〈辯興亡第三十四〉。
16 《資治通鑒》卷一百七十八「隋文帝開皇十四年（五九四）閏十月」條。

基等儒臣創定封禪儀禮，著手準備。不久，儀注撰成，送文帝審閱。這時，他又謙虛起來，說道：「此事體大，朕何德以堪之。但當東狩，因拜岱山耳。」[17]也許是關中大饑荒的陰影，使他不願太過招搖吧。

十二月五日，文帝起駕東巡，一行人浩浩蕩蕩，十分風光。開皇十五年（五九五）正月初三，他們來到齊州，安頓休整，沐浴齋戒。十一日，文帝服袞冕，乘金輅，備法駕，率百官登上泰山，於山頂設壇，柴燎祀天，並因乾旱而謝愆咎。禮畢，他又來到青帝壇前，祭祀一通，宣布大赦天下。

祭過泰山，實現多年祕藏心頭的願望，文帝心滿意足地打道回返。途中，他重申收繳並禁止私造武器的命令。三月一日，回到京城後，又舉行儀式，遙祭五嶽海瀆。一系列祭祀典禮，是大功告成的宣示。歌舞昇平，天下無事，站在巍峨的宮城上極目俯瞰，空前的成就令他陶醉，群山聳立，天地同在！年輕時代改天換地的內心衝動已經隨歲月流逝，無限的滿足和無比的自豪，使他感到應該好好地坐享江山，這些年來殫精竭慮、焚膏繼晷的生活確實夠很累。

二十九日，文帝攜獨孤皇后前往剛剛落成的仁壽宮。宮殿確實奇巧方便，與皇宮的莊嚴刻板大相異趣，處處充滿生活的氣息，沒有政務的煩惱，一夜高枕無憂，文帝真正嘗到生活的歡樂。四月一日，他再度宣布大赦天下。

在仁壽宮，文帝一直住到七月二十二日才回長安。他已經喜愛上仁壽宮，漸漸習慣於舒適的生活。他還派人將北周權臣宇文護建造的驪山溫泉修葺一新，加蓋屋宇，種植松柏。回長安僅三個多月，他又到溫泉修養。在享受生活的同時，他對朝政愈來愈不耐煩，愈來愈喜歡在離開朝臣的修養勝地發號施令。因此，仁壽宮成為開皇後期政治舞臺的中心，成為一個時代的象徵。

在仁壽宮修養的時候，晉王廣呈獻一隻象徵長壽吉祥的毛龜，讓文帝格外開心。文帝喜好祥瑞是出了名的。當初奪天下的時候，他深恐人心不服，所以，經常編造天象符瑞的故事，大加宣傳，以證明自己確是真命天子。一幫方術道士見此情形，紛紛炮製祥瑞進呈，無不受到褒獎。在修樂論爭時，有和尚教萬寶常道：「上雅好符瑞，有言徵祥者，上皆悅之。先生當言就胡僧受學，云是佛家菩薩所傳音律，則上必悅。先生所為，可以行矣。」[18]由此可知，符瑞圖讖甚至能夠左右文帝對事物的判斷，因此成為野心家進身的法寶。

圖讖符瑞所言有時似靈驗，久而久之，文帝對此道深信不疑，尤其在功業隆盛之時，他更加耽迷符瑞，一日不可或缺，每聽到符瑞消息，如聞空中梵音，通體舒泰。由製造天命到深信天命，開皇中期以後，對文帝的歌功頌德發展到造神運動的迷信程度。

這年五月，文帝正在仁壽宮靜養，山間跑出鹿群，一直來到宮門前，徘徊不去。仁壽宮所在山地，本來就有鹿群出沒，但百官知道文帝的脾氣，趁機上表慶賀，文帝也興奮不已，下詔稱慶道：「朕自受靈命撫臨天下，遵行聖教，務存愛育，由王公等用心助朕宣揚聖法，所以山野之鹿今遂來馴。」[19]翻經學士費長房大加發揮說，宮門衛士威風凜凜，人見到了都要害怕，而膽小的鹿

17《隋書》卷七，〈禮儀二〉。

18《隋書》卷七十八，〈藝術．萬寶常傳〉。

19《歷代三寶紀》卷十二。

群卻敢接近他們，充分說明皇上膺天命行聖化，仁壽宮門，譬如佛影，仁壽山乃國之神靈所在。說得文帝欣喜異常。

如此一件小事都要附會神跡，吹噓一通，那麼，朝廷中的迷信氣氛，可想而知。

王劭是北齊文士，入周後鬱鬱不得志，隋文帝喜好符瑞不啻給了他再生之道。於是，他利用編修皇帝起居注的機會，屢屢上表，細說五行符瑞徵應，得到文帝青睞，他也更加賣力地宣傳。上朝時，他本無說話資格，卻十分神氣地立於朝堂之上，對著文帝的臉比劃起來，向大臣們指點龍顏戴干之表，就像在講授解剖圖譜，說得活靈活現，不由得大臣不信。

文帝被說得高興起來，提拔他當著作郎。這下子他越發來勁，不知從哪裡搜集來一大堆奇談異事，摻雜民間歌謠，引圖書讖緯之說，附會佛經之義，篡改文字，曲加誣飾，編撰成《皇隋靈感志》三十卷，奏上。文帝大喜，令宣示天下。王劭又獲得表演的機會，他召集各州朝集使，洗手焚香，閉目誦讀，抑揚頓挫，有如歌詠。足足念了十來天才功德圓滿，猶如宗教法事一般。

文帝雖然是佛教徒，但他「素信鬼神」，[20]所以，非但不排斥道教，甚至在其人生事業的緊要關頭還更加依賴於方術道士的符瑞圖讖之說。

從社會思想發展的階段而言，經過魏晉儒家禮崩樂壞而至南北朝，古今中外各種哲學思想相互碰撞，逐步形成儒、佛、道三教合流的大趨勢。北魏和北周對佛教的鎮壓，從反面促進佛教在社會基層的普及而日益深入人心。因此，當意識形態隨著社會演進而走向統一的時候，必定會循著三教合流的軌道前進。這既是思想發展的趨勢，也是政治發展之所需。所謂「隋文承周武之後，大崇釋氏，以收人望」，[21]說明隋文帝的宗教政策是根據政治需要制定的，故獎掖道教亦屬必然，「至隋室道教復振，文帝開皇中詔重修二廟，精擇羽流，累致墨詞，以祈景福。於是朝野宗奉焉」。[22]

開皇三年（五八三），「隋高祖文皇帝遷都於龍首原，號大興城，乃於都下畿內造觀三十六所，名曰玄壇，度道士二千人」，[23] 而且，文帝還親自到樓觀臺宗聖觀沐芳禮謁，下令重修樓觀宮宇，度道士一百二十人。「開皇間已詔兩京及諸州各置玄元皇帝廟」，[24] 在全國範圍內修復或建置老子廟，經常徵召有名望的道士到京城講論玄理，並在京城安善坊設立玄都觀，延聘樓觀道「田谷十老」之一的王延為觀主，成為全國道教學術中心，深具影響。此外，文帝還建造了一批道觀，如開皇二年（五八二）在益州建至真觀；開皇七年（五八七），為道士孫昂和呂師分別修建清都觀和清虛觀，為秦王俊建立會聖觀等，[25] 為道教的發展奠定良好的基礎。

然而，文帝對於道教的興趣主要在於五行圖讖，著眼於現實政治的利用，因此，他對道教的態度頗為微妙。《隋書．經籍志》談到，道教於「開皇初又興，高祖雅信佛法，於道士蔑如也」；《集古今佛道論衡》卷乙也說：「至於道觀，羈縻而已」。這不僅是個人對宗教的態度，而且還牽涉到敏感的政治問題。

文帝利用圖讖奪取北周政權，以後又「多說符瑞以耀之」，[26] 因此，他深知圖讖在政治鬥爭

20 《隋書》卷二十五，〈刑法〉。
21 （宋）宋敏求，《長安志》卷七，「右皇城．南靖善坊」條。
22 （元）趙道一，《歷世真仙體道通鑒》卷三十〈嚴達傳〉，收於《正統道藏》第八冊。
23 （唐）杜光庭，〈歷代崇道記〉，收於《正統道藏》第十八冊。
24 《雍錄》卷十，引《禮閣新儀》。
25 卿希泰主編，《中國道教史》第二卷（四川人民出版社，一九九二年），第十一頁。
26 《隋書》卷六，〈禮儀一〉。

中的作用，自然對之十分敏感，一方面要充分加以利用，另一方面則要嚴格加以控制，不能為他人所染指，「及高祖受禪，禁之踰切」。[27]前些年誅王誼時，作為謀反的重要證據，就是與宗教的勾結，誅王誼詔稱：「然性懷險薄，巫覡盈門，鬼言怪語，稱神道聖。朕受命之初，深存誡約，口云改悔，心實不悛。乃說四天王神道，誼應受命，書有誼讖，天有誼星，桃、鹿二州，岐州之下，歲在辰巳，興帝王之業。密令卜問，伺殿省之災。又說其身是明王，信用左道，所在詿誤，自言相表當王不疑。此而赦之，將或為亂，禁暴除惡，宜伏國刑。」[28]圖讖巫覡與政治的結合被視為對皇權的嚴重挑戰，是不能容忍的，如後所述，即使是皇子親王亦在所不赦。

開皇中後期，外部的敵人基本消滅，太平歲月反倒滋長了文帝的猜忌心，專制主義日甚一日，最高統治集團內部的鬥爭趨於激烈。這時，文帝對於圖讖更加警惕，開皇十三年（五九三）二月二十七日，專門下令「私家不得隱藏緯候圖讖」，以後，對政治目的的宗教迷信活動禁令愈嚴，開皇十八年（五九八）五月，「詔畜貓鬼、蠱毒、厭魅、野道之家，投於四裔」。[29]這些禁令在文帝去世之後仍然得到遵循，甚至愈加嚴厲，「煬帝即位，乃發使四出，搜天下書籍與讖緯相涉者，皆焚之，為吏所糾者至死。自是無復其學，祕府之內，亦多散亡」。[30]

道教圖讖與政治家相互利用，使得道教始終處於既受利用又受限制的尷尬境地，被視為實用工具，這就決定它不能成為意識形態的主流。隋朝名士李士謙曾對當時的三教關係概括道：「佛，日也；道，月也；儒，五星也」。[31]王劭以儒士身分而不得不編造圖讖符命取寵，說明李士謙的生動比喻確實道出隋代宗教的實際情況。

隋朝宗教主流是佛教。如前所述，隋文帝出生於佛寺，十三歲以前一直在佛寺接受教育。登基之後，更是致力於興隆佛教。

開皇元年（五八一），文帝下令恢復北周武帝所廢諸寺，各地民戶計口出錢，營造經像，聽任百姓自由出家。同時，令京師、并州、相州和洛州等大都市官府出資抄寫佛經，置於寺內，副本藏於祕閣。「天下之人，從風而靡，競相景慕，民間佛經，多於六經數十百倍」。[32]還命令於五嶽各置僧寺一所，為其父楊忠於襄陽、隋郡、江陵和晉陽等地立寺各一所，建碑頌德。一年之中四頒詔令，[33]為佛教的興隆大造聲勢。

大規模的造寺寫經，為佛教迅速繁榮打下物質基礎，而文帝從政治上扶持佛教的政策，更使得佛教從一開始便占據了中心地位，其他各種宗教、甚至傳統的儒家政治學說都無法與之比肩。

隋朝建立之後，文帝即以僧人充任顧問，二十餘年間，「每日登殿，坐列七僧，轉經問法，乃至大漸」。[34]律宗靈藏和尚為文帝布衣之交，隋遷都之際，文帝為他營造大興善寺，並令左右僕射每兩日前往參見，而且，還讓他自由出入皇宮，「坐必同榻，行必同輿。經綸國務，雅會天鑒。有時住宿，即邇寢殿」。[35]開皇四年（五八四），文帝在給靈藏的手敕中說：「弟子是俗人天子，律師

27《隋書》卷三十二，〈經籍一〉。
28《隋書》卷四十，〈王誼傳〉。
29《隋書》卷二，〈高祖下〉。
30《隋書》卷三十二，〈經籍一〉。
31《隋書》卷七十七，〈隱逸・李士謙傳〉。
32《隋書》卷三十五，〈經籍四〉。
33 這年分別於二月、閏三月、七月和八月頒布興建佛寺詔令，詳見《歷代三寶紀》卷十二。
34《集古今佛道論衡》卷乙。
35《續高僧傳》卷二一，〈隋京師大興善寺釋靈藏傳〉。

為道人天子，有欲離俗者任師度之」；「律師化人為善，朕禁人為惡，意則一也」。[36]由此看來，文帝承認在俗世之外存在著一個佛教的世界，這兩個世界殊途同歸，因此，他要和佛教共同治理天下。

承認兩個世界的存在，文帝並不打算將國家神權化，也不準備將宗教貶為政治的奴隸，他要在梁武帝和周武帝之間走出一條平衡宗教與俗世的道路，盡可能發揮佛教在意識形態上的巨大作用。因此，他對佛教採取鼓勵的政策，這表現在以下幾個方面。

第一，聽任度僧與出家。《隋書．經籍志》說：「開皇元年，高祖普詔天下，任憑出家。」此詔的宣傳意義遠重於實際效果。[37]《續高僧傳．曇延傳》說：「隋文創業，未展度僧」。有鑑於此，曇延於當年奏請度僧，以應一千二百五十比丘、五百童子之數，獲得文帝的批准，「此開皇釋化之開業也」。

此後，文帝又批准不少高僧度人出家的名額，故僧人大增，而民間私隨僧尼出家者為數更多。開皇十年（五九〇），文帝以此事諮詢曇遷，曇遷建議盡予承認，文帝經過反復思考，採納其議，「因下敕曰：自十年四月已前，諸有僧尼私度者，並聽出家。故率土蒙度數十萬人」；[38]「敕僚庶等，有樂出家者，並聽」，[39]完全開放出家度僧的限制。受此鼓勵，在文帝統治的二十四年間，正式剃度的僧尼就達二十三萬人。

第二，廣建寺塔，修造佛像。繼上述開皇元年（五八一）五嶽建寺令之後，開皇三年（五八三），文帝下詔修復北周所廢諸寺，並令京兆尹蘇威在新都選形勝之地安置伽藍，「於是合京城內無問寬狹，有僧行處，皆許立寺，並得公名」。[40]翌年，下令在其誕生地及其父楊忠曾經任職的隋州創建大興國寺，在京城造大興善寺，敕令各地將現存佛像交附近寺廟安置，不得損毀。把修建寺廟佛像作為官方事業大力推行。

而且，文帝還積極鼓勵民間修建寺塔。按照隋朝規定，興建伽藍必須向官方申請寺額，繳納一定的費用。[41]然而，為了鼓勵民間立寺，文帝採取了特殊的措施，如遷都大興城時，「便出寺額一百二十枚於朝堂，下制云：有能修造，便任取之」，[42]免除申請寺額的手續及其費用。平陳以後，文帝更加熱心於佛教事業，開皇十一年（五九一），下詔取消營建佛事的公私區別，規定：「自今已後，凡是營建功德，普天之內，混同施造，隨其意願，勿生分別」。[43]開皇十四年（五九四），又進一步取消寺額限制，敕令「率土之內，但有山寺一僧已上，皆聽給額。私度附貫」。[44]在其獎勵下，王公勳貴、官吏世族聞風響應，寺塔如雨後春筍，紛紛建立。

對於佛寺，文帝還從經濟上予以支持。例如，開皇十二年（五九二），敕賜宣州稽亭山妙顯寺

36《佛祖統紀》卷三九。
37 如後所述，開皇十年以前，出家需要申請，未申請者則為「私度」，故出家仍受一定的限制。
38《續高僧傳》卷十八，〈曇遷傳〉。
39《續高僧傳》卷十，〈靖嵩傳〉。
40《辯正論》卷三。
41《釋門自鏡錄》卷下「隋冀州僧道相見靈巖寺諸僧受罪苦事」條記載：「開皇五年，眾僧遣法迴向京師請靈巖寺額。將絹百匹、驢兩頭，除糧食。迴至京師，逢通事舍人，是靈巖檀越。為奏得額，不費一錢。法迴自思惟，此寺額因此而得。於寺有恩，應銷三十匹絹。」此故事生動地記述了開皇前期申請立寺的官方手續，並可了解申請寺額的費用約為絹三十匹左右。
42《長安志》卷十，「頒政坊」。
43《歷代三寶紀》卷十二。
44《續高僧傳》卷十八，〈曇遷傳〉。

「水田二頃五十畝，將充永業。寺側近封五十戶民，以充灑掃」；[45]開皇十三年（五九三），詔令五嶽及名山各置僧寺一所，並賜予田莊等等。

值得注意的是，平陳以後迅速升溫的造寺之風，與全面否定北周武帝的滅佛緊密聯繫，不無政治意義。據說，開皇十一年（五九一），內太府寺丞趙文昌突然暴死，數日後又活了過來，自稱到閻羅殿走了一趟，見到周武帝頸銬三重鉗鎖，對其滅佛行為悔恨不已，要趙文昌回去向隋文帝請罪，請文帝為他營修功德，讓他早日超度。趙文昌復甦後，將此事具奏文帝。文帝因此敕令國內「人出一錢，為周武帝轉《金剛般若經》，兼三日持齋。仍敕錄此事入於隋史」。[46]

開皇十三年（五九三）春，文帝巡幸岐州時，與蜀王秀等一道圍獵，在南山破窯裡見到許多北周滅佛時殘存的佛像，大為感傷。回京後，旋即詔令各地：「諸有破故佛像，仰所在官司，精加檢括，運送隨近寺內。率土蒼生口施一文，委州縣官人檢校莊飾。」[47]到了年底，文帝又於佛像前露髮懺悔，與皇后各施絹十二萬匹，修繕北周時毀損的佛像經書。在他帶動下，王公百官、京畿百姓紛紛捐款助修，數至百萬。翌日，他還主持齋會，奉慶經像，參加者多達十萬人。

否定周武帝也是為了神化隋文帝。文帝常對朝臣追憶童年，談到七歲時，撫育他的神尼智仙曾經預言他「當大貴，從東國來，佛法當滅，由兒興之」。[48]後來，他果然自東方入關，代周而立。說得神乎其神，儼然以救世主自居。而且，他還讓王劭為神尼智仙作傳，並在他登基前足跡所至的四十五州同時興建大興國寺，讓其誕生神話揚播四海。

在日益高漲的建寺造塔熱潮中，開皇二十年（六〇〇），文帝下令：「沙門道士壞佛像天尊，百姓壞岳瀆神像，皆以惡逆論。」[49]把破壞佛、道塑像列入「十惡」重罪之中，給予宗教最高等級的保護。

佛教信仰愈來愈多地介入社會生活，日漸絕對化而越發淪為迷信，並與對文帝的崇拜和政治上的專制集權互為表裡，同步增長，至文帝晚年達到登峰造極的地步。後面還將介紹，在文帝最後的四年裡，建造寺塔再掀高潮，「前後建塔百有餘所，隨有塔下皆圖神尼，多有靈相」。[50]顯然，此期的造寺建塔更加突出對文帝的崇拜。

文帝時代屢建寺塔，數量之大，足可驚人。初唐僧人道世曾對文帝時代的興佛功行統計道：

隋高祖文皇帝開皇三年周朝廢寺，咸乃興立之。名山之下，各為立寺。一百餘州，立舍利塔。度僧尼二十三萬人，立寺三千七百九十二所，寫經四十六藏，一十三萬二千八十六卷，修故經三千八百五十三部，造像十萬六千五百八十區。自餘別造，不可具知之矣。[51]

以上羅列的還只是官方的資料。在整個隋朝的佛教功行中，度僧立寺幾乎都發生在文帝時代，極可注目，表現出該時代佛教崇拜的特點。而營造和維持這些寺廟的費用由國家承擔，[52]靡

45 《全隋文》卷二十八，〈宣州稽亭山妙顯寺碑銘〉。
46 《法苑珠林》卷七十九，〈十惡篇〉。
47 《續高僧傳》卷十八，〈曇遷傳〉。
48 《續高僧傳》卷二十六，〈道密傳〉。
49 《隋書》卷二十五，〈刑法〉。
50 《續高僧傳》卷二十六，〈道密傳〉。
51 《法苑珠林》卷一百，〈傳記篇〉。
52 茲舉一例為證。《續高僧傳》卷十八〈曇崇傳〉記載：「（曇崇）以佛法頹毀，私願早隆，謹造一寺，用光末法，因以奏上。帝乃立九寺以副崇願，皆國家供給，終于文世。」

費用亦巨。

第三，廣集天下名僧，把京師建成佛教教育與研究的中心。隋朝一建立，文帝就開始延攬天下名僧入京。當年以璽書延請北天竺僧那連提黎耶舍來隋譯經，就是有名的一例。這種個別延聘的例子還有許多，難以枚舉。開皇七年（五八七）秋，文帝作出一項深具影響的決定，詔請徐州曇遷、洛陽慧遠、魏郡慧藏、清河僧休、濟陰寶鎮、汲郡洪遵等「六大德」各率門人弟子十人入京，安置於大興善寺弘法。[53]這「六大德」為當時佛教界領袖，他們的到來，奠定了長安為天下佛教中心的地位。平陳以後，又陸續延攬南方高僧入京，更使得各地名僧薈萃京城，南北學說融於一爐。

當時，京城內有寺百餘所。據說，文帝以大興郡公起家，「因即城曰大興城，殿曰大興殿，門曰大興門，縣曰大興縣，園曰大興園，寺曰大興善寺」，[54]可知以「大興」命名者，皆為中心。故大興善寺亦不例外，不僅位於都城中心，而且「盡一坊之地，寺殿崇廣，為京城之最。號曰大興佛殿，制度與大廟同」，[55]地位之高，無與倫比，是文帝有意創建的全國佛教中心。因此，從各地徵選而至的高僧，大多安置於此。

大興善寺僧人定員一百二十名，半數姓名事蹟可考，足見寺僧對弘揚佛法貢獻之大。這六十名僧人當中，文帝時召聘的就達五十三名，占絕對多數。若按《續高僧傳》的分類加以統計，則六十名僧人可分為義解科十五人，譯經科十三人，感通科十三人，習禪科六人，明律科三人，護法科二人，雜科六人。不難看出，文帝時代，大興善寺在譯經、編纂經錄、佛學研究與教育等方面，成為領導示範，而且，中央僧官也主要從大興善寺產生。[56]

在此基礎上，開皇十二年（五九二），文帝進一步決定在京師設置「二十五眾」和「五眾」兩種特殊的佛教組織。前者是弘揚佛法的團體，後者則是專門的僧人教育組織，其人選皆由文帝敕任，受到官方的保護和資助。[57] 由政府出面來組織佛教一般弘法與專門教育的團體，向社會和僧界全面系統地進行佛法教育，這是前所未聞的，它本身已經暗示了隋朝的文教政策正在悄悄發生變化。

據現存佛教資料可知，「二十五眾」是從眾多僧人中選拔出來的二十五位「三學（戒、定、慧）」優長的高僧組成的僧眾組織，其中設眾主、第一摩訶衍（Mahā—yanā 大乘）匠和教讀經法主等職，其弘法的對象為一般民眾，主要傳授戒定慧三學和大乘佛法，屬於佛教的傳教組織。這二十五位高僧分布於長安，以各自住寺為中心，領徒授業，教化海內。

「五眾」則是佛教專門的教育組織，根據佛學經、律、論分別組成大論、講論、講律、涅槃、十地五種僧伽組織，其名稱反映出當時佛教思想傳播的主流。「五眾」眾主為該領域最有聲望又具有行政組織能力的高僧，目前可知有九名，分別出自開皇七年（五八七）文帝詔請入京的「六大德」

53《續高僧傳》卷十八，〈曇遷傳〉。

54《歷代三寶紀》卷十二。

55《長安志》卷七，「靖善坊」。

56 參閱：山崎宏，《隋唐佛教史研究》（法藏館，一九六七年），第三章。

57《續高僧傳》卷十五「論曰」：「隋高荷負在躬，專弘佛教。開皇伊始，廣樹仁祠，有僧行處，皆為立寺，召諸學徒，並會京輦，其中高第自為等級，故二十五眾峙列帝城，隨慕學方，任其披化」；《續高僧傳》卷十九〈法應傳〉記載：「開皇十二年，有敕令搜簡三學業長者，海內通化，崇於禪府。選得二十五人，其中行解高者，應為其長。敕城內別置五眾。各使一人，曉夜教習，應領徒三百，於實際寺相續傳業。四事供養，並出有司」；並請參閱：山崎宏，《支那中世佛教的展開》，第六章。

門下，並為文帝所崇敬，執佛教界之牛耳。「五眾」根據所專攻的五種佛教經典相區分，故不止於五個團體，同名者可以有多個，如開皇十六年（五九六）左右同時存在兩個大論眾主和三個涅槃眾主。每個團體「各使一人，曉夜教習」，眾主一般受敕任後移居新寺，主持該寺的佛教經論義理的傳授。

「五眾」組織的設立，對於佛教法脈的繼承與發揚，以及推動佛學經義的研究與提高，都具有極其重要的意義，成為培養佛教人才的基地。

在文帝的積極宣導下，佛教廣為流行，特別是在上層統治者當中擁有莫大的影響力。文帝夫婦固不待言，諸子無不崇信佛教。長子楊勇以釋普安為門師；次子楊廣與天台智顗的師徒關係，以及他在揚州延攬高僧，於洛陽開設慧日道場等事蹟，廣為人知；秦王俊「崇敬佛道，請為沙門，上不許」；[58] 蜀王秀拜曇遷為師，關係極為親密；漢王諒鎮守晉陽時，供養志念等僧眾四百餘人。皇室第三代亦為佛教信徒，如煬帝之子元德太子為善惠、元懿諸尼建造慈和寺；齊王暕拜保恭和靜琳為師等等。

而且，隋朝大臣亦多信佛，宰相高熲、蘇威、虞慶則和楊素等人造寺禮佛，尤為虔誠。至於重臣元勳為諸寺檀越（施主）的例子，不勝枚舉。滿朝文武，無一反對佛教，只有散騎侍郎盧思道對佛教妨礙國家禮儀略有微辭，但他在其他地方對佛教頗進頌詞，[59] 可知並不排佛。君臣上下皆崇信佛教，故文帝時代一系列崇佛的政策得以順利推行。

受文帝如此厚遇的僧徒，自然感恩戴德，效忠賣力。開皇初，應文帝璽書邀請而來的天竺沙門那連提黎耶舍，在翻譯《德護長者經》時，擅自竄入如下一段佛陀的預言：

汝今見此德護長者大兒月光童子（Candraprabha Kumara）不？唯然已見。佛言此童子者，能令未信眾生，令生淨信，……我涅槃後，於未來世護持我法，供養如來，受持佛法，安置佛法，讚嘆佛法。於當來世佛法末時，於閻浮提大隋國內，作大國王，名曰大行。能令大隋國內一切眾生信於佛法，種種善根。[60]

這段預言赤裸裸地鼓吹隋文帝的君權來自神授，肯定文帝篡奪北周政權的合法性，直接為當時尖銳的政治鬥爭服務。因此，《德護長者經》一經譯出，隋朝君臣便大加宣傳，並添加上文帝誕生神話，使得「聖跡」傳說廣為流傳。

開皇十七年（五九七），翻經學士費長房在其《歷代三寶紀》書中，採《德護長者經》之說，宣稱文帝為月光童子化身，故於北周滅佛之後，「天啟我皇，乘時來馭。……既清廓兩儀，即興復三寶。」

仁壽年間，安德王雄率百官共上〈慶舍利感應表〉，吹捧文帝是積數劫修行而來的國王，說道：「伏惟皇帝，積因曠劫，宿證菩提，降跡人王，護持世界。」[61]

於是，投機取巧的僧人造假取寵。文帝舊交沙門明誕奏稱：佛寺內掘得舍利與石碑，銘文記

---

58 《隋書》卷四十五，〈文四子．秦王俊傳〉。

59 《廣弘明集》卷二十八和卷三十分別載有盧思道早年所撰的〈遼陽山寺願文〉與〈從駕經大慈照寺詩序〉，以及《太平廣記》卷二五三載其以〈觀世音經〉與陳主應對的故事，都說明他對佛教頗有所知。

60 烈維（Sylvain Levi），《大藏方等部之西域佛教史料》（*Quelques documents sur le bouddhisme indien dans l'Asie centrale*），收於馮承鈞譯，《西域南海史地考證譯叢九編》（商務印書館，一九六二年重印），第二二二頁。

61 《廣弘明集》卷十七。

載：「大同三十六年已後，開仁壽之化」。以梁武帝大同年間推算，恰好相符。[62]仁壽二年（六〇二），中天竺摩竭提國僧闍提斯那言稱：「其國忽然地震，出石碑一方，上有銘文云：『東方震旦，國名大隋，城名大興，王名堅意，建立三寶，起舍利塔。』」[63]

這場造神運動雖然始於隋初，但卻氾濫於開皇中，愈演愈烈，一發不可收拾。其中，緇徒的推波助瀾，使得面對空前成就而心驕志逸的文帝迅速走向歧途。

開皇十四年（五九七）七月，法經上呈《眾經目錄》，奉表尊文帝為「法輪王」。[64]此時期，「文帝御寓盛弘三寶，每設大齋，皆陳懺悔，帝親執香爐，（彥）琮為宣導，暢引國情，恢張惶覽，御必動容竦顧，欣其曲盡深衷」。[65]翌年，他又敕請沙門法純到皇宮，為皇后舉行授戒儀式。[66]不僅夫婦二人耽佛日深，甚至將僧徒請上朝堂，把宗教規定作為國家法令。

推行佛教治國的政策，其來已久。早在開皇五年（五八五），文帝就曾大張旗鼓地延請法經入內，在莊嚴的大興殿為他授菩薩戒，詔告天下，赦免流罪以下獄囚二萬四千九百餘人，減死罪三千七百餘人。同時，還規定今後每月召請僧人於大興殿讀一切經。[67]翌年，關中亢旱，文帝恭迎沙門曇延於正殿作法祈雨，曇延高踞御座，文帝與百官規規矩矩地席地念佛，受八關齋戒，朝堂內外，香煙繚繞。

平陳以後，宗教活動越發流於迷信。開皇十年（五九〇），長安發生疾疫，文帝不是積極組織醫療救治，而是招來陳朝出身半儒半僧的徐孝克，令其於尚書都堂講《金剛般若經》，避邪攘災。[68]早些年，文帝曾令京城及諸州官寺於每年正月、五月和九月八日至十五日期間做法事，禁止遠近民庶殺生。[69]至其晚年，更普詔全國，在其誕生的六月十三日為其父母斷屠，[70]直接把佛法提升為國法。

綜觀文帝時代的佛教政策，大致可以分為三個時期，第一個時期在平陳以前，文帝利用佛教給其政權披上神權的合法外衣。第二個時期為開皇後十年，以平陳為標誌，構建宏偉帝國的事業取得空前勝利，文帝把佛教用作自我神化的工具，迅速走向專制主義。第三個時期為後述的仁壽年間，接踵而至的政治變故，使得自我絕對化的文帝成為孤家寡人，只好依賴奢靡鋪張的宗教行為來慰藉心靈的空虛與焦躁，此期的宗教活動缺乏理性，與文帝人生歲暮構成雙重的變態。

然而，就政治與佛教的關係而言，或者就宗教觀來說，文帝始終承認此世與彼世之間，各自的存在與區別，他在給佛教高僧的書函，或者是關於佛教的政令，一般都以佛弟子自稱。他只是想把彼岸的精神引入此岸，以此統一大分裂造成的思想混亂，並不想把兩個世界混為一體。他還企圖把一些儒家觀念與佛教義理相結合，強調宗教虔誠般的忠孝觀念。這種對縱向關係的片面強調，也是他晚年迅速滑向專制集權的思想淵源。面對重新統一意識形態的艱巨任務，文帝顯露出理論的貧乏，缺少寬容、遠見和耐心。

62《續高僧傳》卷二十六，〈明誕傳〉。
63《續高僧傳》卷二十六，〈闍提斯那傳〉。又見《佛祖統紀》卷三十九。
64《眾經目錄》卷七。
65《續高僧傳》卷二，〈彥琮傳〉。
66《續高僧傳》卷十八，〈法純傳〉。
67《辯正論》卷三。
68《陳書》卷二十六，〈徐陵附徐孝克傳〉。
69《歷代三寶紀》卷十二，所載開皇三年（五八三）詔。
70《隋書》卷二，〈高祖下〉。

開皇十年（五九〇）二月，也就是剛剛贏得統一戰爭偉大勝利後迎來的第一個春天，文帝興高采烈地巡幸并州，與秦王俊等人宴飲，即席賦詩：

紅顏詎幾，玉貌須臾。
一朝花落，白發難除。
明年後歲，誰有誰無？[71]

這首頗帶感傷情調的四言詩，反映出文帝世事無常的思想，哪怕是面對巨大的勝利，他還是感到世事滄桑，難以把握。正因為如此，所以他要努力通過建功立業去把握未來，用外在的「有為」來克服內在的空無。這是個人對蒼茫世界的無奈與焦躁。其思想與其行為的背離，說明他並沒有真正領悟佛學的真諦。所以，他雖然處處表現出佛教崇拜，但根子卻是陳舊的倫理道德。思想上的悖論，隨著老年偏執與事業成就而日益加深，內心焦躁更使得文帝失去把握平衡的自製力，為排遣空虛而日益耽迷於佛事。

開皇二十年十二月二十六日，文帝下詔：

佛法深妙，道教虛融，咸降大慈，濟度群品，凡在含識，皆蒙覆護。所以雕鑄靈相，圖寫真形，率土瞻仰，用申誠敬。其五嶽四鎮，節宣雲雨，江、河、淮、海，浸潤區域，並生養萬物，利益兆人，故建廟立祀，以時恭敬。敢有毀壞偷盜佛及天尊像、嶽鎮海瀆神形者，以不道論。沙門壞佛像，道士壞天尊者，以惡逆論。[72]

詔書發布在廢太子勇的巨大政治衝擊之後，文帝愈來愈依賴神靈崇拜與迷信作為精神支柱。

此詔令為新一輪大規模造寺建塔運動揭幕，把宗教迷信活動推向頂峰。

文化統制

就在文帝於全國轟轟烈烈地開展送舍利、造佛塔的時候，仁壽元年（六〇一）六月十三日，文帝發布了一道具有震撼性的詔令：

儒學之道，訓教生人，識父子君臣之義，知尊卑長幼之序，升之於朝，任之以職，故能贊理時務，弘益風範。朕撫臨天下，思弘德教，延集學徒，崇建庠序，開進仕之路，佇賢雋之人。而國學胄子，垂將千數，州縣諸生，咸亦不少。徒有名錄，空度歲時，未有德為代範，才任國用。良由設學之理，多而未精。今宜簡省，明加獎勵。[73]

這道詔令猶如強烈地震，頃刻之間就令有隋以來慘澹經營的學校教育體制土崩瓦解。根據此令，中央僅保留國子學一所，學生七十二人，[74]其餘的太學、四門學及州縣學校統統廢除。大批

71 《隋書》卷二十二，〈五行上〉。
72 《隋書》卷二，〈高祖下〉。
73 《隋書》卷二，〈高祖下〉。
74 《隋書》卷七十五〈儒林傳・序論〉記載：「暨仁壽間，遂廢天下之學，唯存國子一所，弟子七十二人」，《封氏聞見記校注》（封演撰、趙貞信校注，中華書局，一九五八年）卷一亦載：「復以諸生多不精勵，遂廢州縣學，京師惟留國子生七十二人」。只有《隋書》卷二〈高祖下〉作「於是國子學唯留學生七十人」。七十二人乃仿孔子門徒之數，故〈高祖紀〉或有脫字？

師生被遣散還鄉，一步一回頭，揮淚告別復興不久的學校。

同日，還下達了另一道命令：派遣專使向各州頒布舍利。和佛教的蒸蒸日上相比，儒學教育江河日下，慘不忍睹。文帝廢學的理由，僅有「設學之理，多而未精」一條，而這也是強詞奪理。

隋朝致力於發展教育，主要是平陳以後的事，哪怕往前追溯到開皇三年（五八三）的勸學詔令，也不過十餘年。「十年樹木，百年樹人」，造就一代人材，短短的十來年，充其量不過開了個頭，而僅此就對學校橫加指責，實在無理。而且，中國古代的學校本為素質教育的場所，若刻意以實用知識衡量之，則幾近吹毛求疵。有文化的學生從畢業到擔任國家要職，需要幾十年的磨煉，這幾乎屬於常識，無須贅論。而此人才積累過程，正是改變隋朝「儒罕通人，學多鄙俗者」的唯一途徑。文帝無視教育與人才培養的規律，強行解散學校，無疑是專制主義的惡政。唐朝魏徵等人對此分析批評道：「及高祖暮年，精華稍竭，不悅儒術，專尚刑名，執政之徒，咸非篤好」。至為公允。[75]

冰凍三尺，非一日之寒。如果對隋朝的文化體制及文人境遇略加考察，就不難發現文帝廢學並非毫無來由。

我們不妨把視野放開些，對比以下隋唐兩代的學官品秩。

表十一　隋唐兩代學官品級對照表

學官	隋開皇學制 品階	唐學制 品階
國子學博士	正五品上	正五品上
助教	從七品	從六品上
太學博士	從七品	正六品上
助教	正九品上	從七品上
四門學博士	從八品上	正七品上
助教	從九品	從八品上
書學博士	從九品	從九品下
算學博士	從九品	從九品下

表十一清楚地表現出隋文帝時代中央諸學教官（國子學博士除外）的品級，至少要比唐朝低

75 引文見《隋書》卷七十五〈儒林傳・序論〉。然而，到宋代，儒士葉水心為隋文帝辯護，認為廢學是由於學校空設，未足以得人，亦即完全認同隋文帝的說詞（見馬端臨，《文獻通考》卷四一〈學校考〉）。這種「欲加之罪，何患無辭」的道理，本文已略加批判。大概由於宋代學校書院林立，教育普及，生徒多有不精，故葉水心有感而發，但以此推論隋代，則是未遭文化專制主義荼毒而作的空論。猶如飽人不知餓人饑。近代學者呂思勉，更以文帝開皇前期興學業績為其廢學作辯，以為此乃文帝「務求實際」的表現（見其著《隋唐五代史》下，第一二六二頁）。呂氏沒有看到文帝當政前後期思想作風的重大變化，不承認個人的內在矛盾，實為失察。若以「務求實際」論之，則文帝晚年勞民傷財、鋪張佞佛又作何解釋？至於廢學是將養士教育交給民間等見解（高明士，〈隋文帝「不悅學」、「不知樂」質疑〉，《臺灣大學歷史學系學報》，第十四期），不敢苟同。隋承亂後，民生凋敝，百廢待興，各地仰賴官府興學除弊，前已述及。當此民生無力之際，要把高投入而少有經濟回報的教育轉給民間處理，恐怕不現實。其實，文帝的廢學政策，連煬帝都看不下去，故一繼位就宣布予以廢止。

二級以上，尤其是太學助教，相去甚多。而文帝於六月廢學之後，次月又將僅存的國子學改為太學，教育機構的地位更是低下。

國家最高學官的國子博士為正五品上，約莫相當於大州副職，而一般的助教則只能勉強擠進國家官吏行列，聊充殿軍。

官品低不僅是地位低，還直接關係到經濟待遇。根據隋朝官俸規定，正五品二百石，日子過得差強人意。從七品七十石，從八品五十石，持家維艱。而助教和書、算二學博士最為可憐，據「食封及官不判事者，衛九品，皆不給祿」[76]的規定，雖有官品，卻無薪俸。唐朝書、算博士雖為從九品下，但有俸祿，與隋迥然不同。

更可悲涼的是學官無權無勢，衣食所在的鄉村本家，不能享受官人的經濟特權，常被胥吏上門課稅，窘態畢露，投訴無門。這種情況還不限於學官，大凡文職儒士，概莫能外。劉炫在煬帝時擢升太學博士，「歲餘，以品卑去任」。文帝時代，他任職祕書、內史和門下三省，卻「為縣司責其賦役」。[77]虞世基在陳朝滅亡後，被遷入京，「為通直郎，直內史省。貧無產業，每傭書養親」。[78]王孝籍入祕書省參修國史，「在省多年，而不免輸稅」，不得已向吏部尚書牛弘投訴，牛弘雖然同情，卻無可奈何。[79]貧寒所迫，便顧不上廉恥了。名儒劉炫偽造古代逸書百餘卷，送官請賞，為人告發，竟至死罪，後來雖免死除名，卻已是斯文掃地了。無怪乎當時的「巨儒必鄙俗」。唐朝史官為之鳴不平道：「古之學者，祿在其中，今之學者，困於貧賤，明達之人，志識之士，安肯滯於所習，以求貧賤者哉？」[80]賤待學人，則誰肯皓首窮經以求貧賤？問題的癥結就在於此，文帝不自反思，卻怪罪於學校空設，錯上加錯。

學官社會地位低，文人經濟待遇差，根本原因還在於統治者內心深處看不起文人。劉焯在當時被譽為「數百年已來，博學通儒，無能出其右者」，[81]文帝令他服侍蜀王秀，他不願意，遷延不肯就任。蜀王大怒，派人將他枷鎖擒來，罰執兵役。劉炫也曾因為不肯奉詔服侍蜀王而被銬送至蜀，被迫執杖充當門衛，飽經羞辱。動不動就捆綁枷銬文人，還故意逼迫他們從事非其所長的軍役，在隋朝幾乎是司空見慣的事。盧太翼被強徵為太子勇從官，太子遭黜，他竟坐死罪，文帝「惜其才而不害，配為官奴」；[82]孫萬壽被徵為王府文學官，只因衣冠不整，就被配防江南。溫文爾雅的一介書生，在那瘴氣彌漫、禽獸出沒的戍地，悲憤地控訴道：

> 如何載筆士，翻作負戈人！
> 飄飄如木偶，棄置同芻狗。[83]

隋朝上層統治者瞧不起文人，或許與他們源出北周的文化環境有關。前面一再提到，北周政權是由一群剽悍的塞上武將建立的，經常性的戰爭培養起社會極度尚武的風氣，文弱書生不能馳騁於疆場而被勇士們所輕視，這種時代烙印，文帝等將門出身的統治者恐怕終生難以消除。

---

76 《隋書》卷二十八，〈百官下〉。
77 《隋書》卷七十五，〈儒林．劉炫傳〉。
78 《隋書》卷六十七，〈虞世基傳〉。
79 《隋書》卷七十五，〈儒林．王孝籍傳〉。
80 《隋書》卷七十五，〈儒林．序論〉。
81 《隋書》卷七十五，〈儒林．劉焯傳〉。
82 《隋書》卷七十八，〈藝術．盧太翼傳〉。
83 《隋書》卷七十六，〈文學．孫萬壽傳〉。

或許就因為北周文化底子薄，所以，隋朝在思想文化領域一領風騷者，幾乎都出自北齊或南朝，「時之文人，見稱當世，則范陽盧思道、安平李德林、河東薛道衡、趙郡李元操、鉅鹿魏澹、會稽虞世基、河東柳䛒、高陽許善心等，或鷹揚河朔，或獨步漢南，俱騁龍光，並驅雲路」。[84]在這些人面前，北周軍將出身的統治者，有意無意之間不免會有相形見絀的壓力感，而缺乏自信的心態，往往會藉由自我抬高的文化歧視來表現。其實，在上一章所述修樂過程中，文帝的種種無理干預就不無此因素作怪。

然而，無論是什麼原因，從開皇中期開始，對思想文化的鉗制確實是大大加強了。這裡，有兩個因素不能不予以高度的重視。其一是前所述的宗教迷信，尤其是佛教崇拜的極大加深，而且，愈到文帝晚年，宗教活動愈趨於偶像崇拜的迷信，越發失去理性。國內太平無事，皇權日益加強，文帝更需要的是宗教信徒式的集權人才，而疏遠的是頗具理性的士人，因此，開皇末年的廢學具有轉換文化政策的意義。

其二是專制主義的高度膨脹。自平陳以後，文帝大大加強了對思想文化的統制。開皇十三年（五九三）上半年，文帝連發兩道詔令，一是規定「私家不得隱藏緯候圖讖」；二是「人間有撰集國史、臧否人物者，皆令禁絕」。翌年，再禁民間俗樂。開皇十八年（五九八），加重對巫蠱的懲處，規定：「畜貓鬼、蠱毒、厭魅、野道之家，投於四裔」。[85]這些禁令其實就兩類，一是禁止非法宗教活動；二是禁止非官方的文化活動。這兩條看似平行之線延伸至開皇末年而交匯，其結果就是廢學與頒舍利於天下。換言之，宗教崇拜是為了現世的領袖崇拜，而非理性的迷信必然輔以愚民政策，迷信與愚民雙重變奏，鳴鑼開道，乃是為了抬出專制集權的森然轎輿。這幾乎可以成為中國專制政治的一條規律了。

在古代，歷史可被視為活生生的政治學課本。因此，文化統制往往以禁止私人隨意編撰史書與評論時事人物的形式出現。隋朝開始了官撰史書的嘗試，因此，私家修史早有所禁。開皇早年，王劭曾因私人修史而險遭大難，幸虧他一貫以投機見長，反而因禍得福。別人就沒有他那麼幸運了。文帝徵召的「山東六儒」之一的張仲讓回鄉著書，為州縣所劾，狀子到了中央，張仲讓便被開刀問斬了，時在開皇中。既然已有禁令，則開皇十三年之令，則只是益峻其法，士子自當一葉知秋了。

政情異動

避實擊虛，避強擊弱，這不僅是指導戰爭的法則，而且也是政治鬥爭常用的手段。當專制主義以迷信和愚民的形式出現，以重拳猛擊在文士學子脊梁的時候，不少賤視文人的官吏們還幸災樂禍，隔岸觀火，有些甚至推波助瀾，樂成其禍。然而，他們沒有意識到，專制主義只允許絕對的盲從，它將掃蕩理性與良知，不管是學術的還是政治的。因此，命中註定他們將成為下一個目標，另一齣悲劇正在悄然揭幕。

人事的變動在不知不覺中進行。平陳以後，三省六部的掌權者，正逐步替換上皇室或弘農楊氏。開皇十二年（五九二），楊素當上尚書右僕射，開始了攬權主政的歷程。

84《隋書》卷七十六，〈文學．傳序論〉。
85《隋書》卷二，〈高祖下〉。

楊素出身於弘農楊氏，祖上數代為官，其父有功於北周。他雖然以軍功顯赫，但文學亦佳，「性疏而辯，高下在心，朝臣之內，頗推高熲，敬牛弘，厚接薛道衡，視蘇威蔑如也。自餘朝貴，多被陵轢。其才藝風調，優於高熲，至於推誠體國，處物平當，有宰相識度，不如熲遠矣」。[86]從唐人對他的評論還可明瞭，楊素除了高熲等極個別大臣外，在朝廷目空一世，八面威風，喜歡攬權，頗為專橫，「百僚懾憚，無敢忤者」。[87]他和高熲之間地位的榮枯消長，可視為文帝時代的一把政治尺度，而以其取代高熲獨掌朝柄為標誌，揭開文帝晚年政治紊亂的一頁。

當然，文帝更多是利用楊素的專橫跋扈來進行集權，內心則對他防範甚嚴。當楊素在仁壽元年（六〇一）登上尚書左僕射寶座時，文帝即將其密友薛道衡調離內史侍郎要職，出任襄州總管，不讓他掌握機密。而後，更頒敕道：「僕射國之宰輔，不可躬親細務，但三五日一度向省，評論大事」，[88]外示優崇而內奪其權。

開皇十二年（五九二）以後，史籍可考的中書令為楊素（弘農楊氏）、蜀王秀（皇子）、齊王暕（皇孫）和晉王昭（皇孫）。門下省由文帝最為信任的蘇威掌管，到了仁壽二年（六〇二），還是換上皇族出身的楊達。吏部在仁壽年間控制在文帝女婿柳述手中，而其本職為兵部尚書。自開皇中起，禮部就由弘農楊文紀負責，而刑部則由文帝家將李圓通掌管，連工部尚書都由皇族楊達出任。仁壽年間，文帝為其孫齊王暕納韋沖女為妃，因此任命韋沖為民部尚書，於是文帝宗族集團囊括三省六部最高職位，皇權達到登峰造極的地步。

在皇權極度增強的過程中，開皇十一年（五九一），文帝的親弟弟滕穆王瓚突然死亡，一時百官當中傳言紛紛。

滕穆王是個美男子，被招為北周武帝妹婿，感情甚篤。可是，他和文帝的關係並不融洽。

文帝篡周時，他的立場傾向於妻家，批評說：「作隋國公恐不能保，何乃更為族滅事邪？」[89]不肯應召入宮支持其兄。政變成功後，文帝大誅北周宗室，獨孤皇后記起滕穆王瓚的妻子是北周公主，意甚不平。於是，文帝逼迫其弟休妻，但一再遭到拒絕，憤恨在心。這年八月二十三日，滕穆王瓚奉召隨文帝遊栗園，當天就不明不白地死去，年僅四十二歲。兩天後，文帝從栗園回宮。好端端一位親王就這樣無聲無息地死去，難免引人猜疑。據傳出來的消息說，滕穆王是被文帝毒死的。

選擇在全國統一、天下無事之時下手，對宗親百官都是一個暗示、一個警告：順我者昌，逆我者亡，皇權至上！不管是什麼人，膽敢挑戰皇權，必遭滅頂之災。這豈能不讓百官膽戰心驚，好自為之。

此後，意在增強威嚇恐怖的高壓政策陸續出臺。開皇十五年（五九六），[90]因為發生合川倉官監守自盜倉粟七千石的事件，文帝下令：「盜邊糧一升已上皆斬，並籍沒其家。」文帝於法律常隨意修改，量刑又偏重，故當時名士李士謙就曾批評道：

86《隋書》卷四十八，〈楊素傳〉。
87《隋書》卷六十二，〈柳彧傳〉。
88《隋書》卷四十八，〈楊素傳〉。
89《隋書》卷四十四，〈滕穆王瓚傳〉。
90《隋書》卷二〈高祖下〉系於「開皇十五年十二月」，《資治通鑑》卷一百七十八據此系年；但《隋書》卷二十五〈刑法志〉載為「開皇十六年」，兩說並存。姑按前者敘述。

帝王制法，沿革不同，自可損益，無為頓改。今之贓重者死，是酷而不懲也。語曰：「民不畏死，不可以死恐之。」[91]

律外加刑，法重無度，結果是酷而不懲，反而激化社會矛盾。而且，具體執行的地方官也實在為難，特別是在南方和邊疆地區。潭州（今湖南省長沙市）總管權武治理邊人，「常以南越邊遠，治從其俗，務適便宜，不依律令，而每言當今法急，官不可為」，[92]結果被文帝聞知，差點就掉了腦袋。

聽不得不同意見，幾乎是文帝一貫的作風。開皇中，有人告發大都督邴紹詆毀朝廷為憒憒者，文帝大怒，下令將邴紹斬首，工部尚書長孫平勸諫道：「川澤納汙，所以成其深，山嶽藏疾，所以就其大。臣不勝至願，願陛下弘山海之量，茂寬裕之德。」文帝仔細一想，為了一句牢騷就殺人，確實說不過去，於是，他靈機一動，不僅赦免了邴紹，還向群臣宣布：「誹謗之罪，勿復以聞」。[93]借機顯示自己的雅量。

可是，過不多時，他又忍耐不住，不僅故態復萌，甚至變本加厲。開皇十七年（五九七）三月九日，他下了一道詔令稱：

分職設官，共理時務，班位高下，各有等差。若所在官人不相敬憚，多自寬縱，事難克舉。諸有殿失，雖備科條，或據律乃輕，論情則重，不即決罪，無以懲肅。其諸司論屬官，若有愆犯，聽於律外斟酌決杖。[94]

文帝喜歡於殿廷打人，輕重姑且不論，這種懲罰的效果更在於對人格的羞辱。平日威儀堂堂的官員當眾挨打，哭喊求饒，醜態畢露，直恨入地無門，讓高高在上的皇帝獲得無上尊嚴的心理滿足，在舉朝屏息中展示皇權的雷霆威力。所以，文帝對廷杖簡直著迷，動輒用刑，一日竟達數次。而且，為了達到最佳的立威效果，廷杖製作得特別大，打一下足足抵得上一般杖刑三下，但文帝還不甚滿意，行杖必令重打，曾因為行刑者出手不夠重而當場斬之。有時性起，甚至會親自行刑。

這種蔑視人的尊嚴的廷杖，最為百官所深惡痛絕。開皇十年（五九〇），宰相高熲和治書侍御史柳彧等人藉天下太平之機進諫，請求撤除廷杖，甚至以辭職相懇。文帝雖然很不高興，但迫於情勢，勉強將廷杖撤去。

現在，文帝不但公開宣布恢復廷杖，而且還推廣到各級官府。更嚴重的是以詔令的形式將此暴行合法化、固定化，成為中國專制主義的一項專利。法令頒布之後，「上下相驅，迭行棰楚，以殘暴為幹能，以守法為儒弱」，[95]血雨腥風中，公堂化為刑堂，專制主義空前肆虐。

刑罰固然加重許多，但是，犯罪行為並沒有因此被遏止住，京城發生大白天公然搶劫的惡性案件。十月，甚至發展到「京師大索」的地步，[96]社會治安狀況相當嚴峻。而地方上也是「人間

91《隋書》卷七十七，〈隱逸．李士謙傳〉。
92《隋書》卷六十五，〈權武傳〉。
93 引文均見：《隋書》卷四十六，〈長孫平傳〉。
94《隋書》卷二，〈高祖下〉。
95《隋書》卷二十五，〈刑法〉。
96《隋書》卷二，〈高祖下〉。

強盜，亦往往而有」。[97]對此，文帝深以為慮，向朝臣詢問良策，宰相楊素還來不及答腔，文帝已有所悟，自己答道：「朕知之矣。」[98]下令有能檢舉糾告者，查抄盜賊家產以賞之。剛開始，這一招頗顯靈驗，罪犯銷聲匿跡。可是，才過不久，犯罪案件又頻頻發生。更糟糕的是無賴之徒利用這道法令，每伺富家子弟出門，故意將財物失落於路，俟其拾取之時，立即扭送官府，取賞而去。這類案件屢屢發生，殷實而守本分的人家往往遭殃，一時間黑白顛倒，賊喊捉賊，搞得官府一籌莫展。

高招失靈，文帝不由得大怒，乾脆下令「盜一錢已上皆棄市。……此後又定制，行署取一錢已上，聞見不告言者，坐至死。」這完全是任情的酷法，實行之後，甚至出現四人共盜一桶、三人同竊一瓜而被處決者，天下悚然，人心惶惶。有人劫持官員，明言為受枉者申冤，要其轉告文帝說：「自古以來，體國立法，未有盜一錢而死也。」[99]大概苛法實在太不得人心了，所以文帝只好中止實施。

顯然，在專制主義的浸染下，文帝已經越發變得專橫而粗暴，習慣於使用殘酷的高壓手段，並作為快刀斬亂麻的治世法寶。然而，天下的事情就是那麼奇妙，政治權力、行政效率，以及社會關係之間，有一定的合理平衡點。當你任意打破這個平衡點時，過度集權往往產生適得其反的效果，下權上奪造成行政紊亂和效率下降，於是，為了激起效率而進一步集權，又加劇了情況的惡化，並引起社會矛盾尖銳化，陷入惡性循環之中而不能自拔，從而導致重大的政治危機。社會關係一緊張，內外禍亂隨之而來，開皇末年的形勢正是如此。

開春以來，南方就出現緊張的情況，南寧州羌族酋帥反叛。其原因不明，但規模頗大，西南震動。

南寧州在漢代為牂牁，以後分置為興古、雲南、建寧和朱提四郡。戶口殷眾，金寶富饒。南朝後期，國家衰弱，當地酋帥爨瓚趁機崛起，割據一方，中央只好承認現實，遙授刺史以羈縻之。隋朝初年，梁睿鎮蜀，請乘勝平定南寧羌，但文帝審視全域，形格勢禁，故仍持羈縻政策。以後，隨著隋朝日益強大，爨翫率南寧羌歸附，被封為昆州（今雲南省昆明市西郊馬街附近）刺史。到此時，爨翫突然又舉起反旗。

二月，文帝派著名將軍史萬歲率軍出征。史萬歲根據當年梁睿的獻策，率部從蜻蛉川亦即今大姚、姚安縣境龍川江支流苴寧河進入雲南，沿途擊破羌人據點，越過當年諸葛亮建立的紀功碑，渡西洱河（今雲南西部洱海），入渠濫川城（今雲南省下關市東），深入千里，破羌人三十餘部，虜獲男女二萬餘口，迫使爨翫出降。史萬歲原擬帶爨翫回朝，後因收受其金寶而作罷，待他凱旋之後，翌年，爨翫再起。一場耗費巨大的軍事行動功虧一簣。爨翫反叛似乎只開了個頭，預告今後將是多事之秋。

同月，桂州（今廣西省桂林市）俚帥李光仕也稱兵反叛，文帝派遣柱國王世積發嶺北兵、[100]前桂州總管周法尚發嶺南兵，俱會尹州（今廣西省貴港市東南鬱江南岸），一同鎮壓。王世積部為瘴氣所阻，頓兵衡州（今湖南省衡陽市），而周法尚單獨進擊，包圍李光仕於白石洞（今廣西省桂

97《隋書》卷二十五，〈刑法〉。

98《隋書》卷二十五，〈刑法〉。

99《隋書》卷二十五，〈刑法〉。

100《隋書》卷四十，〈王世積傳〉明確記載，王世積出征時為柱國，凱旋後進位上柱國，故《資治通鑑》卷一百七十八所載「帝遣上柱國王世積……」應為「柱國」。

平市南），以虜獲的李部家屬招降，凡出降者，還其妻子，李光仕軍潰被斬，嶺南告平。

可是，沒多久，桂州人李世賢又於七月起兵造反。文帝派遣右武侯大將軍虞慶則親自出討，才將李世賢鎮壓下去。

一年之內，西南數叛，這其間，民族融合過程中的矛盾固亦有之，但隋朝地方官員欺壓少數民族，也是不容忽視的因素。魚肉當地百姓的貪官汙吏且不論，[101] 高壓政策也會激成其變。[102] 看來，一味軍事鎮壓絕非長治久安之計，而且還會帶來官吏腐敗的副產品，隋朝是應該認真反思回顧其政策得失的時候了。

南方的反叛甫平，北方狼煙又起。

自文帝答應突厥突利可汗親事以後，已經過去數年，安義公主終於要出嫁了。為了進一步離間突利和都藍的關係，文帝特意將喜事操辦得十分隆重，派太常卿牛弘、納言蘇威和民部尚書斛律孝卿相繼為使，大吹大擂，好不熱鬧。同時，還讓長孫晟勸突利南徙於度斤舊鎮（今蒙古國杭愛山）。這片沃野原是沙鉢略舊居，突利遷居於此，背依隋朝，經濟利益是眼見得著的，況且還獲得隋朝的許多賞賜。對於隋朝而言，勢力較弱的突利遷居塞下，可以為隋朝提供消息，保衛邊疆。這門親事對雙方都有益。

隋朝扶持突利，無異於宣告野心勃勃的都藍最終被拋棄。所以，都藍接到消息，怒道：「我，大可汗也，反不如染干！」[103] 遂絕朝貢，抄掠邊境。可是，其動靜早就被突利偵知，預先通知隋朝，故隋軍早有準備，無隙可乘。

這時，都藍的處境十分窘迫，南有隋朝、西有達頭兩大勢力夾擊，立足維艱，反復掂量，只好忍辱屈尊，投靠宿敵達頭，共謀對付隋朝和突利。[104]

開皇十八年（五九八）春天，達頭可汗的兵鋒抵達漠南，與都藍一道對隋朝邊境構成威脅。而且，整個北方的形勢還要更加複雜。平陳以後懾於隋朝國威的高句麗又出現不穩的態勢，一開春，其嬰陽王元突然率靺鞨兵萬餘騎襲擊遼西（今遼寧省朝陽市），被營州總管韋沖擊退。高句麗的行動不是單一事件，或與突厥達頭勢力東擴並與隋為敵的新動向有關。[105] 文帝對此事件的反應也說明問題並不簡單。

二月五日，文帝命令漢王諒、王世積為行軍元帥，統領水陸三十萬大軍討伐高句麗。隋朝建立以來，雖然與高句麗時有衝突，但都沒有發展到爆發大戰的地步。因此，這是自北魏以來首次大規模的征伐，表明雙方的矛盾已經白熱化，此後到唐高宗滅高句麗為止，隋唐兩代都不惜以武力收回遼河流域，可知隋文帝討伐高句麗具有里程碑意義，後人把征遼東怪罪於隋煬帝好大喜功或一時衝動的行為，顯然難以成立。

六月二十七日，文帝下詔罷黜以前冊封高句麗王元的官爵。這時，漢王諒統率的大軍才到達臨渝關（今河北省撫寧縣東榆關鎮），不知什麼原因，夏季最佳作戰時機給耽擱了。此時，遼東已

101 《隋書》卷五十五〈侯莫陳穎傳〉記載，此時期，朝廷也發現「嶺南刺史、縣令多貪鄙，蠻夷怨叛」的問題。

102 後來，文帝改派清官令狐熙為桂州總管十七州諸軍事，大崇惠政，深得民望，西南溪洞渠帥感動道：「前時總管皆以兵威相脅，今者乃以手教相諭，我輩其可違乎？」

103 《隋書》卷八十四〈北狄・突厥傳〉。

104 參閱：薛宗正，《突厥史》第四章。

105 《隋書》卷八十一〈東夷・高麗傳〉記載，開皇十七年（五九七）文帝賜高句麗王湯璽書，湯惶恐而死，其子元嗣即位，翌年率靺鞨萬餘騎寇遼西。似乎「寇遼西」是由於文帝的璽書所致。文帝賜璽書，事在開皇十年（五九〇），本書第九章已作了考訂，則「寇遼西」的背景似應從突厥的新動向中去理解。

經下起雨來，水潦路滑，餽運不繼，軍中乏食，又遇上疫病流行，顯然，這支部隊已經喪失作戰能力了。水軍傳來的消息更糟，周羅睺自東萊（今山東省龍口市東）越海進攻平壤，結果遭遇風浪，船多漂沒。水陸兩軍出師不利，到了九月，隋軍只得撤退，尚未接戰，軍隊已自減員大半。好在高句麗王元嗣也感到害怕，遣使謝罪，上表自稱「遼東糞土臣元」，[106] 表示悔過，總算給足隋朝面子。當時，隋朝還有更加嚴重的突厥必須對付。所以，文帝見勢收篷，宣布罷兵。當然，引起雙方兵戎相見的根本問題依然沒有解決。

大約同期，文帝任命蜀王秀為另一路大軍的統帥，出靈州道討伐都藍；任命楊素為行軍總管同出靈州道以抵禦達頭。[107]

楊素一反隋軍布陣的戰術，不是將戰車圍成方陣以抵擋突厥騎兵的衝鋒，而是讓各軍結為騎陣，構成攻擊態勢。馳騁沙場，野戰殺敵，這本是游牧民族之所長。所以，達頭一看隋軍陣勢，慶幸道：「此天賜我也！」滾下馬來，仰天而拜，然後一躍而起，親率十餘萬精騎狂濤巨浪般地猛撲過來。

可是，達頭並不知道，楊素簡直是戰魔，他不僅多謀善斷，而且治軍極嚴，每逢大戰，必先找些犯過失的士兵斬首示威，多時一次殺百餘人，血流至前，依然談笑自若，毫不眨眼。打仗時，他經常先派出一、二百名士兵衝鋒，如果無功而返，不論回來多少，一律處斬。然後再派三、二百人出戰，一如前法。隨他出征的將士，微功必錄，賞罰分明。所以，士兵無不畏懼，懷必死之心，一往無前。突厥士兵固然長於奔馳，但他們打仗是為了擄掠，遇上不要命的對手死拼狠鬥，銳氣頓消，被打得一敗塗地，號哭而遁，達頭身負重傷，手下傷亡慘重。

翌年二月，突利通過長孫晟向文帝報告，都藍準備進攻大同城（今內蒙古烏拉特前旗東北）。

於是，文帝詔發六總管分道迎擊，聽漢王諒節度。但是，漢王諒因去年伐遼東失敗，竟不敢赴任，故全軍實際由高熲指揮。

這次，達頭和都藍吸取去年慘敗的教訓，避開隋軍，直撲突利，大戰於長城下。突利力弱，哪裡擋得住如狼似虎的達頭，兄弟子姪被殺，部落亡散，僅率五騎趁夜南逃，至天明，才收攏散亡數百騎，好不淒慘。突利自忖兵敗入朝，只不過是個降人而已，哪裡會受到文帝的禮遇，而達頭與己素無冤仇，投靠他或許還能獲得保存。隨行的長孫晟看出突利的猶豫，偷偷派人跑回蔚州（今山西省靈丘縣）伏遠鎮，令鎮兵大舉烽火。這一頭，長孫晟誑騙驚疑不定的突利說，烽火四舉是達頭追兵大至的信號，嚇得突利不及細想就趕忙入塞。長孫晟深怕夜長夢多，立即帶著突利馳入長安。

突利的到來，給了隋朝進一步分化瓦解突厥的良機。文帝十分高興，厚賞突利，並封長孫晟為左勳衛驃騎將軍，持節護突厥。到了十月，文帝冊封突利為意利珍豆啟民可汗，突厥部眾歸依者男女萬餘口。文帝命令長孫晟率五萬人於朔州築大利城以安置他們。而且，鑒於安義公主已經去世，故文帝再許以宗女義成公主嫁給啟民可汗。這樣，在隋朝的大力扶植下，啟民可汗成功建立起東突厥汗國。

在前線，高熲令上柱國趙仲卿率三千人為前鋒，至族蠡山，與突厥相遇，激戰七日，大破

106《隋書》卷八十一〈東夷・高麗傳〉。

107見《隋書》卷八十四〈北狄・突厥傳〉、卷四十八〈楊素傳〉和卷五十〈李安傳〉記載，但卷二〈高祖紀〉和《資治通鑒》卷一百七十八均漏載。

之，追奔至乞伏泊（今內蒙古察哈爾右翼前旗東北黃旗海），再破之。這時，突厥援軍蜂擁而至，趙仲卿令部眾結為方陣，四面拒戰，整整堅持了五天，直到高熲主力部隊趕來，內外合擊，大敗突厥，乘勝追擊，越秦山（今內蒙古黃河東北大青山）七百餘里而還。

十二月，文帝派遣楊素出靈州，行軍總管韓僧壽出慶州，史萬歲出燕州（今河北省涿鹿縣），姚辯出河州，準備給予都藍以最後一擊。但是，都藍已經不行了，未等隋軍出塞，已被部下所殺，其國大亂，達頭自立為大汗。[108] 隋軍臨境招降，突厥歸附者甚眾。雄踞大漠的突厥大汗國的滅亡，送走了激蕩的六世紀。

扶持啟民，滅亡都藍，表明隋朝已由操縱突厥內部爭鬥轉變為親自出馬，直接介入突厥內戰。作此轉變的原因，主要在於達頭勢力坐大和都藍企圖叛隋，亦由於隋朝在各方面對突厥居於優勢。支持弱小的啟民取代都藍，則隋朝必須以武力徹底制服達頭，完成臣服整個突厥的戰略目標，從而根絕來自北方的威脅。這一切早已註定了七世紀將在暴風驟雨中揭開序幕。

一開春，南方就傳來煩人的消息，熙州（今安徽省潛山縣）李英林造反，而且規模似乎還不小，所以，三月，文帝派遣揚州總管張衡任行軍總管，率步騎五萬人前往鎮壓，不久宣告敉平。

內部的反叛甫平，北邊烽火再起。啟民可汗抵擋不住達頭新的攻勢，四月，達頭的兵鋒已經進至長城沿線，雁門（今山西省代縣）、馬邑等要塞遭到攻擊。文帝命令晉王廣和楊素為一路，兵出靈武道，令長孫晟率降人為秦州行軍總管，受晉王指揮；以漢王諒和史萬歲為另一路，兵出馬邑道，全力抗擊達頭。

長孫晟熟悉突厥情況，獻計在河水上流下毒，結果，突厥人畜多死，還以為是遭到天譴，驚慌失色，連夜遠遁。長孫晟趁機追擊，頗有斬獲，「突厥之內，大畏長孫總管，聞其弓聲，謂為霹靂，見其走馬，稱為閃電」。[109] 晉王大獲全勝，凱旋而歸。

史萬歲率部出塞，在大斤山（今內蒙古黃河東北大青山）於突厥相遇。達頭問來將何人，當他聽說是史萬歲時，即刻引兵退去。史萬歲縱兵大擊，追奔百餘里，大破之，斬數千級，逐北入沙磧數百里，不及而還。

不久，達頭又遣其弟子俟利伐從磧東攻擊啟民，文帝發兵幫助啟民，俟利伐退走。經過這幾場大戰，啟民得以立足，對隋文帝感激不盡，指日誓心，上表陳謝道：

大隋聖人莫緣可汗，憐養百姓，如天無不覆也，如地無不載也。諸姓蒙威恩，赤心歸服，並將部落歸投聖人可汗來也。或南入長城，或住白道，人民羊馬，遍滿山谷。染干譬如枯木重起枝葉，枯骨重生皮肉，千萬世長與大隋典羊馬也。[110]

得到啟民可汗誠心歸附，是隋朝確保北邊長久和平的重要一步。

仁壽元年（六〇一），隋朝派遣上明公楊紀等諸將，率萬騎護送義成公主到突厥。[111] 達頭聞訊，傾全力於恒安（今山西省大同市東北）邀擊，代州（今山西省代縣）總管韓洪率蔚州刺史劉隆、大將軍李藥王拒戰，但寡不敵眾，為突厥所包圍。韓洪身受重傷，詐和突圍，部下傷亡累累，極

108 薛宗正，《突厥史》第一六六、一七〇頁。根據狄奧菲拉特《歷史》記載，認為達頭早在五九八年已自立為大可汗，故五九九年都藍滅亡是被達頭所吞併，並稱達頭政權為僭主統治。
109 《隋書》卷五十一卷，〈長孫覽附長孫晟傳〉。
110 《隋書》卷八十四，〈北狄．突厥傳〉。
111 《隋書》卷六十五，〈李景傳〉明記，隋軍護送義成公主於突厥而遭達頭攻擊，為其他各傳所未見。

為慘烈，後來隋煬帝北巡時還見到戰場白骨遍野，令人收埋，特命五沙門為戰亡將士超度。

消息傳來，文帝大怒，將韓洪與李藥王除名為民，處劉隆以死刑。年底，長孫晟上表稱：「臣夜登城樓，望見磧北有赤氣，長百餘里，皆如雨足下垂被地。謹驗兵書，此名灑血，其下之國必且破亡。欲滅匈奴，宜在今日。」[112] 長孫晟一定是偵知達頭的什麼消息，故作望氣之言以煽動沉浸於宗教符瑞的文帝，使其下決心給予達頭以致命的一擊。果然，文帝對長孫晟的話聽得很順耳，任命楊素為雲州道行軍元帥，長孫晟為受降使者，攜啟民可汗北伐，以助其統治大漠。

次年三月，達頭部阿勿思力俟斤突然渡河南下，掩襲啟民部，擄掠男女六千人、雜畜二十餘萬而去。楊素得報，即率大軍追擊，轉戰六十餘里，大破俟斤，奪回人畜以歸啟民。初戰告捷，楊素又遣張定和、劉昇別路邀擊，斬獲甚眾，旋師渡河。不料突厥捲土重來，躡後襲擊啟民部落。於是，楊素回馬奮擊，驃騎范貴於窟結谷東南大破突厥，追奔八十餘里，「自是突厥遠遁，磧南無復寇抄」。[113]

另一方面，長孫晟教啟民分遣使者往北方鐵勒等部招慰。仁壽三年（六〇三），鐵勒、思結、伏利具、渾、斛薩、阿拔、僕骨等十餘部，背達頭來附隋；東北方面，奚、霫五部內徙，達頭眾叛親離，西奔吐谷渾。隋與達頭歷時四年的大較量，以達頭的崩潰宣告結束，從此，啟民盡有達頭之眾，與隋朝和平相處，長城內外，笙歌牧笛。而這一切，文帝已經見不到了，他以畢生精力臣服突厥，為帝國贏得北邊的安定，卻在勝利後不久病逝。

如上所述，從開皇十七年（五九七）起，隋朝內外形勢都趨於緊張，南方反叛此起彼伏，北邊鏖戰兵馬歲動。與開皇初最大不同的，是面對內外敵對勢力時，朝廷內部不是更加團結，而是猜忌陡增，罅裂加深。因此，打敗突厥的勝利並沒有帶來多少精神振奮，相反，每次用兵帶來的是新的清洗，統治集團上層危機四伏，人心惶惶。造成這種局面的主要原因，當然在於個人權力慾惡性膨脹下，文帝晚年心理的因素。

「是時，帝意每尚慘急」，「用法益峻，帝既喜怒不恒，不復依準科律。時楊素正被委任，素又稟性高下，公卿股慄，不敢措言」，[114] 朝廷氣氛，可見一斑。而文帝晚年的苛酷更多是針對朝中文武大臣，視他們為專制集權的絆腳石。

御史於元日朝會沒有舉劾武官衣劍不齊，即被斬殺。諫議大夫毛思祖看不過去，上前勸了幾句，也被拉下去砍了。衣劍不整被視為對皇權不尊，而不彈劾則被視為包庇勾結，罪行更重。細微瑣事都被上綱誇大，為的是製造對皇帝誠惶誠恐的尊敬，因此，恐怖成為有效的樹威手段。將作寺丞以課麥麴遲晚、武庫令以署庭荒蕪、地方官因收受朝廷使者故意送給的馬鞭、鸚鵡，都在文帝親臨監督下被斬決。更令人悚然的事情是，親衛大都督屈突通被派往隴西清點牧群，檢查出被隱匿的馬兩萬匹，文帝知道後，竟下令處斬太僕卿及諸監官員一千五百人！幸好屈突通冒死苦諫，這千餘官人才被減死論罪。顯然，文帝對百官猜忌已極，總覺得屬下有意欺瞞，結黨營私，圖謀不軌，因此，愈是身處權位，愈招猜疑，其結果必定是忠正者退，邪佞者進。

前述開皇十七年（五九七）桂州李世賢造反時，諸將請纓，文帝皆不許，親點宰相身分的虞慶則出征。這些年來，虞慶則雖然韜光養晦，但他怎麼也不會想到自己已被文帝盯上了，而且，

112《隋書》卷五十一卷，〈長孫覽附長孫晟傳〉。
113《資治通鑑》卷一百七十九「隋文帝仁壽二年（六〇二）三月」條。
114《隋書》卷二十五，〈刑法〉。

其原因實在不堪掛齒。

事情出於虞慶則任用小舅子趙什柱充當大將軍府長史，誰料趙什柱竟與虞慶則的愛妾勾搭上，兩人作下好事，既想時常廝混，又怕事情敗露，情急生歹心，趙什柱透過通天的管道散布虞慶則的謠言，而虞慶則還蒙在鼓裡。按照慣例，朝臣出征，文帝總要設宴送行，可這一次由於文帝早已聽趙什柱傳言說虞慶則不願此行，所以當虞慶則前來告別時，顏色冷峻，搞得虞慶則莫名其妙，心情沉重。平叛凱旋時，虞慶則路過潭州臨桂鎮，眺望山川形勢，軍人的習性不覺流露出來，脫口說道：「此誠嶮固，加以足糧。若守得其人，攻不可拔。」[115]講得高興，不由得指點比畫起來。在一旁的趙什柱全聽到心裡去，便借進京奏事之機，密告虞慶則圖謀造反。於是，文帝派人調查，罪名成立，虞慶則竟遭誅殺，而趙什柱則因功受獎，封為柱國。

此事件看似偶然，其實不然，是文帝集權實施寡頭政治的必然產物。而且，它還是一個信號，表明對上層的清洗開始了。

翌年年底，另一位文帝的佐命功臣上柱國、夏州總管、任城郡公王景又「以罪伏誅」，死得不明不白，連事蹟都沒有留下。[116]其他大臣唇亡齒寒，惶惶不安。上柱國王世積「見上性忌刻，功臣多獲罪，由是縱酒，不與執政言及時事」。[117]

可是，人在威望在，正所謂「是禍躲不過」，愈是躲避則禍發愈快。王世積的親信皇甫孝諧犯罪，為了逃避追捕而跑來投奔，但王世積不敢私藏罪犯，故拒而不納，結果皇甫孝諧被捉拿，發配桂州，在總管令狐熙手下服役。令狐熙是有名的清官，執法嚴明，所以，皇甫孝諧日子過得相當辛苦。為了擺脫困境，他迎合時勢，投機取巧，僥倖上告，稱王世積曾請道人看相，說他貴為國君，夫人當為皇后；在涼州總管任上，其左右親信勸他說：「河西天下精兵處，可以圖大事也。」王世積竟然回答道：「涼州土曠人稀，非用武之國」，足見其狼子野心。狀子遞上去，文帝立即徵王世積入朝，交有司審查。不久，審查結果出來，稱：「左衛大將軍元旻、右衛大將軍元冑、左僕射高熲，並與世積交通，受其名馬之贈。」[118] 開皇十九年（五九九）夏，王世積坐誅，案子還牽連到一批開國元勳，尤其是堪稱中流砥柱的高熲，看來背景很不簡單。

虞慶則和王世積都曾受高熲提攜，其罪狀是羅織出來的，清洗他們的真正原因，恐怕是為了打擊高熲。據稱，在審查王世積時發現宮禁中的物事，說是得自高熲。當時，上柱國賀若弼、吳州總管宇文弼、刑部尚書薛冑、民部尚書斛律孝卿、兵部尚書柳述等一大批朝臣站了出來，證明高熲無罪。但是，「上欲成熲之罪」，所以將這些敢於說話的大臣全都交給胥吏訊問，「自是朝臣莫敢言者」，這樣，高熲終於被揪出來，撤職回府。不久，文帝夫婦到秦王府，召高熲侍宴，相見之下，高熲悲不自勝，文帝對左右說道：「我於高熲勝兒子，雖或不見，常似目前。自其解落，瞑然忘之，如本無高熲。不可以身要君，自云第一也。」[119] 高熲功高望重，早已成為文帝的一塊心病，至於更加複雜的內幕，且待下章敘述。

高熲倒臺，隋朝的政治迫害達到瘋狂的高潮。柱國李徹因為和高熲有交情而不被任用，難免口出怨言，這邊話音剛落，那邊已經傳入文帝耳中。為此，文帝特地召他進宮，於臥內賜宴款

115 《隋書》卷四十，〈虞慶則傳〉。
116 見《隋書》卷五十四〈田仁恭傳〉、卷二〈高祖下〉。
117 《隋書》卷四十，〈王世積傳〉。
118 《隋書》卷四十，〈王世積傳〉。
119 引文均見《隋書》卷四十一，〈高熲傳〉。

待，暢談平生，李徹受寵若驚，哪裡想到酒中有毒，竟被鴆死。次年春，另一位功高震主的勳臣賀若弼也被投入監獄，文帝數落他道：「公有三太猛：嫉妒心太猛，自是，非人心太猛，無上心太猛。」[120]還斥責他在平陳後屢次向高熲索要高官，還說太子對自己言聽計從，要高熲將來依靠他，大有不軌之心。說來說去，文帝頗恨老臣們目中無人，不肯俯首貼耳，還與高熲關係太深，讓他隱然感到威脅。

要消除高熲的影響，就須要有威望的人取而代之，文帝看中了令百官恐懼的楊素，利用他來清除異己。這樣，開皇末年的政治清洗還具有派別鬥爭的性質，其中不乏公報私仇，如楊素與鴻臚少卿陳延有隙，便向文帝報告蕃客館庭中有馬糞，眾人在氍上玩樗蒲，激起文帝憤怒，下令將主客令及樗蒲者杖殺，陳延差點也被打死。

權武隨虞慶則平定桂州李世賢，頗立戰功。凱旋後，由於虞慶則被誅而受到排擠，「功竟不錄，復還于州」。[121]這明顯是因人畫線。更典型的事例莫如史萬歲案。

史萬歲是一員令突厥聞風喪膽的虎將，前述開皇二十年（六〇〇）隋討突厥一役，史萬歲率部大破突厥，將達頭逐入磧北，戰功卓著。但是，他與楊素不是一路，楊素深嫉其功，向文帝匯報說：「突厥本降，初不為寇，來於塞上畜牧耳。」有意掩蓋史萬歲功績。史萬歲當然不服，屢屢上表爭辯，但文帝正全力對付太子，對此事未深留意，引起史萬歲部眾群情激憤，數百人在朝稱冤。

文帝從仁壽宮回到京師，宣布廢黜太子，詢問史萬歲所在。當時，史萬歲正在朝堂，而楊素卻故意謊稱：「萬歲謁東宮矣。」以激怒文帝。文帝果然不悅，傳史萬歲上朝，史萬歲並不知情，對朝堂前的將士說：「吾今日為汝極言於上，事當決矣。」昂然而入，力陳將士有功，為朝廷所抑制。文帝正惱恨太子，哪裡有心聽史萬歲訴說，只聽見史萬歲言辭激憤，簡直是火上澆油，命令左右痛打史萬歲，竟把一代名將活活打死。史萬歲死後，文帝乾脆將錯就錯，完全根據楊素所言下詔列數史萬歲罪狀，「天下士庶聞者，識與不識，莫不冤惜」。[122]而其部將的功績，自然也隨之冤沉茫茫沙漠，在大斤山大破達頭的楊義臣也因此冤案而「功竟不錄」。[123]

黨同伐異最沒有是非原則，派閥利益代替了國家利益，愛憎感情和權力慾望使得人事鬥爭變得格外殘酷，沒有規則，沒有理性，只有不斷激化的矛盾和不斷升級的鬥爭手段。尤其是在文帝將國家大權幾乎都集中於其家庭之後，朝廷傾軋就以家族紛爭的形式爆發，演出了文帝晚年最悲慘的一幕。

120《資治通鑑》卷一百七十九「隋文帝開皇二十年（六〇〇）二月」條。
121《隋書》卷六十五，〈權武傳〉。
122 引文均見：《隋書》卷五十三，〈史萬歲傳〉。
123《隋書》卷六十三，〈楊義臣傳〉。

第十二章　家族紛爭

獨孤皇后

當朝廷的權力與鬥爭都集中在文帝的家庭時，我們不能不隨之將目光轉向皇室。這個家庭有一個堅強的主心骨，不是在朝廷上發號施令的文帝，而是經常陪伴在文帝身邊的獨孤皇后。

獨孤氏出生於西魏大統十年（五四四），父親是北周宇文泰創業集團的核心成員獨孤信，他給女兒起了個佛教名字叫「伽羅」。她開始記事時，就已經習慣過著父親騎高頭大馬不時出征的日子，知道了戰爭的緊張不安以及勝利所帶來的喜悅和榮耀。又過了幾年，父輩們尊敬的英雄宇文泰去世，這世道彷佛跟著發生變化，父親經常拉長著臉，沉默不言。幸好在此之前，父親作了一項重要的決定，把她嫁給老部下楊忠之子楊堅。從隨後發生的事件來看，獨孤信的決定實在太及時了，因為在第二年開春，他就被大權獨攬的宇文護害死了。如果獨孤氏不是已經出嫁，她大概只能隨家人一道被押送入蜀，流於邊地，不僅是她個人，恐怕北周後來的歷史都要改寫。

從受人崇敬的家族位置上跌入深淵，家門不幸留下的心靈創傷何等深刻。獨孤氏雖然由於楊家的佑庇而得免災難，但往日的風光已經不再，她只能全心全意輔助丈夫在政壇上崛起，才能有重新出頭之日，洗刷家門恥辱。

可是，楊家這條船似乎也不太穩固，宇文護那陰沉的目光不時瞥了過來，森然恐怖。更讓獨孤氏心寒如冰的是世態炎涼，當年圍在父親鞍前馬後效忠賣力的人，非但避去唯恐不及，甚至表現得義憤填膺，落井下石，以證明自己對當朝新貴的一貫忠誠。氣憤無濟於事，冷靜下來仔細想想，看起來荒唐滑稽的事情也有其道理，他們趨之若鶩的是炙手可熱的權力，而不是某個權力的體現者，後者是令人眼花繚亂的走馬燈，只有前者才是永恆不變的，為了它，官僚們可以把良心、知見、理性、人格……把靈魂奉獻於祭壇。看不透這一切是後者，荒唐滑稽的也是後者，因為一旦坐上權力的寶座，便誤將別人對權力的奉獻當作對自己的效忠，開始討厭起體國忠公的賢良，提攜左右近幸，因此，下臺後的淒涼只能是自作自受。對權力的反思，只有從權力高峰上跌落下來的人才最有切身體會，問題是為時已晚矣。在這點上，獨孤氏是幸運的，她還不到十四歲，人生才剛剛起步，就受到如此深刻的啟蒙教育。

不久，丈夫入宮宿衛。在宮中舞臺，政治最隱祕與黑暗的一面都在這裡充分展示。所以，楊堅有機會就近觀察宇文護攫取政權、廢立孝閔帝、毒死明帝的內幕，回家悄悄告訴獨孤氏，夫妻相互鼓舞，共思良策以逃避宇文護懷疑的目光。直到武帝清除宇文護，他們才松了一口氣。由於楊氏的聲望與地位，武帝將他們的長女納為太子妃，彷彿往後前程似錦，可不久他們就明白，周室君臣對楊堅始終懷疑，並不重用。宣帝上臺後，楊堅雖然躋身最高政治階層，但是，他們的寶貝女婿行為乖張，兇狠殘暴，楊堅及其女兒好幾次都險些丟命。可以說，至此為止，獨孤氏的人生都在政治的驚濤駭浪中度過的，積累下豐富的政治鬥爭經驗。屢遭迫害使她對周室沒有感情，女人的務實使她更加精明，更不帶幻想。

周宣帝的突然病逝，幾乎是命中註定他們出頭的機會。多年的觀察研究，他們早已在宮中拉攏了一批心腹，現在，這些人發揮作用，矯詔令楊堅入宮輔政，讓他輕而易舉地控制了權力中樞，把年幼的周靜帝玩耍於掌心。楊堅初臨大事，就遇到個人與國家命運的生死抉擇，他可以保存周帝，作一個掌握實權的權臣，減少北周舊臣的反對；也可以再作冒險，篡周自立。就在這關鍵的時刻，獨孤氏派心腹入宮對他進言：「大事已然，騎獸之勢，必不得下，勉之！」[1]獨孤氏很可能吸取了宇文護的教訓，與其作權臣遭後人唾罵，不如一不作，二不休，乾脆自己當皇帝，改朝換代，亦足為一世之雄。獨孤氏的忠告讓楊堅頓下決心：開隋立業。關鍵時刻，獨孤氏巾幗不讓鬚眉，表現出果敢善斷的政治家氣魄。

從隋朝草創到強大的過程中，獨孤皇后也傾注了畢生精力與心血。每次文帝上朝，她必定與之相攜同行，至殿閣而止，讓宦官跟隨而進，溝通聯絡，「政有所失，隨則匡正，多所弘益」。待到文帝下朝，她早已等候在外，兩人一同回宮。在宮中，她一有閒暇便手不釋卷，學識不凡，文帝對她「甚寵憚之」，[2]幾乎是言聽計從，「宮中稱為二聖」。[3]所以，隋朝的政治決策，很難分得清哪些是獨孤皇后的主意。而她對隋朝政治的作用，遠不止於影響文帝而已。

高熲原是獨孤信家客，在獨孤家落難時，依然忠心耿耿，故其為人和才幹很得獨孤氏賞識，大力推薦給文帝，所以，文帝「素知熲強明，又習兵事，多計略」，建隋當初即委以重任。而高熲位居首輔十餘年，經歷多少次政治風浪，均履險如夷，毫不動搖，一個十分重要的原因是他有獨孤皇后這一堅強的靠山，以至文帝直把他當作家人看待，「朝臣莫與為比，上每呼為獨孤而不名也」。[4]高熲地位的穩固，對隋朝的意義不言而喻。

獨孤皇后雖然熱心於政治，但是，她並不屬於愛出風頭、鋒芒畢露的類型。從倫理道德的層面來看，她倒是相當保守的類型。她隨丈夫上朝，卻不進入正式的朝堂。在她心中，這裡存在一條不可逾越的界線。有一次，某部門提出，根據《周禮》之義，百官之妻，命於王后，故請依古制。但獨孤皇后不以為然，說道：「以婦人與政，或從此漸，不可開其源也」，予以拒絕。在恢復傳統倫理道德以治理天下的問題上，她和文帝的觀點如出一轍。文帝提倡孝治，她則每見到公卿有父母者，都要特別致禮。她經常告誡各位公主說：「周家公主，類無婦德，失禮於舅姑，離薄人骨肉，此不順事，爾等當誡之」。[5]要求公主孝順，其長女、北周宣帝楊皇后就以柔順著稱。

在生活上，獨孤皇后頗能以身作則。她起居儉樸，不尚華麗。突厥與隋交易，有明珠一篋，可值八百萬。幽州總管陰壽勸她買下，她回答道：「非我所須也。當今戎狄屢寇，將士疲勞，未若以八百萬分賞有功者。」[6]百官聽後，深受感動。

這些性格，與文帝十分合拍，兩人情投意合，結婚時，發誓不再擁有其他異性。如此徹底的一夫一婦主張，實屬少見。但由此也可看出，獨孤皇后偏激、冷酷與心胸狹隘的一面。她不但嚴於律己，同時也以己律人，對於娶妾者尤其痛恨。雍州長史庫狄士文有位堂妹，國色天姿，為齊帝嬪妃，齊滅後被賞賜給薛國公長孫覽為妾。長孫覽的妻子鄭氏善妒，告到獨孤皇后那裡，獨孤

1 《隋書》卷三十六，〈后妃．文獻獨孤皇后傳〉。
2 引文見：《隋書》卷三十六，〈后妃．文獻獨孤皇后傳〉。
3 《北史》卷十四，〈后妃下．隋文獻皇后傳〉。
4 引文見：《隋書》卷四十一，〈高熲傳〉。
5 《隋書》卷三十六，〈后妃．文獻獨孤皇后傳〉。
6 《隋書》卷三十六，〈后妃．文獻獨孤皇后傳〉。

皇后當即命令長孫覽與妾離絕。納妾在古代社會是合禮合法的行為，但它不但不為獨孤皇后所容許，甚至成為官吏仕途沉浮的一個不成文標準，史稱獨孤皇后「見諸王及朝士有妾孕者，必勸上斥之」，[7]由此演出大大小小許多悲劇，給隋朝留下致命傷，此點且待後述。

獨孤皇后缺乏寬容的性格，與文帝的褊狹猜忌相結合，是他們夫婦組合上最大的疵瑕。而這一缺點也表現於家族內部。

獨孤信先後娶了三個妻子，早年隨魏武帝入關時，妻與長子獨孤羅淪入敵手，成為階下囚。入關後，他又娶二妻，郭氏生善、穆、藏、順、陁、整六子，崔氏生獨孤皇后。除了長兄獨孤羅外，獨孤皇后與其他兄弟的關係似乎並不融洽。獨孤羅早年遭囚禁，幸得生存。待到北齊滅亡，楊堅出任定州總管，獨孤氏派人把這位長兄找著，帶回京城，但諸弟見他貧賤，壓根兒就瞧不起他。文帝登基後，追尊岳父。獨孤家眾兄弟以為獨孤羅與其母沒於北齊，無夫人封號，只能算是庶出子，不能承嗣。但獨孤皇后堅持以獨孤羅為長子，讓他承襲父爵。獨孤羅是個老好人，又無資本與諸弟競爭，獨孤皇后非要他出頭，恐怕更多是為了挫挫一下其他兄弟。

獨孤皇后諸兄弟事蹟不明，記載較為詳細的是獨孤陁。他曾因為父親受誅而被流於蜀地十餘年，周武帝時才回京城。在蜀地艱難的歲月裡，他似乎隨妻家學會左道，裝神作法，驅使貓鬼。隋朝建立後，他們幾個同母兄弟沒能承襲父爵，只封個縣公，大失所望，難免對獨孤皇后心懷不滿。

既然獨孤皇后不念親情，那麼就別怪兄弟不義。據記載，獨孤陁施展法術，常令貓鬼作祟，攪得獨孤皇后與楊素妻子一起病倒，醫生診斷出是貓鬼疾。文帝一想，獨孤陁既是皇后的異母弟，其妻又是楊素的異母妹，因此，必定是他在搗鬼，曾當面勸他罷手，但他矢口抵賴。文帝很不高興，將他貶為遷州（今四川省宣漢縣西南）刺史。獨孤陁當然更加不滿，口出怨言。話傳到文帝耳中，猶如火上澆油，令左僕射高熲、納言蘇威、大理正皇甫孝緒和大理丞楊遠等審理此案，結果水落石出，獨孤陁婢女徐阿尼供稱：驅使貓鬼殺人，可將被害人的財產潛移於自家，故獨孤陁曾多次讓她驅使貓鬼向楊素和獨孤皇后處，索取財物。文帝將案件交由公卿討論，擬賜死獨孤陁夫妻於其家。獨孤陁的弟弟獨孤整赴闕苦苦哀求，請恕其兄一命。這時，一直在幕後注視案情進展的獨孤皇后走上前臺，為其弟求情，表現得寬宏大量。於是，文帝作出讓步，免除獨孤陁死罪，除名為民，將其妻楊氏送入寺廟為尼。開皇十八年（五九八）四月十一日，[8]文帝為此案專門下詔禁止畜貓鬼、蠱毒、厭魅、野道之家，一旦發現，流於四裔。利用隋唐之際民間頗為流行的貓鬼迷信洩恨害人，足見當時鬥爭的尖銳複雜。

獨孤皇后的表兄弟大都督崔長仁，不知犯了什麼罪，有司擬處以死刑。文帝考慮到獨孤皇后的關係，打算赦其一死。獨孤皇后知道後，說道：「國家之事，焉可顧私！」堅持判處崔長仁死刑。[9]

在夫家，獨孤皇后與文帝諸弟媳的關係也相當緊張。前面曾經介紹過，文帝的親弟弟滕穆王瓚，其妻宇文氏「先時與獨孤皇后不平」，這或許也加劇了文帝與其弟的矛盾，以至在平陳後痛下

7《隋書》卷三十六〈后妃．文獻獨孤皇后傳〉。

8《隋書》卷二〈高祖下〉將時間記載為「五月辛亥」，查五月無「辛亥」，四月有辛亥日，即十一日，故《資治通鑑》卷一百七十八徑改為四月辛亥，當從之。

9《隋書》卷三十六〈后妃．文獻獨孤皇后傳〉。

殺手，將他鴆死。其子楊綸因此之故，「當文帝之世，每不自安」。[10] 文帝的另一位弟弟蔡王整，生前與文帝不睦，「其太妃尉氏，又與獨孤皇后不相諧」。楊整隨周武帝平齊，戰死沙場。但他們夫婦與文帝的關係，卻苦了其子蔡王智積，他「常懷危懼，每自貶損」，不治產業，唯教其五子「讀《論語》、《孝經》而已，亦不令交通賓客。……其意恐兒子有才能，以致禍也。開皇二十年，徵還京第，無他職任，闔門自守，非朝覲不出」。他最後死於隋煬帝大業十二年（六一六），臨終前如釋重負地說道：「吾今日始知得保首領沒於地矣」。[11] 為了躲避伯父母的猜忌，一生唯唯諾諾，猶如行屍走肉，何其悲慘。

觀德王雄曾是文帝起家的得力助手，他為文帝網羅人才，赴湯蹈火，功勳卓著。隋朝建立後，他以右衛大將軍參預朝政，為高熲等撐腰，待人寬厚，為朝野所傾矚。正因為此，故文帝「惡其得眾，陰忌之，不欲其典兵馬」，特地下詔褒獎他，同時將他提升到司空高位，外示優崇，實奪其權。楊雄心知肚明，從此「閉門不通賓客」。[12]

當然，文帝夫婦並非與所有兄弟關係都不和睦。衛昭王爽是文帝的異母弟，六歲喪父，由獨孤皇后撫養成人，故於諸兄弟中，特受文帝寵愛，出將入相，十分榮耀。開皇七年（五八七）七月病死，年僅二十五歲。

河間王弘是文帝的另一位堂弟，經歷頗似獨孤皇后的長兄獨孤羅。其堂伯楊忠隨宇文泰創建關中政權時，他人在鄴城，害怕遭高歡集團殘害，改從外家姓。北周滅齊，楊弘才得以入關，甚得文帝憐愛，為之購置田宅，而楊弘也對文帝竭盡忠誠。隋朝建立後，官拜右衛大將軍，率部大破突厥，後任蒲州刺史，大業六年（六一〇）去世。

由此看來，文帝與諸弟宗親的關係，似乎有著共同的一面，也就是與年齡較大的諸弟不和，而與年幼或受其扶助的諸弟關係親密。關係不好的諸弟媳必與獨孤皇后不和，由此家族關係來看，文帝夫婦對待弟妹恐怕不甚寬容友愛，應該說還是比較霸道，以我為中心，要求兄弟無條件順從。其實，從觀德王雄的事例，已充分表現出文帝為了權力而對自家親人無端猜忌、自私狹隘的一面。也就是說，即使是在家族內部，權力關係也始終高於親情。尤其到了文帝夫婦權力慾極度膨脹的晚年，政治清洗更是把最後一點骨肉感情也滌蕩無遺。

廢黜二王

開皇初年，文帝曾經自豪地對大臣們說道：「前世皇王，溺於嬖倖，廢立之所由生。朕傍無姬侍，五子同母，可謂真兄弟也。豈若前代多諸內寵，孽子忿諍，為亡國之道邪！」[13]在第一章裡，我們曾經看到動亂年代帝王家庭內部喪心病狂的相互殘害，這種血淋淋的教訓，引起後世帝王的認真思索。文帝當然不會例外，他以為造成此類悲劇的原因，在於君王生活糜爛，嬪妃寵幸過多，以至諸子異母，骨肉親情淡薄，相互敵視。因此，他把奢靡與腐化視為家族失和的萬惡之源，經常告誡其子。

太子楊勇勤奮好學，平日交接一批文士，切磋學問，以為賓友。有一次，他弄到一副蜀鎧，

10 引文見：《隋書》卷四十四，〈滕穆王瓚傳〉。
11 引文見：《隋書》卷四十四，〈蔡王智積傳〉。
12 《隋書》卷四十三，〈觀德王雄傳〉。
13 《隋書》卷四十五，〈文四子．房陵王勇傳〉。

十分高興，裝飾一通。文帝看到後，很不高興，深怕兒子染上奢侈惡習，語重心長地告誡道：

我聞天道無親，唯德是與，歷觀前代帝王，未有奢華而得長久者。汝當儲后，若不上稱天心，下合人意，何以承宗廟之重，居兆民之上？吾昔日衣服，各留一物，時復看之，以自警戒。今以刀子賜汝，宜識我心。14

顯然，文帝把節儉作為家教的重要方面，希望兒子自強不息，強悍果決，時刻以一個政治家自律，所以特地把象徵權力的刀子賜給他。

提倡勤儉頗可讚賞，然而，必須承認，一個時代有一個時代的風氣、個性和人格。相同的名詞有著不盡相同的內涵，不能以一成不變的尺度和眼光去要求。文帝夫婦出生於物資匱乏的戰亂年代，養成難能可貴的艱苦樸素的生活作風，哪怕居人尊之位亦不曾改變，宮中找不到一絲多餘的東西，即使是胡粉一兩、衣領一襲，節儉的程度就像清教徒一般。可是，以自己作尺度，要求所有的人在和平的年代都刻意追求清貧，那就未免過於苛求和脫離現實。換言之，超出合理的尺度，則其所宣導的儉樸也就走樣變形，不僅不為時代所接受，反而由於這種提倡失效，使得無節制的奢靡更快滋長，新時代所必須的道德精神難以建立。

文帝共有五個兒子，依次為太子勇、晉王廣、秦王俊、蜀王秀和漢王諒，誠如文帝所言，五子皆為獨孤皇后所生，家庭自應十分和睦。開皇初年以來，文帝以諸子出鎮各地，兄弟同心，國運日隆。然而，平陳以後，這個幸福的家庭也開始出現危機。

秦王俊仁恕友愛，頗得父母歡心。小時候受父母影響，打算出家為僧，不為文帝所許。隋朝建立時，他十一歲，被封為秦王，翌年出任河南道行臺尚書令，加右武衛大將軍，領關東兵。

平陳時，任山南道行軍總管，完成阻斷長江上、下游陳軍相互聯絡的戰略任務。後轉任并州總管二十四州諸軍事，頗有治績，文帝專門下書獎勵他。

隨著天下太平，皇權加強，秦王俊也日益追求享樂，生活逐漸奢侈。為了增加財路，他放貸收息，被人告到中央。文帝遣使追查，抓了一百餘人。但秦王俊並不當回事，依然故我，盛修宮室，窮極侈麗。他本人心靈手巧，經常親持斤斧，製作工巧之器。還為妃子修造水殿，香塗粉壁，玉砌金階，雕樑畫棟，好不壯麗。水殿落成，他邀來賓客藝妓，載歌載舞，十分快活。哪想惹惱了王妃崔氏。崔氏是酷吏崔弘度的妹妹，崔弘度在長安可是個讓人談虎色變的人物，時人稱：「寧飲三升酢，不見崔弘度」。[15] 因此，崔氏性妒如火也就不足為奇了。她見秦王成天穿梭於石榴裙中，當然憤恨不平，一怒之下，竟在瓜中下毒，略施薄懲，使秦王臥病在床，乖乖讓她照顧。

可是，這一鬧，卻把事情鬧大鬧糟了。開皇十七年（五九七）秋，文帝聽說兒子被媳婦下毒，立即把他們召回京城，崔氏毒害丈夫，下詔廢絕，賜死於其家；秦王奢縱，免官，以王回府。左武衛將軍劉昇為秦王求情道：「秦王非有他過，但費官物營廨舍而已。臣謂可容。」文帝拒絕道：「法不可違。」劉昇還想勸說，見文帝憤然作色，只好作罷。後來，楊素也勸文帝道：「秦王之過，不應至此，願陛下詳之。」文帝同樣予以拒絕，說：「我是五兒之父，若如公意，何不別制

14《隋書》卷四十五，〈文四子・房陵王勇傳〉。

15《隋書》卷七十四，〈酷吏・崔弘度傳〉。

天子兒律？以周公之為人，尚誅管、蔡，我識不及周公遠矣，安能虧法乎？」[16]

文帝的處理，有其道理。但他平時威嚴慣了，子女對他心存畏懼，秦王病中遭譴，趕忙派人向父親悔過認錯，可是，文帝並不原諒，對其使人斥責道：「我戮力關塞，創茲大業，作訓垂範，庶臣下守之而不失。汝為吾子，而欲敗之，不知何以責汝！」[17]嚇得秦王一病不起。大都督皇甫統上表，請恢復秦王官職以安慰他，但文帝不同意。就這樣拖了一年多，到開皇二十年（六〇〇）六月二十日，秦王終於憂懼而病亡。

其時，文帝正謀劃廢太子，心情不好，聽說秦王病死，攜獨孤皇后前往探視一下，哭數聲而已，並吩咐將秦王生前所作奢麗器物統統燒毀，喪事從簡，以為後世成例。秦王府僚佐請求為秦王俊立碑，但文帝一口拒絕道：「欲求名，一卷史書足矣，何用碑為？若子孫不能保家，徒與人作鎮石耳」。[18]

秦王的子女雖然無辜，但朝官觀言察色，以為其母以罪廢，兒子不當承嗣，文帝深以為然，故其子女被剝奪了承襲父爵的權力，連喪事也都以秦王府官為喪主。秦王的女兒時僅十二歲，哀慟盡禮，絕食魚肉，讓人看了可憐。秦王平時善待部下，故其臥病時，侍衛官王延日夜服侍，衣不解帶，秦王死後，他數日不食，哀毀骨立，下葬之日，號慟而死，最後陪葬於秦王俊墓旁，讓他多少感受到一點人間親情的慰藉。

秦王被廢黜是否還有其他複雜背景，已經不得而知了，但他死後，蜀王秀很快就成為新的目標。

蜀王秀比秦王俊小兩歲，長大後，相貌堂堂，體格魁梧，美須髯，有膽氣，武藝出眾，甚為朝臣所畏憚。文帝早就對獨孤皇后預言道：「秀必以惡終。我在當無慮，至兄弟必反。」[19]由此看來，蜀王秀性情剛猛，不為文帝所喜。

隋立以來，他被封為蜀王，長期鎮蜀，頗事經營。兵部侍郎元衡出使於蜀，他殷勤款待，為的是請元衡回京幫忙增益王府屬官，但被文帝否決。後來，大將軍劉噲出討西爨，文帝令上開府楊武通率兵繼進，而蜀王秀卻讓嬖人萬智光為楊武通的行軍司馬，文帝認為蜀王任非其人，頗加責備，並公開對群臣說：「壞我法者，必在子孫乎？譬如猛獸，物不能害，反為毛間蟲所損食耳。」[20]看來文帝對他成見已深。

蜀王秀落難在於太子勇遭黜之後。長子楊勇無故被廢，而搞陰謀的晉王廣繼立為太子，蜀王秀當然很不服氣。這一切，新立的太子十分清楚，他擔心四弟遲早會公開反對自己，不如先下手為強，讓楊素羅織蜀王秀罪狀上呈文帝。文帝已經親手廢黜了兩個兒子，把一個好端端的家庭搞得亂糟糟，自己也變得神經兮兮，疑神疑鬼，加上本來就對楊秀有偏見，於是，在仁壽二年（六〇二）將他徵還京師。楊秀入朝覲見，文帝板起面孔，一句話都不說。次日，他派遣使者切責楊秀，楊秀磕頭謝罪，太子及諸王亦在一旁賠罪。文帝厲聲斥道：「頃者秦王糜費財物，我以父道訓之。今秀蠹害生民，當以君道繩之。」下令將楊秀交給執法部門論罪。

開府慶整不忍看文帝家庭慘劇繼續演下去，出來勸道：「庶人勇既廢，秦王已薨，陛下兒

16《隋書》卷四十五，〈文四子．秦孝王俊傳〉。
17《隋書》卷四十五，〈文四子．秦孝王俊傳〉。
18《隋書》卷四十五，〈文四子．秦孝王俊傳〉。
19《隋書》卷四十五，〈文四子．庶人秀傳〉。
20《隋書》卷四十五，〈文四子．庶人秀傳〉。

子無多，何至如是？然蜀王性甚耿介，今被重責，恐不自全。」不料，一席話惹得文帝勃然大怒，差點就將他的舌頭剜了下來，群臣哪裡還敢多嘴。文帝丟下一句話：「當斬秀於市，以謝百姓」，[21] 憤然而去。楊秀的案子交由楊素、蘇威、牛弘、柳述和趙綽審理。當時，政治清洗風火正猛，楊素當朝用事，所以，案件自然是楊素說了算數，這也就等於由太子廣來操辦了。

太子廣唯恐四弟不死，派人暗中製作木偶人，上書五弟漢王諒名字，縛手釘心，埋於華山之下，再讓楊素前往發掘，當然是罪證確鑿。而且，楊素還發現蜀王秀作的反叛檄文，宣稱將統帥雄兵，「指期問罪」云云。[22] 於是，文帝下令將楊秀廢為庶人，幽禁於內侍省，不得與妻子兒女相見。而且，還派遣酷吏趙仲卿「奉詔往益州窮按之。秀賓客經過之處，仲卿必深文致法，州縣長吏坐者太半」，[23] 一時愁雲密布，冤聲四起，而文帝卻以為趙仲卿辦事幹練，賞奴婢五十口，黃金二百兩。

身遭囚禁的楊秀實在不清楚自己到底犯了什麼彌天大罪，上表作檢討，說自己「九歲榮貴，唯知富樂，未嘗憂懼。輕恣愚心，陷茲刑網」，同時請求文帝讓他與愛子相見，「請賜一穴，令骸骨有所」。[24] 這一檢討與其罪名相去實在太遠了，也許楊秀經過反思，能檢討的就是這些了。但此時文帝完全是以「君道繩之」的態度來對待兒子，自然大為不滿，乾脆下詔公布其謀反罪狀，足足列了十條，無非是把父子兄弟不和的瑣事怨言上升到政治的高度，其中包含太子廣的栽贓，所以，很難辨別這些罪狀哪條是真，哪條是假。唯一表現出一點人道的是，一段時間以後終於允許楊秀之子陪禁。就這樣，楊秀被長期關押，直到隋朝滅亡時，為宇文化及所殘害。

然而，楊秀的案子比起被廢黜的太子楊勇來，算是相當不錯的了。如後述，文帝引以為豪的五個兒子，除了晉王廣得以繼承皇位外，其餘四子都在家族殘害中遭到不幸，顯然，文帝自以為牢不可破的血緣關係，無助於皇室的團結。如果能夠擺脫中國古代宗法道德觀的偏見，從家庭教育、子女性格的培養，與父母對家庭關係的處理等方面冷靜去反思，則一個家庭鬧到如此令人髮指的地步，其為父母者首先難辭其咎。

首先，父母在家族關係中的言傳身教，是子女性格成長過程中潛移默化的榜樣。前已述及，文帝夫婦與其兄弟的矛盾相當尖銳，而且，他們當權之後，把政治權力導入家族內部，動不動就「繩之以法」，進行肉體的摧殘或消滅。開皇中，文帝親姪子蔡王智積請葬其母，文帝憤恨說道：

昔幾殺我。我有同生二弟，並倚婦家勢，常憎疾我。我向之笑云：「爾既嗔我，不可與爾角嗔。」並云：「阿兄止倚頭額。」時有醫師邊隱逐勢，言我後百日當病癲。二弟私喜，以告父母。父母泣謂我曰：「爾二弟大劇，不能愛兄。」我因言：「一日有天下，當改其姓。夫不愛其親而愛他人者，謂之悖德，當改之為悖。」父母許我此言。父母亡後，二弟及婦又讒我，言於晉公。于時每還，欲入門，常不喜，如見獄門。托以患氣，常鎖閤靜坐，唯食至時暫開閤。每飛言入耳，竊云：「復未邪？」當時實不可耐，羨人無兄弟。世間貧家兄弟多相愛，由相假藉；達官兄弟多相憎，爭名利故也。[25]

21《隋書》卷四十五，〈文四子・庶人秀傳〉。
22《隋書》卷四十五，〈文四子・庶人秀傳〉。
23《隋書》卷七十四，〈酷吏・趙仲卿傳〉。
24《隋書》卷四十五，〈文四子・庶人秀傳〉。
25《北史》卷七十一，〈隋宗室諸王・蔡景王傳〉。

也許是文帝語出驚人，故史官特地記載了下來。不管是什麼原因，我們都為此感到慶幸，因為這段彌足珍貴的自白，讓我們得以了解文帝家族關係的一鱗半甲及其內心世界。

顯然，文帝三兄弟各自成家後關係就不和，諸弟開始反抗他，相互間冷嘲熱諷。為了這麼點事，文帝就發誓一旦掌權要把弟弟逐出家門，改為悖姓。後來，他也差不多就是這麼做的，大弟早逝倒好，二弟便被他毒死，而且諸姪都遭受迫害，連埋葬死去的母親，文帝都要控訴一通。這種言傳身教，子女們自然看在眼裡，記在心上。父母對親人冷酷，子女接受的教育自然也就缺乏親情。

其次，兄弟之間的爭執，只要父母立場公正，調解得當，也就消弭於無形。然而，文帝夫婦對子女的偏心是相當明顯的，如對蜀王秀總是帶著偏見，對子女之間的事不作調查，偏聽偏信，非但不加以調解，反而公開支持一方，後述晉王廣奪嗣就是突出的例證，這些作法都極大地促進子女間矛盾的激化。

第三，最根本的一點，誠如文帝在敘述自己兄弟爭吵時所說的：「達官兄弟多相憎，爭名利故也」。帝王之家多相殘，問題就在於爭奪權力。因此，父母如果不是態度明確地支持太子，就一定會引起其他子女的覬覦之心。此點留待後述。這裡要指出的另一點是文帝對子女的放縱，使得他們從小就慣於濫用權力，目空一切，肆無忌憚，由此自然滋長起對攫取權力的野心。

文帝子女待人粗暴專橫，如前所述，蜀王秀動不動就捆綁捉拿文士儒生，甚至讓他們執戈服役以羞辱他們，頗有其父風格。此外劣跡還有不少，這裡只說一件事，以見其家教之一斑。[26]

唐貞觀十年（六三六），有人向太宗訴稱，朝中三品以上達官輕蔑其寵兒越王，引得太宗大怒，將三品達官召至齊政殿，作色斥責道：以前隋皇室諸王，欺淩朝中百官，而今我約束子女，你們卻輕蔑我兒，難道以前天子的兒子是天子的兒子，現在天子的兒子就不是天子的兒子了嗎？魏徵當即加以反駁，並語重心長地勸諫道：「隋高祖不知禮義，寵樹諸王，使行無禮，尋以罪黜，不可為法，亦何足道？」[27]

文帝驕縱子女，目無法紀，晚年又懷疑他們奢侈僭越、有政治野心，「以君道繩之」，責之以「不忠不孝」，從而推卸掉自己的所有責任。在這種思維模式下，父母永遠是正確的，因此，家庭的悲劇就只能不斷地重演。

改立太子

楊勇早在隋朝建立當初就被立為太子，「軍國政事及尚書奏死罪已下，皆令勇參決之」。而楊勇「頗好學，解屬詞賦，性寬仁和厚，率意任情，無矯飾之行」，[28]對於國家大事經常能夠提出很好的建議，頗補文帝苛酷之失。開皇初，文帝以山東百姓多游離於農業之外，戶籍不實，決定遣使檢括，把他們遷徙到北方充實邊塞。楊勇得知後，連忙上書進諫道：

---

26 蜀王秀是相當殘暴的，《隋書》卷六十二〈元巖傳〉記載：「蜀王性好奢侈，嘗欲取獠口以為閹人，又欲生剖死囚，取膽為藥。巖皆不奉教，排閤切諫，王輒謝而止，憚巖為人，每循法度。……巖卒之後，蜀王竟行其志，漸致非法，造渾天儀、司南車、記里鼓，凡所被服，擬於天子。又共妃出獵，以彈彈人，多捕山獠，以充宦者。僚佐無能諫止。」可是，這些事文帝並非一無所聞，卻未見有所管教，在廢黜楊秀的詔書中也不曾提及。

27 《貞觀政要》卷二，〈納諫第五〉。

28 引文均見：《隋書》卷四十五，〈文四子・房陵王勇傳〉。

竊以導俗當漸，非可頓革，戀土懷舊，民之本情，波迸流離，蓋不獲已。有齊之末，主闇時昏，周平東夏，繼以威虐，民不堪命，致有逃亡，非厭家鄉，願為羈旅。加以去年三方逆亂，賴陛下仁聖，區宇肅清，鋒刃雖屏，瘡痍未復。若假以數歲，沐浴皇風，逃竄之徒，自然歸本。雖北夷猖獗，嘗犯邊烽，今城鎮峻峙，所在嚴固，何待遷配，以致勞擾。[29]

從表文可以看出，楊勇善於體諒民情，特別是其「導俗當漸，非可頓革」的治國思想，更加注重文治，主張對老百姓懷柔安輯，在急功近利的世道，難能可貴。顯然，楊勇頗有主見，遺憾的是其政治主張與文帝差距不小，在文帝勵精圖治的開皇前期，他的一些主張尚能被接受，「時政不便，多所損益」。[30]但是，隨著文帝後期日益專制獨裁，他與文帝思想上的歧異便被視為離經叛道。

楊勇逐漸被文帝所疏遠，在開皇中已可找尋到蛛絲馬跡。平陳之後，文帝完全沉浸在歡呼聲中，飄飄然欲聖。此時，已經長大的晉王廣適時地一再請求封禪，最後，文帝換個形式，基本予以採納。於是，楊廣在文帝心中的地位扶搖直上，相比之下，不善於阿諛奉承的楊勇開始黯然失色。

楊廣善於博取父母歡心，平日對父母的言行舉止無不留心觀察，仔細揣摩，滿門心思都用在矯情飾行、塑造自己在父母心中的形象，平日接待朝臣，也總是禮極卑屈，從而釣得虛名，與專橫跋扈的諸弟相比，更顯得「鶴立雞群」。他知道父母崇尚儉樸，便刻意將王府修整得異常樸素，文帝臨幸時，見到樂器弦多斷絕，上面布滿灰塵，便以為他不好聲妓。有一次，在觀獵的時候，遇到下雨，左右送上雨衣，他慨然說道：「士卒皆沾霑濕，我獨衣此乎！」[31]聽者無不感動。每進皇宮，他都輕車簡從，十分樸素。他深知父母對權力與服從的無限渴望，便裝得極其恭順，每次有宮中使者到來，哪怕身分再低微，他都要奔出門外，招呼迎接，曲承顏色，一說到不能在父母身邊侍奉，必定淚流滿面，讓那些受寵若驚的宮使看了心裡跟著發酸，忘不了回去誇獎他仁孝。

在加緊攻心的時候，他輕重有序，十分正確地選擇獨孤皇后為主攻方向。宮中一些婢女心胸狹隘，饒舌多嘴，楊廣深諳此理，所以，遇到獨孤皇后派遣婢女前來探訪，總是讓蕭王妃屈尊就下，與之同寢共食。獨孤皇后最痛恨內寵，他便在人前只與蕭妃廝守，而將後庭生下的子女悄悄弄死，如此「不好女色」，讓獨孤皇后讚不絕口，對楊廣滿心歡喜，事事順眼。獨孤皇后的態度，對文帝和朝臣都起著微妙的影響。

南陳有一人，名叫韋鼎，當年曾作為陳朝使者來到北周，見到楊堅，大異道：「觀公容貌，故非常人，而神監深遠，亦非群賢所逮也。不久必大貴，貴則天下一家，歲一周天，老夫當委質。公相不可言，願深自愛。」後來，文帝果然得天下，因此，對韋鼎十分信服，平陳後，專門派人馳召入京，待遇甚厚，經常訪以家事。其時，蘭陵公主寡居，文帝為她擇婿，請韋鼎前來看相，似乎漫不經心地問道：「諸兒誰得嗣？」太子之位早已確定，文帝此問非同一般，韋鼎何等聰明，回答得十分圓滑中聽，說道：「至尊、皇后所最愛者，即當與之，非臣敢預知也。」[32]顯然，文帝不但對楊勇不滿，而且已對太子地位心懷猶豫。

---

29 《隋書》卷四十五，〈文四子・房陵王勇傳〉。

30 《隋書》卷四十五，〈文四子・房陵王勇傳〉。

31 《隋書》卷三，〈煬帝上〉。

32 引文均見：《隋書》卷七十八，〈藝術・韋鼎傳〉。

促成文帝對太子勇不滿的因素是多種多樣的，單就他們兩人的關係而言，不滿恐怕主要來自文帝的猜忌，還是那個讓人心智變態的老問題：權力。

這一切雖然在楊勇垮臺後被掩蓋得嚴嚴實實，但是，在禮制上還是留下了清晰的痕跡，我們不妨隨便看上幾個事例。

一年冬至，百官俱至東宮，楊勇按慣例奏樂受賀。往年，文帝對此並無異議，可這些年來，他愈來愈惟我獨尊，深怕權位受到絲毫的損害或可能構成的挑戰。因此，他對這件事大為光火，在朝中發問：「近聞至節，內外百官，相率朝東宮，是何禮也？」太常少卿辛亶答道：「於東宮是賀，不得言朝。」文帝於是發作道：「改節稱賀，正可三數十人，逐情各去。何因有司徵召，一時普集，太子法服設樂以待之？東宮如此，殊乖禮制。」就這樣，文帝專門下詔，禁止百官冬至往賀東宮，而太子勇「自此恩寵始衰，漸生疑阻」。[33]

開皇初，太子勇依據前代「故事」，張樂受朝，宮臣及京官，北面稱慶。文帝看了很不高興，頗加譏諷。定《儀注》時，特地改為僅宮臣稱慶，臺官不復總集。可是，即便如此，文帝仍然覺得不舒服。楊廣繼任太子後，十分乖巧地「奏降章服，宮官請不稱臣」，[34]文帝不但馬上予以批准，而且在開皇二十年（六〇〇）十二月專門「詔東宮官屬不得稱臣於皇太子」。[35]

按照隋朝儀禮規定，皇太子冕同天子，貫白珠。楊廣繼任太子的次年，即「以白珠太逼，表請從青珠。於是太子衮冕，與三公王等，皆青珠九旒」。[36]楊廣無疑是吸取楊勇的教訓而作出一系列自我貶抑的改制。那麼，文帝嫉視楊勇的真實原因，據此正可露出冰山之一角。

粗心的楊勇哪曾注意到這些微妙的變化，他沒有什麼變化並不等於父母兄弟沒有變化，所以，他對父母臉色日益嚴峻百思不得其解，宅心仁厚的個性，更使他意想不到二弟向父母頻獻的殷勤竟是從背後射向他的毒箭。而且，他不久前還因為媳婦的事，和母親不甚愉快。

楊勇的結髮妻子元氏，是北周時代父親親自為他選定的。元氏出身於北魏宗室，門第十分高貴，文帝最看中的就是這一點。元氏過門之後，大概因為和獨孤皇后同為胡族之裔，習俗相同，故關係融洽，可就是不得楊勇歡心，夫妻相當冷淡。楊勇喜歡的是位為昭訓的雲氏。雲氏的事蹟不詳，其父雲定興有巧思，精於音樂和製作服飾，其設計的帽子頭巾，流行京城，皆成時髦。由此推測，雲氏性格應該比較活潑柔媚，不會是刻板嚴肅的類型。然而，這正是獨孤皇后視為輕薄者，故家庭關係頓然緊張。

開皇十一年正月，皇太子妃元氏突然心痛起來，兩天工夫，就在二十三日身亡。心臟病本來就死得快，沒有什麼可奇怪的。可是，獨孤皇后一直看不慣楊勇與雲氏親密的樣子，很為元妃打抱不平，所以，她認定必是楊勇下毒害死元妃的，頗加譴責，耿耿於懷。身處疑地，楊勇再怎麼也解釋不清楚。

這件事很快就被楊廣偵知，他借著回揚州任上之機，入宮向母親辭行，頗為傷感地說道：「臣鎮守有限，方違顏色，臣子之戀，實結于心。一辭階闥，無由侍奉，拜見之期，杳然未日。」言罷，哽咽流涕，伏地不起，差點就癱了過去。

獨孤皇后被深深打動，泫然泣下，說道：「汝在方鎮，我又年老，今者之別，有切常離。」

33《隋書》卷四十五，〈文四子・房陵王勇傳〉。
34《隋書》卷九，〈禮儀四〉。
35《隋書》卷二，〈高祖下〉。
36《隋書》卷十二，〈禮儀七〉。

楊廣見機會成熟，便裝得像行將就屠的羔羊一般求哀道：「臣性識愚下，常守平生昆弟之意，不知何罪，失愛東宮，恒蓄盛怒，欲加屠陷。每恐讒譖生於投杼，鴆毒遇於杯勺，是用勤憂積念，懼履危亡。」

一席話，勾起獨孤皇后滿心妒火，憤然作色道：「睍地伐（楊勇）漸不可耐，我為伊索得元家女，望隆基業，竟不聞作夫妻，專寵阿雲，使有如許豚犬。前新婦本無病痛，忽爾暴亡，遣人投藥，致此夭逝。事已如是，我亦不能窮治，何因復於汝處發如此意？我在尚爾，我死後，當魚肉汝乎？每思東宮竟無正嫡，至尊千秋萬歲之後，遣汝等兄弟向阿雲兒前再拜問訊，此是幾許大苦痛邪！」[37]

楊廣見目的已經達到，便不再言語，只是一邊抽泣。偷眼上瞧，母后淚眼含恨，顯然心意已決。

出宮後，楊廣一溜煙回到王府，召來心腹部屬張衡密謀。張衡獻計，讓上柱國宇文述去拜訪楊約，設法爭取到其兄楊素支持。

宇文述是塞外胡人，老家在武川鎮，本姓破野頭，後從其主改姓宇文。文帝篡周時，他率部擊破尉遲迥，軍功卓著，超拜上柱國，進爵褒國公，旋任右衛大將軍。平陳之役，隸屬於楊廣麾下，兵出六合，直下吳地，戰後出鎮安州。楊廣與宇文述關係甚好，為了拉攏他，特地奏請他轉任壽州刺史總管，以靠近揚州，便於聯絡。

楊約是楊素的異母弟，少時頑皮，不幸爬樹墜地，通體別無大傷，就是那麼不偏不斜地把他摔成個宦官。從此變得內向，性情沉靜，內多譎詐，楊素與他兄弟情篤，有事必先找他商量計議。而他也因為楊素的軍功，屢受封賞，時任大理少卿。

楊廣採納張衡的建議，回揚州後即向宇文述問計。宇文述分析朝廷形勢道：「皇太子失愛已久，令德不聞於天下。大王仁孝著稱，才能蓋世，數經將領，深有大功。主上之與內宮，咸所鍾愛，四海之望，實歸於大王。然廢立者，國家之大事，處人父子骨肉之間，誠非易謀也。然能移主上者，唯楊素耳。素之謀者，唯其弟約。述雅知約，請朝京師，與約相見，共圖廢立。」[38]宇文述與張衡所見略同，他們都看出在朝廷上，楊素聖眷正隆，只有他才能說動文帝。故楊廣聽後大喜，送給宇文述許多金銀珍寶，讓他進京幫忙打點。

宇文述找個機會入朝，拜訪楊約，兩人既是同僚，又是賭友，久別重逢，自有一番玩樂。宇文述邀請楊約到家中，盛陳器玩，與之酣飲，酒發豪興，便以眼前珍器相賭，宇文述顯得手法生疏，很快就輸得精光。如此再三，楊約也有點不好意思，向宇文述致謝。這時，宇文述開門見山地對楊約說道：「此晉王之賜，命述與公為歡樂耳。」

楊約故作驚訝，問道：「何為者？」[39]

宇文述不容楊約裝聾作啞，即以其兄弟的利害關係說服道：「夫守正履道，固人臣之常致，反經合義，亦達者之令圖。自古賢人君子，莫不與時消息，以避禍患。公之兄弟，功名蓋世，當塗用事，有年歲矣。朝臣為足下家所屈辱者，可勝數哉！又儲宮以所欲不行，每切齒於執政。公雖自結於人主，而欲危公者，固亦多矣。主上一旦棄群臣，公亦何以取庇？今皇太子失愛於皇

---

37 以上對話見：《隋書》卷四十五，〈文四子・房陵王勇傳〉。
38 《隋書》卷六十一，〈宇文述傳〉。
39 以上對話見：《隋書》卷六十一，〈宇文述傳〉。

后，主上素有廢黜之心，此公所知也。今若請立晉王，在賢兄之口耳。誠能因此時建大功，王必鐫銘於骨髓，斯則去累卵之危，成太山之安也。」[40]

一朝天子一朝臣，文帝年歲已老，性情也已變態，其死亡已是時間的問題。一旦皇位更替，朝中權力必將重新分配。大臣們都在為自己的出路著想，各股勢力分化組合。此變動的突出特點是，後起勢力集團要求打破既成政治現狀，取得主導地位，其代表就是楊廣，而其盟友也都具有這一特色。例如，楊素固然在平陳之後升任尚書右僕射，但是，朝政畢竟還是以開國元勳、尚書左僕射高熲為主導。

高熲已經擔任宰相十幾年，可以說隋朝的所有政策制度都與他息息相關，他是現行體制的堅定支持者，其子高表仁又娶太子勇的女兒，於公於私，他都會毫不猶豫地維護以楊勇為代表的繼承體制，成為所有野心家不可逾越的障礙。因此，皇太子的變動必將導致人事大變動，演變為讓王朝元氣大傷的政治鬥爭。

然而，這些深層的問題，是企圖篡權謀私的野心家不會考慮的。楊約聽了宇文述的一番遊說，深以為然，同意說服其兄楊素。於是，他把楊廣等人的陰謀告訴了楊素，楊素早就想專擅朝政，故聞言大喜，撫掌說道：「吾之智思，殊不及此，賴汝起予。」楊約想得更加細緻，說道：「今皇后之言，上無不用，宜因機會，早自結託，則匪唯長保榮祿，傳祚子孫；又晉王傾身禮士，聲名日盛，躬履節儉，有主上之風，以約料之，必能安天下。兄若遲疑，一旦有變，令太子用事，恐禍至無日矣。」[41]

堂堂國家將相大臣，竟無一句為國著想的話，這場政治鬥爭的性質已經昭然若揭了。野心家已經在私利的驅動下，磨刀霍霍，要將文帝的家庭化為血肉戰場。平心而論，太子勇並無政治上的過失，而其懷柔的政治主張恰為當時之所需。

治國之道，一張一弛。文帝以鐵腕創規立制，把分裂混亂的社會導向統一、秩序和制度化的軌道。然而，長期對峙爭戰積累下來的仇恨、不馴、好鬥等偏激的心理定勢，一方面被文帝的高壓手段所抑制，另一方面又與因社會變革而引起說不清、數不盡的新的社會矛盾相結合，蓄勢待發。在這種形勢下，國家最好的對策就是，從宏觀方面進一步整頓和加強法制，創造良好的社會發展環境，而在微觀上儘量從具體的利益和矛盾中脫身，站在公平的立場上來進行調解裁決，既不引火上身，又提高政府的威信。因此，當務之急乃是大事不糊塗的懷柔，以極大的耐心，讓時間去消化矛盾，讓文化去重新塑造人的品格，所謂的王道，其真諦就在於此。

遺憾的是，文帝缺乏政治遠見，他只看到強制政策的一時成功而沒有看到其隱患，因而一味強調專制高壓，不允許社會多樣化發展。其後的煬帝又與文帝的思路和作法基本一致，隋朝這把好弓，硬生生地被他們父子合力將弦給拉斷了。唐太宗君臣批評隋文帝不學無術，並無大過。隋文帝確實太沒有歷史知識了，在其眼前，強大的秦朝就是有張無弛而崩潰於一旦的，而漢朝汲取其教訓，在高祖之後，曾經有過惠帝、文帝和景帝三代半個多世紀的休養生息，才有綿長的國祚。隋朝之後的唐朝，同樣以隋為鑒，出現唐太宗的「貞觀之治」，奠定了唐朝三百年基業。如果漢朝在高祖之後緊接著是武帝的統治，則其滅亡大概是立馬可待的。文帝不悅學，輕視文人，特別是到了晚年，完全憑經驗和喜怒好惡辦事，無端把王朝較為理想的繼承人楊勇廢黜，終於釀成

40《隋書》卷四十八，〈楊素附楊約傳〉。

41《隋書》卷四十八，〈楊素附楊約傳〉。

隋朝二代過於有為而亡的悲劇。

話題扯得略遠了一點，我們還是回到這場不忍心看下去的悲劇上來吧。

楊素畢竟是久經政治風浪的政客，他對皇后支持楊廣這一重大的問題不敢只聽一面之詞，他得親自確認，才能押下事關身家性命的政治賭注。正巧，數日後，他奉命入宮侍宴，席間，他在進頌詞時，順便提到晉王孝悌恭儉，頗似文帝。對此不露痕跡的試探，獨孤皇后當即給予明白無誤的回應，她哭訴道：「公言是也。我兒大孝順，每聞至尊及我遣內使到，必迎於境首。言及違離，未嘗不泣。又其新婦亦大可憐，我使婢去，常與之同寢共食。豈若睍地伐（楊勇）共阿雲相對而坐，終日酣宴，昵近小人，疑阻骨肉。我所以益憐阿麼（楊廣）者，常恐暗地殺之」。[42]楊素跟著憤慨起來，痛斥楊勇無才無德。獨孤皇后知道楊素可用，便拿出黃金送給他。家裡朝內，對楊勇的合擊之勢已經形成。

據史籍明確的記載，文帝鐵下心來向太子動手是在開皇十八年（五九八），[43]當時陸續將東宮得力的屬官調往地方任職，以削弱其勢力。掃清周邊之後，核心陣地的攻防戰旋即展開。有一天，文帝十分露骨地問高熲說：「晉王妃有神憑之，言王必有天下，若之何？」事關重大，高熲立即跪倒在地，口氣堅決地回答道：「長幼有序，其可廢乎！」高熲提出繼承制度的根本性問題，文帝一時語塞，「默然而止」。[44]

這一回合，文帝沒有占到上風。朝廷內的野心家當然也看出，不扳倒高熲就難逞其計。於是，有關高熲的流言蜚語開始散布開來。突厥犯塞，高熲率軍出白道，破敵入磧，請求增援。這時，「近臣緣此言熲欲反，上未有所答」。[45]文帝對長期輔佐自己的功臣高熲還是信任的，看來，一時三刻還傷害不了高熲。

然而，事情很快就發生戲劇性的變化。

文帝對獨孤皇后固然一往情深，但暮年花心，有時也覺得老守著一個黃臉婆，皇帝當得有點索然無味。恰好在此時，早年被沒籍入宮的逆人尉遲迥的孫女不知不覺中長大成人，尉遲家本來就多美女，其孫女更是出落得風韻綽約，楚楚動人。文帝有次在仁壽宮與她撞見，一見鍾情，百般憐愛，大有晚霞滿天的意氣風發。

面對換了個人似的丈夫，獨孤皇后大覺蹊蹺，略一探聽，原來如此，氣得她七竅生煙，等一天文帝上朝的時候，帶人進入文帝寢宮，當場就把尉遲氏給活活整死。文帝從朝中興沖沖奔了回來，進門看時，早已是香消玉殞。文帝欲哭無淚，從苑中牽了匹馬，單騎出宮，直往山中疾馳而去，看得左右膽戰心驚。高熲和楊素趕忙飛身上馬，一路窮追，足足追了二十多里地才追上。高熲扣馬苦諫，文帝長嘆道：「吾貴為天子，而不得自由！」高熲勸道：「陛下豈以一婦人而輕天下！」[46]說得文帝多少聽得進去。如此勸了大半夜，才把文帝勸回宮中。高熲和楊素又為文帝夫婦和解半天，才算把此事擺平。

然而，高熲萬萬不會想道，他勸解文帝的話被人傳到獨孤皇后那裡。獨孤皇后聽說高熲稱她

42《隋書》卷四十五，〈文四子．房陵王勇傳〉。

43《隋書》卷四十六〈蘇孝慈傳〉記載：「開皇十八年，將廢太子，憚其在東宮，出為淅州刺史。太子以孝慈去，甚不平，形於言色。」

44《隋書》卷四十一，〈高熲傳〉。

45《隋書》卷四十一，〈高熲傳〉。

46《隋書》卷三十六，〈后妃．文獻獨孤皇后傳〉。

為「一婦人」，恨得心裡直發火，高熲是她一手提拔的，竟敢如此無禮。而且，還公然支持太子勇，簡直是不識好歹。毫不相干的事件都被她攪在一起了，她決定不顧一切地進行報復，讓高熲知道「一婦人」的厲害。

此時，高熲也上了年紀，夫人又已去世。獨孤皇后覺得這是一個絕好的機會，她故作關心地對文帝說道：「高僕射老矣，而喪夫人，陛下何能不為之娶！」文帝覺得有理，便把皇后的美意轉告高熲，但高熲婉言謝絕道：「臣今已老，退朝之後，唯齋居讀佛經而已。雖陛下垂哀之深，至於納室，非臣所願。」[47]文帝也就作罷。

高熲不納新妻是有道理的。因為如果正式納妻，就要生出嫡庶之分，把好端端一個家庭鼓搗得四分五裂，所以，他寧願將就著與侍妾安度晚年。不久，其妾產子。這下子獨孤皇后像是抓到狐狸尾巴一般，對文帝說道：「陛下當覆信高熲邪？始陛下欲為熲娶，熲心存愛妾，面欺陛下。今其詐已見，陛下安得信之！」[48]說得文帝不得不信，高熲的地位發生動搖了。

這年發生高句麗侵犯邊塞事件，朝廷討論大舉討伐，高熲以為不可，文帝不但不予採納，而且還命令高熲出任元帥長史，實際主持軍務，輔佐元帥漢王諒。漢王諒年少，沒有經驗，提出許多不合理的主張，都被高熲所否決，因此記恨在心。此次出征遇到霖潦疾疫，無功而返。獨孤皇后便向文帝說道：「熲初不欲行，陛下強遣之，妾固知其無功矣。」漢王諒也在一旁幫腔道：「兒倖免高熲所殺。」[49]真是個欲加之罪，何患無辭。文帝決定要罷免高熲了。

上一章曾經介紹過，自開皇十七年（五九七）年底的虞慶則事件以來，高熲任用的朝中大臣正一步步遭到清洗，尤其是此後發生的王世積案，明裡暗裡都將追查的矛頭指向高熲。形勢已經相當險惡了，但高熲還在做最後的抗爭。

另一方面，楊勇已經深深陷入天羅地網當中。他本人也嗅到危險，惶恐不安，請術士幫他避邪。文帝聽說後，派楊素前往探視。楊素來到東宮，遲遲不進，故意讓楊勇著裝等待半天，等得性起，怒形於色。於是，楊素回去奏報楊勇怨望，要提防他情急生變。獨孤皇后和文帝都分別派人偵察楊勇的動靜，如臨大敵；楊廣更是深入「敵後」，派段達威脅利誘東宮幸臣姬威，要他把楊勇的一舉一動都祕密報告給楊素。

開皇十九年（五九九），文帝決定將東宮衛士名簿交由禁衛諸府管理，抽調東宮衛士勇健者宿衛皇宮。高熲上奏：「若盡取強者，恐東宮宿衛太劣。」文帝作色駁道：「我有時出入，宿衛須得勇毅。太子毓德東宮，左右何須壯士！此極弊法。如我意者，恒於交番之日，分向東宮，上下團伍不別，豈非佳事！我熟見前代，公不須仍踵舊風。」[50] 文帝知道高熲與楊勇為兒女親家，所以影射以堵高熲之口。

其實，堵高熲之口已經沒有意義了。八月，王世積的案子終於牽連到高熲，儘管朝中大臣、封疆大吏們為他喊冤，但文帝還是堅持將他罷免。

不久，高熲身邊有人揭發道，高熲的兒子高表仁對其父說：「司馬仲達初託疾不朝，遂有天下。公今遇此，焉知非福！」婦孺皆知，曹魏末年司馬懿稱病發動政變奪取政權。用如此粗淺的故事來栽贓高熲，足見政敵之不擇手段。而文帝竟然信以為真，把高熲抓進內史省審問。結果，

---

47 《隋書》卷四十一，〈高熲傳〉。
48 《隋書》卷四十一，〈高熲傳〉。
49 《隋書》卷四十一，〈高熲傳〉。
50 《資治通鑑》卷一百七十八「隋文帝開皇十九年（五九九）六月」條。

罪證又多了幾條，諸如僧真覺曾經對高熲說：「明年國有大喪。」尼令暉也說：「十七、十八年，皇帝有大厄，十九年不可過」云云。[51]

文帝大怒，對朝臣說道：「帝王豈可力求。孔子以大聖之才，作法垂世，寧不欲大位邪？天命不可耳。熲與子言，自比晉帝，此何心乎？」審查部門擬議處斬高熲，文帝權衡後說：「去年殺虞慶則，今茲斬王世積，如更誅熲，天下其謂我何？」[52]原來近年大案連連，文帝也覺得太過分了，因而恕高熲一死，除名為民。

高熲下臺，標誌著一個時代的終結，開皇初年熱情澎湃的建國理想已經變質，政治建制與社會重構的合理化進程被打斷，從此進入了君主獨裁的時代。

高熲似乎對眼前巨變頗能泰然處之，他不是心胸狹隘戀棧不去的人，幾十年念佛誦經，在年歲增長中，潛移默化地培育了他一顆不為功名利祿所羈絆的平常心。當年出任尚書左僕射時，其母對他說：「汝富貴已極，但有一斫頭耳，爾宜慎之！」[53]高熲始終牢記母親的告誡，常恐禍變。而且，文帝晚年的所作所為，不但讓他無從施展才能，還經常感到寒心。現在倒好了，一切都解脫了。

可是，朝廷內卻鬧開鍋似的，高熲親近的大臣噤若寒蟬，也不一定能夠避禍。就連沒有什麼權力的國子祭酒元善，因為曾經對文帝說過「楊素粗疏，蘇威怯懦，元胄、元旻，正似鴨耳。可以付社稷者，唯獨高熲」，[54]也受到牽連，被文帝痛責一通，憂懼而死。這些事都不去說它。高熲垮臺無疑對太子勇的打擊最大，他遭到廢黜幾乎成了定局。

這時，慣於看風使舵的術士們又找到升官發財的大好機會，他們總是能與政治野心家配合得絲絲入扣。楊勇曾請蕭吉到東宮驅邪，他出來後，向文帝匯報說：太子當不安位。文帝正需要有天意支援，聞言大喜，蕭吉「由此每被顧問」；[55]太史令袁充見文帝正在窮治東宮官屬，乃上言稱：「比觀玄象，皇太子當廢」。[56]顯然，「上天」也認為太子當廢，現在問題更加簡單，就是幾時動手了。

在地方上，楊廣也作好了萬一的準備。他早就遣其心腹宇文述把奪宗之計轉告洪州總管郭衍，郭衍態度很堅決，說道：「若所謀事果，自可為皇太子。如其不諧，亦須據淮海，復梁、陳之舊。副君酒客，其如我何？」[57]楊廣大喜，召郭衍前來密謀。為防他人懷疑，楊廣向文帝報告說，郭衍的妻子患癭（甲狀腺瘤），王妃蕭氏會治此病。於是，文帝批准郭衍夫妻到揚州治療。不久，郭衍詐稱桂州俚人造反，楊廣也上書推薦郭衍領兵鎮壓，文帝一併照準，郭衍得以大修甲仗，陰養士卒，作好武裝起事的準備。

開皇二十年（六〇〇）九月二十六日，[58]在仁壽宮休養了大半年的文帝回到京城。翌日上朝，文帝突然發問：「我新還京師，應開懷歡樂，不知何意，翻邑然愁苦？」文帝最近不斷接到有關

51《隋書》卷四十一，〈高熲傳〉。
52《隋書》卷四十一，〈高熲傳〉。
53《隋書》卷四十一，〈高熲傳〉。
54《隋書》卷七十五，〈儒林．元善傳〉。
55《隋書》卷七十八，〈藝術．蕭吉傳〉。
56《隋書》卷六十九，〈袁充傳〉。
57《隋書》卷六十一，〈郭衍傳〉。
58 此據《隋書》卷四十五，〈文四子．房陵王勇傳〉。同書卷二〈高祖下〉作「九月丁未」，即二十一日。從時間銜接上，或以前者更緊湊。

太子欲圖不軌的密報，以為在京朝臣都清楚，但這究竟是捏造出來的假情報，朝臣們還真的不知道。吏部尚書牛弘回答說：「由臣等不稱職，故至尊憂勞。」這與文帝希望聽到的簡直是風馬牛不相及，故他板起臉來，嚴厲斥責東宮屬官道：「仁壽宮去此不遠，而令我每還京師，嚴備仗衛，如入敵國。我為患利，不脫衣臥。昨夜欲得近廁，故在後房，恐有警急，還移就前殿。豈非爾輩欲壞我國家邪？」當場把太子左庶子唐令則等數人拘押付審。同時，令楊素向近臣宣布東宮罪狀。

楊素便說起，前年追查上柱國劉昶之子劉居士聚集公卿子弟橫行京城案件時：「臣奉敕向京，令皇太子檢校劉居士餘黨。太子奉詔，乃作色奮厲，骨肉飛騰，語臣云：『居士黨盡伏法，遣我何處窮討？爾作右僕射，委寄不輕，自檢校之，何關我事？』又云：『若大事不遂（作者註：指隋文帝篡周事），我先被誅。今作天子，竟乃令我不如諸弟。一事以上，不得自由。』因長嘆迴視云：『我大覺身妨。』」[59]

文帝忍耐不住，直截了當地說道：「此兒不堪承嗣久矣，皇后恒勸我廢之。我以布衣時所生，地復居長，望其漸改，隱忍至今。勇嘗指皇后侍兒謂人曰：『是皆我物。』此言幾許異事！其婦初亡，我深疑其遇毒，嘗責之，勇即懟曰：『會殺元孝矩（作者註：太子妃元氏之父）。』此欲害我而遷怒耳。長寧（作者註：楊勇長子）初生，朕與皇后共抱養之，自懷彼此，連遣來索。且雲定興女，在外私合而生，想此由來，何必是其體胤！昔晉太子取屠家女，其兒即好屠割。今儻非類，便亂宗祏。我雖德慚堯、舜，終不以萬姓付不肖子！我恒畏其加害，如防大敵；今欲廢之以安天下！」[60]

文帝與楊素君臣如唱雙簧般地列數太子罪狀，說來說去，還真舉不出什麼可以服人的東西，尤其是文帝說的盡是家庭屑事，頗似獨孤皇后向他吹的枕邊風，甚至說到楊勇要抱回兒子、孫子是野種等等，已是口不擇言，大失國君人父的風度。

左衛大將軍元旻實在為太子勇感到冤枉，犯顏進諫：「廢立大事，詔旨若行，後悔無及。讒言罔極，惟陛下察之。」

這時，早就被楊廣收買的東宮屬官閃了出來，揭發太子勇大興土木，不聽勸諫，還揚言要殺秉公執法的朝官等等。如此周密準備，羅織罪狀，還是揭發不出什麼致命的問題。文帝大概看著發急，流著淚插話道：「誰非父母生，乃至於此！朕近覽《齊書》，見高歡縱其兒子，不勝忿憤，安可效尤邪！」[61]言罷，命令將太子勇及其諸子禁錮起來，逮捕部分東宮官屬，由楊素主持此案。

這一日，文帝雖然費了好大氣力，但結果卻不盡人意。顯然，朝中還有不少人同情太子勇，必須給他們顏色看看。

不幾天，司法部門秉承楊素意思，奏稱左衛大將軍元旻身居禁衛，卻依附於楊勇，在仁壽宮時，楊勇派遣裴弘轉交信函給他，題封「勿令人見」。文帝作恍然大悟狀說：「朕在仁壽宮，有纖小事，東宮必知，疾於驛馬，怪之甚久，豈非此徒邪！」[62]令衛士將元旻和裴弘拿下。楊廣的另一名黨羽右衛大將軍元冑下班後遲遲不去，文帝怪而問之，他答道：「臣不下直者，為防元旻

59 以上對話見：《隋書》卷四十五，〈文四子・房陵王勇傳〉。
60 《資治通鑑》卷一百七十九「隋文帝開皇二十年（六〇〇）九月」條。
61 以上對話見：《資治通鑑》卷一百七十九「隋文帝開皇二十年（六〇〇）九月」條。
62 《隋書》卷四十五，〈文四子・房陵王勇傳〉。

耳。」[63]以激怒文帝，下決心誅除元旻。

搜索東宮庫房時，發現火燧數千枚，艾數斛。原來，楊勇曾從仁壽宮請安回府，途中見到一棵盤根錯節的枯槐，便問衛士枯木有何用途，衛士告訴他用於取火尤佳。於是，楊勇讓人作成火燧，準備分發給左右使用。辦案人員當然不知內情，所以找姬威來問，姬威賣主求榮，唯恐太子勇不除，便捏造事實，把東宮養馬千匹的情況扯在一起，說是楊勇圖謀圍困仁壽宮。楊素命令將東宮凡有裝飾的服玩都陳列於庭中，讓文武百官前往參觀。文帝夫婦屢遣使者詰問楊勇，如此誣枉，楊勇哪裡肯服。

十月九日，文帝派人召喚楊勇。是亮底的時候了。

武德殿布列甲兵，百官肅立東面，宗室立於西面，身穿軍服的文帝威嚴地來到殿上，令人將楊勇及其諸子帶入殿庭，由內史侍郎薛道衡宣讀廢太子勇詔書，譴責楊勇「性識庸暗，仁孝無聞，昵近小人，委任姦佞」。審查了許久，還是找不出確實的罪證，只好含糊其辭道：「前後愆釁，難以具紀」。決定將楊勇「及其男女為王、公主者，並可廢為庶人」。到了這地步，楊勇也沒有什麼可說的了，他拜謝父親仁慈，使他能苟存性命，衣襟淚濕，叩拜而下。左右觀者，「莫不憫默」。[64]

楊勇退下後，又頒布了另一道詔令，宣稱破獲以元旻為罪魁禍首的奸邪集團，造成今日朝危國亂的局面，故處元旻、唐令則等七人死刑，妻妾子孫皆悉沒官；車騎將軍閻毗等四人免死決杖，身及妻子、資財、田宅悉可沒官。此外涉案人員，各有處罰。宣詔完畢，集百官於廣陽門外，親睹對七名要犯的殺戮。之後，宣布立晉王廣為新太子，將楊勇交由楊廣囚禁於東宮，並對楊素、元胄、楊約等審案有功者頒發獎品。

對楊勇餘黨的追查顯然遠遠超出上述範圍。平時的交往言行都被翻了出來，重新審視。太子洗馬陸爽曾向文帝建議：「皇太子諸子未有嘉名，請依《春秋》之義更立名字」。被欣然採納。到了此時，文帝又想起這件事來，怒道：「我孫製名，寧不自解，陸爽乃爾多事！扇惑於勇，亦由此人。其身雖故，子孫並宜屏黜，終身不齒。」[65]陸爽雖已亡故多年，但懲罰還是難免，權且由其子孫來承擔吧。小小一個改名建議都不能放過，其餘則可想而知。

廢立太子案至此告一段落，隋朝的專制獨裁與政治迫害也達到高潮。就在此時，得罪楊素的驍將史萬歲又被打死在朝廷。「順我者昌，逆我者亡」，一個淒厲的旋律在皇城上空低回盤旋。

然而，公道自在人心。文帝切責東宮官屬的時候，太子洗馬李綱站了出來，說道：「今日之事，乃陛下過，非太子罪也。太子才非常品，性本常人，得賢明之士輔之，足嗣皇業。奈何使弦歌鷹犬之徒，日在其側。乃陛下訓導之不足，豈太子罪耶！」[66]

文林郎楊孝政上書諫道：「皇太子為小人所誤，宜加訓誨，不宜廢黜。」文帝怒撻其胸；貝州長史裴肅上表稱：「庶人罪黜已久，當克己自新，請封一小國。」請求釋放楊勇，文帝也「知勇之黜也，不允天下之情，乃徵肅入朝，具陳廢立之意」。[67]

楊勇在整個廢立過程中，始終不曾對其父有怨言，哪怕是對陷害他的二弟楊廣，也無隻言片

---

63 《隋書》卷四十，〈元胄傳〉。
64 引文均見：《隋書》卷四十五，〈文四子．房陵王勇傳〉。
65 《隋書》卷五十八，〈陸爽傳〉。
66 《大唐新語》卷五，〈節義第十〉。
67 引文均見：《隋書》卷四十五，〈文四子．房陵王勇傳〉。

語的批評，他默默地以自己的犧牲來承受家庭的悲劇。但他無論如何不能接受對他的誣陷，故頻頻上書請見父皇，但都被楊廣壓下，無可奈何，他只好爬在樹上，對著皇宮竭力呼叫，希望父皇能聽到，場面極為淒慘。然而，這一切都是徒勞的，楊素輕描淡寫的一句話便把他的所有苦心化為泡影。史書記載：「(楊)素因奏言：『勇情志昏亂，為癲鬼所著，不可復收。』上以為然，卒不得見」。[68]

當然，如此巨大的冤案，其影響決不是當權者所能預料和控制的。文帝晚年的一系列冤案，使得官員和百姓對隋朝心寒齒冷。正如國家日益喪失公共職能會刺激個人團體自行其是一樣，領導人不再公正會造成團體離心離德、渙散瓦解。有識之士已經看出隋朝正在走向危險的深淵。

早在廢太子事件之前，監察御史房彥謙就偷偷對其密友說：「主上性多忌剋，不納諫爭。太子卑弱，諸王擅威，在朝唯行苛酷之政，未施弘大之體。天下雖安，方憂危亂。」[69]其子房玄齡也對其父說道：「主上本無功德，以詐取天下，諸子皆驕奢不仁，必自相誅夷，今雖承平，其亡可翹足待。」[70]

二十多年後，唐太宗評論這段歷史道：「高熲有經國大才，為隋文帝贊成霸業，知國政者二十餘載，天下賴以安寧。文帝惟婦言是聽，特令擯斥，及為煬帝所殺，刑政由是衰壞。又隋太子勇撫軍監國，凡二十年間，固亦早有定分，楊素欺主罔上，賊害良善，使父子之道一朝滅於天性。逆亂之源，自此開矣。隋文既混淆嫡庶，竟禍及其身，社稷尋亦覆敗。古人云『世亂則讒勝』，誠非妄言。」[71]

68《隋書》卷四十五，〈文四子・房陵王勇傳〉。
69《隋書》卷六十六，〈房彥謙傳〉。
70《資治通鑒》卷一百七十九「隋文帝開皇二十年（六〇〇）十二月」條。
71《貞觀政要》卷六，〈杜讒邪第二十三〉。

第十三章　蒼涼晚景

企盼「仁壽」

廢立太子的事情終於辦完了，可文帝似乎感覺不到勝利的喜悅，他興奮不起來，心頭若有所失，連兒子都反對他，說明這些年的政治清洗是正確的。可是，愈清洗敵人愈多，而且都是他以前最親密的戰友，這到底是怎麼回事？為什麼這些人都變了，變得心懷叵測，變得對他不理解而離他遠去？他對所有的人都充滿疑慮，感到無比的孤獨寂寞，這種陰鬱的心情揮之不去。

還是太史令袁充乖巧，他不斷及時地報告天象，太子勇廢後，他又上奏：「隋興已後，晝日漸長，開皇元年，冬至之景長一丈二尺七寸二分，自爾漸短，至十七年，短於舊三寸七分。日去極近則景短而日長，去極遠則景長而日短。行內道則去極近，行外道則去極遠。謹按《元命包》曰：『日月出內道，璿璣得其常。』《京房別對》曰：『太平，日行上道；升平，行次道；霸代，行下道。』伏惟大隋啟運，上感乾元，景短日長，振古稀有。」[1]

袁充的奏章讓他無比快慰，看來凡人不能理解的事自有上天明白，並呈祥瑞以告示人間：時運最是太平上道。文帝據此奏章向滿朝文武發出指示：「景長之慶，天之祐也。今太子新立，當須改元，宜取日長之意，以為年號。」[2]

文帝另外還有一個心思，明年又是他最迷信的辛酉年，而且是他的本命年，金雞啼曉，六十華甲，太子新立，萬象更始，確實應該好好改個年號，慶祝一番，以驅散陰霾，營造祥和氣氛。前年，他曾對雙林寺惠則等沙門寫下：「尊崇三寶，情深救護。望十方含靈，蒙茲福業，俱登仁壽」。[3]自從建造仁壽宮之後，他愈來愈喜歡上這座行宮，不僅舒適，名字也起得好。「仁壽」二字，象徵著太平盛世，又包含佛教無量壽國的意思，與他晚年的心境十分吻合。於是，文帝作出決定，明年改元「仁壽」。

和「開皇」年號相比，「仁壽」頗有功成享福的味道，表明文帝銳意進取的遠大抱負已經消蝕殆盡，代之是自我陶醉的沉沉暮氣。

因此，他特別渴望尋得精神上的滿足，以慰藉日益空虛的心靈，這種需要不僅是政治的，而且還是生理的。十一月三日舉行皇太子廣繼立儀式時，京城刮起大風雪，四處發生地震，搞得他內心暗暗發毛，難以安寧。後來，袁充上奏晝日變長，頓時使他興奮起來，特地轉告屢有靈驗的術士庾季才，希望得到證實。沒想到庾季才也變得不識好歹，竟說袁充荒謬，害得文帝老大不高興，當場免其官職，念在他是開國元從的份上，賞他一半俸祿，回家養老去了。現在唯一能讓他

1 《資治通鑑》卷一百七十九「隋文帝開皇二十年（六〇〇）十二月」條。此奏章分別見於《隋書》卷六十九〈袁充傳〉和卷十九〈天文上〉，前者未系年，後者似乎系於開皇十九年（五九九），但其後又載：「是時廢庶人勇，晉王廣初為太子，充奏此事，深合時宜」。則明顯是開皇二十年（六〇〇）之事，《隋書》卷十八〈律曆下〉記載：「開皇二十年，袁充奏日長影短」，足以為證。

2 《隋書》卷十九，〈天文上〉。

3 《釋氏通鑑》卷六，「開皇十八年條」；《釋氏稽古略》卷二。

感到興奮、覺得充實、獲得力量的便是佛教和祥瑞了。

在這種氣氛中，頗含宗教祈願的「仁壽」元年（六〇一）降臨了。元旦朝會，文帝隆重宣布改元，大赦天下，任命楊素為尚書左僕射，取代被罷免的高熲；起用蘇威復任尚書右僕射；改封楊廣長子河南王昭為晉王，擔任內史令、兼左衛大將軍。前幾年政治鬥爭的結果，以人事大變動的形式逐漸穩定，文帝深望這番改組能夠鞏固高度集權的體制，並使得朝政煥然一新，尤其是在思想意識形態方面。

十七日，他專門就戰亡將士造墓祭祀問題發布詔書，借題發揮，大談特談「君子立身，雖云百行，唯誠與孝，最為其首」云云。[4] 還是開皇初年提倡以孝治國的那一套，絲毫沒有新意，所不同者，在於權力的制衡機制失靈了。因此，理論上固然貧乏無力，但更具有強制與威壓的氣勢。

善於揣摩上意的御前文人術士料准了文帝這把脈，又紛紛出動，為其灌輸君主獨裁的意識形態造勢助威，掀起一場聲勢浩大的神化文帝運動，衝在前頭搖旗吶喊的是袁充和王劭。

袁充將文帝的生平與陰陽律呂排比詳參，發現兩相合者多達六十餘處，趕忙向文帝報喜道：「皇帝載誕之初，非止神光瑞氣，嘉祥應感，至於本命行年，生月生日，並與天地日月、陰陽律呂運轉相符，表裡合會。此誕聖之異，寶曆之元。今與物更新，改年仁壽，歲月日子，還共誕聖之時並同，明合天地之心，得仁壽之理。故知洪基長算，永永無窮。」[5] 吹噓得文帝龍顏大悅，厚加賞賜。

袁充的附會本事，比起王劭還頗有不如。王劭不僅能圓夢測字，還擅長詮釋圖讖，引經據典，舌燦蓮花。他把文帝生平事蹟與道家經書細加對照，諸條道來，竟如天衣無縫，彷彿這些經書都是預先為文帝而作，以證明其乃天神下凡。例如，《河圖皇參持》中有這樣幾句話：「立皇後，翼不格。道終始，德優劣。帝任政，河曲出。協輔嬉，爛可述」。王劭用開皇末年的政治事件來對照，解釋為：「立皇後、翼不格者，格，至也，言本立太子以為皇家後嗣，而其輔翼之人不能至於善也。道終始、德優劣者，言前東宮道終而德劣，今皇太子道始而德優也。帝任政、河曲出者，言皇帝親任政事，而邵州河濱得石圖也。協輔嬉、爛可述者，協，合也，嬉，興也，言群臣合心輔佐，以興政治，爛然可紀述也。所以於〈皇參持〉、〈帝通紀〉二篇陳大隋符命者，明皇道帝德，盡在隋也。」[6]說得絲絲入扣，竟無一句多餘，叫人豈能不信！

有人在黃鳳泉洗澡時，撿到兩塊白石，覺得紋理頗異，趕忙當作祥瑞呈獻邀賞。這兩塊石頭到了王劭手中，頓時點石成金，化腐朽為神奇。他搖頭晃腦地指給文帝看，那是天神地祇，那是風師雨伯，文帝如何端坐南面，而「楊」字正好排在「萬年」之前，「隋」字恰巧與「吉」字相並，正是長久吉慶之兆也！說到激動時，他把石紋組成文字，用這些文字作詩二百八十首奏呈。真讓文帝分不清自己是神是人。

在上下一片讚頌聲中，文帝華甲壽辰的隆重慶典已是呼之欲出了。

進入六月，文帝作了幾件事，一是在三日派遣十六使到各地巡省風俗，訪察治績。二是在十三日宣布廢除中央及地方學校，僅保留國子學七十二名學生。看來，文帝對迂緩的儒家教育失去了耐心。做完這兩件事後，壓軸好戲終於登臺了，那就是在廢學的同一天，宣布向全國三十州

4《隋書》卷二，〈高祖下〉。
5《隋書》卷六十九，〈袁充傳〉。
6《隋書》卷六十九，〈王劭傳〉。

頒送舍利，表明文帝新的治國理念。

其實，此事早就作了精心的準備。此前，文帝專門讓人造了六座釋迦等身像，安置於釋法藏所住寺院。[7]又與其信任有加的高僧曇遷談到，登基前曾有一位天竺僧人送給他一裹舍利，說道：「此大覺遺身也，檀越當盛興顯，則來福無疆。」[8]言訖，飄然不見。這明顯是與其出生神話中，神尼預言，他日後登基興佛一脈相承的故事，但這一次，文帝拿出舍利實物為證，並與曇遷共數，數來數去，總是數不清，於是，文帝若有所悟，決定派遣三十名高僧前往各州頒賜舍利。顯然，此舉是與佛教界共同籌畫後進行的，其目的不言自明。為了增加送舍利的權威，文帝還因舍利大放光明，而與皇后及宮女一道用鍾子敲擊舍利，結果舍利絲毫無損，眾以為神。其實，這種錘擊舍利以服眾的事例，在中國乃至東亞佛教傳播中屢見不鮮。[9]因此，仁壽年間的崇佛並非單純的宗教行為，而是有目的的神化文帝運動。

文帝壽辰的六月十三日，內史令晉王昭宣讀詔書道：

朕歸依三寶，重興聖教，思與四海之內一切人民俱發菩提，共修福業，使當今現在爰及來世永作善因，同登妙果。宜請沙門三十人諳解法相兼堪宣導者，各將侍者二人，並散官各一人，薰陸香一百二十斤，馬五匹，分道送舍利往前件諸州起塔；其未注寺者，就有山水寺所起塔依前山；舊無寺者，於當州內清靜寺處建立其塔，所司造樣送往當州。僧多者三百六十人，其次二百四十人，其次一百二十人，若僧少者，盡見僧，為朕、皇后、太子廣、諸王子孫等及內外官人、一切民庶、幽顯生靈，各七日行道並懺悔。起行道日打剎，莫問同州異州，任人佈施，錢限止十文已下，不得過十文。所施之錢以供營塔，若少不充，役正丁及用庫物。率土諸州僧尼普為舍利設齋，限十月十五日午時，同下入石函。總管刺史已下、縣尉已上，息軍機、停常務七日。專檢校行道及打剎等事，務盡誠敬，副朕意焉，主者施行。[10]

根據這道命令，有三十名高僧偕同朝廷官員，被派往三十州佛寺頒賜舍利，至於未開列的各州亦須在當地起舍利塔，限十月十五日造畢，全國於當日安放舍利入石函，各寺僧尼作七日道場，為文帝及皇室宗親等懺悔，為舍利設齋會，所需費用，由百姓「佈施」，不足者由官倉支出。

這三十個州分別是：岐州鳳泉寺、雍州仙遊寺、嵩州嵩嶽寺、泰州岱嶽寺、華州思覺寺、衡州衡嶽寺、定州恒嶽寺、廓州連雲岳寺、牟州巨神山寺、吳州會稽山寺、同州大興國寺、蒲州棲巖寺、蘇州虎丘山寺、涇州大興國寺、并州無量壽寺、隋州、益州、秦州、揚州、鄭州、青州、亳州、汝州、瓜州、番州、桂州、交州、相州大慈寺、襄州大興國寺、蔣州。就其分布而言，遍及全國，甚至遠達交州之類邊遠地區。

實際上，頒賜舍利的範圍並不僅限於中國，「高麗、百濟、新羅三國使者將還，各請一舍利於本國起塔供養，詔並許之」。[11]與朝鮮三國關係密切的倭國，曾於開皇二十年（六〇〇）遣使入隋，

7《續高僧傳》卷十九，〈法藏傳〉。
8《續高僧傳》卷十八，〈曇遷傳〉。
9《辯正論》卷三。早期佛教傳播中的錘擊舍利，如東吳之康僧會、日本之司馬達等，難以枚舉。
10《廣弘明集》卷十七，詔書末署「內史令豫章王臣暕」，然據《隋書．高祖下》記載，是年正月任命晉王昭為內史令，三月，豫章王暕出任揚州總管，故宣詔之內史令當為晉王昭。
11《廣弘明集》卷十七。

其後於隋煬帝大業三年（六〇七）再次入隋時，其使者稱：「聞海西菩薩天子重興佛法，故遣朝拜，兼沙門數十人來學佛法」。[12]可知文帝敬佛，蜚聲遐邇。

這天，頒賜舍利的儀式進行得莊嚴肅穆。清晨，文帝來到仁壽宮之仁壽殿，從內裡捧出盛舍利的七寶箱，緩緩走上大殿，置放於御案。被挑選出來的三十名僧人焚香禮拜，起誓讚頌，取出三十支金瓶琉璃，分別裝進舍利，薰陸香為泥，封蓋加印，然後啟程前往各州。

送舍利使抵達各州之前，家家預先打掃，清除穢物，道俗士女，傾城遠迎。使者進入州治，總管刺史率全體官吏夾道先導，四部大眾儀容齊肅，打起寶蓋幡幢，抬著佛帳佛輿，焚香奏樂，進入廟宇後，沙門宣讀懺文，大眾齊聲發誓：「請從今以往，修善斷惡，生生世世，常得作大隋臣子！」[13]

起塔之日，文帝執珽立於大興殿西面，迎請佛像及沙門三百六十七人，同唱梵唄，文帝焚香禮拜，徐降東廊，親率文武百官素食齋戒。整個京城停止一切活動，各地政府部門也停止辦公七天，同奉法事。實際上，從六月到十月，全國都沉浸在佛教的虔誠氣氛中，深深感到佛陀的神聖、皇帝的崇高和作為其子民的無限幸福。於是，人們的精神彷彿得到淨化而昇華，新的宗教現實世界開始展現，肉身神性的領袖形象深深烙在萬民的心頭。

彷彿這世界徹底變貌，草木含情，山水稟靈，一切都變得具有神性，四面八方傳來令人喜悅而肅然起敬的靈驗報告：

> 岐州於鳳泉寺起塔時，東北二十里忽見文石四段，石函頓生天國圖像，佛像放光……
>
> 秦州起塔時，雪霽日出，瑞雲滿天，草木花開；舍利入函之際，神光遠照，空中傳來梵

音，有如讚嘆之聲……

同州起塔時頻有靈驗，其後，夜中有五色圓光從塔基遍照城內，明如白晝……

蒲州起塔時地動山吼，岩上有鐘鼓之聲，舍利將入函，千人登山參拜，忽有神風自下而起，送眾人至山頂佛堂。其後，塔放光明，閃耀夜空，流光中有佛像顯現，異香飄溢，十幾位婦人手抱的死嬰，見光頓然更生，一州病人，照光病癒……

…………

滿朝驚異，誠心悅服。安德王楊雄率百官進獻〈慶舍利感應表〉，衷心讚頌：「自非至德精誠，道合靈聖，豈能神功妙相，致此奇特！臣等命偶昌年，既睹太平之世，生逢善業，方出塵勞之境，不勝撲躍，謹拜表陳賀。」[14]

如此立竿見影的轟動效應，豈是儒家說教所能比擬的。京城大興善寺也建起高塔，神聖舍利供奉於尚書都堂，政教相輔相成，如虎添翼。十一月九日，文帝把各地上報的符瑞用版文詳加記述，祭於南郊，其禮猶如封禪，以敬謝上天。十二月二日，京城舉辦無遮大會，僧家記下了這一天的盛況：「是時天色澄明，氣和風靜，寶輿幡幢、香花音樂，種種供養，彌遍街衢，道俗士女，不知幾千萬億，服章行位，從容有敘。上柱國司空公安德王雄已下皆步從至寺，設無遮大會

12《隋書》卷八十一，〈東夷．倭國傳〉。
13《廣弘明集》卷十七。
14《廣弘明集》卷十七。

而禮懺焉。有青雀狎於眾內，或抽佩刀擲以佈施，當人叢而下，都無傷害」。[15]

文帝欣然下詔，勸諭官民一體誠心向佛，更宣布再頒舍利於五十三州，令天下普沾法喜。[16]

仁壽二年（六〇二）正月二十三日，送舍利使又上路了，天下百姓再次解囊佈施，建立靈塔，並於四月八日佛誕節同時安置舍利。又是停止公務、夾道歡迎，又是頌聲四起、靈驗頻現，傳說更加神奇，聖跡更加絢麗，地方呈報的祥瑞長篇累牘，繪聲繪色，卻已是常套，了無新意。

然而，這些都沒有關係，教化貴在持之以恆，所以故事還得延續下去。

翌年五月，文帝下詔：「哀哀父母，生我劬勞，欲報之德，昊天罔極。但風樹不靜，嚴敬莫追，霜露既降，感思空切。六月十三日，是朕生日，宜令海內為武元皇帝、元明皇后斷屠。」[17]到了六月，他又專門為服喪一事下詔，實行重喪制度。儒家學說已被他完全割裂，只剩下一根孝骨，碩大無朋，用以支撐流光閃爍的神象。到底是神的威力不足而需要世俗專制的支援，還是皇帝的神性不夠而需要將專制主義神化，沒有人清楚，也沒有人想去弄明白。

仁壽四年（六〇四），文帝感到從未有過的疲倦。晚年與親子大臣沒完沒了的鬥爭，耗盡了他的全部心血。儘管如此，他還是眷戀這個世界，還想通過佛事來挽住生命的流逝，為自己營造更多的福田。他再次下詔：「朕已分布遠近，皆起靈塔，其間諸州猶有未遍。今更請大德，奉送舍利，各往諸州，依前造塔……三十餘州，一時同送。」[18]根據詔令，全國再度掀起建寺起塔的狂潮，迎送使者，報告神跡……那個單調的旋律不知道還要重複多少次。

從改元仁壽以來，文帝動員全國，投入巨大的人力物力，進行大規模的崇佛運動，短短的三年左右時間，全國指定修建的寺塔達一百一十餘處，而未載入明者也不在少數。無論從經濟還是精神層面，如此廣泛地動員民眾，實為隋朝開國以來所未曾有過。顯然，開皇後期以來屢興大獄的強烈政治震撼，使得文帝痛切感到必須粉飾太平以製造繁榮和諧的表象，而對儒學的失望又驅使他改弦更張，企圖用宗教的狂熱與迷信，來大規模貫徹君主專制的意識形態，作為重新凝聚社會的精神力量，再造社會。

這一切，並不表明文帝的統治將趨於和緩。相反，激起宗教精神的亢奮，是為了加強政治的統制，就在殷勤禮佛的仁壽二年（六〇二），又爆發了蜀王秀事件，權力鬥爭與宗教崇拜雙重變奏，交相升調，越發昂揚激進。由此造成強烈的興奮作用，對已成孤家寡人的文帝是莫大的精神慰藉，與人的對話已是曲高和寡，那就只能轉向與神靈對話，這大概是眾多獨裁者內心孤獨的悲哀。

當然，文帝最大限度集權的目的並不一定都是自私自利的，客觀地說，文帝始終保持著強國的夢想和對社會的關懷，他要按照自己的意志去塑造社會。然而，此時他胸中的藍圖是在晚年偏執與脫離社會的狀態下構想出來的，主觀想像與客觀現實的巨大隔膜，使得改造社會的努力反而對社會產生負面作用。這些，文帝也許不知道，也不想真正知道。他衷心祈願也真誠相信轟轟烈烈的崇佛運動會給他以及他所領導的國家帶來「仁壽」好運。

15《廣弘明集》卷十七。

16 頒建舍利塔之州數，各書記載略有不同。《廣弘明集》卷十七記為「五十一州」，但列出五十二州之名。《集神州三寶感通錄》卷上記載：「分布舍利五十三州」，多出一州（沈州），卻將時間誤記為仁壽三年。《法苑珠林》卷四十亦載為五十三州，或是。

17《隋書》卷二，〈高祖下〉。

18《續高僧傳》卷二十一，〈洪遵傳〉。

大鵬折翼

勞民傷財的頒賜舍利，似乎並沒有給文帝帶來預期的安定祥和，反而因為加重了百姓的負擔，而使得承受能力本已不高的社會繃得更緊。在統治力相對薄弱的地區，民眾的反叛再度揭竿而起。

仁壽元年（六〇一），資州（今四川省資中縣北）山僚起來造反，朝廷急調衛尉少卿衛玄出任資州刺史，負責鎮壓。衛玄趕到任上，正逢僚人圍攻大牢鎮，他單騎闖入僚人大營，大聲喊話招撫道：「我是刺史，銜天子詔，安養汝等，勿驚懼也！」[19]僚人一時被他的勇敢行動驚呆了。衛玄抓住稍縱即逝的時機，說以利害，渠帥深受感動，解圍而去。在衛玄妥善招撫下，僚人前後有十餘萬人前來歸附。在專制高壓的時代，衛玄的作法引人注目，文帝聞報大喜，賜衛玄縑二千匹，升任遂州（今四川省遂寧市）總管。看來，治理國家還是要多問蒼生，少問鬼神。

與資州相鄰的嘉州（今四川省樂山市）也爆發夷、僚的反抗，其規模還不小，故朝廷派遣著名老將元褒率步騎二萬前往鎮壓。[20]

然而，西南地區少數民族的反抗鬥爭還在進一步蔓延，史稱仁壽初，西南夷、僚多叛，[21]波及面頗廣，以致文帝專門將其心腹將領郭榮調來，領八州諸軍事行軍總管，率兵征討。郭榮用一年多時間，費了好大氣力才勉強平定。

一波未平，一波又起。嶺南潮（今廣東省潮安縣）、成（今廣東省封開縣東南賀江口）等五州僚人也起來造反，高州酋長馮盎馳入京師告變，請發兵討之。文帝讓楊素與馮盎討論嶺南形勢，馮盎比畫指陳，深合兵機，楊素感嘆道：「不意蠻夷中有如是人！」[22]於是，朝廷決定發江南、嶺表之兵，由馮盎討平之。

翌年，南方的形勢似乎更加不穩，一批能員大吏被派往南方，如邢州刺史侯莫陳穎調任桂州總管，宗正卿楊文紀出任荊州總管，齊州刺史張奫也調任潭州總管等。

到了年底，交州（今越南河內市）俚帥李佛子還是掀起了一場規模不小的反叛，占據騶越王故城，並遣其姪子大權據龍編城、別帥李普鼎據烏延城。朝廷商討對策，楊素推薦瓜州刺史劉方有將帥之略，於是被任命為交州道行軍總管，率二十七營軍眾前往鎮壓。劉方於都隆嶺擊破李部一股，進逼李佛子大營，遣使詔諭，李佛子畏懼出降，被送往京城。劉方擔心其餘頭目日後再起，斬其桀黠者以徇眾。

劉方平定交州的消息傳入京城，朝中一些人趁機向文帝進言，稱林邑國（今越南南部）多產奇珍異寶，鼓吹文帝乘勝取之。林邑自隋平陳後入朝以來，中斷朝貢已有多年，文帝正感不悅，被臣下一說，頓時動心，遂任命劉方為驩州道行軍總管，尚書右丞李綱為司馬，率欽州（今廣西欽州市東北欽江西北岸）刺史寧長真、驩州（今越南義安省榮市）刺史李暈和開府秦雄等步騎萬餘，並罪犯從軍者數千人經略林邑。劉方分兵兩路，水陸並進，從仁壽末年一直轉戰到隋煬帝大業元年（六〇五），才攻破林邑都城，獲其廟主金人十八枚，刻石紀功而還。為了滿足文帝晚年的成就感，將近半數的遠征將士葬身叢林，連統帥劉方也在歸途上染疾而逝。

19《隋書》卷六十三，〈衛玄傳〉。
20《隋書》卷五十，〈元孝矩附元褒傳〉。
21《隋書》卷五十，〈郭榮傳〉。
22《資治通鑑》卷一百七十九「隋文帝仁壽元年（六〇一）十一月」條。

地方上的民變固然反映出社會關係的緊張，但還不足以構成國家的心頭大患。更堪憂慮的是高度集權加劇了官吏的腐敗，逾制違法行為日趨普遍，文帝發明的杖打下級的作法，使得權力更加恐怖可憎，也使得上級官僚越發橫行傲慢。

在中央，如楊素一族「並為尚書、列卿，諸子無汗馬之勞，位至柱國、刺史；廣營資產，自京師及諸方都會處，邸店、碾磑、便利田宅，不可勝數；家僮數千，後庭妓妾曳綺羅者以千數；第宅華侈，制擬宮禁；親故吏布列清顯。既廢一太子及一王，威權愈盛。朝臣有違忤者，或至誅夷；有附會及親戚，雖無才用，必加進擢；朝廷靡然，莫不畏附」。[23]

文帝晚年伴隨身邊執掌機要的女婿柳述「雖職務修理，為當時所稱，然不達大體，暴於馭下，又怙寵驕豪，無所降屈」。[24]有一次，文帝問符璽直長韋雲起：「外間有不便事，汝可言之。」韋雲起望著立於帝側的柳述，應聲奏道：「柳述驕豪，未嘗經事，兵機要重，非其所堪，徒以公主之婿，遂居要職。臣恐物議以陛下官不擇賢，濫以天秩加於私愛，斯亦不便之大者。」[25]此二例可以說是文帝晚年重用的大臣的代表，足見其時朝政之一斑。

上行下效，地方吏治亦足堪憂。仁壽三年（六〇三）八月，文帝將幽州總管燕榮賜死。前面曾經介紹過，燕榮是隋朝有名的酷吏，本來就以打人為樂趣，自從文帝授權上級可以杖打部下後，他越發兇狠，看左右不順眼，抓來便打。外出巡視時，專門察看道旁荊棘，發現枝條粗實者，立刻取來作成刑具，在部下身上試用。元弘嗣同樣是有名的酷吏，文帝不知突發什麼奇想，任命元弘嗣為燕榮的副手，讓他倆湊在一塊。這玩笑開得元弘嗣渾身哆嗦，文帝卻安慰他大膽赴任，並敕令燕榮凡杖打元弘嗣超過十下，必須奏聞。燕榮接旨大怒，以為被元弘嗣捉弄，決意報復。所以，他有意讓元弘嗣看管倉庫，只要在倉粟中發現一糠一秕，便笞杖一通，每次雖然不滿十下，可一天要打好幾次，整整折磨了幾年。燕榮玩夠了，乾脆把元弘嗣關進監獄，不給他送飯，打算將他餓死了事。元弘嗣的妻子看大事不妙，趕緊到京城叩闕稱冤。文帝派人調查，燕榮果然不遵聖旨，而且貪贓狼藉，因此被賜死。

元弘嗣從大牢放出來後，獨當一面，其苛酷更甚於燕榮，笞杖猶嫌不足，更發明鼻孔灌醋等，花樣百出，號稱「能吏」。

集權專制迅速滋長著腐敗，對此，文帝似乎有點力不從心了，或許他也不想多管。在集權與腐敗問題上，他恐怕是矛盾的，既然要集權，便只好把腐敗作為必要的代價；但他也不願意看到腐敗不受制約，所以有時也會處理個別典型案件。從根本上說，他更不能容許的是至高無上的皇權受到侵害。

據說，當時河、汾名儒王通（文中子）曾拜謁文帝，談論治國之道，並將潛心研究的《太平十二策》進呈，文帝雖然誇獎了幾句，但毫無採納之意，王通掃興而歸。

據唐人杜淹所撰《文中子世家》稱，王通在河東聚徒講學，門人包括房元齡、李靖、魏徵、溫大雅、杜淹、竇威、薛收、陳叔達等，為唐初一代將相俊傑，足可驚人。《太平十二策》失傳，據杜淹介紹，內容包括「推帝皇之道，雜王霸之略，稽之於今，驗之於古，恢恢乎若運天下於掌上矣」。[26]王通自己也曾對門人董常說過：「有天道焉，有地道焉，有人

23《資治通鑑》卷一百七十九「隋文帝仁壽二年（六〇二）十二月」條。
24《隋書》卷四十七，〈柳機附柳述傳〉。
25《舊唐書》卷七十五，〈韋雲起傳〉。
26 杜淹，《文中子世家》，見《全唐文》卷一百三十五（中華書局，一九八三年影印版）。

道焉，此其稟也」。[27]對薛收講道：「故十二策何先？必先正始者也」。[28]似乎內容頗雜，天文、地理、人事無所不包，這種著作恐怕不是不甚悅學又耽迷於佛教的文帝所喜聞樂見的。王通曾對弟子說：「無赦之國，其刑必平；重斂之國，其財必削」；「聞謗而怒者，讒之匹也；見譽而喜者，佞之媒也。絕匹去媒，讒佞遠矣」。[29]其見解與文帝的思想乃至時政之格格不入，顯而易見。文帝拒絕王通輕徭薄賦、清明政治的主張，表明他堅持專制獨裁的立場。

居功自傲和集權政治，確已把文帝腐蝕得面目全非了，人們已經很難希望他能再度振作起來。而且，歲月的流逝和身體的衰老，無論在生理或者心理上，也都在使他越發僵化。所以，仁壽年間，從表面上看是佛教活動好不熱鬧，可內裡卻是腐蝕的加速、帝國的停滯和精神的頹靡。

文帝已是疲倦思歸了。此時，疾病和死亡的問題，突然如此清晰而無情地顯現在他面前。在他勵精圖治的時候，這些問題彷彿不曾存在，而當他停頓下來打算好好享受的時候，死亡的陰影卻不知從何處驀然閃現，尤其是在他害怕眼前的利益受到損害乃至喪失的時候。為私利而進行的權力鬥爭不僅是最無情、最沒有是非原則，而且也是最瘋狂、最殘忍也最傷身體的，就算取得勝利也是暗傷累累。當塵埃落定時，首先要面對的也許就是疾病與死亡，新的打擊接踵而至。

從開皇後期以來，文帝夫婦已經很難離得開舒適的仁壽宮了，也許他們自己未曾注意到，幾乎每年開春，他們總要到仁壽宮來。我們隨便從開皇十七年（五九七）起略作回顧，是年正月一過，他們就動身前往仁壽宮，一直住到秋高氣爽的九月才回到京城；翌年同樣也是從二月住到九月；而開皇十九年（五九九）二月到仁壽宮後，乾脆一直居住到翌年九月；只有仁壽元年（六〇一）未見前往仁壽宮的記載。可是，仁壽二年（六〇二）三月，文帝夫婦又動身到仁壽宮去了。

從仁壽宮遙控朝政固然是後期政治紊亂的一個表現，但同時也暗示著文帝夫婦精神體力的衰老。從文帝在仁壽宮發生粉紅色事件之後，獨孤皇后內心受到強烈的打擊，不僅有對親人背叛的憤怒，更有年老色衰的刻骨悲傷。由憤怒激起的報復心理雖然支撐她繼續鬥爭了幾年，然而，當敵人被打倒之後，孤寂失落的感覺便經常縈繞心頭。當一個女人覺得自己年老而失去愛情的時候，屬於她的那一片天也就隨之坍塌。雖然文帝經常陪伴在身旁，但宮女們還是明顯地感覺到獨孤皇后「自此意頗衰折」。[30]

仁壽二年，來到仁壽宮後，獨孤皇后就感到身體不適。精神失落引起的身體萎靡，讓太醫們束手無策。獨孤皇后一天天衰弱下去，到八月，病情陡然加重，史官記錄下十九日「月暈四重」，二十四日「太白犯軒轅」，太醫回天無術才會乾望星空，由此得到天意的解釋。這天夜裡，獨孤皇后走完了五十九年的人生歷程。

獨孤皇后逝世對文帝是莫大的打擊，晚年失去一道生活了四十餘年的生活伴侶，政治上失去了風雨同舟的戰友，尤其是在文帝疏遠了所有的朝臣而家庭又慘劇迭生的時候，上天又奪去他唯一能夠信賴的對話者，難道真的要把他變成徹底的孤家寡人？滿腹心思，一腔哀愁，何處話淒涼！

只有王劭最善解人意，他趕出一篇奏文，婉轉開導文帝說：「佛說人應生天上，及上品上生無量壽國之時，天佛放大光明，以香花妓樂來迎之。如來以明星出時入涅槃。伏惟大行皇后聖

---

27 《文中子中說》卷七〈述史篇〉，見《百子全書》。
28 《文中子中說》卷十〈關朗篇〉，見《百子全書》。
29 《資治通鑑》卷一百七十九「隋文帝仁壽三年（六〇三）九月」條。
30 《隋書》卷三十六，〈后妃・文獻獨孤皇后傳〉。

德仁慈，福善禎符，備諸祕記，皆云是妙善菩薩。臣謹案：八月二十二日，仁壽宮內再雨金銀之花。二十三日，大寶殿後夜有神光。二十四日卯時，永安宮北有自然種種音樂，震滿虛空。至夜五更中，奄然如寐，便即升遐，與經文所說，事皆符驗。臣又以愚意思之，皇后遷化，不在仁壽、大興宮者，蓋避至尊常居正處也。在永安宮者，象京師之永安門，平生所出入也。后升遐後二日，苑內夜有鐘聲三百餘處，此則生天之應顯然也。」[31]王劭究竟是王劭，他總能感應到凡人無從聽聞的神跡，把獨孤皇后去世的情景說得活靈活現，簡直就與釋迦涅槃沒有分別，與佛經描繪的往生佛國完全吻合。轉眼之間，就把喪事說成喜事，證明了文帝夫婦的神性。

王劭的一通說辭，果然讓文帝破涕轉喜，趕忙召楊素依禮厚葬獨孤皇后。

然而，開皇年間修訂的禮典沒有喪禮的儀注，如何籌辦喪事，楊素心中無數，據實稟報。文帝早就想補充修訂《開皇禮》，便於閏十月十日命楊素與諸術士刊定陰陽舛謬。五天後，又詔令尚書左僕射楊素、尚書右僕射蘇威、吏部尚書牛弘、內史侍郎薛道衡、祕書丞許善心、內史舍人虞世基、著作郎王劭七人負責修訂五禮。這樣，修訂《開皇禮》便不是個別規定的補充，而是比較全面的修訂，且由朝廷主要大臣領銜，使之更具權威。修訂的指導思想，文帝在詔令中明確說道：「正父子君臣之序，明婚姻喪紀之節。故道德仁義，非禮不成，安上治人，莫善於禮」。[32]主要修訂的範圍是郊祭和五服方面的儀節。

楊素素來敬重牛弘，領命修禮後，便把重任交給牛弘，說道：「公舊學，時賢所仰，今日之事，決在於公」。[33]牛弘一諾無辭，他又找來劉焯、劉炫、李百藥、崔子發等諸儒商討，[34]很快就以《齊禮》為底本修訂完成，楊素審閱後，感嘆道：「衣冠禮樂盡在此矣，非吾所及也！」[35]

朝臣主持的修禮，仍是儒家「舊學」，似乎沒有吸收什麼術士的東西，基本上延續開皇年間以北齊為主，兼采南北諸說的原則，這一點頗有意思。

儀注完成後，文帝又找來術士蕭吉為獨孤皇后卜擇葬地。太子廣聞訊，急忙派遣宇文述前去致意，請蕭吉選一塊能佑其早日登基的風水寶地，蕭吉自然樂於效勞。大概所有的人心裡都清楚，獨孤皇后的死預示著一個時代的終結，文帝已是折翼的大鵬，野心家已經在悄悄地為他安排後事了。不過，從其晚年的所作所為來看，他的使命就剩給其時代落下帷幕罷了。

二十八日，獨孤皇后安葬於太陵那塊蕭吉選定的墓地上。文帝不顧蕭吉的反對，親自出席葬禮，並堅持來到靈園。他心裡空蕩蕩的，一直想找尋失落的東西，……。

回來後，文帝下詔褒獎楊素道：「楊素經營葬事，勤求吉地，論素此心，事極誠孝，豈與夫平戎定寇比其功業！」[36]看來，文帝完全被人蒙在鼓裡，他愈自作聰明、愈努力尋找，就愈找不回心中的失落。

---

31 《隋書》卷六十九，〈王劭傳〉。
32 《隋書》卷二，〈高祖下〉。
33 《隋書》卷四十九，〈牛弘傳〉。
34 分別見《隋書》卷七十五〈儒林‧劉焯傳〉、〈儒林‧劉炫傳〉；《北史》卷三十八，〈裴佗附裴矩傳〉記載中尚有李百藥，為《隋書》卷六十七〈裴矩傳〉所未見。
35 《隋書》卷四十九，〈牛弘傳〉。
36 《資治通鑑》卷一百七十九，「隋文帝仁壽二年（六〇二）十月」條。

悽楚病逝

仁壽三年（六〇三），這一年似乎過得相當平靜，史書上也沒有見到文帝前往仁壽宮的記載，夫婦雙飛雙棲的情景已成往事。

上半年，文帝似乎還沒從獨孤皇后逝世的陰影中掙脫出來，沒有留下多少處理政務的記載。相反，他把更多的精力放在後宮生活上。

最近，文帝愈來愈喜愛宣華夫人陳氏和容華夫人蔡氏。

宣華夫人陳氏是陳宣帝的女兒，姿貌無雙。陳朝滅亡後，配入掖庭，後來又被選入後宮為嬪。經過這樣一段辛酸的經歷，陳氏磨練得善解人意，十分討人喜歡。所以，在獨孤皇后嚴密控制後宮的時候，她能夠得到獨孤皇后的青睞，服侍文帝。後來，在晉王廣謀篡太子時，她看風使舵，收取晉王廣的珍寶賄賂，推波助瀾，促成太子勇垮臺，因此更加受寵。獨孤皇后去世後，她進位為貴人，專擅房寵，主宰後宮。

容華夫人蔡氏也是江南人，生長在丹陽，陳朝滅亡後被選入後宮，充任世婦。她儀容婉麗，早就被文帝看中，只是礙於獨孤皇后，故罕見寵幸。獨孤皇后死後，文帝得到解放，壓抑心頭的慾火噴發出來，蔡氏頗為得寵，被封為貴人，協助宣華夫人處理宮掖事務。

有一段時間，文帝在兩位如花似玉的貴人圍繞下，心中的苦楚暫時得以宣洩，不由地沉浸在溫柔鄉中。可是，每當興奮過後，他又重新感到空虛寂寥，苦苦追尋的東西，每每在彷彿找著的時候化為泡影。於是，他又再去追求，反復不已，精神的苦悶沒能解脫，身體已是虛弱不堪。

其實，文帝在百花叢中尋尋覓覓的是獨孤皇后的影子，可是，沒有一個女人能夠填補獨孤皇后逝世留下的巨大空白。因此，也就沒有一位女人能夠滿足文帝的需求。遺憾的是，文帝直到病入膏肓時才明白過來，不無悔恨地說道：「使皇后在，吾不及此」。[37]然而，一切都太晚了。

到了七月，文帝似乎想重新振作一番，二十七日，他頒布一道長長的詔令，講述一通用人的道理之後，向全國求賢道：

其令州縣搜揚賢哲，皆取明知今古，通識治亂，究政教之本，達禮樂之源。不限多少，不得不舉。限以三旬，咸令進路。徵召將送，必須以禮。[38]

經過幾次牽涉頗廣的政治清洗，而且，建國至今也已二十多年，當年任用的官吏也都進入老境，確實到了吐故納新更替換代的時候了。看來，文帝的頭腦依然清醒，還保持著政治家的敏銳。可是，除此之外，就是設置常平官、賑恤河南水災和人事變更等日常事務，再沒有什麼新的舉措，這一年就這樣送走了。

仁壽四年（六〇四）正月，文帝宣布大赦。此後，他開始準備再度前往仁壽宮。術士章太翼聞訊，力加勸阻，至於再三，文帝堅持不納，章太翼直言道：「臣愚豈敢飾詞，但恐是行鑾輿不反」。[39]文帝大怒，把章太翼抓進牢房，準備從仁壽宮回來，證明章太翼所言虛妄後，將他斬首示眾。

二十七日，文帝動身來到仁壽宮。次日，他下詔將國家大小政務都交由皇太子處理。這種詔

37 《隋書》卷三十六，〈后妃・文獻獨孤皇后傳〉。
38 《隋書》卷二，〈高祖下〉。
39 《隋書》卷七十八，〈藝術・盧太翼傳〉。

令，以前從未有過，彷彿透露著不祥的氣氛。果然，到了四月，文帝病重的消息傳了出來，尚書左僕射楊素、兵部尚書柳述和黃門侍郎元巖等人入閣侍疾，皇太子廣入居大寶殿。

這期間，仁壽宮內發生了一系列事情，令後人議論紛紛。

據說，皇太子廣和宣華夫人陳氏一起侍候文帝，天亮時，陳氏外出更衣，遭楊廣非禮，力拒得免，回到文帝床前，文帝見其衣冠不整，神色有異，問其緣故，陳氏泣訴太子無禮，文帝怒不可遏，深責獨孤皇后誤事，罵道：「畜生何足付大事，獨孤誠誤我！」急令柳述和元巖道：「召我兒！」柳述和元巖以為要召楊廣，文帝急忙糾正道：「勇也。」也就是說，文帝要廢黜楊廣，重立楊勇為太子。於是，柳述和元巖出閣起草敕令，讓楊素過目。楊素火速將消息轉告楊廣，楊廣立即派遣張衡入寢殿侍候文帝，同時，撤換宮中衛士，矯詔將柳述和元巖逮捕入獄，把宣華夫人及宮女一概逐出，俄頃，文帝駕崩。宣華夫人與宮人相顧失色，囁嚅道：「事變矣！」[40]

隋煬帝把好端端一個國家搞垮掉，故唐朝君臣以他為鑒，將他的劣跡披露得淋漓盡致，充分發揮歷史為政治服務的功能。而文人墨客更是加油添醋，描繪得煞有介事，有如親眼目睹一般。趙毅所著《大業略記》稱：煬帝「召左僕射楊素、左庶子張衡進毒藥。帝簡驍健官奴三十人皆服婦人之服，衣下置杖，立於門巷之間，以為之衛。素等既入，而高祖暴崩」。馬總的《通歷》講得更加確切，說楊素「乃屏左右，令張衡入拉帝，血濺屏風，冤痛之聲聞於外，崩」。[41]

煬帝由於政治上的失誤而導致隋朝滅亡，小說家卻將此庸俗為好色巡遊所致，對煬帝個人進行最大限度的醜化，並隨時代的推移而愈演愈烈，以至影響到學術界，甚至採傳聞入史，硬要將煬帝弒父考為史實。其實，這些「考證」，宋代歷史學家司馬光已經作過，他當時擁有的史料筆記，遠比今日豐富，排比之後，他寫下「今從《隋書》」寥寥數字，[42]作出最清楚的結論。

且看《隋書·高祖紀》對文帝逝世的記載。四月，文帝不幸在仁壽宮病倒。到了六月六日，朝廷宣布大赦天下。顯然，文帝病重，故以大赦為他祈福。而且，當時記錄下的天象稱：「有星入月中，數日而退」。曲折地表明文帝病情嚴重。七月一日，「日青無光，八日乃復」，說明文帝已經病篤無望了。果然，到十日，「上以疾甚，臥於仁壽宮，與百僚辭訣，並握手歔欷」。三天後，也就是十三日，文帝崩於大寶殿，時年六十四歲。

《隋書》的記載清楚無誤，文帝自四月生病以來，病勢日漸加重，以至從仁壽元年（六〇一）以來每年文帝誕辰（六月十三日）都要進行的佛事活動也不得不停止。而自此至七月十三日逝世的數十天，御醫顯然盡了最大的努力才使得文帝的壽命得以延長。顯然，從文帝病重到逝世這段時間裡，太子廣一直和宣華夫人一道服侍文帝，相安無事。如果曾經發生強暴未遂事件，則必定發生在文帝與百官辭別之後，也就是在七月十日以後，此時，文帝已在苟延殘喘，而楊廣強抑色慾數月，竟在最後一刻功虧一簣，如此迫不及待，真不知此前是如何熬過來的。

其實，宣華夫人早就與楊廣關係緊密，甚至為他充當內應，構陷前太子楊勇。如果說他們兩人有那麼一手的話，也沒有什麼好奇怪的。在那個時代，胡俗中弟娶兄嫂、子承父妾是十分正常的事，隋唐兩代起自塞上，祖上數代與胡人通婚，皇室內部婚姻關係甚亂，早就習以為常。將宣華夫人描繪得如何堅貞不屈，那是小說家的專長。實際上，文帝一死，另一位容華夫人就自告奮

40 引文均見《隋書》卷三十六，〈后妃·宣華夫人陳氏傳〉。
41 見《資治通鑑》卷一百八十「隋文帝仁壽四年（六〇四）七月」條《考異》引文。
42 《資治通鑑》卷一百八十「隋文帝仁壽四年（六〇四）七月」條《考異》引文。

勇，請求面見煬帝，有事相告，於是，兩人頗效魚水之歡，膠漆相投。

如果說文帝臨終前發現太子與宣華夫人有私，那倒是十分可能的。但要重新改立太子一事，又成了另一樁疑案。當年廢黜楊勇，文帝費了九牛二虎之力，甚至對高熲等朝臣發動政治清洗，其負面影響一直無法消除。而此時，楊廣與楊素已經控制朝政，羽翼豐滿，這種局面不是躺在病床上，進氣少、出氣多的文帝所能改變的，如後述，文帝至死都是清醒的，因此，他對眼前的醜事感到憤怒，自可理解。關鍵的是身邊的柳述和元巖很可能利用此事大做文章。

柳述是文帝的女婿，十分得寵，晚年跟隨文帝左右，成為溝通宮省之間的橋梁。但他沒有什麼功勳，又恃寵傲慢，欺淩朝臣，引來不少反感。重要的是，他看不慣楊素跋扈，每淩辱之，並在文帝前揭楊素之短，促使文帝對楊素頗起戒心。故柳述與楊素勢同水火。在文帝發現太子的醜事時，在場的是柳述和元巖，他們正好是太子與楊素的對立派，趁勢火上加油，力勸文帝廢黜楊廣，重立楊勇，試圖奪取朝政。因此，所謂廢立太子的鬥爭，實際上是楊廣、楊素一方與文帝寵臣柳述一方的權力之爭。

但是，雙方的實力實在懸殊，柳述不過是狐假虎威，哪裡是楊廣的對手。楊廣迅速調來東宮衛士，在宇文述和郭衍率領下，控制了仁壽宮，逮捕柳述和元巖，撤換所有禁衛。至此，楊廣已經完全控制了局面，清除了對手，文帝的話連寢宮都傳不出去。這下子他完全可以放心地服侍危在旦夕的父親，為其盡孝，不至於蠢到冒天下之大不韙去殺害父親。事實上，如上面所引，說煬帝殺害其父的諸說，有說是楊素進的毒，有說是張衡下的手，即使按其所說，無論是毒殺還是絞殺，都不至於「血濺屏風，冤痛之聲聞於外」。也許過於離譜的描述反倒顯得生動逼真。

實際上，就是以隋為鑒的唐太宗君臣，也沒有一人指控煬帝弒父。當年，如火如荼的隋末大起義，成千上萬的民眾揭竿而起，不少隋朝官僚也趁勢反叛，在全國上下一派聲討隋煬帝的聲浪中，竟然沒有一人揭露煬帝弒父這一富有鼓吹力的罪行，可知當時並沒有煬帝弒父之說。

而且，被後人指控為殺害文帝的兇手張衡，史書稱他「幼懷志尚，有骨鯁之風」，他為煬帝出謀劃策，奪得太子之位。煬帝上臺後，打算建造汾陽宮，他進諫道：「比年勞役繁多，百姓疲敝，伏願留神，稍加折損」。結果招致煬帝疏忌，後因謗訕朝政而被賜死於家。唐高祖李淵「以死非其罪，贈大將軍、南陽郡公，諡曰忠」。[43]如果張衡果真是弒君兇手，那麼，唐高祖決不會為他平反，更不會給他「忠」的諡號，因為這是國家賴以維持的倫理道德問題，決不容有絲毫的含糊。

從其他記載來看，文帝病勢加重後，太子廣就開始進行防範萬一的準備。這本來是正常而且應該的事情，但偏偏出了差錯。太子廣手書信函給楊素，徵詢他對文帝後事的意見，楊素將外間安排情況回稟，沒想到宮人竟然誤送給文帝，加上宣華夫人的事，這才激起文帝發怒，演出楊素調兵入宮的一幕。碰巧文帝在當天病逝，「由是頗有異論」，[44]給後人留下廣闊的想像餘地。

發生這些事情，文帝當然滿心悽楚，但他並沒有糊塗。在病榻上，往事歷歷在腦海裡浮現，他清楚地記得來仁壽宮前盧太翼的再三諫阻，後悔莫及，他甚至記得盧太翼本姓章仇，自己真不該將他抓進監獄。於是，他喚太子廣到床前，交代說：「章仇翼，非常人也，前後言事，未嘗不中。吾來日道當不反，今果至此，爾宜釋之」。[45]

文帝最懷念的還是獨孤皇后，看來，相會的日子在即，他把當年建築皇后山陵的何稠也叫到

43 引文均見：《隋書》卷五十六，〈張衡傳〉。
44 《隋書》卷四十八，〈楊素傳〉。
45 《隋書》卷七十八，〈藝術·盧太翼傳〉。

跟前，囑託道：「汝既曾葬皇后，今我方死，宜好安置。屬此何益，但不能忘懷耳。魂其有知，當相見於地下。」爾後，他摟著太子廣的脖子叮囑道：「何稠用心，我付以後事，動靜當共平章。」[46]

作完一系列後事交代之後，文帝與世長辭，留下著名的遺詔：

嗟乎！自昔晉室播遷，天下喪亂，四海不一，以至周、齊，戰爭相尋，年將三百。故割疆土者非一所，稱帝王者非一人，書軌不同，生人塗炭。上天降鑒，爰命於朕，用登大位，豈關人力！故得撥亂反正，偃武修文，天下大同，聲教遠被，此又是天意欲寧區夏。所以昧旦臨朝，不敢逸豫，一日萬機，留心親覽，晦明寒暑，不憚劬勞，匪曰朕躬，蓋為百姓故也。王公卿士，每日闕庭，刺史以下，三時朝集，何嘗不罄竭心府，誡敕殷勤。義乃君臣，情兼父子。庶藉百僚智力，萬國歡心，欲令率土之人，永得安樂，不謂遘疾彌留，至於大漸。此乃人生常分，何足言及。但四海百姓，衣食不豐，教化政刑，猶未盡善，興言念此，唯以留恨。朕今年踰六十，不復稱夭，但筋力精神，一時勞竭。如此之事，本非為身，止欲安養百姓，所以致此。

人生子孫，誰不愛念，既為天下，事須割情。勇及秀等，並懷悖惡，既知無臣子之心，所以廢黜。古人有言：「知臣莫若於君，知子莫若於父。」若令勇、秀得志，共治家國，必當戮辱徧於公卿，酷毒流於人庶。今惡子孫已為百姓黜屏，好子孫足堪負荷大業。此雖朕家事，理不容隱，前對文武侍衛，具已論述。皇太子廣，地居上嗣，仁孝著聞，以其行業，堪成朕志。但令內外群官，同心戮力，以此共治天下，朕雖瞑目，何所復恨。

但國家事大，不可限以常禮。既葬公除，行之自昔，今宜遵用，不勞改定。凶禮所須，纔令周事。務從節儉，不得勞人。諸州總管、刺史已下，宜各率其職，不須奔赴。自古哲王，因人作法，前帝後帝，沿革隨時。律令格式，或有不便於事者，宜依前敕修改，務當政要。嗚呼，敬之哉！無墜朕命！[47]

病中反思，文帝深以「四海百姓，衣食不豐，教化政刑，猶未盡善」為恨，一再交代後繼者要安養百姓，「務從節儉，不得勞人」。或許，文帝已經意識到經過革新整頓，國家制度基本建立之後，當務之急是與民休息。遺憾的是這個思想來得太晚了，其後繼者正躍躍欲試，力圖再創更加宏偉的事業。

身後之事，不是文帝所能左右，或許也不是他所能料及的。

文帝死後，楊廣祕不發喪。正好伊州刺史楊約到仁壽宮入朝，楊廣急令他和郭衍趕回京城，撤換留守者，矯稱文帝詔令，縊殺楊勇，控制住京城後，陳兵集眾，發布文帝訃文。

二十一日，在仁壽宮為文帝發喪，楊廣於靈前即位。

八月三日，煬帝扶文帝靈柩回到京城，十二日，在皇宮正殿大興前殿為文帝舉行隆重的殯儀，同時將柳述和元巖除名，發配邊地。還命令蘭陵公主與柳述離異，公主誓死不從，再不朝謁，夫妻雙雙幽憤而死。

46《隋書》卷六十八，〈何稠傳〉。
47《隋書》卷二，〈高祖下〉。

骨肉相殘的悲劇還要繼續演出最後一幕。文帝晚年寵愛小兒子漢王諒，讓他坐鎮并州，統領山東五十二州，特許他可以不按律令，便宜從事。無原則的寵愛恰恰在無形中坑害了子女。漢王諒自以為居於天下精兵之處，野心陡長，楊勇和楊秀被廢黜之後，他便陰蓄異圖，召集亡命，豢養士卒。文帝死後，煬帝讓車騎將軍屈突通帶著偽造的文帝璽書徵召漢王諒入朝。漢王諒一看璽書上沒有文帝與他祕密約定的暗號，知道發生變故，立即起兵造反。以個人私利挑起的內戰，得不到民眾的支持與回應，很快就被楊素統率的大軍所鎮壓。漢王諒兵敗被擒，除名絕籍，幽禁而死。文帝引以為豪的五個兒子，四個於骨肉相殘之中廢黜。

十月十六日，文帝被安葬於太陵。廟號高祖。根據他的遺願，和獨孤皇后合葬在一起，異穴同墳。

後來，煬帝還專門舉辦無遮大會，剃度善男信女一百二十人，「奉為文皇帝敬造金銅釋迦坐像一軀，通光趺七尺二寸，未及莊嚴，而頂凝紺翠，體耀紫光，放大光明，照映堂宇，既感通於嘉瑞。敕諸郡各圖寫焉」。[48]

隋文帝的遺詔雖然沒有得到煬帝的遵循，但他憂國憂民之情，溢於言表，廣為傳揚。日本史家將它略加刪改，作為其古代偉人雄略天皇的遺詔記載於《日本書紀》，此例已經充分顯示出隋文帝及其王朝在世界上的龐大影響。

隋文帝留下的政治遺產是巨大的，唐朝史臣評論他說：

> 自強不息，朝夕孜孜，人庶殷繁，帑藏充實，雖未能臻於至治，亦足稱近代之良主。然天性沉猜，素無學術，好為小數，不達大體，故忠臣義士莫得盡心竭辭。其草創元勳及有功諸

將，誅夷罪退，罕有存者。又不悅詩書，廢除學校，唯婦言是用，廢黜諸子。逮於暮年，持法尤峻，喜怒不常，過於殺戮。[49]

唐人的評價影響深遠，後人所論，大同小異。清人王夫之從制度沿革考察隋文帝的貢獻，指出：

> 隋一天下，蠲索虜鮮卑之虐，以啟唐二百餘年承平之運，非苟而已也；蓋有人焉，足以與于先王之德政，而惜其不能大用也。
>
> 隋無德而有政，故不能守天下而固可一天下。以立法而施及唐、宋，蓋隋亡而法不亡也。[50]

隋文帝統治的前後期反差實在是太大了。如果能夠假設，那麼，文帝若死於平陳之後不久，他將無比輝煌。然而，這種渴望完人的假設沒有什麼實際意義。相反，文帝前後期的反差，給我們更多的啟迪。衝破功利主義與價值判斷的局限，深入研究文帝的一生，必將多有收穫。而隋文帝的歷史意義及其在歷史上的地位，也將顯現得更加清晰完整。

48《辯正論》卷三。
49《隋書》卷二，〈高祖下〉。
50 王夫之著，舒士彥點校，《讀通鑒論》（中華書局，一九七五年），卷十九〈隋文帝〉。

餘言

我是有點不自量力，所以，當出版社詢問我對撰寫《隋文帝傳》的意見時，我倒是勇於承擔。任務接下來後，很快，我就發現我把自己置於十分尷尬的境地。

在我想來，在中國自五胡十六國南北大分裂走向統一富強的唐朝盛世過程中，隋文帝無疑是最為重要的領袖人物。他的一番大刀闊斧的創規建制，奠定了隋唐帝國的制度與規模，規定了那個時代政治運作的模式，不少方面還對後世造成持久深遠的影響。可是，如此重要的人物，千百年來，卻沒什麼人願意為他立傳。單是這一點，就應該冷靜下來，好好思索一通，可我竟然一諾無辭，現在回想起來，後背還會沁出冷汗。

一九九五年，在珞珈山下，我和馬良懷先生徜徉於東湖之濱，閒聊起隋文帝來。恰巧他正在撰寫曹操，我們很自然地把這兩個人比較一番。哪怕我偏袒隋文帝，認為他的貢獻殊偉，卻不能不同意他缺乏魅力與風采的高見。隋文帝深沉、果斷，嚴肅得令人生畏，既沒有在月光閃爍的江船上橫槊賦詩的動人一幕，也沒有率百萬雄師欲取江東二喬的風流韻致。在生活上，隋文帝簡直就是一個模範生，他與獨孤皇后廝守終生，卻不能讓人有霸王別姬般刻骨銘心的感動，更不像其子隋煬帝博采眾芳那樣讓後人津津樂道。總之，他雖然做了一大堆讓人感佩不已的事業，卻缺乏人的樂趣與才情。這些當然不是他的過錯，但卻讓作者大為苦惱，恨鐵不成鋼哪！不知是恨隋文帝風流不足，還是恨自己無力刻畫出栩栩如生的人物。

隨著寫作的進展，我覺得人們不願意為隋文帝寫傳，恐怕還因為那段歷史實在太複雜了。從建隋到平陳，短短九年，文帝就完成了全新的國家制度建設，他真的是廢寢忘食、焚膏繼晷地工作，把一個雜亂無章的亂世治理得井井有條、秩序森嚴。而他做的每一件事，稍加深入探討，就牽出一大堆難以理順的頭緒，猶如亂麻，把看似明確無疑的通論動搖成有待求證的課題，從其出生到病逝，沒有一件不需要從頭整理考索。譬如，隋的國名，宋人以為是隋文帝將「隨」字去掉「辶」偏旁而來的，清代金石學家王昶曾加以批駁，我亦傾向於王說，但岑仲勉先生仍以宋人之論為是。現實的情況是當時兩字並存，考古發現也是如此。因此，在目前可知的史料下，只能是兩說並存，難以定論。我雖然寫下不少考證文字，最後鑒於史料的現狀，統統割捨不錄。再如，隋文帝改州、郡、縣三級制為州、縣二級制，學者們頗加讚揚。然而，王鳴盛《十七史商榷》卻認為隋州最繁。為了王老前輩的一句話，我查閱了隋朝數百個州、郡，千餘個縣的資料，歷時數月，積稿盈尺，才算有點頭緒，在書中留下數頁論證。生命就這樣一點一滴地流逝於筆尖，隋文帝啊隋文帝，難怪人家不喜歡給你寫傳。

而我也確實付出了無法彌補的代價。本書動筆以來，我天天坐在窗前望著春夏秋冬轉來轉去。在此期間，慈母劉慈萍永遠地離開了我。從懂事以後，母親就不斷以她的學識和人生經驗教育我，她以其熱情、開朗、正直和求真的品格來塑造我。每週與她歡聚時，我總要把寫成的部分講給她聽，聽取她的意見，母子高談闊論，忘卻午休。雖然她很希望和我交談，卻每每叫我安心寫書，不用回家。哪怕到了病重住院時，還一再叫我回去寫書。我永遠不會忘卻她告別時無限留戀與深情的眼光。

這本書雖然耗去我很多心力，但我也從中感受到生活的美好和人間的溫馨。日本堀敏一教授知道我在寫《隋文帝傳》，不顧高齡，親自複印寄來一包包的研究文獻，他總是以默默的行為為人鋪路。池田溫教授不時致函鼓勵指教。谷川道雄、氣賀澤保規、金子修一、妹尾達彥和福田啟郎等教授從各地寄來論著；九十高壽的史學界老前輩李樹桐先生也寄來他數十年的研究著作，令人感動不已。臺灣大學的高明士先生經常與我通過書信商榷，受益良多。姜伯勤先生更是我的良師益友，平時的請教已難細數了，我曾拉住他坐在澳門市政廣場上，也不知談了多少小時，探討了多少問題，從曬冬日取暖一直談到豎起衣領擋風，踏夜而歸。

如果說以上各位的幫助，使我找到了寫作的思路，那麼，把思路變成作品，就要深深地感謝人民出版社第四編輯室的張維訓編審。一本著作的問世，其中不知包含著多少編輯的勞動與心血。且不去細說張先生是如何以其精湛的史學知識給我指教，當我承接課題不久遇上困難時，我改變計畫，決定對疑難問題先進行專題性研究。然而，在出書困難的時期，我確實擔心出版社能否同意，會不會撤銷選題。就在惶惶不安的時候，張先生迅速回信給予鼓勵，那種如逢大赦般的心情，記憶猶新。以後，期限一展再展，編輯室的喬還田主任、諸曉軍先生都曾南下探訪，他們從不催促，而是各自以其專長給我啟發。我確實從心底裡感謝人民出版社，感謝他們，沒有他們的支援，不會有本書問世。因此，書中論述如有可取之處，應歸功於他們，是他們給我時間從容思索。

最後，我還要把本書的完善交給讀者，沒有廣大讀者的熱心參與，作品就失去生命的活水；如果說讀者是上帝，那麼，謀事在人，成事在天。

一九九七年十二月十六日於廈門大學篤行

隋文帝年表

五四一年　西魏文帝大統七年

六月十三日（西元七月二十一日），出生於華州（今陝西省大荔縣）。

出生後，即由尼姑智仙撫養於般若寺中，至十三歲。

五五四年　西魏恭帝元年　十四歲

被京兆尹薛善辟為功曹。

五五五年　西魏恭帝二年　十五歲

因父親楊忠的勳功而被授散騎常侍、車騎大將軍、儀同三司，封成紀縣公。

五五六年　西魏恭帝三年　十六歲

升驃騎大將軍，加開府；與北周柱國、大司馬獨孤信十四歲的女兒獨孤伽羅結婚。十一月，宇文泰去世。

五五七年　北周孝閔帝、明帝元年　十七歲

正月，北周立國，宇文覺（孝閔帝）即天王位，宇文護執掌朝政；九月，宇文護廢孝閔帝，改立宇文毓（明帝）。楊堅任右小宮伯，進封大興郡公。

五六〇年　北周明帝武成二年　二十歲

四月，宇文護毒死明帝，改立武帝宇文邕。楊堅遷左小宮伯。

五六一　年北周武帝保定元年　二十一歲

長女楊麗華出生。

五六五～五六八年　北周武帝保定五年至天和三年　二十五歲至二十八歲

出任隨州（今湖北省隨州市）刺史，進位大將軍；後徵還，侍奉母疾三年。天和三年，父親楊忠去世，襲爵為隋國公。宇文護想加害於他，被大將軍侯伏侯壽等人所勸阻。

五七二年　北周武帝建德元年　三十二歲

周武帝誅殺宇文護，收回政權。

五七三年　北周武帝建德二年　三十三歲

九月，周太子贇納楊麗華為妃。

五七五年　北周武帝建德四年　三十五歲

五月，周齊王憲懷疑楊堅，曾密勸武帝除之，未被接納。七月，周武帝伐齊，楊堅任偏師水軍統帥，得以領兵出征。九月，周軍撤退，楊堅焚舟艦自陸路撤回關中。

五七六年　北周武帝建德五年　三十六歲

周大臣王軌以太子贇非社稷之主而勸武帝除掉楊堅，以免後患，未被接納。十月，周武帝再次率軍伐齊，楊堅被委以主力部隊右路第三軍總管的重任，會同諸軍，一舉攻克北齊發祥地晉州（今山西省臨汾市）。齊後主率主力來援，周以少量部隊堅守晉州，全軍退回關中，旋又出關，破齊主力於晉州城下。

五七七年　北周武帝建德六年　三十七歲

北周滅齊。北齊任城王高湝據冀州抵抗。楊堅隨北周齊王憲出征冀州，俘虜任城王高湝；二月十三日，因功封定州總管，進位柱國。十二月二十九日，調任南兗州總管。

五七八年　北周宣帝宣政元年　三十八歲

六月，武帝逝世，宣帝即位，立楊氏為皇后，楊堅因此進位上柱國，回京任大司馬。

五七九年　北周宣帝大成元年、靜帝大象元年　三十九歲

元旦，宣帝初置四輔官，楊堅成為四輔之一的大後丞；七月一日，躍升為大前疑，位居四輔官之首。

五八〇年　北周靜帝大象二年　四十歲

宣帝要處死楊皇后，楊堅妻獨孤氏入宮苦求才獲免。不久，宣帝召楊堅入宮，打算誅之，後來因為找不到口實而作罷。楊堅請求外任以避禍。

五月初四，楊堅被任命為揚州總管，但他藉口足疾而沒有赴任；十日，宣帝發病，楊堅入宮侍疾；二十四日，宣帝駕崩，鄭譯、劉昉等人矯詔楊堅輔政；次日，靜帝入居天臺，楊堅為假黃鉞、左大丞相，總領百官；六月二十三日，因為尉遲迥、宇文冑等人起兵，靜帝詔令楊堅都督內外諸軍事；八月，平定尉遲迥，司馬消難南奔陳朝；九月二十九日，周朝廢除左右丞相之號，僅設大丞相一職，由楊堅擔任；十月十日，楊堅加大冢宰職，總攝其他五府，集大權於一身；是月，平定王謙；十二月十三日，楊堅晉封為隋王，以十郡為國。

五八一年　隋文帝開皇元年　四十一歲

二月初九，楊堅任相國，總百揆，加封十郡，劍履上殿，入朝不趨，贊拜不名，被九錫之禮，建天子旌旗，出警入蹕。十三日，即皇帝位於臨光殿，國名為隋，年號開皇，實行三省六部制，封賞功臣，任命首批行政首長，確立恢復漢魏傳統的國策，改變輿服制度，革除周末苛政。降周靜帝為介國公，大殺北周宗室。

突厥與北齊營州刺史高寶寧合兵進犯，攻陷臨渝鎮。四月，詔修長城，停止北周以來向突厥輸納的「歲貢」，確立積極防禦的方針，委派大員出鎮沿邊要地，加強戰備。

五月二十三日，派人害死北周末帝。

吐谷渾進攻弘州、涼州，八月，遣行軍元帥元諧擊破吐谷渾。

九月，反擊陳朝的進攻，盡復江北之地。統一貨幣，行用五銖錢。

十月十二日，頒行《開皇律》；十六日起，巡視岐州一帶，獎掖提拔有政績的地方官，至十二月二十五日才返回長安。

是年，下詔聽任境內百姓自由出家，令計口出錢，營造佛教經像。

五八二年　開皇二年　四十二歲

正月八日，幸上柱國王誼府第；十五日，幸安成長公主府第；十六日，分別置河北、河南、西南三道行臺尚書省於并州、洛州和益州，以晉王廣、秦王俊、蜀王秀為三道尚書令。二十九日，詔舉賢良。

二月十五日，以「禮不伐喪」，詔伐陳諸軍班師。十七日，幸趙國公獨孤陀第。

五月六日，因關中旱而親審囚徒，其日大雨。

六月二十三日，下詔營建新都，十二月六日，命名新都為大興城。

七月，頒行令、格、式。繼續推行均田制。

四月起，突厥試探性攻擊邊塞，被擊退。五月，突厥沙缽略可汗悉發五可汗騎兵，傾國來攻，高寶寧也從東北發起攻勢，隋朝全線防禦。六月，衛王爽率七萬大軍出平涼，李充於馬邑打退突厥，賀婁子幹破敵於可洛峐山。但西北一線要塞多處被突厥攻破，長安暴露於突厥兵鋒之前。文帝過度操勞而病倒，令太子勇於十月二日出鎮咸陽。十九日，文帝病癒，宴請百官於觀德殿，賜錢帛，任由自取。十二月一日，於後園講武。十五日，再派內史監虞慶則馳往弘化拒敵。突厥腹背受敵，大掠甘陝沿邊州郡後退兵。

十六日，賜國子生經明者束帛。十七日，親錄囚徒。

是年，納後梁明帝蕭巋之女為晉王妃，罷江陵總管，後梁帝始得掌握國政。

五八三年　開皇三年　四十三歲

元旦，將入新都，大赦天下。禁大刀長矟。

三月十八日，服常服遷入新都。十九日，下詔購求圖書。二十二日，大宴百官，班賜各有差。減丁役制，罷榷鹽酒。

二月以來，突厥屢犯北邊。至四月，突厥大軍壓境，吐谷渾也趁勢入侵。文帝下詔大舉討伐突厥。衛王爽出朔州道，重創突厥，沙鉢略負傷潛逃。幽州總管陰壽平定高寶寧。西北方向也取得重大勝利。突厥內訌。賀婁子幹深入吐谷渾，大敗之。

四月十六日，親祀雨師於京城西南。十八日，詔令天下勸學行禮。二十五日，親自祈雨。五月二十四日，有事於方澤。

六月二十八日，幸安成長公主第。八月二十二日，親祀太社。九月十七日，至城東觀稼穀。十八日，大赦天下。

十月九日廢河南道行臺省，秦王俊改任秦州總管，轄隴右諸州。

十一月十四日，詔舉人才。河南道行臺兵部尚書楊尚希上表請減省州郡，被文帝所採納。

十二月三十日，下詔撤銷郡一級行政建制，改州郡縣三級制為州縣二級制。裁減下來的冗員成為不理時事的「鄉官」，實行地方官及其僚佐任期制，品官皆由吏部任命，每年考核政績。

更定《開皇律》，凡十二卷，五百條。從衛汴至陝蒲，於黃河流經之十三州募丁運米，在衛、陝、華三州設置大型糧倉，轉漕粟米供應京師。

五八四年　開皇四年　四十四歲

正月，六日，親祭太廟。八日，有事於南郊。十一日，大射於北苑，十日而罷。張賓、劉暉等製成《甲子元歷》，二十九日，詔頒新曆。

二月十三日，在霸上為梁主餞行。十五日，突厥蘇尼部男女萬餘人投降。十八日，出巡隴州（今陝西省隴縣）。突厥可汗阿史那玷率其部來降。

四月十五日，在大興殿接見並宴請突厥、高句麗和吐谷渾來使。

六月九日，親審囚徒。二十一日，詔宇文愷主持開鑿都城大興城至潼關三百餘里長的廣通渠，以利漕運。

八月八日，以秦王俊納妃，宴請百官，頒賜有差。十七日，宴請秦王府屬官，頒賜有差。

九月五日，幸襄國公主第。六日，到霸水視察漕運，賜督役者絹帛。十日，親審囚徒。十五日，以關中饑荒，前往洛陽。二十二日，宴陳使。

突厥沙缽略屢為阿波所敗，請和親，文帝准其所請，賜千金公主楊姓，改封為大義公主。遣長孫晟陪同尚書右僕射虞慶則赴突厥沙缽略牙帳，沙缽略稱臣。

下詔改革文風。

五八五年　開皇五年　四十五歲

元月，禮部尚書牛弘等撰成五禮，十一日，詔行新禮。

四月十六日，大司徒王誼以謀反罪賜死於家。十九日，詔徵山東馬榮伯等六儒。二十二日，自洛陽返回京城。

五月十二日，在大興殿接受契丹使者請降，至九月，契丹內附。二十九日，詔置義倉。後梁孝明帝蕭巋逝世，太子蕭琮即立。隋復置江陵總管以監視之。

七月，突厥沙鉢略屢為西部阿波、達頭聯盟所敗，寄居白道川內，得到隋軍支援，勉強立足，沙鉢略上表，誠心悅服。

八月二十五日，幸栗園。九月三日，自栗園回京。十二月二十五日，親審囚徒。

詔令全國檢括戶口，計賬進四十四萬三千丁，新附一百六十四萬一千五百口；高熲創制「輸籍定樣」，完善徵稅制度。發丁修築長城，東至河，西至綏州，凡七百里。

五八六年　開皇六年　四十六歲

正月十二日，黨項羌內附。十八日，派遣使者頒曆於突厥。

二月六日，發丁男十一萬修築長城。十九日，大赦天下。

三月八日，洛陽男子高德上書請文帝為太上皇，傳位於皇太子，遭拒絕。

閏八月二十八日，上柱國、郕國公梁士彥，上柱國、杞國公宇文忻，柱國、舒國公劉昉，以謀反伏誅。上柱國、許國公宇文善坐事除名。九月四日，文帝素服來到射殿，令百官射梁士彥等三家財物以為獎賞。

十月，設立山南道和淮南道行臺尚書省，分別以秦王俊和晉王廣為尚書令；旋改晉王廣為雍州牧。

五八七年　開皇七年　四十七歲

正月十七日，有事於太廟。突厥沙鉢略遣子入貢。十九日，制諸州歲貢三人。

二月十二日，祀朝日於東郊。二十七日，幸醴泉宮。發丁男十餘萬修築長城。

四月五日，幸晉王第。六日，下令於揚州開山陽瀆，以通漕運。

突厥沙鉢略可汗卒，其弟處羅侯繼立。隋遣車騎將軍長孫晟持節前往突厥，冊立處羅侯為莫何可汗。莫何擊破並生擒阿波。

七月十六日，衛王爽去世，文帝為之舉喪於門下省。

八月，徵梁主蕭琮入朝。九月十三日，後梁安平王蕭巖率眾奔於陳。十九日，詔廢梁國，封蕭琮為柱國、莒國公。

十月十九日，出巡同州，瞻仰先父故居，赦囚徒。召臥病京城的李德林前來商討伐陳大計。二十二日，東巡蒲州，二十五日，宴請當地父老，盡歡而罷。

十一月二十三日，回到馮翊，親祠故社，召見父老，因其應答不合聖意，大怒，免其縣官而去。二十七日，回到長安。

五八八年　開皇八年　四十八歲

三月九日，下詔伐陳。

莫何率軍西征，中箭身亡，沙鉢略之子雍虞閭繼立，隋仍遣長孫晟持節至其牙帳，冊立為都藍可汗。

十月，復置淮南道行臺尚書省於壽春，以晉王廣任尚書令，為平陳軍元帥。二十八日，因伐陳，祭祀太廟。十一月二日，舉行出征儀式。十日，在定城陳師誓眾，翌日，送遠征大軍至河東。十二月五日，從河東回到京師。

五八九年　開皇九年　四十九歲

正月，隋軍渡江，直下建康，陳亡，俘虜陳後主。二十九日，遣使持節巡撫江南。二月一日，廢淮南道行臺省。二日，詔設鄉正。四月六日，到驪山慰勞凱旋之師，十二日，舉行三軍凱旋儀式，獻俘於太廟，拜晉王廣為太尉。十七日，文帝親臨廣陽門，大宴將士，頒賞有差；陳朝舊境，給復十年，其餘諸州，免當年租賦。翌日，大赦天下。二十九日，頒詔偃武修文。朝野請封禪，不許。

十二月五日，下詔修樂。

五九〇年　開皇十年　五十歲

二月二日，巡幸并州，四月四日回到京師。

五月九日，詔令軍人墾田籍帳皆屬州縣管轄，同於百姓；罷山東、河南及北方緣邊新置軍府。

六月，規定五十歲免除庸役。

七月二十五日，親審囚徒。平陳後，文帝致書高句麗王高陽，以兵威諭其臣服，二十六日，高陽憂懼而卒，其子高元繼位。

十一月七日，親臨國學，頒賜有差。十七日，祭祀於南郊。

江南各地一時俱反，派遣內史令楊素前往鎮壓。

五九一年　開皇十一年　五十一歲

正月十四日，以平陳所得古器多為妖變，命令盡加銷毀。十八日，高句麗使者復來朝貢。

二十三日，皇太子妃元氏病逝，文帝為之舉哀於文思殿。

八月二十三日，巡幸栗園，鴆死其弟滕王瓚，二十六日，回到京城。

五九二年　開皇十二年　五十二歲

七月，因修樂意見不合，何妥上告蘇威等共為朋黨，一日，罷黜尚書右僕射蘇威、禮部尚書盧愷等人。十八日，幸昆明池，當天還宮。二十五日，祭祀太廟。

八月一日，詔各州死罪不得執行，皆令大理寺復審。二日，幸龍首池。二十五日，親審囚徒。

十月十日，祭祀太廟，在太祖神位前，悲不自勝。

十一月九日，祭祀於南郊。十日，宴請百官，賞賜有差。二十二日，與百官大射於武德殿。

十二月十四日，任命楊素為尚書右僕射。

因庫藏皆滿，增置左藏院以儲藏租調，詔減河北、河東當年田租三分之一，兵士減半，且免調。遣使均田，狹鄉農民每丁有田不過二十畝。

五九三年　開皇十三年　五十三歲

正月十一日，親祀感帝。二十一日，行幸岐州。

二月六日，下詔營建仁壽宮。十七日，自岐州回京，翌日，宴請考使於嘉則殿。二十七日，制私家不得隱藏緯候圖讖。

五月二十四日，更禁止民間私撰史書。

七月十九日，幸昆明池。九月十九日，親審囚徒。

許嫁公主於突厥可汗，以離間其內部關係。

五九四年　開皇十四年　五十四歲

四月，牛弘等人所修雅樂成，下詔頒行，同時禁止與之不符的民間音樂。

六月四日，詔令中央及地方官府給公廨田，禁止以公廨錢放貸。

八月九日，因關中大旱，率百姓就食洛陽。

閏十月二十三日，詔令蕭琮、高仁英、陳叔寶以時祭梁、齊、陳宗祀。陳叔寶因此上表，請封禪。晉王廣亦率百官請封禪。

十一月二日，規定州縣佐吏任期，不得連任。

十二月五日，東巡。

五九五年　開皇十五年　五十五歲

正月三日，來到齊州，親問民間疾苦。七日，至王符山。十一日，祠泰山，大赦天下。

二月二十七日，收繳天下兵器，禁止私造，關中及緣邊地區除外。

三月一日，自東巡迴京，望祭五嶽海瀆。二十九日，來到剛落成的仁壽宮。

四月一日，大赦天下。

六月一日，下詔開鑿底柱。三日，下令將相州刺史豆盧通上貢的綾文布在朝堂焚毀。十四日，下詔規定：凡名山大川未在祀典者，皆祠之。

七月九日，晉王廣獻毛龜。二十二日，自仁壽宮回京。

十一月七日，幸溫湯，十一日回京。

十二月四日，敕令盜邊糧一升以上者皆斬，並籍沒其家。罷州縣鄉官。規定文武官以四考更替。

五九六年　開皇十六年　五十六歲

六月，規定工商不得進仕，官人九品以上妻、五品以上妾，夫亡不得改嫁。

八月六日，詔決死罪者，三奏而後行刑。

十月十日，到長春宮，至十一月三日回京城。

《續高僧傳》卷十九〈法藏傳〉記載：「十六年，隋祖幸齊州，失豫，王公已下奉造觀音，並敕安濟法供養。」

以光化公主妻吐谷渾伏可汗。

五九七年　開皇十七年　五十七歲

二月十三日，前往仁壽宮。史萬歲平西寧羌，王世積討平桂州李光仕反叛。二十五日，以河南王昭納妃，宴群臣，頒賜有差。

三月九日，詔令各級官府長官可於律外杖刑屬官。十四日，親審囚徒。十六日，誅上柱國、彭國公劉昶。

四月二日，頒行張胄玄所制新曆。

五月，宴請百官於玉女泉，賞賜有差。

七月，虞慶則討平桂州李世賢反叛。十三日，秦王俊坐事罷官，被召回京師，以王就第。嫁安義公主與突厥突利可汗，使其部落南徙，都藍可汗怒，歸附西部達頭可汗，相率南侵。

九月十一日，自仁壽宮回京。

十月二十八日，京師大索。

十二月十日，誅殺上柱國、右武侯大將軍虞慶則。

吐谷渾內訌，伏可汗被殺，其弟伏允繼立，請依俗尚公主，許之。

五九八年　開皇十八年　五十八歲

正月二十九日，詔令江南諸州民間三丈以上船隻盡括入官。

二月三日，來到仁壽宮。翌日，因高句麗聯合靺鞨入侵遼西，任命漢王諒為行軍元帥，率水陸三十萬伐高句麗。

五月，詔畜貓鬼、蠱毒、厭魅、野道之家，投於四裔。

六月二十七日，下詔廢黜高句麗王高元官爵。

九月十六日，漢王諒所率大軍遇疾疫，無功而返，死者大半，高句麗王旋遣使謝罪。翌日，規定旅舍收留沒有官府證明的過客，連坐刺史、縣令。二十三日，自仁壽宮回京。

十一月七日，親審囚徒。十六日，祭祀於南郊。

十二月四日，誅殺上柱國、夏州總管、任城郡公王景。再度前往仁壽宮，置行宮十二所。

五九九年　開皇十九年　五十九歲

正月七日，大赦天下。十二日，大射於武德殿，宴賜百官。二月四日，晉王廣入朝。十九日，幸仁壽宮。

四月，突厥突利可汗內附，達頭可汗犯塞，遣行軍總管史萬歲擊破之。

六月三日，以豫章王暕為內史令。

八月十日，罷免上柱國、尚書左僕射、齊國公高熲。

十月二日，冊封突厥突利可汗為啟民可汗，築大利城安置其部落。

十二月，突厥都藍可汗為部下所殺。

六〇〇年　開皇二十年　六十歲

三月，遣行軍總管張衡討平熙州李英林反叛。

四月，突厥犯塞，以晉王廣為行軍元帥，大破之。

六月三十日，秦王俊憂懼而死。

九月二十一日，自仁壽宮回京。

十月九日，廢黜皇太子及其諸子為庶人，殺柱國、太平縣公史萬歲。十三日，殺左衛大將軍、五原郡公元旻。

十一月三日，立晉王廣為皇太子。十二月三日，詔令東宮官屬不得向皇太子稱臣。二十六日，下詔崇敬佛、道二教，於五嶽四鎮、江、河、淮、海建廟立祀，敢有毀壞偷盜佛及天尊像、嶽鎮海瀆神形者，以不道論；沙門壞佛像，道士壞天尊者，以惡逆論。

六〇一年　仁壽元年　六十一歲

元旦，大赦，改元。以尚書右僕射楊素為尚書左僕射，納言蘇威為尚書右僕射。

五月七日，突厥男女九萬人來降。

六月十三日，下詔廢除太學、四門及州縣學府，國子學僅留學生七十二人。同日，宣布頒舍利於天下三十州，以慶祝生日。

十月十五日，各州舉行安置舍利入塔儀式。

十一月九日，文帝把各地上報的符瑞用版文詳加記述，祭於南郊，其禮猶如封禪，以敬謝上天。

十二月二日，在京城舉辦無遮大會。爾後，文帝下詔勸諭官民一體誠心向佛，宣布再頒舍利於五十三州。

六〇二年　仁壽二年　六十二歲

正月二十三日，第二批頒舍利使出發，於四月八日各州舉行安放舍利入塔儀式。

三月二十一日，來到仁壽宮。

七月十日，詔內外官各舉所知。

八月二十四日，文獻獨孤皇后病逝。

九月十一日，自仁壽宮回京。

閏十月十日，令楊素與諸術士刊定陰陽舛謬。十五日，又令楊素等大臣負責修訂五禮。

二十八日，安葬獨孤皇后。

十二月二十日，廢黜上柱國、益州總管蜀王秀為庶人。派遣行軍總管劉方討平交州李佛子反叛。

六〇三年　仁壽三年　六十三歲

五月二日，詔令全國於六月十三日文帝生日時，為其父母武元皇帝和元明皇后禁屠。

六月二十四日，專門為喪制下詔，強調孝義。

七月二十七日，詔令各地推舉賢能。

突厥內亂，達頭可汗奔吐谷渾，鐵勒、僕骨等十餘部皆降於啟民可汗。

六〇四年　仁壽四年　六十四歲

正月十九日，大赦。二十七日，幸仁壽宮，翌日，下詔將朝廷大小事務盡交皇太子處理。

四月，文帝病重。

六月六日，大赦天下。

七月十日，在仁壽宮與百官訣別。十三日，崩於大寶殿。二十一日，煬帝即位，在仁壽宮為文帝發喪，八月三日，扶靈柩回到京城，十二日在大興殿舉行殯儀。

十月十六日，安葬於太陵，廟號高祖，根據文帝生前遺願，與獨孤皇后合葬在一起。

※本書年月日紀，均為農曆。

引用地名一覽表

古今行政區劃不同，沿革變動也很大，本表僅列示書中提到的該時期區劃地名及其治所，而與之對照的現今行政區劃，則根據中華人民共和國民政部編《中華人民共和國行政區劃簡冊（一九九五年版）》（中國地圖出版社）為准，行政區劃資料截至一九九四年底。

安定（今甘肅省涇川縣北涇河北岸）
安州（今湖北省安陸市）
白道（今內蒙古呼和浩特市西北）
白道川（今內蒙古呼和浩特市西北）
白石洞（今廣西省桂平市南）
北平郡（今河北省遵化縣東）
北豫州（今河南省滎陽市西北汜水鎮）
貝州（今河北省清河縣西北）
汴州（今河南省開封市西北）
豳州（今陝西省彬縣）

并州（今山西省太原市）
渤海郡（今河北省南皮縣）
博陵郡（今河北省安平縣）
亳州（今安徽省亳州市）
採石鎮（今安徽省當塗縣北採石）
蒼梧郡（今廣西省梧州市）
滄州（今河北省鹽山縣西南）
曹州（今山東省曹縣西北）
昌黎（今遼寧義縣）
常山郡（今河北省正定縣南）

昌州（今湖北省棗陽市）
常州（今江蘇省常州市）
長州（今內蒙古烏審旗西南城川古城）
潮州（今廣東省潮安縣）
陳郡（今河南省淮陽縣）
成州⑴西魏廢帝三年（五五四）以南秦州改名，治所在今甘肅省西和縣西南。⑵南朝梁普通四年（五二三）置，治所在今廣東省封開縣東南賀江口。
大斤山（即秦山，今內蒙古黃河東北大青山）
大同城（今內蒙古烏拉特前旗東北）
代郡⑴北魏，治所在平城縣（今山西省大同市東北古城）。⑵東魏，寄治肆州秀容郡城（今山西省忻州市西北）。⑶隋大業初改朔州置，治所在善陽縣（今山西省朔州市）。
代州（今山西省代縣）
丹州（今陝西省宜川縣東北）
宕州（今甘肅省宕昌縣東良恭鎮）
道州（今河南省許昌市）
德州（今山東省陵縣）
棣州（今山東省陽信縣）
疊州（今甘肅省迭部縣）
定州（今河北省定州市）
東楚州（今江蘇省宿遷市東南）
東海（今江蘇省連雲港市東南）
東郡（今河南省滑縣）
東萊（今山東省龍口市東）
東揚州（今浙江省紹興市）
度斤山（都斤山，今蒙古國杭愛山）
杜陵（今陝西省長安縣東北）
獨洛水（今蒙古國土拉河）
敦煌郡（今甘肅省敦煌市）
鄂州（今湖北省武漢市武昌）
洱河（今雲南西部洱海）
樊口（今湖北省鄂城市西）
番州（隋仁壽元年改廣州置，今廣東省廣州市）
芳州（今甘肅省迭部縣東南）

汾州（今山西省吉縣）
豐利山（今青海省青海湖東）
豐州（今內蒙古杭錦後旗東北）
扶風（今陝西省鳳翔縣）
扶州（今四川省松潘縣）
甘州（今甘肅省張掖市西北）
高州（今廣東省陽江市西）
岡州⑴隋初置，在今廣東省開平市西北。⑵隋開皇十一年以允州改名，在今廣東省新會市北。
公安縣（今湖北省公安縣西北）
姑熟（今安徽省當塗縣）
瓜州（今甘肅省敦煌市西）
廣陵（今江蘇省揚州市西北蜀岡上）
廣州（今廣東省廣州市）
光州（今山東省萊州市）
桂州（今廣西省桂林市）
郭默城（今安徽省壽縣西）
虢州（今河南省盧氏縣）
海州（今江蘇省連雲港市海州鎮）
杭州（今浙江省杭州市）
河北山（今內蒙古狼山與陰山的合稱）
河東（今山西一帶）
河東郡（今山西省永濟市西南蒲州鎮）
河間郡（今河北省河間市）
河陽縣（今河南省孟縣南）
河陰（今河南省洛陽市東北）
河州（今甘肅省臨夏縣）
和州（今安徽省和縣，北齊）
恒安（今山西省大同市東北）
衡陽（今湖南省衡陽市）
弘化（今甘肅省慶陽縣）
弘州（今甘肅省臨潭縣西）
洪州（今江西省南昌市）
胡墅（在今江蘇省南京市長江北岸）
湖州（今浙江省湖州市）
華陰（今陝西省華陰市）
華州（今陝西省大荔縣）

淮陰（今江蘇省淮陰縣甘羅城）
懷州（今河南省沁陽市）
驩州（今越南義安省榮市）
黃龍城（今遼寧省朝陽市）
黃州（今湖北省新洲縣）
雞頭山（又稱笄頭山、崆峒山、牽屯山、簿洛山，在今寧夏隆德縣東）
濟州（今山東省茌平縣西南）
紀州（今甘肅省秦安東北）
冀州（今河北省冀州市）
嘉州（今四川省樂山市）
建康（今江蘇省南京市）
江陵（今湖北省荊沙市）
江陽（今江蘇省揚州市西北蜀岡上）
江州（今江西省九江市）
蔣州（今江蘇省南京市）
膠州（今山東省膠州市）
交州（今越南河內市）
金城（今甘肅省蘭州市）
晉陵郡（今江蘇省常州市）
晉陽（今山西省太原市西南）
晉州（今山西省臨汾市）
京口（今江蘇省鎮江市）
荊州⑴北魏置，在今河南省魯山縣東。⑵今湖北省荊沙市。
涇州（今甘肅省涇川縣北涇河北岸）
莒州（今山東省沂水縣）
康州（今甘肅省成縣）
苦縣（今河南省鹿邑東）
昆州（今雲南省昆明市西郊馬街附近）
廓州（今青海省貴德縣）
括州（今浙江省麗水市東南）
蘭陵（今山東省棗莊市東南嶧城鎮西）
蘭州（今甘肅省蘭州市）
黎州（今河南省浚縣東北）
利州（今四川省廣元市）
歷陽（今安徽省和縣）
梁化郡（今廣西省鹿寨縣）

涼州（今甘肅省武威市）
遼西（今遼寧省朝陽市）
臨江郡（今安徽省和縣烏江）
臨洮（今甘肅省臨潭縣）
臨渝鎮（今河北省撫寧縣東榆關鎮）
臨渝關（今河北省撫寧縣東榆關鎮）
靈武（今寧夏靈武縣西南）
靈州（今寧夏靈武縣西南）
六合（今江蘇省六合縣）
隴西郡（今甘肅省隴西縣東南）
隴州（今陝西省隴縣）
盧龍塞（今河北省喜峰口附近古塞）
廬江（今安徽省廬江縣）
廬州（今安徽省合肥市西）
潞州（今山西省長治市北古驛）
洛州⑴今河南省洛陽市。⑵上洛之洛州（陝西省商州市），見譚其驤主編，《中國歷史地圖集》第四冊（地圖出版社，一九八二年），第六七～六八頁；王仲犖，《北周地理志》（下），「商州」條。⑶今河北省永年縣東南。
羅州（今廣東省化州市）
馬邑（今山西省朔州市）
曼頭（今青海省共和縣西南）
毛州（今河北省館陶縣）
綿州（今四川省綿陽市東）
岷州（今甘肅省岷縣）
洺州（今河北省永年縣東南）
睦州（今湖北省長陽縣）
南康郡（今江西省贛州市）
南寧州（今雲南省曲靖市）
南兗州⑴今安徽省亳州市。⑵今江蘇省揚州市西北蜀岡上。
南豫州（今安徽省當塗縣，南陳）
寧州（今甘肅省寧縣）
平陽（今山西省臨汾市）
平城（今山西大同市）
平涼（今甘肅省平涼市）
平州（今河北省盧龍縣北）

馮翊郡（今陝西省大荔縣）
蒲州（今山西省永濟市西南蒲州鎮）
乞伏泊（今內蒙古察哈爾右翼前旗東北黃旗海）
齊州（今山東省濟南市）
岐州（今陝西省鳳翔縣）
蘄春（今湖北省蘄春縣北）
蘄州（今湖北省蘄春縣北）
遷州（今四川省宣漢縣西南）
秦山（今內蒙古黃河東北大青山）
秦州（今甘肅省天水市）
欽州（今廣西欽州市東北欽江西北岸）
蜻蛉川（今雲南省大姚、姚安縣境龍川江支流苴寧河及其上源青蛉河）
青州（今山東省青州市）
慶州（今甘肅省慶陽縣）
渠濫川城（今雲南省下關市東）
泉州（今福建省福州市）
饒州（今江西省波陽縣）
汝州（今河南省汝州市東）
鄀州（今湖北省荊門市西北）
山陽（今江蘇省淮安市）
陝州（今河南省三門峽市西舊陝縣）
鄯州（今青海省樂都縣）
上黨郡（今山西省長治市）
上郡（今陝西省富縣）
邵州（今山西省垣曲縣東南城關）
申州（河南省信陽市）
石州（今山西省離石縣）
壽春（今安徽省壽縣）
壽陽（今安徽省壽縣）
壽州（今安徽省壽縣）
樹敦（今青海省共和縣東南）
朔方郡（今陝西省靖邊縣東北白城子）
朔州（今山西省朔州市）
泗州（今江蘇省宿遷市東南）
蘇州（今江蘇省蘇州市）
隨州（今湖北省隨州市）
綏州（今陝西省綏德縣）

遂州（今四川省遂寧市）
潭州（今湖南省長沙市）
藤州（今廣西省藤縣東北）
洮州（今甘肅省臨潭縣）
天水（今甘肅省天水市）
同州（今陝西省大荔縣）
潼州⑴西魏置，治所在今四川省綿陽市。⑵南朝梁置，治所在今安徽省泗縣。
渭州（今甘肅省隴西縣東南）
衛州（今河南省淇縣）
蔚州（今山西省靈丘縣）
文州（今甘肅省文縣西白龍江南岸）
汶州（今四川省茂縣）
武川鎮（今內蒙古武川縣）
武德郡（今河南省沁陽市東南）
武功（今陝西省武功縣武功鎮）
吳郡（今江蘇省蘇州市）
武威（今甘肅省武威市）
吳興郡（今浙江省湖州市）

武陟（今河南省武陟縣南）
武州⑴今甘肅省武都縣東南。⑵今湖南省常德市。
吳州⑴北周大象中置，治所在今江蘇省揚州市西北蜀岡上。⑵南朝置，治所在今江蘇省蘇州市。
婺州（今浙江省金華市）
西洱河（今雲南省西部洱海）
西汾州（今山西省隰縣）
熙州（今安徽省潛山縣）
隰州（今山西省隰縣）
峽口（今湖北省宜昌市西長江西陵峽口）
硤州（今湖北省宜昌市西北）
夏州（今陝西省靖邊縣東北白城子）
湘州（今湖南省長沙市）
襄州（今湖北省襄樊市）
襄陽（今湖北省襄樊市）
相州（今河北省臨漳縣西南鄴鎮）
小平（今河南省孟津縣西北）

協州（今雲南省彝良縣）
新豐縣（今陝西省臨潼縣新豐鎮）
信州（今四川省奉節縣東）
興寧陵（今江蘇省鎮江市）
滎陽（今河南省滎陽市西北）
滎州（今河南省滎陽市西北）
邢州（今河北省邢臺市）
熊州（今河南省宜陽縣西）
徐州（今江蘇省徐州市）
許州（今河南省許昌市）
宣州（今安徽省宣州市）
延安（今陝西省延安市城東延河東岸）
雁門（今山西省代縣）
延州（今陝西省延安市城東延河東岸）
兗州（今山東省兗州市）
鹽州（今陝西省定邊縣）
燕州（今河北省涿鹿縣）
楊氏壁（今陝西省韓城市境黃河西岸）
楊州⑴今安徽省壽縣。⑵今江蘇省江都市。

鄴城（今河北省臨漳縣西南鄴鎮）
宜都郡（今湖北省枝城市）
乙弗泊（今青海省樂都縣以西）
宜州（今陝西省耀縣）
伊州（今河南省嵩縣東北）
益州（今四川省成都市）
銀州（今陝西省橫山縣東黨岔）
尹州（今廣西省貴港市東南鬱江南岸）
瀛州（今河北省河間市）
營州（今遼寧省朝陽市）
應州（今湖北省廣水市）
郢州（今湖北省武漢市武昌）
幽州（今北京）
永安（今四川省奉節縣東白帝城）
雍州（今陝西省西安市）
庸州（今四川省黔江縣）
豫州（今河南省汝南縣）
原州（今寧夏固原縣）
玉壁（今山西省稷山縣西南）

資州（今四川省資中縣北）

豫章郡（今江西省南昌市）
越析州（今雲南省賓川縣北）
越州（今浙江省紹興市）
雲陽（今陝西省涇陽縣西北）
雲中郡（今內蒙古和林格爾縣西北土城子）
雲州（今甘肅省慶陽縣西南）
溳口（今湖北省漢川縣東北）
鄖州（今湖北省安陸市）
牂州（今貴州省黃平縣西北）
澤州（今山西省晉城市）
甑山鎮（今湖北省漢川縣東南）
張白壁（今河南省宜陽縣西北）
趙州（今河北省隆堯縣東）
趙郡（今河北省趙縣）
鄭州（今河南省滎陽市西北汜水鎮）
中山（今河北定州市）
沌陽（今湖北省漢陽縣東臨嶂山下）
涿郡（今河北省涿州市）
淄州（今山東省淄博市淄川）

主要引用論著目錄

《史記》，中華書局點校本，一九五九年版。
《漢書》，中華書局點校本，一九六二年版。
《後漢書》，中華書局點校本，一九六五年版。
《三國志》，中華書局點校本，一九五九年版。
《晉書》，中華書局點校本，一九七四年版。
《宋書》，中華書局點校本，一九七四年版。
《南齊書》，中華書局點校本，一九七二年版。
《梁書》，中華書局點校本，一九七三年版。
《陳書》，中華書局點校本，一九七二年版。
《南史》，中華書局點校本，一九七五年版。
《北史》，中華書局點校本，一九七四年版。
《魏書》，中華書局點校本，一九七四年版。
《北齊書》，中華書局點校本，一九七二年版。
《周書》，中華書局點校本，一九七一年版。

《隋書》，中華書局點校本，一九七三年版。
《舊唐書》，中華書局點校本，一九七五年版。
《新唐書》，中華書局點校本，一九七五年版。
《資治通鑑》，中華書局點校本，一九五六年版。
（唐）李林甫等撰，陳仲夫點校，《唐六典》，中華書局，一九九二年版。
（唐）杜佑撰，王文錦、王永興等點校，《通典》，中華書局，一九八八年版。
（唐）長孫無忌等撰，劉俊文點校，《唐律疏議》，中華書局，一九八三年版。
（唐）林寶撰，岑仲勉校記，鬱賢皓、陶敏整理，《元和姓纂》，中華書局，一九九四年版。
（唐）歐陽詢著，汪紹楹校，《藝文類聚》，上海古籍出版社，一九八二年新一版。
（唐）許敬宗等撰，《文館詞林》，叢書集成初編本，中華書局，一九八五年影印版。
（宋）鄭樵撰，《通志》，中華書局，一九八七年，影印版。
（宋）王欽若、楊億等奉敕撰，《冊府元龜》（明版），中華書局，一九六〇年影印版。
（宋）王欽若、楊億等奉敕撰，《宋本冊府元龜》，中華書局，一九八九年影印版。
（宋）王溥撰，《唐會要》，上海古籍出版社，一九九一年版。
（宋）王應麟撰，《玉海》，四庫類書叢刊本，上海古籍出版社，一九九二年版。
（清）董誥等編，《全唐文》，中華書局，一九八三年影印版。
（宋）李昉等編，《文苑英華》，中華書局，一九六六年影印版。
（宋）李昉等編，《太平廣記》，中華書局，一九六一年版。
（元）馬端臨，《文獻通考》，中華書局，一九八六年影印版。

（清）嚴可均輯，《全上古三代秦漢三國六朝文》，中華書局，一九五八年，影印版。
（清）阮元校刻，《孝經》，收入《十三經注疏》（上、下），中華書局，一九八〇年版。
（清）黎庶昌輯，《古逸叢書》（上、中、下），江蘇廣陵古籍刻印社，一九九四年，第二版。
上冊，《覆卷子本唐開元禦注孝經》。
（宋）蔡沈，《書經集傳》，中國書店標點本，一九九四年版。
（清）王聘珍撰，王文錦點校，《大戴禮記解詁》，中華書局，一九八三年版。
（宋）朱熹集注，陳戍國標點，《四書集注》，嶽麓書社，一九八七年版。
《百子全書》，浙江人民出版社，影印本。
《商君書．韓非子》，嶽麓書社，一九九〇年版。
《呂氏春秋．淮南子》，嶽麓書社，一九八九年版。
吉聯抗譯注，《樂記》，人民音樂出版社，一九五八年版。
戴明揚校注，《嵇康集校注》，人民文學出版社，一九六二年版。
吉聯抗譯注，《嵇康．聲無哀樂論》，人民音樂出版社，一九六四年版。
陳伯君校注，《阮籍集校注》，中華書局，一九八七年版。
（北齊）顏之推著，王利器集解，《顏氏家訓集解》，上海古籍出版社，一九八〇年版。
（南朝）劉義慶著，劉孝標注，餘嘉錫箋疏，《世說新語箋疏》，上海古籍出版社，一九九三年修訂版。
（後魏）酈道元著，譚屬春、陳愛平點校，《水經注》，嶽麓書社，一九九五年版。
（唐）吳兢著，《貞觀政要》，上海古籍出版社，一九七八年版。

（唐）劉、張撰，程毅中、趙守儼點校，《隋唐嘉話．朝野僉載》，中華書局，一九七九年版。
（唐）劉肅撰，許德楠、李鼎霞點校，《大唐新語》，中華書局，一九八四年版。
（唐）封演撰，趙貞信校注，《封氏聞見記校注》，中華書局，一九五八年版。
（五代）王定保撰，《唐摭言》，上海古籍出版社，一九七八年版。
（五代）陸游撰，《陸游集》（五冊），中華書局，一九七六年版。
（五代）陸游撰，《老學庵筆記》。
《二十五史補編》，中華書局，一九五五年版。
　第四冊，姚振宗，〈隋書經籍志考證〉。
　第四冊，萬斯同，〈隋將相大臣年表〉。
　第六冊，沈炳震，〈唐書宰相世系表訂訛〉。
王夫之著，舒士彥點校，《讀通鑒論》，中華書局，一九七五年版。
顧炎武著，黃汝成集釋，秦克誠點校，《日知錄集釋》，嶽麓書社，一九九四年版。
王鳴盛，《十七史商榷》，中國書店，一九八七年版。
趙翼著，王樹民校證，《廿二史劄記校證》，中華書局，一九八四年版。
岑仲勉，《隋書求是》，商務印書館，一九五八年版。
岑仲勉，《通鑒隋唐紀比事質疑》，中華書局，一九六四年版。
王仲犖，《北周地理志》，中華書局，一九八〇年版。
王仲犖，《北周六典》，中華書局，一九七九年版。
程樹德，《九朝律考》，中華書局，一九六三年，新版。

姚薇元，《北朝胡姓考》，科學出版社，一九五八年版。
方詩銘、方小芬，《中國史曆日和中西曆日對照表》，上海辭書出版社，一九八七年版。
史念海主編，《西安歷史地圖集》，西安地圖出版社，一九九六年版。
中華人民共和國民政部編，《中華人民共和國行政區劃簡冊（一九九五年版）》，中國地圖出版社。
金富軾撰，《三國史記》，韓國景仁文化社，一九八八年版。
清王昶，《金石萃編》，中國書店，一九八五年版。
羅振玉編，《鳴沙石室佚書》，宸翰樓影本，一九一三年版。
敦煌石室本《晉紀》。
平岡武夫編，《唐代的長安與洛陽資料》，上海古籍出版社，一九八九年十一月版。
趙萬裡，《漢魏南北朝墓誌集釋》，科學出版社，一九五六年版。
趙超，《漢魏南北朝墓誌彙編》，天津古籍出版社，一九九二年版。
河南省古代建築保護研究所，〈河南安陽靈泉寺石窟及小南海石窟〉，《文物》，一九八八年，第四期。
張鬱，〈內蒙古大青山後東漢北魏古城遺址調查記〉，《考古通訊》，一九五八年，第三期。
宿白，〈盛樂、平城一帶的拓跋鮮卑—北魏遺跡——鮮卑遺跡輯錄之二〉，《文物》，一九七七年，第十一期。
〈寧夏固原北周李賢夫婦墓發掘簡報〉，《文物》，一九八五年，第十一期。
中國社會科學院考古研究所、河北省文物研究所鄴城考古工作隊，〈河北臨漳縣鄴南城朱明門遺址的發掘〉，載《考古》，一九九六年，第一期。

傅熹年，〈隋唐長安洛陽城規劃手法的探討〉，載《文物》，一九九五年，第三期。
傅振倫，〈燕下都發掘品的初步整理和研究〉，《考古通訊》，一九五五年，第四期。
紫溪，〈古代量器小考〉，《文物》，一九六四年，第七期。
〈洛陽隋唐含嘉倉的發掘〉，《文物》，一九七二年，第三期。
〈長沙兩晉、南朝、隋墓發掘報告〉，《考古學報》，一九五九年，第三期。
（隋）費長房，《歷代三寶記》。
（隋）法經，《眾經目錄》。
（唐）道世，《法苑珠林》。
（唐）道宣，《集古今佛道論衡》。
（隋）王劭撰，《隋祖起居注》。
（唐）法琳，《辯正論》。
（唐）道宣，《廣弘明集》。
（唐）道宣，《續高僧傳》。
（南宋）志磐，《佛祖統紀》。
（南宋）本覺，《釋氏通鑑》。
（元）覺岸，《釋氏稽古略》。
（元）念常，《佛祖歷代通載》。
吳汝鈞，《佛教大辭典》，商務印書館國際有限公司，一九九二年版。
（唐）杜光庭，《歷代崇道記》。

（元）趙道一，《歷世真仙體道通鑒》。
岑仲勉，《府兵制度研究》，上海人民出版社，一九五七年版。
岑仲勉，《隋唐史》，中華書局，一九八二年，新版。
陳寅恪，《隋唐制度淵源略論稿》，商務印書館，一九四四年，重慶初版。
陳寅恪，《唐代政治史述論稿》，商務印書館，一九四四年，重慶初版。
萬繩楠整理，《陳寅恪魏晉南北朝史講演錄》，黃山書社，一九八七年版。
陳仲安、王素，《漢唐職官制度研究》，中華書局，一九九三年版。
谷霽光，《府兵制度考釋》，上海人民出版社，一九六二年版。
郭正忠，《三至十四世紀中國的權衡度量》，中國社會科學出版社，一九九三年版。
韓國磐，《隋唐五代史綱》，人民出版社，一九七九年，第二版。
韓國磐，《隋唐五代史論集》，生活·讀書·新知三聯書店，一九七九年版。
韓國磐，〈隋朝中央集權勢力與地方世族勢力的鬥爭〉，《歷史教學》，一九五五年，第二期。
韓昇，《日本古代的大陸移民研究》，臺灣文津出版社，一九九五年版。
韓昇，〈隋與高句麗國際政治關係研究〉，收於《堀敏一先生古稀紀念中國古代的國家與民眾》，日本汲古書院，一九九五年版。
韓昇，〈四至六世紀百濟在東亞國際關係中的地位和作用〉，載第七屆百濟研究國際學術會議《百濟社會的諸問題》，韓國忠南大學百濟研究所，一九九四年版。
韓昇，〈「魏伐百濟」與南北朝時期東亞國際關係〉，載《歷史研究》，一九九五年，第三期。
韓昇，《評堀敏一〈中國と古代東アジア世界——中華的世界と諸民族〉》，載《唐研究》第二卷，北京大學出版社，一九九六年版。
韓昇，《桑田考釋》，《平准學刊》第五輯上冊，光明日報出版社，一九八九年版。
韓昇，〈北魏の桑田について〉，《唐代史研究會會報》第五號，日本唐代史研究會，一九九二年版。
韓昇，〈論隋朝統治集團內部鬥爭對隋亡的影響〉，《廈門大學學報（哲學社會科學版）》，一九八七年，第二期；轉載於人民大學資料中心編，《魏晉南北朝隋唐史》，一九八七年，第七期。
冀朝鼎著，朱詩鼇譯，《中國歷史上的基本經濟區與水利事業的發展》（*Key Economic Areas in Chinese History, As revealed in the development of public works for water-control, by Chao-Ting Chi, PH.D.*），中國社會科學出版社，一九八一年版。
金寶祥等著，《隋史新探》，蘭州大學出版社，一九八九年版。
呂思勉，《隋唐五代史》（上、下），上海古籍出版社，一九八四年，新版。
馬良懷，《崩潰與重建中的困惑》，中國社會科學出版社，一九九三年版。
卿希泰主編，《中國道教史》第二卷，四川人民出版社，一九九二年版。
唐長孺，〈讀隋書劄記〉，《山居存稿》，中華書局，一九八九年版。
唐耕耦，《西魏敦煌計帳文書以及若干有關問題》，《文史》，第九輯，一九八〇年版。
田餘慶，《東晉門閥政治》，北京大學出版社，一九八九年版。
王素，《三省制略論》，齊魯書社，一九八六年版。
王仲犖，《隋唐五代史》，上冊（一九八八年），下冊（一九九〇年），上海人民出版社。
蕭清，《中國古代貨幣史》，人民出版社，一九八四年版。
薛宗正，《突厥史》，中國社會科學出版社，一九九二年版。

張偉國，《關隴武將與周隋政權》，中山大學出版社，一九九三年版。
趙文林、謝淑君，《中國人口史》，人民出版社，一九八八年版。
鄭佩欣，〈租調徵收方法和「輸籍定樣」——與李燕捷先生商榷〉，《歷史研究》，一九九六年，第一期。
周偉洲，《吐谷渾史》，寧夏人民出版社，一九八五年版。
周一良，《魏晉南北朝史箚記》，中華書局，一九八五年版。
周一良，〈隋唐時代之義倉〉，《食貨》第二卷，第六期，一九三五年。
高明士，〈唐代東亞教育圈的形成——東亞世界形成史的一側面——〉，臺灣國立編譯館中華叢書編審委員會，一九八四年版。
高明士，〈隋文帝「不悅學」、「不知樂」質疑——有關隋代立國政策的辨正〉，臺灣大學歷史學系學報，第十四期，一九八八年七月。
高明士，〈從律令制度論隋代的立國政策〉，收於《唐代文化研討會論文集》，臺北文史哲出版社，一九九一年版。
高明士，〈隋代的教育與貢舉〉，收於《唐代研究論集》第四輯，臺北新文豐出版公司，一九九二年版。
高明士，〈隋代的制禮作樂——隋代立國政策研究之二〉，收於《隋唐史論集》，香港大學亞洲研究中心，一九九三年版。
湯承業，〈隋文帝政治事功之研究〉，臺灣中國學術著作獎助委員會，一九六七年版。
嚴耕望，〈中國地方行政制度史乙部魏晉南北朝地方行政制度〉，臺灣中央研究院歷史語言研究所，一九九〇年，第三版。
楊聯陞，《國史探微》，臺灣聯經出版事業公司，一九八四年版。
張榮芳，〈隋唐秀才科存廢問題之檢討〉，《食貨》復刊一〇：一二，一九七一年三月。
張世彬，《中國音樂史論述稿》，香港友聯出版有限公司，一九七五年版。
馮承鈞譯，《西域南海史地考證譯叢》第一、二卷，商務印書館，一九六二年，重印版。
烈維，《大藏方等部之西域佛教史料》（第二卷）。
黃約瑟譯，《日本學者研究中國史論著選譯》第一卷，中華書局，一九九二年版。
桑原騭藏著、黃約瑟譯，《歷史上所見的南北中國》。
夏日新、韓昇、黃正建等譯，《日本學者研究中國史論著選譯》第四卷，中華書局，一九九二年版。
（日）池田溫，《律令官制的形成》，收於《岩波講座世界歷史》古代五，岩波書店，一九七〇年版。
（日）池田溫，《中國古代籍帳研究概觀．錄文》，東京大學出版會，一九七九年版。
（日）欠端實，《論隋代的義倉》，《東方學》第五十二輯，一九七六年版。
（日）川勝義雄、礪波護編，《中國貴族制社會研究》，京都大學人文科學研究所，一九八七年版。
（日）渡邊信一郎，《孝經國家論——孝經與漢王朝》。
（日）氣賀澤保規，〈對隋代鄉里制度之一考察〉，《史林》五八：四，一九七五年七月。
（日）氣賀澤保規，〈論隋代江南的異動〉，《鷹陵史學》第二號，一九七六年。
（日）氣賀澤保規，〈圍繞蘇威展開的隋朝政界〉，《鷹陵史學》第三、四號（森鹿三博士頌壽紀念特集），一九七七年。

〔日〕志田不動麿，〈北朝時代的鄉黨制〉，《史潮》五：二，一九三五年。
〔日〕斯波義信，《宋代江南經濟史研究》，東京大學東洋文化研究所報告，一九八八年版。
〔日〕曾我部靜雄，〈論我國大寶與養老令制所規定的義倉貯藏穀〉，《以律令為中心的日中關係史研究》，吉川弘文館，一九六八年版。
〔日〕竹田龍兒，〈關於門閥弘農楊氏之一考察〉，《史學》第三十一卷，第一～四號。
〔日〕谷川道雄，〈武川鎮軍閥的形成〉，載《名古屋大學東洋史研究報告》八，一九八二年。
〔日〕礪波護，〈隋代的貌閱與唐初食實封〉，《唐代政治社會史研究》，同朋社，一九八六年版。
〔日〕濱口重國，《秦漢隋唐史的研究》上、下卷，東京大學出版會，一九六六年版。
上冊《論正光四五年之交的後魏兵制》。
下冊《所謂隋的廢止鄉官》。
〔日〕林謙三，《隋唐燕樂調研究》，郭沫若譯，商務印書館，一九三六年版。
〔日〕堀敏一，〈論魏晉南北朝時代的村〉，收於《中國的都市與農村》，汲古書院，一九九二年版。
〔日〕堀敏一，《中國與古代東亞世界——中華世界與諸民族——》，岩波書店，一九九三年版。
〔日〕堀敏一，《均田制的研究——中國古代國家的土地政策和土地所有制——》（岩波書店一九七五年版），韓昇等譯，福建人民出版社，一九八四年版。
〔日〕宮川尚志，〈六朝時代的村〉，《六朝史研究政治．社會篇》，日本學術振興會，一九五六年版。
〔日〕宮崎市定，《九品官人法研究——科舉前史》，東洋史研究會，一九五六年版。
〔日〕宮崎市定，《隋煬帝》，人物往來社，一九六五年版。

〔日〕宮崎市定，《中國古代史論》，平凡社，一九八八年版。

〔日〕山崎宏，《支那中世佛教的展開》，清水書店，一九四二年版。

〔日〕山崎宏，〈隋朝官僚的性格〉，《東京教育大學文學部紀要史學研究》六，一九五六年。

〔日〕山崎宏，《隋唐佛教史研究》，法藏館，一九六七年版。

〔韓〕金善昱，《隋唐時代中韓關係研究——以政治、軍事諸問題為中心》，臺灣大學歷史研究所博士論文，未正式發表。

〔美〕Arthur Frederik Wright（芮沃壽），*The Sui Dynasty, The Unification of China, A. D. 581-671, New York Alfred A Knopf Co. 1978.* 書中在史料的引用和詮釋等方面，存在著明顯的錯誤，日本布目潮渢、中川努作了大量訂正後，以《隋代史》為題，譯成日文，由法律文化社於一九八二年出版。

〔英〕崔瑞德編，《劍橋中國隋唐史五八九～九〇六》（*The Cambridge History of China, Volume 3, Sui and T'ang China, 589-906, Part 1, edited by Denis Twitchett.*），中國社會科學出版社，一九九〇年版。

〔英〕Joseph Needham（李約瑟），Science and Civilisation in China（《中國科學技術史》）Volume Ⅳ, Cambridge University Press.

國家圖書館出版品預行編目 (CIP) 資料

隋文帝傳 / 韓昇著 . -- 二版 . -- 新北市 : 臺灣商務印書館股份有限公司 , 2021.11
面 ; 17×22 公分 . -- (歷史・中國史)

ISBN 978-957-05-3369-9(精裝)

1. 隋文帝 2. 傳記

623.74　　110016020

歷史．中國史
隋文帝傳

作　　者——韓昇
發 行 人——王春申
選書顧問——林桶法、陳建守
總 編 輯——張曉蕊
責任編輯——陳怡潔
封面設計——李東記
內頁排版——薛美惠

行銷組長——張家舜
營業組長——何思頓

出版發行——臺灣商務印書館股份有限公司
23141 新北市新店區民權路 108-3 號 5 樓（同門市地址）
電話：（02）8667-3712　傳真：（02）8667-3709
讀者服務專線：0800056196
郵撥：0000165-1
E-mail：ecptw@cptw.com.tw
網路書店網址：www.cptw.com.tw
Facebook：facebook.com.tw/ecptw

本書由人民出版社授權臺灣商務印書館股份有限公司出版發行，
限定中國大陸以外地區銷售。

局版北市業字第 993 號
初　　版——2005 年 5 月
二版一刷——2021 年 11 月

印 刷 廠——沈氏藝術印刷股份有限公司
定　　價——新臺幣 690 元

法律顧問——何一芃律師事務所